U0522887

◆ 希汉对照 ◆
柏拉图全集
Ⅱ.2

泰阿泰德

溥林 译

商务印书馆
The Commercial Press

Platon
THEAETETVS
（ΘΕΑΙΤΗΤΟΣ）
本书依据"牛津古典文本"（Oxford Classical Texts）中由约翰·伯内特（John Burnet）所编辑和校勘的《柏拉图全集》（*Platonis Opera*）第 I 卷译出

前　言

商务印书馆120余年来一直致力于移译世界各国学术名著，除了皇皇的"汉译世界学术名著丛书"之外，更是组织翻译了不少伟大思想家的全集。柏拉图是严格意义上的西方哲学的奠基人，其思想不仅在西方哲学的整个历史中起着继往开来的作用，也远远超出了哲学领域而在文学、教育学、政治学等领域发生着巨大的影响。从19世纪开始，德语世界、英语世界、法语世界等着手系统整理柏拉图的古希腊文原文，并将之译为相应的现代语言，出版了大量的单行本和全集本，至今不衰；鉴于柏拉图著作的经典地位和历史地位，也出版了古希腊文-拉丁文、古希腊文-德文、古希腊文-英文、古希腊文-法文等对照本。

商务印书馆既是汉语世界柏拉图著作翻译出版的奠基者，也一直有心系统组织翻译柏拉图的全部作品。近20年来，汉语学界对柏拉图的研究兴趣和热情有增无减，除了商务印书馆之外，国内其他出版社也出版了一系列柏拉图著作的翻译和研究著作；无论是从语文学上，还是从思想理解上，都取得了长足的进步。有鉴于此，我们希望在汲取西方世界和汉语世界既有成就的基础上，从古希腊文完整地翻译出柏拉图的全部著作，并以古希腊文-汉文对照的形式出版。现就与翻译相关的问题做以下说明。

1. 翻译所依据的古希腊文本是牛津古典文本（Oxford Classical Texts）中由约翰·伯内特（John Burnet）所编辑和校勘的《柏拉图全集》（*Platonis Opera*）；同时参照法国布德本（Budé）希腊文《柏拉图全集》（*Platon: Œuvres complètes*），以及牛津古典文本中1995年出版的第 I 卷最新校勘本等。

2. 公元前后，亚历山大的忒拉叙洛斯（Θράσυλλος, Thrasyllus）按照古希腊悲剧"四联剧"（τετραλογία, Tetralogia）的演出方式编订柏拉图的全部著作，每卷四部，共九卷，一共 36 部作品（13 封书信整体被视为一部作品）；伯内特编辑的《柏拉图全集》所遵循的就是这种编排方式，但除了 36 部作品之外，外加 7 篇"伪作"。中文翻译严格按照该全集所编订的顺序进行。

3. 希腊文正文前面的 SIGLA 中的内容，乃是编辑校勘者所依据的各种抄本的缩写。希腊文正文下面的校勘文字，原样保留，但不做翻译。译文中〈 〉所标示的，乃是为了意思通顺和完整，由译者加上的补足语。翻译中的注释以古希腊文法和文史方面的知识为主，至于义理方面的，交给读者和研究者本人。

4. 除了"苏格拉底""高尔吉亚"等这些少数约定俗成的译名之外，希腊文专名（人名、地名等）后面的"斯"一般都译出。

译者给自己确定的翻译原则是在坚持"信"的基础上再兼及"达"和"雅"。在翻译时，译者在自己能力所及的范围内，对拉丁文、德文、英文以及中文的重要译本（包括注释、评注等）均认真研读，一一看过，但它们都仅服务于译者对希腊原文的理解。

译者的古希腊文启蒙老师是北京大学哲学系的靳希平教授，谨将此翻译献给他，以示感激和敬意。

鉴于译者学养和能力有限，译文中必定有不少疏漏和错讹，敬请读者不吝批评指正。

溥林
2018 年 10 月 22 日于成都

SIGLA

B = cod. Bodleianus, MS. E. D. Clarke 39   = Bekkeri 𝔄
T = cod. Venetus Append. Class. 4, cod. 1   = Bekkeri t
W = cod. Vindobonensis 54, suppl. phil. Gr. 7 = Stallbaumii Vind. 1
C = cod. Crusianus sive Tubingensis   = Stallbaumii 𝔗
D = cod. Venetus 185   = Bekkeri Π
G = cod. Venetus Append. Class. 4, cod. 54 = Bekkeri Λ
V = cod. Vindobonensis 109   = Bekkeri Φ
Arm. = Versio Armeniaca
Ars. = Papyrus Arsinoitica a Flinders Petrie reperta
Berol. = Papyrus Berolinensis 9782 (ed. Diels et Schubart 1905)

Recentiores manus librorum B T W litteris b t w significantur

Codicis W lectiones cum T consentientes commemoravi, lectiones cum B consentientes silentio fere praeterii

目　录

泰阿泰德……………………………………………………………3
注释………………………………………………………………206
术语索引…………………………………………………………269
专名索引…………………………………………………………414
参考文献…………………………………………………………416

泰阿泰德[1]

---

[1] 忒拉叙洛斯（Θράσυλλος, Thrasyllus）给该对话加的副标题是"或论知识"（ἢ περὶ ἐπιστήμης）。按照希腊化时期人们对柏拉图对话风格的分类，《泰阿泰德》属于 πειραστικός[尝试性的/试验性的]。

ΘΕΑΙΤΗΤΟΣ

ΕΥΚΛΕΙΔΗΣ ΤΕΡΨΙΩΝ

ΕΥ. Ἄρτι, ὦ Τερψίων, ἢ πάλαι ἐξ ἀγροῦ;
ΤΕΡ. Ἐπιεικῶς πάλαι. καὶ σέ γε ἐζήτουν κατ' ἀγορὰν καὶ ἐθαύμαζον ὅτι οὐχ οἷός τ' ἦ εὑρεῖν.
ΕΥ. Οὐ γὰρ ἦ κατὰ πόλιν.
ΤΕΡ. Ποῦ μήν;
ΕΥ. Εἰς λιμένα καταβαίνων Θεαιτήτῳ ἐνέτυχον φερομένῳ ἐκ Κορίνθου ἀπὸ τοῦ στρατοπέδου Ἀθήναζε.
ΤΕΡ. Ζῶντι ἢ τετελευτηκότι;
ΕΥ. Ζῶντι καὶ μάλα μόλις· χαλεπῶς μὲν γὰρ ἔχει καὶ ὑπὸ τραυμάτων τινῶν, μᾶλλον μὴν αὐτὸν αἱρεῖ τὸ γεγονὸς νόσημα ἐν τῷ στρατεύματι.
ΤΕΡ. Μῶν ἡ δυσεντερία;
ΕΥ. Ναί.
ΤΕΡ. Οἷον ἄνδρα λέγεις ἐν κινδύνῳ εἶναι.
ΕΥ. Καλόν τε καὶ ἀγαθόν, ὦ Τερψίων, ἐπεί τοι καὶ νῦν ἤκουόν τινων μάλα ἐγκωμιαζόντων αὐτὸν περὶ τὴν μάχην.
ΤΕΡ. Καὶ οὐδέν γ' ἄτοπον, ἀλλὰ πολὺ θαυμαστότερον εἰ μὴ τοιοῦτος ἦν. ἀτὰρ πῶς οὐκ αὐτοῦ Μεγαροῖ κατέλυεν;

b 1 μόγις W (sed corr. T)   b 7 τε] γε al.   b 8 περὶ τὴν μάχην αὐτόν pr. T
b 9 οὐδέν] οὐδέ W

泰阿泰德

欧几里得　特尔普西翁

欧几里得： 你刚刚，特尔普西翁啊[1]，还是早就[2]从乡下来了？　142a1

特尔普西翁： 老早就来了[3]。其实我还在市场上[4]寻找过你，并奇怪我竟然没能够[5]找到你。

欧几里得： 因为我那时不在城里。

特尔普西翁： 那你究竟在哪儿[6]？　142a5

欧几里得： 当我下到港口去时，遇见了被从在科林托斯的军营[7]抬出来的泰阿泰德，〈他们正〉赶回雅典。

特尔普西翁： 那他活着，还是已经死了？

欧几里得： 非常[8]勉强地活着；因为，他由于一些伤而情况糟糕[9]，142b1 更为恼火的是，已经在军队里发生的疾病又感染了他[10]。

特尔普西翁： 莫非是痢疾？

欧几里得： 就是。　142b5

特尔普西翁： 你说这样一个人竟处在危险中！

欧几里得： 一个高贵而优秀的人！特尔普西翁啊；真的[11]，我刚才还听到一些人就〈他在〉战斗〈中的表现〉而极力称赞他。

特尔普西翁： 一点都不奇怪；如果他不曾是那样的话，那反倒非常 142c1 令人惊讶了。但他为何不就在墨伽拉这里歇脚[12]？

ΠΛΑΤΩΝΟΣ

ΕΥ. Ἠπείγετο οἴκαδε· ἐπεὶ ἔγωγ' ἐδεόμην καὶ συνεβούλευον, ἀλλ' οὐκ ἤθελεν. καὶ δῆτα προπέμψας αὐτόν, ἀπιὼν πάλιν ἀνεμνήσθην καὶ ἐθαύμασα Σωκράτους ὡς μαντικῶς ἄλλα τε δὴ εἶπε καὶ περὶ τούτου. δοκεῖ γάρ μοι ὀλίγον πρὸ τοῦ θανάτου ἐντυχεῖν αὐτῷ μειρακίῳ ὄντι, καὶ συγγενόμενός τε καὶ διαλεχθεὶς πάνυ ἀγασθῆναι αὐτοῦ τὴν φύσιν. καί μοι ἐλθόντι Ἀθήναζε τούς τε λόγους οὓς διελέχθη αὐτῷ διηγήσατο καὶ μάλα ἀξίους ἀκοῆς, εἶπέ τε ὅτι πᾶσα ἀνάγκη εἴη τοῦτον ἐλλόγιμον γενέσθαι, εἴπερ εἰς ἡλικίαν ἔλθοι.

ΤΕΡ. Καὶ ἀληθῆ γε, ὡς ἔοικεν, εἶπεν. ἀτὰρ τίνες ἦσαν οἱ λόγοι; ἔχοις ἂν διηγήσασθαι;

ΕΥ. Οὐ μὰ τὸν Δία, οὔκουν οὕτω γε ἀπὸ στόματος· ἀλλ' ἐγραψάμην μὲν τότ' εὐθὺς οἴκαδ' ἐλθὼν ὑπομνήματα, ὕστερον δὲ κατὰ σχολὴν ἀναμιμνῃσκόμενος ἔγραφον, καὶ ὁσάκις Ἀθήναζε ἀφικοίμην, ἐπανηρώτων τὸν Σωκράτη ὃ μὴ ἐμεμνήμην, καὶ δεῦρο ἐλθὼν ἐπηνορθούμην· ὥστε μοι σχεδόν τι πᾶς ὁ λόγος γέγραπται.

ΤΕΡ. Ἀληθῆ· ἤκουσά σου καὶ πρότερον, καὶ μέντοι ἀεὶ μέλλων κελεύσειν ἐπιδεῖξαι διατέτριφα δεῦρο. ἀλλὰ τί κωλύει νῦν ἡμᾶς διελθεῖν; πάντως ἔγωγε καὶ ἀναπαύσασθαι δέομαι ὡς ἐξ ἀγροῦ ἥκων.

ΕΥ. Ἀλλὰ μὲν δὴ καὶ αὐτὸς μέχρι Ἐρινοῦ Θεαίτητον προύπεμψα, ὥστε οὐκ ἂν ἀηδῶς ἀναπαυοίμην. ἀλλ' ἴωμεν, καὶ ἡμῖν ἅμα ἀναπαυομένοις ὁ παῖς ἀναγνώσεται.

ΤΕΡ. Ὀρθῶς λέγεις.

ΕΥ. Τὸ μὲν δὴ βιβλίον, ὦ Τερψίων, τουτί· ἐγραψάμην δὲ δὴ οὑτωσὶ τὸν λόγον, οὐκ ἐμοὶ Σωκράτη διηγούμενον ὡς διηγεῖτο, ἀλλὰ διαλεγόμενον οἷς ἔφη διαλεχθῆναι. ἔφη δὲ τῷ τε γεωμέτρῃ Θεοδώρῳ καὶ τῷ Θεαιτήτῳ. ἵνα οὖν ἐν τῇ

a 1 μὲν om. B a 4 ἐπηνορθούμην ΒΤ: ἐπηνωρθούμην vulg.
a 6 ἀληθῆ] ἀλλ' ἤδη Heindorf a 8 πάντως; ἐγὼ δὲ καὶ W
b 1 μὲν om. W ἐρινοῦ W: ἐρείνου B: ἐρεῖν οὐ T

欧几里德：他急着回家。虽然我的确恳求并建议过〈他在这里歇歇〉，但他就是不愿意。于是我只好陪他一程；在回来的路上，我想起了苏格拉底[13]，并钦佩他何等预言性地说过这个人，当然也包括其他一些事情。我认为在他死前不久，他遇见了还是个年青人[14]的泰阿泰德，并且在与之相处和交谈之后，高度赞扬了他的天赋。当我去雅典时，他还向我详细叙述了他与之交谈过的那些非常值得一听的话，说此人无论如何都必定会变得著名，只要他到了年龄[15]。

142c5

142d1

特尔普西翁：看来他确实说对了。但是，是一些什么样的话呢？你能够详细叙述一下吗[16]？

142d5

欧几里德：宙斯在上，不行，至少以口头这种方式肯定不行。但是，我当时一回到家里就立即为自己写下[17]了一些备忘录，后来一有空闲，我就一边回忆一边记录；我还多次返回雅典，一再询问苏格拉底我未曾记住的东西，并且回到这儿后就进行订正。就这样，差不多整个谈话都被我记录下来了。

143a1

143a5

特尔普西翁：确实。我以前就听你说过；尽管我总是想恳求〈你〉展示〈它〉，却一直拖延到了现在[18]〈才这样做〉。不过，现在什么会妨碍我们细说一下呢？当然我也的确需要休息，因为我从乡下来。

欧几里德：真的[19]，我自己也陪伴泰阿泰德直到厄里涅俄斯[20]，因此我也会乐于[21]休息一下。那么让我们开始吧；在我们休息的同时，奴仆将读给我们听。

143b1

特尔普西翁：你说得对。

欧几里德：这就是书，特尔普西翁。但我是这样来写下该谈话的，即不是苏格拉底对我进行详细叙述——如他曾详细叙述的那样——，而是他〈直接〉同那些他曾说他与之交谈的人进行交谈。但他说，有几何学家忒俄多洛斯，以及泰阿泰德。因此，为了谈话之间的一些陈述

143b5

143c1

ΘΕΑΙΤΗΤΟΣ 143 C

γραφῇ μὴ παρέχοιεν πράγματα αἱ μεταξὺ τῶν λόγων διηγήσεις c
περὶ αὑτοῦ τε ὁπότε λέγοι ὁ Σωκράτης, οἷον "καὶ ἐγὼ ἔφην" ἢ
"καὶ ἐγὼ εἶπον," ἢ αὖ περὶ τοῦ ἀποκρινομένου ὅτι "συνέφη"
ἢ "οὐχ ὡμολόγει," τούτων ἕνεκα ὡς αὐτὸν αὐτοῖς διαλεγό-
μενον ἔγραψα, ἐξελὼν τὰ τοιαῦτα. 5
 ΤΕΡ. Καὶ οὐδέν γε ἀπὸ τρόπου, ὦ Εὐκλείδη.
 ΕΥ. Ἀλλά, παῖ, λαβὲ τὸ βιβλίον καὶ λέγε.

ΣΩΚΡΑΤΗΣ ΘΕΟΔΩΡΟΣ ΘΕΑΙΤΗΤΟΣ

 ΣΩ. Εἰ μὲν τῶν ἐν Κυρήνῃ μᾶλλον ἐκηδόμην, ὦ Θεό- d
δωρε, τὰ ἐκεῖ ἄν σε καὶ περὶ ἐκείνων ἀνηρώτων, εἴ τινες
αὐτόθι περὶ γεωμετρίαν ἤ τινα ἄλλην φιλοσοφίαν εἰσὶ τῶν
νέων ἐπιμέλειαν ποιούμενοι· νῦν δὲ ἧττον γὰρ ἐκείνους ἢ
τούσδε φιλῶ, καὶ μᾶλλον ἐπιθυμῶ εἰδέναι τίνες ἡμῖν τῶν 5
νέων ἐπίδοξοι γενέσθαι ἐπιεικεῖς. ταῦτα δὴ αὐτός τε σκοπῶ
καθ' ὅσον δύναμαι, καὶ τοὺς ἄλλους ἐρωτῶ οἷς ἂν ὁρῶ τοὺς
νέους ἐθέλοντας συγγίγνεσθαι. σοὶ δὴ οὐκ ὀλίγιστοι πλησιά-
ζουσι, καὶ δικαίως· ἄξιος γὰρ τά τε ἄλλα καὶ γεωμετρίας e
ἕνεκα. εἰ δὴ οὖν τινι ἐνέτυχες ἀξίῳ λόγου, ἡδέως ἂν
πυθοίμην.
 ΘΕΟ. Καὶ μήν, ὦ Σώκρατες, ἐμοί τε εἰπεῖν καὶ σοὶ
ἀκοῦσαι πάνυ ἄξιον οἵῳ ὑμῖν τῶν πολιτῶν μειρακίῳ ἐντετύ- 5
χηκα. καὶ εἰ μὲν ἦν καλός, ἐφοβούμην ἂν σφόδρα λέγειν,
μὴ καί τῳ δόξω ἐν ἐπιθυμίᾳ αὐτοῦ εἶναι. νῦν δέ—καὶ μή
μοι ἄχθου—οὐκ ἔστι καλός, προσέοικε δὲ σοὶ τήν τε σιμό-
τητα καὶ τὸ ἔξω τῶν ὀμμάτων· ἧττον δὲ ἢ σὺ ταῦτ' ἔχει.
ἀδεῶς δὴ λέγω. εὖ γὰρ ἴσθι ὅτι ὧν δὴ πώποτε ἐνέτυχον 144
—καὶ πάνυ πολλοῖς πεπλησίακα—οὐδένα πω ᾐσθόμην οὕτω
θαυμαστῶς εὖ πεφυκότα. τὸ γὰρ εὐμαθῆ ὄντα ὡς ἄλλῳ
χαλεπὸν πρᾷον αὖ εἶναι διαφερόντως, καὶ ἐπὶ τούτοις

c 2 αὑτοῦ W : αὐτοῦ B T   d 2 ἀνηρώτων] ἄν· ἠρώτων B   d 8 συγ-
γενέσθαι W   δὴ] δὲ W   a 2 πολλοῖς] πολλοῖς δὴ W   a 3 εὖ
om. W   a 4 αὖ om. T

PLATO, VOL. I. 17

在书写中不显得冗余[22]，例如，当苏格拉底就他自己说"于是我说道"或"于是我讲道"时，或者复又就那进行回答的人说"他赞成"或"他不同意"时，为此我删掉了诸如此类的，写下〈它〉，仿佛他同他俩在〈直接〉进行交谈似的[23]。 143c5

特尔普西翁： 这肯定没有什么不合理的[24]，欧几里德。

欧几里德： 那么，孩子[25]，拿起书来并读！

苏格拉底　忒俄多洛斯　泰阿泰德

苏格拉底： 如果我更为关心[26]在库瑞涅[27]的那些事，忒俄多洛斯 143d1
啊，那么我就会向你询问在那里的情况，并且就那里的那些人[28]我会
问：在那儿的年青人中，是否有一些在热衷于几何学或者其他某种哲
学[29]。但现在我的确较少热爱那里的那些人，同这里的这些人相比；我 143d5
也更为渴望知道我们的年青人中哪些有可能变得出类拔萃[30]。一则我本
人尽我所能地考察这点，一则我也询问我看见年青人愿意与之交往的其
他那些人。的确不少人都在与你结交，并且也〈做得〉正当；因为你在 143e1
其他一些方面值得〈他们与你结交〉，尤其是由于几何学。因此，如果
你真的遇见过某个值得一说的人，那么我会乐意打听一下。

忒俄多洛斯： 真的，苏格拉底啊，我确实遇见过你们同胞[31]中 143e5
的这样一位年青人，他非常值得我一说和值得你一听。如果他长相俊美，
那我会担心说过头了，免得有人认为我对他有欲望[32]。但其实——〈我
这样说〉你可不要生我的气——他并不俊美，而是像你一样，扁平的
鼻子和外凸的眼睛，但他还不如你有这些〈特征〉。我一点也不担心 144a1
这么说；因为你得明白[33]，在我迄今所遇见过的人中——我结交过非
常多的人——，我还没有觉察到任何生来就是如此令人惊讶地优秀的
人[34]。因为，敏于学习——这对于其他人来说已然难得——，同时又
异常地温文尔雅，除了这些还比其他任何人都勇敢，我既未曾想到过 144a5
这种事情会发生，也没有见到它发生[35]。相反，一方面像这个人那样

ΠΛΑΤΩΝΟΣ

ἀνδρεῖον παρ' ὁντινοῦν, ἐγὼ μὲν οὔτ' ἂν ᾠόμην γενέσθαι
οὔτε ὁρῶ γιγνόμενον· ἀλλ' οἵ τε ὀξεῖς ὥσπερ οὗτος καὶ
ἀγχίνοι καὶ μνήμονες ὡς τὰ πολλὰ καὶ πρὸς τὰς ὀργὰς
ὀξύρροποί εἰσι, καὶ ᾄττοντες φέρονται ὥσπερ τὰ ἀνερμά-
τιστα πλοῖα, καὶ μανικώτεροι ἢ ἀνδρειότεροι φύονται, οἵ τε
αὖ ἐμβριθέστεροι νωθροί πως ἀπαντῶσι πρὸς τὰς μαθήσεις
καὶ λήθης γέμοντες. ὁ δὲ οὕτω λείως τε καὶ ἀπταίστως
καὶ ἀνυσίμως ἔρχεται ἐπὶ τὰς μαθήσεις τε καὶ ζητήσεις
μετὰ πολλῆς πρᾳότητος, οἷον ἐλαίου ῥεῦμα ἀψοφητὶ ῥέοντος,
ὥστε θαυμάσαι τὸ τηλικοῦτον ὄντα οὕτως ταῦτα διαπράτ-
τεσθαι.

ΣΩ. Εὖ ἀγγέλλεις. τίνος δὲ καὶ ἔστι τῶν πολιτῶν;

ΘΕΟ. Ἀκήκοα μὲν τοὔνομα, μνημονεύω δὲ οὔ. ἀλλὰ
γάρ ἐστι τῶνδε τῶν προσιόντων ὁ ἐν τῷ μέσῳ· ἄρτι γὰρ ἐν
τῷ ἔξω δρόμῳ ἠλείφοντο ἑταῖροί τέ τινες οὗτοι αὐτοῦ καὶ
αὐτός, νῦν δέ μοι δοκοῦσιν ἀλειψάμενοι δεῦρο ἰέναι. ἀλλὰ
σκόπει εἰ γιγνώσκεις αὐτόν.

ΣΩ. Γιγνώσκω· ὁ τοῦ Σουνιῶς Εὐφρονίου ἐστίν, καὶ
πάνυ γε, ὦ φίλε, ἀνδρὸς οἷον καὶ σὺ τοῦτον διηγῇ, καὶ
ἄλλως εὐδοκίμου, καὶ μέντοι καὶ οὐσίαν μάλα πολλὴν
κατέλιπεν. τὸ δ' ὄνομα οὐκ οἶδα τοῦ μειρακίου.

ΘΕΟ. Θεαίτητος, ὦ Σώκρατες, τό γε ὄνομα· τὴν μέντοι
οὐσίαν δοκοῦσί μοι ἐπίτροποί τινες διεφθαρκέναι. ἀλλ' ὅμως
καὶ πρὸς τὴν τῶν χρημάτων ἐλευθεριότητα θαυμαστός, ὦ
Σώκρατες.

ΣΩ. Γεννικὸν λέγεις τὸν ἄνδρα. καί μοι κέλευε αὐτὸν
ἐνθάδε παρακαθίζεσθαι.

ΘΕΟ. Ἔσται ταῦτα. Θεαίτητε, δεῦρο παρὰ Σωκράτη.

ΣΩ. Πάνυ μὲν οὖν, ὦ Θεαίτητε, ἵνα κἀγὼ ἐμαυτὸν
ἀνασκέψωμαι ποῖόν τι ἔχω τὸ πρόσωπον· φησὶν γὰρ Θεό-

---

a 6 γιγνόμενον T ut videtur: γιγνομένους B Berol.   b 2 ἀπαντῶσι B:
ἃ πάντων T   b 3 τε om. W   b 5 οἷον] οἱονεὶ W   b 8 εὐαγγελεῖς
T Berol.   c 2 ἑταῖροί B : ἕτεροί T   c 6 γε om. W   c 7 εὐδόκιμον
B   d 3 καὶ] ὁ W   d 7 ἔσται T : ἔστι B

敏锐、机灵且记性好的那些人，多半[36]是非常容易冲动的[37]，猛冲乱窜，就像没有压舱物的船那样，他们也生来就比较放肆[38]，而不是比较勇敢；另一方面，那些比较老成持重的人在面对学习的时候则有点迟钝[39]，并满载着遗忘[40]。而这个人如此轻松地[41]、不跌跌撞撞且卓有成效地前去学习和探究，带着许多的心平气和，就像油所构成的河一样无声地流淌，以至于〈人们会〉惊讶，在这样的年纪却如此地做成了这类事情。

苏格拉底：你带来了好消息。但他是〈我们〉同胞中谁的〈孩子〉？

忒俄多洛斯：我虽听说过名字，但现在想不起来了。其实[42]正朝这儿走来的那些人中，中间的那位就是他。他和他的这些伙伴们刚才在外侧跑道[43]给自己抹油，但现在我认为，他们抹完油后正朝这边走来。那么请你看一下，你是否认识他。

苏格拉底：我认识。他是苏尼翁[44]的欧佛洛尼俄斯的儿子；朋友，此人也完全如你描述这位那样，此外在其他方面也有名声，而且还留下了非常多的财产。但我不知道年青人的名字。

忒俄多洛斯：他的名字叫泰阿泰德，苏格拉底；至于财产，在我看来也许已经被〈他的〉一些监护人给挥霍光了。然而，苏格拉底啊，就钱财方面的慷慨[45]来说，他仍旧是令人惊讶的。

苏格拉底：你在说一个高贵的人。请你叫他到这儿来，让他坐在我旁边。

忒俄多洛斯：好的[46]！泰阿泰德，请过来，到苏格拉底旁边来[47]。

苏格拉底：是的，无论如何都过来一下吧，泰阿泰德，以便我能够仔细瞧瞧我自己，我究竟有何容貌；因为忒俄多洛斯说我有和你相似

ΘΕΑΙΤΗΤΟΣ

δωρος ἔχειν με σοὶ ὅμοιον. ἀτὰρ εἰ νῷν ἐχόντοιν ἑκατέρου e
λύραν ἔφη αὐτὰς ἡρμόσθαι ὁμοίως, πότερον εὐθὺς ἂν
ἐπιστεύομεν ἢ ἐπεσκεψάμεθ' ἂν εἰ μουσικὸς ὢν λέγει;
ΘΕΑΙ. Ἐπεσκεψάμεθ' ἄν.
ΣΩ. Οὐκοῦν τοιοῦτον μὲν εὑρόντες ἐπειθόμεθ' ἄν, ἄμουσον 5
δέ, ἠπιστοῦμεν;
ΘΕΑΙ. Ἀληθῆ.
ΣΩ. Νῦν δέ γ', οἶμαι, εἴ τι μέλει ἡμῖν τῆς τῶν προσώπων
ὁμοιότητος, σκεπτέον εἰ γραφικὸς ὢν λέγει ἢ οὔ. 145
ΘΕΑΙ. Δοκεῖ μοι.
ΣΩ. Ἦ οὖν ζωγραφικὸς Θεόδωρος;
ΘΕΑΙ. Οὔχ, ὅσον γέ με εἰδέναι.
ΣΩ. Ἆρ' οὐδὲ γεωμετρικός; 5
ΘΕΑΙ. Πάντως δήπου, ὦ Σώκρατες.
ΣΩ. Ἦ καὶ ἀστρονομικὸς καὶ λογιστικός τε καὶ μουσικὸς
καὶ ὅσα παιδείας ἔχεται;
ΘΕΑΙ. Ἔμοιγε δοκεῖ.
ΣΩ. Εἰ μὲν ἄρα ἡμᾶς τοῦ σώματός τι ὁμοίους φησὶν 10
εἶναι ἐπαινῶν πῃ ἢ ψέγων, οὐ πάνυ αὐτῷ ἄξιον τὸν νοῦν
προσέχειν.
ΘΕΑΙ. Ἴσως οὔ.
ΣΩ. Τί δ' εἰ ποτέρου τὴν ψυχὴν ἐπαινοῖ πρὸς ἀρετήν b
τε καὶ σοφίαν; ἆρ' οὐκ ἄξιον τῷ μὲν ἀκούσαντι προθυμεῖ-
σθαι ἀνασκέψασθαι τὸν ἐπαινεθέντα, τῷ δὲ προθύμως ἑαυτὸν
ἐπιδεικνύναι;
ΘΕΑΙ. Πάνυ μὲν οὖν, ὦ Σώκρατες. 5
ΣΩ. Ὥρα τοίνυν, ὦ φίλε Θεαίτητε, σοὶ μὲν ἐπιδεικνύναι,
ἐμοὶ δὲ σκοπεῖσθαι· ὡς εὖ ἴσθι ὅτι Θεόδωρος πολλοὺς δὴ
πρός με ἐπαινέσας ξένους τε καὶ ἀστοὺς οὐδένα πω ἐπῄνεσεν
ὡς σὲ νυνδή.
ΘΕΑΙ. Εὖ ἂν ἔχοι, ὦ Σώκρατες· ἀλλ' ὅρα μὴ παίζων 10
ἔλεγεν.
c

a 9 ἔμοιγε] ἐμοὶ T   a 10 φησὶν ὁμοίους T   a 11 ἄξιον αὐτῷ W

的容貌。但是，如果我俩各自都有一把七弦琴，他说它们被相似地调好了，那么，我们会径直就相信呢，还是会检查一下他是否在作为一位音乐家而说话？

泰阿泰德：我们会检查一下。

苏格拉底：那么，如果我们发现他就是这种人，那我们就会相信，但如果他是无音乐修养的，那我们就不相信，对吗？ 144e5

泰阿泰德：对的。

苏格拉底：但现在，我肯定认为，如果我们关心[48]容貌的相似，那么，就必须考虑他是作为一位画家在说话呢，抑或不是？ 145a1

泰阿泰德：在我看来是这样。

苏格拉底：那么，忒俄多洛斯是一位画家吗？

泰阿泰德：不是，至少就我所知。

苏格拉底：他也不是一位几何学家吗？ 145a5

泰阿泰德：无疑肯定是，苏格拉底。

苏格拉底：那他也精通天文学、算术学、音乐吗[49]，以及〈其他〉任何属于教育的[50]？

泰阿泰德：我的确这么认为。

苏格拉底：因此，如果他说我们在身体的某个方面是相似的——无论在某种程度上赞美，还是指责——，那么，都根本不值得在意他。 145a10

泰阿泰德：或许不值得。

苏格拉底：但是，如果他就德性和智慧而赞美我们两人中的一个的灵魂呢？下面这样岂不才是恰当的，那就是：对于听到的这位来说，要一心去仔细检查被赞美的那位，就被赞美的那位而言，则要急切地展示他自己？ 145b1

泰阿泰德：当然，苏格拉底。 145b5

苏格拉底：因此，亲爱的泰阿泰德啊，于你，现在正是进行展示的时候；于我，则是进行考察的时候[51]。你得清楚，忒俄多洛斯诚然在我面前赞美过很多人，既有外邦人，也有〈本邦〉公民，但从没像刚才赞美你那样赞美过任何人。

泰阿泰德：那敢情好，苏格拉底！但你得看看，他说的时候，不是在开玩笑。 145b10

145c1

ΠΛΑΤΩΝΟΣ

ΣΩ. Οὐχ οὗτος ὁ τρόπος Θεοδώρου· ἀλλὰ μὴ ἀναδύου τὰ ὡμολογημένα σκηπτόμενος παίζοντα λέγειν τόνδε, ἵνα μὴ καὶ ἀναγκασθῇ μαρτυρεῖν—πάντως γὰρ οὐδεὶς ἐπισκήψετ' αὐτῷ—ἀλλὰ θαρρῶν ἔμμενε τῇ ὁμολογίᾳ.

ΘΕΑΙ. Ἀλλὰ χρὴ ταῦτα ποιεῖν, εἰ σοὶ δοκεῖ.

ΣΩ. Λέγε δή μοι· μανθάνεις που παρὰ Θεοδώρου γεωμετρίας ἄττα;

ΘΕΑΙ. Ἔγωγε.

ΣΩ. Καὶ τῶν περὶ ἀστρονομίαν τε καὶ ἁρμονίας καὶ λογισμούς;

ΘΕΑΙ. Προθυμοῦμαί γε δή.

ΣΩ. Καὶ γὰρ ἐγώ, ὦ παῖ, παρά τε τούτου καὶ παρ' ἄλλων οὓς ἂν οἴωμαί τι τούτων ἐπαΐειν. ἀλλ' ὅμως τὰ μὲν ἄλλα ἔχω περὶ αὐτὰ μετρίως, μικρὸν δέ τι ἀπορῶ ὃ μετὰ σοῦ τε καὶ τῶνδε σκεπτέον. καί μοι λέγε· ἆρ' οὐ τὸ μανθάνειν ἐστὶν τὸ σοφώτερον γίγνεσθαι περὶ ὃ μανθάνει τις;

ΘΕΑΙ. Πῶς γὰρ οὔ;

ΣΩ. Σοφίᾳ δέ γ' οἶμαι σοφοὶ οἱ σοφοί.

ΘΕΑΙ. Ναί.

ΣΩ. Τοῦτο δὲ μῶν διαφέρει τι ἐπιστήμης;

ΘΕΑΙ. Τὸ ποῖον;

ΣΩ. Ἡ σοφία. ἢ οὐχ ἅπερ ἐπιστήμονες ταῦτα καὶ σοφοί;

ΘΕΑΙ. Τί μήν;

ΣΩ. Ταὐτὸν ἄρα ἐπιστήμη καὶ σοφία;

ΘΕΑΙ. Ναί.

ΣΩ. Τοῦτ' αὐτὸ τοίνυν ἐστὶν ὃ ἀπορῶ καὶ οὐ δύναμαι λαβεῖν ἱκανῶς παρ' ἐμαυτῷ, ἐπιστήμη ὅτι ποτὲ τυγχάνει ὄν. ἆρ' οὖν δὴ ἔχομεν λέγειν αὐτό; τί φατέ; τίς ἂν ἡμῶν πρῶτος εἴποι; ὁ δὲ ἁμαρτών, καὶ ὃς ἂν ἀεὶ ἁμαρτάνῃ,

---

c 4 καὶ om. W   ἐπισκήψετ' Schanz : ἐπισκήψει BT   d 1 ἁρμονίαν W   d 4 τε W Berol. : γε BT   d 6 δέ τι] δ' ἔτι Heindorf   d 11 γ' om. W

苏格拉底：这不是忒俄多洛斯的风格。因此，请你不要借口这人在说一些玩笑话而收回所同意过的，免得他被迫去举证——因为根本没有任何人要起诉他〈作伪证〉——，而是要有勇气遵守协议。

泰阿泰德：那我就必须得这么做了，如果你这样认为的话。

苏格拉底：那么请你告诉我，你肯定在从忒俄多洛斯那儿学习几何学方面的某种东西吗？

泰阿泰德：我肯定在。

苏格拉底：还有一些属于关于天文学的，以及属于关于各种和谐和各种计算的[52]？

泰阿泰德：我的确正在努力。

苏格拉底：孩子，我其实也在从这个人，以及从我认为对这些事情有所精通的其他人那儿〈学习〉。不过，尽管关于它们我在其他一些方面都还算是勉勉强强的[53]，但对一件小的事情仍感困惑，我必须同你和这些人一道考察它。请你告诉我，学习岂不就是在一个人所学习的东西上变得更为智慧？

泰阿泰德：为何不是？

苏格拉底：但我认为，那些智慧的人肯定由于智慧而是智慧的。

泰阿泰德：是的。

苏格拉底：难道这同知识没有任何区别吗？

泰阿泰德：哪种东西〈同知识没有任何区别〉？

苏格拉底：智慧。或者，莫非对何者是有知识的，也就对何者是有智慧的？

泰阿泰德：那还用说？

苏格拉底：于是知识和智慧就是同一的？

泰阿泰德：是。

苏格拉底：因此，这正是我感到困惑的东西，也是我不能够通过我自己就充分加以把握的，那就是：知识究竟会是什么。那么，我们真的能够说出[54]它吗？你们怎么说？我们中谁将第一个来讲[55]？那犯错的，以及经常在犯错的，就像打球的儿童们说的那样，坐下当驴；而那没有

ΘΕΑΙΤΗΤΟΣ 146 a

καθεδεῖται, ὥσπερ φασὶν οἱ παῖδες οἱ σφαιρίζοντες, ὄνος· ὃς
δ' ἂν περιγένηται ἀναμάρτητος, βασιλεύσει ἡμῶν καὶ ἐπιτάξει
ὅτι ἂν βούληται ἀποκρίνεσθαι. τί σιγᾶτε; οὔ τί που, ὦ
Θεόδωρε, ἐγὼ ὑπὸ φιλολογίας ἀγροικίζομαι, προθυμούμενος
ἡμᾶς ποιῆσαι διαλέγεσθαι καὶ φίλους τε καὶ προσηγόρους
ἀλλήλοις γίγνεσθαι;

ΘΕΟ. Ἥκιστα μέν, ὦ Σώκρατες, τὸ τοιοῦτον ἂν εἴη b
ἄγροικον, ἀλλὰ τῶν μειρακίων τι κέλευέ σοι ἀποκρίνεσθαι·
ἐγὼ μὲν γὰρ ἀήθης τῆς τοιαύτης διαλέκτου, καὶ οὐδ' αὖ
συνεθίζεσθαι ἡλικίαν ἔχω. τοῖσδε δὲ πρέποι τε ἂν τοῦτο
καὶ πολὺ πλέον ἐπιδιδοῖεν· τῷ γὰρ ὄντι ἡ νεότης εἰς πᾶν
ἐπίδοσιν ἔχει. ἀλλ', ὥσπερ ἤρξω, μὴ ἀφίεσο τοῦ Θεαιτήτου
ἀλλ' ἐρώτα.

ΣΩ. Ἀκούεις δή, ὦ Θεαίτητε, ἃ λέγει Θεόδωρος, ᾧ
ἀπειθεῖν, ὡς ἐγὼ οἶμαι, οὔτε σὺ ἐθελήσεις, οὔτε θέμις περὶ c
τὰ τοιαῦτα ἀνδρὶ σοφῷ ἐπιτάττοντι νεώτερον ἀπειθεῖν.
ἀλλ' εὖ καὶ γενναίως εἰπέ· τί σοι δοκεῖ εἶναι ἐπιστήμη;

ΘΕΑΙ. Ἀλλὰ χρή, ὦ Σώκρατες, ἐπειδήπερ ὑμεῖς κελεύετε.
πάντως γάρ, ἄν τι καὶ ἁμάρτω, ἐπανορθώσετε.

ΣΩ. Πάνυ μὲν οὖν, ἄνπερ γε οἷοί τε ὦμεν.

ΘΕΑΙ. Δοκεῖ τοίνυν μοι καὶ ἃ παρὰ Θεοδώρου ἄν τις
μάθοι ἐπιστῆμαι εἶναι, γεωμετρία τε καὶ ἃς νυνδὴ σὺ διῆλθες,
καὶ αὖ σκυτοτομική τε καὶ αἱ τῶν ἄλλων δημιουργῶν τέχναι, d
πᾶσαί τε καὶ ἑκάστη τούτων, οὐκ ἄλλο τι ἢ ἐπιστήμη εἶναι.

ΣΩ. Γενναίως γε καὶ φιλοδώρως, ὦ φίλε, ἓν αἰτηθεὶς
πολλὰ δίδως καὶ ποικίλα ἀντὶ ἁπλοῦ.

ΘΕΑΙ. Πῶς τί τοῦτο λέγεις, ὦ Σώκρατες;

ΣΩ. Ἴσως μὲν οὐδέν· ὃ μέντοι οἶμαι, φράσω. ὅταν
λέγῃς σκυτικήν, μή τι ἄλλο φράζεις ἢ ἐπιστήμην ὑποδημάτων
ἐργασίας;

ΘΕΑΙ. Οὐδέν.

a 5 ὅτι] ὃν W   ἀποκρίνασθαι W   a 7 ἡμᾶς] ὑμᾶς T   b 1 μέν
om. T   b 2 τι] τινὰ W   b 4 τε om. W   c 1 ἀπειθεῖν W :
ἀπελθεῖν al. : ἀπιστεῖν B T   d 7 μὴ ἄλλο τι W

出错而取胜的，则在我们中做国王，并且命令〈我们〉回答他想〈要我们回答的〉。你们为何沉默不语？忒俄多洛斯啊，我肯定不至于由于热爱讨论[56]，因一心要让我们交谈，彼此成为朋友且互相谈得来，而〈显得〉举止粗俗吧？

忒俄多洛斯：苏格拉底，如此这般倒一点也不会是粗俗的，然而，请你还是叫年青人中的某位[57]来回答你吧；因为一则我不习惯这种讨论[58]，一则我也过了养成习惯的年纪。不过这会适合于他们，并且他们也会取得长足的进展；因为实际上青年整个说来[59]都有进步。但是，像你开始的那样，你不要放过泰阿泰德，而是询问他[60]！

苏格拉底：泰阿泰德啊，你肯定听见了忒俄多洛斯所说的；我认为，你既不愿意不服从[61]他，而关于这类事情，当一位智慧的人吩咐后，一个比较年轻的人却不听从他，这也是不合理的。因此，请你好好且高贵地[62]说说：你认为知识是什么？

泰阿泰德：苏格拉底啊，既然你们吩咐了，那么当然必须〈照办〉。如果我有所出错，那你们务必进行纠正。

苏格拉底：那是当然，只要我们能够。

泰阿泰德：那么我认为，一个人能够从忒俄多洛斯那里学习的那些东西，都是一些知识，即几何学以及你刚才细说过的那些，此外，还有鞋匠的技艺以及其他匠人[63]的各种技艺；这些中的全部以及每一个，都不是别的，而就是知识。

苏格拉底：朋友啊，一被要求，而你却高贵和慷慨地给出了多，并且用形形色色的东西取代单一的东西[64]。

泰阿泰德：你为何这么说，苏格拉底？

苏格拉底：也许我在说空话[65]；当然，我还是会解释[66]我所认为的。每当你说制鞋的技艺时，你没有宣称别的什么，而只是在宣称一种关乎鞋的做工的知识？

泰阿泰德：没别的。

e ΣΩ. Τί δ' ὅταν τεκτονικήν; μή τι ἄλλο ἢ ἐπιστήμην τῆς τῶν ξυλίνων σκευῶν ἐργασίας;
ΘΕΑΙ. Οὐδὲ τοῦτο.
ΣΩ. Οὐκοῦν ἐν ἀμφοῖν, οὗ ἑκατέρα ἐπιστήμη, τοῦτο ὁρίζεις;
ΘΕΑΙ. Ναί.
ΣΩ. Τὸ δέ γ' ἐρωτηθέν, ὦ Θεαίτητε, οὐ τοῦτο ἦν, τίνων ἡ ἐπιστήμη, οὐδὲ ὁπόσαι τινές· οὐ γὰρ ἀριθμῆσαι αὐτὰς βουλόμενοι ἠρόμεθα ἀλλὰ γνῶναι ἐπιστήμην αὐτὸ ὅτι ποτ' ἐστίν. ἢ οὐδὲν λέγω;
ΘΕΑΙ. Πάνυ μὲν οὖν ὀρθῶς.
ΣΩ. Σκέψαι δὴ καὶ τόδε. εἴ τις ἡμᾶς τῶν φαύλων τι καὶ προχείρων ἔροιτο, οἷον περὶ πηλοῦ ὅτι ποτ' ἐστίν, εἰ ἀποκριναίμεθα αὐτῷ πηλὸς ὁ τῶν χυτρέων καὶ πηλὸς ὁ τῶν ἰπνοπλαθῶν καὶ πηλὸς ὁ τῶν πλινθουργῶν, οὐκ ἂν γελοῖοι εἶμεν;
ΘΕΑΙ. Ἴσως.
ΣΩ. Πρῶτον μέν γέ που οἰόμενοι συνιέναι ἐκ τῆς ἡμετέρας ἀποκρίσεως τὸν ἐρωτῶντα, ὅταν εἴπωμεν πηλός, εἴτε ὁ τῶν κοροπλαθῶν προσθέντες εἴτε ἄλλων ὡντινωνοῦν δημιουργῶν. ἢ οἴει τίς τι συνίησίν τινος ὄνομα, ὃ μὴ οἶδεν τί ἐστιν;
ΘΕΑΙ. Οὐδαμῶς.
ΣΩ. Οὐδ' ἄρα ἐπιστήμην ὑποδημάτων συνίησιν ὁ ἐπιστήμην μὴ εἰδώς.
ΘΕΑΙ. Οὐ γάρ.
ΣΩ. Σκυτικὴν ἄρα οὐ συνίησιν ὃς ἂν ἐπιστήμην ἀγνοῇ, οὐδέ τινα ἄλλην τέχνην.
ΘΕΑΙ. Ἔστιν οὕτως.
ΣΩ. Γελοία ἄρα ἡ ἀπόκρισις τῷ ἐρωτηθέντι ἐπιστήμη τί ἐστιν, ὅταν ἀποκρίνηται τέχνης τινὸς ὄνομα. τινὸς γὰρ ἐπιστήμην ἀποκρίνεται οὐ τοῦτ' ἐρωτηθείς.

---

e 7 τὸ δέ γε ἐρωτηθέν W Berol.: τὸ δ' ἐπερωτηθέν B T   a 4 ἰπνοπλαθῶν B T W Berol.: κοροπλάθων T W in marg.   πλινθουλκῶν Berol.
a 5 ἦμεν T W   b 2 τί B T · ὅτι W Berol.   c 1 οὐ] ὁ W

苏格拉底：然后呢，每当〈你说〉木匠的技艺时？〈你也没有宣称〉 146e1
别的什么，〈而只是在宣称〉一种关乎木制器具的做工的知识吗？

泰阿泰德：没别的，就是这。

苏格拉底：那么，在两种情形那儿，两者中的每一个是关于何者的
知识，你岂不就是在界定这？ 146e5

泰阿泰德：是的。

苏格拉底：被问的，泰阿泰德啊，既不是这，即知识是关于何者
的，也非它是哪些[67]，因为不是由于想数它们我们才问，而是想认识知
识本身究竟是什么。或者我在胡说？ 146e10

泰阿泰德：你说得完全正确。

苏格拉底：请你也思考一下这点。如果有人在请教我们某个微不足 147a1
道的和手边的东西[68]，如关于泥，它究竟是什么，如果我们回答他，是
制陶匠们的泥、砌灶匠们的泥和制砖匠们的泥，那么，我们岂不会是可 147a5
笑的？

泰阿泰德：很可能。

苏格拉底：一开始就无论如何[69]都〈是可笑的〉，因为，我们以为
那进行询问的人从我们的回答中就理解了，每当我们说泥的时候——或
者通过补充塑工们的泥，或者其他任何工匠们的泥——。抑或你认为， 147b1
一个人会理解某物的某种名称，即使他不知道该物是什么？

泰阿泰德：决不会。

苏格拉底：因此，那不知道知识〈是什么〉的人，不理解关于鞋的 147b5
知识。

泰阿泰德：的确不。

苏格拉底：因此，那不识得知识〈是什么〉的人，既不理解制鞋的
技艺，也不理解任何其他的技艺。

泰阿泰德：是这样。

苏格拉底：所以，如果某人被问知识是什么[70]，每当他回答出某种 147b10
技艺的名字时，他的回答就是可笑的。因为他回答了关于何者的知识， 147c1
而并未问他这点[71]。

ΘΕΑΙ. Ἔοικεν.

ΣΩ. Ἔπειτά γέ που ἐξὸν φαύλως καὶ βραχέως ἀποκρίνασθαι περιέρχεται ἀπέραντον ὁδόν. οἷον καὶ ἐν τῇ τοῦ πηλοῦ ἐρωτήσει φαῦλόν που καὶ ἁπλοῦν εἰπεῖν ὅτι γῆ ὑγρῷ φυραθεῖσα πηλὸς ἂν εἴη, τὸ δ' ὅτου ἐᾶν χαίρειν.

ΘΕΑΙ. Ῥᾴδιον, ὦ Σώκρατες, νῦν γε οὕτω φαίνεται· ἀτὰρ κινδυνεύεις ἐρωτᾶν οἷον καὶ αὐτοῖς ἡμῖν ἔναγχος εἰσῆλθε διαλεγομένοις, ἐμοί τε καὶ τῷ σῷ ὁμωνύμῳ τούτῳ Σωκράτει.

ΣΩ. Τὸ ποῖον δή, ὦ Θεαίτητε;

ΘΕΑΙ. Περὶ δυνάμεών τι ἡμῖν Θεόδωρος ὅδε ἔγραφε, τῆς τε τρίποδος πέρι καὶ πεντέποδος [ἀποφαίνων] ὅτι μήκει οὐ σύμμετροι τῇ ποδιαίᾳ, καὶ οὕτω κατὰ μίαν ἑκάστην προαιρούμενος μέχρι τῆς ἑπτακαιδεκάποδος· ἐν δὲ ταύτῃ πως ἐνέσχετο. ἡμῖν οὖν εἰσῆλθέ τι τοιοῦτον, ἐπειδὴ ἄπειροι τὸ πλῆθος αἱ δυνάμεις ἐφαίνοντο, πειραθῆναι συλλαβεῖν εἰς ἕν, ὅτῳ πάσας ταύτας προσαγορεύσομεν τὰς δυνάμεις.

ΣΩ. Ἦ καὶ ηὕρετέ τι τοιοῦτον;

ΘΕΑΙ. Ἔμοιγε δοκοῦμεν· σκόπει δὲ καὶ σύ.

ΣΩ. Λέγε.

ΘΕΑΙ. Τὸν ἀριθμὸν πάντα δίχα διελάβομεν· τὸν μὲν δυνάμενον ἴσον ἰσάκις γίγνεσθαι τῷ τετραγώνῳ τὸ σχῆμα ἀπεικάσαντες τετράγωνόν τε καὶ ἰσόπλευρον προσείπομεν.

ΣΩ. Καὶ εὖ γε.

ΘΕΑΙ. Τὸν τοίνυν μεταξὺ τούτου, ὧν καὶ τὰ τρία καὶ τὰ πέντε καὶ πᾶς ὃς ἀδύνατος ἴσος ἰσάκις γενέσθαι, ἀλλ' ἢ πλείων ἐλαττονάκις ἢ ἐλάττων πλεονάκις γίγνεται, μείζων δὲ καὶ ἐλάττων ἀεὶ πλευρὰ αὐτὸν περιλαμβάνει, τῷ προμήκει αὖ σχήματι ἀπεικάσαντες προμήκη ἀριθμὸν ἐκαλέσαμεν.

ΣΩ. Κάλλιστα. ἀλλὰ τί τὸ μετὰ τοῦτο;

ΘΕΑΙ. Ὅσαι μὲν γραμμαὶ τὸν ἰσόπλευρον καὶ ἐπίπεδον ἀριθμὸν τετραγωνίζουσι, μῆκος ὡρισάμεθα, ὅσαι δὲ τὸν ἑτερο-

c 4 ἀπέρατον Berol.   c 5 γῆ om. pr. B   d 3 ἔγραψε W
d 4 ἀποφαίνων om. T   e 1 προσεροῦμεν Cobet   e 5 τὸν μὲν B
corr. Berol. : τὸ μὲν T pr. Berol. : καὶ τὸν μὲν W   a 1 γίγνεσθαι
W   a 3 πλευρὰν pr. T

泰阿泰德：好像是。

苏格拉底：然后也肯定〈是可笑的〉，当能够朴实无华且简明地进行回答时，一个人却在无尽的道路上兜圈子。例如，在关于泥的问题上，肯定能够朴实无华且简单地说：土，当它同水[72]混合在一起时，就会是泥[73]；而能够不必管[74]它是谁的泥。 147c5

泰阿泰德：苏格拉底啊，像这样的话，那现在肯定就显得容易了！况且你可能在问那类问题，它不久前也就发生在进行讨论的我们自己身上，即发生在我和这位与你同名的苏格拉底身上[75]。 147d1

苏格拉底：到底是哪类问题，泰阿泰德？

泰阿泰德：关于各种平方[76]，这儿的这位忒俄多洛斯[77]曾对我们进行了某种画图[78]，即关于三平方尺和五平方尺[79]他显明[80]，它们在长度上不可能用一平方尺来进行测量[81]；他这样逐一有意选择每个〈这样的〉平方，直到十七平方尺，但在那儿他不知怎的就被卡住了[82]。于是，某种这样的事情对我们发生出来，那就是：既然各种平方在数量上显得是无限的，那么，就当尝试把它们集合为一，由此我们能够称呼所有这些平方。 147d5

147e1

苏格拉底：那你们也的确发现了某种这样的东西吗？

泰阿泰德：我肯定认为我们发现了；但也请你来考察一下。

苏格拉底：请你说说。

泰阿泰德：我们把所有的数分成两类：那能够通过同数相乘[83]而产生的数，我们把它比作正方形的形状，将之称为正方形数和等边形数。 147e5

苏格拉底：很好。

泰阿泰德：而在这类数中间[84]的那种数——其中有三、五以及所有下面这种数，即不能够通过同数相乘产生，而只能要么通过一个较大的数乘一个较小的数，要么通过一个较小的数乘一个较大的数产生[85]，一条较长的边和一条较短的边总是包围着它——，我们复又把它比作长方形，将之称作长方形数。 148a1

苏格拉底：好极了。但此后呢？ 148a5

泰阿泰德：所有使得正方形数[86]成为正方形的那些线，我们将之规定为长度，而所有使得长方形数[87]成为正方形的那些线，我们将之规定 148b1

ΠΛΑΤΩΝΟΣ

b μήκη, δυνάμεις, ὡς μήκει μὲν οὐ συμμέτρους ἐκείναις, τοῖς δ᾽ ἐπιπέδοις ἃ δύνανται. καὶ περὶ τὰ στερεὰ ἄλλο τοιοῦτον.

ΣΩ. Ἀριστά γ᾽ ἀνθρώπων, ὦ παῖδες· ὥστε μοι δοκεῖ ὁ Θεόδωρος οὐκ ἔνοχος τοῖς ψευδομαρτυρίοις ἔσεσθαι.

ΘΕΑΙ. Καὶ μήν, ὦ Σώκρατες, ὅ γε ἐρωτᾷς περὶ ἐπιστήμης οὐκ ἂν δυναίμην ἀποκρίνασθαι ὥσπερ περὶ τοῦ μήκους τε καὶ τῆς δυνάμεως. καίτοι σύ γέ μοι δοκεῖς τοιοῦτόν τι ζητεῖν· ὥστε πάλιν αὖ φαίνεται ψευδὴς ὁ Θεόδωρος.

c ΣΩ. Τί δέ; εἴ σε πρὸς δρόμον ἐπαινῶν μηδενὶ οὕτω δρομικῷ ἔφη τῶν νέων ἐντετυχηκέναι, εἶτα διαθέων τοῦ ἀκμάζοντος καὶ ταχίστου ἡττήθης, ἧττόν τι ἂν οἴει ἀληθῆ τόνδ᾽ ἐπαινέσαι;

ΘΕΑΙ. Οὐκ ἔγωγε.

ΣΩ. Ἀλλὰ τὴν ἐπιστήμην, ὥσπερ νυνδὴ ἐγὼ ἔλεγον, σμικρόν τι οἴει εἶναι ἐξευρεῖν καὶ οὐ τῶν πάντῃ ἄκρων;

ΘΕΑΙ. Νὴ τὸν Δί᾽ ἔγωγε καὶ μάλα γε τῶν ἀκροτάτων.

ΣΩ. Θάρρει τοίνυν περὶ σαυτῷ καὶ τὶ οἴου Θεόδωρον
d λέγειν, προθυμήθητι δὲ παντὶ τρόπῳ τῶν τε ἄλλων πέρι καὶ ἐπιστήμης λαβεῖν λόγον τί ποτε τυγχάνει ὄν.

ΘΕΑΙ. Προθυμίας μὲν ἕνεκα, ὦ Σώκρατες, φανεῖται.

ΣΩ. Ἴθι δή—καλῶς γὰρ ἄρτι ὑφηγήσω—πειρῶ μιμούμενος τὴν περὶ τῶν δυνάμεων ἀπόκρισιν, ὥσπερ ταύτας πολλὰς οὔσας ἑνὶ εἴδει περιέλαβες, οὕτω καὶ τὰς πολλὰς ἐπιστήμας ἑνὶ λόγῳ προσειπεῖν.

e ΘΕΑΙ. Ἀλλ᾽ εὖ ἴσθι, ὦ Σώκρατες, πολλάκις δὴ αὐτὸ ἐπεχείρησα σκέψασθαι, ἀκούων τὰς παρὰ σοῦ ἀποφερομένας ἐρωτήσεις. ἀλλὰ γὰρ οὔτ᾽ αὐτὸς δύναμαι πεῖσαι ἐμαυτὸν ὡς ἱκανῶς τι λέγω οὔτ᾽ ἄλλου ἀκοῦσαι λέγοντος οὕτως ὡς σὺ διακελεύῃ, οὐ μὲν δὴ αὖ οὐδ᾽ ἀπαλλαγῆναι τοῦ μέλειν.

ΣΩ. Ὠδίνεις γάρ, ὦ φίλε Θεαίτητε, διὰ τὸ μὴ κενὸς ἀλλ᾽ ἐγκύμων εἶναι.

b 7 τε καὶ T W Berol.: καὶ B   c 1 ἔφη οὕτω δρομικῷ T
c 7 ἄκρων T: ἀκριβῶν B   e 5 τοῦ B T Berol.: τοῦ τοῦ W   μέλειν
B Berol. et γρ. W: μέλλειν T: εὑρεῖν W

为平方；因为它们在长度上不可能用〈前面〉那些线来测量，而只能在它们能够形成的面积上是可测量的。这类区别也出现在立体那里。

苏格拉底：世界上无人比你们更优秀了，孩子们！[88] 因此在我看来，忒俄多洛斯将定然不会因那些伪证而被起诉[89]。

泰阿泰德：但是，苏格拉底，就你关于知识所问的，我的确不能够像关于长度和平方所做的那样进行回答，虽然我确实认为你在寻求某种这样的东西；因此，忒俄多洛斯再度显得是在说谎。

苏格拉底：怎么回事？如果他就奔跑赞扬你而说，他在年青人中未曾遇见任何如此擅于奔跑的，后来在赛跑时你却败给了那正处于巅峰时期且最快速的人[90]，那么，你会认为这个人其实[91]不那么[92]赞扬你吗？

泰阿泰德：我肯定不会。

苏格拉底：但是，知识，就像我刚才说过的[93]，你认为发现它，这是一件小事，并且不属于在各方面都最尖端的事情？

泰阿泰德：宙斯在上，我肯定认为它属于最尖端的事情。

苏格拉底：那么，你就要对你自己有信心[94]，并且要相信忒俄多洛斯说得中肯[95]！要充满热情[96]地用所有的方式——无论是关于其他事情，还是关于知识——，去获得〈对它的这种〉说明，即它究竟是什么。

泰阿泰德：至于热情，苏格拉底，那是显而易见的。

苏格拉底：那就来吧！[97]——其实你刚才就已经正确地指出了方法[98]。请你试着通过模仿对平方的回答，正如尽管它们是多，你却用单一的形式来包围住它们，现在也同样用单一的说明[99]来刻画许多的知识。

泰阿泰德：不过你得清楚，苏格拉底啊，当我听到从你那里提交出来的各种问题之后，我的确曾多次着手思考该问题。当然，我自己既没能说服我自己我已经充分地说出了某种东西，也没能听到其他人如你所要求的那样说出〈了某种东西〉；然而，我也不能够停止对它的关心。

苏格拉底：你其实正在遭受分娩的阵痛，亲爱的泰阿泰德，因为你不是腹中空空，而是怀孕了。

ΘΕΑΙΤΗΤΟΣ   148 e

ΘΕΑΙ. Οὐκ οἶδα, ὦ Σώκρατες· ὃ μέντοι πέπονθα λέγω.
ΣΩ. Εἶτα, ὦ καταγέλαστε, οὐκ ἀκήκοας ὡς ἐγώ εἰμι ὑὸς 149
μαίας μάλα γενναίας τε καὶ βλοσυρᾶς, Φαιναρέτης;
ΘΕΑΙ. Ἤδη τοῦτό γε ἤκουσα.
ΣΩ. Ἆρα καὶ ὅτι ἐπιτηδεύω τὴν αὐτὴν τέχνην ἀκήκοας;
ΘΕΑΙ. Οὐδαμῶς.   5
ΣΩ. Ἀλλ' εὖ ἴσθ' ὅτι· μὴ μέντοι μου κατείπῃς πρὸς τοὺς ἄλλους. λέληθα γάρ, ὦ ἑταῖρε, ταύτην ἔχων τὴν τέχνην· οἱ δέ, ἅτε οὐκ εἰδότες, τοῦτο μὲν οὐ λέγουσι περὶ ἐμοῦ, ὅτι δὲ ἀτοπώτατός εἰμι καὶ ποιῶ τοὺς ἀνθρώπους ἀπορεῖν. ἦ καὶ τοῦτο ἀκήκοας;   10
ΘΕΑΙ. Ἔγωγε.   b
ΣΩ. Εἴπω οὖν σοι τὸ αἴτιον;
ΘΕΑΙ. Πάνυ μὲν οὖν.
ΣΩ. Ἐννόησον δὴ τὸ περὶ τὰς μαίας ἅπαν ὡς ἔχει, καὶ ῥᾷον μαθήσῃ ὃ βούλομαι. οἶσθα γάρ που ὡς οὐδεμία αὐτῶν 5
ἔτι αὐτὴ κυϊσκομένη τε καὶ τίκτουσα ἄλλας μαιεύεται, ἀλλ' αἱ ἤδη ἀδύνατοι τίκτειν.
ΘΕΑΙ. Πάνυ μὲν οὖν.
ΣΩ. Αἰτίαν δέ γε τούτου φασὶν εἶναι τὴν Ἄρτεμιν, ὅτι ἄλοχος οὖσα τὴν λοχείαν εἴληχε. στερίφαις μὲν οὖν ἄρα 10
οὐκ ἔδωκε μαιεύεσθαι, ὅτι ἡ ἀνθρωπίνη φύσις ἀσθενεστέρα ἢ c
λαβεῖν τέχνην ὧν ἂν ᾖ ἄπειρος· ταῖς δὲ δι' ἡλικίαν ἀτόκοις προσέταξε τιμῶσα τὴν αὑτῆς ὁμοιότητα.
ΘΕΑΙ. Εἰκός.
ΣΩ. Οὐκοῦν καὶ τόδε εἰκός τε καὶ ἀναγκαῖον, τὰς 5
κυούσας καὶ μὴ γιγνώσκεσθαι μᾶλλον ὑπὸ τῶν μαιῶν ἢ τῶν ἄλλων;
ΘΕΑΙ. Πάνυ γε.
ΣΩ. Καὶ μὴν καὶ διδοῦσαί γε αἱ μαῖαι φαρμάκια καὶ ἐπᾴδουσαι δύνανται ἐγείρειν τε τὰς ὠδῖνας καὶ μαλθακω- d

a 8 ἐμοῦ B W : μοῦ T Berol.   c 2 ἀτόποις pr. B   c 5 τε]
γε W   c 9 φαρμάκια W : φαρμάκεια B T

泰阿泰德：我不知道，苏格拉底；我只是在说我所经历过的[100]。

苏格拉底：那么，可笑的人儿啊，难道你未曾听说我是一位非常尊贵且健壮的产婆的儿子，即斐那瑞忒[101]的儿子？

泰阿泰德：我确实已经听说过这件事。

苏格拉底：那你也听说过我在致力于同样的技艺吗？

泰阿泰德：绝对没有。

苏格拉底：那么你得清楚这点，但一定不要在其他人面前告发我[102]。因为，朋友，我未曾让他们注意到我具有这种技艺。但正因为不知道，他们虽然没有就此对我说三道四，却说我是最荒诞不经的，并且让人们感到困惑[103]。你也听说过这点吧？

泰阿泰德：我确实听说过。

苏格拉底：那我该告诉你原因吗？

泰阿泰德：当然。

苏格拉底：那请你思考一下就产婆们来说的整个情况是怎么个样子[104]，〈由此〉你也就会比较容易明白我想〈说〉的。因为你肯定知道，她们中无人——只要她本人还在怀孕和生育——会给别人助产，而是那些已经不能够生育的〈才做这件事〉。

泰阿泰德：肯定。

苏格拉底：而她们说这件事的原因是阿耳忒弥斯[105]，因为她自己尽管是未生育过的[106]，却凭抽签得到〈掌管〉生育的职位[107]。于是，她一方面不允许那些不能生育的妇女做接生婆，因为人的本性太过虚弱，以至于关于那些它不曾对之有经验的事物无法获得技艺；另一方面，她又吩咐那些由于年纪而不能生育的妇女〈做接生婆〉——因为她尊重〈她们〉同她的相似。

泰阿泰德：当然[108]。

苏格拉底：因此，下面这点岂不也是理所当然和必然的，那就是：产婆们比其他任何人都更为知道妇女们怀孕与否？

泰阿泰德：肯定。

苏格拉底：而且产婆们也的确通过给药和唱咒语，能够激发分娩的阵痛，如果她们愿意，也能够使之缓和；她们当然也帮助那些难产的妇

ΠΛΑΤΩΝΟΣ

τέρας ἂν βούλωνται ποιεῖν, καὶ τίκτειν τε δὴ τὰς δυστοκούσας, καὶ ἐὰν †νέον ὂν† δόξῃ ἀμβλίσκειν, ἀμβλίσκουσιν;

ΘΕΑΙ. Ἔστι ταῦτα.

ΣΩ. Ἆρ' οὖν ἔτι καὶ τόδε αὐτῶν ᾔσθησαι, ὅτι καὶ προμνήστριαί εἰσι δεινόταται, ὡς πάσσοφοι οὖσαι περὶ τοῦ γνῶναι ποίαν χρὴ ποίῳ ἀνδρὶ συνοῦσαν ὡς ἀρίστους παῖδας τίκτειν;

ΘΕΑΙ. Οὐ πάνυ τοῦτο οἶδα.

ΣΩ. Ἀλλ' ἴσθ' ὅτι ἐπὶ τούτῳ μεῖζον φρονοῦσιν ἢ ἐπὶ τῇ ὀμφαλητομίᾳ. ἐννόει γάρ· τῆς αὐτῆς ἢ ἄλλης οἴει τέχνης εἶναι θεραπείαν τε καὶ συγκομιδὴν τῶν ἐκ γῆς καρπῶν καὶ αὖ τὸ γιγνώσκειν εἰς ποίαν γῆν ποῖον φυτόν τε καὶ σπέρμα καταβλητέον;

ΘΕΑΙ. Οὔκ, ἀλλὰ τῆς αὐτῆς.

ΣΩ. Εἰς γυναῖκα δέ, ὦ φίλε, ἄλλην μὲν οἴει τοῦ τοιούτου, ἄλλην δὲ συγκομιδῆς;

ΘΕΑΙ. Οὔκουν εἰκός γε.

ΣΩ. Οὐ γάρ. ἀλλὰ διὰ τὴν ἄδικόν τε καὶ ἄτεχνον συναγωγὴν ἀνδρὸς καὶ γυναικός, ᾗ δὴ προαγωγία ὄνομα, φεύγουσι καὶ τὴν προμνηστικὴν ἅτε σεμναὶ οὖσαι αἱ μαῖαι, φοβούμεναι μὴ εἰς ἐκείνην τὴν αἰτίαν διὰ ταύτην ἐμπέσωσιν· ἐπεὶ ταῖς γε ὄντως μαίαις μόναις που προσήκει καὶ προμνήσασθαι ὀρθῶς.

ΘΕΑΙ. Φαίνεται.

ΣΩ. Τὸ μὲν τοίνυν τῶν μαιῶν τοσοῦτον, ἔλαττον δὲ τοῦ ἐμοῦ δράματος. οὐ γὰρ πρόσεστι γυναιξὶν ἐνίοτε μὲν εἴδωλα τίκτειν, ἔστι δ' ὅτε ἀληθινά, τοῦτο δὲ μὴ ῥᾴδιον εἶναι διαγνῶναι. εἰ γὰρ προσῆν, μέγιστόν τε καὶ κάλλιστον ἔργον ἦν ἂν ταῖς μαίαις τὸ κρίνειν τὸ ἀληθές τε καὶ μή· ἢ οὐκ οἴει;

ΘΕΑΙ. Ἔγωγε.

d 2 δὴ] καὶ W   d 3 νέον ὂν] νόμιμον Schanz   d 5 ἔτι om. W
d 10 ἴσθ'] ἐσθ' T : οἶσθ' W   b 1 ἀληθινά] λιθινά T

女生产，如果看起来需要流产[109]，她们也进行流产。是这样吗？

泰阿泰德：是这样。

苏格拉底：此外，关于她们你还觉察到过这点吗，即她们都是一些最聪明的媒人，因为她们对于下面这点是极为智慧的，那就是了解何种女人应该同何种男人在一起，以便生出最好的孩子？

泰阿泰德：我完全不知道这点。

苏格拉底：那么你得清楚，她们对此比对剪脐带更为感到自豪[110]。请你想一想：一方面是对地里庄稼的培育和收割，另一方面是了解何种植物和种子应该被投到何种地里，你认为它们是属于同一门技艺，还是属于不同的技艺？

泰阿泰德：不〈属于不同的技艺〉，而是属于同一门技艺。

苏格拉底：但对于妇女，朋友，你会认为一种技艺属于后者[111]，一种技艺则属于收获？

泰阿泰德：肯定不可能。

苏格拉底：当然不。但由于对男人和女人的一种既不正当也缺乏技艺的撮合，它的名字叫拉皮条[112]，为此产婆们——她们都是一些庄重的〈妇女〉——，才避开做媒的技艺[113]，因为她们害怕[114]因这种技艺而陷入到那种罪责中。其实唯有那些真正的产婆们才适合正确地做媒[115]。

泰阿泰德：显然。

苏格拉底：即使产婆们的任务是如此重大，但还是比我的小。因为对于妇女们来说不会出现：一则有时生出一些虚假的〈孩子〉，有时却生出一些真实的〈孩子〉，一则分辨这点还是不容易的。因为，如果出现这种情况，那么，产婆们最重大和最漂亮的工作就会是辨别真的〈孩子〉和不真的〈孩子〉；抑或你不这么认为？

泰阿泰德：我肯定这么认为。

ΘΕΑΙΤΗΤΟΣ 150 b

ΣΩ. Τῇ δέ γ' ἐμῇ τέχνῃ τῆς μαιεύσεως τὰ μὲν ἄλλα ὑπάρχει ὅσα ἐκείναις, διαφέρει δὲ τῷ τε ἄνδρας ἀλλὰ μὴ γυναῖκας μαιεύεσθαι καὶ τῷ τὰς ψυχὰς αὐτῶν τικτούσας ἐπισκοπεῖν ἀλλὰ μὴ τὰ σώματα. μέγιστον δὲ τοῦτ' ἔνι τῇ ἡμετέρᾳ τέχνῃ, βασανίζειν δυνατὸν εἶναι παντὶ τρόπῳ c πότερον εἴδωλον καὶ ψεῦδος ἀποτίκτει τοῦ νέου ἡ διάνοια ἢ γόνιμόν τε καὶ ἀληθές. ἐπεὶ τόδε γε καὶ ἐμοὶ ὑπάρχει ὅπερ ταῖς μαίαις· ἄγονός εἰμι σοφίας, καὶ ὅπερ ἤδη πολλοί μοι ὠνείδισαν, ὡς τοὺς μὲν ἄλλους ἐρωτῶ, αὐτὸς δὲ οὐδὲν 5 ἀποφαίνομαι περὶ οὐδενὸς διὰ τὸ μηδὲν ἔχειν σοφόν, ἀληθὲς ὀνειδίζουσιν. τὸ δὲ αἴτιον τούτου τόδε· μαιεύεσθαί με ὁ θεὸς ἀναγκάζει, γεννᾶν δὲ ἀπεκώλυσεν. εἰμὶ δὴ οὖν αὐτὸς μὲν οὐ πάνυ τι σοφός, οὐδέ τί μοι ἔστιν εὕρημα τοιοῦτον d γεγονὸς τῆς ἐμῆς ψυχῆς ἔκγονον· οἱ δ' ἐμοὶ συγγιγνόμενοι τὸ μὲν πρῶτον φαίνονται ἔνιοι μὲν καὶ πάνυ ἀμαθεῖς, πάντες δὲ προϊούσης τῆς συνουσίας, οἷσπερ ἂν ὁ θεὸς παρείκῃ, θαυμαστὸν ὅσον ἐπιδιδόντες, ὡς αὐτοῖς τε καὶ τοῖς ἄλλοις 5 δοκοῦσι· καὶ τοῦτο ἐναργὲς ὅτι παρ' ἐμοῦ οὐδὲν πώποτε μαθόντες, ἀλλ' αὐτοὶ παρ' αὑτῶν πολλὰ καὶ καλὰ εὑρόντες τε καὶ τεκόντες. τῆς μέντοι μαιείας ὁ θεός τε καὶ ἐγὼ αἴτιος. ὧδε δὲ δῆλον· πολλοὶ ἤδη τοῦτο ἀγνοήσαντες καὶ e ἑαυτοὺς αἰτιασάμενοι, ἐμοῦ δὲ καταφρονήσαντες, ἢ αὐτοὶ ἢ ὑπ' ἄλλων πεισθέντες ἀπῆλθον πρῳαίτερον τοῦ δέοντος, ἀπελθόντες δὲ τά τε λοιπὰ ἐξήμβλωσαν διὰ πονηρὰν συνουσίαν καὶ τὰ ὑπ' ἐμοῦ μαιευθέντα κακῶς τρέφοντες 5 ἀπώλεσαν, ψευδῆ καὶ εἴδωλα περὶ πλείονος ποιησάμενοι τοῦ ἀληθοῦς, τελευτῶντες δ' αὑτοῖς τε καὶ τοῖς ἄλλοις ἔδοξαν ἀμαθεῖς εἶναι. ὧν εἷς γέγονεν Ἀριστείδης ὁ Λυσι- 151 μάχου καὶ ἄλλοι πάνυ πολλοί· οὕς, ὅταν πάλιν ἔλθωσι δεόμενοι τῆς ἐμῆς συνουσίας καὶ θαυμαστὰ δρῶντες, ἐνίοις

---

c 4 πολλοί B T Berol. : πολλοὶ πολλάκις W   c 6 ἀποφαίνομαι W Berol. : ἀποκρίνομαι B T   d 1 πάνυ τι T W Berol. : πάνυ τις B
d 3 ἔνιοι T W : ἐνί ὅτε B   d 8 καὶ τεκόντες W Berol. : κατέχοντες B T   e 2 ἢ αὐτοὶ ἢ W : ἢ αὐτοὶ B T   a 1 ἀμαθεῖς ἔδοξαν W

苏格拉底：但我的助产技艺在其他方面同那些产婆们的都一样[116]，不同[117]之处仅在于，一则为男人们而不是为女人们助产，一则检查他们那进行生产的灵魂而不是身体[118]。而在我们的技艺中[119]最重要的是这点，即能够用一切办法来仔细检查年青人的思想是在生产假象和错误呢，还是在生产硕果和真实。因为如产婆们〈所具有的〉一样，我其实也具有下面这点，即我是不能够生育智慧的[120]；并且正如许多人已经责骂我的那样，我虽然盘问其他人，但自己由于没有任何智慧的东西而不能对任何事情进行揭示，他们责骂得对。不过这点的原因是这样，即神迫使我助产，但阻止我生育。因此，我自己一点都不[121]是智慧的，我也没有任何的发现已经生出来作为我灵魂的这种后裔。而那些和我往来的，虽然一些人最初显得是非常无知的，但随着交往的进展，神所允许的所有那些人都多么令人惊讶地[122]取得了进步，无论是在他们自己看来，还是在其他人看来。并且这点也是清楚的，那就是，他们从不曾从我这儿学到什么，而是自己从自己那儿发现和生育出了许多且美好的东西。然而神和我对助产负责；而这从下面这点就一清二楚，那就是：许多不知道这点和归功于自己的人，他们因轻视我——要么他们自己〈就轻视我〉，要么被其他人说服〈而轻视我〉——，而早于应当的时候就从我这儿离开了；但当他们离开之后，他们既由于拙劣的交往[123]而使剩下的流产，也因恶劣地抚养那些被我曾接生出来的而毁灭了它们，因为他们把各种错误和假象凌驾于真的东西之上[124]，最终无论是对于他们自己，还是对于其他人，他们都显得是无知的。他们中出现了一位阿里斯忒得斯，即吕西马科斯的儿子[125]，还有其他许许多多的人。这些人，每当他们返回后[126]就恳求〈重新〉和我交往，并做出一些奇怪的事情来[127]；出现在我身上的神迹[128]，一方面阻止〈我〉同一些人交往，一方面又允许〈我〉同另一些人交往，并且这些人也重新取得了进步。但是，和我在一起的那些人肯定也如生孩子的妇女们一样遭受着这同样的事情：他们当然感到阵痛，并日日夜夜都充满了困惑，甚至远胜那些妇女们。但我的技艺既能够激发，也能终止这种阵痛。这些人的情况就是这样。泰阿泰德啊，但对于一些无论如何在我看来都是没有怀孕的人——因为我

ΠΛΑΤΩΝΟΣ

μὲν τὸ γιγνόμενόν μοι δαιμόνιον ἀποκωλύει συνεῖναι, ἐνίοις δὲ ἐᾷ, καὶ πάλιν οὗτοι ἐπιδιδόασι. πάσχουσι δὲ δὴ οἱ ἐμοὶ συγγιγνόμενοι καὶ τοῦτο ταὐτὸν ταῖς τικτούσαις· ὠδίνουσι γὰρ καὶ ἀπορίας ἐμπίμπλανται νύκτας τε καὶ ἡμέρας πολὺ μᾶλλον ἢ 'κεῖναι· ταύτην δὲ τὴν ὠδῖνα ἐγείρειν τε καὶ ἀποπαύειν ἡ ἐμὴ τέχνη δύναται. καὶ οὗτοι μὲν δὴ οὕτως. ἐνίοις δέ, ὦ Θεαίτητε, οἳ ἄν μοι μὴ δόξωσί πως ἐγκύμονες εἶναι, γνοὺς ὅτι οὐδὲν ἐμοῦ δέονται, πάνυ εὐμενῶς προμνῶμαι καί, σὺν θεῷ εἰπεῖν, πάνυ ἱκανῶς τοπάζω οἷς ἂν συγγενόμενοι ὄναιντο· ὧν πολλοὺς μὲν δὴ ἐξέδωκα Προδίκῳ, πολλοὺς δὲ ἄλλοις σοφοῖς τε καὶ θεσπεσίοις ἀνδράσι. ταῦτα δὴ σοι, ὦ ἄριστε, ἕνεκα τοῦδε ἐμήκυνα· ὑποπτεύω σε, ὥσπερ καὶ αὐτὸς οἴει, ὠδίνειν τι κυοῦντα ἔνδον. προσφέρου οὖν πρός με ὡς πρὸς μαίας ὑὸν καὶ αὐτὸν μαιευτικόν, καὶ ἃ ἂν ἐρωτῶ προθυμοῦ ὅπως οἷός τ' εἶ οὕτως ἀποκρίνασθαι· καὶ ἐὰν ἄρα σκοπούμενός τι ὧν ἂν λέγῃς ἡγήσωμαι εἴδωλον καὶ μὴ ἀληθές, εἶτα ὑπεξαιρῶμαι καὶ ἀποβάλλω, μὴ ἀγρίαινε ὥσπερ αἱ πρωτοτόκοι περὶ τὰ παιδία. πολλοὶ γὰρ ἤδη, ὦ θαυμάσιε, πρός με οὕτω διετέθησαν, ὥστε ἀτεχνῶς δάκνειν ἕτοιμοι εἶναι, ἐπειδάν τινα λῆρον αὐτῶν ἀφαιρῶμαι, καὶ οὐκ οἴονταί με εὐνοίᾳ τοῦτο ποιεῖν, πόρρω ὄντες τοῦ εἰδέναι ὅτι οὐδεὶς θεὸς δύσνους ἀνθρώποις, οὐδ' ἐγὼ δυσνοίᾳ τοιοῦτον οὐδὲν δρῶ, ἀλλά μοι ψεῦδός τε συγχωρῆσαι καὶ ἀληθὲς ἀφανίσαι οὐδαμῶς θέμις. πάλιν δὴ οὖν ἐξ ἀρχῆς, ὦ Θεαίτητε, ὅτι ποτ' ἐστὶν ἐπιστήμη, πειρῶ λέγειν· ὡς δ' οὐχ οἷός τ' εἶ, μηδέποτ' εἴπῃς. ἐὰν γὰρ θεὸς ἐθέλῃ καὶ ἀνδρίζῃ, οἷός τ' ἔσῃ.

ΘΕΑΙ. Ἀλλὰ μέντοι, ὦ Σώκρατες, σοῦ γε οὕτω παρακελευομένου αἰσχρὸν μὴ οὐ παντὶ τρόπῳ προθυμεῖσθαι ὅτι

---

a 5 οὗτοι T : αὐτοὶ B   a 8 κεῖναι T : ἐκεῖναι B   b 2 ἐνίοις Berol. : ἐνίοτε B T : ἔνιοι W   μοι om. W   b 4 σὺν om. pr. B
b 6 ἄλλοις] ἄλλους B T   b 7 ὑποπτεύων B   b 8 κύοντα B
c 1 μαίας] μαίας τε καὶ W   c 4 ἀποβάλλω T : ὑποβάλω B : ἀποβάλω W   c 5 ἤδη] δὴ Plutarchus   c 7 αὐτῶν om. T   c 8 με Plutarchus : om. B T W Berol.

认识到他们并不需要我——，我也非常友好地给他们做媒，并且在神的帮助下[129]，我完全能够猜到他们同谁交往会得到好处；我把其中的许多人嫁给了普洛狄科斯[130]，也把许多人嫁给了其他一些智慧且天赋极高的[131]人。最优秀的人啊，我是为了下面这点才对你拉拉杂杂地讲这些[132]，那就是：我觉得你，正如你自己也认为的那样，因内里怀上了某种东西而感到阵痛。因此，请把你自己交付给我——即交付给一位产婆的儿子，他自己也是精通接生的——，并且无论我问什么，你都要尽你所能的那样热心回答。并且，当我考察你所说的东西中的某点时，如果我终究把它视为假象和不真的东西，于是将之悄悄取出并扔掉，那么，请你不要愤怒，就像那些生头胎的妇女们为了孩子那样。最令人钦佩的人啊，其实许多人就已经在这样对待我，以至于完完全全[133]准备咬我，每当我夺走他们的某种蠢话时；他们也不认为我是出于好意才这么做，因为他们远不知道[134]：没有哪位神对人是有恶意的，我也没有出于恶意做过这类事情，只不过应允错误和隐藏真实，这对我来说决不是合理的。因此，再次从头开始，泰阿泰德！请你试着说说，知识究竟是什么；但你从不应说你不能。因为，如果神愿意，并且你是个男子汉，那么你就能。

泰阿泰德：的确，苏格拉底啊，由于你如此进行了鼓励，不极力用所有方式〈说出〉一个人能够说的，这就是可耻的。那么，在我看来，

ΘΕΑΙΤΗΤΟΣ

τις ἔχει λέγειν. δοκεῖ οὖν μοι ὁ ἐπιστάμενός τι αἰσθάνεσθαι e
τοῦτο ὃ ἐπίσταται, καὶ ὥς γε νυνὶ φαίνεται, οὐκ ἄλλο τί
ἐστιν ἐπιστήμη ἢ αἴσθησις.

ΣΩ. Εὖ γε καὶ γενναίως, ὦ παῖ· χρὴ γὰρ οὕτως ἀποφαινόμενον λέγειν. ἀλλὰ φέρε δὴ αὐτὸ κοινῇ σκεψώμεθα, 5
γόνιμον ἢ ἀνεμιαῖον τυγχάνει ὄν. αἴσθησις, φῄς, ἐπιστήμη;

ΘΕΑΙ. Ναί.

ΣΩ. Κινδυνεύεις μέντοι λόγον οὐ φαῦλον εἰρηκέναι περὶ
ἐπιστήμης, ἀλλ' ὃν ἔλεγε καὶ Πρωταγόρας. τρόπον δέ τινα 152
ἄλλον εἴρηκε τὰ αὐτὰ ταῦτα. φησὶ γάρ που "πάντων
χρημάτων μέτρον" ἄνθρωπον εἶναι, "τῶν μὲν ὄντων ὡς ἔστι,
τῶν δὲ μὴ ὄντων ὡς οὐκ ἔστιν." ἀνέγνωκας γάρ που;

ΘΕΑΙ. Ἀνέγνωκα καὶ πολλάκις. 5

ΣΩ. Οὐκοῦν οὕτω πως λέγει, ὡς οἷα μὲν ἕκαστα ἐμοὶ
φαίνεται τοιαῦτα μὲν ἔστιν ἐμοί, οἷα δὲ σοί, τοιαῦτα δὲ αὖ
σοί· ἄνθρωπος δὲ σύ τε κἀγώ;

ΘΕΑΙ. Λέγει γὰρ οὖν οὕτω.

ΣΩ. Εἰκὸς μέντοι σοφὸν ἄνδρα μὴ ληρεῖν· ἐπακολουθή- b
σωμεν οὖν αὐτῷ. ἆρ' οὐκ ἐνίοτε πνέοντος ἀνέμου τοῦ αὐτοῦ
ὁ μὲν ἡμῶν ῥιγῷ, ὁ δ' οὔ; καὶ ὁ μὲν ἠρέμα, ὁ δὲ σφόδρα;

ΘΕΑΙ. Καὶ μάλα.

ΣΩ. Πότερον οὖν τότε αὐτὸ ἐφ' ἑαυτοῦ τὸ πνεῦμα 5
ψυχρὸν ἢ οὐ ψυχρὸν φήσομεν; ἢ πεισόμεθα τῷ Πρωταγόρᾳ
ὅτι τῷ μὲν ῥιγῶντι ψυχρόν, τῷ δὲ μὴ οὔ;

ΘΕΑΙ. Ἔοικεν.

ΣΩ. Οὐκοῦν καὶ φαίνεται οὕτω ἑκατέρῳ;

ΘΕΑΙ. Ναί. 10

ΣΩ. Τὸ δέ γε "φαίνεται" αἰσθάνεσθαί ἐστιν;

ΘΕΑΙ. Ἔστιν γάρ.

ΣΩ. Φαντασία ἄρα καὶ αἴσθησις ταὐτὸν ἔν τε θερμοῖς c
καὶ πᾶσι τοῖς τοιούτοις. οἷα γὰρ αἰσθάνεται ἕκαστος,
τοιαῦτα ἑκάστῳ καὶ κινδυνεύει εἶναι.

b 5 ἑαυτοῦ W Berol. : ἑαυτὸ B T   b 11 αἰσθάνεται Berol.

知道某个东西的人感觉到他所知道的那种东西；并且肯定如现在所显得的那样，知识无非就是感觉。

苏格拉底：〈回答得〉很好且诚实，孩子！一个在揭示〈事情〉的人确实就应该以这种方式说话。但是，来吧[135]！让我们共同来考察它，它究竟是一枚受精了的蛋呢，还是一枚没有受精的蛋[136]？你说，知识就是感觉？ 151e5

泰阿泰德：是。

苏格拉底：当然，你有可能[137]对于知识说出了一个并非无关紧要的说法，相反，它是普罗塔戈拉也曾说过的。但他用另外的方式说了同样这些事情。因为他无论如何都说："人是"万物的尺度"[138]，"既是诸是者如其是之尺度，也是诸不是者如其不是之尺度。"你肯定曾读过吧？ 152a1

泰阿泰德：我读过，并且经常。 152a5

苏格拉底：那么，他岂不一定在这样说，即每个东西对我显得怎样，它就对我是怎样，而对你显得怎样，它也就对你是怎样——而你和我都是人？

泰阿泰德：他肯定在这样说。

苏格拉底：一个智慧的人肯定不可能胡说，因此，让我们紧随他！有时当同一阵风吹来，我们中岂不有人打冷战，有人则不？并且有人轻微地〈打冷战〉，而有人则强烈地〈打冷战〉。 152b1

泰阿泰德：的确。

苏格拉底：那么，我们那时会说在其自身的风本身[139]是冷的，还是不冷的？抑或我们会听从普罗塔戈拉，它对于打冷战的人来说是冷的，对于不打冷战的人来说则不？ 152b5

泰阿泰德：似乎〈得听从普罗塔戈拉〉。

苏格拉底：那么，它岂不也就对两者中的每一个显得如此？

泰阿泰德：是。 152b10

苏格拉底：而"显得"肯定就是感觉到[140]？

泰阿泰德：当然是。

苏格拉底：于是，在各种热的东西和所有诸如此类的东西那儿，显象和感觉是同一的。因为每个人感觉到〈某个东西〉怎样，它对于每个人就可能是怎样。 152c1

ΠΛΑΤΩΝΟΣ

ΘΕΑΙ. Ἔοικεν.
ΣΩ. Αἴσθησις ἄρα τοῦ ὄντος ἀεί ἐστιν καὶ ἀψευδὲς ὡς ἐπιστήμη οὖσα.
ΘΕΑΙ. Φαίνεται.
ΣΩ. Ἆρ' οὖν πρὸς Χαρίτων πάσσοφός τις ἦν ὁ Πρωταγόρας, καὶ τοῦτο ἡμῖν μὲν ἠνίξατο τῷ πολλῷ συρφετῷ, τοῖς δὲ μαθηταῖς ἐν ἀπορρήτῳ τὴν ἀλήθειαν ἔλεγεν;
ΘΕΑΙ. Πῶς δή, ὦ Σώκρατες, τοῦτο λέγεις;
ΣΩ. Ἐγὼ ἐρῶ καὶ μάλ' οὐ φαῦλον λόγον, ὡς ἄρα ἓν μὲν αὐτὸ καθ' αὑτὸ οὐδέν ἐστιν, οὐδ' ἄν τι προσείποις ὀρθῶς οὐδ' ὁποιονοῦν τι, ἀλλ' ἐὰν ὡς μέγα προσαγορεύῃς, καὶ σμικρὸν φανεῖται, καὶ ἐὰν βαρύ, κοῦφον, σύμπαντά τε οὕτως, ὡς μηδενὸς ὄντος ἑνὸς μήτε τινὸς μήτε ὁποιουοῦν· ἐκ δὲ δὴ φορᾶς τε καὶ κινήσεως καὶ κράσεως πρὸς ἄλληλα γίγνεται πάντα ἃ δή φαμεν εἶναι, οὐκ ὀρθῶς προσαγορεύοντες· ἔστι μὲν γὰρ οὐδέποτ' οὐδέν, ἀεὶ δὲ γίγνεται. καὶ περὶ τούτου πάντες ἑξῆς οἱ σοφοὶ πλὴν Παρμενίδου συμφερέσθων, Πρωταγόρας τε καὶ Ἡράκλειτος καὶ Ἐμπεδοκλῆς, καὶ τῶν ποιητῶν οἱ ἄκροι τῆς ποιήσεως ἑκατέρας, κωμῳδίας μὲν Ἐπίχαρμος, τραγῳδίας δὲ Ὅμηρος, ⟨ὃς⟩ εἰπών—

Ὠκεανόν τε θεῶν γένεσιν καὶ μητέρα Τηθύν

πάντα εἴρηκεν ἔκγονα ῥοῆς τε καὶ κινήσεως· ἢ οὐ δοκεῖ τοῦτο λέγειν;
ΘΕΑΙ. Ἔμοιγε.
ΣΩ. Τίς οὖν ἂν ἔτι πρός γε τοσοῦτον στρατόπεδον καὶ στρατηγὸν Ὅμηρον δύναιτο ἀμφισβητήσας μὴ οὐ καταγέλαστος γενέσθαι;
ΘΕΑΙ. Οὐ ῥᾴδιον, ὦ Σώκρατες.

d 4 post προσαγορεύῃς add. τι Stobaeus   d 5 ἐὰν om. T   post βαρύ add. τι Stobaeus   e 2 ἑξῆς οἱ T Stob. : ἐξαίσιοι B W Eus. : ἐξαίσιοι οἱ Berol.   e 3 συμφερέσθων B (ut videtur) : συμφέρεσθον T W Berol. Eus. : συμφέροντα Stobaeus   e 5 ὃς add. Heindorf
a 2 μὴ οὐ W Eus. Stob. : μὴ B T

泰阿泰德：似乎〈如此〉。

苏格拉底：因此，感觉总是对是者〈的感觉〉，并且它是真实无欺 152c5
的，由于它是知识。

泰阿泰德：显然。

苏格拉底：那么，诸慈惠女神在上[141]，普罗塔戈拉的确是一位最智
慧的人；他一则对我们，即对普通大众[142]，把这说得像谜语一样，一则
对他的学生们暗地里[143]说出真相，是这样吗？ 152c10

泰阿泰德：苏格拉底啊，你为何这么说？ 152d1

苏格拉底：我会讲的，而且不是无关紧要的说法，那就是：肯定没
有什么是自在自为的一[144]，你既无法正确地把它称为某种东西，也无法
把它称为某种性质；相反，如果你称它为大的，它也就会显得是小的， 152d5
如果你称它为重的，〈它就会显得是〉轻的；一切都这样，因为没有什
么是一，无论是作为某种东西，还是作为某种性质。所有那些我们现
在说它们是着的——我们并未正确地进行称呼——，其实都从移动和
运动[145]，以及从彼此的混合[146]中生成出来；因为从未有什么是着，而 152e1
始终在生成。关于这点，除了巴门尼德，所有智慧的人聚成一列，普
罗塔戈拉、赫拉克利特、恩培多克勒，以及诗人中间，两种诗歌各自
那顶尖的，就喜剧来说是厄庇卡尔摩斯[147]，就悲剧来说则是荷马—— 152e5
他[148]曾说：

诸神的始祖俄刻阿诺斯和始母忒堤丝[149]。

他在说一切都是流动和运动的后裔。抑或他看起来没有这么说？

泰阿泰德：我肯定〈认为他在这么说〉。 152e10

苏格拉底：那么，反对一支如此强大的军队和作为统帅的荷马，谁 153a1
又能够不会变得可笑呢[150]？

泰阿泰德：不大容易，苏格拉底。

ΘΕΑΙΤΗΤΟΣ

ΣΩ. Οὐ γάρ, ὦ Θεαίτητε. ἐπεὶ καὶ τάδε τῷ λόγῳ σημεῖα ἱκανά, ὅτι τὸ μὲν εἶναι δοκοῦν καὶ τὸ γίγνεσθαι κίνησις παρέχει, τὸ δὲ μὴ εἶναι καὶ ἀπόλλυσθαι ἡσυχία· τὸ γὰρ θερμόν τε καὶ πῦρ, ὃ δὴ καὶ τἆλλα γεννᾷ καὶ ἐπιτροπεύει, αὐτὸ γεννᾶται ἐκ φορᾶς καὶ τρίψεως· τούτω δὲ κινήσεις. ἢ οὐχ αὗται γενέσεις πυρός;

ΘΕΑΙ. Αὗται μὲν οὖν.

ΣΩ. Καὶ μὴν τό γε τῶν ζῴων γένος ἐκ τῶν αὐτῶν τούτων φύεται.

ΘΕΑΙ. Πῶς δ' οὔ;

ΣΩ. Τί δέ; ἡ τῶν σωμάτων ἕξις οὐχ ὑπὸ ἡσυχίας μὲν καὶ ἀργίας διόλλυται, ὑπὸ γυμνασίων δὲ καὶ κινήσεως ἐπὶ πολὺ σῴζεται;

ΘΕΑΙ. Ναί.

ΣΩ. Ἡ δ' ἐν τῇ ψυχῇ ἕξις οὐχ ὑπὸ μαθήσεως μὲν καὶ μελέτης, κινήσεων ὄντων, κτᾶταί τε μαθήματα καὶ σῴζεται καὶ γίγνεται βελτίων, ὑπὸ δ' ἡσυχίας, ἀμελετησίας τε καὶ ἀμαθίας οὔσης, οὔτε τι μανθάνει ἅ τε ἂν μάθῃ ἐπιλανθάνεται;

ΘΕΑΙ. Καὶ μάλα.

ΣΩ. Τὸ μὲν ἄρα ἀγαθὸν κίνησις κατά τε ψυχὴν καὶ κατὰ σῶμα, τὸ δὲ τοὐναντίον;

ΘΕΑΙ. Ἔοικεν.

ΣΩ. Ἔτι οὖν σοι λέγω νηνεμίας τε καὶ γαλήνας καὶ ὅσα τοιαῦτα, ὅτι αἱ μὲν ἡσυχίαι σήπουσι καὶ ἀπολλύασι, τὰ δ' ἕτερα σῴζει; καὶ ἐπὶ τούτοις τὸν κολοφῶνα, [ἀναγκάζω] προσβιβάζω τὴν χρυσῆν σειρὰν ὡς οὐδὲν ἄλλο ἢ τὸν ἥλιον Ὅμηρος λέγει, καὶ δηλοῖ ὅτι ἕως μὲν ἂν ἡ περιφορὰ ᾖ κινουμένη καὶ ὁ ἥλιος, πάντα ἔστι καὶ σῴζεται τὰ ἐν θεοῖς

---

a 6 δοκοῦν secl. Schanz   a 9 τούτω B W Berol. : τοῦτο B T Stobaeus   a 10 κινήσεις B W : κίνησις T : ἡ κίνησις Stobaeus   b 2 γε τὸ pr. B   b 6 ἀπόλλυται W   κινήσεως pr. W Stob. : κινήσεων B T W   ἐπὶ πολὺ] ὡς ἐπὶ πολὺ T (sed ὡς supra versum) : ἐπὶ τὸ πολὺ B Stobaeus   b 10 κινήσεων οὐσῶν Stobaeus : κινησέοιν ὄντοιν Buttmann   c 8 ἀναγκάζω secl. Cobet   c 9 προσβιβάζω Cobet : προβιβάζων B Stobaeus : προσβιβάζων T W Berol.   d 2 τὰ om. Stobaeus

苏格拉底：当然不，泰阿泰德！因为下面这些对于该说法来说也是 153a5
充分的证据，那就是：运动造成看起来是和生成，而静止造成不是和毁
灭。因为那确实产生和监护着其他东西的热和火，其自身就产生自移动
和摩擦；而这两者都是运动。或者这些并不是火的产生〈方式〉？ 153a10

泰阿泰德：这些肯定是。 153b1
苏格拉底：有生命的东西之族类也肯定从同样这些中产生。

泰阿泰德：当然。
苏格拉底：然后呢？身体的情状[151]岂不由于静止和懒散而毁坏， 153b5
由于体育锻炼和运动而在很大程度上[152]得到保全？

泰阿泰德：是的。
苏格拉底：而在灵魂里的情状岂不通过学习和努力[153]——它们 153b10
〈两者〉都是运动——，而获得各种学问、得到保全和变得更好[154]，由
于静止——它是不努力和不学习——，它不仅一无所学，而且遗忘了所 153c1
学的？

泰阿泰德：肯定。
苏格拉底：因此，无论就灵魂，还是就身体来说，一种东西，即运
动，是好的，而另一种东西，则正好相反[155]？

泰阿泰德：似乎是。 153c5
苏格拉底：那么，还要我告诉你风平、浪静以及所有诸如此类的情
形吗，即各种静止都引起腐败和毁灭，而另外一些情形则进行保全[156]？
我还得把顶冠[157]加到这些之上吗[158]，即荷马无非在用黄金绳说太阳[159]，
并且他在表明：只要环宇[160]和太阳还是在运动，那么，在诸神和凡人 153d1
那里的一切都会是着，并得到保全；但如果这停下来了，就像被捆住了
似的，那么，所有事物都将毁灭，并且如常言所说[161]，一切都会变得上 153d5

ΠΛΑΤΩΝΟΣ

τε καὶ ἀνθρώποις, εἰ δὲ σταίη τοῦτο ὥσπερ δεθέν, πάντα χρήματ' ἂν διαφθαρείη καὶ γένοιτ' ἂν τὸ λεγόμενον ἄνω κάτω πάντα;

ΘΕΑΙ. Ἀλλ' ἔμοιγε δοκεῖ, ὦ Σώκρατες, ταῦτα δηλοῦν ἅπερ λέγεις.

ΣΩ. Ὑπόλαβε τοίνυν, ὦ ἄριστε, οὑτωσί· κατὰ τὰ ὄμματα πρῶτον, ὃ δὴ καλεῖς χρῶμα λευκόν, μὴ εἶναι αὐτὸ ἕτερόν τι ἔξω τῶν σῶν ὀμμάτων μηδ' ἐν τοῖς ὄμμασι μηδέ τιν' αὐτῷ χώραν ἀποτάξῃς· ἤδη γὰρ ἂν εἴη τε δήπου ἐν τάξει καὶ μένον καὶ οὐκ ἂν ἐν γενέσει γίγνοιτο.

ΘΕΑΙ. Ἀλλὰ πῶς;

ΣΩ. Ἑπώμεθα τῷ ἄρτι λόγῳ, μηδὲν αὐτὸ καθ' αὑτὸ ἓν ὂν τιθέντες· καὶ ἡμῖν οὕτω μέλαν τε καὶ λευκὸν καὶ ὁτιοῦν ἄλλο χρῶμα ἐκ τῆς προσβολῆς τῶν ὀμμάτων πρὸς τὴν προσήκουσαν φορὰν φανεῖται γεγενημένον, καὶ ὃ δὴ ἕκαστον εἶναί φαμεν χρῶμα οὔτε τὸ προσβάλλον οὔτε τὸ προσβαλλόμενον ἔσται, ἀλλὰ μεταξύ τι ἑκάστῳ ἴδιον γεγονός· ἢ σὺ διισχυρίσαιο ἂν ὡς οἷον σοὶ φαίνεται ἕκαστον χρῶμα, τοιοῦτον καὶ κυνὶ καὶ ὁτῳοῦν ζῴῳ;

ΘΕΑΙ. Μὰ Δί' οὐκ ἔγωγε.

ΣΩ. Τί δέ; ἄλλῳ ἀνθρώπῳ ἆρ' ὅμοιον καὶ σοὶ φαίνεται ὁτιοῦν; ἔχεις τοῦτο ἰσχυρῶς, ἢ πολὺ μᾶλλον ὅτι οὐδὲ σοὶ αὐτῷ ταὐτὸν διὰ τὸ μηδέποτε ὁμοίως αὐτὸν σεαυτῷ ἔχειν;

ΘΕΑΙ. Τοῦτο μᾶλλόν μοι δοκεῖ ἢ ἐκεῖνο.

ΣΩ. Οὐκοῦν εἰ μὲν ᾧ παραμετρούμεθα ἢ οὗ ἐφαπτόμεθα μέγα ἢ λευκὸν ἢ θερμὸν ἦν, οὐκ ἄν ποτε ἄλλῳ προσπεσὸν ἄλλο ἂν ἐγεγόνει, αὐτό γε μηδὲν μεταβάλλον· εἰ δὲ αὖ τὸ παραμετρούμενον ἢ ἐφαπτόμενον ἕκαστον ἦν τούτων, οὐκ ἂν αὖ ἄλλου προσελθόντος ἤ τι παθόντος αὐτὸ μηδὲν παθὸν

---

d 3 δεθέν T : δοθέν B Stobaeus   d 4 τὰ ἄνω κάτω Stobaeus
d 8 κατὰ T W : καὶ B : εἰ κατὰ B²   e 1 δήπου Schanz : ἄν που B T
e 2 καὶ μένον Stobaeus : κείμενοι pr. B (sed corr. καὶ μένοι) : κείμενον T
a 8 αὐτὸν] σεαυτὸν W   b 1 ᾧ] ὃ Cornarius   b 2 ἄλλῳ T : ἄλλο B
b 4 ἢ] ἢ τὸ W Stobaeus

下颠倒[162]？

泰阿泰德：我肯定认为，苏格拉底啊，他的的确确揭示了你所说的这些。

苏格拉底：那么，最优秀的人啊，请你这样来设想一下：首先就眼睛来说，你称之为白色的那种东西，它自身既不是在你眼睛之外，也不是在〈你〉眼睛之内的另一个东西，你也不能特别指派给它某个位置；因为那样一来它肯定就会已经是在秩序中，并且持存着[163]，也不会在生成中生成出来。

泰阿泰德：那又怎样呢？

苏格拉底：让我们跟随刚才的说法[164]，设定没有任何东西是自在自为的一。于是，黑色、白色和其他任何颜色，对我们就显得产生自眼睛同适度的[165]运动的碰撞，并且我们把每一个称之为是颜色的那种东西，将既不是进行碰撞的，也不是被碰撞的[166]，而是单独向每个人生成出来的某种居间者。或者你会极力主张，每种颜色对你显得是怎样的，它对一只狗和无论什么动物也就会显得是怎样的？

泰阿泰德：宙斯在上，我肯定不会〈这么主张〉。

苏格拉底：然后呢？任何东西对他人，都正是如对你显得的那样吗？你极力坚持这点呢，还是更为〈坚持〉：即使对你自己它也没有显得是同一的，因为你自己就从未对你自己保持过同一[167]？

泰阿泰德：我宁愿认为是后者，而不是前者。

苏格拉底：因此，如果我们用来测量自己的东西[168]，或者我们所接触到的东西，〈自身就〉是大的、白的或热的，那么，它就从不会因遇上了某一另外的东西而变成其他的，只要它自身不改变[169]；但另一方面，如果那测量着自己的东西或进行接触的东西〈自身就〉是这些中的每一个[170]，那么，它也不会因某一另外的东西的走近或遭受到了某种东

ΘΕΑΙΤΗΤΟΣ

ἄλλο ἂν ἐγένετο. ἐπεὶ νῦν γε, ὦ φίλε, θαυμαστά τε καὶ γελοῖα εὐχερῶς πως ἀναγκαζόμεθα λέγειν, ὡς φαίη ἂν Πρωταγόρας τε καὶ πᾶς ὁ τὰ αὐτὰ ἐκείνῳ ἐπιχειρῶν λέγειν.

ΘΕΑΙ. Πῶς δὴ καὶ ποῖα λέγεις;

ΣΩ. Σμικρὸν λαβὲ παράδειγμα, καὶ πάντα εἴσῃ ἃ βούλομαι. ἀστραγάλους γάρ που ἕξ, ἂν μὲν τέτταρας αὐτοῖς προσενέγκῃς, πλείους φαμὲν εἶναι τῶν τεττάρων καὶ ἡμιολίους, ἐὰν δὲ δώδεκα, ἐλάττους καὶ ἡμίσεις, καὶ οὐδὲ ἀνεκτὸν ἄλλως λέγειν· ἢ σὺ ἀνέξῃ;

ΘΕΑΙ. Οὐκ ἔγωγε.

ΣΩ. Τί οὖν; ἄν σε Πρωταγόρας ἔρηται ἤ τις ἄλλος· "Ὦ Θεαίτητε, ἔσθ' ὅπως τι μεῖζον ἢ πλέον γίγνεται ἄλλως ἢ αὐξηθέν;" τί ἀποκρινῇ;

ΘΕΑΙ. Ἐὰν μέν, ὦ Σώκρατες, τὸ δοκοῦν πρὸς τὴν νῦν ἐρώτησιν ἀποκρίνωμαι, ὅτι οὐκ ἔστιν· ἐὰν δὲ πρὸς τὴν προτέραν, φυλάττων μὴ ἐναντία εἴπω, ὅτι ἔστιν.

ΣΩ. Εὖ γε νὴ τὴν Ἥραν, ὦ φίλε, καὶ θείως. ἀτάρ, ὡς ἔοικεν, ἐὰν ἀποκρίνῃ ὅτι ἔστιν, Εὐριπίδειόν τι συμβήσεται· ἡ μὲν γὰρ γλῶττα ἀνέλεγκτος ἡμῖν ἔσται, ἡ δὲ φρὴν οὐκ ἀνέλεγκτος.

ΘΕΑΙ. Ἀληθῆ.

ΣΩ. Οὐκοῦν εἰ μὲν δεινοὶ καὶ σοφοὶ ἐγώ τε καὶ σὺ ἦμεν, πάντα τὰ τῶν φρενῶν ἐξητακότες, ἤδη ἂν τὸ λοιπὸν ἐκ περιουσίας ἀλλήλων ἀποπειρώμενοι, συνελθόντες σοφιστικῶς εἰς μάχην τοιαύτην, ἀλλήλων τοὺς λόγους τοῖς λόγοις ἐκρούομεν· νῦν δὲ ἅτε ἰδιῶται πρῶτον βουλησόμεθα θεάσασθαι αὐτὰ πρὸς αὑτὰ τί ποτ' ἐστὶν ἃ διανοούμεθα, πότερον ἡμῖν ἀλλήλοις συμφωνεῖ ἢ οὐδ' ὁπωστιοῦν.

ΘΕΑΙ. Πάνυ μὲν οὖν ἔγωγε τοῦτ' ἂν βουλοίμην.

ΣΩ. Καὶ μὴν ἐγώ. ὅτε δ' οὕτως ἔχει, ἄλλο τι ἢ ἠρέμα, ὡς πάνυ πολλὴν σχολὴν ἄγοντες, πάλιν ἐπανασκεψόμεθα, οὐ δυσκολαίνοντες ἀλλὰ τῷ ὄντι ἡμᾶς αὐτοὺς ἐξετάζοντες,

d 5 ἀνεξέλεγκτος W   e 7 ἐγώ] ἔγωγε B (sed ex emend.) W

西而变成其他的，只要它自己无所遭受[171]。因为现在[172]，朋友啊，我们无论如何都被迫容易说出[173]那些令人惊异和可笑的事情，如普罗塔戈拉和所有试着说出他的那些同样的话的人说的那样。

泰阿泰德：你如何这样说，并且在说哪类事情？

苏格拉底：请你接受一个小的例子，〈由此〉你也就将知道我所想的所有事情。六个骰子，如果你拿四个骰子同它们相比，那么我们说它们肯定是比四个骰子多，并且多出〈四个骰子的〉一倍半；但如果拿出十二个骰子〈同它们相比〉，它们则是少的，并且少了〈十二个骰子的〉一半。肯定不可能容许以其他的方式来说；或者你会容许？

154c1

154c5

泰阿泰德：我肯定不会。

苏格拉底：然后呢？如果普罗塔戈拉或其他某个人问你："泰阿泰德，这将是可能的吗[174]，即除了通过被增加，一个东西还以其他某种方式变得更大或更多？"你将如何作答？

泰阿泰德：苏格拉底啊，如果就现在的提问我回答〈我所〉认为的，〈我会说〉不可能；但如果是就前面的〈提问〉[175]，那么，为了提防我说出自相矛盾的东西，〈我会说〉可能。

154c10

154d1

苏格拉底：赫拉在上，朋友，〈说得〉非常好，也非常神妙！但是，如果你回答可能，那么，似乎欧里庇得斯说过的某种东西就将发生：虽然我们的舌头是无法进行反驳的，但我们内心却不是无法进行反驳的[176]。

154d5

泰阿泰德：正确。

苏格拉底：因此，我和你，如果我俩都是非常强大[177]和智慧的，已经盘查了内心中的一切，那么，此后在剩下的时间里[178]，我们就会出于〈各自储备的〉充裕[179]来互相测试，以智者的方式在这样一种战斗中交锋[180]，互相用自己的说法打击对方的说法。然而，鉴于现在我俩都是普通人，我们将首先宁愿就它们自己看看它们[181]，即看看我们所思考的那些东西究竟是什么，对我们来说，它们彼此之间是一致的呢，还是根本不。

154e1

154e5

泰阿泰德：我肯定会愿意这样。

苏格拉底：我也是。不过，既然是这样，那么我们，作为享受许多安闲的人[182]，是不是[183]应平静地再次做一番仔细考察；不是厌烦地，而是真正地[184]盘查一下我们自己，〈看看〉在我们身上的这些显象究竟

155a1

ΠΛΑΤΩΝΟΣ

ἄττα ποτ' ἐστὶ ταῦτα τὰ φάσματα ἐν ἡμῖν; ὧν πρῶτον ἐπισκοποῦντες φήσομεν, ὡς ἐγὼ οἶμαι, μηδέποτε μηδὲν ἂν μεῖζον μηδὲ ἔλαττον γενέσθαι μήτε ὄγκῳ μήτε ἀριθμῷ, ἕως ἴσον εἴη αὐτὸ ἑαυτῷ. οὐχ οὕτως;

ΘΕΑΙ. Ναί.

ΣΩ. Δεύτερον δέ γε, ᾧ μήτε προστιθοῖτο μήτε ἀφαιροῖτο, τοῦτο μήτε αὐξάνεσθαί ποτε μήτε φθίνειν, ἀεὶ δὲ ἴσον εἶναι.

ΘΕΑΙ. Κομιδῇ μὲν οὖν.

ΣΩ. Ἆρ' οὖν οὐ καὶ τρίτον, ὃ μὴ πρότερον ἦν, ὕστερον ἀλλὰ τοῦτο εἶναι ἄνευ τοῦ γενέσθαι καὶ γίγνεσθαι ἀδύνατον;

ΘΕΑΙ. Δοκεῖ γε δή.

ΣΩ. Ταῦτα δή, οἶμαι, ὁμολογήματα τρία μάχεται αὐτὰ αὑτοῖς ἐν τῇ ἡμετέρᾳ ψυχῇ, ὅταν τὰ περὶ τῶν ἀστραγάλων λέγωμεν, ἢ ὅταν φῶμεν ἐμὲ τηλικόνδε ὄντα, μήτε αὐξηθέντα μήτε τοὐναντίον παθόντα, ἐν ἐνιαυτῷ σοῦ τοῦ νέου νῦν μὲν μείζω εἶναι, ὕστερον δὲ ἐλάττω, μηδὲν τοῦ ἐμοῦ ὄγκου ἀφαιρεθέντος ἀλλὰ σοῦ αὐξηθέντος. εἰμὶ γὰρ δὴ ὕστερον ὃ πρότερον οὐκ ἦ, οὐ γενόμενος· ἄνευ γὰρ τοῦ γίγνεσθαι γενέσθαι ἀδύνατον, μηδὲν δὲ ἀπολλὺς τοῦ ὄγκου οὐκ ἄν ποτε ἐγιγνόμην ἐλάττων. καὶ ἄλλα δὴ μυρία ἐπὶ μυρίοις οὕτως ἔχει, εἴπερ καὶ ταῦτα παραδεξόμεθα. ἕπῃ γάρ που, ὦ Θεαίτητε· δοκεῖς γοῦν μοι οὐκ ἄπειρος τῶν τοιούτων εἶναι.

ΘΕΑΙ. Καὶ νὴ τοὺς θεούς γε, ὦ Σώκρατες, ὑπερφυῶς ὡς θαυμάζω τί ποτ' ἐστὶ ταῦτα, καὶ ἐνίοτε ὡς ἀληθῶς βλέπων εἰς αὐτὰ σκοτοδινιῶ.

ΣΩ. Θεόδωρος γάρ, ὦ φίλε, φαίνεται οὐ κακῶς τοπάζειν περὶ τῆς φύσεώς σου. μάλα γὰρ φιλοσόφου τοῦτο τὸ

---

a 2 φάσματα] φαντάσματ' W a 4 μηδὲ] μήτε W a 7 ᾧ] ὃ W
b 1 ἀλλὰ ὕστερον Stephanus (at schol. ὁ Πρόκλος τὸ ἀλλὰ παρέλκειν λέγει) b 3 δή TW : δοκεῖ B b 4 δή] γε δή W b 7 ἐνιαυτῷ] ἐμαυτῷ al. c 5 ἔπει Heindorf : εἰπὲ BT c 6 γοῦν] γὰρ οὖν W
c 8 γε secl. Schanz c 9 ὡς post ὑπερφυῶς om. T d 1 γάρ] γὰρ ὅδε W

是什么？其中第一点，当我们进行考察后，如我所认为的那样，我们会说，在任何时候绝不会有任何东西变得更大或更小，无论是在块头上还是在数量上，只要它与它自身是相等的话。难道不是这样吗？ 155a5

泰阿泰德：是这样。

苏格拉底：而第二点肯定是：既无任何东西增添其上也无任何东西从中移走的那个东西，它既从不会增加也从不会减少，而始终是〈与其自身〉相等的。

泰阿泰德：完全如此[185]。 155a10

苏格拉底：第三点岂不是：以前不曾是〈着〉的东西，这种东西以 155b1 后无论如何也不可能是〈着〉——如果没有已经生成和生成的话？

泰阿泰德：看起来肯定〈是这样〉。

苏格拉底：我认为，这三种同意肯定在我们的灵魂里各自同自己打架[186]，每当我们说关于诸骰子的那些事情时，或者每当我们说：我—— 155b5 作为〈个子〉如此大的一个人[187]——，既未曾增加，也未曾遭受其反面，在一年内现在是比作为年青人的你略大，但后来则略小，不是因为我的块头被削减了，而是因为你的块头增加了。因为，我的确后来是我 155c1 先前不曾是的[188]，在没有已经生成的情况下——因为无生成，已经生成了就是不可能的，而既然〈我的〉块头无所丧失，那我就从不曾生成得较小——。并且其他成千上万的情况都是这样，假如我们接受这些的 155c5 话。你肯定在跟进，泰阿泰德啊；至少在我看来，你对这类事情并不是没有经验的。

泰阿泰德：诸神在上，苏格拉底啊，我非常惊异这些事情究竟是怎么回事，并且有时当我打量它们时，我真的发晕。 155c10

苏格拉底：朋友！忒俄多洛斯显然对你的天赋猜测得不错。因为， 155d1 惊异这种激情[189]特别属于哲学家；哲学的起源不是别的，而只能是

ΘΕΑΙΤΗΤΟΣ 155 d

πάθος, τὸ θαυμάζειν· οὐ γὰρ ἄλλη ἀρχὴ φιλοσοφίας ἢ
αὕτη, καὶ ἔοικεν ὁ τὴν Ἶριν Θαύμαντος ἔκγονον φήσας οὐ
κακῶς γενεαλογεῖν. ἀλλὰ πότερον μανθάνεις ἤδη δι' ὃ
ταῦτα τοιαῦτ' ἐστὶν ἐξ ὧν τὸν Πρωταγόραν φαμὲν λέγειν,
ἢ οὔπω;
ΘΕΑΙ. Οὔπω μοι δοκῶ.
ΣΩ. Χάριν οὖν μοι εἴσῃ ἐάν σοι ἀνδρός, μᾶλλον δὲ
ἀνδρῶν ὀνομαστῶν τῆς διανοίας τὴν ἀλήθειαν ἀποκεκρυμμένην
συνεξερευνήσωμαι αὐτῶν;
ΘΕΑΙ. Πῶς γὰρ οὐκ εἴσομαι, καὶ πάνυ γε πολλήν;
ΣΩ. Ἄθρει δὴ περισκοπῶν μή τις τῶν ἀμυήτων ἐπακούῃ.
εἰσὶν δὲ οὗτοι οἱ οὐδὲν ἄλλο οἰόμενοι εἶναι ἢ οὗ ἂν δύνωνται
ἀπρὶξ τοῖν χεροῖν λαβέσθαι, πράξεις δὲ καὶ γενέσεις καὶ πᾶν
τὸ ἀόρατον οὐκ ἀποδεχόμενοι ὡς ἐν οὐσίας μέρει.
ΘΕΑΙ. Καὶ μὲν δή, ὦ Σώκρατες, σκληρούς γε λέγεις καὶ
ἀντιτύπους ἀνθρώπους.
ΣΩ. Εἰσὶν γάρ, ὦ παῖ, μάλ' εὖ ἄμουσοι· ἄλλοι δὲ πολὺ
κομψότεροι, ὧν μέλλω σοι τὰ μυστήρια λέγειν. ἀρχὴ δέ,
ἐξ ἧς καὶ ἃ νυνδὴ ἐλέγομεν πάντα ἤρτηται, ἥδε αὐτῶν, ὡς
τὸ πᾶν κίνησις ἦν καὶ ἄλλο παρὰ τοῦτο οὐδέν, τῆς δὲ κινή-
σεως δύο εἴδη, πλήθει μὲν ἄπειρον ἑκάτερον, δύναμιν δὲ τὸ
μὲν ποιεῖν ἔχον, τὸ δὲ πάσχειν. ἐκ δὲ τῆς τούτων ὁμιλίας
τε καὶ τρίψεως πρὸς ἄλληλα γίγνεται ἔκγονα πλήθει μὲν
ἄπειρα, δίδυμα δέ, τὸ μὲν αἰσθητόν, τὸ δὲ αἴσθησις, ἀεὶ
συνεκπίπτουσα καὶ γεννωμένη μετὰ τοῦ αἰσθητοῦ. αἱ μὲν
οὖν αἰσθήσεις τὰ τοιάδε ἡμῖν ἔχουσιν ὀνόματα, ὄψεις τε καὶ
ἀκοαὶ καὶ ὀσφρήσεις καὶ ψύξεις τε καὶ καύσεις καὶ ἡδοναί
γε δὴ καὶ λῦπαι καὶ ἐπιθυμίαι καὶ φόβοι κεκλημέναι καὶ
ἄλλαι, ἀπέραντοι μὲν αἱ ἀνώνυμοι, παμπληθεῖς δὲ αἱ ὠνο-

d 6 ταῦτα] τὰ W   λέγειν φαμέν W   e 1 αὐτῶν] αὐτῶν ἦν W
e 4 οἱ ... οἰόμενοι] οἳ ... οἴομαι B   a 2 ἄλλοι δὲ scripsi : ἄλλοι
δὲ BT : ἀλλ' οἵδε Schleiermacher   πολύ] πολλοὶ T   a 4 ἐξ ἧς
W² b : ἑξῆς BTW   a 5 ἦν secl. Schanz   b 2 συνεκπίπτουσα]
συνεκτίκτουσα Ast   b 4 καύσεις] θερμάνσεις in marg. t : pr. W

18*

它 [190]；并且那个说伊里斯是陶马斯后代的人 [191]，似乎在追溯家谱时并未出差错。但是，你已经理解了，因此 [192] 这些事情就是这个样子，基于我们说普罗塔戈拉所讲的那些，或者还没有？

泰阿泰德：还没有，在我看来。

苏格拉底：那么你会对我知道感激 [193] 吧，如果就一位〈名〉人的，毋宁说一群名人的思想中那隐藏着的真，我和你一起从他们那里找出它的话？

泰阿泰德：我怎么会不知道呢，并且肯定〈感激〉多多？

苏格拉底：那就请你环视周围，观察一下，免得那些门外汉中的某个人 [194] 也在听。不过他们是这样一些人：认为除了他们能用双手紧紧握住的那种东西之外，没有任何其他的东西是着，而根本不同意把各种行为、各种生成以及所有不可见的东西归入所是的一类 [195]。

泰阿泰德：而且，苏格拉底啊，都是一些既顽固又刚愎自用的人，你说的就是他们。

苏格拉底：孩子啊，因为他们都刚好是一群没文化的人；但另外一些人则优雅得多，我打算对你说说他们的那些秘密。他们的那种出发点——所有一切，甚至 [196] 我们刚才所说的那些，都依赖它 [197]——，是：一切都向来是运动，除了运动，别无其他；但运动有两种，一方面两者各自在数量上都是无限的，一方面〈其中〉一种具有施动能力，一种则具有受动能力 [198]。从这两者的交互和彼此的摩擦中产生出后裔，虽然在数量上无限，但又是成双的，即一方为被感觉到的东西，一方为总是同被感觉到的东西一道出现和产生出来的感觉。于是对我们来说诸感觉具有这样一些名字：视觉、听觉、嗅觉 [199]，以及〈对〉各种变冷和发热〈的感觉〉[200]，甚至〈对〉那些被称作快乐和痛苦、欲望和害怕〈的感觉〉，以及其他的；虽然那些没有名字的是无穷的，但那些被取了名字的也非常多。此外，被感觉到的〈东西的〉种类和这些〈感觉〉中的每一个是同生的 [201]，各种各样的颜色之于各种各样的视觉，同样地，〈各种

ΠΛΑΤΩΝΟΣ

μασμέναι· τὸ δ' αὖ αἰσθητὸν γένος τούτων ἑκάσταις ὁμό-
γονον, ὄψεσι μὲν χρώματα παντοδαπαῖς παντοδαπά, ἀκοαῖς
δὲ ὡσαύτως φωναί, καὶ ταῖς ἄλλαις αἰσθήσεσι τὰ ἄλλα
αἰσθητὰ συγγενῆ γιγνόμενα. τί δὴ οὖν ἡμῖν βούλεται οὗτος
ὁ μῦθος, ὦ Θεαίτητε, πρὸς τὰ πρότερα; ἆρα ἐννοεῖς;

ΘΕΑΙ. Οὐ πάνυ, ὦ Σώκρατες.

ΣΩ. Ἀλλ' ἄθρει ἐάν πως ἀποτελεσθῇ. βούλεται γὰρ
δὴ λέγειν ὡς ταῦτα πάντα μὲν ὥσπερ λέγομεν κινεῖται,
τάχος δὲ καὶ βραδυτὴς ἔνι τῇ κινήσει αὐτῶν. ὅσον μὲν
οὖν βραδύ, ἐν τῷ αὐτῷ καὶ πρὸς τὰ πλησιάζοντα τὴν
κίνησιν ἴσχει καὶ οὕτω δὴ γεννᾷ, τὰ δὲ γεννώμενα οὕτω
δὴ θάττω ἐστίν. φέρεται γὰρ καὶ ἐν φορᾷ αὐτῶν ἡ κίνησις
πέφυκεν. ἐπειδὰν οὖν ὄμμα καὶ ἄλλο τι τῶν τούτῳ συμ-
μέτρων πλησιάσαν γεννήσῃ τὴν λευκότητά τε καὶ αἴσθησιν
αὐτῇ σύμφυτον, ἃ οὐκ ἄν ποτε ἐγένετο ἑκατέρου ἐκείνων
πρὸς ἄλλο ἐλθόντος, τότε δὴ μεταξὺ φερομένων τῆς μὲν
ὄψεως πρὸς τῶν ὀφθαλμῶν, τῆς δὲ λευκότητος πρὸς τοῦ
συναποτίκτοντος τὸ χρῶμα, ὁ μὲν ὀφθαλμὸς ἄρα ὄψεως
ἔμπλεως ἐγένετο καὶ ὁρᾷ δὴ τότε καὶ ἐγένετο οὔ τι ὄψις
ἀλλ' ὀφθαλμὸς ὁρῶν, τὸ δὲ συγγεννῆσαν τὸ χρῶμα λευκότητος
περιεπλήσθη καὶ ἐγένετο οὐ λευκότης αὖ ἀλλὰ λευκόν, εἴτε
ξύλον εἴτε λίθος εἴτε ὁτῳοῦν συνέβη χρῆμα χρωσθῆναι τῷ
τοιούτῳ χρώματι. καὶ τἆλλα δὴ οὕτω, σκληρὸν καὶ θερμὸν
καὶ πάντα, τὸν αὐτὸν τρόπον ὑποληπτέον, αὐτὸ μὲν καθ'
αὑτὸ μηδὲν εἶναι, ὃ δὴ καὶ τότε ἐλέγομεν, ἐν δὲ τῇ πρὸς
ἄλληλα ὁμιλίᾳ πάντα γίγνεσθαι καὶ παντοῖα ἀπὸ τῆς
κινήσεως, ἐπεὶ καὶ τὸ ποιοῦν εἶναί τι καὶ τὸ πάσχον αὐτῶν
ἐπὶ ἑνὸς νοῆσαι, ὥς φασιν, οὐκ εἶναι παγίως. οὔτε γὰρ
ποιοῦν ἐστί τι πρὶν ἂν τῷ πάσχοντι συνέλθῃ, οὔτε πάσχον

---

b 7 ἑκάσταις ὁμόλογον W: ἑκάστης ὁμόγονον Β Τ W²   c 1 παντο-
δαπαῖς χρώματα Τ   c 7 δὴ om. W   μὲν om. Τ   d 1 post
οὕτω δὴ lacunam indicat Schanz   d 3 καὶ] τε καὶ W   τούτῳ]
τοιούτων W   e 6 ὁτῳοῦν Campbell: ὅτου οὖν Β Τ: ὁτιοῦν al.
χρῆμα al. Heindorf: χρῶμα Β Τ: secl. Campbell: σχῆμα Schanz
a 3 αὐτῶν] αὖ Schanz   a 5 τι om. Τ   ἂν] αὖ Β

各样的〉声音之于〈各种各样的〉听觉，并且就其他感觉来说，则是其他生成出来的同种类的被感觉到的东西。那么，这个故事[202]究竟想对我们〈说〉什么呢，泰阿泰德，相较于前面那些[203]？你注意到了吗？

泰阿泰德：完全没有，苏格拉底啊。 156c5

苏格拉底：那就请你仔细看看，它是否能以某种方式被完满[204]。它其实想说：所有这些都如我们所说的那样在运动，而快速和缓慢〈出现〉在它们的运动中[205]。于是，所有慢的，在同一个〈位置〉以及对着那些在附近的东西有〈其〉运动，并且以这种方式进行产生；而那 156d1 些以这种方式被产生出来的东西则是较快的。因为它们移动了，并且它们的运动生来就在于移动[206]。因此，每当一只眼睛和与之相称的那些东西[207]中的某一另外的东西通过靠近而产生出白色和与之共生的感觉时——它们从不会产生，如果那两者中的每个都前往其他的[208]——， 156d5 那时：由于〈下面这两者〉——即从眼睛一方而来的视觉，和从那帮助 156e1 生出颜色的东西[209]一方而来的白色——的居间移动，一方面眼睛充满了[210]视觉，并且就在那时进行看，而且它其实并未变成某种视觉，而是变成了一只正在看的眼睛；一方面那帮助产生颜色的那种东西则充满了白色，并且也并未变成白色，而是变成了白色的东西——或者木头， 156e5 或者石头，或者任何恰好被染上了这种颜色的事物[211]。并且其他的也肯定如此，硬的、热的和所有〈诸如此类的〉，必须以同样的方式加以理解，即没有任何东西自在自为地是着[212]，正如我们刚才[213]说过的那样， 157a1 而正是在彼此的交互中，所有各种各样的从运动中生成出来，既然正如他们说的那样，无论是它们中的施动者，还是受动者，都不可能单方面可靠地将之思考为是某种东西[214]。因为，既没有某个施动者，在它同 157a5 受动者相遇之前；也没有某个受动者，在它同施动者相遇之前。而同某个东西相遇并进行施动的，如果它复又遇上某个另外的东西，则显现为受动者。因此，基于所有这些，就像我们开始说过的那样，没有任何东西是自在自为的一，相反，总是之于某个东西而生成，而是〈着〉必须 157b1

ΘΕΑΙΤΗΤΟΣ   157 a

πρὶν ἂν τῷ ποιοῦντι· τό τέ τινι συνελθὸν καὶ ποιοῦν ἄλλῳ
αὖ προσπεσὸν πάσχον ἀνεφάνη. ὥστε ἐξ ἁπάντων τούτων,
ὅπερ ἐξ ἀρχῆς ἐλέγομεν, οὐδὲν εἶναι ἓν αὐτὸ καθ' αὑτό, ἀλλά
τινι ἀεὶ γίγνεσθαι, τὸ δ' εἶναι πανταχόθεν ἐξαιρετέον, οὐχ   b
ὅτι ἡμεῖς πολλὰ καὶ ἄρτι ἠναγκάσμεθα ὑπὸ συνηθείας καὶ
ἀνεπιστημοσύνης χρῆσθαι αὐτῷ. τὸ δ' οὐ δεῖ, ὡς ὁ τῶν
σοφῶν λόγος, οὔτε τι συγχωρεῖν οὔτε του οὔτ' ἐμοῦ οὔτε
τόδε οὔτ' ἐκεῖνο οὔτε ἄλλο οὐδὲν ὄνομα ὅτι ἂν ἱστῇ, ἀλλὰ   5
κατὰ φύσιν φθέγγεσθαι γιγνόμενα καὶ ποιούμενα καὶ ἀπολ-
λύμενα καὶ ἀλλοιούμενα· ὡς ἐάν τί τις στήσῃ τῷ λόγῳ,
εὐέλεγκτος ὁ τοῦτο ποιῶν. δεῖ δὲ καὶ κατὰ μέρος οὕτω
λέγειν καὶ περὶ πολλῶν ἀθροισθέντων, ᾧ δὴ ἀθροίσματι
ἄνθρωπόν τε τίθενται καὶ λίθον καὶ ἕκαστον ζῷόν τε καὶ   c
εἶδος. ταῦτα δή, ὦ Θεαίτητε, ἆρ' ἡδέα δοκεῖ σοι εἶναι, καὶ
γεύοιο ἂν αὐτῶν ὡς ἀρεσκόντων;

ΘΕΑΙ. Οὐκ οἶδα ἔγωγε, ὦ Σώκρατες· καὶ γὰρ οὐδὲ περὶ
σοῦ δύναμαι κατανοῆσαι πότερα δοκοῦντά σοι λέγεις αὐτὰ ἢ   5
ἐμοῦ ἀποπειρᾷ.

ΣΩ. Οὐ μνημονεύεις, ὦ φίλε, ὅτι ἐγὼ μὲν οὔτ' οἶδα οὔτε
ποιοῦμαι τῶν τοιούτων οὐδὲν ἐμόν, ἀλλ' εἰμὶ αὐτῶν ἄγονος,
σὲ δὲ μαιεύομαι καὶ τούτου ἕνεκα ἐπᾴδω τε καὶ παρατίθημι
ἑκάστων τῶν σοφῶν ἀπογεύσασθαι, ἕως ἂν εἰς φῶς τὸ σὸν   d
δόγμα συνεξαγάγω· ἐξαχθέντος δὲ τότ' ἤδη σκέψομαι εἴτ'
ἀνεμιαῖον εἴτε γόνιμον ἀναφανήσεται. ἀλλὰ θαρρῶν καὶ
καρτερῶν εὖ καὶ ἀνδρείως ἀποκρίνου ἃ ἂν φαίνηταί σοι περὶ
ὧν ἂν ἐρωτῶ.   5

ΘΕΑΙ. Ἐρώτα δή.

ΣΩ. Λέγε τοίνυν πάλιν εἴ σοι ἀρέσκει τὸ μή τι εἶναι ἀλλὰ
γίγνεσθαι ἀεὶ ἀγαθὸν καὶ καλὸν καὶ πάντα ἃ ἄρτι διῇμεν.

a 7 αὖ] ἂν W   ἀνεφάνη] ἂν ἐφάνη T   b 4 του οὔτ' ἐμοῦ]
τοῦτο Schanz : σοῦ οὔτ' ἐμοῦ Hirschig   b 8 καὶ κατά] κατά T
c 1 ζῷόν τε καὶ ἕκαστον εἶδος Schanz   c 2 σοι δοκεῖ W   c 3 ὡς
om. T   d 1 ἀπογεύσασθαι T   d 8 ἀγαθὸν καὶ καλὸν secl. Ast
διῇμεν B T et in marg. w : διήλθομεν W

从一切方面被拿走,虽然 [215] 我们时常,甚至刚刚都迫于习惯和欠缺知识而使用它。而依照一些智慧的人的说法,〈下面〉这些都不应当得到同意,即某个东西、某个东西的、我的、这个、那个,以及其他任何会进行固定的语词,而是应当根据本性使用〈下面这样的〉表达,即正在生成的、正在被做的 [216]、正在毁灭的,以及正在变化的;因为,如果谁用语词 [217] 固定某个东西,那么,这样做的人就是容易反驳的。而是应当既一个一个地这样说 [218],也这样谈论那些由多所聚集起来的东西 [219],人们也的确为这种聚集设定了〈名称〉,〈如〉人、石头,甚至每一活物以及〈它们的〉种 [220]。泰阿泰德啊,这些确实在你看来是令人喜欢的吗,并且你会品尝它们,将之作为令人满意的东西吗?

泰阿泰德:我根本不知道,苏格拉底啊;因为对于你,我甚至不能够理解,你是在说你自己认为的那些东西呢,还是你正在考验我。

苏格拉底:你不记得了,朋友,我既不知道,也不把这类东西中的任何当作我的,相反,我是不能够生育它们的,而是给你助产,并且为此我唱咒语,把每种智慧的东西摆在面前,供你品尝它们,直到我帮助把你的见解 [221] 带到亮光中。而当它被带出来后,那时我将立马进行检查,〈看看〉它将显现为一枚没有受精的蛋呢,还是一枚受了精的蛋。但作为一位有信心和坚韧不拔的人,你要好好且勇敢地回答,就我将问的那些东西,它们在你看来会是怎样。

泰阿泰德:那就请你赶快 [222] 问!

苏格拉底:那么,请你再次告诉我,下面这点是否让你满意,即无任何东西是着,而总是在生成,善、美以及我们刚才讨论过的所有那些。

157 d ΠΛΑΤΩΝΟΣ

ΘΕΑΙ. Ἀλλ' ἔμοιγε, ἐπειδὴ σοῦ ἀκούω οὕτω διεξιόντος, θαυμασίως φαίνεται ὡς ἔχειν λόγον καὶ ὑποληπτέον ᾗπερ διελήλυθας.

e ΣΩ. Μὴ τοίνυν ἀπολίπωμεν ὅσον ἐλλεῖπον αὐτοῦ. λείπεται δὲ ἐνυπνίων τε πέρι καὶ νόσων τῶν τε ἄλλων καὶ μανίας, ὅσα τε παρακούειν ἢ παρορᾶν ἤ τι ἄλλο παραισθάνεσθαι λέγεται. οἶσθα γάρ που ὅτι ἐν πᾶσι τούτοις ὁμολογουμένως ἐλέγχεσθαι δοκεῖ ὃν ἄρτι διῇμεν λόγον, **158** ὡς παντὸς μᾶλλον ἡμῖν ψευδεῖς αἰσθήσεις ἐν αὐτοῖς γιγνομένας, καὶ πολλοῦ δεῖ τὰ φαινόμενα ἑκάστῳ ταῦτα καὶ εἶναι, ἀλλὰ πᾶν τοὐναντίον οὐδὲν ὧν φαίνεται εἶναι.

ΘΕΑΙ. Ἀληθέστατα λέγεις, ὦ Σώκρατες.

ΣΩ. Τίς δὴ οὖν, ὦ παῖ, λείπεται λόγος τῷ τὴν αἴσθησιν ἐπιστήμην τιθεμένῳ καὶ τὰ φαινόμενα ἑκάστῳ ταῦτα καὶ εἶναι τούτῳ ᾧ φαίνεται;

ΘΕΑΙ. Ἐγὼ μέν, ὦ Σώκρατες, ὀκνῶ εἰπεῖν ὅτι οὐκ ἔχω τί λέγω, διότι μοι νυνδὴ ἐπέπληξας εἰπόντι αὐτό. ἐπεὶ ὡς **b** ἀληθῶς γε οὐκ ἂν δυναίμην ἀμφισβητῆσαι ὡς οἱ μαινόμενοι ἢ [οἱ] ὀνειρώττοντες οὐ ψευδῆ δοξάζουσιν, ὅταν οἱ μὲν θεοὶ αὑτῶν οἴωνται εἶναι, οἱ δὲ πτηνοί τε καὶ ὡς πετόμενοι ἐν τῷ ὕπνῳ διανοῶνται.

ΣΩ. Ἆρ' οὖν οὐδὲ τὸ τοιόνδε ἀμφισβήτημα ἐννοεῖς περὶ αὐτῶν, μάλιστα δὲ περὶ τοῦ ὄναρ τε καὶ ὕπαρ;

ΘΕΑΙ. Τὸ ποῖον;

ΣΩ. Ὃ πολλάκις σε οἶμαι ἀκηκοέναι ἐρωτώντων, τί ἄν τις ἔχοι τεκμήριον ἀποδεῖξαι, εἴ τις ἔροιτο νῦν οὕτως ἐν τῷ παρόντι πότερον καθεύδομεν καὶ πάντα ἃ διανοούμεθα ὀνει- **c** ρώττομεν, ἢ ἐγρηγόραμέν τε καὶ ὕπαρ ἀλλήλοις διαλεγόμεθα.

ΘΕΑΙ. Καὶ μήν, ὦ Σώκρατες, ἄπορόν γε ὅτῳ χρὴ ἐπιδεῖξαι τεκμηρίῳ· πάντα γὰρ ὥσπερ ἀντίστροφα τὰ αὐτὰ

---

e 1 ἀπολείπωμεν W   e 2 τῶν τε] τε τῶν Stobaeus   a 1 μᾶλλον] μᾶλλον ἂν Stobaeus   a 2 δεῖ] δεῖν Heindorf   a 3 ὧν Tb: ὃν B Stobaeus   b 2 οἱ om. T   b 9 ἔχοι om. T   c 2 χρὴ TW: χρόνῳ χρὴ B: χρεὼν Hultsch   c 3 τὰ αὐτὰ] ταῦτα W

泰阿泰德：我当然〈对之感到满意〉；每当我听到你这样讲述的时候，它都令人惊异地显得有理，并且必须如你已经细说过的那样加以理解。

苏格拉底：那我们就不应遗留其中还漏下的任何东西。而剩下的是关于各种梦、各种疾病，尤其²²³关于疯狂，以及所有那些被称作听错、看错或其他感觉错的。因为你肯定知道，在所有这些方面，我们刚才细说过的那种说法似乎都能公认地被加以反驳——既然在它们中各种错误的感觉必定²²⁴会对我们产生出来——，并且远非²²⁵对每个人所显现出来的东西也就是该东西，而是完全相反，所显现出来的东西中没有任何一个是着。

泰阿泰德：你说得非常正确，苏格拉底。

苏格拉底：那么，孩子啊，究竟还有什么说法留给了〈下面这种〉人：他把感觉设定为知识，并且〈主张〉对每个人所显现出来的东西，对它显现给的那个人来说也就是该东西？

泰阿泰德：苏格拉底啊，我害怕²²⁶说我没有什么要说的，因为你刚才²²⁷就因我说了它而责备过我。因为我真的不能够对下面这点持有异议，那就是：那些发疯的人或者在做梦的人²²⁸没有在相信一些虚假的东西²²⁹，当他们中的一些以为自己是神，一些则〈以为自己是〉有翅膀的，并且在睡梦中想自己正在飞²³⁰。

苏格拉底：那么，关于它们，尤其是关于睡梦和清醒²³¹，你也不考虑〈下面〉这种争论吗？

泰阿泰德：哪种？

苏格拉底：我认为你经常从一些提问者那里听说过它²³²，即一个人能够有何证据来证明：如果有人现在这样问，在这个时刻我们是在睡觉，并且正梦见着我们所思考的所有东西呢，还是我们已经醒了，并正清醒地互相交谈。

泰阿泰德：真的，苏格拉底啊，必须通过何种证据来显示〈这点〉，这的确是走不通的，既然一切都像配对物一样²³³〈彼此〉同样地

ΘΕΑΙΤΗΤΟΣ

παρακολουθεῖ. ἅ τε γὰρ νυνὶ διειλέγμεθα οὐδὲν κωλύει καὶ ἐν τῷ ὕπνῳ δοκεῖν ἀλλήλοις διαλέγεσθαι· καὶ ὅταν δὴ ὄναρ ὀνείρατα δοκῶμεν διηγεῖσθαι, ἄτοπος ἡ ὁμοιότης τούτων ἐκείνοις.

ΣΩ. Ὁρᾷς οὖν ὅτι τό γε ἀμφισβητῆσαι οὐ χαλεπόν, ὅτε καὶ πότερόν ἐστιν ὕπαρ ἢ ὄναρ ἀμφισβητεῖται, καὶ δὴ ἴσου ὄντος τοῦ χρόνου ὃν καθεύδομεν ᾧ ἐγρηγόραμεν, ἐν ἑκατέρῳ διαμάχεται ἡμῶν ἡ ψυχὴ τὰ ἀεὶ παρόντα δόγματα παντὸς μᾶλλον εἶναι ἀληθῆ, ὥστε ἴσον μὲν χρόνον τάδε φαμὲν ὄντα εἶναι, ἴσον δὲ ἐκεῖνα, καὶ ὁμοίως ἐφ' ἑκατέροις διισχυριζόμεθα.

ΘΕΑΙ. Παντάπασι μὲν οὖν.

ΣΩ. Οὐκοῦν καὶ περὶ νόσων τε καὶ μανιῶν ὁ αὐτὸς λόγος, πλὴν τοῦ χρόνου ὅτι οὐχὶ ἴσος;

ΘΕΑΙ. Ὀρθῶς.

ΣΩ. Τί οὖν; πλήθει χρόνου καὶ ὀλιγότητι τὸ ἀληθὲς ὁρισθήσεται;

ΘΕΑΙ. Γελοῖον μεντἂν εἴη πολλαχῇ.

ΣΩ. Ἀλλά τι ἄλλο ἔχεις σαφὲς ἐνδείξασθαι ὁποῖα τούτων τῶν δοξασμάτων ἀληθῆ;

ΘΕΑΙ. Οὔ μοι δοκῶ.

ΣΩ. Ἐμοῦ τοίνυν ἄκουε οἷα περὶ αὐτῶν ἂν λέγοιεν οἱ τὰ ἀεὶ δοκοῦντα ὁριζόμενοι τῷ δοκοῦντι εἶναι ἀληθῆ. λέγουσι δέ, ὡς ἐγὼ οἶμαι, οὕτως ἐρωτῶντες· "Ὦ Θεαίτητε, ὃ ἂν ἕτερον ᾖ παντάπασιν, μή πή τινα δύναμιν τὴν αὐτὴν ἕξει τῷ ἑτέρῳ; καὶ μὴ ὑπολάβωμεν τῇ μὲν ταὐτὸν εἶναι ὃ ἐρωτῶμεν τῇ δὲ ἕτερον, ἀλλ' ὅλως ἕτερον."

ΘΕΑΙ. Ἀδύνατον τοίνυν ταὐτόν τι ἔχειν ἢ ἐν δυνάμει ἢ ἐν ἄλλῳ ὁτῳοῦν, ὅταν ᾖ κομιδῇ ἕτερον.

ΣΩ. Ἆρ' οὖν οὐ καὶ ἀνόμοιον ἀναγκαῖον τὸ τοιοῦτον ὁμολογεῖν;

c 4 νυνὶ] νυνδὴ Cobet   c 6 ὀνείρατα] ἄττα Heindorf   c 8 τό γε] τότε γε W   d 9 οὐχὶ] οὐκ W   e 1 μεντἂν] μὲν ἂν W
e 8 ἕξῃ τὴν δ' αὐτὴν W   a 2 ὅταν] ὅτι ἂν Dobree : ὃ ἂν Hirschig

紧跟〈对方〉。因为我们现在正谈论的,没有什么能阻止〈我们〉认为也就是〈我们〉在睡梦中互相交谈的;甚至每当我们在睡梦中似乎在描述一些梦时[234],这些同那些的相似[235]〈也同样〉是奇特的。

苏格拉底:因此,你看到持有异议[236]肯定并不困难,既然连是醒着还是在睡梦中,也是可持有异议的;而且由于我们睡着的时间同我们醒着的时间是相等的,故在其中每一〈状态〉下我们的灵魂都坚决主张当时的那些意见必定是真的,以至于我们在一个同等的时间里说是着的东西是这些,而〈在另一个〉同等的〈时间里〉说是那些,并且就其中的每一方我们都同样地极力坚持。

泰阿泰德:完全如此。

苏格拉底:那么,关于各种疾病和各种疯狂岂不有同样的说法,除了时间不相等之外?

泰阿泰德:正确。

苏格拉底:然后呢?真的东西被时间的长短所规定吗?

泰阿泰德:那在各方面都会是可笑的。

苏格拉底:那么,你还有别的什么能清楚地指出这些意见中的哪种是真的?

泰阿泰德:我认为我没有。

苏格拉底:那就请你听我〈说〉,〈下面这些人〉关于它们会说是这种,他们规定,任何时候所显现出来的那些东西,对〈它们〉向之显现的人来说是真的[237]。但如我料想的那样,他们通过这样提问而说道:"泰阿泰德啊,那完全与另外某个东西相异的东西,无论如何都将不拥有与那个东西同样的能力吧?并且让我们不假定,我们所问的东西在一个方面是同一的,在另一个方面是相异的[238],而是整个地相异。"

泰阿泰德:肯定不可能具有某种同样的东西,无论是在能力上,还是在其他任何方面,当它全然相异的话。

苏格拉底:那么岂不会必然同意,这样一种东西〈与另一种东西〉是不相同的?

ΘΕΑΙ. Ἔμοιγε δοκεῖ.
ΣΩ. Εἰ ἄρα τι συμβαίνει ὅμοιόν τῳ γίγνεσθαι ἢ ἀνόμοιον, εἴτε ἑαυτῷ εἴτε ἄλλῳ, ὁμοιούμενον μὲν ταὐτὸν φήσομεν γίγνεσθαι, ἀνομοιούμενον δὲ ἕτερον;
ΘΕΑΙ. Ἀνάγκη.
ΣΩ. Οὐκοῦν πρόσθεν ἐλέγομεν ὡς πολλὰ μὲν εἴη τὰ ποιοῦντα καὶ ἄπειρα, ὡσαύτως δέ γε τὰ πάσχοντα;
ΘΕΑΙ. Ναί.
ΣΩ. Καὶ μὴν ὅτι γε ἄλλο ἄλλῳ συμμειγνύμενον καὶ ἄλλῳ οὐ ταὐτὰ ἀλλ' ἕτερα γεννήσει;
ΘΕΑΙ. Πάνυ μὲν οὖν.
ΣΩ. Λέγωμεν δὴ ἐμέ τε καὶ σὲ καὶ τἆλλα ἤδη κατὰ τὸν αὐτὸν λόγον, Σωκράτη ὑγιαίνοντα καὶ Σωκράτη αὖ ἀσθενοῦντα. πότερον ὅμοιον τοῦτ' ἐκείνῳ ἢ ἀνόμοιον φήσομεν;
ΘΕΑΙ. Ἆρα τὸν ἀσθενοῦντα Σωκράτη, ὅλον τοῦτο λέγεις ὅλῳ ἐκείνῳ, τῷ ὑγιαίνοντι Σωκράτει;
ΣΩ. Κάλλιστα ὑπέλαβες· αὐτὸ τοῦτο λέγω.
ΘΕΑΙ. Ἀνόμοιον δήπου.
ΣΩ. Καὶ ἕτερον ἄρα οὕτως ὥσπερ ἀνόμοιον;
ΘΕΑΙ. Ἀνάγκη.
ΣΩ. Καὶ καθεύδοντα δὴ καὶ πάντα ἃ νυνδὴ διήλθομεν, ὡσαύτως φήσεις;
ΘΕΑΙ. Ἔγωγε.
ΣΩ. Ἕκαστον δὴ τῶν πεφυκότων τι ποιεῖν, ἄλλο τι, ὅταν μὲν λάβῃ ὑγιαίνοντα Σωκράτη, ὡς ἑτέρῳ μοι χρήσεται, ὅταν δὲ ἀσθενοῦντα, ὡς ἑτέρῳ;
ΘΕΑΙ. Τί δ' οὐ μέλλει;
ΣΩ. Καὶ ἕτερα δὴ ἐφ' ἑκατέρου γεννήσομεν ἐγώ τε ὁ πάσχων καὶ ἐκεῖνο τὸ ποιοῦν;
ΘΕΑΙ. Τί μήν;

a 10 πρόσθεν] ἐν τοῖς πρόσθεν W   c 1 καθεύδοντι ͣ B   νυνδὴ Heindorf: νῦν BT   c 2 φήσεις] φήσομεν T

泰阿泰德：我肯定这么认为。 159a5

苏格拉底：所以，如果发生了某物同某物变得相同或不相同，要么与它自己，要么与他者，那么，我们将说：当变成相同了，就变得同一了；而当变得不相同了，就变得相异了？

泰阿泰德：必然。

苏格拉底：我们前面[239]岂不说过，施动者是很多的，甚至是无限 159a10
的，而受动者肯定同样如此？

泰阿泰德：是的。

苏格拉底：而且当某一东西同某一他者相混合，然后又同另一他者〈相混合〉，将不会生出一些同一者，而是一些相异者[240]？

泰阿泰德：当然。 159b1

苏格拉底：那就让我们从现在起[241]根据这同一说法来说我、你和其他东西，〈如〉健康的苏格拉底，以及复又正在生病的苏格拉底。我们会说后者同前者是相同的呢，还是不相同的？ 159b5

泰阿泰德：正在生病的苏格拉底，你在说这一整体，之于那一整体，即之于健康的苏格拉底吗？

苏格拉底：你把握得非常好，我就在说这点。

泰阿泰德：肯定不相同。

苏格拉底：那也就是相异的，只要[242]是不相同的话。 159b10

泰阿泰德：必然。

苏格拉底：而就正在睡觉的〈他〉以及刚才我们已经细说过的所有 159c1
那些，你也会同样这么说吗？

泰阿泰德：我肯定〈会同样这么说〉。

苏格拉底：那些生来就是施动者中的每个[243]，是不是[244]每当它遇 159c5
见了[245]健康的苏格拉底，它将把我当一种人对待，而每当它遇见了正在生病的苏格拉底，它将把我当另一种人对待？

泰阿泰德：为何不应当是这样呢？

苏格拉底：而且在每一种情形下，我，即受动者，和那个东西，即施动者，我们也都将生出相异者？

泰阿泰德：那还用说？ 159c10

ΘΕΑΙΤΗΤΟΣ

ΣΩ. Ὅταν δὴ οἶνον πίνω ὑγιαίνων, ἡδύς μοι φαίνεται καὶ γλυκύς;
ΘΕΑΙ. Ναί.
ΣΩ. Ἐγέννησε γὰρ δὴ ἐκ τῶν προωμολογημένων τό τε ποιοῦν καὶ τὸ πάσχον γλυκύτητά τε καὶ αἴσθησιν, ἅμα φερόμενα ἀμφότερα, καὶ ἡ μὲν αἴσθησις πρὸς τοῦ πάσχοντος οὖσα αἰσθανομένην τὴν γλῶτταν ἀπηργάσατο, ἡ δὲ γλυκύτης πρὸς τοῦ οἴνου περὶ αὐτὸν φερομένη γλυκὺν τὸν οἶνον τῇ ὑγιαινούσῃ γλώττῃ ἐποίησεν καὶ εἶναι καὶ φαίνεσθαι.
ΘΕΑΙ. Πάνυ μὲν οὖν τὰ πρότερα ἡμῖν οὕτως ὡμολόγητο.
ΣΩ. Ὅταν δὲ ἀσθενοῦντα, ἄλλο τι πρῶτον μὲν τῇ ἀληθείᾳ οὐ τὸν αὐτὸν ἔλαβεν; ἀνομοίῳ γὰρ δὴ προσῆλθεν.
ΘΕΑΙ. Ναί.
ΣΩ. Ἕτερα δὴ αὖ ἐγεννησάτην ὅ τε τοιοῦτος Σωκράτης καὶ ἡ τοῦ οἴνου πόσις, περὶ μὲν τὴν γλῶτταν αἴσθησιν πικρότητος, περὶ δὲ τὸν οἶνον γιγνομένην καὶ φερομένην πικρότητα, καὶ τὸν μὲν οὐ πικρότητα ἀλλὰ πικρόν, ἐμὲ δὲ οὐκ αἴσθησιν ἀλλ' αἰσθανόμενον;
ΘΕΑΙ. Κομιδῇ μὲν οὖν.
ΣΩ. Οὔκουν ἐγώ τε οὐδὲν ἄλλο ποτὲ γενήσομαι οὕτως αἰσθανόμενος· τοῦ γὰρ ἄλλου ἄλλη αἴσθησις, καὶ ἀλλοῖον καὶ ἄλλον ποιεῖ τὸν αἰσθανόμενον· οὔτ' ἐκεῖνο τὸ ποιοῦν ἐμὲ μήποτ' ἄλλῳ συνελθὸν ταὐτὸν γεννῆσαν τοιοῦτον γένηται· ἀπὸ γὰρ ἄλλου ἄλλο γεννῆσαν ἀλλοῖον γενήσεται.
ΘΕΑΙ. Ἔστι ταῦτα.
ΣΩ. Οὐδὲ μὴν ἔγωγε ἐμαυτῷ τοιοῦτος, ἐκεῖνό τε ἑαυτῷ τοιοῦτον γενήσεται.
ΘΕΑΙ. Οὐ γὰρ οὖν.
ΣΩ. Ἀνάγκη δέ γε ἐμέ τε τινὸς γίγνεσθαι, ὅταν αἰσθανόμενος γίγνωμαι· αἰσθανόμενον γάρ, μηδενὸς δὲ αἰσθανόμενον, ἀδύνατον γίγνεσθαι· ἐκεῖνό τε τινὶ γίγνεσθαι, ὅταν γλυκὺ ἢ

c 11 ὅταν] ὅταν μὲν W   c 12 καὶ] ἢ W   d 7 ἄλλο τι] ἄλλο τι ἢ W   a 1 ἄλλον...τὸν W: ἄλλον...τὸ B: ἄλλο...τὸν T   a 8 τε om. B   a 9 αἰσθανόμενος γὰρ B²

苏格拉底：于是，每当健康的我饮酒，它就对我显得是令人愉快的和甜的？

泰阿泰德：是的。

苏格拉底：基于已经预先同意的那些东西，施动者和受动者，通过双方同时一起移动而产生出一种甜和一种感觉；并且一方面，感觉——它是从受动者一方而来的——，使舌头成为一种感觉者，另一方面，从酒一方而来的甜，通过在它那里散布开来[246]而使得酒对于健康的舌头来说，既是，又显得〈是〉甜的。

159d1

159d5

泰阿泰德：当然，前面那些就是这样被我们所同意的[247]。

苏格拉底：而每当〈它遇见了〉正在生病的〈苏格拉底〉，是不是它首先其实[248]并未遇见同一个人？因为它肯定拜访了一个不相同的人。

泰阿泰德：是的。

苏格拉底：因此，这样的苏格拉底和对酒的饮用，这两者复又产生出[249]〈同前者〉不同的〈两种〉东西；就舌头来说，是苦这种感觉，而对酒来说，则是生成着和散布开来的苦；并且酒并未变成苦，而是变成苦的，而我也并未变成感觉，而是变成一个在进行感觉的[250]？

159e1

159e5

泰阿泰德：完全如此。

苏格拉底：所以，对于其他任何东西，我从不会变成以这同样的方式进行感觉的人[251]；因为对其他东西的〈感觉是〉另外的感觉，并且它使得感觉者是另外一种人和另一个人[252]。而那个施动于我的东西[253]也从不会在同另一个人相遇时生出〈在与我相遇时生出的〉同一个东西和产生出〈在我这儿产生的〉这样一种〈性质〉；因为当它从另一东西那儿生出另外的东西时，它将变成另外一种〈性质〉[254]。

160a1

泰阿泰德：是这样。

苏格拉底：而且我肯定不会因自己而变成这样一种〈感觉者〉，那种东西也不会因它自己而变成这样一种〈性质〉。

160a5

泰阿泰德：当然不会。

苏格拉底：此外，我必然变成〈在感觉〉某种东西[255]，每当我变成一个感觉者时；因为〈我〉变成一个感觉者，却不感觉任何东西，这是不可能的。而那个东西，每当它变成甜的、苦的或诸如此类的某种时，

160b1

πικρὸν ἤ τι τοιοῦτον γίγνηται· γλυκὺ γάρ, μηδενὶ δὲ γλυκὺ ἀδύνατον γενέσθαι.

ΘΕΑΙ. Παντάπασι μὲν οὖν.

ΣΩ. Λείπεται δὴ οἶμαι ἡμῖν ἀλλήλοις, εἴτ᾽ ἐσμέν, εἶναι, εἴτε γιγνόμεθα, γίγνεσθαι, ἐπείπερ ἡμῶν ἡ ἀνάγκη τὴν οὐσίαν συνδεῖ μέν, συνδεῖ δὲ οὐδενὶ τῶν ἄλλων οὐδ᾽ αὖ ἡμῖν αὐτοῖς. ἀλλήλοις δὴ λείπεται συνδεδέσθαι. ὥστε εἴτε τις εἶναί τι ὀνομάζει, τινὶ εἶναι ἢ τινὸς ἢ πρός τι ῥητέον αὐτῷ, εἴτε γίγνεσθαι· αὐτὸ δὲ ἐφ᾽ αὑτοῦ τι ἢ ὂν ἢ γιγνόμενον οὔτε αὐτῷ λεκτέον οὔτ᾽ ἄλλου λέγοντος ἀποδεκτέον, ὡς ὁ λόγος ὃν διεληλύθαμεν σημαίνει.

ΘΕΑΙ. Παντάπασι μὲν οὖν, ὦ Σώκρατες.

ΣΩ. Οὐκοῦν ὅτε δὴ τὸ ἐμὲ ποιοῦν ἐμοί ἐστιν καὶ οὐκ ἄλλῳ, ἐγὼ καὶ αἰσθάνομαι αὐτοῦ, ἄλλος δ᾽ οὔ;

ΘΕΑΙ. Πῶς γὰρ οὔ;

ΣΩ. Ἀληθὴς ἄρα ἐμοὶ ἡ ἐμὴ αἴσθησις—τῆς γὰρ ἐμῆς οὐσίας ἀεί ἐστιν—καὶ ἐγὼ κριτὴς κατὰ τὸν Πρωταγόραν τῶν τε ὄντων ἐμοὶ ὡς ἔστι, καὶ τῶν μὴ ὄντων ὡς οὐκ ἔστιν.

ΘΕΑΙ. Ἔοικεν.

ΣΩ. Πῶς ἂν οὖν ἀψευδὴς ὢν καὶ μὴ πταίων τῇ διανοίᾳ περὶ τὰ ὄντα ἢ γιγνόμενα οὐκ ἐπιστήμων ἂν εἴην ὧνπερ αἰσθητής;

ΘΕΑΙ. Οὐδαμῶς ὅπως οὔ.

ΣΩ. Παγκάλως ἄρα σοι εἴρηται ὅτι ἐπιστήμη οὐκ ἄλλο τί ἐστιν ἢ αἴσθησις, καὶ εἰς ταὐτὸν συμπέπτωκεν, κατὰ μὲν Ὅμηρον καὶ Ἡράκλειτον καὶ πᾶν τὸ τοιοῦτον φῦλον οἷον ῥεύματα κινεῖσθαι τὰ πάντα, κατὰ δὲ Πρωταγόραν τὸν σοφώτατον πάντων χρημάτων ἄνθρωπον μέτρον εἶναι, κατὰ δὲ Θεαίτητον τούτων οὕτως ἐχόντων αἴσθησιν ἐπιστήμην γίγνεσθαι. ἦ γάρ, ὦ Θεαίτητε; φῶμεν τοῦτο σὸν μὲν εἶναι οἷον νεογενὲς παιδίον, ἐμὸν δὲ μαίευμα; ἢ πῶς λέγεις;

---

b 2 γίγνεται W   b 5 δή] δὲ W   b 10 γίγνεσθαι, ⟨γίγνεσθαι⟩ Frei   c 1 οὔτ᾽ ... ἀποδεκτέον om. pr. B   d 1 οὖν ἂν T
d 4 οὔ] οὖν B   e 2 τοῦτο οὕτω φῶμεν W

它必然对某人变成〈这样〉；因为〈它〉变成甜的，却对无人〈是〉甜的，这是不可能的。

泰阿泰德：完全如此。

苏格拉底：那么我认为只剩下这样：无论〈说〉是还是生成，都只能是我们彼此是或生成，因为必然性把我们〈两者〉的所是捆绑在了一起，但它既不把我们〈各自〉同其他任何东西捆绑在一起，也不把我们〈各自〉同自己捆绑在一起；剩下的就只是〈我们〉彼此已经被捆绑在了一起。因此，如果有人称呼某个东西是着[256]，那他必须说它对某某、属于某某或相对于某某而是着；〈称呼某个东西〉生成亦然。他一定不能说某个东西自在自为地是着或生成，也一定不会容许其他人这么说，正如我们刚才细说的那种说法所指出的那样。

泰阿泰德：完全是这样，苏格拉底。

苏格拉底：因此，既然施动于我的东西是对我，而不是对其他人，那么，岂不是我，而非其他人在感觉它？

泰阿泰德：为何不？

苏格拉底：因此我的感觉对我来说是真的——因为它总是属于我的所是——，并且根据普罗塔戈拉，我既是那些对我而言是的是者的裁判，也是那些〈对我而言〉不是的不是者〈的裁判〉。

泰阿泰德：似乎如此。

苏格拉底：因此，如果在关于诸是者或诸生成者的意向[257]上我是真实无欺的和不会犯错的，那么，我又怎么会不是〈我是其〉感觉者的那些东西的知道者呢？

泰阿泰德：你绝不会不是。

苏格拉底：因此对你而言完全有权说[258]，知识无非就是感觉，并且它们已经被归结为了一回事：根据荷马、赫拉克利特以及整个这一族，一切都如川流一样运动；而根据普罗塔戈拉这位最智慧的人，人是万物的尺度；而根据泰阿泰德，感觉就变成了知识。是这样吗，泰阿泰德？我们会说，一方面这就好比是你的新生小孩，另一方面是我的接生物？抑或你怎么说？

ΘΕΑΙΤΗΤΟΣ

ΘΕΑΙ. Οὕτως ἀνάγκη, ὦ Σώκρατες.

ΣΩ. Τοῦτο μὲν δή, ὡς ἔοικεν, μόλις ποτὲ ἐγεννήσαμεν, ὅτι δή ποτε τυγχάνει ὄν. μετὰ δὲ τὸν τόκον τὰ ἀμφιδρόμια αὐτοῦ ὡς ἀληθῶς ἐν κύκλῳ περιθρεκτέον τῷ λόγῳ, σκοπουμένους μὴ λάθῃ ἡμᾶς οὐκ ἄξιον ὂν τροφῆς τὸ γιγνόμενον, ἀλλὰ ἀνεμιαῖόν τε καὶ ψεῦδος. ἢ σὺ οἴει πάντως δεῖν τό γε σὸν τρέφειν καὶ μὴ ἀποτιθέναι, ἢ καὶ ἀνέξῃ ἐλεγχόμενον ὁρῶν, καὶ οὐ σφόδρα χαλεπανεῖς ἐάν τις σοῦ ὡς πρωτοτόκου αὐτὸ ὑφαιρῇ;

ΘΕΟ. Ἀνέξεται, ὦ Σώκρατες, Θεαίτητος· οὐδαμῶς γὰρ δύσκολος. ἀλλὰ πρὸς θεῶν εἰπὲ ᾗ αὖ οὐχ οὕτως ἔχει;

ΣΩ. Φιλόλογός γ' εἶ ἀτεχνῶς καὶ χρηστός, ὦ Θεόδωρε, ὅτι με οἴει λόγων τινὰ εἶναι θύλακον καὶ ῥᾳδίως ἐξελόντα ἐρεῖν ὡς οὐκ αὖ ἔχει οὕτω ταῦτα· τὸ δὲ γιγνόμενον οὐκ ἐννοεῖς, ὅτι οὐδεὶς τῶν λόγων ἐξέρχεται παρ' ἐμοῦ ἀλλ' ἀεὶ παρὰ τοῦ ἐμοὶ προσδιαλεγομένου, ἐγὼ δὲ οὐδὲν ἐπίσταμαι πλέον πλὴν βραχέος, ὅσον λόγον παρ' ἑτέρου σοφοῦ λαβεῖν καὶ ἀποδέξασθαι μετρίως. καὶ νῦν τοῦτο παρὰ τοῦδε πειράσομαι, οὔ τι αὐτὸς εἰπεῖν.

ΘΕΟ. Σὺ κάλλιον, ὦ Σώκρατες, λέγεις· καὶ ποίει οὕτως.

ΣΩ. Οἶσθ' οὖν, ὦ Θεόδωρε, ὃ θαυμάζω τοῦ ἑταίρου σου Πρωταγόρου;

ΘΕΟ. Τὸ ποῖον;

ΣΩ. Τὰ μὲν ἄλλα μοι πάνυ ἡδέως εἴρηκεν, ὡς τὸ δοκοῦν ἑκάστῳ τοῦτο καὶ ἔστιν· τὴν δ' ἀρχὴν τοῦ λόγου τεθαύμακα, ὅτι οὐκ εἶπεν ἀρχόμενος τῆς Ἀληθείας ὅτι "Πάντων χρημάτων μέτρον ἐστὶν ὗς" ἢ "κυνοκέφαλος" ἤ τι ἄλλο ἀτοπώτερον τῶν ἐχόντων αἴσθησιν, ἵνα μεγαλοπρεπῶς καὶ πάνυ καταφρονητικῶς ἤρξατο ἡμῖν λέγειν, ἐνδεικνύμενος ὅτι ἡμεῖς μὲν αὐτὸν ὥσπερ θεὸν ἐθαυμάζομεν ἐπὶ σοφίᾳ, ὁ δ' ἄρα ἐτύγχανεν ὢν εἰς φρόνησιν οὐδὲν βελτίων βατράχου γυρίνου,

---

e 5 μόγις W　　a 6 ᾗ scripsi : ἢ B : ᾗ W : εἰ T　　οὐχ om. T
a 8 με] μοι Stallbaum　　b 1 αὖ ἔχει] ἔχει αὖ W　　b 6 οὔτι T : ὅτι B　　c 5 ἀτοπώτατον W　　d 1 βατράχου secl. Valckenaer

泰阿泰德：必然这样说，苏格拉底。

苏格拉底：然而，似乎我们终究勉力生出了这个〈小孩〉，无论它究竟碰巧是什么。但分娩之后是它的绕灶仪式[259]，〈我们〉必须通过讨论真正地从方方面面进行仔细检查[260]，通过检查，或许我们发觉[261]生出来的东西是不值得抚养的，而是未受精的蛋和虚假的东西。或者，你认为无论如何都必须抚养你的〈小孩〉，不得遗弃，还是你会容忍看它被检查，并且你不会勃然大怒，即使有人从你那里，就像从一个生下投胎的〈女人〉那里一样[262]，偷偷拿走它？

忒俄多洛斯：泰阿泰德会容忍的，苏格拉底；因为他绝对不是一个易怒的人。但诸神在上，请你说说，复又在哪里不是这样？

苏格拉底：你完完全全就是一个热爱讨论的人，忒俄多洛斯啊，并且你够好了[263]，认为我就是某一〈装满〉各种说法的口袋，很容易就取出〈一个说法〉而宣布，这些事情复又不是这样；但你没有注意到事实[264]是，诸说法中没有任何一个来自于我，相反，始终来自于和我交谈的人；而我知道得不多，除了一点点，即从其他某个智慧的人那儿获取一种说法，并适当地加以接受。现在我也将尝试从这位〈智慧的人〉[265]那里〈取得〉它，而不是尝试自己要说什么。

忒俄多洛斯：你说得相当好，苏格拉底；也请你就这么做！

苏格拉底：那么，忒俄多洛斯啊，你知道我对你的朋友普罗塔戈拉感到惊异的是什么吗？

忒俄多洛斯：何种东西？

苏格拉底：他所说的其余那些都非常令我满意，即对每个人看起来〈是〉什么，对他也就是什么；但我对该说法的起点却感到了惊异，那就是当他开始他的"〈论〉真"一文时，他没有说"猪是万物的尺度"，或者"狗头狒狒"[266]，或者那些具有感觉的东西中的某个其他更奇特的，以至他能目空一切[267]且非常轻蔑地开始对我们讲话，指出尽管我们在智慧方面像神一样钦佩他，但他其实在明智上并不比一只青蛙〈生出的〉一只蝌蚪[268]更优秀，更别提在众人中比其他任何一个人更优秀了。或者，我们该如何说，忒俄多洛斯？因为，如果对每个人来说，他通过

ΠΛΑΤΩΝΟΣ

μὴ ὅτι ἄλλου του ἀνθρώπων. ἢ πῶς λέγωμεν, ὦ Θεόδωρε; εἰ γὰρ δὴ ἑκάστῳ ἀληθὲς ἔσται ὃ ἂν δι' αἰσθήσεως δοξάζῃ, καὶ μήτε τὸ ἄλλου πάθος ἄλλος βέλτιον διακρινεῖ, μήτε τὴν δόξαν κυριώτερος ἔσται ἐπισκέψασθαι ἕτερος τὴν ἑτέρου ὀρθὴ ἢ ψευδής, ἀλλ' ὃ πολλάκις εἴρηται, αὐτὸς τὰ αὑτοῦ ἕκαστος μόνος δοξάσει, ταῦτα δὲ πάντα ὀρθὰ καὶ ἀληθῆ, τί δή ποτε, ὦ ἑταῖρε, Πρωταγόρας μὲν σοφός, ὥστε καὶ ἄλλων διδάσκαλος ἀξιοῦσθαι δικαίως μετὰ μεγάλων μισθῶν, ἡμεῖς δὲ ἀμαθέστεροί τε καὶ φοιτητέον ἡμῖν ἦν παρ' ἐκεῖνον, μέτρῳ ὄντι αὐτῷ ἑκάστῳ τῆς αὑτοῦ σοφίας; ταῦτα πῶς μὴ φῶμεν δημούμενον λέγειν τὸν Πρωταγόραν; τὸ δὲ δὴ ἐμόν τε καὶ τῆς ἐμῆς τέχνης τῆς μαιευτικῆς σιγῶ ὅσον γέλωτα ὀφλισκάνομεν, οἶμαι δὲ καὶ σύμπασα ἡ τοῦ διαλέγεσθαι πραγματεία. τὸ γὰρ ἐπισκοπεῖν καὶ ἐπιχειρεῖν ἐλέγχειν τὰς ἀλλήλων φαντασίας τε καὶ δόξας, ὀρθὰς ἑκάστου οὔσας, οὐ μακρὰ μὲν καὶ διωλύγιος φλυαρία, εἰ ἀληθὴς ἡ Ἀλήθεια Πρωταγόρου ἀλλὰ μὴ παίζουσα ἐκ τοῦ ἀδύτου τῆς βίβλου ἐφθέγξατο;

ΘΕΟ. Ὦ Σώκρατες, φίλος ἀνήρ, ὥσπερ σὺ νυνδὴ εἶπες. οὐκ ἂν οὖν δεξαίμην δι' ἐμοῦ ὁμολογοῦντος ἐλέγχεσθαι Πρωταγόραν, οὐδ' αὖ σοὶ παρὰ δόξαν ἀντιτείνειν. τὸν οὖν Θεαίτητον πάλιν λαβέ· πάντως καὶ νυνδὴ μάλ' ἐμμελῶς σοι ἐφαίνετο ὑπακούειν.

ΣΩ. Ἆρα κἂν εἰς Λακεδαίμονα ἐλθών, ὦ Θεόδωρε, πρὸς τὰς παλαίστρας ἀξιοῖς ἂν ἄλλους θεώμενος γυμνούς, ἐνίους φαύλους, αὐτὸς μὴ ἀντεπιδεικνύναι τὸ εἶδος παραποδυόμενος;

ΘΕΟ. Ἀλλὰ τί μὴν δοκεῖς, εἴπερ μέλλοιέν μοι ἐπιτρέψειν καὶ πείσεσθαι; ὥσπερ νῦν οἶμαι ὑμᾶς πείσειν ἐμὲ μὲν ἐᾶν θεᾶσθαι καὶ μὴ ἕλκειν πρὸς τὸ γυμνάσιον σκληρὸν ἤδη ὄντα, τῷ δὲ δὴ νεωτέρῳ τε καὶ ὑγροτέρῳ ὄντι προσπαλαίειν.

---

d 2 λέγομεν vulg.   d 4 διακρινεῖ] διακρίνῃ B (ex emend.) T
d 7 μόνος B: μόνον T   d 8 ὥστε B: ὥς T   e 2 ἦν ἡμῖν W   e 7 ἐπι-
χειρεῖν T W: om. B   a 1 μὲν om. W   a 2 βύβλου B T   a 4 ἀνήρ
Bekker: ἀνὴρ B T   νυνδὴ εἶπες] εἶπες νῦν W   b 6 θεάσασθαι T

感觉而认为的东西就是真的,并且如果一个人既不能更好地评判他人的遭遇 [269],一个人也不会更有权力去检查另一个人的意见是正确的,还是错误的,而是如我们多次说过的那样,每个人自己只会对他自己的那些事情形成意见,而所有这些〈意见〉都是正确的和真的,那么,朋友,究竟为何普罗塔戈拉是智慧的,以至于正当地被认为适合是其他人的教师,〈有权收取〉高额的酬金 [270],而我们则是比较无知的,并且我们必须求助于他 [271]——既然每个人自己是他自己的智慧的尺度?我们怎么不应假定普罗塔戈拉是为了说迎合民众的话 [272] 才讲这些?我自己的事情以及我的助产术中的事情,我其实还什么都没有说,即我们将招致何等的嘲笑 [273],而我认为对话的整个事业〈也都将面临同样的情形〉。因为,检查并尝试反驳彼此的各种表象和意见 [274]——既然每个人的〈表象和意见〉都是正确的——,岂不是一种冗长且大声的胡说八道——如果普罗塔戈拉的"〈论〉真"是真的,而非只是在开玩笑才从书的最里头的神殿那儿 [275] 大声说话的话——?

忒俄多洛斯:苏格拉底啊,此人是〈我的〉一位朋友,正如你刚才说的那样。因此,我既不会选择由于我的同意普罗塔戈拉遭到反驳,也不会选择违背〈我自己的〉意见而抵制你。所以,请你再次找泰阿泰德吧;他刚才完全显得非常合拍地在顺从你。

苏格拉底:如果你前往拉栖岱蒙 [276],忒俄多洛斯啊,到一些摔跤学校,你会认为下面这样是合适的吗,即旁观另外一些裸体的人,其中一些还身形丑陋,自己却不在旁边脱去衣服展示一下身材 [277]?

忒俄多洛斯:你为何就不可以这么认为,假如他们打算放过我和听从我?就像现在,我猜我会说服你们允许我旁观,不把已经是〈身体〉僵硬的我拖往体育场,而是去同那更年轻和更灵活的人角力。

ΘΕΑΙΤΗΤΟΣ

ΣΩ. Ἀλλ' εἰ οὕτως, ὦ Θεόδωρε, σοὶ φίλον, οὐδ' ἐμοὶ ἐχθρόν, φασὶν οἱ παροιμιαζόμενοι. πάλιν δὴ οὖν ἐπὶ τὸν σοφὸν Θεαίτητον ἰτέον. λέγε δή, ὦ Θεαίτητε, πρῶτον μὲν ἃ νυνδὴ διήλθομεν, ἆρα οὐ σὺ θαυμάζεις εἰ ἐξαίφνης οὕτως ἀναφανήσῃ μηδὲν χείρων εἰς σοφίαν ὁτουοῦν ἀνθρώπων ἢ καὶ θεῶν; ἢ ἧττόν τι οἴει τὸ Πρωταγόρειον μέτρον εἰς θεοὺς ἢ εἰς ἀνθρώπους λέγεσθαι;

ΘΕΑΙ. Μὰ Δί' οὐκ ἔγωγε· καὶ ὅπερ γε ἐρωτᾷς, πάνυ θαυμάζω. ἡνίκα γὰρ διῇμεν ὃν τρόπον λέγοιεν τὸ δοκοῦν ἑκάστῳ τοῦτο καὶ εἶναι τῷ δοκοῦντι, πάνυ μοι εὖ ἐφαίνετο λέγεσθαι· νῦν δὲ τοὐναντίον τάχα μεταπέπτωκεν.

ΣΩ. Νέος γὰρ εἶ, ὦ φίλε παῖ· τῆς οὖν δημηγορίας ὀξέως ὑπακούεις καὶ πείθῃ. πρὸς γὰρ ταῦτα ἐρεῖ Πρωταγόρας ἤ τις ἄλλος ὑπὲρ αὐτοῦ· "Ὦ γενναῖοι παῖδές τε καὶ γέροντες, δημηγορεῖτε συγκαθεζόμενοι, θεούς τε εἰς τὸ μέσον ἄγοντες, οὓς ἐγὼ ἔκ τε τοῦ λέγειν καὶ τοῦ γράφειν περὶ αὐτῶν ὡς εἰσὶν ἢ ὡς οὐκ εἰσίν, ἐξαιρῶ, καὶ ἃ οἱ πολλοὶ ἂν ἀποδέχοιντο ἀκούοντες, λέγετε ταῦτα, ὡς δεινὸν εἰ μηδὲν διοίσει εἰς σοφίαν ἕκαστος τῶν ἀνθρώπων βοσκήματος ὁτουοῦν· ἀπόδειξιν δὲ καὶ ἀνάγκην οὐδ' ἡντινοῦν λέγετε ἀλλὰ τῷ εἰκότι χρῆσθε, ᾧ εἰ ἐθέλοι Θεόδωρος ἢ ἄλλος τις τῶν γεωμετρῶν χρώμενος γεωμετρεῖν, ἄξιος οὐδ' ἑνὸς μόνου ἂν εἴη. σκοπεῖτε οὖν σύ τε καὶ Θεόδωρος εἰ ἀποδέξεσθε πιθανολογίᾳ τε καὶ εἰκόσι περὶ τηλικούτων λεγομένους λόγους."

ΘΕΑΙ. Ἀλλ' οὐ δίκαιον, ὦ Σώκρατες, οὔτε σὺ οὔτε ἂν ἡμεῖς φαῖμεν.

ΣΩ. Ἄλλῃ δὴ σκεπτέον, ὡς ἔοικεν, ὡς ὅ τε σὸς καὶ ὁ Θεοδώρου λόγος.

ΘΕΑΙ. Πάνυ μὲν οὖν ἄλλῃ.

---

c 1 φροιμιαζόμενοι pr. W   c 2 δή] οὖν W   c 3 σὺ θαυμάζεις W : συνθαυμάζεις B T   c 4 οὕτως ἐξαίφνης W   d 1 καὶ om. W   d 2 τάχα] ταχὺ T   d 5 ὑπὲρ] περὶ W   d 6 ἄγοντες TW : λέγοντες B   e 1 τοῦ γράφειν] γράφειν W   e 6 θέλοι W   e 7 οὐδ' ἑνὸς schol. : οὐδενὸς B T   e 8 πιθανολογίᾳ] πιθανολογίαις B   a 1 τηλικούτων] τούτων B   a 5 Θεόδωρος B   λόγος post a 4 σὸς T

苏格拉底：那么，如果你喜欢这样，那我也不厌恶，〈正如〉那些引用谚语的人所说[278]。所以，我必须再次回到智慧的泰阿泰德那儿。泰阿泰德啊，请你首先就我们刚才细说过的那些说说，你不感到惊异吗，如果突然就这样你在智慧上显得不亚于任何一个人，甚至不亚于任何一位神？或者你认为，普罗塔戈拉的尺度不是说给神的，而是说给人的[279]？

泰阿泰德：宙斯在上，我肯定不这么认为，并且就你所问的，我感到非常惊讶。因为，当我们讨论他们为何[280]会说，对每个人显现为什么，也就对向之显现的人来说是什么，对我显得说得非常好；但现在却很快变成了反面。

苏格拉底：你的确还年轻，亲爱的孩子；因此你很容易听从和信服公民大会上发表的演说。因为对此普罗塔戈拉或其他某个支持他的人会说："尊敬的老少诸位，你们一起坐下来向民众发表演说，并把诸神牵扯其中——关于他们，即他们是着或者不是着，无论是在说话中还是在书写中，我都将之放在一边[281]——，你们也只说大众听了会接受的那些东西，即如果每个人在智慧方面同任何牲畜没有任何区别，那将是可怕的。然而，你们根本没有说出任何证明和任何一种必然性，而是满足于可能性[282]——如果忒俄多洛斯或其他某个几何学家愿意使用这种可能性来从事几何学，那他就会是一文不值的——。因此，你和忒俄多洛斯都要思考一下，你们是否接受那些基于貌似有理的说法和各种可能性而就如此重大的事情所说出来的话。"

泰阿泰德：苏格拉底啊，无论是你，还是我们，都会说这肯定是不正当的。

苏格拉底：那么似乎必须用其他的方式进行考虑，依照你的以及忒俄多洛斯的说法。

泰阿泰德：肯定得用其他的方式。

ΠΛΑΤΩΝΟΣ

ΣΩ. Τῇδε δὴ σκοπῶμεν εἰ ἄρα ἐστὶν ἐπιστήμη τε καὶ αἴσθησις ταὐτὸν ἢ ἕτερον. εἰς γὰρ τοῦτό που πᾶς ὁ λόγος ἡμῖν ἔτεινεν, καὶ τούτου χάριν τὰ πολλὰ καὶ ἄτοπα ταῦτα ἐκινήσαμεν. οὐ γάρ;

ΘΕΑΙ. Παντάπασι μὲν οὖν.

ΣΩ. Ἦ οὖν ὁμολογήσομεν, ἃ τῷ ὁρᾶν αἰσθανόμεθα ἢ τῷ ἀκούειν, πάντα ταῦτα ἅμα καὶ ἐπίστασθαι; οἷον τῶν βαρβάρων πρὶν μαθεῖν τὴν φωνὴν πότερον οὐ φήσομεν ἀκούειν ὅταν φθέγγωνται, ἢ ἀκούειν τε καὶ ἐπίστασθαι ἃ λέγουσι; καὶ αὖ γράμματα μὴ ἐπιστάμενοι, βλέποντες εἰς αὐτὰ πότερον οὐχ ὁρᾶν ἢ ἐπίστασθαι εἴπερ ὁρῶμεν διισχυριούμεθα;

ΘΕΑΙ. Αὐτό γε, ὦ Σώκρατες, τοῦτο αὐτῶν, ὅπερ ὁρῶμέν τε καὶ ἀκούομεν, ἐπίστασθαι φήσομεν· τῶν μὲν γὰρ τὸ σχῆμα καὶ τὸ χρῶμα ὁρᾶν τε καὶ ἐπίστασθαι, τῶν δὲ τὴν ὀξύτητα καὶ βαρύτητα ἀκούειν τε ἅμα καὶ εἰδέναι· ἃ δὲ οἵ τε γραμματισταὶ περὶ αὐτῶν καὶ οἱ ἑρμηνῆς διδάσκουσιν, οὔτε αἰσθάνεσθαι τῷ ὁρᾶν ἢ ἀκούειν οὔτε ἐπίστασθαι.

ΣΩ. Ἄριστά γ', ὦ Θεαίτητε, καὶ οὐκ ἄξιόν σοι πρὸς ταῦτα ἀμφισβητῆσαι, ἵνα καὶ αὐξάνῃ. ἀλλ' ὅρα δὴ καὶ τόδε ἄλλο προσιόν, καὶ σκόπει πῇ αὐτὸ διωσόμεθα.

ΘΕΑΙ. Τὸ ποῖον δή;

ΣΩ. Τὸ τοιόνδε· εἴ τις ἔροιτο· "Ἆρα δυνατὸν ὅτου τις ἐπιστήμων γένοιτό ποτε, ἔτι ἔχοντα μνήμην αὐτοῦ τούτου καὶ σῳζόμενον, τότε ὅτε μέμνηται μὴ ἐπίστασθαι αὐτὸ τοῦτο ὃ μέμνηται;" μακρολογῶ δέ, ὡς ἔοικε, βουλόμενος ἐρέσθαι εἰ μαθών τίς τι μεμνημένος μὴ οἶδε.

ΘΕΑΙ. Καὶ πῶς, ὦ Σώκρατες; τέρας γὰρ ἂν εἴη ὃ λέγεις.

ΣΩ. Μὴ οὖν ἐγὼ ληρῶ; σκόπει δέ. ἆρα τὸ ὁρᾶν οὐκ αἰσθάνεσθαι λέγεις καὶ τὴν ὄψιν αἴσθησιν;

a 7 τῇδε TW: τί δὲ B   a 8 ἢ ἕτερον] πότερον B   τοῦτο] τοῦτον B   a 9 ἔτεινεν] τείνει W   b 3 πότερον] πρότερον T   b 10 καὶ] τε καὶ T   καὶ τὸ χρῶμα om. W   c 6 πῇ] ποῦ W   d 2 ἔτι ἔχοντα] ἐπέχοντα B   d 6 καὶ om. W

苏格拉底：那就让我们〈以下面〉这种方式来检查一下，知识和感觉究竟是同一的呢，还是相异的。因为，我们的整个讨论都针对这点[283]，也正是为此我们才激发出了这些许多且奇特的事情。难道不是这样吗？

泰阿泰德：完全如此。

苏格拉底：那么我们会同意，我们通过看或听所感觉到的那些东西，我们也同时知道所有这些东西吗？例如，在我们已经学会外族人的方言之前，当他们说话时，我们会说没有听到呢，还是说听到且知道他们所说的？此外，如果我们不知道〈他们的〉文字，但当我们瞧着它们时，我们是坚决主张没有看到〈它们〉呢，还是我们知道〈它们〉，假如我们看到〈它们〉的话？

泰阿泰德：苏格拉底啊，我们将说我们肯定只知道它们中我们所看到和听到的[284]；因为，一方面我们看到和知道前者的形状和颜色，一方面听到并同时知道后者的高音和低音[285]。但是，语法教师和翻译者们关于它们所传授的那些，既不能通过看或听而感觉到，也不知道。

苏格拉底：好极了，泰阿泰德，不值得就这些而和你争论，为了你能够成长！但是，请你看看，这个另外的东西在进攻，也请你考虑一下我们将如何打退它！

泰阿泰德：究竟是何种东西？

苏格拉底：这种东西。如果有人问："这可能吗，即曾经对某种东西变得知道的一个人，即使他仍然具有和保持着对该东西的记忆，那时他虽然记得，但却不知道他记得的该东西？"我似乎有些啰嗦，因为我只是想问，是否一个弄明白了某种东西的人[286]，尽管他记得它，却不知道它。

泰阿泰德：怎么会呢，苏格拉底？因为你所说的，会是一件怪事。

苏格拉底：莫非我在胡说？但还是请你考虑一下！你不会说，在看即在感觉，并且视觉是一种感觉吗？

ΘΕΑΙΤΗΤΟΣ 163 d

ΘΕΑΙ. Ἔγωγε.
ΣΩ. Οὐκοῦν ὁ ἰδών τι ἐπιστήμων ἐκείνου γέγονεν ὃ εἶδεν
κατὰ τὸν ἄρτι λόγον;
ΘΕΑΙ. Ναί.
ΣΩ. Τί δέ; μνήμην οὐ λέγεις μέντοι τι;
ΘΕΑΙ. Ναί.
ΣΩ. Πότερον οὐδενὸς ἢ τινός;
ΘΕΑΙ. Τινὸς δήπου.
ΣΩ. Οὐκοῦν ὧν ἔμαθε καὶ ὧν ᾔσθετο, τοιουτωνί τινων;
ΘΕΑΙ. Τί μήν;
ΣΩ. Ὃ δὴ εἶδέ τις, μέμνηταί που ἐνίοτε;
ΘΕΑΙ. Μέμνηται.
ΣΩ. Ἦ καὶ μύσας; ἢ τοῦτο δράσας ἐπελάθετο;
ΘΕΑΙ. Ἀλλὰ δεινόν, ὦ Σώκρατες, τοῦτό γε φάναι.
ΣΩ. Δεῖ γε μέντοι, εἰ σώσομεν τὸν πρόσθε λόγον· εἰ 164
δὲ μή, οἴχεται.
ΘΕΑΙ. Καὶ ἐγώ, νὴ τὸν Δία, ὑποπτεύω, οὐ μὴν ἱκανῶς
γε συννοῶ· ἀλλ' εἰπὲ πῇ.
ΣΩ. Τῇδε· ὁ μὲν ὁρῶν ἐπιστήμων, φαμέν, τούτου γέγονεν
οὗπερ ὁρῶν· ὄψις γὰρ καὶ αἴσθησις καὶ ἐπιστήμη ταὐτὸν
ὡμολόγηται.
ΘΕΑΙ. Πάνυ γε.
ΣΩ. Ὁ δέ γε ὁρῶν καὶ ἐπιστήμων γεγονὼς οὗ ἑώρα, ἐὰν
μύσῃ, μέμνηται μέν, οὐχ ὁρᾷ δὲ αὐτό. ἦ γάρ;
ΘΕΑΙ. Ναί.
ΣΩ. Τὸ δέ γε "οὐχ ὁρᾷ" "οὐκ ἐπίσταταί" ἐστιν, εἴπερ b
καὶ τὸ "ὁρᾷ" "ἐπίσταται."
ΘΕΑΙ. Ἀληθῆ.
ΣΩ. Συμβαίνει ἄρα, οὗ τις ἐπιστήμων ἐγένετο, ἔτι μεμνημένον αὐτὸν μὴ ἐπίστασθαι, ἐπειδὴ οὐχ ὁρᾷ· ὃ τέρας ἔφαμεν
ἂν εἶναι εἰ γίγνοιτο.

a 1 σώσομεν Dissen : σώσοιμεν Β Τ   a 6 ὁρῶν Β Τ : ὁρᾷ W
b 1-2 ἐστιν ... ἐπίσταται om. pr. Β   b 5 αὐτὸν μὴ Τ W : αὐτὸν ἢ
ut videtur pr. Β : αὐτὸ μὴ Hirschig   ἂν ἔφαμεν W

泰阿泰德：我肯定会。

苏格拉底：那么，根据刚才的说法，看见了某种东西的人，岂不变成了他所看见的那个东西的一个知道者？ 163e1

泰阿泰德：是的。

苏格拉底：然后呢？你不会说有着记忆这样的某种东西吗？

泰阿泰德：会说。 163e5

苏格拉底：〈记忆〉不关于任何东西呢，还是关于某个东西？

泰阿泰德：肯定关于某个东西。

苏格拉底：岂不就是关于一个人已经弄明白和已经感觉到的，即关于诸如此类的东西？

泰阿泰德：当然。

苏格拉底：一个人肯定有时会记得他曾看见过的东西吗？ 163e10

泰阿泰德：记得。

苏格拉底：甚至当他闭上〈眼睛〉时？或者，当他这样做时就忘记了？

泰阿泰德：但这样说就太可怕了，苏格拉底！

苏格拉底：但必须得〈这么说〉，如果我们要保全前面的说法；否则它将毁灭。 164a1

泰阿泰德：宙斯在上，我也在这么猜想，但我确实尚未充分理解；请你无论如何都说一下。

苏格拉底：是这样：那在看的人，我们说，他成为了他在看的那种东西的一个知道者，因为视觉、感觉和知识，已经被承认为了是同一的。 164a5

泰阿泰德：肯定。

苏格拉底：但那在看的人和已经成为了他在看的那种东西的知道者，如果他闭上〈眼睛〉，那么他将一方面记得〈该东西〉，另一方面却没有看〈它〉。是这样吗？ 164a10

泰阿泰德：是。

苏格拉底：但"他不看"肯定就是"他不知道"，如果"他看"也就是"他知道"的话。 164b1

泰阿泰德：正确。

苏格拉底：由此就会得出：一个人已经成为了〈他在看的那种东西的〉知道者，他即使还记得它，但却不知道它，因为他没有在看它。但如果这发生了，我们就会说它是一件怪事。 164b5

ΠΛΑΤΩΝΟΣ

ΘΕΑΙ. Ἀληθέστατα λέγεις.
ΣΩ. Τῶν ἀδυνάτων δή τι συμβαίνειν φαίνεται ἐάν τις ἐπιστήμην καὶ αἴσθησιν ταὐτὸν φῇ εἶναι.
ΘΕΑΙ. Ἔοικεν.
ΣΩ. Ἄλλο ἄρα ἑκάτερον φατέον.
ΘΕΑΙ. Κινδυνεύει.
ΣΩ. Τί οὖν δῆτ' ἂν εἴη ἐπιστήμη; πάλιν ἐξ ἀρχῆς, ὡς ἔοικεν, λεκτέον. καίτοι τί ποτε μέλλομεν, ὦ Θεαίτητε, δρᾶν;
ΘΕΑΙ. Τίνος πέρι;
ΣΩ. Φαινόμεθά μοι ἀλεκτρυόνος ἀγεννοῦς δίκην πρὶν νενικηκέναι ἀποπηδήσαντες ἀπὸ τοῦ λόγου ᾄδειν.
ΘΕΑΙ. Πῶς δή;
ΣΩ. Ἀντιλογικῶς ἐοίκαμεν πρὸς τὰς τῶν ὀνομάτων ὁμολογίας ἀνομολογησάμενοι καὶ τοιούτῳ τινὶ περιγενόμενοι τοῦ λόγου ἀγαπᾶν, καὶ οὐ φάσκοντες ἀγωνισταὶ ἀλλὰ φιλόσοφοι εἶναι λανθάνομεν ταὐτὰ ἐκείνοις τοῖς δεινοῖς ἀνδράσιν ποιοῦντες.
ΘΕΑΙ. Οὔπω μανθάνω ὅπως λέγεις.
ΣΩ. Ἀλλ' ἐγὼ πειράσομαι δηλῶσαι περὶ αὐτῶν ὅ γε δὴ νοῶ. ἠρόμεθα γὰρ δὴ εἰ μαθὼν καὶ μεμνημένος τίς τι μὴ ἐπίσταται, καὶ τὸν ἰδόντα καὶ μύσαντα μεμνημένον ὁρῶντα δὲ οὐ ἀποδείξαντες, οὐκ εἰδότα ἀπεδείξαμεν καὶ ἅμα μεμνημένον· τοῦτο δ' εἶναι ἀδύνατον. καὶ οὕτω δὴ μῦθος ἀπώλετο ὁ Πρωταγόρειος, καὶ ὁ σὸς ἅμα ὁ τῆς ἐπιστήμης καὶ αἰσθήσεως ὅτι ταὐτόν ἐστιν.
ΘΕΑΙ. Φαίνεται.
ΣΩ. Οὔ τι ἄν, οἶμαι, ὦ φίλε, εἴπερ γε ὁ πατὴρ τοῦ ἑτέρου μύθου ἔζη, ἀλλὰ πολλὰ ἂν ἤμυνε· νῦν δὲ ὀρφανὸν αὐτὸν ἡμεῖς προπηλακίζομεν. καὶ γὰρ οὐδ' οἱ ἐπίτροποι, οὓς Πρωταγόρας κατέλιπεν, βοηθεῖν ἐθέλουσιν, ὧν Θεόδωρος εἷς ὅδε. ἀλλὰ δὴ αὐτοὶ κινδυνεύσομεν τοῦ δικαίου ἕνεκ' αὐτῷ βοηθεῖν.

c 1 ἐπιστήμη μὴ B (sed μὴ punctis notatum)   d 4 δηλῶσαι T W : ἁπλῶσαι B   e 3 πολλὰ om. T   e 5 εἷς om. T

泰阿泰德：你说得非常正确。

苏格拉底：如果有人说知识和感觉是同一的，那显然就会得出某种不可能。

泰阿泰德：似乎是这样。

苏格拉底：那就必须得说两者中的每一个是相异的。

泰阿泰德：有可能。

苏格拉底：那么知识究竟会是什么？似乎必须再次从头开始说。然而，泰阿泰德啊，我们究竟打算做什么呢？

泰阿泰德：关于什么？

苏格拉底：我们对我显得就像劣等的公鸡[287]，在取胜之前就唱着歌从讨论那儿跳开。

泰阿泰德：怎么会？

苏格拉底：我们似乎仅仅好争辩地在语词的认可上达成了一致，并且满足于通过某种这样的方式在讨论中占优势；尽管我们声称〈我们〉不是争论者，而是哲学家[288]，却没有察觉到我们恰恰如那些强大的人一样在做同样的事情[289]。

泰阿泰德：我还是没有弄明白你为何这么说。

苏格拉底：那么我将尝试显明关于它们我究竟在想什么。我们曾问：一个已经弄明白且记得某个东西的人，他是否不知道该东西；并且指出，那看过某个东西，然后闭上〈眼睛〉的人，他记得该东西，却没有在看它；我们指出，他不知道它，又同时记得它，而这是不可能的。因此，普罗塔戈拉的故事毁灭了[290]，并且你的故事，即关于知识和感觉是同一个东西的故事，也同时毁灭了。

泰阿泰德：显然。

苏格拉底：情况不会是这个样子，我相信，朋友啊，假如那个故事的父亲还活着的话，相反，他会有许多办法来进行防守；而现在它却是个孤儿，我们肆意侮辱它[291]。甚至普罗塔戈拉留下的那些监护人，他们也不愿意帮忙，这位忒俄多洛斯就是其中之一。而为了公正，有可能只有我们自己来帮助它了。

ΘΕΟ. Οὐ γὰρ ἐγώ, ὦ Σώκρατες, ἀλλὰ μᾶλλον Καλλίας ὁ Ἱππονίκου τῶν ἐκείνου ἐπίτροπος· ἡμεῖς δέ πως θᾶττον ἐκ τῶν ψιλῶν λόγων πρὸς τὴν γεωμετρίαν ἀπενεύσαμεν. χάριν γε μέντοι σοὶ ἕξομεν ἐὰν αὐτῷ βοηθῇς.

ΣΩ. Καλῶς λέγεις, ὦ Θεόδωρε. σκέψαι οὖν τήν γ' ἐμὴν βοήθειαν. τῶν γὰρ ἄρτι δεινότερα ἄν τις ὁμολογήσειεν μὴ προσέχων τοῖς ῥήμασι τὸν νοῦν, ᾗ τὸ πολὺ εἰθίσμεθα φάναι τε καὶ ἀπαρνεῖσθαι. σοὶ λέγω ὅπῃ, ἢ Θεαιτήτῳ.

ΘΕΟ. Εἰς τὸ κοινὸν μὲν οὖν, ἀποκρινέσθω δὲ ὁ νεώτερος· σφαλεὶς γὰρ ἧττον ἀσχημονήσει.

ΣΩ. Λέγω δὴ τὸ δεινότατον ἐρώτημα, ἔστι δὲ οἶμαι τοιόνδε τι· "Ἆρα οἷόν τε τὸν αὐτὸν εἰδότα τι τοῦτο ὃ οἶδεν μὴ εἰδέναι;"

ΘΕΟ. Τί δὴ οὖν ἀποκρινούμεθα, ὦ Θεαίτητε;

ΘΕΑΙ. Ἀδύνατόν που, οἶμαι ἔγωγε.

ΣΩ. Οὔκ, εἰ τὸ ὁρᾶν γε ἐπίστασθαι θήσεις. τί γὰρ χρήσῃ ἀφύκτῳ ἐρωτήματι, τὸ λεγόμενον ἐν φρέατι συσχόμενος, ὅταν ἐρωτᾷ ἀνέκπληκτος ἀνήρ, καταλαβὼν τῇ χειρὶ σοῦ τὸν ἕτερον ὀφθαλμόν, εἰ ὁρᾷς τὸ ἱμάτιον τῷ κατειλημμένῳ;

ΘΕΑΙ. Οὐ φήσω οἶμαι τούτῳ γε, τῷ μέντοι ἑτέρῳ.

ΣΩ. Οὐκοῦν ὁρᾷς τε καὶ οὐχ ὁρᾷς ἅμα ταὐτόν;

ΘΕΑΙ. Οὕτω γέ πως.

ΣΩ. Οὐδὲν ἐγώ, φήσει, τοῦτο οὔτε τάττω οὔτ' ἠρόμην τὸ ὅπως, ἀλλ' εἰ ὃ ἐπίστασαι, τοῦτο καὶ οὐκ ἐπίστασαι. νῦν δὲ ὃ οὐχ ὁρᾷς ὁρῶν φαίνῃ. ὡμολογηκὼς δὲ τυγχάνεις τὸ ὁρᾶν ἐπίστασθαι καὶ τὸ μὴ ὁρᾶν μὴ ἐπίστασθαι. ἐξ οὖν τούτων λογίζου τί σοι συμβαίνει.

ΘΕΑΙ. Ἀλλὰ λογίζομαι ὅτι τἀναντία οἷς ὑπεθέμην.

a 3 σοὶ om. B   a 6 προσσχὼν al.   b 2 δεινότερον W
b 7 γε om. W   θήσεις] φήσεις W   b 8 συσχόμενος B²T:
συνεχόμενος B   c 3 μέντοι] μέντοι γ' W   c 7 εἰ ὃ TW: εἴτ' B
o 8 ὃ om. W

忒俄多洛斯：其实不是我，苏格拉底啊，毋宁说希珀尼科斯的儿子卡利阿斯[292]才是他的那些事情的监护人。而我们不知怎地很快就从各种单纯的讨论转向了几何学[293]。但如果你帮助它，我们还是对你满怀感激。

苏格拉底：你说得好，忒俄多洛斯。那么请你考虑一下我的帮助。因为，一个人会同意一些比刚才那些还要可怕的事情，如果他不注意一些言辞[294]，就像我们在进行肯定和否定时通常习惯做的那样。这究竟是怎么回事，我对你，还是对泰阿泰德讲？

忒俄多洛斯：肯定对〈我们〉共同讲，但让年青人回答。因为，即使失误了，他也将没那么丢脸。

苏格拉底：那么我就说出最可怕的提问，而我认为它是某种这样的东西："知道某种东西的同一个人，他有可能不知道他所知道的这个东西吗？"

忒俄多洛斯：那么我们将做何回答呢，泰阿泰德？

泰阿泰德：肯定不可能，至少我认为。

苏格拉底：不是〈不可能〉，如果你的确把看见设定为知道的话。因为你将如何对付下面这个难以避免的提问：如常言所说，如果你被卡在了一个水井里，当一个毫不惊慌的人问，一旦他用手蒙住你的其中一只眼睛，你是否用被蒙住的这只眼睛看见了〈他的〉衣服？

泰阿泰德：我认为我会说，肯定不是用这只，而是用另外一只〈看见了他的衣服〉。

苏格拉底：那么你岂不同时既看见又没有看见同一个东西？

泰阿泰德：在某种方式上肯定是这样。

苏格拉底：他会说，我既没有要求〈回答〉，也没有问这点，即以何种方式，而仅仅是：是否你既知道又不知道同一个东西[295]。但现在你显然看见你没有在看的东西。而你已经同意，看见实际上就是知道，并且没有看见就是不知道。因此请你推断一下，由此什么将落到你身上。

泰阿泰德：那么，我推断，与我假定的那些东西相反的东西。

ΣΩ. Ἴσως δέ γ', ὦ θαυμάσιε, πλείω ἂν τοιαῦτ' ἔπαθες εἴ τίς σε προσηρώτα εἰ ἐπίστασθαι ἔστι μὲν ὀξύ, ἔστι δὲ ἀμβλύ, καὶ ἐγγύθεν μὲν ἐπίστασθαι, πόρρωθεν δὲ μή, καὶ σφόδρα καὶ ἠρέμα τὸ αὐτό, καὶ ἄλλα μυρία, ἃ ἐλλοχῶν ἂν πελταστικὸς ἀνὴρ μισθοφόρος ἐν λόγοις ἐρόμενος, ἡνίκ' ἐπιστήμην καὶ αἴσθησιν ταὐτὸν ἔθου, ἐμβαλὼν ἂν εἰς τὸ ἀκούειν καὶ ὀσφραίνεσθαι καὶ τὰς τοιαύτας αἰσθήσεις, ἤλεγχεν ἂν ἐπέχων καὶ οὐκ ἀνιεὶς πρὶν θαυμάσας τὴν πολυάρατον σοφίαν συνεποδίσθης ὑπ' αὐτοῦ, οὗ δή σε χειρωσάμενός τε καὶ συνδήσας ἤδη ἂν τότε ἐλύτρου χρημάτων ὅσων σοί τε κἀκείνῳ ἐδόκει. τίν' οὖν δὴ ὁ Πρωταγόρας, φαίης ἂν ἴσως, λόγον ἐπίκουρον τοῖς αὑτοῦ ἐρεῖ; ἄλλο τι πειρώμεθα λέγειν;

ΘΕΑΙ. Πάνυ μὲν οὖν.

ΣΩ. Ταῦτά τε δὴ πάντα ὅσα ἡμεῖς ἐπαμύνοντες αὐτῷ λέγομεν, καὶ ὁμόσε οἶμαι χωρήσεται καταφρονῶν ἡμῶν καὶ λέγων· "Οὗτος δὴ ὁ Σωκράτης ὁ χρηστός, ἐπειδὴ αὐτῷ παιδίον τι ἐρωτηθὲν ἔδεισεν εἰ οἷόν τε τὸν αὐτὸν τὸ αὐτὸ μεμνῆσθαι ἅμα καὶ μὴ εἰδέναι, καὶ δεῖσαν ἀπέφησεν διὰ τὸ μὴ δύνασθαι προορᾶν, γέλωτα δὴ τὸν ἐμὲ ἐν τοῖς λόγοις ἀπέδειξεν. τὸ δέ, ὦ ῥᾳθυμότατε Σώκρατες, τῇδ' ἔχει· ὅταν τι τῶν ἐμῶν δι' ἐρωτήσεως σκοπῇς, ἐὰν μὲν ὁ ἐρωτηθεὶς οἷάπερ ἂν ἐγὼ ἀποκριναίμην ἀποκρινάμενος σφάλληται, ἐγὼ ἐλέγχομαι, εἰ δὲ ἀλλοῖα, αὐτὸς ὁ ἐρωτηθείς. αὐτίκα γὰρ δοκεῖς τινά σοι συγχωρήσεσθαι μνήμην παρεῖναί τῳ ὧν ἔπαθε, τοιοῦτόν τι οὖσαν πάθος οἷον ὅτε ἔπασχε, μηκέτι πάσχοντι; πολλοῦ γε δεῖ. ἢ αὖ ἀποκνήσειν ὁμολογεῖν οἷόν τ' εἶναι εἰδέναι καὶ μὴ εἰδέναι τὸν αὐτὸν τὸ αὐτό; ἢ ἐάνπερ τοῦτο δείσῃ, δώσειν ποτὲ τὸν αὐτὸν εἶναι τὸν ἀνομοιούμενον τῷ πρὶν ἀνομοιοῦσθαι ὄντι; μᾶλλον δὲ τὸν εἶναί τινα ἀλλ' οὐχὶ τούς, καὶ τούτους γιγνομένους ἀπείρους, ἐάνπερ

---

d 2 δέ γ', ὦ] δ' ἐγὼ B   d 3 δὲ] δὲ καὶ W   d 5 ἐνλοχῶν BT ἂν] ἄν τις W   e 3 τε] γε B   e 7 ὅσα] ὅσα γ' W   a 8 ἂν om. T   ἀποκρινόμενος T   σφάληται W   b 3 οἷον ὅτε T: οἷόν τε B: οἷόν τε ὅτ' W   b 5 εἰδέναι post εἶναι om. T   b 8 καὶ om. T

苏格拉底： 令人钦佩的人啊，或许你还会遭受更多这类事情，如果有人此外还问你，你是否既能够清楚地又能够模糊地知道[296]，或者是否能够从近处但不能够从远处知道[297]，或者是否能够既强烈地又微弱地知道同一个东西[298]，以及其他成千上万的〈提问〉，一位善于使用轻盾牌的人，即在讨论中的一位雇佣兵[299]，通过设伏〈向你〉问它们，既然你已经把知识和感觉设定为是同一的；他会通过攻击听、嗅以及诸如此类的感觉，质问〈你〉，对〈你〉进行围追堵截，不让〈你〉脱身，直到你因惊讶于〈其〉备受推崇的智慧[300]而被他捆住手脚为止，一旦他制服你并把你捆绑起来，那时他立即就会索要赎金，多少钱财由你和他决定[301]。因此，或许你会说，那么普罗塔戈拉将提出何种说法来作为他自己的那些说法的帮手[302]？我们是不是要试着说说？

泰阿泰德： 当然。

苏格拉底：〈他将说出〉我们为了帮助他而说的所有这些，并且我猜他还将〈与我们〉短兵相接[303]，蔑视我们并说道："这位苏格拉底，够好的一个人了[304]！因为他让某个小孩受到惊吓，通过问是否同一个人能够记得，同时又不知道同一个东西；当小孩受到惊吓，由于不能够预见〈后果〉而否认时，他[305]于是就在讨论中把我这种人显明为是一个笑料。但是，最漫不经心的苏格拉底啊，事情是这样：每当你通过提问来考察我的那些事情中的某个时，如果被问者如我会回答的那样回答时受到了挫折，那么我就被驳倒了；但如果不一样，那么只是被问者自己〈被驳倒了〉。例如，你认为某人会应允你：对其曾经遭遇过的那些东西的一种记忆，如果它对一个人来说在场，那么，它就是如他当时遭遇〈它们〉时的那样的一种遭遇，即使他不再在遭遇〈它们〉[306]？远不可能[307]！或者反过来[308]他会迟疑同意：同一个人能够既知道又不知道同一个东西？或者，即便他害怕这点，他就一定会认可：那已经变得不同的人同在变得不同之前是着的他是同一个人？宁可说[309]，某个人是他而不是他们[310]——这些他们将变得无限多，只要不同[311]在〈不断地〉生成——，如果必须彼此警惕对方语词中的各种陷阱的话？"他[312]将说："然而，有福的人啊！更高贵地前来攻击我真正所说的东西吧，如果你能够，请〈通过证明〉下面这点来反驳〈我〉，那就是：个人〈自

ΘΕΑΙΤΗΤΟΣ

ἀνομοίωσις γίγνηται, εἰ δὴ ὀνομάτων γε δεήσει θηρεύσεις c
διευλαβεῖσθαι ἀλλήλων; ἀλλ', ὦ μακάριε," φήσει, "γενναιοτέρως ἐπ' αὐτὸ ἐλθὼν ὃ λέγω, εἰ δύνασαι, ἐξέλεγξον ὡς οὐχὶ
ἴδιαι αἰσθήσεις ἑκάστῳ ἡμῶν γίγνονται, ἢ ὡς ἰδίων γιγνομένων οὐδέν τι ἂν μᾶλλον τὸ φαινόμενον μόνῳ ἐκείνῳ
γίγνοιτο, ἢ εἰ εἶναι δεῖ ὀνομάζειν, εἴη ᾧπερ φαίνεται· ὗς δὲ
δὴ καὶ κυνοκεφάλους λέγων οὐ μόνον αὐτὸς ὑηνεῖς, ἀλλὰ καὶ
τοὺς ἀκούοντας τοῦτο δρᾶν εἰς τὰ συγγράμματά μου ἀναπείθεις, οὐ καλῶς ποιῶν. ἐγὼ γάρ φημι μὲν τὴν ἀλήθειαν d
ἔχειν ὡς γέγραφα· μέτρον γὰρ ἕκαστον ἡμῶν εἶναι τῶν τε
ὄντων καὶ μή, μυρίον μέντοι διαφέρειν ἕτερον ἑτέρου αὐτῷ
τούτῳ, ὅτι τῷ μὲν ἄλλα ἔστι τε καὶ φαίνεται, τῷ δὲ ἄλλα.
καὶ σοφίαν καὶ σοφὸν ἄνδρα πολλοῦ δέω τὸ μὴ φάναι εἶναι,
ἀλλ' αὐτὸν τοῦτον καὶ λέγω σοφόν, ὃς ἄν τινι ἡμῶν,
ᾧ φαίνεται καὶ ἔστι κακά, μεταβάλλων ποιήσῃ ἀγαθὰ φαίνεσθαί τε καὶ εἶναι. τὸν δὲ λόγον αὖ μὴ τῷ ῥήματί μου
δίωκε, ἀλλ' ὧδε ἔτι σαφέστερον μάθε τί λέγω. οἷον γὰρ ἐν e
τοῖς πρόσθεν ἐλέγετο ἀναμνήσθητι, ὅτι τῷ μὲν ἀσθενοῦντι
πικρὰ φαίνεται ἃ ἐσθίει καὶ ἔστι, τῷ δὲ ὑγιαίνοντι τἀναντία
ἔστι καὶ φαίνεται. σοφώτερον μὲν οὖν τούτων οὐδέτερον δεῖ
ποιῆσαι—οὐδὲ γὰρ δυνατόν—οὐδὲ κατηγορητέον ὡς ὁ μὲν 167
κάμνων ἀμαθὴς ὅτι τοιαῦτα δοξάζει, ὁ δὲ ὑγιαίνων σοφὸς
ὅτι ἀλλοῖα, μεταβλητέον δ' ἐπὶ θάτερα· ἀμείνων γὰρ ἡ ἑτέρα
ἕξις. οὕτω δὲ καὶ ἐν τῇ παιδείᾳ ἀπὸ ἑτέρας ἕξεως ἐπὶ τὴν
ἀμείνω μεταβλητέον· ἀλλ' ὁ μὲν ἰατρὸς φαρμάκοις μεταβάλλει, ὁ δὲ σοφιστὴς λόγοις. ἐπεὶ οὔ τί γε ψευδῆ δοξάζοντά
τίς τινα ὕστερον ἀληθῆ ἐποίησε δοξάζειν· οὔτε γὰρ τὰ μὴ
ὄντα δυνατὸν δοξάσαι, οὔτε ἄλλα παρ' ἃ ἂν πάσχῃ, ταῦτα
δὲ ἀεὶ ἀληθῆ. ἀλλ' οἶμαι πονηρᾶς ψυχῆς ἕξει δοξάζοντα b

c 1 ἀνομοίωσις] ἀνομοίως B   c 4 ἡμῶν ἑκάστῳ T   c 6 ᾧπερ] ὅπερ W: ὃ in marg. b   c 7 αὐτὸ συηνεῖς T Photius   c 8 εἰς] πρὸς Photius   d 2 γέγραφα] ἔγραψα W   d 5 τὸ] τῷ T   d 6 ὃς] ὡς T   d 7 ᾧ φαίνεται B T: φαίνηται W   e 2 πρόσθεν] ἔμπροσθεν T   a 6 οὔ] οὔτε T   a 8 παρ' ἃ ἂν W: παρὰ ἂν B: παρα ἂν T   b 1 πονηρᾶς] πονηρᾷ Aldina   δοξάζοντα] δοξάζοντας B

己〉的各种感觉并不成为我们每个人〈自己〉的，或者，即使它们成为个人〈自己〉的，但显现者[313]也肯定不会单单成为——或者，如果应使用是这个词的话——，是它对之显现的那个人〈自己〉的。至于你说到猪和狗头狒狒，你不仅自己像一头猪一样行动，而且误导听众们面对我的那些作品也这样做，你做得并不美。因为我虽然说真就是如我已经描述过的那个样子，即我们各自都的确是诸着的东西和诸不是着的东西的尺度，然而，一个人恰恰因下面这点而无限地不同于另一个人，那就是，对这个人是和显得这样，对那个人则是和显得那样。并且我远没有否认，智慧和智慧的人是着，相反，我恰恰说下面这种人就是智慧的：对我们中某人显得和是坏的那些东西，他通过转变而使得它们对那人显得和是好的。但再次请你不要〈仅仅〉基于言辞而攻击我的说法[314]，相反，你要像下面这样更加清楚地理解我在说什么。例如，请你回忆一下前面所说的[315]，即对于一个生病的人，他吃的东西对他显得和是苦的，但对健康的人则是和显得相反。因此，既不应当——其实也不可能——把这两人中的任何一个当作更智慧的，也一定不可以断言在患病的人是无知的[316]，因为他持那样一种看法[317]，而健康的人是智慧的，因为他持不同的看法；而是必须向着另一方转变，因为另一种状况更好。而在教育中同样必须从一种状况向更好的状况转变；只不过医生用各种药物来转变，而智者则用各种言词来转变。因为绝不会有这回事情，即在对一些假的东西持有看法的一个人，有人曾使得他后来〈变成了是〉在对一些真的东西持有看法；因为既不可能对不是着的东西[318]持有看法，也不可能对除了一个人会遭遇到的东西——而这些东西总是真的——之外的其他东西持有看法。但我相信，他曾做到了下面这点，那就是让因灵魂的糟糕状况而对与它同类的东西[319]持有看法的人，因〈灵魂〉好的〈状况〉而对其他这样的东西[320]持有看法[321]，一些人由于无经验而把它们，即把这些显象称为真的，而我只把一些称为比另一些更好，而非更真。亲爱的苏格拉底啊，我也远不会把那些有智慧的人说成是青蛙；相反，有关身体的，我称他们为医生，而有关农作物的，我则称他们为农夫。因为我说，甚至这些人[322]，在农作物那儿，取代那

166d1

166d5

166e1

167a1

167a5

167b1

167b5

167c1

ΠΛΑΤΩΝΟΣ

συγγενῆ ἑαυτῆς χρηστὴ ἐποίησε δοξάσαι ἕτερα τοιαῦτα, ἃ δή τινες τὰ φαντάσματα ὑπὸ ἀπειρίας ἀληθῆ καλοῦσιν, ἐγὼ δὲ βελτίω μὲν τὰ ἕτερα τῶν ἑτέρων, ἀληθέστερα δὲ οὐδέν. καὶ τοὺς σοφούς, ὦ φίλε Σώκρατες, πολλοῦ δέω βατράχους λέγειν, ἀλλὰ κατὰ μὲν σώματα ἰατροὺς λέγω, κατὰ δὲ φυτὰ γεωργούς. φημὶ γὰρ καὶ τούτους τοῖς φυτοῖς ἀντὶ πονηρῶν αἰσθήσεων, ὅταν τι αὐτῶν ἀσθενῇ, χρηστὰς καὶ ὑγιεινὰς αἰσθήσεις τε καὶ ἀληθεῖς ἐμποιεῖν, τοὺς δέ γε σοφούς τε καὶ ἀγαθοὺς ῥήτορας ταῖς πόλεσι τὰ χρηστὰ ἀντὶ τῶν πονηρῶν δίκαια δοκεῖν εἶναι ποιεῖν. ἐπεὶ οἷά γ' ἂν ἑκάστῃ πόλει δίκαια καὶ καλὰ δοκῇ, ταῦτα καὶ εἶναι αὐτῇ, ἕως ἂν αὐτὰ νομίζῃ· ἀλλ' ὁ σοφὸς ἀντὶ πονηρῶν ὄντων αὐτοῖς ἑκάστων χρηστὰ ἐποίησεν εἶναι καὶ δοκεῖν. κατὰ δὲ τὸν αὐτὸν λόγον καὶ ὁ σοφιστὴς τοὺς παιδευομένους οὕτω δυνάμενος παιδαγωγεῖν σοφός τε καὶ ἄξιος πολλῶν χρημάτων τοῖς παιδευθεῖσιν. καὶ οὕτω σοφώτεροί τέ εἰσιν ἕτεροι ἑτέρων καὶ οὐδεὶς ψευδῆ δοξάζει, καὶ σοί, ἐάντε βούλῃ ἐάντε μή, ἀνεκτέον ὄντι μέτρῳ· σῴζεται γὰρ ἐν τούτοις ὁ λόγος οὗτος. ᾧ σὺ εἰ μὲν ἔχεις ἐξ ἀρχῆς ἀμφισβητεῖν, ἀμφισβήτει λόγῳ ἀντιδιεξελθών· εἰ δὲ δι' ἐρωτήσεων βούλει, δι' ἐρωτήσεων· οὐδὲ γὰρ τοῦτο φευκτέον, ἀλλὰ πάντων μάλιστα διωκτέον τῷ νοῦν ἔχοντι. ποίει μέντοι οὑτωσί· μὴ ἀδίκει ἐν τῷ ἐρωτᾶν. καὶ γὰρ πολλὴ ἀλογία ἀρετῆς φάσκοντα ἐπιμελεῖσθαι μηδὲν ἀλλ' ἢ ἀδικοῦντα ἐν λόγοις διατελεῖν. ἀδικεῖν δ' ἐστὶν ἐν τῷ τοιούτῳ, ὅταν τις μὴ χωρὶς μὲν ὡς ἀγωνιζόμενος τὰς διατριβὰς ποιῆται, χωρὶς δὲ διαλεγόμενος, καὶ ἐν μὲν τῷ παίζῃ τε καὶ σφάλλῃ καθ' ὅσον ἂν δύνηται, ἐν δὲ τῷ διαλέγεσθαι σπουδάζῃ τε καὶ ἐπανορθοῖ τὸν προσδιαλεγόμενον, ἐκεῖνα μόνα αὐτῷ ἐνδεικνύμενος τὰ σφάλματα, ἃ αὐτὸς ὑφ' ἑαυτοῦ καὶ τῶν προτέρων συνουσιῶν παρεκέκρουστο. ἂν μὲν γὰρ οὕτω ποιῇς, ἑαυτοὺς

---

b 2 ἑαυτῆς] αὐτῆς al.   χρηστῇ W   b 6 φυτὰ] τὰ φυτὰ W
c 2 ἀληθεῖς] ἀληθείας Schleiermacher   c 4 εἶναι secl. Schanz
οἷά γ'] ἅττ' Cobet   c 7 καὶ post εἶναι om. W   d 4 ἐν τούτοις
post οὗτος W   e 4 ὡς om. W

些糟糕的感觉——每当它们有所生病时——，也引起各种好的、健康的感觉和状况[323]；而那些有智慧的人和优秀的演说家，使得对城邦显得是正义的那些东西取代各种糟糕的东西。因为任何对各自城邦显得正义和美好的，这些东西对一个城邦来说也就是〈正义和美好的〉，只要城邦还承认它们；但是，智慧的人使得对城邦公民们[324]是和显得好的那些东西，取代各种对他们是糟糕的那些东西。而根据同样的道理，能够这样来教导那些受教育者的智者，既是智慧的，也配得上从那些受教育者那儿接受许多的钱财。因此，一方面一些人的确比另一些人是更为智慧的，另一方面无人在对一些假的东西持有看法[325]，而你，不管愿意还是不愿意，都必须忍受是一种尺度；因为在这些方面这种说法[326]得到了保全。如果你真能从新开始[327]反驳它，那么就请你通过发表一场演讲[328]来进行反驳；但如果你愿意通过提问，那么就通过提问〈来进行反驳〉——因为无需逃避这种〈方法〉，相反，有理智的人必定最为追求它。然而，请你就这样做吧，〈不过〉在提问中请不要行不义[329]。因为，一个人宣称关心德性，却只在讨论中通过行不义来度日，这是非常缺乏理性的。当一个人耽误区分开〈下面这两者〉时[330]，行不义就会体现在这上面[331]：一种人是要进行论争[332]，而另一种人则是要进行讨论[333]；在前者那儿他会开玩笑并尽其所能地使绊[334]，但在讨论那儿他则会严肃认真，并且要纠正交谈者，仅仅向他指出被他本人以及被从前的一些交往引入歧途的那些失足。如果你真的这样做，那么那些和你一起消磨时间的人将把他们的混乱和困惑归咎于他们自己，而不归咎于你；并且他们一方面将追随和热爱你，一方面将恨自己，并从他们自己那儿逃开而前往这些，以便通过变得不一样而摆脱以前所是的。但如果你做与这相反的事情，像多数人一样，那么一些相反的事情将发生在你身上，并且你将使那些〈与你〉相处的人不是成为哲学家[335]，而是成为仇恨这件事情的人[336]，一旦他们变得较老时。因此，如果你听从我，那么，这在前面也说过了[337]，你就将既不怀有敌意地，也不好斗地，而是通过带着亲切的意图附耳倾听[338]来真正检查我们究竟在说什么，当我们显明〈下面这些时〉：一切都在运动；并且对每个显得怎样，对之就是怎样，无论是对个人还是对城邦来说。你也应基于这些来考察知识和

ΘΕΑΙΤΗΤΟΣ

αἰτιάσονται οἱ προσδιατρίβοντές σοι τῆς αὐτῶν ταραχῆς καὶ ἀπορίας ἀλλ᾽ οὐ σέ, καὶ σὲ μὲν διώξονται καὶ φιλήσουσιν, αὐτοὺς δὲ μισήσουσι καὶ φεύξονται ἀφ᾽ ἑαυτῶν εἰς φιλοσοφίαν, ἵν᾽ ἄλλοι γενόμενοι ἀπαλλαγῶσι τῶν οἳ πρότερον ἦσαν· ἐὰν δὲ τἀναντία τούτων δρᾷς ὥσπερ οἱ πολλοί, τἀναντία συμβήσεταί σοι καὶ τοὺς συνόντας ἀντὶ φιλοσόφων μισοῦντας τοῦτο τὸ πρᾶγμα ἀποφανεῖς ἐπειδὰν πρεσβύτεροι γένωνται. ἐὰν οὖν ἐμοὶ πείθῃ, ὃ καὶ πρότερον ἐρρήθη, οὐ δυσμενῶς οὐδὲ μαχητικῶς ἀλλ᾽ ἵλεῳ τῇ διανοίᾳ συγκαθεὶς ὡς ἀληθῶς σκέψῃ τί ποτε λέγομεν, κινεῖσθαί τε ἀποφαινόμενοι τὰ πάντα, τό τε δοκοῦν ἑκάστῳ τοῦτο καὶ εἶναι ἰδιώτῃ τε καὶ πόλει. καὶ ἐκ τούτων ἐπισκέψῃ εἴτε ταὐτὸν εἴτε καὶ ἄλλο ἐπιστήμη καὶ αἴσθησις, ἀλλ᾽ οὐχ ὥσπερ ἄρτι ἐκ συνηθείας ῥημάτων τε καὶ ὀνομάτων, ἃ οἱ πολλοὶ ὅπῃ ἂν τύχωσιν ἕλκοντες ἀπορίας ἀλλήλοις παντοδαπὰς παρέχουσι." ταῦτα, ὦ Θεόδωρε, τῷ ἑταίρῳ σου εἰς βοήθειαν προσηρξάμην κατ᾽ ἐμὴν δύναμιν σμικρὰ ἀπὸ σμικρῶν· εἰ δ᾽ αὐτὸς ἔζη, μεγαλειότερον ἂν τοῖς αὑτοῦ ἐβοήθησεν.

ΘΕΟ. Παίζεις, ὦ Σώκρατες· πάνυ γὰρ νεανικῶς τῷ ἀνδρὶ βεβοήθηκας.

ΣΩ. Εὖ λέγεις, ὦ ἑταῖρε. καί μοι εἰπέ· ἐνενόησάς που λέγοντος ἄρτι τοῦ Πρωταγόρου καὶ ὀνειδίζοντος ἡμῖν ὅτι πρὸς παιδίον τοὺς λόγους ποιούμενοι τῷ τοῦ παιδὸς φόβῳ ἀγωνιζοίμεθα εἰς τὰ ἑαυτοῦ, καὶ χαριεντισμόν τινα ἀποκαλῶν, ἀποσεμνύνων δὲ τὸ πάντων μέτρον, σπουδάσαι ἡμᾶς διεκελεύσατο περὶ τὸν αὑτοῦ λόγον;

ΘΕΟ. Πῶς γὰρ οὐκ ἐνενόησα, ὦ Σώκρατες;

ΣΩ. Τί οὖν; κελεύεις πείθεσθαι αὐτῷ;

ΘΕΟ. Σφόδρα γε.

ΣΩ. Ὁρᾷς οὖν ὅτι τάδε πάντα πλὴν σοῦ παιδία ἐστίν. εἰ οὖν πεισόμεθα τῷ ἀνδρί, ἐμὲ καὶ σὲ δεῖ ἐρωτῶντάς τε καὶ

a 5 αὐτοὺς δὲ μισήσουσι om. pr. B   b 6 τούτων] τῶν T   c 3 προσηρξάμην] προσηρκεσάμην Schneider: προσήρκεσα μὲν Coraes   c 5 ἐβοήθησαν B   d 1 post ποιούμενοι add. οἱ B   d 2 ἀγωνιζόμεθα B

感觉是同一的，还是相异的，而不是如刚才那样，基于言辞和名称的习 168c1
惯〈使用〉——许多人恰恰以这样那样的方式搬出了它，〈由之〉彼此
给对方带来各种各样的困惑——。"这些，忒俄多洛斯啊，就是我尽我
的能力而为你朋友所给予的帮助，少之又少[339]；而如果他自己[340]还活
着，那么他会丰富得多地搭救了他自己的那些事情[341]。 168c5

忒俄多洛斯：你在开玩笑，苏格拉底！因为你已经非常有力地帮助
了这个人。

苏格拉底：你说得好啊，朋友！但请告诉我，你真的注意到了普罗
塔戈拉刚才说和指责我们的吗，即我们在孩子面前进行讨论，利用孩子 168d1
的恐惧来挑战他的那些事情[342]，并且通过一方面轻蔑地将〈我们的这种
做法〉称为某种寻开心[343]，一方面赞美万物的尺度，他要求我们认真对
待他的说法？

忒俄多洛斯：我怎么会没有注意到呢，苏格拉底？ 168d5

苏格拉底：然后呢？你要求〈我们〉听从他吗？

忒俄多洛斯：肯定非常〈要求听从他〉。

苏格拉底：那么你看到，这里的所有人，除了你，全都是孩子。因
此，如果我们听从那个人，那么，我和你就必须通过互相提问和回答来 168e1

e ἀποκρινομένους ἀλλήλοις σπουδάσαι αὑτοῦ περὶ τὸν λόγον,
ἵνα μὴ τοῦτό γε ἔχῃ ἐγκαλεῖν, ὡς παίζοντες πρὸς μειράκια
διεσκεψάμεθ' αὐτοῦ τὸν λόγον.

ΘΕΟ. Τί δ'; οὐ πολλῶν τοι Θεαίτητος μεγάλους πώγωνας
5 ἐχόντων ἄμεινον ἂν ἐπακολουθήσειε λόγῳ διερευνωμένῳ;

ΣΩ. Ἀλλ' οὔ τι σοῦ γε, ὦ Θεόδωρε, ἄμεινον. μὴ οὖν
οἴου ἐμὲ μὲν τῷ σῷ ἑταίρῳ τετελευτηκότι δεῖν παντὶ τρόπῳ
169 ἐπαμύνειν, σὲ δὲ μηδενί. ἀλλ' ἴθι, ὦ ἄριστε, ὀλίγον ἐπίσπου,
μέχρι τούτου αὐτοῦ ἕως ἂν εἰδῶμεν εἴτε ἄρα σὲ δεῖ διαγραμ-
μάτων πέρι μέτρον εἶναι, εἴτε πάντες ὁμοίως σοὶ ἱκανοὶ
ἑαυτοῖς εἴς τε ἀστρονομίαν καὶ τἆλλα ὧν δὴ σὺ πέρι αἰτίαν
5 ἔχεις διαφέρειν.

ΘΕΟ. Οὐ ῥᾴδιον, ὦ Σώκρατες, σοὶ παρακαθήμενον μὴ
διδόναι λόγον, ἀλλ' ἐγὼ ἄρτι παρελήρησα φάσκων σε ἐπι-
τρέψειν μοι μὴ ἀποδύεσθαι, καὶ οὐχὶ ἀναγκάσειν καθάπερ
Λακεδαιμόνιοι· σὺ δέ μοι δοκεῖς πρὸς τὸν Σκίρωνα μᾶλλον
b τείνειν. Λακεδαιμόνιοι μὲν γὰρ ἀπιέναι ἢ ἀποδύεσθαι
κελεύουσι, σὺ δὲ κατ' Ἀνταῖόν τί μοι μᾶλλον δοκεῖς τὸ
δρᾶμα δρᾶν· τὸν γὰρ προσελθόντα οὐκ ἀνίης πρὶν ⟨ἂν⟩
ἀναγκάσῃς ἀποδύσας ἐν τοῖς λόγοις προσπαλαῖσαι.

5 ΣΩ. Ἄριστά γε, ὦ Θεόδωρε, τὴν νόσον μου ἀπῄκασας·
ἰσχυρικώτερος μέντοι ἐγὼ ἐκείνων. μυρίοι γὰρ ἤδη μοι
Ἡρακλέες τε καὶ Θησέες ἐντυχόντες καρτεροὶ πρὸς τὸ λέγειν
μάλ' εὖ συγκεκόφασιν, ἀλλ' ἐγὼ οὐδέν τι μᾶλλον ἀφίσταμαι·
c οὕτω τις ἔρως δεινὸς ἐνδέδυκε τῆς περὶ ταῦτα γυμνασίας.
μὴ οὖν μηδὲ σὺ φθονήσῃς προσανατριψάμενος σαυτόν τε
ἅμα καὶ ἐμὲ ὀνῆσαι.

ΘΕΟ. Οὐδὲν ἔτι ἀντιλέγω, ἀλλ' ἄγε ὅπῃ 'θέλεις· πάντως
5 τὴν περὶ ταῦτα εἱμαρμένην ἣν ⟨ἂν⟩ σὺ ἐπικλώσῃς δεῖ ἀνα-

e2 τοῦτό γε W : τοι τοῦτο γε B : τοι τό γε T   e3 αὑτοῦ] αὖ τοῦ
τὸν B : αὖ τοῦτον T   a4 τε] γε T   a8 οὐχί] οὐκ W
b2 μᾶλλον om. W   b3 ἂν add. Heindorf   b7 ἐντυγχά-
νοντες B   κρατεροὶ T W   c4 ἀλλ' ἄγε T : ἀλλὰ λέγε B   c5 ἂν
add. w

认真对待他的说法，以便他至少不可能谴责下面这点，即我们通过同年青人开玩笑来检查他的学说 ³⁴⁴。

忒俄多洛斯：怎么回事？同许多有大胡子的人相比，泰阿泰德岂不肯定能更好地跟上对一种说法的检查？

苏格拉底：但至少不会比你好，忒俄多洛斯！因此，请你不要认为一方面我必须用一切方式来帮助你那已经死去的朋友，另一方面你却什么都不做。相反，来吧，最优秀的人！你跟随一小会儿，只需到我们知道下面这点为止，即你应当是关于各种几何图形的尺度呢，还是所有人也都如你一样，就天文学和其他事情——在这些方面你的确被认为出类拔萃 ³⁴⁵——，他们自身就足以〈是尺度〉³⁴⁶。

忒俄多洛斯：苏格拉底啊，坐在你旁边而不给出说法，这不容易，而我刚才还胡说八道，声称你会容许我不脱光衣服，而不像那些拉栖岱蒙人一样进行强迫 ³⁴⁷。但在我看来你更接近 ³⁴⁸ 斯喀戎 ³⁴⁹。因为拉栖岱蒙人要求要么离开，要么脱光衣服，而你对我显得更为如安泰俄斯 ³⁵⁰ 一样在做事；因为你不放过那来到你身边的人，在你迫使他脱光衣服在讨论中和你角力之前 ³⁵¹。

苏格拉底：忒俄多洛斯啊，你的确对我的毛病做了最好的比喻；但是，我比那些人还要固执。因为成千的赫拉克勒斯和忒修斯，即那些在讨论方面的强有力者，碰见我后都已经实实在在地 ³⁵² 狠揍了我，但我愈发没有放弃，因为一种如此强烈的爱欲 ³⁵³——即对关于这种东西的锻炼的〈爱欲〉——，已经渗透了我。所以，你不要拒绝通过练习同我进行辩论而同时使你自己和我都得到好处 ³⁵⁴。

忒俄多洛斯：我不再反对了，而是随你的愿，你想带领到哪儿，就带领到哪儿！因为无论如何都必须承受你通过盘问而在这些事情上〈为

ΘΕΑΙΤΗΤΟΣ

τλῆναι ἐλεγχόμενον. οὐ μέντοι περαιτέρω γε ὧν προτίθεσαι οἷός τ' ἔσομαι παρασχεῖν ἐμαυτόν σοι.

ΣΩ. Ἀλλ' ἀρκεῖ καὶ μέχρι τούτων. καί μοι πάνυ τήρει τὸ τοιόνδε, μή που παιδικόν τι λάθωμεν εἶδος τῶν λόγων ποιούμενοι, καί τις πάλιν ἡμῖν αὐτὸ ὀνειδίσῃ.

ΘΕΟ. Ἀλλὰ δὴ πειράσομαί γε καθ' ὅσον ἂν δύνωμαι.

ΣΩ. Τοῦδε τοίνυν πρῶτον πάλιν ἀντιλαβώμεθα οὗπερ τὸ πρότερον, καὶ ἴδωμεν ὀρθῶς ἢ οὐκ ὀρθῶς ἐδυσχεραίνομεν ἐπιτιμῶντες τῷ λόγῳ ὅτι αὐτάρκη ἕκαστον εἰς φρόνησιν ἐποίει, καὶ ἡμῖν συνεχώρησεν ὁ Πρωταγόρας περί τε τοῦ ἀμείνονος καὶ χείρονος διαφέρειν τινάς, οὓς δὴ καὶ εἶναι σοφούς. οὐχί;

ΘΕΟ. Ναί.

ΣΩ. Εἰ μὲν τοίνυν αὐτὸς παρὼν ὡμολόγει ἀλλὰ μὴ ἡμεῖς βοηθοῦντες ὑπὲρ αὐτοῦ συνεχωρήσαμεν, οὐδὲν ἂν πάλιν ἔδει ἐπαναλαβόντας βεβαιοῦσθαι· νῦν δὲ τάχ' ἄν τις ἡμᾶς ἀκύρους τιθείη τῆς ὑπὲρ ἐκείνου ὁμολογίας. διὸ καλλιόνως ἔχει σαφέστερον περὶ τούτου αὐτοῦ διομολογήσασθαι· οὐ γάρ τι σμικρὸν παραλλάττει οὕτως ἔχον ἢ ἄλλως.

ΘΕΟ. Λέγεις ἀληθῆ.

ΣΩ. Μὴ τοίνυν δι' ἄλλων ἀλλ' ἐκ τοῦ ἐκείνου λόγου ὡς διὰ βραχυτάτων λάβωμεν τὴν ὁμολογίαν.

ΘΕΟ. Πῶς;

ΣΩ. Οὑτωσί· τὸ δοκοῦν ἑκάστῳ τοῦτο καὶ εἶναί φησί που ᾧ δοκεῖ;

ΘΕΟ. Φησὶ γὰρ οὖν.

ΣΩ. Οὐκοῦν, ὦ Πρωταγόρα, καὶ ἡμεῖς ἀνθρώπου, μᾶλλον δὲ πάντων ἀνθρώπων δόξας λέγομεν, καὶ φαμὲν οὐδένα ὅντινα οὐ τὰ μὲν αὐτὸν ἡγεῖσθαι τῶν ἄλλων σοφώτερον, τὰ δὲ ἄλλους ἑαυτοῦ, καὶ ἔν γε τοῖς μεγίστοις κινδύνοις, ὅταν ἐν στρατείαις ἢ νόσοις ἢ ἐν θαλάττῃ χειμάζωνται, ὥσπερ

---

c 8 πᾶν ὑπηρειτο B   d 2 δὴ] δεῖ T   d 4 εἴδωμεν B   e 4 αὐτοῦ] αὖ Schanz   e 7 ἄλλων] ἄλλου W   a 8 οὐ] οὖν T : οὔ. οὐ W   a 10 νόσοις] ἐν νόσοις W   ὥσπερ] ὡς T

我〉纺的命运 [355]。但超出你所提出的那些 [356]，我就不能够屈从于你了。

苏格拉底：到此也就足够了。但请你为我十分警惕下面这点，那就是我们一定不能不知不觉地让讨论的样子又成为了一种儿戏的〈样子〉，并且某人 [357] 将再次为它而谴责我们。 169d1

忒俄多洛斯：我当然会尝试〈这样做〉，而且是尽我所能。

苏格拉底：那么，首先再次让我们抓住前面〈曾抓住过的〉那个东西，并且让我们看看，我们是在正确地，还是在不正确地进行讨厌，当 169d5 我们指责下面这个说法时 [358]，那就是它使得每个人在明智上是自足的；以及普罗塔戈拉〈是否〉同意我们，关于较好的事情和较坏的事情，一些人与众不同，而他们当然也是智慧的。难道不是这样吗？

忒俄多洛斯：是。

苏格拉底：因此，如果他本人在场而同意〈这点〉，而不是我们通 169d10
过帮助代表他本人认可，那么，就无需再次通过重复来进行证实；但现 169e1
在很可能 [359] 有人会提出我们无权替他同意。因此，下面这样是更好的，即更为清楚地恰恰就这点取得一致；因为，是这样，还是另外的，这导 169e5
致的可不是小的改变。

忒俄多洛斯：你说得对。

苏格拉底：那么，让我们不是通过别的，而是基于他的说法尽可能 170a1
简短地达成一致。

忒俄多洛斯：怎样？

苏格拉底：这样：对每个人显现为怎样，它也就对它向之显现的那个人来说是怎样，他肯定在这样说吗？

忒俄多洛斯：他的确在这样说。 170a5

苏格拉底：那么，普罗塔戈拉啊，我们岂不也在谈某个人，甚或所有人的意见，并且说：无人不认为他自己在一些事情上比其他人更智慧，而在另一些事情上其他人比他自己更智慧；以及在一些巨大的危险中，当他们在出征、疾病或大海上遭大难时 [360]，在每种情形中他们就像 170a10
对待诸神一样对待那些统帅，指望〈这些人〉是他们的救星，而这些人 170b1

ΠΛΑΤΩΝΟΣ

πρὸς θεοὺς ἔχειν τοὺς ἐν ἑκάστοις ἄρχοντας, σωτῆρας σφῶν προσδοκῶντας, οὐκ ἄλλῳ τῳ διαφέροντας ἢ τῷ εἰδέναι· καὶ πάντα που μεστὰ τἀνθρώπινα ζητούντων διδασκάλους τε καὶ ἄρχοντας ἑαυτῶν τε καὶ τῶν ἄλλων ζῴων τῶν τε ἐργασιῶν, οἰομένων τε αὖ ἱκανῶν μὲν διδάσκειν, ἱκανῶν δὲ ἄρχειν εἶναι. καὶ ἐν τούτοις ἅπασι τί ἄλλο φήσομεν ἢ αὐτοὺς τοὺς ἀνθρώπους ἡγεῖσθαι σοφίαν καὶ ἀμαθίαν εἶναι παρὰ σφίσιν;

ΘΕΟ. Οὐδὲν ἄλλο.

ΣΩ. Οὐκοῦν τὴν μὲν σοφίαν ἀληθῆ διάνοιαν ἡγοῦνται, τὴν δὲ ἀμαθίαν ψευδῆ δόξαν;

ΘΕΟ. Τί μήν;

ΣΩ. Τί οὖν, ὦ Πρωταγόρα, χρησόμεθα τῷ λόγῳ; πότερον ἀληθῆ φῶμεν ἀεὶ τοὺς ἀνθρώπους δοξάζειν, ἢ τοτὲ μὲν ἀληθῆ, τοτὲ δὲ ψευδῆ; ἐξ ἀμφοτέρων γάρ που συμβαίνει μὴ ἀεὶ ἀληθῆ ἀλλ' ἀμφότερα αὐτοὺς δοξάζειν. σκόπει γάρ, ὦ Θεόδωρε, εἰ ἐθέλοι ἄν τις τῶν ἀμφὶ Πρωταγόραν ἢ σὺ αὐτὸς διαμάχεσθαι ὡς οὐδεὶς ἡγεῖται ἕτερος ἕτερον ἀμαθῆ τε εἶναι καὶ ψευδῆ δοξάζειν.

ΘΕΟ. Ἀλλ' ἄπιστον, ὦ Σώκρατες.

ΣΩ. Καὶ μὴν εἰς τοῦτό γε ἀνάγκης ὁ λόγος ἥκει ὁ πάντων χρημάτων μέτρον ἄνθρωπον λέγων.

ΘΕΟ. Πῶς δή;

ΣΩ. Ὅταν σὺ κρίνας τι παρὰ σαυτῷ πρός με ἀποφαίνῃ περί τινος δόξαν, σοὶ μὲν δὴ τοῦτο κατὰ τὸν ἐκείνου λόγον ἀληθὲς ἔστω, ἡμῖν δὲ δὴ τοῖς ἄλλοις περὶ τῆς σῆς κρίσεως πότερον οὐκ ἔστιν κριταῖς γενέσθαι, ἢ ἀεὶ σὲ κρίνομεν ἀληθῆ δοξάζειν; ἢ μυρίοι ἑκάστοτέ σοι μάχονται ἀντιδοξάζοντες, ἡγούμενοι ψευδῆ κρίνειν τε καὶ οἴεσθαι;

ΘΕΟ. Νὴ τὸν Δία, ὦ Σώκρατες, μάλα μυρίοι δῆτα, φησὶν Ὅμηρος, οἵ γέ μοι τὰ ἐξ ἀνθρώπων πράγματα παρέχουσιν.

c 2 ὦ Πρωταγόρα B²T : τῷ Πρωταγόρᾳ B   c 3, 4 τότε ... τότε
W : ποτὲ ... ποτὲ BT   c 5 ἀεὶ om. W   c 8 τε om. W
d 7 αἰεὶ σὲ B : σὲ ἀεὶ T

与众不同，不是由于别的，而是由于知道。此外，所有属人的事情，肯定充满了一些为他们自己、为其他动物以及为各种做工寻求教师和领袖的人，也充满了一些相信自己就能够进行教授和进行领导的人。并且在所有这些情形上，我们不会说别的，而只会说人们自身相信智慧和无知是在他们自己家里[361]吗？

忒俄多洛斯：不会说别的。

苏格拉底：那么他们岂不把智慧视为真的思想，而把无知视为假的意见？

忒俄多洛斯：为何不？

苏格拉底：那么，普罗塔戈拉啊，我们将如何对待这个说法呢？我们会说人们总是对真的东西持有看法，还是有时对真的东西，有时则对假的东西？因为从两方都肯定会得出[362]，他们并不总是对真的东西持有看法，而是对两者[363]都持有看法。忒俄多洛斯啊，请你考虑一下，围绕普罗塔戈拉的那些人中的某个人[364]，或者你本人，是否会愿意坚决主张下面这点，即没有任何一个人相信另外某个人是无知的，并且在对假的东西持有看法。

忒俄多洛斯：这当然是不可信的，苏格拉底。

苏格拉底：然而说人是万物的尺度的这种说法却必然[365]走到了这个点上。

忒俄多洛斯：怎么会？

苏格拉底：每当你在自己那里判断某种东西而对我显示对某种东西的意见时，根据那个人的说法就肯定得让这对你来说是真的；但对于我们其他人来说，就不可能成为你的判断的裁判吗，或者我们总是判断你在对真的东西持有看法？或者，无数人随时都在同你战斗，因为他们持有相反的看法，相信你在判断和认为一些假的东西？

忒俄多洛斯：宙斯在上，苏格拉底啊，当然是数不尽的人[366]，荷马说，就是他们带给我世界上的所有麻烦[367]。

ΣΩ. Τί οὖν; βούλει λέγωμεν ὡς σὺ τότε σαυτῷ μὲν ἀληθῆ δοξάζεις, τοῖς δὲ μυρίοις ψευδῆ;
ΘΕΟ. Ἔοικεν ἔκ γε τοῦ λόγου ἀνάγκη εἶναι.
ΣΩ. Τί δὲ αὐτῷ Πρωταγόρᾳ; ἆρ' οὐχὶ ἀνάγκη, εἰ μὲν μηδὲ αὐτὸς ᾤετο μέτρον εἶναι ἄνθρωπον μηδὲ οἱ πολλοί, ὥσπερ οὐδὲ οἴονται, μηδενὶ δὴ εἶναι ταύτην τὴν ἀλήθειαν ἣν ἐκεῖνος ἔγραψεν; εἰ δὲ αὐτὸς μὲν ᾤετο, τὸ δὲ πλῆθος μὴ συνοίεται, οἶσθ' ὅτι πρῶτον μὲν ὅσῳ πλείους οἷς μὴ δοκεῖ ἢ οἷς δοκεῖ, τοσούτῳ μᾶλλον οὐκ ἔστιν ἢ ἔστιν.
ΘΕΟ. Ἀνάγκη, εἴπερ γε καθ' ἑκάστην δόξαν ἔσται καὶ οὐκ ἔσται.
ΣΩ. Ἔπειτά γε τοῦτ' ἔχει κομψότατον· ἐκεῖνος μὲν περὶ τῆς αὑτοῦ οἰήσεως τὴν τῶν ἀντιδοξαζόντων οἴησιν, ᾗ ἐκεῖνον ἡγοῦνται ψεύδεσθαι, συγχωρεῖ που ἀληθῆ εἶναι ὁμολογῶν τὰ ὄντα δοξάζειν ἅπαντας.
ΘΕΟ. Πάνυ μὲν οὖν.
ΣΩ. Οὐκοῦν τὴν αὑτοῦ ἂν ψευδῆ συγχωροῖ, εἰ τὴν τῶν ἡγουμένων αὐτὸν ψεύδεσθαι ὁμολογεῖ ἀληθῆ εἶναι;
ΘΕΟ. Ἀνάγκη.
ΣΩ. Οἱ δέ γ' ἄλλοι οὐ συγχωροῦσιν ἑαυτοῖς ψεύδεσθαι;
ΘΕΟ. Οὐ γὰρ οὖν.
ΣΩ. Ὁ δέ γ' αὖ ὁμολογεῖ καὶ ταύτην ἀληθῆ τὴν δόξαν ἐξ ὧν γέγραφεν.
ΘΕΟ. Φαίνεται.
ΣΩ. Ἐξ ἁπάντων ἄρα ἀπὸ Πρωταγόρου ἀρξαμένων ἀμφισβητήσεται, μᾶλλον δὲ ὑπό γε ἐκείνου ὁμολογήσεται, ὅταν τῷ τἀναντία λέγοντι συγχωρῇ ἀληθῆ αὐτὸν δοξάζειν, τότε καὶ ὁ Πρωταγόρας αὐτὸς συγχωρήσεται μήτε κύνα μήτε τὸν ἐπιτυχόντα ἄνθρωπον μέτρον εἶναι μηδὲ περὶ ἑνὸς οὗ ἂν μὴ μάθῃ. οὐχ οὕτως;
ΘΕΟ. Οὕτως.

e 9 δὴ om. W   a 2 ἢ οἷς δοκεῖ om. pr. B   b 4 ἑαυτοῖς Β Τ : ἑαυτοὺς W   b 8 φαίνεται Τ W : om. B   b 11 τῷ om. W   συγχωρῇ B : συγχωρηθῇ Τ

苏格拉底：然后呢？你愿意我们说，对你自己而言，那时你在对真 170e5
的东西持有看法，而对无数人的来说，则在对假的东西持有看法？

忒俄多洛斯：至少基于〈该〉说法，这似乎是一种必然。

苏格拉底：但对于普罗塔戈拉本人来说又如何呢？下面这点岂不必
然，那就是，如果他本人不认为人是尺度，多数人也不认为——正如他
们其实也不会认为——，那么，他曾写的这篇"〈论〉真"就肯定对无
人是〈真的〉？但如果他本人认为，而大众不一起认为[368]，那么你就知 171a1
道：首先，不〈这么〉认为的人比〈这么〉认为的人多到什么份上，它
不是〈真的〉就比它是〈真的〉到什么份上。

忒俄多洛斯：必然，假如它将是和它将不是〈真的〉，一定得根据 171a5
各自的意见的话。

苏格拉底：其次，下面这点肯定是最精妙的：对他的意见持有相反
看法的那些人的意见——他们相信他在那里说假话——，他肯定得承认
它是真的，因为他同意所有人都在对各种是着的东西持有看法。

忒俄多洛斯：当然。 171a10

苏格拉底：那么，他岂不就会承认他的意见是假的，如果他同意那 171b1
些相信他在说假话的人的意见是真的话？

忒俄多洛斯：必然。

苏格拉底：而其他人肯定都不会承认他们自己在说假话？

忒俄多洛斯：当然不会。 171b5

苏格拉底：而基于他曾写的那些东西，他复又得同意这种意见是真的。

忒俄多洛斯：显然。

苏格拉底：那么它[369]将从所有那些从普罗塔戈拉那里出发的人那
儿遭到反驳，甚至是肯定会被他〈本人所〉同意[370]，当面对说相反的东 171b10
西的人，他承认那人在对真的东西持有看法；那时普罗塔戈拉本人也将 171c1
承认，既不是一只狗，也不是随便哪个人[371]，是关于其不曾弄明白的一
件事情的尺度。难道不是这样吗？

忒俄多洛斯：是这样。

ΠΛΑΤΩΝΟΣ

ΣΩ. Οὐκοῦν ἐπειδὴ ἀμφισβητεῖται ὑπὸ πάντων, οὐδενὶ ἂν εἴη ἡ Πρωταγόρου Ἀλήθεια ἀληθής, οὔτε τινὶ ἄλλῳ οὔτ' αὐτῷ ἐκείνῳ.

ΘΕΟ. Ἄγαν, ὦ Σώκρατες, τὸν ἑταῖρόν μου καταθέομεν.

ΣΩ. Ἀλλά τοι, ὦ φίλε, ἄδηλον εἰ καὶ παραθέομεν τὸ ὀρθόν. εἰκός γε ἄρα ἐκεῖνον πρεσβύτερον ὄντα σοφώτερον ἡμῶν εἶναι· καὶ εἰ αὐτίκα ἐντεῦθεν ἀνακύψειε μέχρι τοῦ αὐχένος, πολλὰ ἂν ἐμέ τε ἐλέγξας ληροῦντα, ὡς τὸ εἰκός, καὶ σὲ ὁμολογοῦντα, καταδὺς ἂν οἴχοιτο ἀποτρέχων. ἀλλ' ἡμῖν ἀνάγκη οἶμαι χρῆσθαι ἡμῖν αὐτοῖς ὁποῖοί τινές ἐσμεν, καὶ τὰ δοκοῦντα ἀεὶ ταῦτα λέγειν. καὶ δῆτα καὶ νῦν ἄλλο τι φῶμεν ὁμολογεῖν ἂν τοῦτό γε ὁντινοῦν, τὸ εἶναι σοφώτερον ἕτερον ἑτέρου, εἶναι δὲ καὶ ἀμαθέστερον;

ΘΕΟ. Ἐμοὶ γοῦν δοκεῖ.

ΣΩ. Ἦ καὶ ταύτῃ ἂν μάλιστα ἵστασθαι τὸν λόγον, ᾗ ἡμεῖς ὑπεγράψαμεν βοηθοῦντες Πρωταγόρᾳ, ὡς τὰ μὲν πολλὰ ᾗ δοκεῖ, ταύτῃ καὶ ἔστιν ἑκάστῳ, θερμά, ξηρά, γλυκέα, πάντα ὅσα τοῦ τύπου τούτου· εἰ δέ που ἔν τισι συγχωρήσεται διαφέρειν ἄλλον ἄλλου, περὶ τὰ ὑγιεινὰ καὶ νοσώδη ἐθελῆσαι ἂν φάναι μὴ πᾶν γύναιον καὶ παιδίον, καὶ θηρίον δέ, ἱκανὸν εἶναι ἰᾶσθαι αὐτὸ γιγνῶσκον ἑαυτῷ τὸ ὑγιεινόν, ἀλλὰ ἐνταῦθα δὴ ἄλλον ἄλλου διαφέρειν, εἴπερ που;

ΘΕΟ. Ἔμοιγε δοκεῖ οὕτως.

ΣΩ. Οὐκοῦν καὶ περὶ πολιτικῶν, καλὰ μὲν καὶ αἰσχρὰ καὶ δίκαια καὶ ἄδικα καὶ ὅσια καὶ μή, οἷα ἂν ἑκάστη πόλις οἰηθεῖσα θῆται νόμιμα αὑτῇ, ταῦτα καὶ εἶναι τῇ ἀληθείᾳ ἑκάστῃ, καὶ ἐν τούτοις μὲν οὐδὲν σοφώτερον οὔτε ἰδιώτην ἰδιώτου οὔτε πόλιν πόλεως εἶναι· ἐν δὲ τῷ συμφέροντα ἑαυτῇ ἢ μὴ συμφέροντα τίθεσθαι, ἐνταῦθ', εἴπερ που, αὖ ὁμολογήσει σύμβουλόν τε συμβούλου διαφέρειν καὶ πόλεως

c 10 γε ἄρα B: γε ἄρ' T: γὰρ W   d 6 τὸ B: τοῦ T
d 9 ἵστασθαι] ἰᾶσθαι Badham   a 7 συμβούλου] συμβούλου αὖ W

苏格拉底：因此，既然它被所有人反驳，那么，普罗塔戈拉的"〈论〉真"岂不对任何人来说都不是真的，既不对其他某个人，也不对他自己。

忒俄多洛斯：过分了，苏格拉底啊，我们攻击[372]我的朋友！

苏格拉底：但让我告诉你[373]，朋友啊，还不清楚我们是否偏离了正道呢。其实很可能由于他比我们更年长，故也更智慧；并且如果他此刻从这里探出头来直到露出颈子，那么，他很可能会谴责我在说许多蠢话，也谴责你在同声附和，然后又会沉下去溜之大吉[374]。但对我们来说〈下面这点是〉一种必然，我认为，那就是如我们所是的那样对待我们自己，并且只说那些总是〈对我们〉显得〈是怎么回事〉的东西。我们现在是不是一定会说任何人都至少会同意这点，即有人比他人是更智慧的，而有人也比他人是更无知的？

忒俄多洛斯：至少在我看来是这样。

苏格拉底：我们在那里为了帮助普罗塔戈拉而勾勒的那种说法，也会是这样最为站得住脚的吗，即许多东西对每个人显得怎样，也就对之是怎样，如各种热的东西、干的东西、甜的东西，以及所有属于这类形态的那些东西？但如果的确会承认在一些事情上一个人胜过另一个人，那么，关于那些健康和疾病的事情就会愿意说，并非所有女人和小孩更不必说野兽了，足以因认识对自己健康的东西而救治自己，相反，在这里——假如有什么地方的话——，某人肯定会胜过另一个人。

忒俄多洛斯：在我看来肯定是这样。

苏格拉底：那么，关于城邦的各种事情也肯定如此，各种美好和丑陋的事情、正义和不正义的事情以及虔敬和不虔敬的事情，每个城邦因认为〈是〉这类东西而会将之设立为对自己合法的，这些东西也就真的对它是〈合法的〉；并且在这些事情上，既没有一个普通人比另一个普通人，也没有一个城邦比另一个城邦，是更为智慧的。但在确立对城邦自己有利的事情或不利的事情上，在这儿——如果有什么地方的话——，那种说法还是会再次承认，一个顾问胜过另一个顾问，一个城

ΘΕΑΙΤΗΤΟΣ

δόξαν ἑτέραν ἑτέρας πρὸς ἀλήθειαν, καὶ οὐκ ἂν πάνυ τολμήσειε φῆσαι, ἃ ἂν θῆται πόλις συμφέροντα οἰηθεῖσα αὑτῇ, b
παντὸς μᾶλλον ταῦτα καὶ συνοίσειν· ἀλλ' ἐκεῖ οὗ λέγω, ἐν
τοῖς δικαίοις καὶ ἀδίκοις καὶ ὁσίοις καὶ ἀνοσίοις, ἐθέλουσιν
ἰσχυρίζεσθαι ὡς οὐκ ἔστι φύσει αὐτῶν οὐδὲν οὐσίαν ἑαυτοῦ
ἔχον, ἀλλὰ τὸ κοινῇ δόξαν τοῦτο γίγνεται ἀληθὲς τότε, ὅταν 5
δόξῃ καὶ ὅσον ἂν δοκῇ χρόνον. καὶ ὅσοι γε ἂν μὴ παντάπασι
τὸν Πρωταγόρου λόγον λέγωσιν, ὧδέ πως τὴν σοφίαν ἄγουσι.
λόγος δὲ ἡμᾶς, ὦ Θεόδωρε, ἐκ λόγου μείζων ἐξ ἐλάττονος
καταλαμβάνει. c

ΘΕΟ. Οὐκοῦν σχολὴν ἄγομεν, ὦ Σώκρατες;

ΣΩ. Φαινόμεθα. καὶ πολλάκις μέν γε δή, ὦ δαιμόνιε,
καὶ ἄλλοτε κατενόησα, ἀτὰρ καὶ νῦν, ὡς εἰκότως οἱ ἐν ταῖς
φιλοσοφίαις πολὺν χρόνον διατρίψαντες εἰς τὰ δικαστήρια 5
ἰόντες γελοῖοι φαίνονται ῥήτορες.

ΘΕΟ. Πῶς δὴ οὖν λέγεις;

ΣΩ. Κινδυνεύουσιν οἱ ἐν δικαστηρίοις καὶ τοῖς τοιούτοις
ἐκ νέων κυλινδούμενοι πρὸς τοὺς ἐν φιλοσοφίᾳ καὶ τῇ
τοιᾷδε διατριβῇ τεθραμμένους ὡς οἰκέται πρὸς ἐλευθέρους d
τεθράφθαι.

ΘΕΟ. Πῇ δή;

ΣΩ. Ἧι τοῖς μὲν τοῦτο ὃ σὺ εἶπες ἀεὶ πάρεστι, σχολή,
καὶ τοὺς λόγους ἐν εἰρήνῃ ἐπὶ σχολῆς ποιοῦνται· ὥσπερ 5
ἡμεῖς νυνὶ τρίτον ἤδη λόγον ἐκ λόγου μεταλαμβάνομεν,
οὕτω κἀκεῖνοι, ἐὰν αὐτοὺς ὁ ἐπελθὼν τοῦ προκειμένου μᾶλλον
καθάπερ ἡμᾶς ἀρέσῃ· καὶ διὰ μακρῶν ἢ βραχέων μέλει
οὐδὲν λέγειν, ἂν μόνον τύχωσι τοῦ ὄντος· οἱ δὲ ἐν ἀσχολίᾳ
τε ἀεὶ λέγουσι—κατεπείγει γὰρ ὕδωρ ῥέον—καὶ οὐκ ἐγχωρεῖ e
περὶ οὗ ἂν ἐπιθυμήσωσι τοὺς λόγους ποιεῖσθαι, ἀλλ' ἀνάγ-

---

a 8 τολμήσῃς T   b 3 καὶ ἀδίκοις W : om. BT   ἐθέλουσι
διισχυρίζεσθαι W   b 4 ἑαυτοῦ] ἐφ' αὑτοῦ Badham   b 6 ἂν
Schanz : δὴ BT   b 7 λέγωσιν BT : λέγουσιν al.   ἄγουσι BT :
ἄγχουσιν W : λέγουσι Badham   c 9 καὶ] καὶ ἐν W   d 2 τεθράφθαι W : τετράφθαι BT   e 2 ποιήσασθαι W

邦的意见胜过另一城邦的意见，就真来说；并且绝不敢说，一个城邦因认为对自己有利而为自己设立的，这些东西甚至就必定〈对它〉有利。然而在我说的那儿，即在那些正义和不正义的事情、虔敬和不虔敬的事情那儿，一些人想极力坚持它们中没有一个是在本性上带有它自己的所是的东西，相反，共同的意见，当它将被认为，并且还将会被认为好一段时间，那时这种东西就变成了真的。甚至那些并不完全肯定普罗塔戈拉的说法的人[375]，也在某种方式上把智慧带到了这里。但是，一个说法接着一个说法，忒俄多洛斯啊，而且是更大的紧跟较小的，追上我们了[376]！

忒俄多洛斯：那我们还有闲暇〈讨论它〉吗，苏格拉底？

苏格拉底：我们显然有。在其他时候我其实经常在想，非凡的人啊[377]，而且现在也〈在想〉，下面这点是多么地合情合理啊，那就是，那些在各种哲学中消磨许多时间的人，当他们到了法庭上作为演说家时，就显得可笑[378]！

忒俄多洛斯：你究竟为何这么说？

苏格拉底：那些从年轻的时候开始就在法庭及诸如此类的地方摸爬滚打的人[379]，之于那些在哲学和这类消遣中长大的人，看起来就像家奴的培养之于自由人的培养[380]。

忒俄多洛斯：为什么？

苏格拉底：因为你说的那种东西，即闲暇，对于〈后面〉那些人来说始终是可能的，并且他们平静地在闲暇中进行各种讨论，就像我们现在所采取的那样，从一个讨论到另一个讨论，现在已经到了第三个讨论；那些人也同样如此，如果突然来临的讨论比面前的讨论更为让他们高兴的话——就像我们现在这样——。他们也不关心冗长地，还是三言两语地[381]说话，而只关心他们是否会切中存者。另一些人则总是没有闲暇地说话——因为〈滴漏计时器的〉水在一滴一滴地催逼——，不容许他们讨论他们所渴望的东西，而对手就站在旁边，并强迫〈他们只

ΠΛΑΤΩΝΟΣ

κην ἔχων ὁ ἀντίδικος ἐφέστηκεν καὶ ὑπογραφὴν παραναγιγνωσκομένην ὧν ἐκτὸς οὐ ῥητέον [ἣν ἀντωμοσίαν καλοῦσιν]· οἱ δὲ λόγοι ἀεὶ περὶ ὁμοδούλου πρὸς δεσπότην καθήμενον, ἐν χειρί τινα δίκην ἔχοντα, καὶ οἱ ἀγῶνες οὐδέποτε τὴν ἄλλως ἀλλ' ἀεὶ τὴν περὶ αὐτοῦ, πολλάκις δὲ καὶ περὶ ψυχῆς ὁ δρόμος· ὥστ' ἐξ ἁπάντων τούτων ἔντονοι καὶ δριμεῖς γίγνονται, ἐπιστάμενοι τὸν δεσπότην λόγῳ τε θωπεῦσαι καὶ ἔργῳ ὑπελθεῖν, σμικροὶ δὲ καὶ οὐκ ὀρθοὶ τὰς ψυχάς. τὴν γὰρ αὔξην καὶ τὸ εὐθύ τε καὶ τὸ ἐλευθέριον ἡ ἐκ νέων δουλεία ἀφῄρηται, ἀναγκάζουσα πράττειν σκολιά, μεγάλους κινδύνους καὶ φόβους ἔτι ἁπαλαῖς ψυχαῖς ἐπιβάλλουσα, οὓς οὐ δυνάμενοι μετὰ τοῦ δικαίου καὶ ἀληθοῦς ὑποφέρειν, εὐθὺς ἐπὶ τὸ ψεῦδός τε καὶ τὸ ἀλλήλους ἀνταδικεῖν τρεπόμενοι πολλὰ κάμπτονται καὶ συγκλῶνται, ὥσθ' ὑγιὲς οὐδὲν ἔχοντες τῆς διανοίας εἰς ἄνδρας ἐκ μειρακίων τελευτῶσι, δεινοί τε καὶ σοφοὶ γεγονότες, ὡς οἴονται. καὶ οὗτοι μὲν δὴ τοιοῦτοι, ὦ Θεόδωρε· τοὺς δὲ τοῦ ἡμετέρου χοροῦ πότερον βούλει διελθόντες ἢ ἐάσαντες πάλιν ἐπὶ τὸν λόγον τρεπώμεθα, ἵνα μὴ καί, ὃ νυνδὴ ἐλέγομεν, λίαν πολὺ τῇ ἐλευθερίᾳ καὶ μεταλήψει τῶν λόγων καταχρώμεθα;

ΘΕΟ. Μηδαμῶς, ὦ Σώκρατες, ἀλλὰ διελθόντες. πάνυ γὰρ εὖ τοῦτο εἴρηκας, ὅτι οὐχ ἡμεῖς οἱ ἐν τῷ τοιῷδε χορεύοντες τῶν λόγων ὑπηρέται, ἀλλ' οἱ λόγοι ἡμέτεροι ὥσπερ οἰκέται, καὶ ἕκαστος αὐτῶν περιμένει ἀποτελεσθῆναι ὅταν ἡμῖν δοκῇ· οὔτε γὰρ δικαστὴς οὔτε θεατὴς ὥσπερ ποιηταῖς ἐπιτιμήσων τε καὶ ἄρξων ἐπιστατεῖ παρ' ἡμῖν.

ΣΩ. Λέγωμεν δή, ὡς ἔοικεν, ἐπεὶ σοί γε δοκεῖ, περὶ τῶν κορυφαίων· τί γὰρ ἄν τις τούς γε φαύλως διατρίβοντας ἐν φιλοσοφίᾳ λέγοι; οὗτοι δέ που ἐκ νέων πρῶτον μὲν εἰς ἀγορὰν οὐκ ἴσασι τὴν ὁδόν, οὐδὲ ὅπου δικαστήριον ἢ βου-

---

e 4 ἣν ... καλοῦσιν secl. Abresch   e 6 τινα] τὴν T   a 3 ὑπελθεῖν Cobet e Themistio : χαρίσασθαι B T   a 4 τὸ ἐλευθέριον Themistius : τὸ ἐλεύθερον B T : ἐλεύθερον W   c 2 ἡμέτεροι W : οἱ ἡμέτεροι B T   c 7 φαύλους W

能读〉被核对了的起诉书,除此之外不可以说〈其他的〉³⁸²。而〈他们的〉说话总是在就坐的、掌控着某种判决³⁸³的主人面前针对那同作奴隶的人,并且〈他们之间的〉竞争³⁸⁴也从不会毫无目的³⁸⁵,相反,总是关乎自己的事情,而过程甚至经常关乎性命;以至于由于所有这些他们虽然变得精悍和狡黠³⁸⁶,知道如何用言辞奉承以及用行动讨好主人,但他们在灵魂方面却是渺小的³⁸⁷和不正直的。因为自年轻时而来的奴役已经夺走了〈他们在灵魂方面的〉生长³⁸⁸、正直和自由,迫使他们做各种歪斜的事情,把巨大的、他们还不能够借助正当的东西和真的东西去承受的一些危险和恐惧强加到〈他们〉那仍然柔软的灵魂上,他们通过立马转向虚假的东西以及互相反行不义而不断地³⁸⁹卑躬屈膝和从事一些奴性的事情³⁹⁰,因而从年青时开始,一直到成年³⁹¹,他们终其一生虽然在思想方面都没有任何健康的东西,却变得非常聪明和智慧——〈只不过是〉他们以为的——。这些人就是这个样子,忒俄多洛斯啊;但你想〈我们转而〉细说一下我们歌舞队中的那些人呢,还是把他们放到一边,让我们再次回到〈我们前面的〉讨论,免得我们过于滥用我们刚才说过的那种自由,即〈自由地〉更改讨论〈的话题〉³⁹²?

忒俄多洛斯:绝不,苏格拉底!而是让我们细说一下。因为你已经非常好地说到了这点,即我们这些在这类事情上的歌舞者不是讨论的仆人,讨论反倒像我们的家奴似的,并且它们中的每个都要等到我们认为〈该结束〉时才能结束。因为既没有一位陪审员,也没有一位观众——就像在诗人们那里那样——,站在我们旁边评头论足和指指点点³⁹³。

苏格拉底:既然你觉得如此,那我们似乎就该谈谈那些顶尖人物³⁹⁴;因为,对于那些在哲学上拙劣地消磨时间的人,一个人会说什么呢?而这些顶尖人物,首先从年青时就肯定不知道通往市场的路,也不知道法院、议事厅或城邦的其他任何公共会堂在哪儿;各种法律、投

ΘΕΑΙΤΗΤΟΣ

λευτήριον ἤ τι κοινὸν ἄλλο τῆς πόλεως συνέδριον· νόμους δὲ καὶ ψηφίσματα λεγόμενα ἢ γεγραμμένα οὔτε ὁρῶσιν οὔτε ἀκούουσι· σπουδαὶ δὲ ἑταιριῶν ἐπ' ἀρχὰς καὶ σύνοδοι καὶ δεῖπνα καὶ σὺν αὐλητρίσι κῶμοι, οὐδὲ ὄναρ πράττειν προσίσταται αὐτοῖς. εὖ δὲ ἢ κακῶς τις γέγονεν ἐν πόλει, ἤ τί τῳ κακόν ἐστιν ἐκ προγόνων γεγονὸς ἢ πρὸς ἀνδρῶν ἢ γυναικῶν, μᾶλλον αὐτὸν λέληθεν ἢ οἱ τῆς θαλάττης λεγόμενοι χόες. καὶ ταῦτα πάντ' οὐδ' ὅτι οὐκ οἶδεν, οἶδεν· οὐδὲ γὰρ αὐτῶν ἀπέχεται τοῦ εὐδοκιμεῖν χάριν, ἀλλὰ τῷ ὄντι τὸ σῶμα μόνον ἐν τῇ πόλει κεῖται αὐτοῦ καὶ ἐπιδημεῖ, ἡ δὲ διάνοια, ταῦτα πάντα ἡγησαμένη σμικρὰ καὶ οὐδέν, ἀτιμάσασα πανταχῇ πέτεται κατὰ Πίνδαρον "τᾶς τε γᾶς ὑπένερθε" καὶ τὰ ἐπίπεδα γεωμετροῦσα, "οὐρανοῦ θ' ὕπερ" ἀστρονομοῦσα, καὶ πᾶσαν πάντῃ φύσιν ἐρευνωμένη τῶν ὄντων ἑκάστου ὅλου, εἰς τῶν ἐγγὺς οὐδὲν αὐτὴν συγκαθιεῖσα.

ΘΕΟ. Πῶς τοῦτο λέγεις, ὦ Σώκρατες;

ΣΩ. Ὥσπερ καὶ Θαλῆν ἀστρονομοῦντα, ὦ Θεόδωρε, καὶ ἄνω βλέποντα, πεσόντα εἰς φρέαρ, Θρᾷττά τις ἐμμελὴς καὶ χαρίεσσα θεραπαινὶς ἀποσκῶψαι λέγεται ὡς τὰ μὲν ἐν οὐρανῷ προθυμοῖτο εἰδέναι, τὰ δ' ἔμπροσθεν αὐτοῦ καὶ παρὰ πόδας λανθάνοι αὐτόν. ταὐτὸν δὲ ἀρκεῖ σκῶμμα ἐπὶ πάντας ὅσοι ἐν φιλοσοφίᾳ διάγουσι. τῷ γὰρ ὄντι τὸν τοιοῦτον ὁ μὲν πλησίον καὶ ὁ γείτων λέληθεν, οὐ μόνον ὅτι πράττει, ἀλλ' ὀλίγου καὶ εἰ ἄνθρωπός ἐστιν ἤ τι ἄλλο θρέμμα· τί δέ ποτ' ἐστὶν ἄνθρωπος καὶ τί τῇ τοιαύτῃ φύσει προσήκει διάφορον τῶν ἄλλων ποιεῖν ἢ πάσχειν, ζητεῖ τε καὶ πράγματ' ἔχει διερευνώμενος. μανθάνεις γάρ που, ὦ Θεόδωρε· ἢ οὔ;

ΘΕΟ. Ἔγωγε· καὶ ἀληθῆ λέγεις.

ΣΩ. Τοιγάρτοι, ὦ φίλε, ἰδίᾳ τε συγγιγνόμενος ὁ τοιοῦτος

---

d 6 τις W Iambl. Clem.: τι B T   ἐν τῇ πόλει W   τῷ] τὸ W
e 1 οἶδεν, οἶδεν T W Iambl.: οἶδεν ὃ εἶδεν B   e 5 πέτεται B² W
Iambl. Clem. Eus.: φέρεται B T   τᾶς τε Campbell e Clem.: τᾶ τε B: τά τε T   e 6 θ' ὕπερ scripsi: τε ὕπερ B T   a 1 τῶν] ὧν B
a 2 συγκαθεῖσα T   a 7 ἔμπροσθεν B T et γρ. W: ὄπισθεν W t Iambl. Eus.   a 8 πάντας T Iambl. Eus.: πάντα B   b 1 ἐν B T: ἐπὶ W
b 7 καὶ om. B

票通过的议案，无论是口头的还是书面的，他们都既不会看，也不会听；而各种朋党对公职的热衷[395]，他们的各种集会、宴饮以及同吹笛女的狂欢，甚至他们做梦都不会想到[396]。一个人在城邦中出身好还是坏，或者是否某人从其祖先那里承负了某种恶——无论是在父系一方，还是在母系一方——，他也一向知之甚少，就像谚语所云，不知道海水有多少斗一样[397]。就所有这些，他甚至不知道他不知道；因为他根本不是为了有名声才远离它们，相反，实际上仅仅他的身体留在和寓居于城邦里，而〈他的〉思想认为所有这些都微不足道和一文不值，它轻视它们而四处翱翔，就像品达所说"下至黄泉"测量地理[398]，"上至穹宇"研究天文，并且从整体上研究每一是着的东西[399]在每一方面的每一本性，从不让自己屈尊去面对那些近处的事情。

忒俄多洛斯：你为何这么说呢，苏格拉底？

苏格拉底：正如当泰勒斯为了研究天文而向上仰望时，他掉进了一口井里[400]，据说一位乖巧且机智的色雷斯女仆打趣他：热衷于知道天上的各种事情，却忽略了自己面前和脚边的那些东西。而这同一玩笑适用于所有那些在哲学中度日的人。因为这种人真的一向没有留意隔壁的邻居[401]，不仅没有留意到他在做什么，而且几乎没有留意到他是人呢，还是别的什么动物；但是，人究竟是什么，以及对于这样一种本性来说[402]，做或遭受不同于其他事情的什么事情是合适的，这些都是他寻觅和努力进行探究[403]的。你肯定理解〈我所说的〉，忒俄多洛斯；抑或不？

忒俄多洛斯：我肯定理解，你也说得正确。

苏格拉底：因此，朋友啊，这种人无论是私下地还是公开地与每

ΠΛΑΤΩΝΟΣ

c ἑκάστῳ καὶ δημοσίᾳ, ὅπερ ἀρχόμενος ἔλεγον, ὅταν ἐν δικαστηρίῳ ἤ που ἄλλοθι ἀναγκασθῇ περὶ τῶν παρὰ πόδας καὶ τῶν ἐν ὀφθαλμοῖς διαλέγεσθαι, γέλωτα παρέχει οὐ μόνον Θρᾴτταις ἀλλὰ καὶ τῷ ἄλλῳ ὄχλῳ, εἰς φρέατά τε
5 καὶ πᾶσαν ἀπορίαν ἐμπίπτων ὑπὸ ἀπειρίας, καὶ ἡ ἀσχημοσύνη δεινή, δόξαν ἀβελτερίας παρεχομένη· ἔν τε γὰρ ταῖς λοιδορίαις ἴδιον ἔχει οὐδὲν οὐδένα λοιδορεῖν, ἅτ' οὐκ εἰδὼς κακὸν οὐδὲν οὐδενὸς ἐκ τοῦ μὴ μεμελετηκέναι· ἀπορῶν
d οὖν γελοῖος φαίνεται. ἔν τε τοῖς ἐπαίνοις καὶ ταῖς τῶν ἄλλων μεγαλαυχίαις οὐ προσποιήτως ἀλλὰ τῷ ὄντι γελῶν ἔνδηλος γιγνόμενος ληρώδης δοκεῖ εἶναι. τύραννόν τε γὰρ ἢ βασιλέα ἐγκωμιαζόμενον, ἕνα τῶν νομέων, οἷον συβώτην
5 ἢ ποιμένα ἤ τινα βουκόλον, ἡγεῖται ἀκούειν εὐδαιμονιζόμενον πολὺ βδάλλοντα· δυσκολώτερον δὲ ἐκείνων ζῷον καὶ ἐπιβουλότερον ποιμαίνειν τε καὶ βδάλλειν νομίζει αὐτούς, ἄγροικον δὲ καὶ ἀπαίδευτον ὑπὸ ἀσχολίας οὐδὲν ἧττον τῶν
e νομέων τὸν τοιοῦτον ἀναγκαῖον γίγνεσθαι, σηκὸν ἐν ὄρει τὸ τεῖχος περιβεβλημένον. γῆς δὲ ὅταν μυρία πλέθρα ἢ ἔτι πλείω ἀκούσῃ ὥς τις ἄρα κεκτημένος θαυμαστὰ πλήθει κέκτηται, πάνσμικρα δοκεῖ ἀκούειν εἰς ἅπασαν εἰωθὼς τὴν
5 γῆν βλέπειν. τὰ δὲ δὴ γένη ὑμνούντων, ὡς γενναῖός τις ἑπτὰ πάππους πλουσίους ἔχων ἀποφῆναι, παντάπασιν ἀμβλὺ καὶ ἐπὶ σμικρὸν ὁρώντων ἡγεῖται τὸν ἔπαινον, ὑπὸ
175 ἀπαιδευσίας οὐ δυναμένων εἰς τὸ πᾶν ἀεὶ βλέπειν οὐδὲ λογίζεσθαι ὅτι πάππων καὶ προγόνων μυριάδες ἑκάστῳ γεγόνασιν ἀναρίθμητοι, ἐν αἷς πλούσιοι καὶ πτωχοὶ καὶ βασιλῆς καὶ δοῦλοι βάρβαροί τε καὶ Ἕλληνες πολλάκις μυρίοι γεγόνασιν
5 ὁτῳοῦν· ἀλλ' ἐπὶ πέντε καὶ εἴκοσι καταλόγῳ προγόνων σεμνυνομένων καὶ ἀναφερόντων εἰς Ἡρακλέα τὸν Ἀμφιτρύωνος ἄτοπα αὐτῷ καταφαίνεται τῆς σμικρολογίας, ὅτι
b δὲ ὁ ἀπ' Ἀμφιτρύωνος εἰς τὸ ἄνω πεντεκαιεικοστὸς τοιοῦτος ἦν οἷα συνέβαινεν αὐτῷ τύχη, καὶ ὁ πεντηκοστὸς ἀπ'

a 6 ἀναφερομένων W   b 2 οἷα ... τύχῃ B

个人交往，就像我开始时说的那样，每当他被迫在法庭上或者其他 174c1
某个地方谈论那些脚边的事情和眼前的事情时，他不仅让自己成为
了色雷斯妇女们的笑料，而且也成为了其他人群的笑料，因为他由 174c5
于无经验而落入井里和各种各样的困境中；并且这种丢脸是可怕的，
给人以愚蠢的印象[404]。因为，在各种辱骂〈的场合〉，他没有任何自
己的东西来辱骂任何人，因为他由于一向置身事外[405]而不知道任何
人的任何坏事；因而他由于不知所措而显得可笑。在各式各样地赞 174d1
美和夸奖他人的〈的场合〉，由于他明显[406]不是装模作样地，而是
真正地发出笑声来，所以他也看起来是天真幼稚的[407]。因为，当一
位僭主或国王受到颂扬时，他认为就像听到牧人中的一位，如一位 174d5
猪倌、一位羊倌或某位牧牛人，因为挤奶很多而可称幸福一样。但
他认为同那些〈牧人〉相比，他们牧养和挤奶的，是一种更为折磨
人的和更为奸诈的动物；〈他们认为〉这样一种人[408]也由于缺乏闲暇
而必然变得同牧人们一样粗野和缺乏教养，〈只不过〉他在自己四周 174e1
修的是城墙，而不是山上的围栏[409]。每当他听说有人因拥有土地万
亩甚至更多而具有惊人的财富时，他都认为他听到的东西是非常小
的[410]——由于他习惯于看整个大地——。当人们歌颂家族，〈说〉某 174e5
人出身高贵——因为他能够显示七代富裕的祖先——，他把这种赞
美视为出自那些眼光极其迟钝和短浅的人，由于缺乏教育，他们既 175a1
不能够总是看到整体，也不能计算到每个人都有着无数成千上万
的父辈和祖先[411]，其中既有富人也有穷人，既有国王也有奴隶，既
有外族人也有希腊人，他们对任何人来说都已经变成好几万[412]了； 175a5
然而，当一些人冲着祖先的二十五代名册而进行炫耀并将之追溯到
安菲特律翁[413]的儿子赫拉克勒斯时，就〈他们的〉小气而言[414]〈他 175b1
们〉对他显得是奇怪的；因为从安菲特律翁再往上的第二十五代祖
先只是这样一个人，即对他来说的巧合之人[415]，并且从他[416]往上的
第五十代祖先也如此，他笑他们不能计算〈这点〉并摆脱愚蠢的灵 175b5
魂之虚荣。在所有这些情形中，这种人[417]肯定都会被大众嘲笑，一

ΘΕΑΙΤΗΤΟΣ

175 b

αὐτοῦ, γελᾷ οὐ δυναμένων λογίζεσθαί τε καὶ χαυνότητα ἀνοήτου ψυχῆς ἀπαλλάττειν. ἐν ἅπασι δὴ τούτοις ὁ τοιοῦτος ὑπὸ τῶν πολλῶν καταγελᾶται, τὰ μὲν ὑπερηφάνως ἔχων, ὡς δοκεῖ, τὰ δ' ἐν ποσὶν ἀγνοῶν τε καὶ ἐν ἑκάστοις ἀπορῶν.

ΘΕΟ. Παντάπασι τὰ γιγνόμενα λέγεις, ὦ Σώκρατες.

ΣΩ. Ὅταν δέ γέ τινα αὐτός, ὦ φίλε, ἑλκύσῃ ἄνω, καὶ ἐθελήσῃ τις αὐτῷ ἐκβῆναι ἐκ τοῦ "Τί ἐγὼ σὲ ἀδικῶ ἢ σὺ ἐμέ"; εἰς σκέψιν αὐτῆς δικαιοσύνης τε καὶ ἀδικίας, τί τε ἑκάτερον αὐτοῖν καὶ τί τῶν πάντων ἢ ἀλλήλων διαφέρετον, ἢ ἐκ τοῦ "εἰ βασιλεὺς εὐδαίμων," "κεκτημένος τ' αὖ χρυσίον," βασιλείας πέρι καὶ ἀνθρωπίνης ὅλως εὐδαιμονίας καὶ ἀθλιότητος ἐπὶ σκέψιν, ποίω τέ τινε ἐστὸν καὶ τίνα τρόπον ἀνθρώπου φύσει προσήκει τὸ μὲν κτήσασθαι αὐτοῖν, τὸ δὲ ἀποφυγεῖν—περὶ τούτων ἁπάντων ὅταν αὖ δέῃ λόγον διδόναι τὸν σμικρὸν ἐκεῖνον τὴν ψυχὴν καὶ δριμὺν καὶ δικανικόν, πάλιν αὖ τὰ ἀντίστροφα ἀποδίδωσιν· εἰλιγγιῶν τε ἀπὸ ὑψηλοῦ κρεμασθεὶς καὶ βλέπων μετέωρος ἄνωθεν ὑπὸ ἀηθείας ἀδημονῶν τε καὶ ἀπορῶν καὶ βατταρίζων γέλωτα Θρᾴτταις μὲν οὐ παρέχει οὐδ' ἄλλῳ ἀπαιδεύτῳ οὐδενί, οὐ γὰρ αἰσθάνονται, τοῖς δ' ἐναντίως ἢ ὡς ἀνδραπόδοις τραφεῖσι πᾶσιν. οὗτος δὴ ἑκατέρου τρόπος, ὦ Θεόδωρε, ὁ μὲν τῷ ὄντι ἐν ἐλευθερίᾳ τε καὶ σχολῇ τεθραμμένου, ὃν δὴ φιλόσοφον καλεῖς, ᾧ ἀνεμέσητον εὐήθει δοκεῖν καὶ οὐδενὶ εἶναι ὅταν εἰς δουλικὰ ἐμπέσῃ διακονήματα, οἷον στρωματόδεσμον μὴ ἐπισταμένου συσκευάσασθαι μηδὲ ὄψον ἡδῦναι ἢ θῶπας λόγους· ὁ δ' αὖ τὰ μὲν τοιαῦτα πάντα δυναμένου τορῶς τε καὶ ὀξέως διακονεῖν, ἀναβάλλεσθαι δὲ

---

b 3 δυναμένων B Iambl. : δυναμένῳ T   b 5 μὲν B T et s.v. W : νῦν W   b 8 τὸ γιγνόμενον W   b 9 γε om. W   ἄνω T W Iambl. Eus. : om. B   c 2 αὐτῆς W : αὖ τῆς B T   c 4 εἰ B T Iambl. : om. al. τ' αὖ] τ' αὖ πολὺ Eus. vulg. : πολὺ Iambl. et s.v. t   c 5 βασιλείας B T : ἢ βασιλείας W t Iambl. Eus.   c 7 κτήσασθαι B² Iambl. Eus. : κτήσεσθαι B T   c 8 τούτων ἁπάντων B : πάντων τούτων T Iambl. Eus.   d 4 βατταρίζων Themistius : βαρβαρίζων B T   d 6 τραφεῖσι πᾶσιν T Iambl. Eus. : τραφεῖσιν ἅπασιν B   e 4 ἐπισταμένου B T Iambl. Eus. : ἐπιστάμενος W t   e 5 ὁ δ' t Iambl. : οὐδ' B T

方面因为他显得是高傲的，一方面则因为他不知道脚边的事情，并且在每一件事情上都感到困惑。

忒俄多洛斯：你完全就在说正在发生的事情，苏格拉底！

苏格拉底：但是，每当他自己拉着一个人向上，朋友啊，并且一个人也愿意随他离开"我对你行了什么不义，或者你对我〈行了什么不义〉？"〈这种问题〉，前往对正义和不义本身的考察，它们两者各自是什么，以及它们两者为何不同于所有其他的或者彼此有别，或者离开"一位国王是否幸福"，"此外一个拥有一块黄金的人〈是否幸福〉"[418]〈这种问题〉，转而考察王权，以及一般属人的幸福和不幸，两者是何种东西，在何种方式上下面这点属于人的本性，即拥有两者中的一个，而逃避另一个——对于所有这些，每当轮到那个在灵魂方面渺小、狡黠和善于申辩的人需要给出说明时，他就再度给出了相反的情形[419]——：他被悬在高处而感到头晕，并且他在空中从上往下看因不习惯而感到苦恼，他感到不知所措并且说话结结巴巴，他虽然没有由此而让自己成为色雷斯妇女们的笑料，或成为其他任何未受过教育的人的笑料——因为他们没有察觉到这些——，却让自己成为了所有那些以相反的方式——即同奴隶[420]〈被抚养长大的方式〉相反——被抚养长大的人的笑料。这就是两种人各自的生活方式，忒俄多洛斯啊！一种生活方式是那真正在自由和闲暇中被抚养长大、你将之称为哲学家的那种人的，这种人不应因他看起是头脑简单的和一无是处的——每当他落入到奴隶的那些事务中时——而招来指责，例如，他既不知道如何帮助收拾行李袋[421]，也不知道如何让饭菜可口，或者让奉承话[422]悦耳；而另一种生活方式则是下面这种人的，那就是：他能够伶俐和敏捷地为所有这些事情提供服务，却不知道如何像自由人那样优雅地披上外衣[423]，或者如何通过把握住语词的和谐来正确地歌

175c1

175c5

175d1

175d5

175e1

175e5

176a1

ΠΛΑΤΩΝΟΣ

οὐκ ἐπισταμένου ἐπιδέξια ἐλευθερίως οὐδέ γ' ἁρμονίαν λόγων λαβόντος ὀρθῶς ὑμνῆσαι θεῶν τε καὶ ἀνδρῶν εὐδαιμόνων βίον [ἀληθῆ].

ΘΕΟ. Εἰ πάντας, ὦ Σώκρατες, πείθοις ἃ λέγεις ὥσπερ ἐμέ, πλείων ἂν εἰρήνη καὶ κακὰ ἐλάττω κατ' ἀνθρώπους εἴη.

ΣΩ. Ἀλλ' οὔτ' ἀπολέσθαι τὰ κακὰ δυνατόν, ὦ Θεόδωρε—ὑπεναντίον γάρ τι τῷ ἀγαθῷ ἀεὶ εἶναι ἀνάγκη—οὔτ' ἐν θεοῖς αὐτὰ ἱδρῦσθαι, τὴν δὲ θνητὴν φύσιν καὶ τόνδε τὸν τόπον περιπολεῖ ἐξ ἀνάγκης. διὸ καὶ πειρᾶσθαι χρὴ ἐνθένδε ἐκεῖσε φεύγειν ὅτι τάχιστα. φυγὴ δὲ ὁμοίωσις θεῷ κατὰ τὸ δυνατόν· ὁμοίωσις δὲ δίκαιον καὶ ὅσιον μετὰ φρονήσεως γενέσθαι. ἀλλὰ γάρ, ὦ ἄριστε, οὐ πάνυ τι ῥᾴδιον πεῖσαι ὡς ἄρα οὐχ ὧν ἕνεκα οἱ πολλοί φασι δεῖν πονηρίαν μὲν φεύγειν, ἀρετὴν δὲ διώκειν, τούτων χάριν τὸ μὲν ἐπιτηδευτέον, τὸ δ' οὔ, ἵνα δὴ μὴ κακὸς καὶ ἵνα ἀγαθὸς δοκῇ εἶναι· ταῦτα μὲν γάρ ἐστιν ὁ λεγόμενος γραῶν ὕθλος, ὡς ἐμοὶ φαίνεται· τὸ δὲ ἀληθὲς ὧδε λέγωμεν. θεὸς οὐδαμῇ οὐδαμῶς ἄδικος, ἀλλ' ὡς οἷόν τε δικαιότατος, καὶ οὐκ ἔστιν αὐτῷ ὁμοιότερον οὐδὲν ἢ ὃς ἂν ἡμῶν αὖ γένηται ὅτι δικαιότατος. περὶ τοῦτο καὶ ἡ ὡς ἀληθῶς δεινότης ἀνδρὸς καὶ οὐδενία τε καὶ ἀνανδρία. ἡ μὲν γὰρ τούτου γνῶσις σοφία καὶ ἀρετὴ ἀληθινή, ἡ δὲ ἄγνοια ἀμαθία καὶ κακία ἐναργής· αἱ δ' ἄλλαι δεινότητές τε δοκοῦσαι καὶ σοφίαι ἐν μὲν πολιτικαῖς δυναστείαις γιγνόμεναι φορτικαί, ἐν δὲ τέχναις βάναυσοι. τῷ οὖν ἀδικοῦντι καὶ ἀνόσια λέγοντι ἢ πράττοντι μακρῷ ἄριστ' ἔχει τὸ μὴ συγχωρεῖν δεινῷ ὑπὸ πανουργίας εἶναι· ἀγάλλονται γὰρ τῷ ὀνείδει καὶ οἴονται ἀκούειν ὅτι οὐ λῆροί εἰσι, γῆς ἄλλως ἄχθη, ἀλλ' ἄνδρες οἵους δεῖ ἐν πόλει τοὺς σωθησομένους. λεκτέον οὖν τἀληθές, ὅτι τοσούτῳ μᾶλλόν εἰσιν οἷοι οὐκ οἴονται, ὅτι οὐχὶ οἴονται·

e 7 ἐλευθερίως Athenaeus : ἐλευθέρως Β Τ   γ' om. W   a 1 ἀνδρῶν] ἀνθρώπων al.   a 2 ἀληθῆ om. Athenaeus   b 3 τι om. B
b 6 δὴ om. B : δὲ Eusebius   b 7 μὲν om. B   c 3 τοῦτο Iambl.
Eus. Stob.: τούτου Β Τ   c 6 καὶ om. Τ   σοφίαι Τ Iambl.: σοφαὶ B

颂诸神的和那些幸福的人的生活[424]。

忒俄多洛斯：苏格拉底啊，如果你能够用你所说的劝服所有人，就像劝服我一样，那么，世界上[425]就会多一些和平和少一些邪恶。

苏格拉底：但是，邪恶的东西既不可能消亡，忒俄多洛斯啊——因为某种东西必然总是善的东西的反面[426]——，它们也不可能被安顿在诸神中间，而是必然绕着有死的本性和这个地方漫游。因此，一个人必须尝试尽快地从这儿逃离到那儿。而逃离就是尽可能地与神相似[427]，但〈与神〉相似也就是凭借明智[428]而成为正义的和虔敬的。当然，最优秀的人啊，使人信服下面这点非常不容易，那就是：绝不是为了大众所说的那些才应该逃避邪恶，而追逐德性，〈他们说〉为了这些，即为了看起来不是坏的和为了看起来是好的，一个人才必须践行一个，而不践行另一个；这些其实只是所谓的老太婆们的闲扯，如对我显得的那样。让我们这样来说说真实的情况：神在任何方面都绝不是不正义的，而是尽可能正义的；并且没有什么比我们中那复又会变得尽可能正义的人更为相似于他。而一个人的真正聪明，以及毫无价值和怯懦，也都围绕这点。因为对这点的认识是智慧和真实的德性，而对之的无知则是愚蠢和明显的邪恶。而其他那些看起来的聪明和智慧，当它们出现在诸公共的权力上，只是一些庸俗的〈聪明和智慧〉；而当它们出现在各种技艺上，则是一些手艺人的〈聪明和智慧〉[429]。因此，对于那行不义，以及说各种不虔敬的话或做各种不虔敬的事的人，最好是远不要因其恶行而承认他是聪明的；因为他们因这种责备而炫耀，认为他们听到，他们不是蠢货，不是大地的无用的负担[430]，而是在城邦中必须要加以保全的这样一些人。所以，必须说出真实的情况，即他们愈发不认为，就愈发是他们不认为的这种人[431]；因为他们不知道对不义的惩罚，而这是最不应该

ΘΕΑΙΤΗΤΟΣ

ἀγνοοῦσι γὰρ ζημίαν ἀδικίας, ὃ δεῖ ἥκιστα ἀγνοεῖν. οὐ γάρ ἐστιν ἣν δοκοῦσιν, πληγαί τε καὶ θάνατοι, ὧν ἐνίοτε πάσχουσιν οὐδὲν ἀδικοῦντες, ἀλλὰ ἣν ἀδύνατον ἐκφυγεῖν.

ΘΕΟ. Τίνα δὴ λέγεις;

ΣΩ. Παραδειγμάτων, ὦ φίλε, ἐν τῷ ὄντι ἑστώτων, τοῦ μὲν θείου εὐδαιμονεστάτου, τοῦ δὲ ἀθέου ἀθλιωτάτου, οὐχ ὁρῶντες ὅτι οὕτως ἔχει, ὑπὸ ἠλιθιότητός τε καὶ τῆς ἐσχάτης ἀνοίας λανθάνουσι τῷ μὲν ὁμοιούμενοι διὰ τὰς ἀδίκους πράξεις, τῷ δὲ ἀνομοιούμενοι. οὗ δὴ τίνουσι δίκην ζῶντες τὸν εἰκότα βίον ᾧ ὁμοιοῦνται· ἐὰν δ᾽ εἴπωμεν ὅτι, ἂν μὴ ἀπαλλαγῶσι τῆς δεινότητος, καὶ τελευτήσαντας αὐτοὺς ἐκεῖνος μὲν ὁ τῶν κακῶν καθαρὸς τόπος οὐ δέξεται, ἐνθάδε δὲ τὴν αὑτοῖς ὁμοιότητα τῆς διαγωγῆς ἀεὶ ἕξουσι, κακοὶ κακοῖς συνόντες, ταῦτα δὴ καὶ παντάπασιν ὡς δεινοὶ καὶ πανοῦργοι ἀνοήτων τινῶν ἀκούσονται.

ΘΕΟ. Καὶ μάλα δή, ὦ Σώκρατες.

ΣΩ. Οἶδά τοι, ὦ ἑταῖρε. ἓν μέντοι τι αὐτοῖς συμβέβηκεν· ὅταν ἰδίᾳ λόγον δέῃ δοῦναί τε καὶ δέξασθαι περὶ ὧν ψέγουσι, καὶ ἐθελήσωσιν ἀνδρικῶς πολὺν χρόνον ὑπομεῖναι καὶ μὴ ἀνάνδρως φυγεῖν, τότε ἀτόπως, ὦ δαιμόνιε, τελευτῶντες οὐκ ἀρέσκουσιν αὐτοὶ αὑτοῖς περὶ ὧν λέγουσι, καὶ ἡ ῥητορικὴ ἐκείνη πως ἀπομαραίνεται, ὥστε παίδων μηδὲν δοκεῖν διαφέρειν. περὶ μὲν οὖν τούτων, ἐπειδὴ καὶ πάρεργα τυγχάνει λεγόμενα, ἀποστῶμεν—εἰ δὲ μή, πλείω ἀεὶ ἐπιρρέοντα καταχώσει ἡμῶν τὸν ἐξ ἀρχῆς λόγον—ἐπὶ δὲ τὰ ἔμπροσθεν ἴωμεν, εἰ καὶ σοὶ δοκεῖ.

ΘΕΟ. Ἐμοὶ μὲν τὰ τοιαῦτα, ὦ Σώκρατες, οὐκ ἀηδέστερα ἀκούειν· ῥᾴω γὰρ τηλικῷδε ὄντι ἐπακολουθεῖν. εἰ μέντοι δοκεῖ, πάλιν ἐπανίωμεν.

ΣΩ. Οὐκοῦν ἐνταῦθά που ἦμεν τοῦ λόγου, ἐν ᾧ ἔφαμεν τοὺς τὴν φερομένην οὐσίαν λέγοντας, καὶ τὸ ἀεὶ δοκοῦν

---

e 3 ὄντι] παντὶ W   b 2 ὅτ᾽ ἂν W Iambl. : ὅτι ἂν B T   b 4 φυγεῖν W : φεύγειν B T Iambl.   b 7 οὖν om. W

不知道的。其实〈惩罚〉不是他们所以为的那种，如鞭打和死刑——某些行不义者有时并没有遭受它们——，而是那不可能逃脱的。

忒俄多洛斯：那你在说何种惩罚？

苏格拉底：〈两种〉范型，朋友啊，被确立在了是者中，一种是神圣的、至福的，而另一种是无神的、最不幸的；那些由于愚蠢和极度缺乏理解而没有看到情况是这样的人，没有注意到他们由于各种不正义的行为而变得同后一种范型相似，同前一种范型不相似。他们为此受到了惩罚，因为他们过着一种同他们变得与之相似的那种范型相适应的生活；但如果我们说，除非他们放弃〈他们的那种〉聪明，否则即使他们死了，那个摆脱了诸恶的纯洁的地方[432]也不会接纳他们，并且他们在这儿也将始终有着与他们自己相似的一种生活方式[433]，即坏人与坏人在一起，那么，他们听到这些完全就像一群聪明且机灵的人[434]在听某些蠢人说话似的。

忒俄多洛斯：对极了，苏格拉底！

苏格拉底：我当然知道，朋友。然而，有一件事降临到了他们头上，那就是：每当他们必须私下就他们所非难的那些东西给出和接受一种说法，并且愿意勇敢地坚持很长时间而不是怯懦地逃走时，那时就会很奇怪，非凡的人啊，他们最终关于他们所说的那些自己就对自己感到不满意，并且〈他们的〉那种修辞术也一定会枯萎，以至于他们看起来无异于孩童。但是，关于这些，既然它们其实只是附带被说的，让我们将之放到一边——否则，它们总是越来越多地流出来而淹没掉我们最初的话题——，让我们回到前面〈说过的〉那些东西，如果你也这么认为的话。

忒俄多洛斯：对我来说，苏格拉底啊，听这类事情是同样愉快的[435]；因为对于是〈我〉这把年纪的人来说，更容易跟上。但如果你〈那样〉认为，就让我们再度回去吧。

苏格拉底：就讨论而言，我们岂不约莫曾是在这个地方，在那里我们曾说到了这样一些人：他们谈论在运动的所是[436]，并且〈说〉任何时

ΠΛΑΤΩΝΟΣ

ἑκάστῳ τοῦτο καὶ εἶναι τούτῳ ᾧ δοκεῖ, ἐν μὲν τοῖς ἄλλοις ἐθέλειν διισχυρίζεσθαι καὶ οὐχ ἥκιστα περὶ τὰ δίκαια, ὡς παντὸς μᾶλλον ἃ ἂν θῆται πόλις δόξαντα αὑτῇ, ταῦτα καὶ ἔστι δίκαια τῇ θεμένῃ, ἕωσπερ ἂν κέηται· περὶ δὲ τἀγαθὰ οὐδένα ἀνδρεῖον ἔθ' οὕτως εἶναι ὥστε τολμᾶν διαμάχεσθαι ὅτι καὶ ἃ ἂν ὠφέλιμα οἰηθεῖσα πόλις ἑαυτῇ θῆται, καὶ ἔστι τοσοῦτον χρόνον ὅσον ἂν κέηται ὠφέλιμα, πλὴν εἴ τις τὸ ὄνομα λέγοι· τοῦτο δέ που σκῶμμ' ἂν εἴη πρὸς ὃ λέγομεν. ἢ οὐχί;

ΘΕΟ. Πάνυ γε.

ΣΩ. Μὴ γὰρ λεγέτω τὸ ὄνομα, ἀλλὰ τὸ πρᾶγμα τὸ ὀνομαζόμενον θεωρείτω.

ΘΕΟ. Μὴ γάρ.

ΣΩ. Ἀλλ' ὃ ἂν τοῦτο ὀνομάζῃ, τούτου δήπου στοχάζεται νομοθετουμένη, καὶ πάντας τοὺς νόμους, καθ' ὅσον οἴεταί τε καὶ δύναται, ὡς ὠφελιμωτάτους ἑαυτῇ τίθεται· ἢ πρὸς ἄλλο τι βλέπουσα νομοθετεῖται;

ΘΕΟ. Οὐδαμῶς.

ΣΩ. Ἦ οὖν καὶ τυγχάνει ἀεί, ἢ πολλὰ καὶ διαμαρτάνει ἑκάστη;

ΘΕΟ. Οἶμαι ἔγωγε καὶ ἁμαρτάνειν.

ΣΩ. Ἔτι τοίνυν ἐνθένδε ἂν μᾶλλον πᾶς τις ὁμολογήσειεν ταὐτὰ ταῦτα, εἰ περὶ παντός τις τοῦ εἴδους ἐρωτῴη ἐν ᾧ καὶ τὸ ὠφέλιμον τυγχάνει ὄν· ἔστι δέ που καὶ περὶ τὸν μέλλοντα χρόνον. ὅταν γὰρ νομοθετώμεθα, ὡς ἐσομένους ὠφελίμους τοὺς νόμους τιθέμεθα εἰς τὸν ἔπειτα χρόνον· τοῦτο δὲ "μέλλον" ὀρθῶς ἂν λέγοιμεν.

ΘΕΟ. Πάνυ γε.

ΣΩ. Ἴθι δή, οὑτωσὶ ἐρωτῶμεν Πρωταγόραν ἢ ἄλλον τινὰ τῶν ἐκείνῳ τὰ αὐτὰ λεγόντων· "Πάντων μέτρον

c 9 τὰ om. B   d 2 τῇ θεμένῃ] τιθεμένη T   τἀγαθὰ TW: τἀγαθοῦ BW²   d 6 ἢ W: om. BT   e 1-3 λεγέτω ... μὴ γάρ om. T   e 1 τὸ ὀνομαζόμενον W: ὃ ὀνομαζόμενον B   e 2 θεωρείτω] θεωρεῖτο pr. W: θεωρεῖται B   a 2 πολλὰ] καὶ πολλὰ T   a 3 ἑκάστη W: ἑκάστῃ BT   a 10 μέλλον W: μᾶλλον BT

候对每个人显现为怎样,它也就对它向之显现的那个人来说是怎样;他们在其他事情上也愿意坚决主张这点,尤其是关于各种正义的事情,即一个城邦为自己所设立的那些东西,既然它们对它显得〈正义〉,那么这些东西也就一定对设立〈它们〉的那个城邦来说是正义的,只要它们还摆在那儿。但是,关于各种善的事情,则无人仍然是这样有勇气的,以至于敢坚持,一个城邦为自己所设立的那些东西,既然它认为它们是有益的,那么在它们还摆在那儿的那段时间内,它们也就是有益的——除非有人只是在说〈有益的〉这个语词,但这对于我们所说的事情来说肯定会是一个玩笑——。抑或不?

忒俄多洛斯:肯定如此。

苏格拉底:肯定不能让他只说语词,而是要让他看到被命名的那个事物。

忒俄多洛斯:当然。

苏格拉底:而无论城邦怎么给这命名[437],它在给自己制定法律时[438]都肯定以这为目标[439],并且所有的法律,尽它所认为和所能够的,它都将之作为对它自己来说是尽可能有益的东西来制定;或者因为着眼于其他某种东西它才为自己制定法律?

忒俄多洛斯:绝不。

苏格拉底:那么,每个城邦都总是达到目的呢,还是每个城邦也都经常失败?

忒俄多洛斯:我肯定认为〈经常〉失败。

苏格拉底:那么,从下面这点出发所有人将会更加同意这些同样的事情,如果有人询问有益的东西也正好是在其中的那整个类[440]的话;因为它肯定也关乎将来的时间。其实每当我们为自己立法的时候,我们制定各种法律,也正是因为它们对以后的时间也将是有益的;而我们会正确地把这[441]叫做"将来"。

忒俄多洛斯:肯定。

苏格拉底:那么来吧!让我们这样来询问普罗塔戈拉,或与他说同样话的那些人中的其他任何一位:如你们所说,普罗塔戈拉啊,"人是

ΘΕΑΙΤΗΤΟΣ

ἄνθρωπός ἐστιν," ὡς φατέ, ὦ Πρωταγόρα, λευκῶν βαρέων κούφων, οὐδενὸς ὅτου οὐ τῶν τοιούτων· ἔχων γὰρ αὐτῶν τὸ κριτήριον ἐν αὑτῷ, οἷα πάσχει τοιαῦτα οἰόμενος, ἀληθῆ τε οἴεται αὑτῷ καὶ ὄντα. οὐχ οὕτω;

ΘΕΟ. Οὕτω.

ΣΩ. Ἦ καὶ τῶν μελλόντων ἔσεσθαι, φήσομεν, ὦ Πρωταγόρα, ἔχει τὸ κριτήριον ἐν αὑτῷ, καὶ οἷα ἂν οἰηθῇ ἔσεσθαι, ταῦτα καὶ γίγνεται ἐκείνῳ τῷ οἰηθέντι; οἷον θερμή· ἆρ' ὅταν τις οἰηθῇ ἰδιώτης αὐτὸν πυρετὸν λήψεσθαι καὶ ἔσεσθαι ταύτην τὴν θερμότητα, καὶ ἕτερος, ἰατρὸς δέ, ἀντοιηθῇ, κατὰ τὴν ποτέρου δόξαν φῶμεν τὸ μέλλον ἀποβήσεσθαι, ἢ κατὰ τὴν ἀμφοτέρων, καὶ τῷ μὲν ἰατρῷ οὐ θερμὸς οὐδὲ πυρέττων γενήσεται, ἑαυτῷ δὲ ἀμφότερα;

ΘΕΟ. Γελοῖον μεντἂν εἴη.

ΣΩ. Ἀλλ' οἶμαι περὶ οἴνου γλυκύτητος καὶ αὐστηρότητος μελλούσης ἔσεσθαι ἡ τοῦ γεωργοῦ δόξα ἀλλ' οὐχ ἡ τοῦ κιθαριστοῦ κυρία.

ΘΕΟ. Τί μήν;

ΣΩ. Οὐδ' ἂν αὖ περὶ ἀναρμόστου τε καὶ εὐαρμόστου ἐσομένου παιδοτρίβης ἂν βέλτιον δοξάσειεν μουσικοῦ, ὃ καὶ ἔπειτα αὐτῷ τῷ παιδοτρίβῃ δόξει εὐάρμοστον εἶναι.

ΘΕΟ. Οὐδαμῶς.

ΣΩ. Οὐκοῦν καὶ τοῦ μέλλοντος ἑστιάσεσθαι μὴ μαγειρικοῦ ὄντος, σκευαζομένης θοίνης, ἀκυροτέρα ἡ κρίσις τῆς τοῦ ὀψοποιοῦ περὶ τῆς ἐσομένης ἡδονῆς. περὶ μὲν γὰρ τοῦ ἤδη ὄντος ἑκάστῳ ἡδέος ἢ γεγονότος μηδέν πω τῷ λόγῳ διαμαχώμεθα, ἀλλὰ περὶ τοῦ μέλλοντος ἑκάστῳ καὶ δόξειν καὶ ἔσεσθαι πότερον αὐτὸς αὑτῷ ἄριστος κριτής, ἢ σύ, ὦ Πρωταγόρα, τό γε περὶ λόγους πιθανὸν ἑκάστῳ ἡμῶν ἐσόμενον εἰς δικαστήριον βέλτιον ἂν προδοξάσαις ἢ τῶν ἰδιωτῶν ὁστισοῦν;

c 2 θερμή Timaeus Phrynichus: θερμά libri   c 3 καὶ ἔσεσθαι om. T   d 5 ὃ om. T   e 4 τό γε W: τότε B T

万物的尺度"，是各种白色的东西、重的东西、轻的东西，诸如此类的 178b5
东西中的任何一种东西的〈尺度〉；因为他在他自己那里有着关于它们
的判断标准，他如何遭受，他也就如何认为，他认为〈它们〉对他来说
是真的东西和是着的东西。难道不是这样？

　　忒俄多洛斯：是这样。

　　苏格拉底：关于那些在以后将是着的东西，我们也将说，普罗塔戈
拉啊，他在他自己那里有着判断标准吗，并且谁认为〈某些东西〉将如 178c1
何是，这些东西也就生成给那个认为的人？例如一种热[442]。每当某位门
外汉认为他自己将得一种热症[443]，并且这种热〈对他来说〉将是着，但
另一个人，一位医生，持相反的看法，那么，我们将根据这两人中哪个 178c5
的意见说将来将如何走下去[444]，或者根据两人的意见，对医生来说他既
不会变得热，也不会变得发烧，但对他自己来说，两者都会发生[445]？

　　忒俄多洛斯：但那会是可笑的。

　　苏格拉底：而且我认为，关于葡萄酒将来的甜和涩，农夫的意见， 178d1
而非竖琴手的意见，将是权威性的。

　　忒俄多洛斯：为何不？

　　苏格拉底：此外，关于〈音调〉将是不和谐与和谐的，一位体育教 178d5
练也不会比一位音乐家持有更好的意见，即使它后来对体育教练本人显
得就是和谐的。

　　忒俄多洛斯：绝不会。

　　苏格拉底：因此，一个不精通烹饪而将要赴宴[446]的一个人，在筵
席正在被准备时，关于〈菜肴〉将来的可口，他的判断比厨子的判断是 178d10
较少权威的。因为，关于现在是[447]或已经变得对每个人可口，让我们 178e1
先不对之进行争论[448]，而只是争论下面这点，即对每个人将显得和将是
〈可口〉，是否每个人对他自己来说就是最好的裁判？或者你，普罗塔戈
拉啊，至少就言辞而言到了法庭上〈什么〉对我们中每个人来说将是有
说服力的，你会比普通人中的任何一位都更好地预先做出判断？ 178e5

ΘΕΟ. Καὶ μάλα, ὦ Σώκρατες, τοῦτό γε σφόδρα ὑπισχνεῖτο πάντων διαφέρειν αὐτός.

ΣΩ. Νὴ Δία, ὦ μέλε· ἢ οὐδείς γ' ἂν αὐτῷ διελέγετο διδοὺς πολὺ ἀργύριον, εἰ μὴ τοὺς συνόντας ἔπειθεν ὅτι καὶ τὸ μέλλον ἔσεσθαί τε καὶ δόξειν οὔτε μάντις οὔτε τις ἄλλος ἄμεινον κρίνειεν ἂν ἢ αὐτός [αὐτῷ].

ΘΕΟ. Ἀληθέστατα.

ΣΩ. Οὐκοῦν καὶ αἱ νομοθεσίαι καὶ τὸ ὠφέλιμον περὶ τὸ μέλλον ἐστί, καὶ πᾶς ἂν ὁμολογοῖ νομοθετουμένην πόλιν πολλάκις ἀνάγκην εἶναι τοῦ ὠφελιμωτάτου ἀποτυγχάνειν;

ΘΕΟ. Μάλα γε.

ΣΩ. Μετρίως ἄρα ἡμῖν πρὸς τὸν διδάσκαλόν σου εἰρήσεται ὅτι ἀνάγκη αὐτῷ ὁμολογεῖν σοφώτερόν τε ἄλλον ἄλλου εἶναι καὶ τὸν μὲν τοιοῦτον μέτρον εἶναι, ἐμοὶ δὲ τῷ ἀνεπιστήμονι μηδὲ ὁπωστιοῦν ἀνάγκην εἶναι μέτρῳ γίγνεσθαι, ὡς ἄρτι με ἠνάγκαζεν ὁ ὑπὲρ ἐκείνου λόγος, εἴτ' ἐβουλόμην εἴτε μή, τοιοῦτον εἶναι.

ΘΕΟ. Ἐκείνῃ μοι δοκεῖ, ὦ Σώκρατες, μάλιστα ἁλίσκεσθαι ὁ λόγος, ἁλισκόμενος καὶ ταύτῃ, ᾗ τὰς τῶν ἄλλων δόξας κυρίας ποιεῖ, αὗται δὲ ἐφάνησαν τοὺς ἐκείνου λόγους οὐδαμῇ ἀληθεῖς ἡγούμεναι.

ΣΩ. Πολλαχῇ, ὦ Θεόδωρε, καὶ ἄλλῃ ἂν τό γε τοιοῦτον ἁλοίη μὴ πᾶσαν παντὸς ἀληθῆ δόξαν εἶναι· περὶ δὲ τὸ παρὸν ἑκάστῳ πάθος, ἐξ ὧν αἱ αἰσθήσεις καὶ αἱ κατὰ ταύτας δόξαι γίγνονται, χαλεπώτερον ἑλεῖν ὡς οὐκ ἀληθεῖς. ἴσως δὲ οὐδὲν λέγω· ἀνάλωτοι γάρ, εἰ ἔτυχον, εἰσίν, καὶ οἱ φάσκοντες αὐτὰς ἐναργεῖς τε εἶναι καὶ ἐπιστήμας τάχα ἂν ὄντα λέγοιεν, καὶ Θεαίτητος ὅδε οὐκ ἀπὸ σκοποῦ εἴρηκεν αἴσθησιν καὶ ἐπιστήμην ταὐτὸν θέμενος. προσιτέον οὖν ἐγγυτέρω, ὡς ὁ ὑπὲρ Πρωταγόρου λόγος ἐπέτατκε, καὶ σκεπτέον

---

a 1 μὴ] πῃ Heindorf: δὴ Campbell   a 3 αὐτῷ secl. Schleiermacher   a 7 ἀνάγκη T   c 1 πολλαχῇ] πολλαχῇ οὖν Stobaeus   c 2 παντὸς] πάντως Stobaeus

忒俄多洛斯：肯定，苏格拉底，无论如何正是在这方面他曾极其〈郑重地〉许诺他胜过所有人。

苏格拉底：是的，宙斯在上，老兄[449]！否则就无人会通过付许多的银子来同他交谈，如果他没有说服那些与之结交的人〈相信下面这点的话〉：对于〈什么〉将是和将显得，既没有一位预言家，也没有任何其他人，会比他本人判断得更好[450]。

忒俄多洛斯：非常正确。

苏格拉底：那么，各种立法和益处也都是同将来相关的吗，并且所有人都会同意下面这点吗，即当一个城邦在为自己制定法律时，它必然经常是没有切中那最有益的东西？

忒俄多洛斯：肯定。

苏格拉底：因此，对于你的老师我们将恰当地[451]说，他必然得承认有人比别人是更智慧的，并且这种人才是尺度；而对于我这种欠缺知识的人来说，无论如何都必然不会成为尺度，而刚才替他〈辩护而说〉的那种说法却迫使我[452]，不管我愿意还是不愿意，是这种东西。

忒俄多洛斯：我认为在那方面，苏格拉底啊，该说法最为被判为错误[453]，尽管在下面这点上它也被判为错误，那就是：在那里它使得其他人的那些意见成为权威性的，而这些〈意见〉显然根本不把〈他的〉那些说法视为真的。

苏格拉底：忒俄多洛斯啊，这种说法还可以在许多其他方面被判为错误，即所有人的所有意见都是真的[454]。但关于每个人那当下的情状——从它们那儿生起各种感觉以及各种与这些感觉相应的意见——，则比较难以判定它们不是真的。不过或许我在说空话；因为它们有可能[455]是攻不破的，并且那些声称它们是显而易见的并且是知识的人，很可能就在说诸是着的东西，而这位泰阿泰德，当他把感觉和知识设立为是同一的时，他也并未说得不中肯[456]。因此，〈我们〉必须走得更近些，正如替普罗塔戈拉〈说〉的那种说法曾要求的那样[457]，并且必须考察这个运动着的所是，通过敲打以判明它是在合理地，还是在不合理地

ΘΕΑΙΤΗΤΟΣ

τὴν φερομένην ταύτην οὐσίαν διακρούοντα εἴτε ὑγιὲς εἴτε σαθρὸν φθέγγεται· μάχη δ' οὖν περὶ αὐτῆς οὐ φαύλη οὐδ' ὀλίγοις γέγονεν.

ΘΕΟ. Πολλοῦ καὶ δεῖ φαύλη εἶναι, ἀλλὰ περὶ μὲν τὴν Ἰωνίαν καὶ ἐπιδίδωσι πάμπολυ. οἱ γὰρ τοῦ Ἡρακλείτου ἑταῖροι χορηγοῦσι τούτου τοῦ λόγου μάλα ἐρρωμένως.

ΣΩ. Τῷ τοι, ὦ φίλε Θεόδωρε, μᾶλλον σκεπτέον καὶ ἐξ ἀρχῆς, ὥσπερ αὐτοὶ ὑποτείνονται.

ΘΕΟ. Παντάπασι μὲν οὖν. καὶ γάρ, ὦ Σώκρατες, περὶ τούτων τῶν Ἡρακλειτείων ἤ, ὥσπερ σὺ λέγεις, Ὁμηρείων καὶ ἔτι παλαιοτέρων, αὐτοῖς μὲν τοῖς περὶ τὴν Ἔφεσον, ὅσοι προσποιοῦνται ἔμπειροι, οὐδὲν μᾶλλον οἷόν τε διαλεχθῆναι ἢ τοῖς οἰστρῶσιν. ἀτεχνῶς γὰρ κατὰ τὰ συγγράμματα φέρονται, τὸ δ' ἐπιμεῖναι ἐπὶ λόγῳ καὶ ἐρωτήματι καὶ ἡσυχίως ἐν μέρει ἀποκρίνασθαι καὶ ἐρέσθαι ἧττον αὐτοῖς ἔνι ἢ τὸ μηδέν· μᾶλλον δὲ ὑπερβάλλει τὸ οὐδ' οὐδὲν πρὸς τὸ μηδὲ σμικρὸν ἐνεῖναι τοῖς ἀνδράσιν ἡσυχίας. ἀλλ' ἄν τινά τι ἔρῃ, ὥσπερ ἐκ φαρέτρας ῥηματίσκια αἰνιγματώδη ἀνασπῶντες ἀποτοξεύουσι, κἂν τούτου ζητῇς λόγον λαβεῖν τί εἴρηκεν, ἑτέρῳ πεπλήξῃ καινῶς μετωνομασμένῳ. περανεῖς δὲ οὐδέποτε οὐδὲν πρὸς οὐδένα αὐτῶν· οὐδέ γε ἐκεῖνοι αὐτοὶ πρὸς ἀλλήλους, ἀλλ' εὖ πάνυ φυλάττουσι τὸ μηδὲν βέβαιον ἐᾶν εἶναι μήτ' ἐν λόγῳ μήτ' ἐν ταῖς αὐτῶν ψυχαῖς, ἡγούμενοι, ὡς ἐμοὶ δοκεῖ, αὐτὸ στάσιμον εἶναι· τούτῳ δὲ πάνυ πολεμοῦσιν, καὶ καθ' ὅσον δύνανται πανταχόθεν ἐκβάλλουσιν.

ΣΩ. Ἴσως, ὦ Θεόδωρε, τοὺς ἄνδρας μαχομένους ἑώρακας, εἰρηνεύουσιν δὲ οὐ συγγέγονας· οὐ γὰρ σοὶ ἑταῖροί εἰσιν. ἀλλ' οἶμαι τὰ τοιαῦτα τοῖς μαθηταῖς ἐπὶ σχολῆς φράζουσιν, οὓς ἂν βούλωνται ὁμοίους αὑτοῖς ποιῆσαι.

ΘΕΟ. Ποίοις μαθηταῖς, ὦ δαιμόνιε; οὐδὲ γίγνεται τῶν τοιούτων ἕτερος ἑτέρου μαθητής, ἀλλ' αὐτόματοι ἀναφύονται

---

d 3 διακρούοντα T W: ἀκούοντα B   d 7 πάμπολυν B
B Eusebius : τοῦτο ut videtur T   μᾶλλον] μάλα T   καὶ om. T
e 4 καὶ] τε καὶ W   a 1 ἀποκρίνεσθαι W   d 9 τῷ τοι

发出声音⁴⁵⁸。无论如何都曾发生了一种关于它的战斗，规模不小，牵扯 179d5
的人也不少。

忒俄多洛斯：远不可能是小的，而是在伊奥尼亚⁴⁵⁹非常惊人地蔓
延开来。因为赫拉克利特的那些伙伴非常热烈地倡导这种说法⁴⁶⁰。

苏格拉底：因此，亲爱的忒俄多洛斯啊，〈我们〉真的更是必须从
〈其〉出发点⁴⁶¹进行考察，正如他们自己建议的那样。 179e1

忒俄多洛斯：完全如此。因为，苏格拉底啊，关于这些属于赫拉克
利特圈子的〈看法〉，或者如你所说⁴⁶²，属于荷马圈子的，甚至一些还
要更早的人⁴⁶³的〈看法〉，面对在爱菲斯⁴⁶⁴周边的那些任何佯装熟悉
〈它们〉的人，同那些被牛虻叮得发狂的人⁴⁶⁵相比，更不可能与他们进 179e5
行交谈。因为他们完全按照〈赫拉克利特的〉那些作品⁴⁶⁶〈所说的〉那
样〈不停地〉运动，而停留在某一说法和某一问题上，静静地轮流⁴⁶⁷ 180a1
回答和提问，这在他们那里甚至比无还要少⁴⁶⁸；宁可说，就没有丁点
的静止是内在于这些人那里而言，其实连无都超过了〈它〉。相反，如
果你问某个人某个东西，那么，他就会抛出一些谜语似的巧言妙语，像
从箭筒里拔出〈箭〉一样把它们射向〈你〉；并且如果你想要得到对这 180a5
个〈巧言妙语〉的说明，即它说了什么，那么你就会被另一种重新改头
换面了的⁴⁶⁹〈巧言妙语〉击中。而你将从不会和他们中的任何一个人达
成任何结论，其实那些人自己彼此之间也不成；相反，他们非常警惕下
面这点，即容许任何稳固的东西是在言谈中，或者是在他们自己的灵魂 180b1
中，因为他们认为——在我看来——，它⁴⁷⁰会是静止的。而他们同这
种东西全面开战⁴⁷¹，并尽其可能地将之从各方面进行抛弃。

苏格拉底：或许，忒俄多洛斯啊，当这些人战斗的时候，你看见
了，但他们过和平生活的时候，你却没有与之交往，因为对你来说他们 180b5
根本不是朋友⁴⁷²。但我认为，他们在闲暇时也把这类东西⁴⁷³揭示给那
些他们想使其与他们自己相似的学生。

忒俄多洛斯：什么样的学生，非凡的人啊？这些人中根本无人会 180c1
成为另一个人的学生，相反，他们自动生成出来，他们中的每个人无论

ὁπόθεν ἂν τύχῃ ἕκαστος αὐτῶν ἐνθουσιάσας, καὶ τὸν ἕτερον
ὁ ἕτερος οὐδὲν ἡγεῖται εἰδέναι. παρὰ μὲν οὖν τούτων, ὅπερ
ᾖα ἐρῶν, οὐκ ἄν ποτε λάβοις λόγον οὔτε ἑκόντων οὔτε
ἀκόντων· αὐτοὺς δὲ δεῖ παραλαβόντας ὥσπερ πρόβλημα
ἐπισκοπεῖσθαι.

ΣΩ. Καὶ μετρίως γε λέγεις. τὸ δὲ δὴ πρόβλημα ἄλλο
τι παρειλήφαμεν παρὰ μὲν τῶν ἀρχαίων μετὰ ποιήσεως
ἐπικρυπτομένων τοὺς πολλούς, ὡς ἡ γένεσις τῶν ἄλλων
πάντων Ὠκεανός τε καὶ Τηθὺς ῥεύματα ⟨ὄντα⟩ τυγχάνει καὶ
οὐδὲν ἕστηκε, παρὰ δὲ τῶν ὑστέρων ἅτε σοφωτέρων ἀνα-
φανδὸν ἀποδεικνυμένων, ἵνα καὶ οἱ σκυτοτόμοι αὐτῶν τὴν
σοφίαν μάθωσιν ἀκούσαντες καὶ παύσωνται ἠλιθίως οἰόμενοι
τὰ μὲν ἑστάναι, τὰ δὲ κινεῖσθαι τῶν ὄντων, μαθόντες δὲ ὅτι
πάντα κινεῖται τιμῶσιν αὐτούς; ὀλίγου δὲ ἐπελαθόμην, ὦ
Θεόδωρε, ὅτι ἄλλοι αὖ τἀναντία τούτοις ἀπεφήναντο,

†οἷον ἀκίνητον τελέθει τῷ παντὶ ὄνομ' εἶναι†

καὶ ἄλλα ὅσα Μέλισσοί τε καὶ Παρμενίδαι ἐναντιούμενοι
πᾶσι τούτοις διισχυρίζονται, ὡς ἕν τε πάντα ἐστὶ καὶ ἕστηκεν
αὐτὸ ἐν αὑτῷ οὐκ ἔχον χώραν ἐν ᾗ κινεῖται. τούτοις οὖν, ὦ
ἑταῖρε, πᾶσι τί χρησόμεθα; κατὰ σμικρὸν γὰρ προϊόντες
λελήθαμεν ἀμφοτέρων εἰς τὸ μέσον πεπτωκότες, καὶ ἂν μὴ
πῃ ἀμυνόμενοι διαφύγωμεν, δίκην δώσομεν ὥσπερ οἱ ἐν ταῖς
παλαίστραις διὰ γραμμῆς παίζοντες, ὅταν ὑπ' ἀμφοτέρων
ληφθέντες ἕλκωνται εἰς τἀναντία. δοκεῖ οὖν μοι τοὺς ἑτέρους
πρότερον σκεπτέον, ἐφ' οὕσπερ ὡρμήσαμεν, τοὺς ῥέοντας, καὶ
ἐὰν μέν τι φαίνωνται λέγοντες, συνέλξομεν μετ' αὐτῶν ἡμᾶς
αὐτούς, τοὺς ἑτέρους ἐκφυγεῖν πειρώμενοι· ἐὰν δὲ οἱ τοῦ
ὅλου στασιῶται ἀληθέστερα λέγειν δοκῶσι, φευξόμεθα παρ'

c 3 ὅπερ ᾖα ἐρῶν] ὅπεριηι ἀέρων (sic) B   c 7 δὲ δὴ W Eusebius:
γε δὴ B T   d 2 ὄντα addidi   d 6 μαθόντες δὲ om. T   e 1 de
hoc versu vide Diels ad Parmenidem 8. 38   a 7 παρ' αὐτοὺς ἀπ'
αὖ τῶν Schleiermacher: παρ' αὐτοὺς ἀπ' αὐτῶν τῶν W: ἀπ' αὐτῶν τῶν
παρ' αὐτοὺς B: τῶν παρ' αὐτοὺς ἀπ' αὐτῶν T

从何处都只是碰巧从神那里得到灵感,并且一个人也把他人视为一无所知。因此,从这些人那里,正如我已经说过的,你从不会得到任何说明,无论他们愿意还是不愿意。但〈我们〉必须将之像难题[474]一样承揽过来考察它们。

苏格拉底:你也的确说得合理。我们是不是已经从〈下面两者那儿〉承揽了这个难题:一则从一些早前的人那儿,他们借助诗歌来隐瞒大众,那就是所有其他东西的起源,即俄刻阿诺斯和忒堤丝,都恰恰是一些水流[475],无物常驻;一则从一些较晚的人那儿,由于他们是更智慧的,他们也就公开地指出,以便甚至连鞋匠们,当他们听后也会理解他们的智慧,并停止愚蠢地认为诸是者中一些静止,一些运动,而且当他们理解一切都在运动之后,会为此尊敬他们?不过我差点忘了,忒俄多洛斯,还有另外一些人曾展示了与这些相反的事情,

> 唯独不动的,乃成为整体之名字的是[476]。

以及其他所有那些被墨利索斯[477]和巴门尼德在反对所有这些时而坚决主张的东西,即一切是一,它自身静止于自身中[478],因为它没有于其中运动的位置。那么,朋友啊,我们该如何对待所有这些人呢?因为当我们一点一点地往前走时,我们已经不知不觉落入到了两方的中间,并且如果我们不通过某种方式保卫自己而逃脱,那么,我们将受罚[479],就像那些在摔跤学校玩拔河比赛的人[480]一样,每当他们被两方抓住,就会被向相反的方向拉。所以我认为必须先考察另外那些人,我们〈前面就〉已经冲向了他们,即那些流动〈论〉者,并且,如果他们显得说得对[481],那我们就帮助他们把我们自己拉到他们那边,因为我们尝试逃离另外那些人;但如果那些〈主张〉整体〈静止不动〉的成员[482]看起来说出了一些更为真的东西,那么,我们就将逃到他们那边——从那些甚至让不动的东西运动起来的人那儿——。但如果双方都显得说得不合

ΘΕΑΙΤΗΤΟΣ

αὐτοὺς ἀπ' αὖ τῶν τὰ ἀκίνητα κινούντων. ἀμφότεροι δ' ἂν
φανῶσι μηδὲν μέτριον λέγοντες, γελοῖοι ἐσόμεθα ἡγούμενοι
ἡμᾶς μὲν τὶ λέγειν φαύλους ὄντας, παμπαλαίους δὲ καὶ
πασσόφους ἄνδρας ἀποδεδοκιμακότες. ὅρα οὖν, ὦ Θεόδωρε,
εἰ λυσιτελεῖ εἰς τοσοῦτον προϊέναι κίνδυνον.

ΘΕΟ. Οὐδὲν μὲν οὖν ἀνεκτόν, ὦ Σώκρατες, μὴ οὐ
διασκέψασθαι τί λέγουσιν ἑκάτεροι τῶν ἀνδρῶν.

ΣΩ. Σκεπτέον ἂν εἴη σοῦ γε οὕτω προθυμουμένου. δοκεῖ
οὖν μοι ἀρχὴ εἶναι τῆς σκέψεως κινήσεως πέρι, ποῖόν τί
ποτε ἄρα λέγοντές φασι τὰ πάντα κινεῖσθαι. βούλομαι δὲ
λέγειν τὸ τοιόνδε· πότερον ἕν τι εἶδος αὐτῆς λέγουσιν ἤ,
ὥσπερ ἐμοὶ φαίνεται, δύο; μὴ μέντοι μόνον ἐμοὶ δοκείτω,
ἀλλὰ συμμέτεχε καὶ σύ, ἵνα κοινῇ πάσχωμεν ἄν τι καὶ δέῃ.
καί μοι λέγε· ἆρα κινεῖσθαι καλεῖς ὅταν τι χώραν ἐκ χώρας
μεταβάλλῃ ἢ καὶ ἐν τῷ αὐτῷ στρέφηται;

ΘΕΟ. Ἔγωγε.

ΣΩ. Τοῦτο μὲν τοίνυν ἓν ἔστω εἶδος. ὅταν δὲ ᾖ μὲν ἐν
τῷ αὐτῷ, γηράσκῃ δέ, ἢ μέλαν ἐκ λευκοῦ ἢ σκληρὸν ἐκ
μαλακοῦ γίγνηται, ἤ τινα ἄλλην ἀλλοίωσιν ἀλλοιῶται, ἆρα
οὐκ ἄξιον ἕτερον εἶδος φάναι κινήσεως;

ΘΕΟ. [Ἔμοιγε δοκεῖ] ἀναγκαῖον μὲν οὖν.

ΣΩ. Δύο δὴ λέγω τούτω εἴδει κινήσεως, ἀλλοίωσιν, τὴν
δὲ φοράν.

ΘΕΟ. Ὀρθῶς γε λέγων.

ΣΩ. Τοῦτο τοίνυν οὕτω διελόμενοι διαλεγώμεθα ἤδη τοῖς
τὰ πάντα φάσκουσιν κινεῖσθαι καὶ ἐρωτῶμεν· Πότερον πᾶν
φατε ἀμφοτέρως κινεῖσθαι, φερόμενόν τε καὶ ἀλλοιούμενον,
ἢ τὸ μέν τι ἀμφοτέρως, τὸ δ' ἑτέρως;

ΘΕΟ. Ἀλλὰ μὰ Δί' ἔγωγε οὐκ ἔχω εἰπεῖν· οἶμαι δ' ἂν
φάναι ἀμφοτέρως.

b 1 τὰ] καὶ τὰ T   b 2 ἡγούμεθα B   b 6 ἀνεκτόν] ἀνετέον Madvig   c 2 φασι om. T   d 4 ἔμοιγε δοκεῖ om. Stobaeus ἀναγκαῖον μὲν οὖν vulgo Socrati tribuunt; Theodoro iam tribuit B   d 5 εἴδη κινήσεως τούτω T   d 6 φοράν W : περιφοράν BT Stobaeus

理，那么，我们将是可笑的，假如我们一方面认为我们自己这些平庸的人说出了一些东西，一方面又拒不赞同那些非常古老的人和那些极为智慧的人。[483]因此，请你看看，忒俄多洛斯啊，前往如此大的危险，这是否〈对我们〉有好处。 181b5

忒俄多洛斯：所以，这肯定是不可容忍的，苏格拉底啊，不仔细考察〈两群〉人各自在说什么。

苏格拉底：既然你如此一心渴望〈做这件事〉，那〈我们〉就必须进行考察。不过在我看来，考察的出发点是关于运动；他们究竟在说何 181c1
种东西，当他们说一切都在运动时。但我想说这点：他们〈只是〉在说它的一种类型[484]呢，还是如对我显得的那样，两种？然而，请不要让它仅仅对我显得是这样，相反，你也要一起分享它，以便我们能共同遭 181c5
受某种东西——假如必须〈遭受〉的话。请告诉我，每当某种东西从一个位置改变〈到〉另一个位置，或者在同一个位置旋转，你将之称为在运动吗？

忒俄多洛斯：我肯定会。

苏格拉底：那么就让这是〈其中〉一种类型。但是，每当它虽然是在同一个位置，但变老了，或者从白的变成了黑的，或者从软的变成了 181d1
硬的，或者在其他任何的变化方面变化了，[485]难道不值得将之叫作运动的另一种类型？

忒俄多洛斯：肯定必然〈值得〉[486]。

苏格拉底：于是我把这两者称做运动的两种类型，一种是变化，而 181d5
另一种是位移。

忒俄多洛斯：的确说得正确。

苏格拉底：那么，当我们做了这种区分之后，那现在就让我们同那些声称一切都在运动的人讨论一下，并且让我们问：你们说一切都以两 181e1
种方式进行运动呢，即通过位移和通过变化，还是一些以两种方式，一些则以其中一种方式？

忒俄多洛斯：宙斯在上，但无论如何我都没有能力说；不过我料想〈他们〉会说以两种方式。

ΠΛΑΤΩΝΟΣ

ΣΩ. Εἰ δέ γε μή, ὦ ἑταῖρε, κινούμενά τε αὑτοῖς καὶ
ἑστῶτα φανεῖται, καὶ οὐδὲν μᾶλλον ὀρθῶς ἕξει εἰπεῖν ὅτι
κινεῖται τὰ πάντα ἢ ὅτι ἕστηκεν.
ΘΕΟ. Ἀληθέστατα λέγεις.
ΣΩ. Οὐκοῦν ἐπειδὴ κινεῖσθαι αὐτὰ δεῖ, τὸ δὲ μὴ κινεῖσθαι
μὴ ἐνεῖναι μηδενί, πάντα δὴ πᾶσαν κίνησιν ἀεὶ κινεῖται.
ΘΕΟ. Ἀνάγκη.
ΣΩ. Σκόπει δή μοι τόδε αὐτῶν· τῆς θερμότητος ἢ λευκό-
τητος ἢ ὁτουοῦν γένεσιν οὐχ οὕτω πως ἐλέγομεν φάναι
αὐτούς, φέρεσθαι ἕκαστον τούτων ἅμα αἰσθήσει μεταξὺ τοῦ
ποιοῦντός τε καὶ πάσχοντος, καὶ τὸ μὲν πάσχον αἰσθητικὸν
ἀλλ' οὐκ αἴσθησιν [ἔτι] γίγνεσθαι, τὸ δὲ ποιοῦν ποιόν τι
ἀλλ' οὐ ποιότητα; ἴσως οὖν ἡ "ποιότης" ἅμα ἀλλόκοτόν τε
φαίνεται ὄνομα καὶ οὐ μανθάνεις ἀθρόον λεγόμενον· κατὰ
μέρη οὖν ἄκουε. τὸ γὰρ ποιοῦν οὔτε θερμότης οὔτε λευκότης,
θερμὸν δὲ καὶ λευκὸν γίγνεται, καὶ τἆλλα οὕτω· μέμνησαι
γάρ που ἐν τοῖς πρόσθεν ὅτι οὕτως ἐλέγομεν, ἓν μηδὲν αὐτὸ
καθ' αὑτὸ εἶναι, μηδ' αὖ τὸ ποιοῦν ἢ πάσχον, ἀλλ' ἐξ ἀμφο-
τέρων πρὸς ἄλληλα συγγιγνομένων τὰς αἰσθήσεις καὶ τὰ
αἰσθητὰ ἀποτίκτοντα τὰ μέν ποι' ἄττα γίγνεσθαι, τὰ δὲ
αἰσθανόμενα.
ΘΕΟ. Μέμνημαι· πῶς δ' οὔ;
ΣΩ. Τὰ μὲν τοίνυν ἄλλα χαίρειν ἐάσωμεν, εἴτε ἄλλως
εἴτε οὕτως λέγουσιν· οὗ δ' ἕνεκα λέγομεν, τοῦτο μόνον
φυλάττωμεν, ἐρωτῶντες· Κινεῖται καὶ ῥεῖ, ὥς φατε, τὰ
πάντα; ἢ γάρ;
ΘΕΟ. Ναί.
ΣΩ. Οὐκοῦν ἀμφοτέρας ἃς διειλόμεθα κινήσεις, φερόμενά
τε καὶ ἀλλοιούμενα;
ΘΕΟ. Πῶς δ' οὔ; εἴπερ γε δὴ τελέως κινήσεται.

e 5 αὑτοῖς W: ἑαυτοῖς BT   a 1 ἐνεῖναι W: ἐν εἶναι BT
a 6 αἰσθητικὸν] αἰσθητὸν BT: αἰσθανόμενον Heindorf   a 7 ἔτι om.
W (suspicor e correctione lectionis αἰσθητὸν ortum esse)   ποιόν τι
W: ποιοῦντι B: ποιοῦν, τι T   b 3 ἐν] καὶ ἐν B

苏格拉底：否则，朋友啊，各种东西至少对他们将显得既在运动又在静止；并且说一切都在运动，并不比说一切都静止，能够说得更为正确。

忒俄多洛斯：你说得非常对。

苏格拉底：那么，既然它们必定运动，而不运动必定不是在任何东西那里[487]，那么，一切都总是在所有的运动〈类型〉上运动。

忒俄多洛斯：必然。

苏格拉底：那我请你考虑一下他们的〈那些说法中的〉这点；我们岂不曾说[488]，他们无论如何都这样来说热、白或诸如此类的东西之生成，那就是，这些东西中的每个都和一种感觉一起[489]在施动者和受动者之间移动，并且受动者成为能感觉的[490]，而非成为一种感觉[491]，施动者则成为〈带有〉某种性质的东西，而非成为一种性质[492]？不过，或许"性质"显得是一个奇怪的语词，并且当它被整体地说时你弄不明白；因此，请你一部分一部分地听。施动者其实既没有成为热，也没有成为白，而是成为热的和白的，其他的也同样如此。因为你一定记得在前面我们曾这样说过[493]，没有任何东西是自在自为的一，无论是施动者，还是受动者；而是通过彼此的交往从两者那儿产生出诸感觉和诸可感觉的东西，一些成为了〈带有〉某种性质的东西，一些则成为了进行感觉的东西。

忒俄多洛斯：我记得，为何不？

苏格拉底：那么，让我们把其他的放到一边，无论他们以其他方式说，还是以这种方式说；而让我们仅仅守住我们为之才说的这点，并且问：如你们所说，一切都在运动和流动吗？这真的是〈你们所说〉的吗？

忒俄多洛斯：〈我想他们会说〉是的。

苏格拉底：那么，岂不在我们曾区分出来的两种类型的运动上，也即是说，既发生位移又产生变化？

忒俄多洛斯：为何不？假如它们真的在完满地运动的话。

ΘΕΑΙΤΗΤΟΣ

ΣΩ. Εἰ μὲν τοίνυν ἐφέρετο μόνον, ἠλλοιοῦτο δὲ μή, εἴχομεν ἄν που εἰπεῖν οἷα ἄττα ῥεῖ τὰ φερόμενα· ἢ πῶς λέγομεν;

ΘΕΟ. Οὕτως.

ΣΩ. Ἐπειδὴ δὲ οὐδὲ τοῦτο μένει, τὸ λευκὸν ῥεῖν τὸ ῥέον, ἀλλὰ μεταβάλλει, ὥστε καὶ αὐτοῦ τούτου εἶναι ῥοήν, τῆς λευκότητος, καὶ μεταβολὴν εἰς ἄλλην χρόαν, ἵνα μὴ ἁλῷ ταύτῃ μένον, ἆρά ποτε οἷόν τέ τι προσειπεῖν χρῶμα, ὥστε καὶ ὀρθῶς προσαγορεύειν;

ΘΕΟ. Καὶ τίς μηχανή, ὦ Σώκρατες; ἢ ἄλλο γέ τι τῶν τοιούτων, εἴπερ ἀεὶ λέγοντος ὑπεξέρχεται ἅτε δὴ ῥέον;

ΣΩ. Τί δὲ περὶ αἰσθήσεως ἐροῦμεν ὁποιασοῦν, οἷον τῆς τοῦ ὁρᾶν ἢ ἀκούειν; μένειν ποτὲ ἐν αὐτῷ τῷ ὁρᾶν ἢ ἀκούειν;

ΘΕΟ. Οὔκουν δεῖ γε, εἴπερ πάντα κινεῖται.

ΣΩ. Οὔτε ἄρα ὁρᾶν προσρητέον τι μᾶλλον ἢ μὴ ὁρᾶν, οὐδέ τιν' ἄλλην αἴσθησιν μᾶλλον ἢ μή, πάντων γε πάντως κινουμένων.

ΘΕΟ. Οὐ γὰρ οὖν.

ΣΩ. Καὶ μὴν αἴσθησίς γε ἐπιστήμη, ὡς ἔφαμεν ἐγώ τε καὶ Θεαίτητος.

ΘΕΟ. Ἦν ταῦτα.

ΣΩ. Οὐδὲν ἄρα ἐπιστήμην μᾶλλον ἢ μὴ ἐπιστήμην ἀπεκρινάμεθα ἐρωτώμενοι ὅτι ἐστὶν ἐπιστήμη.

ΘΕΟ. Ἐοίκατε.

ΣΩ. Καλὸν ἂν ἡμῖν συμβαίνοι τὸ ἐπανόρθωμα τῆς ἀποκρίσεως, προθυμηθεῖσιν ἀποδεῖξαι ὅτι πάντα κινεῖται, ἵνα δὴ ἐκείνη ἡ ἀπόκρισις ὀρθὴ φανῇ. τὸ δ', ὡς ἔοικεν, ἐφάνη, εἰ πάντα κινεῖται, πᾶσα ἀπόκρισις, περὶ ὅτου ἄν τις ἀποκρίνηται, ὁμοίως ὀρθὴ εἶναι, οὕτω τ' ἔχειν φάναι καὶ μὴ οὕτω, εἰ δὲ βούλει, γίγνεσθαι, ἵνα μὴ στήσωμεν αὐτοὺς τῷ λόγῳ.

ΘΕΟ. Ὀρθῶς λέγεις.

c 11 λέγωμεν B   d 1 τοῦτο] τότε T   d 2 τούτου] τοῦ T
e 4 οὐδέ] οὔτε Dissen   e 9 ἦν ταῦτα om. T   a 7 αὐτοὺς (sic)
B : αὐτοὺς T : αὑτοὺς Schanz   a 8 ὀρθῶς BT : ὀρθότατα W

苏格拉底：因此，如果它们仅仅发生位移，而不产生变化，那么我 182c10
们就一定能够说，那些通过发生位移而流动的东西都是一些这样那样的
东西。或者，我们如何说？

忒俄多洛斯：就这样说。

苏格拉底：但是，既然甚至这也不会固定住，即流动着的东西〈固 182d1
定地〉作为白色的东西而流动，而是在改变，因此流动也恰恰是属于这
种东西的[494]，即属于白色，并且改变成了其他的颜色，以便不会这样作
为固定的东西而被逮住，那么，居然还能够将之称为某种颜色吗，以至
于也在正确地进行称呼？ 182d5

忒俄多洛斯：那还有什么办法[495]，苏格拉底？或者是不是就其他诸
如此类的任何东西来说也肯定如此，既然当〈一个人〉说〈它〉时它总
是溜走，因为它在流动？

苏格拉底：而关于任何一种感觉[496]，我们又将说什么呢，例如关于 182e1
属于看或者属于听的感觉？它真的会停留在看或听那儿吗？

忒俄多洛斯：无论如何都不应当，假如一切都在运动的话。

苏格拉底：那么，就一定不可以说看见某种东西更甚于没有看见
〈它〉，也一定不可以说〈有〉其他某种感觉更甚于没有〈它〉，因为一 182e5
切都全然在运动。

忒俄多洛斯：一定不可以。

苏格拉底：而且感觉就是知识，正如我们〈两人〉说过的，我和泰
阿泰德。

忒俄多洛斯：是这样。

苏格拉底：那么，当我们被问知识是什么时，我们对知识的回答就 182e10
不更甚于对非知识〈的回答〉。

忒俄多洛斯：似乎是这样。 183a1

苏格拉底：对回答的修正对我们变成了一个漂亮的〈修正〉，尽管
我们一心想表明一切都在运动，以便那个回答[497]会显得正确。但是，
似乎下面这点将是显而易见的，如果一切都在运动的话，那就是，任何 183a5
回答，关于一个人会回答的任何东西，都是同样正确的，无论说是这
样或不是这样——但如果你愿意，〈也可以说〉成为〈这样或不成为这
样〉，免得我们用说话把它们固定住——。

忒俄多洛斯：你说得正确。

ΣΩ. Πλήν γε, ὦ Θεόδωρε, ὅτι "οὕτω" τε εἶπον καὶ "οὐχ οὕτω." δεῖ δὲ οὐδὲ τοῦτο ⟨τὸ⟩ "οὕτω" λέγειν—οὐδὲ γὰρ ἂν ἔτι κινοῖτο ⟨τὸ⟩ "οὕτω"—οὐδ' αὖ "μὴ οὕτω"—οὐδὲ γὰρ τοῦτο κίνησις—ἀλλά τιν' ἄλλην φωνὴν θετέον τοῖς τὸν λόγον τοῦτον λέγουσιν, ὡς νῦν γε πρὸς τὴν αὐτῶν ὑπόθεσιν οὐκ ἔχουσι ῥήματα, εἰ μὴ ἄρα τὸ "οὐδ' οὕτως" μάλιστα [δ' οὕτως] ἂν αὐτοῖς ἁρμόττοι, ἄπειρον λεγόμενον.

ΘΕΟ. Οἰκειοτάτη γοῦν διάλεκτος αὕτη αὐτοῖς.

ΣΩ. Οὐκοῦν, ὦ Θεόδωρε, τοῦ τε σοῦ ἑταίρου ἀπηλλάγμεθα, καὶ οὔπω συγχωροῦμεν αὐτῷ πάντ' ἄνδρα πάντων χρημάτων μέτρον εἶναι, ἂν μὴ φρόνιμός τις ᾖ· ἐπιστήμην τε αἴσθησιν οὐ συγχωρησόμεθα κατά γε τὴν τοῦ πάντα κινεῖσθαι μέθοδον, [ἢ] εἰ μή [τί] πως ἄλλως Θεαίτητος ὅδε λέγει.

ΘΕΟ. Ἄριστ' εἴρηκας, ὦ Σώκρατες· τούτων γὰρ περανθέντων καὶ ἐμὲ ἔδει ἀπηλλάχθαι σοι ἀποκρινόμενον κατὰ τὰς συνθήκας, ἐπειδὴ τὸ περὶ τοῦ Πρωταγόρου λόγου τέλος σχοίη.

ΘΕΑΙ. Μὴ πρίν γ' ἄν, ὦ Θεόδωρε, Σωκράτης τε καὶ σὺ τοὺς φάσκοντας αὖ τὸ πᾶν ἑστάναι διέλθητε, ὥσπερ ἄρτι προύθεσθε.

ΘΕΟ. Νέος ὤν, ὦ Θεαίτητε, τοὺς πρεσβυτέρους ἀδικεῖν διδάσκεις ὁμολογίας παραβαίνοντας; ἀλλὰ παρασκευάζου ὅπως τῶν ἐπιλοίπων Σωκράτει δώσεις λόγον.

ΘΕΑΙ. Ἐάνπερ γε βούληται. ἥδιστα μεντἂν ἤκουσα περὶ ὧν λέγω.

ΘΕΟ. "Ἱππέας εἰς πεδίον" προκαλῇ Σωκράτη εἰς λόγους προκαλούμενος· ἐρώτα οὖν καὶ ἀκούσῃ.

ΣΩ. Ἀλλά μοι δοκῶ, ὦ Θεόδωρε, περί γε ὧν κελεύει Θεαίτητος οὐ πείσεσθαι αὐτῷ.

ΘΕΟ. Τί δὴ οὖν οὐ πείσεσθαι;

---

a 10–b 1 τὸ (bis) add. Schleiermacher   b 4 οὕτως W : ὅπως BT
b 5 δ' οὕτως (e correctione lectionis οὐδ' ὅπως ortum) om. W   b 6 γ'
οὖν BW : οὖν T   b 8 οὔπω TW : οὕτω B   c 3 ἢ om. W
τι del. Schanz (glossema fuit ἢ τι)   c 6 ἔδει scripsi : δεῖ BT

苏格拉底：当然，不过除了下面这点之外，忒俄多洛斯啊，那就是我已经说了"这样"和"不这样"。但其实不应说"这样"这一〈表达〉——因为"这样"会〈意味着〉不再运动[498]——；也不应说"不这样"——因为这也不是一种运动〈之表达〉——。相反，对于那些说出这一说法的人来说，必须建立另外某种方言，因为面对他们自己的假设他们现在根本没有言辞，除了"无论怎样都不"[499]〈这一表达〉——它或许最为适合于他们[500]，因为它被不确定地说出来[501]。

忒俄多洛斯：这的确是最适合于他们的方言。

苏格拉底：因此，忒俄多洛斯啊，我们已经摆脱了你的朋友，并且我们也根本不同意他，〈说〉每个人都是万物的尺度，除非某人是明智的；我们也将不承认知识是感觉，至少根据一切都在运动这一路线[502]，除非这里的这位泰阿泰德还有其他什么话要说[503]。

忒俄多洛斯：你说得太好了，苏格拉底！因为，随着这些的结束，按照约定[504]我也就必须停止回答你了，既然已经达到了关于普罗塔戈拉的说法的终点[505]。

泰阿泰德：肯定还不行，忒俄多洛斯啊，直到苏格拉底和你，你们〈两人〉复又细说了那些声称一切都静止的人为止，就像你们刚才所提出的那样。

忒俄多洛斯：作为年青人，泰阿泰德啊，你要教导〈我们〉这些较老的人用违反协议来行不义吗？然而，不管怎样，关于剩下那些东西的说明，请你〈自己〉准备把它给苏格拉底吧！

泰阿泰德：当然可以，假如他愿意的话。然而，关于我说的那些，我还是最为乐意〈在旁边〉听。

忒俄多洛斯：你把"骑兵召唤到了平原上"，如果你把苏格拉底召唤到讨论中的话；因此，请你问〈他〉吧，并且你也将听到〈某种东西〉的。

苏格拉底：然而我认为，忒俄多洛斯啊，关于泰阿泰德所要求的那些，我不会听从他。

忒俄多洛斯：那到底为何不听从呢？

ΘΕΑΙΤΗΤΟΣ

ΣΩ. Μέλισσον μὲν καὶ τοὺς ἄλλους, οἳ ἓν ἑστὸς λέγουσι τὸ πᾶν, αἰσχυνόμενος μὴ φορτικῶς σκοπῶμεν, ἧττον αἰσχύνομαι ἢ ἕνα ὄντα Παρμενίδην. Παρμενίδης δέ μοι φαίνεται, τὸ τοῦ Ὁμήρου, " αἰδοῖός τέ μοι " εἶναι ἅμα " δεινός τε." συμπροσέμειξα γὰρ δὴ τῷ ἀνδρὶ πάνυ νέος πάνυ πρεσβύτῃ, καί μοι ἐφάνη βάθος τι ἔχειν παντάπασι γενναῖον. φοβοῦμαι οὖν μὴ οὔτε τὰ λεγόμενα συνιῶμεν, τί τε διανοούμενος εἶπε πολὺ πλέον λειπώμεθα, καὶ τὸ μέγιστον, οὗ ἕνεκα ὁ λόγος ὥρμηται, ἐπιστήμης πέρι τί ποτ' ἐστίν, ἄσκεπτον γένηται ὑπὸ τῶν ἐπεισκωμαζόντων λόγων, εἴ τις αὐτοῖς πείσεται· ἄλλως τε καὶ ὃν νῦν ἐγείρομεν πλήθει ἀμήχανον, εἴτε τις ἐν παρέργῳ σκέψεται, ἀνάξι' ἂν πάθοι, εἴτε ἱκανῶς, μηκυνόμενος τὸ τῆς ἐπιστήμης ἀφανιεῖ. δεῖ δὲ οὐδέτερα, ἀλλὰ Θεαίτητον ὧν κυεῖ περὶ ἐπιστήμης πειρᾶσθαι ἡμᾶς τῇ μαιευτικῇ τέχνῃ ἀπολῦσαι.

ΘΕΟ. Ἀλλὰ χρή, εἰ δοκεῖ, οὕτω ποιεῖν.

ΣΩ. Ἔτι τοίνυν, ὦ Θεαίτητε, τοσόνδε περὶ τῶν εἰρημένων ἐπίσκεψαι. αἴσθησιν γὰρ δὴ ἐπιστήμην ἀπεκρίνω· ἦ γάρ;

ΘΕΑΙ. Ναί.

ΣΩ. Εἰ οὖν τίς σε ὧδ' ἐρωτῴη· "Τῷ τὰ λευκὰ καὶ μέλανα ὁρᾷ ἄνθρωπος καὶ τῷ τὰ ὀξέα καὶ βαρέα ἀκούει;" εἴποις ἂν οἶμαι "Ὄμμασί τε καὶ ὠσίν."

ΘΕΑΙ. Ἔγωγε.

ΣΩ. Τὸ δὲ εὐχερὲς τῶν ὀνομάτων τε καὶ ῥημάτων καὶ μὴ δι' ἀκριβείας ἐξεταζόμενον τὰ μὲν πολλὰ οὐκ ἀγεννές, ἀλλὰ μᾶλλον τὸ τούτου ἐναντίον ἀνελεύθερον, ἔστι δὲ ὅτε ἀναγκαῖον, οἷον καὶ νῦν ἀνάγκη ἐπιλαβέσθαι τῆς ἀποκρίσεως ἣν ἀποκρίνῃ, ᾗ οὐκ ὀρθή. σκόπει γάρ· ἀπόκρισις ποτέρα ὀρθοτέρα, ᾧ ὁρῶμεν τοῦτο εἶναι ὀφθαλμούς, ἢ δι' οὗ ὁρῶμεν, καὶ ᾧ ἀκούομεν ὦτα, ἢ δι' οὗ ἀκούομεν;

e 7 συμπροσέμιξα B T: συνέμιξα W (sed προσ supra συν)   b 1 ὧν]
ὄν B   ἐπιστήμης πέρι W   b 9 καὶ τὰ βαρέα W

苏格拉底：虽然面对墨利索斯以及其他那些说一切〈是〉不动的一[506]的人，我感到羞愧，以至于我们不能粗俗地打量他们，但同面对〈其中〉一位，即同面对巴门尼德相比[507]，我感到的羞愧要小些。而巴门尼德对我显得，用荷马的话来说，"对我来说既可敬"同时又是"可畏的"[508]。因为我曾经同这个人交往过，那时我还很年轻，而他已经完全老了，并且向我表现出了具有某种极其高贵的深度[509]。因此我担心，一方面我们不能理解他所说的那些，另一方面当他说〈那些话时〉究竟在思考什么，我们远远跟不上[510]；并且最重要的是，为之讨论才开始的〈那件事情〉，即关于知识它究竟是什么，会由于那些像无法无天的饮酒作乐者那样乱冲的讨论而成为未考察到的，如果有人听从它们的话。尤其[511]〈鉴于〉我们现在所唤起的〈这个问题〉在重要性上是不同寻常的[512]，如果有人附带地考察〈它〉，那么它会遭受它不值得遭受的，如果充分地〈考察它〉，那么由于耽误而使得知识之〈问题〉不知所踪。而这两种情形都不应该；相反，我们试着通过助产的技艺来把泰阿泰德从他关于知识所孕育的那些东西中解放出来。

忒俄多洛斯：如果你这样认为，那我们就必须这么做。

苏格拉底：那么，泰阿泰德啊，关于所说的那些，请你还是进一步考察下面这点。因为你的确曾回答，知识就是感觉；是这样吗？

泰阿泰德：是。

苏格拉底：那么，如果有人这样问你："一个人用什么看见各种白色和黑色的东西，又用什么听到各种高音和低音？"我猜，你会说"用眼睛和耳朵"。

泰阿泰德：我肯定会这么说。

苏格拉底：〈使用〉语词以及话语时不拘谨[513]，以及不精确地对之进行细查，这通常并不低劣，毋宁说，与之相反的〈做法〉倒是粗鄙的；但有时这又是必须的，就像现在必须打断你回答的那个答案，〈看看它〉在哪方面是不正确的。请你考虑下面哪个回答是更正确的，那就是：眼睛是我们用它来进行看的那种东西呢，还是我们通过它来进行看的那种东西；以及耳朵是我们用它来进行听的那种东西呢，还是我们通过它来进行听的东西。

ΘΕΑΙ. Δι' ὧν ἕκαστα αἰσθανόμεθα, ἔμοιγε δοκεῖ, ὦ Σώκρατες, μᾶλλον ἢ οἷς.

ΣΩ. Δεινὸν γάρ που, ὦ παῖ, εἰ πολλαί τινες ἐν ἡμῖν ὥσπερ ἐν δουρείοις ἵπποις αἰσθήσεις ἐγκάθηνται, ἀλλὰ μὴ εἰς μίαν τινὰ ἰδέαν, εἴτε ψυχὴν εἴτε ὅτι δεῖ καλεῖν, πάντα ταῦτα συντείνει, ᾗ διὰ τούτων οἷον ὀργάνων αἰσθανόμεθα ὅσα αἰσθητά.

ΘΕΑΙ. Ἀλλά μοι δοκεῖ οὕτω μᾶλλον ἢ ἐκείνως.

ΣΩ. Τοῦδέ τοι ἕνεκα αὐτά σοι διακριβοῦμαι, εἴ τινι ἡμῶν αὐτῶν τῷ αὐτῷ διὰ μὲν ὀφθαλμῶν ἐφικνούμεθα λευκῶν τε καὶ μελάνων, διὰ δὲ τῶν ἄλλων ἑτέρων αὖ τινῶν· καὶ ἕξεις ἐρωτώμενος πάντα τὰ τοιαῦτα εἰς τὸ σῶμα ἀναφέρειν; ἴσως δὲ βέλτιον σὲ λέγειν αὐτὰ ἀποκρινόμενον μᾶλλον ἢ ἐμὲ ὑπὲρ σοῦ πολυπραγμονεῖν. καί μοι λέγε· θερμὰ καὶ σκληρὰ καὶ κοῦφα καὶ γλυκέα δι' ὧν αἰσθάνῃ, ἆρα οὐ τοῦ σώματος ἕκαστα τίθης; ἢ ἄλλου τινός;

ΘΕΑΙ. Οὐδενὸς ἄλλου.

ΣΩ. Ἦ καὶ ἐθελήσεις ὁμολογεῖν ἃ δι' ἑτέρας δυνάμεως αἰσθάνῃ, ἀδύνατον εἶναι δι' ἄλλης ταῦτ' αἰσθέσθαι, οἷον ἃ δι' ἀκοῆς, δι' ὄψεως, ἢ ἃ δι' ὄψεως, δι' ἀκοῆς;

ΘΕΑΙ. Πῶς γὰρ οὐκ ἐθελήσω;

ΣΩ. Εἴ τι ἄρα περὶ ἀμφοτέρων διανοῇ, οὐκ ἂν διά γε τοῦ ἑτέρου ὀργάνου, οὐδ' αὖ διὰ τοῦ ἑτέρου περὶ ἀμφοτέρων αἰσθάνοι' ἄν.

ΘΕΑΙ. Οὐ γὰρ οὖν.

ΣΩ. Περὶ δὴ φωνῆς καὶ περὶ χρόας πρῶτον μὲν αὐτὸ τοῦτο περὶ ἀμφοτέρων ἦ διανοῇ, ὅτι ἀμφοτέρω ἐστόν;

ΘΕΑΙ. Ἔγωγε.

ΣΩ. Οὐκοῦν καὶ ὅτι ἑκάτερον ἑκατέρου μὲν ἕτερον, ἑαυτῷ δὲ ταὐτόν;

ΘΕΑΙ. Τί μήν;

---

d 3 ὅτι] ὃ T   d 4 ὀργάνῳ pr. B (ut videtur)   d 7 τοῦδέ] τοῦ δέ Bekker   d 8 ἐφικνούμεθα] διικνούμεθα T   e 4 ξηρὰ T
a 1 ταῦτ'] ταύτης T : τούτων vulg.   a 9 ἢ om. W

泰阿泰德：在每一种情形下我们都通过它们，确实在我看来，苏格拉底啊，而不是用它们来进行感觉。

苏格拉底：这也太令人吃惊了[514]，孩子啊，如果许多的感官[515]埋伏在我们身上就像埋伏在一些木马[516]中那样，但所有这些〈感官〉并不趋向某个单一的理念——既可以将之称为灵魂，也可以将之称为别的什么——，我们用它[517]通过这些如工具一样的感官来感觉所有可感的东西。 184d1

184d5

泰阿泰德：无论如何在我看来，这样〈说〉甚于那样〈说〉。

苏格拉底：真的是为了〈下面〉这点我才和你仔细地推敲它们，那就是：是否用属于我们自己的某个同一的东西，我们一方面通过眼睛抵达各种白色的东西和黑色的东西，一方面复又通过其他别的〈感官〉抵达另外某些东西，并且当你被问时，你将能够把所有诸如此类的都引回到身体吗？不过，或许通过回答它们你自己说会更好，甚于我为你越俎代庖[518]。请告诉我，你通过它们而感觉到各种热的、硬的、轻的和甜的东西的那些〈感官〉，莫非你把它们每个都确立为是属于身体的吗？抑或属于其他某种东西？ 184e1

184e5

泰阿泰德：不属于其他某种东西。

苏格拉底：那你也愿意同意，你通过某一能力所感觉到的那些东西，通过另外一种能力感觉到它们，这是不可能的，例如，通过听觉〈所感觉到，就不可能〉通过视觉，或者通过视觉〈所感觉到，就不可能〉通过听觉？ 185a1

泰阿泰德：我为何不愿意？

苏格拉底：因此，如果关于这两者你思想到某种东西[519]，那么，你肯定既不会通过一种器官，也不会通过另一种器官而对这两者感觉到该东西。 185a5

泰阿泰德：当然不会。

苏格拉底：因此，就声音和就颜色来说，关于这两者你岂不首先会思想到下面这同一点吗，即它们两者都是？

泰阿泰德：我肯定〈思想到这点〉。 185a10

苏格拉底：此外，两者中的每一个岂不都〈是〉异于另一个，但又与自身〈是〉同一的？

泰阿泰德：为何不？ 185b1

ΘΕΑΙΤΗΤΟΣ   185 b

ΣΩ. Καὶ ὅτι ἀμφοτέρω δύο, ἑκάτερον δὲ ἕν;
ΘΕΑΙ. Καὶ τοῦτο.
ΣΩ. Οὐκοῦν καὶ εἴτε ἀνομοίω εἴτε ὁμοίω ἀλλήλοιν, δυνατὸς εἶ ἐπισκέψασθαι;
ΘΕΑΙ. Ἴσως.
ΣΩ. Ταῦτα δὴ πάντα διὰ τίνος περὶ αὐτοῖν διανοῇ; οὔτε γὰρ δι' ἀκοῆς οὔτε δι' ὄψεως οἷόν τε τὸ κοινὸν λαμβάνειν περὶ αὐτῶν. ἔτι δὲ καὶ τόδε τεκμήριον περὶ οὗ λέγομεν· εἰ γὰρ δυνατὸν εἴη ἀμφοτέρω σκέψασθαι ἆρ' ἐστὸν ἁλμυρὼ ἢ οὔ, οἶσθ' ὅτι ἕξεις εἰπεῖν ᾧ ἐπισκέψῃ, καὶ τοῦτο οὔτε ὄψις οὔτε c ἀκοὴ φαίνεται, ἀλλά τι ἄλλο.
ΘΕΑΙ. Τί δ' οὐ μέλλει, ἥ γε διὰ τῆς γλώττης δύναμις;
ΣΩ. Καλῶς λέγεις. ἡ δὲ δὴ διὰ τίνος δύναμις τό τ' ἐπὶ πᾶσι κοινὸν καὶ τὸ ἐπὶ τούτοις δηλοῖ σοι, ᾧ τὸ "ἔστιν" ἐπονομάζεις καὶ τὸ "οὐκ ἔστι" καὶ ἃ νυνδὴ ἠρωτῶμεν περὶ αὐτῶν; τούτοις πᾶσι ποῖα ἀποδώσεις ὄργανα δι' ὧν αἰσθάνεται ἡμῶν τὸ αἰσθανόμενον ἕκαστα;
ΘΕΑΙ. Οὐσίαν λέγεις καὶ τὸ μὴ εἶναι, καὶ ὁμοιότητα καὶ ἀνομοιότητα, καὶ τὸ ταὐτόν τε καὶ [τὸ] ἕτερον, ἔτι δὲ ἕν τε καὶ τὸν ἄλλον ἀριθμὸν περὶ αὐτῶν. δῆλον δὲ ὅτι d καὶ ἄρτιόν τε καὶ περιττὸν ἐρωτᾷς, καὶ τἆλλα ὅσα τούτοις ἕπεται, διὰ τίνος ποτὲ τῶν τοῦ σώματος τῇ ψυχῇ αἰσθανόμεθα.
ΣΩ. Ὑπέρευ, ὦ Θεαίτητε, ἀκολουθεῖς, καὶ ἔστιν ἃ ἐρωτῶ αὐτὰ ταῦτα.
ΘΕΑΙ. Ἀλλὰ μὰ Δία, ὦ Σώκρατες, ἔγωγε οὐκ ἂν ἔχοιμι εἰπεῖν, πλήν γ' ὅτι μοι δοκεῖ τὴν ἀρχὴν οὐδ' εἶναι τοιοῦτον οὐδὲν τούτοις ὄργανον ἴδιον ὥσπερ ἐκείνοις, ἀλλ' αὐτὴ δι' αὑτῆς ἡ ψυχὴ τὰ κοινά μοι φαίνεται περὶ πάντων e ἐπισκοπεῖν.
ΣΩ. Καλὸς γὰρ εἶ, ὦ Θεαίτητε, καὶ οὐχ, ὡς ἔλεγε

b 6 ἴσως πως W   b 10 ἀμφοτέρω revera BW: ἀμφοτέρως T
c 6 καὶ ἃ W: ἃ BT   ἠρωτῶμεν TW: πρώτῳ μὲν B   c 10 τὸ om. W   d 9 ὄργανον ἴδιον] ὀργανίδιον B   e 1 ἁπάντων W

苏格拉底：并且两者合在一起〈是〉二，但各自〈是〉一？

泰阿泰德：是这样。

苏格拉底：那么，你岂不还能够〈进一步〉考察，它们彼此是相似的还是不相似的？

泰阿泰德：也许。

苏格拉底：那么你通过什么〈能力〉思想到关于它们两者的所有这些？因为既不可能通过听觉，也不可能通过视觉来把握对它们来说〈是〉共同的那种东西。关于我们所说的，还有下面这一证据：假如真能够考察这两者[520]究竟是咸的，或者不是，你知道你能够说你会用什么〈能力〉来检查，并且这显然既不是视觉，也不是听觉，而是某种另外的能力。

泰阿泰德：为何不可能呢[521]，肯定是通过舌头而来的那种能力？

苏格拉底：你说得好。但究竟通过什么〈器官〉而来的能力，向你显示对所有东西以及对于这些东西来说〈是〉共同的那种东西——你将之称为"是"以及"不是"[522]——，以及我们刚才关于它们所问的那些[523]？你将把一些什么样的器官赋予所有这些，通过它们我们身上那进行感觉的东西感觉到它们每个？

泰阿泰德：你在说〈它们的〉所是和不是，相似和不相似，同一与差异[524]，而且还有一和关于它们的其他数字。不过显然你也在问，偶数和奇数，以及其他所有那些跟随其后的东西，我们究竟通过身体的什么〈器官〉用灵魂来感觉〈它们〉。

苏格拉底：非常好，泰阿泰德，你〈完全〉跟上了，并且这些就是我所问的。

泰阿泰德：然而，宙斯在上，苏格拉底啊，除了下面这点我根本不可能会说〈其他什么〉，那就是：我认为对于这些东西根本[525]不像对于〈另外〉那些东西那样，有一种诸如此类的特殊器官；相反，在我看来，灵魂自身通过它自身去考察对一切东西来说〈是〉共同的那些东西。

苏格拉底：你其实是俊美的，泰阿泰德啊，而不是如忒俄多洛斯曾

Θεόδωρος, αἰσχρός· ὁ γὰρ καλῶς λέγων καλός τε καὶ ἀγαθός. πρὸς δὲ τῷ καλῷ εὖ ἐποίησάς με μάλα συχνοῦ λόγου ἀπαλλάξας, εἰ φαίνεταί σοι τὰ μὲν αὐτὴ δι' αὑτῆς ἡ ψυχὴ ἐπισκοπεῖν, τὰ δὲ διὰ τῶν τοῦ σώματος δυνάμεων. τοῦτο γὰρ ἦν ὃ καὶ αὐτῷ μοι ἐδόκει, ἐβουλόμην δὲ καὶ σοὶ δόξαι.

ΘΕΑΙ. Ἀλλὰ μὴν φαίνεταί γε.

ΣΩ. Ποτέρων οὖν τίθης τὴν οὐσίαν; τοῦτο γὰρ μάλιστα ἐπὶ πάντων παρέπεται.

ΘΕΑΙ. Ἐγὼ μὲν ὧν αὐτὴ ἡ ψυχὴ καθ' αὑτὴν ἐπορέγεται.

ΣΩ. Ἦ καὶ τὸ ὅμοιον καὶ τὸ ἀνόμοιον καὶ τὸ ταὐτὸν καὶ ἕτερον;

ΘΕΑΙ. Ναί.

ΣΩ. Τί δέ; καλὸν καὶ αἰσχρὸν καὶ ἀγαθὸν καὶ κακόν;

ΘΕΑΙ. Καὶ τούτων μοι δοκεῖ ἐν τοῖς μάλιστα πρὸς ἄλληλα σκοπεῖσθαι τὴν οὐσίαν, ἀναλογιζομένη ἐν ἑαυτῇ τὰ γεγονότα καὶ τὰ παρόντα πρὸς τὰ μέλλοντα.

ΣΩ. Ἔχε δή· ἄλλο τι τοῦ μὲν σκληροῦ τὴν σκληρότητα διὰ τῆς ἐπαφῆς αἰσθήσεται, καὶ τοῦ μαλακοῦ τὴν μαλακότητα ὡσαύτως;

ΘΕΑΙ. Ναί.

ΣΩ. Τὴν δέ γε οὐσίαν καὶ ὅτι ἐστὸν καὶ τὴν ἐναντιότητα πρὸς ἀλλήλω καὶ τὴν οὐσίαν αὖ τῆς ἐναντιότητος αὐτὴ ἡ ψυχὴ ἐπανιοῦσα καὶ συμβάλλουσα πρὸς ἄλληλα κρίνειν πειρᾶται ἡμῖν.

ΘΕΑΙ. Πάνυ μὲν οὖν.

ΣΩ. Οὐκοῦν τὰ μὲν εὐθὺς γενομένοις πάρεστι φύσει αἰσθάνεσθαι ἀνθρώποις τε καὶ θηρίοις, ὅσα διὰ τοῦ σώματος παθήματα ἐπὶ τὴν ψυχὴν τείνει· τὰ δὲ περὶ τούτων ἀναλογίσματα πρός τε οὐσίαν καὶ ὠφέλειαν μόγις καὶ ἐν χρόνῳ διὰ πολλῶν πραγμάτων καὶ παιδείας παραγίγνεται οἷς ἂν καὶ παραγίγνηται;

ΘΕΑΙ. Παντάπασι μὲν οὖν.

e 7 ἐπισκοποῦσα W   a 5 καὶ τὸ ἕτερον W   b 9 πειρᾶσθαι T

说的那样[526]，〈长相〉丑陋；因为那漂亮地说话的人，既漂亮又良善。 185e5
而除了〈是〉俊美的之外，你还行了好事[527]，因为你把我从极其冗长的
说话中解放了出来，如果在你看来灵魂自身通过它自身考察一些东西，
而通过身体的一些能力考察另外一些东西。因为这就是我自己所认为
的，而我想你也会这样认为。

泰阿泰德：当然〈在我〉看来是这样。 186a1

苏格拉底：那你把所是置于哪一边？因为这种东西对于一切来说最
为是共同的[528]。

泰阿泰德：我〈将之置于〉灵魂自身根据自身而渴望[529]的那些东西中。

苏格拉底：那么，相似和不相似、同一与差异也〈被置于那些东西 186a5
中〉吗？

泰阿泰德：是的。

苏格拉底：然后呢？美和丑，以及善和恶呢？

泰阿泰德：在我看来，〈灵魂〉甚至尤其在其彼此的关系中考察这
些东西的所是，它通过在它自身那里着眼于将来的东西[530]而计算那已 186a10
经生成的东西和当下的东西。

苏格拉底：请停一停[531]！是不是坚硬的东西的坚硬通过触摸而被 186b1
感觉到，柔软的东西的柔软也同样如此？

泰阿泰德：是的。 186b5

苏格拉底：而〈它俩的〉所是，即它俩是什么，以及它俩彼此间的
相反性，还有相反性之所是[532]，灵魂自身通过〈对它们〉进行反思和相
互比较[533]来尝试为我们做出判断。

泰阿泰德：当然。 186b10

苏格拉底：因此，岂不有一些东西，当人和野兽一出生，他们在本 186c1
性上就能够感觉到它们[534]，即所有通过身体而延伸到灵魂那里的那些遭
受；而另一些东西，即关于这些东西对其所是和益处的各种计算，则是
通过许多的事务和教育，艰难地和在时间中[535]抵达的——如果它们毕 186c5
竟会被抵达的话——？

泰阿泰德：完全如此。

ΘΕΑΙΤΗΤΟΣ

ΣΩ. Οἷόν τε οὖν ἀληθείας τυχεῖν, ᾧ μηδὲ οὐσίας;
ΘΕΑΙ. Ἀδύνατον.
ΣΩ. Οὗ δὲ ἀληθείας τις ἀτυχήσει, ποτὲ τούτου ἐπιστήμων ἔσται;
ΘΕΑΙ. Καὶ πῶς ἄν, ὦ Σώκρατες;
ΣΩ. Ἐν μὲν ἄρα τοῖς παθήμασιν οὐκ ἔνι ἐπιστήμη, ἐν δὲ τῷ περὶ ἐκείνων συλλογισμῷ· οὐσίας γὰρ καὶ ἀληθείας ἐνταῦθα μέν, ὡς ἔοικε, δυνατὸν ἅψασθαι, ἐκεῖ δὲ ἀδύνατον.
ΘΕΑΙ. Φαίνεται.
ΣΩ. Ἦ οὖν ταὐτὸν ἐκεῖνό τε καὶ τοῦτο καλεῖς, τοσαύτας διαφορὰς ἔχοντε;
ΘΕΑΙ. Οὔκουν δὴ δίκαιόν γε.
ΣΩ. Τί οὖν δὴ ἐκείνῳ ἀποδίδως ὄνομα, τῷ ὁρᾶν ἀκούειν ὀσφραίνεσθαι ψύχεσθαι θερμαίνεσθαι;
ΘΕΑΙ. Αἰσθάνεσθαι ἔγωγε· τί γὰρ ἄλλο;
ΣΩ. Σύμπαν ἄρ' αὐτὸ καλεῖς αἴσθησιν;
ΘΕΑΙ. Ἀνάγκη.
ΣΩ. Ὧι γε, φαμέν, οὐ μέτεστιν ἀληθείας ἅψασθαι· οὐδὲ γὰρ οὐσίας.
ΘΕΑΙ. Οὐ γὰρ οὖν.
ΣΩ. Οὐδ' ἄρ' ἐπιστήμης.
ΘΕΑΙ. Οὐ γάρ.
ΣΩ. Οὐκ ἄρ' ἂν εἴη ποτέ, ὦ Θεαίτητε, αἴσθησίς τε καὶ ἐπιστήμη ταὐτόν.
ΘΕΑΙ. Οὐ φαίνεται, ὦ Σώκρατες. καὶ μάλιστά γε νῦν καταφανέστατον γέγονεν ἄλλο ὂν αἰσθήσεως ἐπιστήμη.
ΣΩ. Ἀλλ' οὔ τι μὲν δὴ τούτου γε ἕνεκα ἠρχόμεθα διαλεγόμενοι, ἵνα εὕρωμεν τί ποτ' οὐκ ἔστ' ἐπιστήμη, ἀλλὰ τί ἔστιν. ὅμως δὲ τοσοῦτόν γε προβεβήκαμεν, ὥστε μὴ ζητεῖν αὐτὴν ἐν αἰσθήσει τὸ παράπαν ἀλλ' ἐν ἐκείνῳ τῷ ὀνόματι,

---

c 7 ᾧ] οὗ Heindorf   c 9 οὗ δὲ T : οὐδὲ B sed rasura supra υ
d 6–7 φαίνεται ἢ οὔ; ταὐτόν, B   d 7 τοῦτο] ταὐτὸ T : ταὐτὸν B
d 9 δὴ] ἂν δὴ T

苏格拉底：那么，一个没有得到所是的人，他能够得到真吗[536]？

泰阿泰德：不能。

苏格拉底：但如果一个人未能得到某物之真[537]，他居然会是该物的知道者吗？　　　　　　　　　　　　　　　　　　　186c10

泰阿泰德：那怎么可能，苏格拉底？　　　　　　　186d1

苏格拉底：所以，在那些遭受中根本不会有任何的知识，而在对它们的推断中才有。因为在后者这儿，如看起来的那样，能够触及所是和真，而在前者那儿则不能。　　　　　　　　　　　　186d5

泰阿泰德：显然。

苏格拉底：那么，你还会〈正当地〉把前者和后者称为同一个东西吗，既然它们两者有如此大的不同？

泰阿泰德：肯定不正当。

苏格拉底：那么，你为〈下面〉这类东西赋予何名，即为看、听、186d10 嗅、感到冷、感到热？

泰阿泰德：我肯定〈称它们为〉感觉活动，难道还有别的？　186e1

苏格拉底：因此你也把它们统称为感觉？

泰阿泰德：必然。

苏格拉底：我们说，它们肯定在触及真上没有份儿[538]，因为它们不 186e5 能触及所是。

泰阿泰德：当然不。

苏格拉底：肯定在知识上也没有份儿。

泰阿泰德：的确没有。

苏格拉底：因此，泰阿泰德啊，感觉和知识就从不会是同一个东西。186e10

泰阿泰德：显然不，苏格拉底！并且现在下面这点已经变得最为明显，即知识是不同于感觉的。

苏格拉底：然而，我们肯定不是为了下面这点才开始进行讨论，那 187a1 就是为了发现知识毕竟不是什么；相反，〈是为了发现它究竟〉是什么。然而，我们无论如何都已经推进到了如此远，以至于完全不应在感觉中寻找它，而应在那种名称——即每当灵魂自身根据自身同诸是者打交道 187a5

ΠΛΑΤΩΝΟΣ

ὅτι ποτ' ἔχει ἡ ψυχή, ὅταν αὐτὴ καθ' αὑτὴν πραγματεύηται περὶ τὰ ὄντα.

ΘΕΑΙ. Ἀλλὰ μὴν τοῦτό γε καλεῖται, ὦ Σώκρατες, ὡς ἐγᾦμαι, δοξάζειν.

ΣΩ. Ὀρθῶς γὰρ οἴει, ὦ φίλε. καὶ ὅρα δὴ νῦν πάλιν ἐξ ἀρχῆς, πάντα τὰ πρόσθεν ἐξαλείψας, εἴ τι μᾶλλον καθορᾷς, ἐπειδὴ ἐνταῦθα προελήλυθας. καὶ λέγε αὖθις τί ποτ' ἐστὶν ἐπιστήμη.

ΘΕΑΙ. Δόξαν μὲν πᾶσαν εἰπεῖν, ὦ Σώκρατες, ἀδύνατον, ἐπειδὴ καὶ ψευδής ἐστι δόξα· κινδυνεύει δὲ ἡ ἀληθὴς δόξα ἐπιστήμη εἶναι, καί μοι τοῦτο ἀποκεκρίσθω. ἐὰν γὰρ μὴ φανῇ προϊοῦσιν ὥσπερ τὸ νῦν, ἄλλο τι πειρασόμεθα λέγειν.

ΣΩ. Οὕτω μέντοι χρή, ὦ Θεαίτητε, λέγειν προθύμως μᾶλλον, ἢ ὡς τὸ πρῶτον ὤκνεις ἀποκρίνεσθαι. ἐὰν γὰρ οὕτω δρῶμεν, δυοῖν θάτερα, ἢ εὑρήσομεν ἐφ' ὃ ἐρχόμεθα, ἢ ἧττον οἰησόμεθα εἰδέναι ὃ μηδαμῇ ἴσμεν· καίτοι οὐκ ἂν εἴη μεμπτὸς μισθὸς ὁ τοιοῦτος. καὶ δὴ καὶ νῦν τί φῄς; δυοῖν ὄντοιν ἰδέαιν δόξης, τοῦ μὲν ἀληθινοῦ, ψευδοῦς δὲ τοῦ ἑτέρου, τὴν ἀληθῆ δόξαν ἐπιστήμην ὁρίζῃ;

ΘΕΑΙ. Ἔγωγε· τοῦτο γὰρ αὖ νῦν μοι φαίνεται.

ΣΩ. Ἆρ' οὖν ἔτ' ἄξιον περὶ δόξης ἀναλαβεῖν πάλιν—

ΘΕΑΙ. Τὸ ποῖον δὴ λέγεις;

ΣΩ. Θράττει μέ πως νῦν τε καὶ ἄλλοτε δὴ πολλάκις, ὥστ' ἐν ἀπορίᾳ πολλῇ πρὸς ἐμαυτὸν καὶ πρὸς ἄλλον γεγονέναι, οὐκ ἔχοντα εἰπεῖν τί ποτ' ἐστὶ τοῦτο τὸ πάθος παρ' ἡμῖν καὶ τίνα τρόπον ἐγγιγνόμενον.

ΘΕΑΙ. Τὸ ποῖον δή;

ΣΩ. Τὸ δοξάζειν τινὰ ψευδῆ. σκοπῶ δὴ καὶ νῦν ἔτι διστάζων, πότερον ἐάσωμεν αὐτὸ ἢ ἐπισκεψώμεθα ἄλλον τρόπον ἢ ὀλίγον πρότερον.

ΘΕΑΙ. Τί μήν, ὦ Σώκρατες, εἴπερ γε καὶ ὁπητιοῦν φαί-

---

b 5 ἡ om. W   c 4 ἰδέαιν B T W : εἰδέοιν vulg.   c 6 μοι νῦν W   d 7 ἐάσομεν ... ἐπισκεψόμεθα T   d 9 ὁπητιοῦν scripsi (coll. Apol. 35 b) : ὁπηγοῦν B : ὅπῃ γοῦν W : ὁπηουν T

时，它终究所拥有的那种名称——中，寻找它。

泰阿泰德：但这个〈名称〉，苏格拉底啊，如我所料想的那样，肯定被叫做下判断[539]。

苏格拉底：你的确料想得正确，朋友！请你现在务必再次从头看看——通过抹去所有前面的——，你是否看出[540]了某种更多的东西，既然你已经推进到了这里。也请你再次说说，知识究竟是什么。

泰阿泰德：说所有的判断[541]〈都是知识〉，苏格拉底啊，这是不可能的，既然也有假的判断；但有可能真的判断是知识，并且就让我这样回答。因为，如果当我们往前走时，它显得不〈正确〉，那么，就像现在这样，我们再尝试说别的什么。

苏格拉底：不过就应这样，泰阿泰德啊，即应更为积极主动地[542]说，而不是如你最初那样迟疑回答。其实如果我们这样做，无非两种结果：要么我们将找到我们正前往的那种东西；要么我们将不那么强地认为知道我们根本不知道的——其实这样一种酬报就已经不是可鄙夷的了——。那么现在你怎么说？有两种形式的判断吗[543]，一种是真实的，另一种是虚假的，你把真判断规定为知识？

泰阿泰德：我肯定〈这样规定〉；因为现在重新对我显得就是这样。

苏格拉底：那么，关于判断还值得再次〈将之〉拾起来〈讨论〉吗？

泰阿泰德：你究竟在说何种东西？

苏格拉底：不知怎的，无论现在还是在别的时候它都经常使我不安，以至于面对我自己和面对他人我都处在了巨大的困惑中，因为我不能够说出在我们身上的这种遭遇究竟是什么，以及它以什么样的方式发生〈在我们身上〉的。

泰阿泰德：究竟是何种东西？

苏格拉底：有人在对一些虚假的东西下判断[544]。由于仍在怀疑，甚至现在我都还考虑，我们是应把它放在一边呢，还是以一种另外的方式——不同于不久前的——考察它。

泰阿泰德：为何不呢，苏格拉底，假如它无论在何种意义上都显得

ΘΕΑΙΤΗΤΟΣ 187 d

νεται δεῖν; ἄρτι γὰρ οὐ κακῶς γε σὺ καὶ Θεόδωρος ἐλέγετε
σχολῆς πέρι, ὡς οὐδὲν ἐν τοῖς τοιοῖσδε κατεπείγει.

ΣΩ. Ὀρθῶς ὑπέμνησας· ἴσως γὰρ οὐκ ἀπὸ καιροῦ πάλιν e
ὥσπερ ἴχνος μετελθεῖν. κρεῖττον γάρ που σμικρὸν εὖ ἢ πολὺ
μὴ ἱκανῶς περᾶναι.

ΘΕΑΙ. Τί μήν;

ΣΩ. Πῶς οὖν; τί δὴ καὶ λέγομεν; ψευδῆ φαμεν ἑκάστοτε
εἶναι δόξαν, καί τινα ἡμῶν δοξάζειν ψευδῆ, τὸν δ' αὖ ἀληθῆ,
ὡς φύσει οὕτως ἐχόντων;

ΘΕΑΙ. Φαμὲν γὰρ δή.

ΣΩ. Οὐκοῦν τόδε γ' ἔσθ' ἡμῖν περὶ πάντα καὶ καθ' 188
ἕκαστον, ἤτοι εἰδέναι ἢ μὴ εἰδέναι; μανθάνειν γὰρ καὶ
ἐπιλανθάνεσθαι μεταξὺ τούτων ὡς ὄντα χαίρειν λέγω ἐν τῷ
παρόντι· νῦν γὰρ ἡμῖν πρὸς λόγον ἐστὶν οὐδέν.

ΘΕΑΙ. Ἀλλὰ μήν, ὦ Σώκρατες, ἄλλο γ' οὐδὲν λείπεται
περὶ ἕκαστον πλὴν εἰδέναι ἢ μὴ εἰδέναι.

ΣΩ. Οὐκοῦν ἤδη ἀνάγκη τὸν δοξάζοντα δοξάζειν ἢ ὧν τι
οἶδεν ἢ μὴ οἶδεν;

ΘΕΑΙ. Ἀνάγκη.

ΣΩ. Καὶ μὴν εἰδότα γε μὴ εἰδέναι τὸ αὐτὸ ἢ μὴ εἰδότα
εἰδέναι ἀδύνατον.   b

ΘΕΑΙ. Πῶς δ' οὔ;

ΣΩ. Ἆρ' οὖν ὁ τὰ ψευδῆ δοξάζων, ἃ οἶδε, ταῦτα οἴεται
οὐ ταῦτα εἶναι ἀλλὰ ἕτερα ἄττα ὧν οἶδε, καὶ ἀμφότερα εἰδὼς
ἀγνοεῖ αὖ ἀμφότερα;

ΘΕΑΙ. Ἀλλ' ἀδύνατον, ὦ Σώκρατες.

ΣΩ. Ἀλλ' ἆρα, ἃ μὴ οἶδεν, ἡγεῖται αὐτὰ εἶναι ἕτερα
ἄττα ὧν μὴ οἶδε, καὶ τοῦτ' ἔστι τῷ μήτε Θεαίτητον μήτε
Σωκράτη εἰδότι εἰς τὴν διάνοιαν λαβεῖν ὡς ὁ Σωκράτης
Θεαίτητος ἢ [ὁ] Θεαίτητος Σωκράτης;

ΘΕΑΙ. Καὶ πῶς ἄν;   c

e 5 τί] ἔτι W   a 1 τοῦτό γ' ἐστὶν W   a 3 λέγω] λέγομεν W
b 4 εἶναι] εἰδέναι W   b 5 αὖ W: om. BT   b 9 εἰδότα W
b 10 ὁ om. T

应当的话？因为刚才你和忒俄多洛斯关于闲暇就说得真不耐 545，即在这类事情上没有什么在催逼。

苏格拉底：你提醒得对。或许这的确并非不合时宜 546，就像重新再踩一遍足迹一样 547。因为好好地完成一件小事，也强过不充分地完成许多的事。

泰阿泰德：为何不是呢？

苏格拉底：然后怎样呢？我们究竟说什么？我们会说，在任何时候都有某种假的判断，并且我们中有人在对一些假的东西下判断 548，而有人复又在对一些真的东西下判断，因为我们在本性上就是如此 549？

泰阿泰德：我们当然这么说。

苏格拉底：无论是关于所有一切，还是就每个东西来说，下面这点对我们来说岂不都是可能的，即真的要么知道，要么不知道？至于学习和遗忘，由于它们是在这两者之间，我目前把它们放到一边 550；因为现在它们还同我们的讨论无关。

泰阿泰德：的确，苏格拉底啊，就每个东西而言，没有其他任何剩下，除了知道或者不知道。

苏格拉底：那么这岂不就已经是必然的：那下判断的人，要么在对他所知道的，要么在对他所不知道的那些东西中的某个下判断？

泰阿泰德：必然。

苏格拉底：而且知道〈某个东西的〉人却不知道这同一个东西 551，或者不知道〈某个东西的〉却知道〈这同一个东西〉，这肯定是不可能的。

泰阿泰德：当然。

苏格拉底：那么，那对一些假的东西下判断的人，会认为他所知道的那些东西不是这些东西，而是他所知道的东西中的另外一些吗，即当他知道这两者时复又不知道这两者 552？

泰阿泰德：但这是不可能的，苏格拉底。

苏格拉底：那么，他所不知道的东西，他会会认为它们是他所不知道的那些东西中的另外一些吗，即这对一个人来说是可能的吗，尽管他既不知道泰阿泰德也不知道苏格拉底，他却怀有这样一种想法 553，即泰阿泰德是苏格拉底，或者苏格拉底是泰阿泰德 554？

泰阿泰德：这怎么会？

ΣΩ. Ἀλλ' οὐ μήν, ἅ γέ τις οἶδεν, οἴεταί που ἃ μὴ οἶδεν αὐτὰ εἶναι, οὐδ' αὖ ἃ μὴ οἶδεν, ἃ οἶδεν.
ΘΕΑΙ. Τέρας γὰρ ἔσται.
ΣΩ. Πῶς οὖν ἂν ἔτι ψευδῆ δοξάσειεν; ἐκτὸς γὰρ τούτων ἀδύνατόν που δοξάζειν, ἐπείπερ πάντ' ἢ ἴσμεν ἢ οὐκ ἴσμεν, ἐν δὲ τούτοις οὐδαμοῦ φαίνεται δυνατὸν ψευδῆ δοξάσαι.
ΘΕΑΙ. Ἀληθέστατα.
ΣΩ. Ἆρ' οὖν οὐ ταύτῃ σκεπτέον ὃ ζητοῦμεν, κατὰ τὸ εἰδέναι καὶ μὴ εἰδέναι ἰόντας, ἀλλὰ κατὰ τὸ εἶναι καὶ μή;
ΘΕΑΙ. Πῶς λέγεις;
ΣΩ. Μὴ ἁπλοῦν ᾖ ὅτι ὁ τὰ μὴ ὄντα περὶ ὁτουοῦν δοξάζων οὐκ ἔσθ' ὡς οὐ ψευδῆ δοξάσει, κἂν ὁπωσοῦν ἄλλως τὰ τῆς διανοίας ἔχῃ.
ΘΕΑΙ. Εἰκός γ' αὖ, ὦ Σώκρατες.
ΣΩ. Πῶς οὖν; τί ἐροῦμεν, ὦ Θεαίτητε, ἐάν τις ἡμᾶς ἀνακρίνῃ· "Δυνατὸν δὲ ὁτῳοῦν ὃ λέγεται, καί τις ἀνθρώπων τὸ μὴ ὂν δοξάσει, εἴτε περὶ τῶν ὄντων του εἴτε αὐτὸ καθ' αὑτό;" καὶ ἡμεῖς δή, ὡς ἔοικεν, πρὸς ταῦτα φήσομεν· "Ὅταν γε μὴ ἀληθῆ οἴηται οἰόμενος." ἢ πῶς ἐροῦμεν;
ΘΕΑΙ. Οὕτως.
ΣΩ. Ἦ οὖν καὶ ἄλλοθί που τὸ τοιοῦτόν ἐστιν;
ΘΕΑΙ. Τὸ ποῖον;
ΣΩ. Εἴ τις ὁρᾷ μέν τι, ὁρᾷ δὲ οὐδέν.
ΘΕΑΙ. Καὶ πῶς;
ΣΩ. Ἀλλὰ μὴν εἰ ἕν γέ τι ὁρᾷ, τῶν ὄντων τι ὁρᾷ. ἢ σὺ οἴει ποτὲ τὸ ἓν ἐν τοῖς μὴ οὖσιν εἶναι;
ΘΕΑΙ. Οὐκ ἔγωγε.
ΣΩ. Ὁ ἄρα ἕν γέ τι ὁρῶν ὄν τι ὁρᾷ.
ΘΕΑΙ. Φαίνεται.

c 3 ἃ οἶδεν om. BW   c 5 ἂν] ἄν τις B   c 6 πάντ' ἢ] πάντῃ B: πάντα T: πάντα ἢ W   c 9 ὃ ζητοῦμεν] ἐζητοῦμεν B   d 1 εἶναι] εἰδέναι BT   d 6 γ'] γὰρ W   d 8 δὲ] δὴ Heindorf   λέγετε Buttmann   d 10 δή] δέ W   e 1 ἀληθῆ μὴ T   e 5 εἴ τις] ἤ τις Heindorf   e 8 τὸ ἕν] ἓν T: τὸ ὂν W   e 10 ὄν] ἕν B

苏格拉底：那就肯定不会，一个人所知道的东西，他认为它们是他所不知道的，他所不知道的复又是他所知道的。

泰阿泰德：这肯定将是一件怪事。

苏格拉底：那他如何还会对一些假的东西下判断呢？因为在这些之外肯定不可能下判断，既然每个东西要么我们知道，要么我们不知道，但在这〈两种〉情形中显然无处能够对一些假的东西下判断。

泰阿泰德：非常正确。

苏格拉底：因此，莫非不应这样来考察我们所寻找的，即依照知道和不知道往前走，而是依照是〈着〉和不是〈着〉[555]？

泰阿泰德：你为何这么说？

苏格拉底：或许下面这点是直截了当的，那就是：一位对那些不是着的东西就任何方面下判断的人，他都不可能不在对一些假的东西下判断，无论〈其〉思想的其他方面处于何种情形。

泰阿泰德：这也是可能的，苏格拉底。

苏格拉底：然后怎样？我们将说什么，泰阿泰德，如果有人盘问我们："但〈刚才〉所说的对任何一个人来说都可能吗，并且任何人都会对不是着的东西下判断吗，要么关联到那些是着的东西中的某个〈对之下判断〉，要么对自在自为的它自身？"并且我们似乎对之会说："只要当他在想的时候想了一些不真的东西。"或者我们将如何说？

泰阿泰德：就这样说。

苏格拉底：那么〈下面〉这种情形也有可能出现在其他任何地方吗？

泰阿泰德：哪种？

苏格拉底：如果某人虽然看见了某个东西，他却什么也没有看见。

泰阿泰德：那怎么会？

苏格拉底：然而，如果他的确看见了某一东西，那他就看见了是着的东西中的某个。或者你认为一居然是在那些不是着的东西中？

泰阿泰德：我肯定不会这么认为。

苏格拉底：因此，那的确看见了某一东西的人，他看到了某种是着的东西。

泰阿泰德：显然。

ΘΕΑΙΤΗΤΟΣ

ΣΩ. Καὶ ὁ ἄρα τι ἀκούων ἕν γέ τι ἀκούει καὶ ὂν [ἀκούει]. 189
ΘΕΑΙ. Ναί.
ΣΩ. Καὶ ὁ ἁπτόμενος δή του ἑνός γέ του ἅπτεται καὶ ὄντος, εἴπερ ἑνός;
ΘΕΑΙ. Καὶ τοῦτο.
ΣΩ. Ὁ δὲ δὴ δοξάζων οὐχ ἕν γέ τι δοξάζει;
ΘΕΑΙ. Ἀνάγκη.
ΣΩ. Ὁ δ' ἕν τι δοξάζων οὐκ ὄν τι;
ΘΕΑΙ. Συγχωρῶ.
ΣΩ. Ὁ ἄρα μὴ ὂν δοξάζων οὐδὲν δοξάζει.
ΘΕΑΙ. Οὐ φαίνεται.
ΣΩ. Ἀλλὰ μὴν ὅ γε μηδὲν δοξάζων τὸ παράπαν οὐδὲ δοξάζει.
ΘΕΑΙ. Δῆλον, ὡς ἔοικεν.
ΣΩ. Οὐκ ἄρα οἷόν τε τὸ μὴ ὂν δοξάζειν, οὔτε περὶ τῶν ὄντων οὔτε αὐτὸ καθ' αὑτό. b
ΘΕΑΙ. Οὐ φαίνεται.
ΣΩ. Ἄλλο τι ἄρ' ἐστὶ τὸ ψευδῆ δοξάζειν τοῦ τὰ μὴ ὄντα δοξάζειν.
ΘΕΑΙ. Ἄλλο ἔοικεν.
ΣΩ. Οὔτ' ἄρ' οὕτως οὔτε ὡς ὀλίγον πρότερον ἐσκοποῦμεν, ψευδής ἐστι δόξα ἐν ἡμῖν.
ΘΕΑΙ. Οὐ γὰρ οὖν δή.
ΣΩ. Ἀλλ' ἆρα ὧδε γιγνόμενον τοῦτο προσαγορεύομεν;
ΘΕΑΙ. Πῶς;
ΣΩ. Ἀλλοδοξίαν τινὰ οὖσαν ψευδῆ φαμεν εἶναι δόξαν, ὅταν τίς ⟨τι⟩ τῶν ὄντων ἄλλο αὖ τῶν ὄντων ἀνταλλαξάμενος c τῇ διανοίᾳ φῇ εἶναι. οὕτω γὰρ ὂν μὲν ἀεὶ δοξάζει, ἕτερον δὲ ἀνθ' ἑτέρου, καὶ ἁμαρτάνων οὗ ἐσκόπει δικαίως ἂν καλοῖτο ψευδῆ δοξάζων.

a 1 ὄν] ὄν τι W   ἀκούει seclusi   a 3 ὁ] ὁ τὶ W   του] που B
a 4 ὄντος ἅπτεται vulg.   a 6 γέ W: om. B T   b 3 οὐ B T: om. W
b 7 οὔτ' ἄρ' Heusde: οὐ γὰρ B T   b 9 οὖν] οὐ B   b 10 post ὧδε add. αὐτὸ W   c 1 τι om. B T

21*

苏格拉底：那听到某一东西的人，他也肯定听到了某个东西，即某 189a1
个是着的东西[556]。

泰阿泰德：是的。

苏格拉底：那的确触摸到了某一东西的人，他也肯定触摸到了某个
东西，即某个是着的东西吗，既然〈它是〉一？

泰阿泰德：也如此。 189a5

苏格拉底：那么，那在下判断的人，岂不肯定在对某一东西下判断？

泰阿泰德：必然。

苏格拉底：而对某一东西下判断的人，岂不在对某个是着的东西
〈下判断〉？

泰阿泰德：我同意。

苏格拉底：因此，那对不是着的东西下判断的人，他没有对任何东 189a10
西下判断。

泰阿泰德：显然没有。

苏格拉底：而那没有对任何东西下判断的人，他其实完全就没有在
下判断。

泰阿泰德：似乎是显而易见的。

苏格拉底：因此，根本就不可能对不是着的东西下判断，无论关联 189b1
到那些是着的东西〈对之下判断〉，还是对自在自为的它自身。

泰阿泰德：显然不可能。

苏格拉底：所以，对一些假的东西下判断，就不同于对一些不是着 189b5
的东西下判断。

泰阿泰德：似乎不同于。

苏格拉底：那么，无论是以这种方式，还是如不久前我们进行考察
的那样，在我们这里都没有某一假的判断。

泰阿泰德：没有，肯定没有。

苏格拉底：然而，当它以下面这种方式发生了，我们会这样称呼它吗？ 189b10

泰阿泰德：何种方式？

苏格拉底：由于〈某一判断〉是一个弄错了的判断，我们就说它是
一个假的判断，每当有人因在思想上把是者中的某个[557]同是者中的另 189c1
外一个做了交换而说〈一个〉是〈另一个〉时。因为这样一来他总是在
对某个是者下判断，但用一个代替了另一个，并且由于对他在探知的东
西犯错，他就可以正当地被称作在对一些假的东西下判断。

ΘΕΑΙ. Ὀρθότατά μοι νῦν δοκεῖς εἰρηκέναι. ὅταν γάρ τις ἀντὶ καλοῦ αἰσχρὸν ἢ ἀντὶ αἰσχροῦ καλὸν δοξάζῃ, τότε ὡς ἀληθῶς δοξάζει ψευδῆ.

ΣΩ. Δῆλος εἶ, ὦ Θεαίτητε, καταφρονῶν μου καὶ οὐ δεδιώς.

ΘΕΑΙ. Τί μάλιστα;

ΣΩ. Οὐκ ἂν οἶμαι σοὶ δοκῶ τοῦ ἀληθῶς ψευδοῦς ἀντιλαβέσθαι, ἐρόμενος εἰ οἷόν τε ταχὺ βραδέως ἢ κοῦφον βαρέως ἢ ἄλλο τι ἐναντίον μὴ κατὰ τὴν αὐτοῦ φύσιν ἀλλὰ κατὰ τὴν τοῦ ἐναντίου γίγνεσθαι ἑαυτῷ ἐναντίως. τοῦτο μὲν οὖν, ἵνα μὴ μάτην θαρρήσῃς, ἀφίημι. ἀρέσκει δέ, ὡς φῄς, τὸ τὰ ψευδῆ δοξάζειν ἀλλοδοξεῖν εἶναι;

ΘΕΑΙ. Ἔμοιγε.

ΣΩ. Ἔστιν ἄρα κατὰ τὴν σὴν δόξαν ἕτερόν τι ὡς ἕτερον καὶ μὴ ὡς ἐκεῖνο τῇ διανοίᾳ τίθεσθαι.

ΘΕΑΙ. Ἔστι μέντοι.

ΣΩ. Ὅταν οὖν τοῦθ᾽ ἡ διάνοιά του δρᾷ, οὐ καὶ ἀνάγκη αὐτὴν ἤτοι ἀμφότερα ἢ τὸ ἕτερον διανοεῖσθαι;

ΘΕΑΙ. Ἀνάγκη μὲν οὖν· ἤτοι ἅμα γε ἢ ἐν μέρει.

ΣΩ. Κάλλιστα. τὸ δὲ διανοεῖσθαι ἆρ᾽ ὅπερ ἐγὼ καλεῖς;

ΘΕΑΙ. Τί καλῶν;

ΣΩ. Λόγον ὃν αὐτὴ πρὸς αὑτὴν ἡ ψυχὴ διεξέρχεται περὶ ὧν ἂν σκοπῇ. ὥς γε μὴ εἰδώς σοι ἀποφαίνομαι. τοῦτο γάρ μοι ἰνδάλλεται διανοουμένη οὐκ ἄλλο τι ἢ διαλέγεσθαι, αὐτὴ ἑαυτὴν ἐρωτῶσα καὶ ἀποκρινομένη, καὶ φάσκουσα καὶ οὐ φάσκουσα. ὅταν δὲ ὁρίσασα, εἴτε βραδύτερον εἴτε καὶ ὀξύτερον ἐπάξασα, τὸ αὐτὸ ἤδη φῇ καὶ μὴ διστάζῃ, δόξαν ταύτην τίθεμεν αὐτῆς. ὥστ᾽ ἔγωγε τὸ δοξάζειν λέγειν καλῶ καὶ τὴν δόξαν λόγον εἰρημένον, οὐ μέντοι πρὸς ἄλλον οὐδὲ φωνῇ, ἀλλὰ σιγῇ πρὸς αὑτόν· σὺ δὲ τί;

ΘΕΑΙ. Κἀγώ.

d 7 post ἕτερον alterum add. τι T   e 3 ἅμα] ἀλλὰ T   a 4 τιθέμεθα Badham

泰阿泰德：在我看来你现在已经说得非常正确了。因为，每当一个人把美的东西判断为了丑的，或者把丑的东西判断为了美的，那时他就真正在对一些假的东西下判断。 189c5

苏格拉底：你显然，泰阿泰德啊，〈已经开始〉藐视我而不再害怕我了。

泰阿泰德：〈你〉究竟为什么〈这么说〉？ 189c10

苏格拉底：因为我认为，在你看来我不会去攻击真的假〈这种说法〉，问〈下面这些〉是否可能，即慢的快、重的轻，或者任何其他某个〈有其〉反面的东西，不根据它自己的本性，而根据〈其〉相反者的本性，以同它自己相反的方式生成出来。因此我放弃这点，免得你徒劳地自信满满。但如你所说，你满意这点，即对一些假的东西下判断是误认一物为另一物。 189d1

189d5

泰阿泰德：我肯定满意。

苏格拉底：所以根据你的意见这是可能的[558]，即在思想中把某一东西设立为另外的东西，而不设立为那个东西。

泰阿泰德：当然可能。

苏格拉底：那么，每当某人的思想这样做时，它岂不必然真的要么思想两者，要么思想其中一个[559]？ 189e1

泰阿泰德：肯定必然，而且真的要么同时，要么依次。

苏格拉底：好极了。但你会恰恰如我那样称呼思想吗？

泰阿泰德：你怎么称呼？ 189e5

苏格拉底：就它所考察的那些东西，灵魂自身对它自身进行详细叙述的那种谈话。我肯定并非作为知道者而向你展示〈这点〉。因为这在我看来，当灵魂进行思想时，它无非是在进行对话，它自己向自己提问并作答，而且进行肯定和否定[560]。而每当它作出剖判后——无论是慢慢地〈作出〉，还是猛地一跃[561]——，从此它就说出同一种〈看法〉并且不再怀疑，我们就将这确定为它的判断。因此，我就把进行判断称作进行言说，而把判断称作一个已经说出来了的言说，但既不是对他人〈说〉，也不是有声地〈说〉，而是默默地对自己〈说〉。而你会怎么〈想〉[562]？ 190a1

190a5

泰阿泰德：我也这么〈想〉。

ΘΕΑΙΤΗΤΟΣ

ΣΩ. Ὅταν ἄρα τις τὸ ἕτερον ἕτερον δοξάζῃ, καὶ φησίν, ὡς ἔοικε, τὸ ἕτερον ἕτερον εἶναι πρὸς ἑαυτόν.

ΘΕΑΙ. Τί μήν;

ΣΩ. Ἀναμιμνῄσκου δὴ εἰ πώποτ' εἶπες πρὸς σεαυτὸν ὅτι παντὸς μᾶλλον τό τοι καλὸν αἰσχρόν ἐστιν ἢ τὸ ἄδικον δίκαιον. ἢ καί, τὸ πάντων κεφάλαιον, σκόπει εἴ ποτ' ἐπεχείρησας σεαυτὸν πείθειν ὡς παντὸς μᾶλλον τὸ ἕτερον ἕτερόν ἐστιν, ἢ πᾶν τοὐναντίον οὐδ' ἐν ὕπνῳ πώποτε ἐτόλμησας εἰπεῖν πρὸς σεαυτὸν ὡς παντάπασιν ἄρα τὰ περιττὰ ἄρτιά ἐστιν ἤ τι ἄλλο τοιοῦτον.

ΘΕΑΙ. Ἀληθῆ λέγεις.

ΣΩ. Ἄλλον δέ τινα οἴει ὑγιαίνοντα ἢ μαινόμενον τολμῆσαι σπουδῇ πρὸς ἑαυτὸν εἰπεῖν ἀναπείθοντα αὑτὸν ὡς ἀνάγκη τὸν βοῦν ἵππον εἶναι ἢ τὰ δύο ἕν;

ΘΕΑΙ. Μὰ Δί' οὐκ ἔγωγε.

ΣΩ. Οὐκοῦν εἰ τὸ λέγειν πρὸς ἑαυτὸν δοξάζειν ἐστίν, οὐδεὶς ἀμφότερά γε λέγων καὶ δοξάζων [καὶ] ἐφαπτόμενος ἀμφοῖν τῇ ψυχῇ εἴποι ἂν καὶ δοξάσειεν ὡς τὸ ἕτερον ἕτερόν ἐστιν. ἐατέον δὲ καὶ σοὶ τὸ ῥῆμα [περὶ τοῦ ἑτέρου]· λέγω γὰρ αὐτὸ τῇδε, μηδένα δοξάζειν ὡς τὸ αἰσχρὸν καλὸν ἢ ἄλλο τι τῶν τοιούτων.

ΘΕΑΙ. Ἀλλ', ὦ Σώκρατες, ἐῶ τε καί μοι δοκεῖ ὡς λέγεις.

ΣΩ. Ἄμφω μὲν ἄρα δοξάζοντα ἀδύνατον τό γε ἕτερον ἕτερον δοξάζειν.

ΘΕΑΙ. Ἔοικεν.

ΣΩ. Ἀλλὰ μὴν τὸ ἕτερόν γε μόνον δοξάζων, τὸ δὲ ἕτερον μηδαμῇ, οὐδέποτε δοξάσει τὸ ἕτερον ἕτερον εἶναι.

ΘΕΑΙ. Ἀληθῆ λέγεις· ἀναγκάζοιτο γὰρ ἂν ἐφάπτεσθαι καὶ οὗ μὴ δοξάζει.

---

b2 ἑαυτὸν W et mox   b4 εἴποτ' T : εἴτ' B   c6 καὶ post δοξάζων om. T   c8 δὲ καὶ] δ' ἔσται Campbell   post ῥῆμα add. B ἐπὶ τῶν ἐν μέρει, ἐπειδὴ τὸ ῥῆμα ἕτερον τῷ ἑτέρῳ κατὰ ῥῆμα ταὐτόν ἐστιν : haec tuentur Badham Schanz al. omisso ῥῆμα priore et mox περὶ τοῦ ἑτέρου : ἐν τῷ μέρει Archer Hind   d4 τό γε Heindorf: τότε B : τό * * T

苏格拉底：因此，每当一个人把一个东西判断为另一个东西，那他似乎也就在对他自己说，一个东西是另一个东西。

泰阿泰德：为何不是呢？ 190b1

苏格拉底：那么就请你回忆一下，是否你曾经对你自己说过，美的东西的确必定是丑的，或者不正义的东西必定是正义的。或者，一切中首要的，也请你考虑一下，是否你曾经尝试说服你自己，一个东西必定 190b5 是另一个东西，或者完全相反，即使在睡梦中你都从不曾敢于对你自己说，那些奇数完全就是偶数，或者其他诸如此类的。

泰阿泰德：你说得对。

苏格拉底：而你会认为，任何其他人——无论是健康的，还是在发 190c1 疯的——，敢于通过说服他自己而认真地对他自己说，牛必然是马，或者二必然是一？

泰阿泰德：宙斯在上，我肯定不会。

苏格拉底：那么，如果对自己说就是下判断，那么，无人——当他 190c5 对两个东西进行言说和下判断，以及[563]用灵魂接触这两个东西时——，会说和下判断：一个东西是另一个东西。不过你必须得允许〈我的〉措辞[564]，因为我〈其实是在〉这样说它，即无人会下判断〈说〉丑的东西 190d1 是美的，或者任何其他诸如此类的。

泰阿泰德：当然，苏格拉底啊，我会容许的，并且在我看来就是如你说的那样。

苏格拉底：因此，对两个东西进行判断的人，肯定不可能下判断， 190d5 〈说其中〉一个〈就是〉另一个。

泰阿泰德：似乎如此。

苏格拉底：另外，如果他仅仅对〈其中〉一个下判断，而根本不对另一个下判断，那么，他就从不会下判断〈说〉一个是另一个。

泰阿泰德：你说得对；否则他会被迫接触他并未对之下判断的那个 190d10 东西。

ΣΩ. Οὔτ' ἄρ' ἀμφότερα οὔτε τὸ ἕτερον δοξάζοντι ἐγχωρεῖ
ἀλλοδοξεῖν. ὥστ' εἴ τις ὁριεῖται δόξαν εἶναι ψευδῆ τὸ
ἑτεροδοξεῖν, οὐδὲν ἂν λέγοι· οὔτε γὰρ ταύτῃ οὔτε κατὰ τὰ
πρότερα φαίνεται ψευδὴς ἐν ἡμῖν οὖσα δόξα.
ΘΕΑΙ. Οὐκ ἔοικεν.
ΣΩ. Ἀλλὰ μέντοι, ὦ Θεαίτητε, εἰ τοῦτο μὴ φανήσεται
ὄν, πολλὰ ἀναγκασθησόμεθα ὁμολογεῖν καὶ ἄτοπα.
ΘΕΑΙ. Τὰ ποῖα δή;
ΣΩ. Οὐκ ἐρῶ σοι πρὶν ἂν πανταχῇ πειραθῶ σκοπῶν.
αἰσχυνοίμην γὰρ ἂν ὑπὲρ ἡμῶν, ἐν ᾧ ἀποροῦμεν, ἀναγκαζο-
μένων ὁμολογεῖν οἷα λέγω. ἀλλ' ἐὰν εὕρωμεν καὶ ἐλεύθεροι
γενώμεθα, τότ' ἤδη περὶ τῶν ἄλλων ἐροῦμεν ὡς πασχόντων
αὐτὰ ἐκτὸς τοῦ γελοίου ἑστῶτες· ἐὰν δὲ πάντῃ ἀπορήσωμεν,
ταπεινωθέντες οἶμαι τῷ λόγῳ παρέξομεν ὡς ναυτιῶντες
πατεῖν τε καὶ χρῆσθαι ὅτι ἂν βούληται. ᾗ οὖν ἔτι πόρον
τινὰ εὑρίσκω τοῦ ζητήματος ἡμῖν, ἄκουε.
ΘΕΑΙ. Λέγε μόνον.
ΣΩ. Οὐ φήσω ἡμᾶς ὀρθῶς ὁμολογῆσαι, ἡνίκα ὡμολογή-
σαμεν ἅ τις οἶδεν, ἀδύνατον δοξάσαι ἃ μὴ οἶδεν εἶναι αὐτὰ
καὶ ψευσθῆναι· ἀλλά πῃ δυνατόν.
ΘΕΑΙ. Ἆρα λέγεις ὃ καὶ ἐγὼ τότε ὑπώπτευσα, ἡνίκ'
αὐτὸ ἔφαμεν τοιοῦτον εἶναι, ὅτι ἐνίοτ' ἐγὼ γιγνώσκων
Σωκράτη, πόρρωθεν δὲ ὁρῶν ἄλλον ὃν οὐ γιγνώσκω, ᾠήθην
εἶναι Σωκράτη ὃν οἶδα; γίγνεται γὰρ δὴ ἐν τῷ τοιούτῳ
οἷον λέγεις.
ΣΩ. Οὐκοῦν ἀπέστημεν αὐτοῦ, ὅτι ἃ ἴσμεν ἐποίει ἡμᾶς
εἰδότας μὴ εἰδέναι;
ΘΕΑΙ. Πάνυ μὲν οὖν.
ΣΩ. Μὴ γὰρ οὕτω τιθῶμεν, ἀλλ' ὧδε· ἴσως πῃ ἡμῖν
συγχωρήσεται, ἴσως δὲ ἀντιτενεῖ. ἀλλὰ γὰρ ἐν τοιούτῳ
ἐχόμεθα, ἐν ᾧ ἀνάγκη πάντα μεταστρέφοντα λόγον βασανί-

d 11 τὸ] τῷ W   a 3 αὐτὰ] αὐτῶν W : αὐτοὶ Ast : αὐτό, αὐτοὶ Hein-
dorf   b 10 καὶ ante ἴσως add. T   c 1 ἐν τῷ τοιούτῳ T   c 2 ἐν
ᾧ] νῷ B   μεστὰ τρέφοντα T

苏格拉底：所以，无论一个人对两者下判断，还是只对〈其中〉一个下判断，都不容许他误认一物为另一物。因此，如果有人把假的判断规定为是在误下判断[565]，那他会是在胡说；因为无论是以这种方式，还是根据前面〈说过的〉那些，显然在我们这里都没有任何假的判断。 190e1

泰阿泰德：似乎没有。

苏格拉底：然而，泰阿泰德啊，如果真的显然没有这种东西，那么，我们甚至将被迫同意许多荒谬的事情。 190e5

泰阿泰德：究竟哪些？

苏格拉底：我不会告诉你，在我尝试从各方面进行考察之前。因为我会为我们感到羞愧，如果我们由于处在我们所困惑的东西中而被迫同意我所说的那些事情的话。但是，如果我们找到〈出路〉并且变得自由了，那么，从那时起我们将谈论其他人，仿佛他们在遭受它们[566]似的，而我们自己则立于可笑的东西之外。然而，如果我们处处都感到困惑，那么我认为，我们只好像那些晕船的人一样委曲求全[567]，允许自己被那种说法[568]所踩踏，以及如它所愿意的那样被对待。因此，我究竟还将为我们的探究找到何种出路，请你听听！ 191a1

191a5

泰阿泰德：你只管说！

苏格拉底：我将说我们并未正确地进行同意，当我们同意下面这点是不可能的时：一个人所知道的东西，他将之判断为是他所不知道的东西，并〈由此〉受到欺骗。相反，这在某种方式上是可能的。 191b1

泰阿泰德：你在说甚至当时我就感到怀疑的事情吗，当我们说它是这类情况时：我虽然认识苏格拉底，但当我从远处看到我不认识的另外某个人时，我有时会认为他就是我知道的那个苏格拉底？因为在这种情形下就会发生你所说的。 191b5

苏格拉底：但我们不是已经把它放到一边去了吗[569]，因为它使得我们不知道我们所知道的东西，虽然我们知道它们。

泰阿泰德：完全如此。

苏格拉底：那么让我们就不要用这种方式来设定，而是如下面这样；或许对我们来说〈事情〉将在某种方式上得到认可，但或许也会遭到反对。不过我们肯定处于这样一种情形，于其中必须拷问所有转向了 191b10

191c1

ΘΕΑΙΤΗΤΟΣ

ζειν. σκόπει οὖν εἰ τὶ λέγω. ἆρα ἔστιν μὴ εἰδότα τι πρότερον ὕστερον μαθεῖν;

ΘΕΑΙ. Ἔστι μέντοι.

ΣΩ. Οὐκοῦν καὶ αὖθις ἕτερον καὶ ἕτερον;

ΘΕΑΙ. Τί δ' οὔ;

ΣΩ. Θὲς δή μοι λόγου ἕνεκα ἐν ταῖς ψυχαῖς ἡμῶν ἐνὸν κήρινον ἐκμαγεῖον, τῷ μὲν μεῖζον, τῷ δ' ἔλαττον, καὶ τῷ μὲν καθαρωτέρου κηροῦ, τῷ δὲ κοπρωδεστέρου, καὶ σκληροτέρου, ἐνίοις δὲ ὑγροτέρου, ἔστι δ' οἷς μετρίως ἔχοντος.

ΘΕΑΙ. Τίθημι.

ΣΩ. Δῶρον τοίνυν αὐτὸ φῶμεν εἶναι τῆς τῶν Μουσῶν μητρὸς Μνημοσύνης, καὶ εἰς τοῦτο ὅτι ἂν βουληθῶμεν μνημονεῦσαι ὧν ἂν ἴδωμεν ἢ ἀκούσωμεν ἢ αὐτοὶ ἐννοήσωμεν, ὑπέχοντας αὐτὸ ταῖς αἰσθήσεσι καὶ ἐννοίαις, ἀποτυποῦσθαι, ὥσπερ δακτυλίων σημεῖα ἐνσημαινομένους· καὶ ὃ μὲν ἂν ἐκμαγῇ, μνημονεύειν τε καὶ ἐπίστασθαι ἕως ἂν ἐνῇ τὸ εἴδωλον αὐτοῦ· ὃ δ' ἂν ἐξαλειφθῇ ἢ μὴ οἷόν τε γένηται ἐκμαγῆναι, ἐπιλελῆσθαί τε καὶ μὴ ἐπίστασθαι.

ΘΕΑΙ. Ἔστω οὕτως.

ΣΩ. Ὁ τοίνυν ἐπιστάμενος μὲν αὐτά, σκοπῶν δέ τι ὧν ὁρᾷ ἢ ἀκούει, ἄθρει εἰ ἄρα τοιῷδε τρόπῳ ψευδῆ ἂν δοξάσαι.

ΘΕΑΙ. Ποίῳ δή τινι;

ΣΩ. Ἃ οἶδεν, οἰηθεὶς εἶναι τοτὲ μὲν ἃ οἶδε, τοτὲ δὲ ἃ μή. ταῦτα γὰρ ἐν τοῖς πρόσθεν οὐ καλῶς ὡμολογήσαμεν ὁμολογοῦντες ἀδύνατα.

ΘΕΑΙ. Νῦν δὲ πῶς λέγεις;

ΣΩ. Δεῖ ὧδε λέγεσθαι περὶ αὐτῶν ἐξ ἀρχῆς διοριζομένους ὅτι ὃ μέν τις οἶδεν, σχὼν αὐτοῦ μνημεῖον ἐν τῇ ψυχῇ, αἰσθάνεται δὲ αὐτὸ μή, οἰηθῆναι ἕτερόν τί ὧν οἶδεν, ἔχοντα καὶ ἐκείνου τύπον, αἰσθανόμενον δὲ μή, ἀδύνατον.

c 10 καὶ σκληροτέρου om. W   d 5 ἂν om. T   εἰδῶμεν B   ἀκούωμεν B T   d 6 ὑπέχοντε W : ὑπέχοντες vulg.   d 9 ὃ δ' ἂν B² W : ὅταν B : ὅταν δὲ T   a 2 σχὼν B T : ἔχων W   a 3 ante οἰηθῆναι add. τοῦτο B   τι] τι εἶναι W   a 4 αἰσθανόμενος W

的说法。因此，请你考虑一下我是否说出了一些东西。有可能一个人虽然早先不知道某个东西，后来却弄懂[570]了它吗？

泰阿泰德：当然可能。

苏格拉底：他也能在弄懂一个东西之后，再次弄懂另一个东西吗？

泰阿泰德：为何不？

苏格拉底：为了讨论，现在请你假设[571]在我们的灵魂中有一个蜡块[572]，在有的人那里较大，在有的人那里则较小；并且在有的人那里较纯洁，在有的人那里则较肮脏，在有的人那里较硬，在有的人那里则较软；而在有的人那里〈一切都〉恰好合适。

泰阿泰德：我就这么假设。

苏格拉底：那好，让我们说它是众缪斯的母亲谟涅摩绪涅的礼物[573]，并且在我们所看见、听到或者我们自己所思想的那些东西中，任何我们想记住的，我们把它们印到这个蜡块上——通过把它放在诸感觉和诸思想的下面——，就像我们〈在它那里〉留下印章戒指的印迹一样。此外，一方面那留下了印迹的，〈我们说我们〉记得并且知道，只要它的图像还在〈这块蜡上面〉；另一方面，那被擦掉了的，或者那不能够变得留下印迹的，〈我们说我们〉已经忘记了和不知道。

泰阿泰德：就让它是这样吧。

苏格拉底：那么，那知道它们，而且在考察他所看见或听到的那些东西中的某个东西的人[574]，请你看看他是否会以下面这种方式对一些虚假的东西下判断。

泰阿泰德：何种方式？

苏格拉底：通过认为他所知道的那些东西，有时是他所知道的，而有时又是他所不知道的。因为当我们在前面同意这是不可能的时，我们并未正确地同意。

泰阿泰德：那现在你要怎么说？

苏格拉底：应当通过从头进行界定如下面这样来谈论它们。一个人所知道的任何东西，如果他虽然在灵魂中有着对它的记录，但没有在感觉它，那么，认为它是他所知道的东西中的另外某个——虽然他也拥有该东西的印迹，但没有在感觉它——，这是不可能的。此外，〈下面这些情形

ΠΛΑΤΩΝΟΣ

καὶ ὅ γε οἶδεν αὖ, οἰηθῆναι εἶναι ὃ μὴ οἶδε μηδ' ἔχει αὐτοῦ σφραγῖδα· καὶ ὃ μὴ οἶδεν, ὃ μὴ οἶδεν αὖ· καὶ ὃ μὴ οἶδεν, ὃ οἶδε· καὶ ὃ αἰσθάνεταί γε, ἕτερόν τι ὧν αἰσθάνεται οἰηθῆναι εἶναι· καὶ ὃ αἰσθάνεται, ὧν τι μὴ αἰσθάνεται· καὶ ὃ μὴ αἰσθάνεται, ὧν μὴ αἰσθάνεται· καὶ ὃ μὴ αἰσθάνεται, ὧν αἰσθάνεται. καὶ ἔτι γε αὖ καὶ ὃ οἶδε καὶ αἰσθάνεται καὶ ἔχει τὸ σημεῖον κατὰ τὴν αἴσθησιν, οἰηθῆναι αὖ ἕτερόν τι ὧν οἶδε καὶ αἰσθάνεται καὶ ἔχει αὖ καὶ ἐκείνου τὸ σημεῖον κατὰ τὴν αἴσθησιν, ἀδυνατώτερον ἔτι ἐκείνων, εἰ οἷόν τε. καὶ ὃ οἶδε καὶ [ὃ] αἰσθάνεται ἔχων τὸ μνημεῖον ὀρθῶς, ὃ οἶδεν οἰηθῆναι ἀδύνατον· καὶ ὃ οἶδε καὶ αἰσθάνεται ἔχων κατὰ ταὐτά, ὃ αἰσθάνεται· καὶ ὃ αὖ μὴ οἶδε μηδὲ αἰσθάνεται, ὃ μὴ οἶδε μηδὲ αἰσθάνεται· καὶ ὃ μὴ οἶδε μηδὲ αἰσθάνεται, ὃ μὴ οἶδε· καὶ ὃ μὴ οἶδε μηδὲ αἰσθάνεται, ὃ μὴ αἰσθάνεται· πάντα ταῦτα ὑπερβάλλει ἀδυναμίᾳ τοῦ ἐν αὐτοῖς ψευδῆ τινα δοξάσαι. λείπεται δὴ ἐν τοῖς τοιοῖσδε, εἴπερ που ἄλλοθι, τὸ τοιοῦτον γενέσθαι.

ΘΕΑΙ. Ἐν τίσι δή; ἐὰν ἄρα ἐξ αὐτῶν τι μᾶλλον μάθω· νῦν μὲν γὰρ οὐχ ἕπομαι.

ΣΩ. Ἐν οἷς οἶδεν, οἰηθῆναι αὐτὰ ἕτερ' ἄττα εἶναι ὧν οἶδε καὶ αἰσθάνεται· ἢ ὧν μὴ οἶδεν, αἰσθάνεται δέ· ἢ ὧν οἶδε καὶ αἰσθάνεται, ὧν οἶδεν αὖ καὶ αἰσθάνεται.

ΘΕΑΙ. Νῦν πολὺ πλέον ἀπελείφθην ἢ τότε.

ΣΩ. Ὧδε δὴ ἀνάπαλιν ἄκουε. ἐγὼ εἰδὼς Θεόδωρον καὶ ἐν ἐμαυτῷ μεμνημένος οἷός ἐστι, καὶ Θεαίτητον κατὰ ταὐτά, ἄλλο τι ἐνίοτε μὲν ὁρῶ αὐτούς, ἐνίοτε δὲ οὔ, καὶ ἅπτομαί ποτ' αὐτῶν, τοτὲ δ' οὔ, καὶ ἀκούω ἤ τινα ἄλλην αἴσθησιν αἰσθάνομαι, τοτὲ δ' αἴσθησιν μὲν οὐδεμίαν ἔχω περὶ ὑμῶν, μέμνημαι δὲ ὑμᾶς οὐδὲν ἧττον καὶ ἐπίσταμαι αὐτὸς ἐν ἐμαυτῷ;

---

b 1 ὧν αἰσθάνεται B   καὶ ... b 2 ὧν αἰσθάνεται om. B   b 2 καὶ ὃ W: ὧν BT   b 3 ante ἔχει add. ὧ B: ὧν T (sed utrumque punctis notatum)   αὖ] αὐτὸ W   b 6 ὃ secl. Bonitz   τὸ μνημεῖον ... b 7 ἔχων om. BT: add. B²T in marg.   c 3 ὃ μὴ οἶδε· καὶ ... μὴ αἰσθάνεται om. B   c 10 ὧν] ἃ Ast   d 5 ποτ' secl. Schanz   d 8 ἐν W: om. pr. BT

也都是不可能的〉：他的确知道的某个东西，认为是他既不知道也不具有其印记的东西；把他不知道的某个东西〈认作另一个〉他也不知道的东西；把他不知道的某个东西〈认作〉他知道的某个东西。还有，他的确感觉到的某个东西，认为是他所感觉到的东西中的某一另外的东西；把他感觉到的某个东西〈认作〉他没有感觉到的东西中的某个；把他没有感觉到的某个东西〈认作〉他没有感觉到的东西中的〈另外某个〉；把他没有感觉到的某个东西〈认作〉他所感觉到的东西〈中的某个〉。进而，把他既知道又感觉到，并且拥有同感觉相一致的迹象的东西，认作他既知道又感觉到并且也拥有其同感觉相一致的迹象的东西中的另外某个，这比前面那些情况就更为不可能——如果就可能性来说的话[575]——；他既知道又感觉到[576]，而且正确地有着〈对它的〉记录的某个东西，不可能将之认作他知道的〈另外某个东西〉；他既知道又感觉到，而且同样〈正确地〉有着〈对它的〉记录的某个东西，〈不可能将之认作〉他感觉到的〈另外某个东西〉；他既不知道也没有感觉到的某个东西，〈不可能将之认作〉他既不知道也没有感觉到的〈另外某个东西〉；他既不知道也没有感觉到的某个东西，〈不可能将之认作〉他不知道的某个东西；他既不知道也没有感觉的某个东西，〈不可能将之认作〉他没有感觉到的某个东西。就一个人于其中对一些假的东西下判断之不可能而言，所有这些情形都是最不可能的[577]。于是只剩下在下面这些情形中，假如还有其他某处的话，〈对一些假的东西下判断〉这种情况〈或许〉发生过。

泰阿泰德：究竟在那些情形中？如果〈你说出来〉，或许基于它们我会理解得更好些；因为现在我根本跟不上。

苏格拉底：在这样一些情形中：一个人知道的那些东西，认为是他知道和感觉到的东西中的另外一些，或者是他不知道但感觉到的东西〈中的另外一些〉；或者，他知道和感觉到的那些东西[578]，认为是另外一些他也知道和感觉到的东西[579]。

泰阿泰德：我现在比刚才更加远远地被落在后头了。

苏格拉底：那就请你如下面这样再听一次。如果我知道忒俄多洛斯，并且在我自己这里记得他是怎样的，对于泰阿泰德也同样如此，那么，是不是我有时看见他们，有时则没有，我时而触摸到他们，时而则没有，我也〈有时〉听到〈他们〉或用其他某种感觉感觉到〈他们〉，有时则对于你俩没有任何感觉，但我丝毫不差地记得你们，并且我自己在我自己这里知道你们？

ΘΕΑΙΤΗΤΟΣ

ΘΕΑΙ. Πάνυ μὲν οὖν.

ΣΩ. Τοῦτο τοίνυν πρῶτον μάθε ὧν βούλομαι δηλῶσαι, ὅτι ἔστι μὲν ἃ οἶδε μὴ αἰσθάνεσθαι, ἔστιν δὲ αἰσθάνεσθαι.

ΘΕΑΙ. Ἀληθῆ.

ΣΩ. Οὐκοῦν καὶ ἃ μὴ οἶδε, πολλάκις μὲν ἔστι μηδὲ αἰσθάνεσθαι, πολλάκις δὲ αἰσθάνεσθαι μόνον;

ΘΕΑΙ. Ἔστι καὶ τοῦτο.

ΣΩ. Ἰδὲ δὴ ἐάν τι μᾶλλον νῦν ἐπίσπῃ. Σωκράτης εἰ γιγνώσκει Θεόδωρον καὶ Θεαίτητον, ὁρᾷ δὲ μηδέτερον, μηδὲ ἄλλη αἴσθησις αὐτῷ πάρεστι περὶ αὐτῶν, οὐκ ἄν ποτε ἐν ἑαυτῷ δοξάσειεν ὡς ὁ Θεαίτητός ἐστι Θεόδωρος. λέγω τὶ ἢ οὐδέν;

ΘΕΑΙ. Ναί, ἀληθῆ γε.

ΣΩ. Τοῦτο μὲν τοίνυν ἐκείνων πρῶτον ἦν ὧν ἔλεγον.

ΘΕΑΙ. Ἦν γάρ.

ΣΩ. Δεύτερον τοίνυν, ὅτι τὸν μὲν γιγνώσκων ὑμῶν, τὸν δὲ μὴ γιγνώσκων, αἰσθανόμενος δὲ μηδέτερον, οὐκ ἄν ποτε αὖ οἰηθείην ὃν οἶδα εἶναι ὃν μὴ οἶδα.

ΘΕΑΙ. Ὀρθῶς.

ΣΩ. Τρίτον δέ, μηδέτερον γιγνώσκων μηδὲ αἰσθανόμενος οὐκ ἂν οἰηθείην ὃν μὴ οἶδα ἕτερόν τιν' εἶναι ὧν μὴ οἶδα. καὶ τἆλλα τὰ πρότερα πάνθ' ἑξῆς νόμιζε πάλιν ἀκηκοέναι, ἐν οἷς οὐδέποτ' ἐγὼ περὶ σοῦ καὶ Θεοδώρου τὰ ψευδῆ δοξάσω, οὔτε γιγνώσκων οὔτε ἀγνοῶν ἄμφω, οὔτε τὸν μέν, τὸν δ' οὐ γιγνώσκων· καὶ περὶ αἰσθήσεων κατὰ ταὐτά, εἰ ἄρα ἕπῃ.

ΘΕΑΙ. Ἕπομαι.

ΣΩ. Λείπεται τοίνυν τὰ ψευδῆ δοξάσαι ἐν τῷδε, ὅταν γιγνώσκων σὲ καὶ Θεόδωρον, καὶ ἔχων ἐν ἐκείνῳ τῷ κηρίνῳ ὥσπερ δακτυλίων σφῷν ἀμφοῖν τὰ σημεῖα, διὰ μακροῦ καὶ

---

e 3 ὅτι W : ὡς pr. BT   ἔστιν δὲ ... e 5 μηδὲ αἰσθάνεσθαι om. B
a 1 εἰ γιγνώσκει W : ἐπιγιγνώσκει BT : ἐπεὶ γιγνώσκει Ast   b 6 καὶ
om. W   b 9 τὰ] τὸ Wagner   b 10 κηρίῳ W   c 1 ἀμφοῖν]
αὐτοῖν B

泰阿泰德：完全如此。 192e1

苏格拉底：那么，首先请你理解我想显明的情形中的这点，即一个人能够没有感觉到他所知道的东西，但也能够感觉到。

泰阿泰德：正确。

苏格拉底：对于他不知道的东西，他岂不也经常能够没有感觉到， 192e5
但也经常能够仅仅感觉到而已？

泰阿泰德：这也是可能的。

苏格拉底：那么请你看看，是否现在你更能跟得上些。如果苏格拉底 193a1
认识忒俄多洛斯和泰阿泰德，但没有看见这两人中的任何一个，关于他们
也没有任何其他的感觉对他来说是在场的，那么，他从不会在他自己那里
下判断〈说〉忒俄多洛斯是泰阿泰德。我说得中肯，还是在胡说？

泰阿泰德：是的，肯定〈说得〉正确。 193a5

苏格拉底：因此，这就是我曾说的那些情形中的第一种情况。

泰阿泰德：的确是。

苏格拉底：因而第二种情况是：如果我认识你俩中的一个，但不认
识另一个，而且没有感觉到〈你们〉两人中的任何一个，那么，我也从 193a10
不会认为我知道的那个人是我不知道的那个人。

泰阿泰德：正确。

苏格拉底：而第三种情况是：如果我既不认识也没有感觉到〈你 193b1
们〉两人中的任何一个，那么我就不会认为，我不知道的〈其中〉那个
是我不知道的那些人中的另外某个人。并且请你设想一下[580]，你已经重
新依次听了前面的所有其他那些情形——于其中我从不会就你和忒俄多
洛斯对一些假的东西下判断，无论基于我认识还是不认识你俩，也无论 193b5
基于我认识其中一个，而不认识另一个——。并且关于诸感觉也同样如
此，如果你真的跟上了的话。

泰阿泰德：我跟上了。

苏格拉底：那么，对一些假的东西下判断就剩下在下面这种情形中
了：我认识你和忒俄多洛斯，并且在那个蜡做的东西上，就像有着印章 193b10
戒指的印迹一样有着你们两人的印迹，每当我在从远处看见你俩并且看 193c1

ΠΛΑΤΩΝΟΣ

μὴ ἱκανῶς ὁρῶν ἄμφω προθυμηθῶ, τὸ οἰκεῖον ἑκατέρου σημεῖον ἀποδοὺς τῇ οἰκείᾳ ὄψει, ἐμβιβάσας προσαρμόσαι εἰς τὸ ἑαυτῆς ἴχνος, ἵνα γένηται ἀναγνώρισις, εἶτα τούτων ἀποτυχὼν καὶ ὥσπερ οἱ ἔμπαλιν ὑποδούμενοι παραλλάξας προσβάλω τὴν ἑκατέρου ὄψιν πρὸς τὸ ἀλλότριον σημεῖον, ἢ καὶ οἷα τὰ ἐν τοῖς κατόπτροις τῆς ὄψεως πάθη, δεξιὰ εἰς ἀριστερὰ μεταρρεούσης, ταὐτὸν παθὼν διαμάρτω· τότε δὴ συμβαίνει ἡ ἑτεροδοξία καὶ τὸ ψευδῆ δοξάζειν.

ΘΕΑΙ. Ἔοικε γάρ, ὦ Σώκρατες. θαυμασίως ὡς λέγεις τὸ τῆς δόξης πάθος.

ΣΩ. Ἔτι τοίνυν καὶ ὅταν ἀμφοτέρους γιγνώσκων τὸν μὲν πρὸς τῷ γιγνώσκειν αἰσθάνωμαι, τὸν δὲ μή, τὴν δὲ γνῶσιν τοῦ ἑτέρου μὴ κατὰ τὴν αἴσθησιν ἔχω, ὃ ἐν τοῖς πρόσθεν οὕτως ἔλεγον καί μου τότε οὐκ ἐμάνθανες.

ΘΕΑΙ. Οὐ γὰρ οὖν.

ΣΩ. Τοῦτο μὴν ἔλεγον, ὅτι γιγνώσκων τὸν ἕτερον καὶ αἰσθανόμενος, καὶ τὴν γνῶσιν κατὰ τὴν αἴσθησιν αὐτοῦ ἔχων, οὐδέποτε οἰήσεται εἶναι αὐτὸν ἕτερόν τινα ὃν γιγνώσκει τε καὶ αἰσθάνεται καὶ τὴν γνῶσιν αὖ καὶ ἐκείνου ἔχει κατὰ τὴν αἴσθησιν. ἦν γὰρ τοῦτο;

ΘΕΑΙ. Ναί.

ΣΩ. Παρελείπετο δέ γέ που τὸ νῦν λεγόμενον, ἐν ᾧ δή φαμεν τὴν ψευδῆ δόξαν γίγνεσθαι τὸ ἄμφω γιγνώσκοντα καὶ ἄμφω ὁρῶντα ἤ τινα ἄλλην αἴσθησιν ἔχοντα ἀμφοῖν τὼ σημείω μὴ κατὰ τὴν αὐτοῦ αἴσθησιν ἑκάτερον ἔχειν, ἀλλ' οἷον τοξότην φαῦλον ἱέντα παραλλάξαι τοῦ σκοποῦ καὶ ἁμαρτεῖν, ὃ δὴ καὶ ψεῦδος ἄρα ὠνόμασται.

ΘΕΑΙ. Εἰκότως γε.

ΣΩ. Καὶ ὅταν τοίνυν τῷ μὲν παρῇ αἴσθησις τῶν σημείων,

c 5 παραλλὰξ W   c 7 δεξιᾶς εἰς ἀριστερὰν Ast   d 1 μεταφερούσης Buttmann   d 6 τῷ] τὸ B   αἰσθάνομαι B   d 8 μου] μοι W   d 10 ⟨ὃ⟩ γιγνώσκων Heindorf   τὸν] τὸ W   e 2 ὂν] ὧν T   a 1 τὼ σημείω al. Heusde : τῷ σημείῳ T W² : τὸ σημεῖον B W   a 2 ἔχῃ B

得不够〈清楚〉的情况下就急于把〈你俩〉每一个的自己的印迹指派给相应的视觉，导入〈视觉〉使〈视觉〉同它自己的印迹相适合[581]，以便重新认出[582]能够发生，随后我就没有切中这些；并且就像那些穿反了鞋的人一样[583]，我通过对调把〈对你俩〉其中一个的视觉投向另一个人的印迹，或者就像在各种镜子中视觉的那些遭遇一样，它使〈其〉右边的那些东西对流为了左边的东西，我也因遭遇同样的事情而犯错。于是就会出现错误的判断和对一些假的东西下判断。

泰阿泰德： 似乎是这样，苏格拉底。你多么令人惊异地说出了在判断那里发生的事情[584]。

苏格拉底： 还有〈一种情况〉：我认识你们两人，每当我除了认识还感觉到其中一个而没有感觉到另一个，但我不具有同感觉相一致的对前者的认识[586]，〈这时也会出现错误的判断和对一些假的东西下判断〉；这就是我在前面曾谈到的那种情况[587]，而那时你没有理解我的〈意思〉。

泰阿泰德： 确实不理解。

苏格拉底： 我那时其实说的是这样：如果一个人认识且感觉到另一个人，并且对他具有同感觉相一致的认识，那么，他就从不会认为那人是另外某个他也既认识又感觉到、而且对之也具有同感觉相一致的认识的人。是这样吗？

泰阿泰德： 是的。

苏格拉底： 剩下的就肯定只能是刚才说过的那种情形[588]，于其中我们说假的判断会产生：一个人虽然认识两个东西，并且看见这两个东西，或者对这两个东西具有其他某种感觉，但他不拥有这两个东西各自同对它的感觉相一致的印迹，而是如一位拙劣的弓箭手一样，当他射箭时，偏离和错失了目标，而这恰恰就被称作假话。

泰阿泰德： 非常合理。

苏格拉底： 因此，每当一种感觉对〈两个〉印迹中的一个在场，对

ΘΕΑΙΤΗΤΟΣ

τῷ δὲ μή, τὸ δὲ τῆς ἀπούσης αἰσθήσεως τῇ παρούσῃ προσαρμόσῃ, πάντῃ ταύτῃ ψεύδεται ἡ διάνοια. καὶ ἑνὶ λόγῳ, περὶ ὧν μὲν μὴ οἶδέ τις μηδ' ἐπήσθετο πώποτε, οὐκ ἔστιν, ὡς ἔοικεν, οὔτε ψεύδεσθαι οὔτε ψευδὴς δόξα, εἴ τι νῦν ἡμεῖς ὑγιὲς λέγομεν· περὶ δὲ ὧν ἴσμεν τε καὶ αἰσθανόμεθα, ἐν αὐτοῖς τούτοις στρέφεται καὶ ἑλίττεται ἡ δόξα ψευδὴς καὶ ἀληθὴς γιγνομένη, καταντικρὺ μὲν καὶ κατὰ τὸ εὐθὺ τὰ οἰκεῖα συνάγουσα ἀποτυπώματα καὶ τύπους ἀληθής, εἰς πλάγια δὲ καὶ σκολιὰ ψευδής.

ΘΕΑΙ. Οὐκοῦν καλῶς, ὦ Σώκρατες, λέγεται;

ΣΩ. Ἔτι τοίνυν καὶ τάδε ἀκούσας μᾶλλον αὐτὸ ἐρεῖς. τὸ μὲν γὰρ τἀληθὲς δοξάζειν καλόν, τὸ δὲ ψεύδεσθαι αἰσχρόν.

ΘΕΑΙ. Πῶς δ' οὔ;

ΣΩ. Ταῦτα τοίνυν φασὶν ἐνθένδε γίγνεσθαι. ὅταν μὲν ὁ κηρός του ἐν τῇ ψυχῇ βαθύς τε καὶ πολὺς καὶ λεῖος καὶ μετρίως ὠργασμένος ᾖ, τὰ ἰόντα διὰ τῶν αἰσθήσεων, ἐνσημαινόμενα εἰς τοῦτο τὸ τῆς ψυχῆς "κέαρ," ὃ ἔφη Ὅμηρος αἰνιττόμενος τὴν τοῦ κηροῦ ὁμοιότητα, τότε μὲν καὶ τούτοις καθαρὰ τὰ σημεῖα ἐγγιγνόμενα καὶ ἱκανῶς τοῦ βάθους ἔχοντα πολυχρόνιά τε γίγνεται καὶ εἰσὶν οἱ τοιοῦτοι πρῶτον μὲν εὐμαθεῖς, ἔπειτα μνήμονες, εἶτα οὐ παραλλάττουσι τῶν αἰσθήσεων τὰ σημεῖα ἀλλὰ δοξάζουσιν ἀληθῆ. σαφῆ γὰρ καὶ ἐν εὐρυχωρίᾳ ὄντα ταχὺ διανέμουσιν ἐπὶ τὰ αὑτῶν ἕκαστα ἐκμαγεῖα, ἃ δὴ ὄντα καλεῖται, καὶ σοφοὶ δὴ οὗτοι καλοῦνται. ἢ οὐ δοκεῖ σοι;

ΘΕΑΙ. Ὑπερφυῶς μὲν οὖν.

ΣΩ. Ὅταν τοίνυν λάσιόν του τὸ κέαρ ᾖ, ὃ δὴ ἐπῄνεσεν ὁ πάσσοφος ποιητής, ἢ ὅταν κοπρῶδες καὶ μὴ καθαροῦ τοῦ κηροῦ, ἢ ὑγρὸν σφόδρα ἢ σκληρόν, ὧν μὲν ὑγρὸν εὐμαθεῖς μέν, ἐπιλήσμονες δὲ γίγνονται, ὧν δὲ σκληρόν, τἀναντία.

---

a 9 μηδὲ ἐπείθετο ἐπήσθετο pr. B ut videtur (corr. B²): μηδὲ ᾖσθετο T W
b 5 τυποῦσα T W   c 6 ὠργασμένος Suidas, Timaeus: εἰργασμένος B T
c 7 κῆρ Ast   d 5 διανέμουσιν] διαβαίνουσιν ex emend. B   e 1 του τὸ] τοῦτο τὸ B   e 2 πάσσοφος schol.: πάντα σοφὸς B T

另一个却不在场,而一个人却把感觉不在场的那个印迹适配给那在场的感觉,这样一来〈其〉思想就完全在说假话。并且一句话[589],关于一个人既不知道也从未感觉到过的那些东西,似乎既不可能说假话,也不可能有任何假的判断,如果我们现在说出了某种稳妥的东西的话。但关于我们知道且感觉到的那些东西,恰恰在这些东西那里判断会颠倒和翻转,从而变成假的和真的:当它径直和不歪曲地[590]把自己的那些印象和印迹领到一起,就是真的;当它颠三倒四和歪曲地〈把它们领到一起〉,则是假的。

194b1

194b5

泰阿泰德:这岂不说得漂亮,苏格拉底?

苏格拉底:当你听到下面这些,你就更会这么说了。因为对真的东西下判断是美好的,而说假话是丑陋的。

194c1

泰阿泰德:当然。

苏格拉底:因此,一些人说[591]这些事情都从下面这里产生出来。每当某人在灵魂中的那块蜡既厚又多,还光滑,并且被合适地揉捏了,然后那些通过诸感觉而来的东西,被印到这种东西上——荷马将之称为灵魂的"心",以便暗示它同蜡的相似[592]——,那时并且在这些情形下,各种印迹由于变得纯净和具有足够的深度[593]而成为经久的,并且这样一种人首先是领会快的,其次是有好记忆力的,然后他们还不会把诸感觉的各种印迹颠三倒四,而是对一些真的东西下出判断。因为,既然〈这些印迹〉是清楚的,并且是处在开阔的场地中,所以他们就能快速地把每一个被称作是者的东西分配给它们〈在蜡块上留下〉的印记,并且这些人被称作智慧的人。或者在你看来不是这样?

194c5

194d1

194d5

泰阿泰德:完全是这样。

苏格拉底:因此,每当某人的心是乱糟糟的——那位极其智慧的诗人曾赞美过它[594]——,或者每当它是脏兮兮的并且有着不纯净的蜡,或者过于软,或者过于硬,那么,〈其蜡过于〉软的那些人,一方面是领会快的,一方面则变得健忘,而〈其蜡过于〉硬的那些人,则恰好相

194e1

ΠΛΑΤΩΝΟΣ

οἱ δὲ δὴ λάσιον καὶ τραχὺ λιθῶδές τι ἢ γῆς ἢ κόπρου συμμιγείσης ἔμπλεων ἔχοντες ἀσαφῆ τὰ ἐκμαγεῖα ἴσχουσιν. ἀσαφῆ δὲ καὶ οἱ τὰ σκληρά· βάθος γὰρ οὐκ ἔνι. ἀσαφῆ δὲ καὶ οἱ τὰ ὑγρά· ὑπὸ γὰρ τοῦ συγχεῖσθαι ταχὺ γίγνεται ἀμυδρά. ἐὰν δὲ πρὸς πᾶσι τούτοις ἐπ᾽ ἀλλήλων συμπεπτωκότα ᾖ ὑπὸ στενοχωρίας, ἐάν του σμικρὸν ᾖ τὸ ψυχάριον, ἔτι ἀσαφέστερα ἐκείνων. πάντες οὖν οὗτοι γίγνονται οἷοι δοξάζειν ψευδῆ. ὅταν γάρ τι ὁρῶσιν ἢ ἀκούωσιν ἢ ἐπινοῶσιν, ἕκαστα ἀπονέμειν ταχὺ ἑκάστοις οὐ δυνάμενοι βραδεῖς τέ εἰσι καὶ ἀλλοτριονομοῦντες παρορῶσί τε καὶ παρακούουσι καὶ παρανοοῦσι πλεῖστα, καὶ καλοῦνται αὖ οὗτοι ἐψευσμένοι τε δὴ τῶν ὄντων καὶ ἀμαθεῖς.

ΘΕΑΙ. Ὀρθότατα ἀνθρώπων λέγεις, ὦ Σώκρατες.
ΣΩ. Φῶμεν ἄρα ἐν ἡμῖν ψευδεῖς δόξας εἶναι;
ΘΕΑΙ. Σφόδρα γε.
ΣΩ. Καὶ ἀληθεῖς δή;
ΘΕΑΙ. Καὶ ἀληθεῖς.
ΣΩ. Ἤδη οὖν οἰόμεθα ἱκανῶς ὡμολογῆσθαι ὅτι παντὸς μᾶλλον ἐστὸν ἀμφοτέρα τούτω τὼ δόξα;
ΘΕΑΙ. Ὑπερφυῶς μὲν οὖν.
ΣΩ. Δεινόν τε, ὦ Θεαίτητε, ὡς ἀληθῶς κινδυνεύει καὶ ἀηδὲς εἶναι ἀνὴρ ἀδολέσχης.
ΘΕΑΙ. Τί δέ; πρὸς τί τοῦτ᾽ εἶπες;
ΣΩ. Τὴν ἐμαυτοῦ δυσμαθίαν δυσχεράνας καὶ ὡς ἀληθῶς ἀδολεσχίαν. τί γὰρ ἄν τις ἄλλο θεῖτο ὄνομα, ὅταν ἄνω κάτω τοὺς λόγους ἕλκῃ τις ὑπὸ νωθείας οὐ δυνάμενος πεισθῆναι, καὶ ᾖ δυσαπάλλακτος ἀφ᾽ ἑκάστου λόγου;
ΘΕΑΙ. Σὺ δὲ δὴ τί δυσχεραίνεις;
ΣΩ. Οὐ δυσχεραίνω μόνον ἀλλὰ καὶ δέδοικα ὅτι ἀποκρινοῦμαι ἄν τις ἔρηταί με· "Ὦ Σώκρατες, ηὕρηκας δὴ ψευδῆ δόξαν, ὅτι οὔτε ἐν ταῖς αἰσθήσεσίν ἐστι πρὸς ἀλλήλας οὔτ᾽

a 2 ἀλλήλοις W a 6 ἕκαστα] ἕκαστοι B T a 7 τε om. W
b 9 τε] γε T c 8 ὅτι T W: om. B

反。那些有着乱糟糟的、粗糙的和像石头一样的某种东西——它充满了某种混合物，或者泥土，或者污秽物 595——的人，则有着不清楚的印记。那些有着〈过于〉硬的〈蜡〉的人也〈有着〉不清楚的〈印迹〉，因为在那里〈印迹的〉深度不够。而那些有着〈过于〉软的〈蜡〉的人也〈有着〉不清楚的〈印迹〉，因为〈印迹容易〉被抹掉 596 而很快就变得模糊不清。而除了所有这些之外，如果由于地方狭窄〈印记〉彼此挤到了一起，如果某人的小灵魂是〈太〉小了 597，那么〈印记〉就比〈前面〉那些还要不清楚。因此，所有这些人都成为了那类对一些假的东西下判断的人。因为每当他们看、听或思考任何东西时，他们由于不能快速地把每个东西分配给每个〈印迹〉而是迟钝的，并且由于分配错而多半错看、错听和错想；并且这些人也因对各种是者说假话而被称作无知的。

泰阿泰德： 世界上无人比你说得更正确了 598，苏格拉底！

苏格拉底： 因此我们会说在我们这儿有一些错误的判断 599？

泰阿泰德： 非常肯定。

苏格拉底：〈在我们这儿〉也肯定有一些真的〈判断〉？

泰阿泰德： 也有一些真的〈判断〉。

苏格拉底： 因此我们认为我们已经充分地同意了下面这点吗，即必定有着这两种判断？

泰阿泰德： 非常非常地充分。

苏格拉底： 泰阿泰德啊，一个人，〈当他变成一个〉闲谈的人 600 时，有可能真的是一件可怕而令人生厌的事情。

泰阿泰德： 怎么回事？你为何这么说呢？

苏格拉底： 因为我厌恶我自己的不敏于学和真的闲谈。因为一个人还能〈对之〉给出别的什么名字吗，每当有人由于迟钝而上上下下地拖拽各种说法，以至于既不能够被人听从，自己又难以摆脱每个说法时？

泰阿泰德： 但你，究竟厌恶什么呢？

苏格拉底： 我不仅厌恶，而且恐惧如果有人问我下面这点，我将如何作答："苏格拉底啊，于是你已经发现了假的判断吗，它既不是在诸感觉的彼此关联中，也不是在诸思想〈的彼此关联〉中，而是在诸感觉

ΘΕΑΙΤΗΤΟΣ 195

ἐν ταῖς διανοιαις ἀλλ' ἐν τῇ συνάψει αἰσθήσεως πρὸς d
διάνοιαν;" φήσω δὲ ἐγὼ οἶμαι καλλωπιζόμενος ὥς τι
ηὑρηκότων ἡμῶν καλόν.

ΘΕΑΙ. Ἔμοιγε δοκεῖ, ὦ Σώκρατες, οὐκ αἰσχρὸν εἶναι τὸ
νῦν ἀποδεδειγμένον. 5

ΣΩ. "Οὐκοῦν," φησί, "λέγεις ὅτι αὖ τὸν ἄνθρωπον
ὃν διανοούμεθα μόνον, ὁρῶμεν δ' οὔ, ἵππον οὐκ ἄν ποτε
οἰηθείημεν εἶναι, ὃν αὖ οὔτε ὁρῶμεν οὔτε ἁπτόμεθα, διανοού-
μεθα δὲ μόνον καὶ ἄλλ' οὐδὲν αἰσθανόμεθα περὶ αὐτοῦ;"
ταῦτα οἶμαι φήσω λέγειν. 10

ΘΕΑΙ. Καὶ ὀρθῶς γε.

ΣΩ. "Τί οὖν," φησί, "τὰ ἕνδεκα ἃ μηδὲν ἄλλο ἢ δια- e
νοεῖταί τις, ἄλλο τι ἐκ τούτου τοῦ λόγου οὐκ ἄν ποτε οἰηθείη
δώδεκα εἶναι ἃ μόνον αὖ διανοεῖται;" ἴθι οὖν δή, σὺ
ἀποκρίνου.

ΘΕΑΙ. Ἀλλ' ἀποκρινοῦμαι ὅτι ὁρῶν μὲν ἄν τις ἢ ἐφαπτό- 5
μενος οἰηθείη τὰ ἕνδεκα δώδεκα εἶναι, ἃ μέντοι ἐν τῇ διανοίᾳ
ἔχει, οὐκ ἄν ποτε περὶ αὐτῶν ταῦτα δοξάσειεν οὕτως.

ΣΩ. Τί οὖν; οἴει τινὰ πώποτε αὐτὸν ἐν αὑτῷ πέντε καὶ
ἑπτά, λέγω δὲ μὴ ἀνθρώπους ἑπτὰ καὶ πέντε προθέμενον 196
σκοπεῖν μηδ' ἄλλο τοιοῦτον, ἀλλ' αὐτὰ πέντε καὶ ἑπτά, ἅ
φαμεν ἐκεῖ μνημεῖα ἐν τῷ ἐκμαγείῳ εἶναι καὶ ψευδῆ ἐν αὐτοῖς
οὐκ εἶναι δοξάσαι, ταῦτα αὐτὰ εἴ τις ἀνθρώπων ἤδη πώποτε
ἐσκέψατο λέγων πρὸς αὑτὸν καὶ ἐρωτῶν πόσα ποτ' ἐστίν, 5
καὶ ὁ μέν τις εἶπεν οἰηθεὶς ἕνδεκα αὐτὰ εἶναι, ὁ δὲ δώδεκα,
ἢ πάντες λέγουσί τε καὶ οἴονται δώδεκα αὐτὰ εἶναι;

ΘΕΑΙ. Οὐ μὰ τὸν Δία, ἀλλὰ πολλοὶ δὴ καὶ ἕνδεκα· ἐὰν b
δέ γε ἐν πλείονι ἀριθμῷ τις σκοπῆται, μᾶλλον σφάλλεται.
οἶμαι γάρ σε περὶ παντὸς [μᾶλλον] ἀριθμοῦ λέγειν.

ΣΩ. Ὀρθῶς γὰρ οἴει· καὶ ἐνθυμοῦ μή τι τότε γίγνεται

d 6 φήσει al.   αὖ τὸν] αὐτὸν ex emend. D : αὐτὸν τὸν Heindorf
d 8 ὃν αὖ] ὃ νῦν T   e 1 φησί] φῄς B : φήσει Stephanus   a 2 αὐτὰ]
αὐτὰ τὰ Heindorf   a 3 φαμεν] ἔφαμεν Ast   b 3 μᾶλλον om. W :
post ἀριθμοῦ T   b 4 μή] δή W   τότε W : ποτε BT

同思想的结合中？"而我认为我将说〈是的〉，夸耀自己，好像我们已经发现了某种美好的东西似的。

泰阿泰德：至少在我看来，苏格拉底啊，现在已经被证明的东西并不是丑陋的。

苏格拉底："那么，"他说，"你岂不会说，我们仅仅思想到，但没有看见的那个人，我们从不会认为他是一匹马——这匹马我们也既没有看见，也没有触碰到，而是仅仅思想到，并且对它也没有感觉到其他任何东西——？"我认为我将这样说。

泰阿泰德：也肯定〈说得〉正确。

苏格拉底："那么然后呢，"他说："一个人单单思想到的那个十一，基于这种说法，他从不会认为它是他也仅仅思想到的那个十二吗？"因此来吧，你要进行回答！

泰阿泰德：好吧，我将这样回答：当一个人进行看或者触摸，他的确有可能认为十一是十二；但是，他在思想中所拥有的那个十一，他从不会对它如此下出这样的判断。

苏格拉底：那接下来呢？你会认为，某人自身曾在他自身中考察五和七——但我说的既不是他通过在面前摆出七个和五个人，也不是〈在面前摆出〉任何其他诸如此类的东西〈来进行考察〉，而是考察五和七本身，我们把它们称作是在〈蜡〉块那儿的记录，并且于其中不可能对一些假的东西下判断——，如果有人的确曾通过对自己说和问自己来检查它们本身〈合起来〉究竟是多少，那么，有人会说和认为它们是十一，而有人则〈会说和认为它们是〉十二，还是所有人都说和认为它们是十二？

泰阿泰德：宙斯在上，不会〈所有人都说和认为它们是十二〉，而是许多人肯定会〈说和认为它们是〉十一。而且如果某人在更大的数那儿检查，那他更是会犯错。因为我猜你在谈论所有的数[601]。

苏格拉底：你的确猜得正确。请你也考虑一下，那时其实仅仅发生

ΠΛΑΤΩΝΟΣ

ἄλλο ἢ αὐτὰ τὰ δώδεκα τὰ ἐν τῷ ἐκμαγείῳ ἕνδεκα οἰηθῆναι.

ΘΕΑΙ. Ἔοικέ γε.

ΣΩ. Οὐκοῦν εἰς τοὺς πρώτους πάλιν ἀνήκει λόγους; ὁ γὰρ τοῦτο παθών, ὃ οἶδεν, ἕτερον αὐτὸ οἴεται εἶναι ὧν αὖ οἶδεν, ὃ ἔφαμεν ἀδύνατον, καὶ τούτῳ αὐτῷ ἠναγκάζομεν μὴ εἶναι ψευδῆ δόξαν, ἵνα μὴ τὰ αὐτὰ ὁ αὐτὸς ἀναγκάζοιτο εἰδὼς μὴ εἰδέναι ἅμα.

ΘΕΑΙ. Ἀληθέστατα.

ΣΩ. Οὐκοῦν ἀλλ᾽ ὁτιοῦν δεῖ ἀποφαίνειν τὸ τὰ ψευδῆ δοξάζειν ἢ διανοίας πρὸς αἴσθησιν παραλλαγήν. εἰ γὰρ τοῦτ᾽ ἦν, οὐκ ἄν ποτε ἐν αὐτοῖς τοῖς διανοήμασιν ἐψευδόμεθα. νῦν δὲ ἤτοι οὐκ ἔστι ψευδὴς δόξα, ἢ ἅ τις οἶδεν, οἷόν τε μὴ εἰδέναι. καὶ τούτων πότερα αἱρῇ;

ΘΕΑΙ. Ἄπορον αἵρεσιν προτίθης, ὦ Σώκρατες.

ΣΩ. Ἀλλὰ μέντοι ἀμφότερά γε κινδυνεύει ὁ λόγος οὐκ ἐάσειν. ὅμως δέ—πάντα γὰρ τολμητέον—τί εἰ ἐπιχειρήσαιμεν ἀναισχυντεῖν;

ΘΕΑΙ. Πῶς;

ΣΩ. Ἐθελήσαντες εἰπεῖν ποῖόν τί ποτ᾽ ἐστὶ τὸ ἐπίστασθαι.

ΘΕΑΙ. Καὶ τί τοῦτο ἀναίσχυντον;

ΣΩ. Ἔοικας οὐκ ἐννοεῖν ὅτι πᾶς ἡμῖν ἐξ ἀρχῆς ὁ λόγος ζήτησις γέγονεν ἐπιστήμης ὡς οὐκ εἰδόσι τί ποτ᾽ ἐστίν.

ΘΕΑΙ. Ἐννοῶ μὲν οὖν.

ΣΩ. Ἔπειτ᾽ οὐκ ἀναιδὲς δοκεῖ μὴ εἰδότας ἐπιστήμην ἀποφαίνεσθαι τὸ ἐπίστασθαι οἷόν ἐστιν; ἀλλὰ γάρ, ὦ Θεαίτητε, πάλαι ἐσμὲν ἀνάπλεῳ τοῦ μὴ καθαρῶς διαλέγεσθαι. μυριάκις γὰρ εἰρήκαμεν τὸ "γιγνώσκομεν" καὶ "οὐ γιγνώσκομεν," καὶ "ἐπιστάμεθα" καὶ "οὐκ ἐπιστάμεθα," ὥς τι συνιέντες ἀλλήλων ἐν ᾧ ἔτι ἐπιστήμην ἀγνοοῦμεν· εἰ δὲ βούλει, καὶ νῦν ἐν τῷ παρόντι κεχρήμεθ᾽ αὖ τῷ

b 8 ἀνήκει] ἀνῆκε W: fort. ἂν ἥκοι Campbell   c 4 τὸ] τοῦ T τὰ om. W   c 7 δόξα] ἡ δόξα B   c 8 πότερα W: ποτέραν BT

了下面这件事，即把那在〈蜡〉块上的十二本身认作了十一。

泰阿泰德：至少似乎如此。

苏格拉底：那么，这岂不重新回到了前面的那些说法[602]？因为遭遇这点的人，认为他知道的某个东西是他也知道的那些东西中的另外一个；我们说这是不可能的，并且正是由于这我们主张没有假的判断是必然的[603]，以免同一个人被迫同时既知道又不知道同一些事情。

泰阿泰德：非常正确。

苏格拉底：所以，必须表明对一些假的东西下判断根本就不同于思想和感觉之间的一种交换[604]。因为，如果是这样，那么，在诸被思想到的东西本身那里就从不会说假话。而现在，要么就根本没有任何假的判断；要么一个人不知道他所知道的东西，这是可能的。而你会选择这两者中的哪个？

泰阿泰德：你抛出了一个没有出路的选择，苏格拉底！

苏格拉底：但是，道理[605]肯定不可能允许这两者。然而——既然必须冒着一切风险[606]——，如果我们试着不知羞耻一下，那又会怎样？

泰阿泰德：如何？

苏格拉底：通过情愿说出知道究竟是何种东西。

泰阿泰德：为何这又是不知羞耻的呢？

苏格拉底：你似乎没有想起我们的整个讨论从一开始就变成了对知识的一种探究，因为我们不知道它究竟是什么。

泰阿泰德：我当然想起了。

苏格拉底：那么，这看起来还不无耻吗，如果我们未弄清楚知识却表明知道是何种东西[607]？但是，泰阿泰德啊，其实我们早就因不纯粹地进行讨论而被污染了[608]。因为我们无数次地说了"我们认识"和"我们不认识"，以及"我们知道"和"我们不知道"〈这些语词〉，仿佛我们在还不识得知识的情况下就彼此对之有所理解似的。而如果你愿意，甚至目前在当下我们也再次已经使用了"不识得"和"理解"〈这两个语词〉，好像使用它们〈对我们来说〉是合适似的，即使我们

ΘΕΑΙΤΗΤΟΣ

" ἀγνοεῖν " τε καὶ " συνιέναι," ὡς προσῆκον αὐτοῖς χρῆσθαι εἴπερ στερόμεθα ἐπιστήμης.

ΘΕΑΙ. Ἀλλὰ τίνα τρόπον διαλέξῃ, ὦ Σώκρατες, τούτων ἀπεχόμενος;

ΣΩ. Οὐδένα ὤν γε ὃς εἰμί, εἰ μέντοι ἦ ἀντιλογικός· οἷος ἀνὴρ εἰ καὶ νῦν παρῆν, τούτων τ' ἂν ἔφη ἀπέχεσθαι καὶ ἡμῖν σφόδρ' ἂν ἃ ἐγὼ λέγω ἐπέπληττεν. ἐπειδὴ οὖν ἐσμεν φαῦλοι, βούλει τολμήσω εἰπεῖν οἷόν ἐστι τὸ ἐπίστασθαι; φαίνεται γάρ μοι προὔργου τι ἂν γενέσθαι.

ΘΕΑΙ. Τόλμα τοίνυν νὴ Δία. τούτων δὲ μὴ ἀπεχομένῳ σοι ἔσται πολλὴ συγγνώμη.

ΣΩ. Ἀκήκοας οὖν ὃ νῦν λέγουσιν τὸ ἐπίστασθαι;

ΘΕΑΙ. Ἴσως· οὐ μέντοι ἔν γε τῷ παρόντι μνημονεύω.

ΣΩ. Ἐπιστήμης που ἕξιν φασὶν αὐτὸ εἶναι.

ΘΕΑΙ. Ἀληθῆ.

ΣΩ. Ἡμεῖς τοίνυν σμικρὸν μεταθώμεθα καὶ εἴπωμεν ἐπιστήμης κτῆσιν.

ΘΕΑΙ. Τί οὖν δὴ φήσεις τοῦτο ἐκείνου διαφέρειν;

ΣΩ. Ἴσως μὲν οὐδέν· ὃ δ' οὖν δοκεῖ ἀκούσας συνδοκίμαζε.

ΘΕΑΙ. Ἐάνπερ γε οἷός τ' ὦ.

ΣΩ. Οὐ τοίνυν μοι ταὐτὸν φαίνεται τῷ κεκτῆσθαι τὸ ἔχειν. οἷον ἱμάτιον πριάμενός τις καὶ ἐγκρατὴς ὢν μὴ φορῶν, ἔχειν μὲν οὐκ ἂν αὐτὸν αὐτό, κεκτῆσθαί γε μὴν φαῖμεν.

ΘΕΑΙ. Ὀρθῶς γε.

ΣΩ. Ὅρα δὴ καὶ ἐπιστήμην εἰ δυνατὸν οὕτω κεκτημένον μὴ ἔχειν, ἀλλ' ὥσπερ εἴ τις ὄρνιθας ἀγρίας, περιστερὰς ἢ τι ἄλλο, θηρεύσας οἴκοι κατασκευασάμενος περιστερεῶνα τρέφοι, τρόπον μὲν [γὰρ] ἄν πού τινα φαῖμεν αὐτὸν αὐτὰς ἀεὶ ἔχειν, ὅτι δὴ κέκτηται. ἦ γάρ;

---

a 3 ἃ] ἀκούων ἃ W   b 5 δὴ οὖν W   b 8 τὸ κεκτῆσθαι τῷ T
b 9 εἰ ante ἱμάτιον add. vulg. et mox φοροῖ   φορῶν b : φορῶ Β :
φορῷ TW : φορεῖ Campbell   b 10 γε μὴν W : γε δὴ B : γε T :
δέ γε vulg.   b 11 καὶ ὀρθῶς γε T   c 2 ἢ ante περιστερὰς add. W
c 4 γὰρ om. W

尚缺乏知识。

泰阿泰德：但是，你将以何种方式来从事讨论呢，苏格拉底，如果你避开这些〈语词〉的话？

苏格拉底：没有任何方式，只要我还是我所是的，但如果我是一个善于争辩的人〈则或许会有〉；如果这种人现在就在场，那么他肯定会说要避开这些〈语词〉，并且用我〈刚才〉说的那些话[609]严厉地斥责我们。但既然我们都只是一些普通人，你愿意我大胆说说知道是何种东西吗？因为在我看来这会变得有所助益。

泰阿泰德：那么，宙斯在上，请大胆〈说吧〉！即使你没有避开这些〈语词〉，你也将得到许多的体谅[610]。

苏格拉底：那么，你曾听说过他们现在把知道称作什么吗？

泰阿泰德：或许〈听说过〉。不过眼下我的确不记得。

苏格拉底：他们至少说它是对知识的一种拥有。

泰阿泰德：正确。

苏格拉底：那么让我们稍微修改一下，并且让我们说〈它是〉对知识的一种占有。

泰阿泰德：你究竟会说这同那有何不同呢？

苏格拉底：或许并无什么不同。但还是请你通过听听〈我〉所认为的来一道检查一下。

泰阿泰德：当然，假如我能够的话。

苏格拉底：因此，对我来说拥有显得和占有了不是一回事。例如，如果某人买了一件衣服[611]，〈虽然〉是〈它的〉主人[612]却不穿它，那么，我们肯定就会说他不拥有它，但依然占有了它。

泰阿泰德：非常正确。

苏格拉底：那么也请你看看，是否能够以这种方式虽然占有了知识，却不拥有它；就像如果有人在捕捉一些野鸟，鸽子或任何别的什么，通过在家里准备一个鸽舍[613]来抚养它们，那么在某种方式上我们肯定会说他总是拥有它们[614]，因为他占有了它们。是这样吗？

197a1

197a5

197b1

197b5

197b10

197c1

197c5

ΠΛΑΤΩΝΟΣ

ΘΕΑΙ. Ναί.

ΣΩ. Τρόπον δέ γ' ἄλλον οὐδεμίαν ἔχειν, ἀλλὰ δύναμιν μὲν αὐτῷ περὶ αὐτὰς παραγεγονέναι, ἐπειδὴ ἐν οἰκείῳ περιβόλῳ ὑποχειρίους ἐποιήσατο, λαβεῖν καὶ σχεῖν ἐπειδὰν βούληται, θηρευσαμένῳ ἣν ἂν ἀεὶ ἐθέλῃ, καὶ πάλιν ἀφιέναι, καὶ τοῦτο ἐξεῖναι ποιεῖν ὁποσάκις ἂν δοκῇ αὐτῷ.

ΘΕΑΙ. Ἔστι ταῦτα.

ΣΩ. Πάλιν δή, ὥσπερ ἐν τοῖς πρόσθεν κήρινόν τι ἐν ταῖς ψυχαῖς κατεσκευάζομεν οὐκ οἶδ' ὅτι πλάσμα, νῦν αὖ ἐν ἑκάστῃ ψυχῇ ποιήσωμεν περιστερεῶνά τινα παντοδαπῶν ὀρνίθων, τὰς μὲν κατ' ἀγέλας οὔσας χωρὶς τῶν ἄλλων, τὰς δὲ κατ' ὀλίγας, ἐνίας δὲ μόνας διὰ πασῶν ὅπῃ ἂν τύχωσι πετομένας.

ΘΕΑΙ. Πεποιήσθω δή. ἀλλὰ τί τοὐντεῦθεν;

ΣΩ. Παιδίων μὲν ὄντων φάναι χρὴ εἶναι τοῦτο τὸ ἀγγεῖον κενόν, ἀντὶ δὲ τῶν ὀρνίθων ἐπιστήμας νοῆσαι· ἣν δ' ἂν ἐπιστήμην κτησάμενος καθείρξῃ εἰς τὸν περίβολον, φάναι αὐτὸν μεμαθηκέναι ἢ ηὑρηκέναι τὸ πρᾶγμα οὗ ἦν αὕτη ἡ ἐπιστήμη, καὶ τὸ ἐπίστασθαι τοῦτ' εἶναι.

ΘΕΑΙ. Ἔστω.

ΣΩ. Τὸ τοίνυν πάλιν ἣν ἂν βούληται τῶν ἐπιστημῶν θηρεύειν καὶ λαβόντα ἴσχειν καὶ αὖθις ἀφιέναι σκόπει τίνων δεῖται ὀνομάτων, εἴτε τῶν αὐτῶν ὧν τὸ πρῶτον ὅτε ἐκτᾶτο εἴτε ἑτέρων. μαθήσῃ δ' ἐνθένδε σαφέστερον τί λέγω. ἀριθμητικὴν μὲν γὰρ λέγεις τέχνην;

ΘΕΑΙ. Ναί.

ΣΩ. Ταύτην δὴ ὑπόλαβε θήραν ἐπιστημῶν ἀρτίου τε καὶ περιττοῦ παντός.

ΘΕΑΙ. Ὑπολαμβάνω.

ΣΩ. Ταύτῃ δὴ οἶμαι τῇ τέχνῃ αὐτός τε ὑποχειρίους τὰς ἐπιστήμας τῶν ἀριθμῶν ἔχει καὶ ἄλλῳ παραδίδωσιν ὁ παραδιδούς.

c 9 σχεῖν] ἔχειν T   d 4 τοῖς] τῷ W   e 2 χρὴ εἶναι] χρῆναι W
a 4 ἐνθένδε] ἐντεῦθεν B   a 5 μὲν om. W   b 1 ἄλλῳ T W.
ἄλλο pr. B

泰阿泰德：是的。

苏格拉底：但在另一种方式上他不拥有任何一只，而是对它们的一种能力出现在了他身上——既然他已经在他自己的笼子里[615]使它们屈从于他——，即〈能够〉获得和拥有它们，只要他愿意，因为他〈能够〉捕捉他随时想捕捉的任何一只鸟，并再次释放它，并且他能够如他想要的那样经常做这件事。

197d1

197d5

泰阿泰德：是这样。

苏格拉底：那么，正如在前面，我们在〈我们的〉灵魂中准备了某种我并不知道的用蜡所塑制的东西，现在也让我们再次在每个灵魂中制造某种鸽舍，它〈装满了〉各种各样的鸟儿；一些离开其他鸟儿聚成一大群，一些则聚成一小群，还有一些则独自任意地在〈其他〉所有鸟儿中间飞翔。

泰阿泰德：就让它这样被制造。但此后又如何呢？

197e1

苏格拉底：当我们是孩童时，一方面必须得说这个容器是空的，另一方面必须想到是在用各种知识代替那些鸟儿。当一个人获得某种知识而将之关进那个笼子里，就必须得说他已经弄明白了或发现了该知识所关涉的那个事情，并且这就是知道。

197e5

泰阿泰德：让它是这样。

苏格拉底：那么，一个人重新捕捉诸知识中他想捕捉的某种知识，通过获得而拥有它，复又放弃它，请你考虑一下，这些事需要哪些名字[616]，与最初他占有它们时的那些名字相同呢，还是不同。从下面这点出发你将更清楚地明白我在说什么。你说，当真有一种计算的技艺吗[617]？

198a1

198a5

泰阿泰德：有。

苏格拉底：那么请你把这假定为对关于所有偶数和奇数的各种知识的一种猎取。

泰阿泰德：我〈就这样〉假定。

苏格拉底：那么我认为，一个人自己正是凭借这种技艺，既通过掌握关于数的各种知识而拥有〈它们〉，又通过〈把它们〉传授给其他人而是传授者。

198a10

198b1

ΘΕΑΙΤΗΤΟΣ

ΘΕΑΙ. Ναί.

ΣΩ. Καὶ καλοῦμέν γε παραδιδόντα μὲν διδάσκειν, παραλαμβάνοντα δὲ μανθάνειν, ἔχοντα δὲ δὴ τῷ κεκτῆσθαι ἐν τῷ περιστερεῶνι ἐκείνῳ ἐπίστασθαι.

ΘΕΑΙ. Πάνυ μὲν οὖν.

ΣΩ. Τῷ δὲ δὴ ἐντεῦθεν ἤδη πρόσσχες τὸν νοῦν. ἀριθμητικὸς γὰρ ὢν τελέως ἄλλο τι πάντας ἀριθμοὺς ἐπίσταται; πάντων γὰρ ἀριθμῶν εἰσιν αὐτῷ ἐν τῇ ψυχῇ ἐπιστῆμαι.

ΘΕΑΙ. Τί μήν;

ΣΩ. Ἦ οὖν ὁ τοιοῦτος ἀριθμοῖ ἄν ποτέ τι ἢ αὐτὸς πρὸς αὑτὸν αὐτὰ ἢ ἄλλο τι τῶν ἔξω ὅσα ἔχει ἀριθμόν;

ΘΕΑΙ. Πῶς γὰρ οὔ;

ΣΩ. Τὸ δὲ ἀριθμεῖν γε οὐκ ἄλλο τι θήσομεν τοῦ σκοπεῖσθαι πόσος τις ἀριθμὸς τυγχάνει ὤν.

ΘΕΑΙ. Οὕτως.

ΣΩ. Ὃ ἄρα ἐπίσταται, σκοπούμενος φαίνεται ὡς οὐκ εἰδώς, ὃν ὡμολογήκαμεν ἅπαντα ἀριθμὸν εἰδέναι. ἀκούεις γάρ που τὰς τοιαύτας ἀμφισβητήσεις.

ΘΕΑΙ. Ἔγωγε.

ΣΩ. Οὐκοῦν ἡμεῖς ἀπεικάζοντες τῇ τῶν περιστερῶν κτήσει τε καὶ θήρᾳ ἐροῦμεν ὅτι διττὴ ἦν ἡ θήρα, ἡ μὲν πρὶν ἐκτῆσθαι τοῦ κεκτῆσθαι ἕνεκα, ἡ δὲ κεκτημένῳ τοῦ λαβεῖν καὶ ἔχειν ἐν ταῖς χερσὶν ἃ πάλαι ἐκέκτητο. οὕτως δὲ καὶ ὧν πάλαι ἐπιστῆμαι ἦσαν αὐτῷ μαθόντι καὶ ἠπίστατο αὐτά, πάλιν ἔστι καταμανθάνειν ταὐτὰ ταῦτα ἀναλαμβάνοντα τὴν ἐπιστήμην ἑκάστου καὶ ἴσχοντα, ἣν ἐκέκτητο μὲν πάλαι, πρόχειρον δ' οὐκ εἶχε τῇ διανοίᾳ;

ΘΕΑΙ. Ἀληθῆ.

ΣΩ. Τοῦτο δὴ ἄρτι ἠρώτων, ὅπως χρὴ τοῖς ὀνόμασι

b 5 δὲ δή] δή B   b 8 τῷ δὲ W : τῷδε B : τῷ T   b 9 ἐπίστασαι B   b 10 ἐπιστῆμαι ἐν τῇ ψυχῇ W   c 1 ἢ οὖν] τί οὖν Badham   c 2 αὐτά] ἐντὸς Cornarius   c 5 ὁπόσος T   c 8 ὃν] ὧν T   d 3 ἔχειν] σχεῖν Naber   d 4 οὕτως] ὄντως T   d 5 μαθόντι καὶ W : μαθόντι B T : μαθών τ' Badham

PLATO, VOL. I.   22

泰阿泰德：是的。

苏格拉底：并且我们一方面把那进行传授的人称作在教，一方面把那进行接受的人称作在学，而把那由于在那个鸽舍里已经占有了〈它们〉而拥有〈它们〉的人称作在知道。

泰阿泰德：当然。

苏格拉底：那现在就请你留意[618]下面这点。如果一个人是一个完美的数学家，他是不是知道所有的数？因为关于全部数的各种知识都在他的灵魂中。

泰阿泰德：那还用说？

苏格拉底：那么，这样一个人岂不曾自己对自己计算过某种东西，要么是数本身，要么是其他某个东西，即在其之外的那些具有数的东西中的某个[619]？

泰阿泰德：为何不？

苏格拉底：但是，我们肯定将这样来确立计算，即它无非就是考察某个数实际上是多少。

泰阿泰德：是这样。

苏格拉底：那么他显得好像〈是作为〉一个不知道的人在考察他知道的东西，因为我们已经同意了他知道所有的数。无论如何你都肯定听说过这种争论。

泰阿泰德：我的确〈听说过〉。

苏格拉底：因此，通过比较对鸽子的占有以及对它们的捕捉，我们将说有双重的捕捉：一是在占有之前为了占有〈它们〉，一是对于那已经占有了〈它们〉的人来说，为了捉住和在手上拥有他早已占有了的它们。因此，对他来说也肯定早已有着对一些东西的知识，这些东西他曾经通过学习而已经知道它们，他能够通过重新取得和拥有对〈其中〉每个东西的知识而再次学会同样这些东西，他虽然早已占有了该知识，但在〈其〉思想那里他并不在手边拥有它；是这样吗？

泰阿泰德：正确。

苏格拉底：因此，这正是我刚才所问的，即如何必须通过使用语

ΠΛΑΤΩΝΟΣ

χρώμενον λέγειν περὶ αὐτῶν, ὅταν ἀριθμήσων ἴῃ ὁ ἀριθμητικὸς ἤ τι ἀναγνωσόμενος ὁ γραμματικός, ὡς ἐπιστάμενος ἄρα ἐν τῷ τοιούτῳ πάλιν ἔρχεται μαθησόμενος παρ' ἑαυτοῦ ἃ ἐπίσταται;

ΘΕΑΙ. Ἀλλ' ἄτοπον, ὦ Σώκρατες.

ΣΩ. Ἀλλ' ἃ οὐκ ἐπίσταται φῶμεν αὐτὸν ἀναγνώσεσθαι καὶ ἀριθμήσειν, δεδωκότες αὐτῷ πάντα μὲν γράμματα πάντα δὲ ἀριθμὸν ἐπίστασθαι;

ΘΕΑΙ. Ἀλλὰ καὶ τοῦτ' ἄλογον.

ΣΩ. Βούλει οὖν λέγωμεν ὅτι τῶν μὲν ὀνομάτων οὐδὲν ἡμῖν μέλει, ὅπῃ τις χαίρει ἕλκων τὸ ἐπίστασθαι καὶ μανθάνειν, ἐπειδὴ δὲ ὡρισάμεθα ἕτερον μέν τι τὸ κεκτῆσθαι τὴν ἐπιστήμην, ἕτερον δὲ τὸ ἔχειν, ὃ μέν τις ἔκτηται μὴ κεκτῆσθαι ἀδύνατόν φαμεν εἶναι, ὥστε οὐδέποτε συμβαίνει ὅ τις οἶδεν μὴ εἰδέναι, ψευδῆ μέντοι δόξαν οἷόν τ' εἶναι περὶ αὐτοῦ λαβεῖν; μὴ γὰρ ἔχειν τὴν ἐπιστήμην τούτου οἷόν τε, ἀλλ' ἑτέραν ἀντ' ἐκείνης, ὅταν θηρεύων τινά πού ποτ' ἐπιστήμην διαπετομένων ἀνθ' ἑτέρας ἑτέραν ἁμαρτὼν λάβῃ, τότε ἄρα τὰ ἕνδεκα δώδεκα ᾠήθη εἶναι, τὴν τῶν ἕνδεκα ἐπιστήμην ἀντὶ τῆς τῶν δώδεκα λαβὼν τὴν ἐν ἑαυτῷ οἷον φάτταν ἀντὶ περιστερᾶς.

ΘΕΑΙ. Ἔχει γὰρ οὖν λόγον.

ΣΩ. Ὅταν δέ γε ἣν ἐπιχειρεῖ λαβεῖν λάβῃ, ἀψευδεῖν τε καὶ τὰ ὄντα δοξάζειν τότε, καὶ οὕτω δὴ εἶναι ἀληθῆ τε καὶ ψευδῆ δόξαν, καὶ ὧν ἐν τοῖς πρόσθεν ἐδυσχεραίνομεν οὐδὲν ἐμποδὼν γίγνεσθαι; ἴσως οὖν μοι συμφήσεις· ἢ πῶς ποιήσεις;

ΘΕΑΙ. Οὕτως.

ΣΩ. Καὶ γὰρ τοῦ μὲν ἃ ἐπίστανται μὴ ἐπίστασθαι ἀπηλλάγμεθα· ἃ γὰρ κεκτήμεθα μὴ κεκτῆσθαι οὐδαμοῦ ἔτι συμβαίνει, οὔτε ψευσθεῖσί τινος οὔτε μή. δεινότερον μέντοι πάθος ἄλλο παραφαίνεσθαί μοι δοκεῖ.

e7 ἃ om. W   b2 πού ποτ' W: ἀπ' αὐτοῦ BT   b3 τότε W: ὅτε BT   c5 ἐπίσταται D   c8 ἄλλο] ἄλλο τι W   παραφαίνεσθαι] φαίνεσθαι W: παρεμφαίνεσθαι al.

词来谈论它们[620]——每当算术家前去计算或文法学家前去读某个东西时——,仿佛一个知道者在这种情况下还得再次前去从他自己那儿学习他知道的那些东西似的?

泰阿泰德:但这肯定是荒谬的,苏格拉底!

苏格拉底:那么,我们会说他将读或计算他不知道的那些东西吗,当我们承认他知道所有的文字或所有的数之后?

泰阿泰德:这也是没有道理的。

苏格拉底:那么,难道你愿意我们说:我们根本不关心语词,一个人乐意把知道和学习〈这两个语词〉拖拽到哪儿,就拖拽到哪儿;但是,既然我们已经规定占有知识是一回事,拥有它是另一回事,那么我们就说,虽然一个人不占有他已经占有的东西,这是不可能的,以至于从不会发生一个人不知道他知道的东西,然而得到关于它的一种假的判断这仍然是可能的?因为这是可能的,即并不拥有对这个东西的知识,而是代之拥有另一种知识,每当一个人在某个地方、于某个时候捕捉某种知识时,由于〈一些知识〉飞走,他因错失取代一种知识而抓住了另一种知识,正如当他认为十一是十二时,他取代关于十二的知识而抓住了关于十一的知识,就像用在他自己那里的斑鸠取代了鸽子。

泰阿泰德:这的确是合理的[621]。

苏格拉底:但每当他抓住了他试图抓住的东西,那时他就没有说假话[622],而且在对诸是者下判断;并且就是以这种方式判断既〈能够〉是真的,也〈能够〉是假的[623],而在前面我们曾不满意的那些东西中[624],岂不没有一个还在成为拦路的?或许你会同意我,或者你将怎么做?

泰阿泰德:就这样做。

苏格拉底:因此,〈说〉一个人不知道他所知道的那些东西,我们已经摆脱了这点;因为不占有已经占有的那些东西,这在任何地方都不会再发生了,无论〈我们〉就某个东西来说受到了欺骗,还是没有。然而在我看来,一个更可怕的情况暴露了出来[625]。

ΘΕΑΙΤΗΤΟΣ

ΘΕΑΙ. Τὸ ποῖον;
ΣΩ. Εἰ ἡ τῶν ἐπιστημῶν μεταλλαγὴ ψευδὴς γενήσεταί ποτε δόξα.
ΘΕΑΙ. Πῶς δή;
ΣΩ. Πρῶτον μὲν τό τινος ἔχοντα ἐπιστήμην τοῦτο αὐτὸ ἀγνοεῖν, μὴ ἀγνωμοσύνῃ ἀλλὰ τῇ ἑαυτοῦ ἐπιστήμῃ· ἔπειτα ἕτερον αὖ τοῦτο δοξάζειν, τὸ δ' ἕτερον τοῦτο, πῶς οὐ πολλὴ ἀλογία, ἐπιστήμης παραγενομένης γνῶναι μὲν τὴν ψυχὴν μηδέν, ἀγνοῆσαι δὲ πάντα; ἐκ γὰρ τούτου τοῦ λόγου κωλύει οὐδὲν καὶ ἄγνοιαν παραγενομένην γνῶναί τι ποιῆσαι καὶ τυφλότητα ἰδεῖν, εἴπερ καὶ ἐπιστήμη ἀγνοῆσαί ποτέ τινα ποιήσει.

ΘΕΑΙ. Ἴσως γάρ, ὦ Σώκρατες, οὐ καλῶς τὰς ὄρνιθας ἐτίθεμεν ἐπιστήμας μόνον τιθέντες, ἔδει δὲ καὶ ἀνεπιστημοσύνας τιθέναι ὁμοῦ συνδιαπετομένας ἐν τῇ ψυχῇ, καὶ τὸν θηρεύοντα τοτὲ μὲν ἐπιστήμην λαμβάνοντα, τοτὲ δ' ἀνεπιστημοσύνην τοῦ αὐτοῦ πέρι ψευδῆ μὲν δοξάζειν τῇ ἀνεπιστημοσύνῃ, ἀληθῆ δὲ τῇ ἐπιστήμῃ.

ΣΩ. Οὐ ῥᾴδιόν γε, ὦ Θεαίτητε, μὴ ἐπαινεῖν σε· ὃ μέντοι εἶπες πάλιν ἐπίσκεψαι. ἔστω μὲν γὰρ ὡς λέγεις· ὁ δὲ δὴ τὴν ἀνεπιστημοσύνην λαβὼν ψευδῆ μέν, φῄς, δοξάσει. ἦ γάρ;
ΘΕΑΙ. Ναί.
ΣΩ. Οὐ δήπου καὶ ἡγήσεταί γε ψευδῆ δοξάζειν.
ΘΕΑΙ. Πῶς γάρ;
ΣΩ. Ἀλλ' ἀληθῆ γε, καὶ ὡς εἰδὼς διακείσεται περὶ ὧν ἔψευσται.
ΘΕΑΙ. Τί μήν;
ΣΩ. Ἐπιστήμην ἄρα οἰήσεται τεθηρευκὼς ἔχειν ἀλλ' οὐκ ἀνεπιστημοσύνην.
ΘΕΑΙ. Δῆλον.
ΣΩ. Οὐκοῦν μακρὰν περιελθόντες πάλιν ἐπὶ τὴν πρώτην

e 2 μόνον ἐπιστήμας W   e 5 δοξάζει B   e 8 ὡς] ὃ W
a 8 τεθηρακὼς W

泰阿泰德：何种情况？

苏格拉底：如果知识之间的交换终将成为假的判断的话。 199c10

泰阿泰德：究竟怎么回事？

苏格拉底：首先，〈可怕之处在于〉[626]一个拥有关于某种东西的知 199d1
识的人，恰恰不知道该东西，但不是由于无知，而是由于他自己的知
识；其次，他把另一个东西判断为这个东西，把这个东西判断为另一个
东西，这如何会不是非常的没有道理，在知识在场的情况下灵魂却既不
认识任何东西，也不知道每个东西？因为基于这种说法，没有任何东西 199d5
会阻止下面这些，那就是：无知的在场使得〈一个人〉认识某个东西，
盲瞎使得〈一个人〉看见〈某个东西〉，假如知识竟然使得一个人不知
道的话。

泰阿泰德：苏格拉底啊，或许是因为我们没有正确地确定那些鸟 199e1
儿，当我们仅仅〈把它们〉确定为知识时，而是也应当把欠缺知识[627]
确定为〈同知识一起〉共同地在灵魂中翱翔；由于捕捉者有时抓住了知
识，有时则抓住了欠缺知识，关于同一个东西，因欠缺知识而在对一些 199e5
假的东西下判断，因知识而在对一些真的东西下判断。

苏格拉底：真的不容易，泰阿泰德啊，不表扬你！然而，请你再次
考虑一下你所说的。就让它如你说的那样；凡抓住了欠缺知识的人，你 200a1
说，他将对一些假的东西下判断。是这样吗？

泰阿泰德：是。

苏格拉底：但无疑他也不会认为他在对一些假的东西下判断。

泰阿泰德：那怎么会？

苏格拉底：而是〈会认为在对〉一些真的东西〈下判断〉，他对待 200a5
他对之说了假话的那些东西[628]，就像一个知道〈它们的〉人一样。

泰阿泰德：那还用说？

苏格拉底：因此他会认为通过捕捉他拥有知识，而不是拥有欠缺知识。

泰阿泰德：显然。 200a10

苏格拉底：那么，我们绕了一大圈之后，重新回到了最初的困惑

ΠΛΑΤΩΝΟΣ

πάρεσμεν ἀπορίαν. ὁ γὰρ ἐλεγκτικὸς ἐκεῖνος γελάσας φήσει·
"Πότερον," ὦ βέλτιστοι, " ἀμφοτέρας τις εἰδώς, ἐπιστήμην τε καὶ ἀνεπιστημοσύνην, ἣν οἶδεν, ἑτέραν αὐτὴν οἴεταί τινα εἶναι ὧν οἶδεν; ἢ οὐδετέραν [αὐτὴν] εἰδώς, ἣν μὴ οἶδε, δοξάζει ἑτέραν ὧν οὐκ οἶδεν; ἢ τὴν μὲν εἰδώς, τὴν δ' οὔ, ἣν οἶδεν, ἣν μὴ οἶδεν; ἢ ἣν μὴ οἶδεν, ἣν οἶδεν ἡγεῖται; ἢ πάλιν αὖ μοι ἐρεῖτε ὅτι τῶν ἐπιστημῶν καὶ ἀνεπιστημοσυνῶν εἰσὶν αὖ ἐπιστῆμαι, ἃς ὁ κεκτημένος ἐν ἑτέροις τισὶ γελοίοις περιστερεῶσιν ἢ κηρίνοις πλάσμασι καθείρξας, ἕωσπερ ἂν κεκτῆται ἐπίσταται, καὶ ἐὰν μὴ προχείρους ἔχῃ ἐν τῇ ψυχῇ; καὶ οὕτω δὴ ἀναγκασθήσεσθε εἰς ταὐτὸν περιτρέχειν μυριάκις οὐδὲν πλέον ποιοῦντες;" τί πρὸς ταῦτα, ὦ Θεαίτητε, ἀποκρινούμεθα;

ΘΕΑΙ. Ἀλλὰ μὰ Δί', ὦ Σώκρατες, ἔγωγε οὐκ ἔχω τί χρὴ λέγειν.

ΣΩ. Ἆρ' οὖν ἡμῖν, ὦ παῖ, καλῶς ὁ λόγος ἐπιπλήττει καὶ ἐνδείκνυται ὅτι οὐκ ὀρθῶς ψευδῆ δόξαν προτέραν ζητοῦμεν ἐπιστήμης, ἐκείνην ἀφέντες; τὸ δ' ἐστὶν ἀδύνατον γνῶναι πρὶν ἄν τις ἐπιστήμην ἱκανῶς λάβῃ τί ποτ' ἐστίν.

ΘΕΑΙ. Ἀνάγκη, ὦ Σώκρατες, ἐν τῷ παρόντι ὡς λέγεις οἴεσθαι.

ΣΩ. Τί οὖν τις ἐρεῖ πάλιν ἐξ ἀρχῆς ἐπιστήμην; οὐ γάρ που ἀπεροῦμέν γέ πω;

ΘΕΑΙ. Ἥκιστα, ἐάνπερ μὴ σύ γε ἀπαγορεύῃς.

ΣΩ. Λέγε δή, τί ἂν αὐτὸ μάλιστα εἰπόντες ἥκιστ' ἂν ἡμῖν αὐτοῖς ἐναντιωθεῖμεν;

ΘΕΑΙ. Ὅπερ ἐπεχειροῦμεν, ὦ Σώκρατες, ἐν τῷ πρόσθεν· οὐ γὰρ ἔχω ἔγωγε ἄλλο οὐδέν.

ΣΩ. Τὸ ποῖον;

b 1 ἐπιστήμην] ἐπιστημοσύνην W   b 3 αὐτὴν Β Τ: om. W: αὐτοῖν vulg.   c 9 προτέραν] ἑτέραν Β   d 5 γάρ που W: γάρ πω Β Τ: γέ πω Schanz   d 6 γέ πω] γέ που W: om. Schanz   d 7 ἀπαγορεύσῃς Τ sed corr. Τ: ἀπαγορεύεις pr. Β   d 8 δή] δέ W   αὐτὸ] αὐτῷ W   ἂν] ἂν αὐτὸ Β

那里。因为那位热衷于盘问的人将笑着说道:"〈你们这些〉最优秀的人啊[629],一个知道两者——即知识和欠缺知识——的人,他会认为他所知道的一个东西恰恰是他知道的那些东西中的另外某个东西吗?或者,尽管他两者都不知道[630],但他把他不知道的那个判断为他不知道的那些东西中的另外某个?或者,他知道一个东西,但不知道另一个东西,〈但他把〉他知道的那个〈判断〉为他不知道的那个?或者把不知道的那个认作他知道的那个?或者,你们将再次对我说,复又有着一些关于各种知识和各种欠缺知识的知识,当占有者把它们关进另外某些可笑的鸽舍或用蜡塑制的某些东西中后,只要他占有了它们,甚或于灵魂中并不在手边拥有它们,他就知道它们?而这样一来,你们岂不将被迫无数次地在同一个地方跑圈,根本无法走到更远?"泰阿泰德啊,对于这些你将如何作答?

泰阿泰德:然而宙斯在上,苏格拉底啊,我的确不知道应该〈对之〉说什么[631]。

苏格拉底:那么,孩子啊,这番话岂不正确地斥责了我们,并且表明,我们由于先于知识并且把它放到一边而在不正确地探寻假的判断?但是,认识它[632]是不可能的,在一个人充分地把握到知识究竟是什么之前。

泰阿泰德:苏格拉底啊,在目前认为就是如你说的那样,这是必然的。

苏格拉底:那么,一个人再次从头开始会说知识是什么呢?因为我们肯定还没有打算放弃它吧[633]?

泰阿泰德:一点也没有,除非你要放弃。

苏格拉底:那就请说吧,我们究竟最好说什么,我们才最会不同我们自己相反对[634]?

泰阿泰德:我们在前面[635]曾尝试的那种〈说法〉,苏格拉底。因为我的确没有任何其他东西〈可说〉。

苏格拉底:哪种?

ΘΕΑΙΤΗΤΟΣ

ΘΕΑΙ. Τὴν ἀληθῆ δόξαν ἐπιστήμην εἶναι. ἀναμάρτητόν γέ πού ἐστιν τὸ δοξάζειν ἀληθῆ, καὶ τὰ ὑπ' αὐτοῦ γιγνόμενα πάντα καλὰ καὶ ἀγαθὰ γίγνεται.

ΣΩ. Ὁ τὸν ποταμὸν καθηγούμενος, ὦ Θεαίτητε, ἔφη ἄρα δείξειν αὐτό· καὶ τοῦτο ἐὰν ἰόντες ἐρευνῶμεν, τάχ' ἂν ἐμπόδιον γενόμενον αὐτὸ φήνειεν τὸ ζητούμενον, μένουσι δὲ δῆλον οὐδέν.

ΘΕΑΙ. Ὀρθῶς λέγεις· ἀλλ' ἴωμέν γε καὶ σκοπῶμεν.

ΣΩ. Οὐκοῦν τοῦτό γε βραχείας σκέψεως· τέχνη γάρ σοι ὅλη σημαίνει μὴ εἶναι ἐπιστήμην αὐτό.

ΘΕΑΙ. Πῶς δή; καὶ τίς αὕτη;

ΣΩ. Ἡ τῶν μεγίστων εἰς σοφίαν, οὓς δὴ καλοῦσιν ῥήτοράς τε καὶ δικανικούς. οὗτοι γάρ που τῇ ἑαυτῶν τέχνῃ πείθουσιν οὐ διδάσκοντες ἀλλὰ δοξάζειν ποιοῦντες ἃ ἂν βούλωνται. ἢ σὺ οἴει δεινούς τινας οὕτω διδασκάλους εἶναι, ὥστε οἷς μὴ παρεγένοντό τινες ἀποστερουμένοις χρήματα ἤ τι ἄλλο βιαζομένοις, τούτοις δύνασθαι πρὸς ὕδωρ σμικρὸν διδάξαι ἱκανῶς τῶν γενομένων τὴν ἀλήθειαν;

ΘΕΑΙ. Οὐδαμῶς ἔγωγε οἶμαι, ἀλλὰ πεῖσαι μέν.

ΣΩ. Τὸ πεῖσαι δ' οὐχὶ δοξάσαι λέγεις ποιῆσαι;

ΘΕΑΙ. Τί μήν;

ΣΩ. Οὐκοῦν ὅταν δικαίως πεισθῶσιν δικασταὶ περὶ ὧν ἰδόντι μόνον ἔστιν εἰδέναι, ἄλλως δὲ μή, ταῦτα τότε ἐξ ἀκοῆς κρίνοντες, ἀληθῆ δόξαν λαβόντες, ἄνευ ἐπιστήμης ἔκριναν, ὀρθὰ πεισθέντες, εἴπερ εὖ ἐδίκασαν;

ΘΕΑΙ. Παντάπασι μὲν οὖν.

ΣΩ. Οὐκ ἄν, ὦ φίλε, εἴ γε ταὐτὸν ἦν δόξα τε ἀληθὴς †καὶ δικαστήρια† καὶ ἐπιστήμη, ὀρθά ποτ' ἂν δικαστὴς ἄκρος ἐδόξαζεν ἄνευ ἐπιστήμης· νῦν δὲ ἔοικεν ἄλλο τι ἑκάτερον εἶναι.

e 5 γέ] γάρ W   a 3 γε] τε W   a 7 ἢ om. B   b 1 οἷς] εἰ Naber   b 2 τούτους T   b 8 ἰδόντι] εἶδον τί B : εἰδότι W ἄλλως] ἄλλῳ Ast   c 5 καὶ δικαστήρια] καὶ δικαστήριον T : secl. Heindorf: κατὰ δικαστήρια Jowett : καὶ δικαστηρία Madvig

泰阿泰德：真的判断是知识。对一些真的东西下判断无论如何都是不会不中的的，并且由它所得到的东西，全都变得〈是〉既美好的又有用的。[636]

苏格拉底：那率先过河的人[637]，泰阿泰德啊，肯定说过：它自己将显明的[638]。如果我们通过往前走来探索这点，或许在途中所遇到的东西本身会显示所寻求的东西[639]，但如果我们驻足不前，则没有什么对我们是一清二楚的。

泰阿泰德：你说得正确。那就让我们往前走并进行考察。

苏格拉底：其实这属于一个简短的考察。因为一整门技艺都在向你表明它不是知识。

泰阿泰德：究竟怎么回事？并且这是什么〈技艺〉？

苏格拉底：在智慧方面最强有力的那些人的技艺，人们把他们称作演说家和精通法律的人。因为这些人肯定用他们自己的技艺进行劝说，但不是通过教导，而是通过使人对他们想要的那些东西下判断。或者你认为有些人是如此不可思议的教师[640]，以至于，当一些人被抢劫了钱财或被强迫了其他某种事情时，某些人并不在他们旁边[641]，他们面对〈滴漏计时器的〉那么一点点水竟然能够充分地〈对当时不在旁边的那些人〉教导发生在这些人身上的事情的真相[642]？

泰阿泰德：我绝对不这么认为，而是〈认为他们只是在〉劝说而已。

苏格拉底：但你不把劝说〈他们〉说成使〈他们〉下判断吗？

泰阿泰德：为何不？

苏格拉底：因此，每当陪审员们关于那些只能通过看而不能以其他方式才知道的事情被正当地说服了，那么，那时他们虽然〈只是〉基于听就对这些事情做出剖判、获得一个真的判断，但他们〈岂不是〉在没有知识的情况下就进行了剖判，即使他们被正确地说服了——假如他们判决得好的话——？

泰阿泰德：完全如此。

苏格拉底：但是，朋友啊，如果在法庭上[643]真判断和知识真的是同一的，那么，一位顶尖的陪审员也从不会在没有知识的情况下就正确地下判断。而现在这两者却似乎是不同的。

ΘΕΑΙ. Ὅ γε ἐγώ, ὦ Σώκρατες, εἰπόντος του ἀκούσας ἐπελελήσμην, νῦν δ' ἐννοῶ· ἔφη δὲ τὴν μὲν μετὰ λόγου ἀληθῆ δόξαν ἐπιστήμην εἶναι, τὴν δὲ ἄλογον ἐκτὸς ἐπιστήμης· καὶ ὧν μὲν μή ἐστι λόγος, οὐκ ἐπιστητὰ εἶναι, οὑτωσὶ καὶ ὀνομάζων, ἃ δ' ἔχει, ἐπιστητά.

ΣΩ. Ἦ καλῶς λέγεις. τὰ δὲ δὴ ἐπιστητὰ ταῦτα καὶ μὴ πῇ διῄρει, λέγε, εἰ ἄρα κατὰ ταὐτὰ σύ τε κἀγὼ ἀκηκόαμεν.

ΘΕΑΙ. Ἀλλ' οὐκ οἶδα εἰ ἐξευρήσω· λέγοντος μεντἂν ἑτέρου, ὡς ἐγᾦμαι, ἀκολουθήσαιμ' ἄν.

ΣΩ. Ἄκουε δὴ ὄναρ ἀντὶ ὀνείρατος. ἐγὼ γὰρ αὖ ἐδόκουν ἀκούειν τινῶν ὅτι τὰ μὲν πρῶτα οἱονπερεὶ στοιχεῖα, ἐξ ὧν ἡμεῖς τε συγκείμεθα καὶ τἆλλα, λόγον οὐκ ἔχοι. αὐτὸ γὰρ καθ' αὑτὸ ἕκαστον ὀνομάσαι μόνον εἴη, προσειπεῖν δὲ οὐδὲν ἄλλο δυνατόν, οὔθ' ὡς ἔστιν, οὔθ' ὡς οὐκ ἔστιν· ἤδη γὰρ ἂν οὐσίαν ἢ μὴ οὐσίαν αὐτῷ προστίθεσθαι, δεῖν δὲ οὐδὲν προσφέρειν, εἴπερ αὐτὸ ἐκεῖνο μόνον τις ἐρεῖ. ἐπεὶ οὐδὲ τὸ "αὐτὸ" οὐδὲ τὸ "ἐκεῖνο" οὐδὲ τὸ "ἕκαστον" οὐδὲ τὸ "μόνον" οὐδὲ "τοῦτο" προσοιστέον οὐδ' ἄλλα πολλὰ τοιαῦτα· ταῦτα μὲν γὰρ περιτρέχοντα πᾶσι προσφέρεσθαι, ἕτερα ὄντα ἐκείνων οἷς προστίθεται, δεῖν δέ, εἴπερ ἦν δυνατὸν αὐτὸ λέγεσθαι καὶ εἶχεν οἰκεῖον αὑτοῦ λόγον, ἄνευ τῶν ἄλλων ἁπάντων λέγεσθαι. νῦν δὲ ἀδύνατον εἶναι ὁτιοῦν τῶν πρώτων ῥηθῆναι λόγῳ· οὐ γὰρ εἶναι αὐτῷ ἀλλ' ἢ ὀνομάζεσθαι μόνον—ὄνομα γὰρ μόνον ἔχειν—τὰ δὲ ἐκ τούτων ἤδη συγκείμενα, ὥσπερ αὐτὰ πέπλεκται, οὕτω καὶ τὰ ὀνόματα αὐτῶν συμπλακέντα λόγον γεγονέναι· ὀνομάτων γὰρ συμπλοκὴν εἶναι λόγου οὐσίαν. οὕτω δὴ τὰ μὲν στοιχεῖα ἄλογα καὶ ἄγνωστα εἶναι, αἰσθητὰ δέ· τὰς δὲ συλλαβὰς γνωστάς τε καὶ ῥητὰς καὶ ἀληθεῖ δόξῃ δοξαστάς. ὅταν μὲν οὖν ἄνευ λόγου τὴν ἀληθῆ δόξαν τινός τις λάβῃ,

---

d 2 ὧν] ᾧ B   d 3 ὀνομάζω B   ἃ δ' T : ἀλλ' B   d 7 ἀκολουθήσαιμ' ἄν Schanz : ἀκολουθησαίμην BT : ἀκολουθήσαιμι al.   a 1 δεῖν] δεῖ T   a 4 τοῦτο] τὸ τοῦτο Heindorf : τὸ τὸ Buttmann : αὐτὸ Bonitz   b 2 ἔχειν] ἔχει B   b 1 αὐτῷ]

泰阿泰德：苏格拉底啊，我刚才忘记了我曾听一个人说的，不过现在想起来了。但他说：带有理据的真判断是知识[644]，而无理据的〈真判断〉则是在知识之外；并且那些没有任何理据归属其中的东西，都是一些不可知的东西——他也这样称呼它们——，而那些具有〈理据〉的东西，则是可知的东西。

苏格拉底：你确实说得漂亮。但他是如何区分这些可知的东西和不可知的东西的呢，请你说说，或许你和我曾以同样的方式听说过。

泰阿泰德：但我不知道我是否将发现〈它〉；然而，如果另一个人〈能把它〉说出来，我认为我会遵从〈它〉。

苏格拉底：那就请你听听梦上加梦吧[645]！因为我也似乎听到一些人说，我们以及〈所有〉其他东西由之组合而成的那些最初的东西，就像字母一样[646]，不具有理据。因为只能对自在自为的〈它们中的〉每个进行命名，而根本不能对之说任何其他的；既不能说它是，也不能说它不是。因为〈那样一来〉已经把所是或非所是添加到了它身上，而一个人不应为之增添任何东西，假如他要仅仅说那东西本身的话。甚至不应增添"本身""那个""每个""仅仅""这个"以及许多其他诸如此类的；因为这些东西由于到处跑而被增添到了所有东西身上，但它们又与它们被添加其上的那些东西是不同的；而假如〈那最初的东西〉自身就能够被说明并且有着它自己的理据，那它在没有所有其他东西的情况下就应被说明。但实际上下面这点是不可能的，即那些最初的东西中的某个竟能用理据来加以说明；它其实只能被命名，此外别无其他——因为它只有名字——；而那些已经由这些东西组合而成的东西，正如它们自身已经被编织了，它们的名称也同样因被编织在一起而形成了理据，因为语词的联结是理据之所是。正因为这样，诸字母〈虽然〉都是一些无理据的和不可知的东西，但它们却是可感的东西；而各种音节[647]则都是一些可知的、可言说的东西，并且是一些通过真的判断而可判断的东西。因此，每当一个人在缺乏理据的情况下取得了对某个东西的真判断，他的灵魂虽然关于它在说真话，但并不认识它；因为那不能够给出和接受〈一个东西之〉理据的人，对该东西是无知的。但如果他此外还取得了〈关于它〉一种理据，那么他就在〈我说过的〉所有这些方面都

ΘΕΑΙΤΗΤΟΣ 202

ἀληθεύειν μὲν αὐτοῦ τὴν ψυχὴν περὶ αὐτό, γιγνώσκειν δ' c
οὔ· τὸν γὰρ μὴ δυνάμενον δοῦναί τε καὶ δέξασθαι λόγον
ἀνεπιστήμονα εἶναι περὶ τούτου· προσλαβόντα δὲ λόγον
δυνατόν τε ταῦτα πάντα γεγονέναι καὶ τελείως πρὸς ἐπιστή-
μην ἔχειν. οὕτως σὺ τὸ ἐνύπνιον ἢ ἄλλως ἀκήκοας; 5
ΘΕΑΙ. Οὕτω μὲν οὖν παντάπασιν.
ΣΩ. Ἀρέσκει οὖν σε καὶ τίθεσαι ταύτῃ, δόξαν ἀληθῆ
μετὰ λόγου ἐπιστήμην εἶναι;
ΘΕΑΙ. Κομιδῇ μὲν οὖν.
ΣΩ. Ἆρ', ὦ Θεαίτητε, νῦν οὕτω τῇδε τῇ ἡμέρᾳ εἰλήφαμεν d
ὃ πάλαι καὶ πολλοὶ τῶν σοφῶν ζητοῦντες πρὶν εὑρεῖν
κατεγήρασαν;
ΘΕΑΙ. Ἐμοὶ γοῦν δοκεῖ, ὦ Σώκρατες, καλῶς λέγεσθαι
τὸ νῦν ῥηθέν. 5
ΣΩ. Καὶ εἰκός γε αὐτὸ τοῦτο οὕτως ἔχειν· τίς γὰρ ἂν
καὶ ἔτι ἐπιστήμη εἴη χωρὶς τοῦ λόγου τε καὶ ὀρθῆς δόξης;
ἓν μέντοι τί με τῶν ῥηθέντων ἀπαρέσκει.
ΘΕΑΙ. Τὸ ποῖον δή;
ΣΩ. Ὃ καὶ δοκεῖ λέγεσθαι κομψότατα, ὡς τὰ μὲν 10
στοιχεῖα ἄγνωστα, τὸ δὲ τῶν συλλαβῶν γένος γνωστόν. e
ΘΕΑΙ. Οὐκοῦν ὀρθῶς;
ΣΩ. Ἰστέον δή· ὥσπερ γὰρ ὁμήρους ἔχομεν τοῦ λόγου
τὰ παραδείγματα οἷς χρώμενος εἶπε πάντα ταῦτα.
ΘΕΑΙ. Ποῖα δή; 5
ΣΩ. Τὰ τῶν γραμμάτων στοιχεῖά τε καὶ συλλαβάς. ἢ οἴει
ἄλλοσέ ποι βλέποντα ταῦτα εἰπεῖν τὸν εἰπόντα ἃ λέγομεν;
ΘΕΑΙ. Οὔκ, ἀλλ' εἰς ταῦτα.
ΣΩ. Βασανίζωμεν δὴ αὐτὰ ἀναλαμβάνοντες, μᾶλλον δὲ 203
ἡμᾶς αὐτούς, οὕτως ἢ οὐχ οὕτως γράμματα ἐμάθομεν. φέρε
πρῶτον· ἆρ' αἱ μὲν συλλαβαὶ λόγον ἔχουσι, τὰ δὲ στοιχεῖα
ἄλογα;
ΘΕΑΙ. Ἴσως. 5

c 5 σύ] σοί B   d 6 αὐτό] αὖ Heindorf

变得有能力，并且就知识来说是完满的。你以这种方式，还是以另外的 202c5
方式听说过梦？

泰阿泰德： 完全以这种方式。

苏格拉底： 那你感到满意吗，并且这样进行设立，即带有理据的真
判断是知识？

泰阿泰德： 全然如此。

苏格拉底： 那么，泰阿泰德啊，我们现在岂不以这种方式在今天就 202d1
已经取得了长久以来甚至许多智慧的人寻找，并且在找到以前就已到暮
年的那种东西？

泰阿泰德： 至少在我看来，苏格拉底啊，现在所说的，说得漂亮！ 202d5

苏格拉底： 也完全有可能这就是这个样子。因为离开了理据和正确
的判断，知识又还会是什么呢？然而，刚才所说的那些中的一点，不大
那么让我感到满意。

泰阿泰德： 究竟何种东西？

苏格拉底： 恰恰是看起来说得最精妙的那点，即虽然诸字母都是一 202d10
些不可知的东西，但诸音节这个族类却是可知的。 202e1

泰阿泰德： 难道〈说得〉不正确吗？

苏格拉底： 必须得看看。因为我们就像拥有一些抵押品一样拥有该
说法的一些范例，〈说这些的那个〉人通过使用它们来说所有这些。

泰阿泰德： 究竟哪些？ 202e5

苏格拉底： 文字的各种字母和音节。或者你认为那说我们正说的事
情的人通过看向其他某个地方来说这些[648]？

泰阿泰德： 不，就是看向这些。

苏格拉底： 那么，让我们把它们拿起来仔细盘查一番，其实毋宁是 203a1
仔细盘查一下我们自己，〈看看〉我们曾以这种方式还是不以这种方式
学习文字。来吧！首先，各种音节都具有理据，而诸字母则是没有理据
的吗？

泰阿泰德： 有可能。 203a5

ΣΩ. Πάνυ μὲν οὖν καὶ ἐμοὶ φαίνεται. Σωκράτους γοῦν εἴ τις ἔροιτο τὴν πρώτην συλλαβὴν οὑτωσί· "Ὦ Θεαίτητε, λέγε τί ἐστι ΣΩ"; τί ἀποκρινῇ;
ΘΕΑΙ. Ὅτι σῖγμα καὶ ὦ.
ΣΩ. Οὐκοῦν τοῦτον ἔχεις λόγον τῆς συλλαβῆς;
ΘΕΑΙ. Ἔγωγε.
ΣΩ. Ἴθι δή, οὕτως εἰπὲ καὶ τὸν τοῦ σῖγμα λόγον.
ΘΕΑΙ. Καὶ πῶς τοῦ στοιχείου τις ἐρεῖ στοιχεῖα; καὶ γὰρ δή, ὦ Σώκρατες, τό τε σῖγμα τῶν ἀφώνων ἐστί, ψόφος τις μόνον, οἷον συριττούσης τῆς γλώττης· τοῦ δ' αὖ βῆτα οὔτε φωνὴ οὔτε ψόφος, οὐδὲ τῶν πλείστων στοιχείων. ὥστε πάνυ εὖ ἔχει τὸ λέγεσθαι αὐτὰ ἄλογα, ὧν γε τὰ ἐναργέστατα αὐτὰ τὰ ἑπτὰ φωνὴν μόνον ἔχει, λόγον δὲ οὐδ' ὁντινοῦν.
ΣΩ. Τουτὶ μὲν ἄρα, ὦ ἑταῖρε, κατωρθώκαμεν περὶ ἐπιστήμης.
ΘΕΑΙ. Φαινόμεθα.
ΣΩ. Τί δέ; τὸ μὴ γνωστὸν εἶναι τὸ στοιχεῖον ἀλλὰ τὴν συλλαβὴν ἆρ' ὀρθῶς ἀποδεδείγμεθα;
ΘΕΑΙ. Εἰκός γε.
ΣΩ. Φέρε δή, τὴν συλλαβὴν πότερον λέγομεν τὰ ἀμφότερα στοιχεῖα, καὶ ἐὰν πλείω ᾖ ἢ δύο, τὰ πάντα, ἢ μίαν τινὰ ἰδέαν γεγονυῖαν συντεθέντων αὐτῶν;
ΘΕΑΙ. Τὰ ἅπαντα ἔμοιγε δοκοῦμεν.
ΣΩ. Ὅρα δὴ ἐπὶ δυοῖν, σῖγμα καὶ ὦ. ἀμφότερά ἐστιν ἡ πρώτη συλλαβὴ τοῦ ἐμοῦ ὀνόματος. ἄλλο τι ὁ γιγνώσκων αὐτὴν τὰ ἀμφότερα γιγνώσκει;
ΘΕΑΙ. Τί μήν;
ΣΩ. Τὸ σῖγμα καὶ τὸ ὦ ἄρα γιγνώσκει.
ΘΕΑΙ. Ναί.
ΣΩ. Τί δ'; ἑκάτερον ἆρ' ἀγνοεῖ καὶ οὐδέτερον εἰδὼς ἀμφότερα γιγνώσκει;

b 6 ἔχει τὸ εὖ T   b 7 τὰ ἑπτὰ om. T, sed add. ἑπτὰ in marg.
c 2 ἀποδεδέγμεθα al.   c 4 λέγωμεν B

苏格拉底：其实对我也显得完全如此。无论如何，如果有人这样来问苏格拉底〈这个词〉的第一个音节："泰阿泰德啊，ΣΩ 是什么？"那么你将怎么回答？

泰阿泰德：它是〈字母〉Σ 和 Ω[649]。

苏格拉底：那么你把这理解为该音节的一种理据吗？

泰阿泰德：我肯定。

苏格拉底：好吧！也请以这种方式说出〈字母〉Σ 的理据。

泰阿泰德：但一个人将如何说出一个字母的诸字母呢[650]？事实上，苏格拉底啊，Σ 属于辅音字母[651]，仅仅是一种不清晰的噪音，就像舌头发出嘶嘶声一样。而字母 B 复又既不具有一种清晰的声音，也不具有一种不清晰的噪音，大多数字母也同样如此[652]。因此，〈它们〉被说成是无理据的，这是完全正确的，既然连其中最清楚的七个〈字母〉[653]也只有清晰的声音，而没有任何理据[654]。

苏格拉底：因此，朋友啊，关于知识我们肯定在这点上已经取得了成功。

泰阿泰德：我们好像〈已经取得了成功〉。

苏格拉底：然后呢？字母是不可知的，而音节是可知的，我们已经正确地展示了这点吗？

泰阿泰德：至少很有可能。

苏格拉底：那么来吧！我们说音节是〈构成它的〉两个字母呢——如果多于两个字母，那就是〈构成它的〉所有字母——，还是当它们结合在一起后[655]产生出来的某种单一的理念[656]？

泰阿泰德：至少对我而言，我们似乎〈在说构成它的〉所有字母。

苏格拉底：那就请你在两个〈字母〉，即在 Σ 和 Ω 那儿来看看。它们两个构成了我名字的第一个音节[657]。是不是认识该音节的人也会认识它们两个？

泰阿泰德：为何不？

苏格拉底：因而他认识〈字母〉Σ 和 Ω。

泰阿泰德：是的。

苏格拉底：但怎么回事？他不知道两者中的每一个，并且尽管他不知道两者中的每一个，但他却认识它们两个？

ΘΕΑΙΤΗΤΟΣ

ΘΕΑΙ. Ἀλλὰ δεινὸν καὶ ἄλογον, ὦ Σώκρατες.

ΣΩ. Ἀλλὰ μέντοι εἴ γε ἀνάγκη ἑκάτερον γιγνώσκειν, εἴπερ ἀμφότερά τις γνώσεται, προγιγνώσκειν τὰ στοιχεῖα ἅπασα ἀνάγκη τῷ μέλλοντί ποτε γνώσεσθαι συλλαβήν, καὶ οὕτως ἡμῖν ὁ καλὸς λόγος ἀποδεδρακὼς οἰχήσεται.

ΘΕΑΙ. Καὶ μάλα γε ἐξαίφνης.

ΣΩ. Οὐ γὰρ καλῶς αὐτὸν φυλάττομεν. χρῆν γὰρ ἴσως τὴν συλλαβὴν τίθεσθαι μὴ τὰ στοιχεῖα ἀλλ' ἐξ ἐκείνων ἕν τι γεγονὸς εἶδος, ἰδέαν μίαν αὐτὸ αὑτοῦ ἔχον, ἕτερον δὲ τῶν στοιχείων.

ΘΕΑΙ. Πάνυ μὲν οὖν· καὶ τάχα γ' ἂν μᾶλλον οὕτως ἢ 'κείνως ἔχοι.

ΣΩ. Σκεπτέον καὶ οὐ προδοτέον οὕτως ἀνάνδρως μέγαν τε καὶ σεμνὸν λόγον.

ΘΕΑΙ. Οὐ γὰρ οὖν.

ΣΩ. Ἐχέτω δὴ ὡς νῦν φαμεν, μία ἰδέα ἐξ ἑκάστων τῶν συναρμοττόντων στοιχείων γιγνομένη ἡ συλλαβή, ὁμοίως ἔν τε γράμμασι καὶ ἐν τοῖς ἄλλοις ἅπασι.

ΘΕΑΙ. Πάνυ μὲν οὖν.

ΣΩ. Οὐκοῦν μέρη αὐτῆς οὐ δεῖ εἶναι.

ΘΕΑΙ. Τί δή;

ΣΩ. Ὅτι οὗ ἂν ᾖ μέρη, τὸ ὅλον ἀνάγκη τὰ πάντα μέρη εἶναι. ἢ καὶ τὸ ὅλον ἐκ τῶν μερῶν λέγεις γεγονὸς ἕν τι εἶδος ἕτερον τῶν πάντων μερῶν;

ΘΕΑΙ. Ἔγωγε.

ΣΩ. Τὸ δὲ δὴ πᾶν καὶ τὸ ὅλον πότερον ταὐτὸν καλεῖς ἢ ἕτερον ἑκάτερον;

ΘΕΑΙ. Ἔχω μὲν οὐδὲν σαφές, ὅτι δὲ κελεύεις προθύμως ἀποκρίνασθαι, παρακινδυνεύων λέγω ὅτι ἕτερον.

ΣΩ. Ἡ μὲν προθυμία, ὦ Θεαίτητε, ὀρθή· εἰ δὲ καὶ ἡ ἀπόκρισις, σκεπτέον.

---

d 10 οὕτως] οὗτος B   a 1 ἔχε· ἔστω Madvig : ἔστω δὴ aut μίαν ἰδέαν ... γιγνομένην Heindorf   ὡς] ὡς καὶ T   a 11 ταὐτὸν] αὐτὸν T

泰阿泰德：但这的确是不可思议和没有道理的，苏格拉底啊。

苏格拉底：然而，假如一个人要认识两个，他得认识其中的每一个，如果这的确是必然的，那么下面这点也就是必然的，即对于那曾经打算认识音节的人来说，他得预先认识〈构成它的〉所有字母；而这样一来，那漂亮的说法就通过从我们这里偷偷跑开而溜走了。 203d10

泰阿泰德：并且是非常突然地〈溜走了〉。 203e

苏格拉底：因为我们没有好好地守护它。或许根本就不应把音节设立为那些字母，而是应将之设立为从它们那里产生出来的某种单一的形式，〈该形式不仅〉自身有着它自己的单一的理念，而且不同于那些字母。 203e5

泰阿泰德：完全如此。并且或许会更为是这个样子，而不是那个样子。

苏格拉底：必须进行考察，并且不应该以如此缺乏男子气概的方式放弃一个重大且严肃的说法。

泰阿泰德：肯定不应该。 203e10

苏格拉底：那么就让它如我们现在说的这样，音节是由拼合在一起的各个字母所形成的单一理念，在文字以及在其他所有东西那儿同样如此。 204a1

泰阿泰德：肯定。

苏格拉底：那么它的诸部分就不应当是着[658]。 204a5

泰阿泰德：到底怎么回事？

苏格拉底：因为如果它的部分是着，那么整体必然是全部的部分。或者你说，由诸部分所形成的整体也是异于〈其〉全部的部分的某个单一的形式？

泰阿泰德：我肯定〈会这么说〉。 204a10

苏格拉底：但全体和整体，你将之称作是一回事呢，还是两者中的每一个都异于另一个？ 204b1

泰阿泰德：我其实没有任何清楚的〈答案〉，但既然你要求应积极主动地回答，那我冒险说，〈它们彼此〉相异。

苏格拉底：〈你的〉积极是正确的，泰阿泰德！但回答是否也〈是正确的〉，必须进行考察。 204b5

ΘΕΑΙ. Δεῖ γε δή.
ΣΩ. Οὐκοῦν διαφέροι ἂν τὸ ὅλον τοῦ παντός, ὡς ὁ νῦν λόγος;
ΘΕΑΙ. Ναί.
ΣΩ. Τί δὲ δή; τὰ πάντα καὶ τὸ πᾶν ἔσθ' ὅτι διαφέρει; οἷον ἐπειδὰν λέγωμεν ἕν, δύο, τρία, τέτταρα, πέντε, ἕξ, καὶ ἐὰν δὶς τρία ἢ τρὶς δύο ἢ τέτταρά τε καὶ δύο ἢ τρία καὶ δύο καὶ ἕν, πότερον ἐν πᾶσι τούτοις τὸ αὐτὸ ἢ ἕτερον λέγομεν;
ΘΕΑΙ. Τὸ αὐτό.
ΣΩ. Ἆρ' ἄλλο τι ἢ ἕξ;
ΘΕΑΙ. Οὐδέν.
ΣΩ. Οὐκοῦν ἐφ' ἑκάστης λέξεως πάντα ἐξ εἰρήκαμεν;
ΘΕΑΙ. Ναί.
ΣΩ. Πᾶν δ' οὐδὲν λέγομεν τὰ πάντα λέγοντες;
ΘΕΑΙ. Ἀνάγκη.
ΣΩ. Ἢ ἄλλο τι ἢ τὰ ἕξ;
ΘΕΑΙ. Οὐδέν.
ΣΩ. Ταὐτὸν ἄρα ἕν γε τοῖς ὅσα ἐξ ἀριθμοῦ ἐστι τό τε πᾶν προσαγορεύομεν καὶ τὰ ἅπαντα;
ΘΕΑΙ. Φαίνεται.
ΣΩ. Ὧδε δὴ περὶ αὐτῶν λέγωμεν. ὁ τοῦ πλέθρου ἀριθμὸς καὶ τὸ πλέθρον ταὐτόν· ἢ γάρ;
ΘΕΑΙ. Ναί.
ΣΩ. Καὶ ὁ τοῦ σταδίου δὴ ὡσαύτως.
ΘΕΑΙ. Ναί.
ΣΩ. Καὶ μὴν καὶ ὁ τοῦ στρατοπέδου γε καὶ τὸ στρατόπεδον, καὶ πάντα τὰ τοιαῦτα ὁμοίως; ὁ γὰρ ἀριθμὸς πᾶς τὸ ὂν πᾶν ἕκαστον αὐτῶν ἐστιν.

b 6 γε δή W: δέ γε δή BT   b 10 ὅτι] ὅτε W   c 1 τε om. W   τρία] τρία τε W   c 2 τὸ αὐτὸ om. W   c 3 τὸ αὐτό W: τὸ αὐτόν B: ταὐτόν T   c 6 πάντα W: πάντα τὰ BT   εὑρήκαμεν T   c 8 πᾶν olim Campbell: πάλιν BT: πάλιν δὲ πᾶν nunc Campbell   τὰ πάντα] τὸ πᾶν Schleiermacher: τὸ πᾶν αὐτὰ Wohlrab   c 10 ἢ om. T   d 4 περὶ] τὰ περὶ W   d 9 καὶ μὴν καὶ] καὶ μὴν T   γε] τε W   d 11 τὸ πᾶν ὂν Heindorf

泰阿泰德： 应该也肯定〈是正确的〉⁶⁵⁹。

苏格拉底： 那么，整体岂不就会不同于全体，按照〈我们〉刚才的那个说法⁶⁶⁰？

泰阿泰德： 是的。

苏格拉底： 然后呢？全部的东西和全体也是不同的吗？例如，当我们说一、二、三、四、五、六时，以及如果〈我们说〉两倍于三，或者三倍与二，或者四和二，或者三和二和一，那么在所有这些情形中我们在说同一个东西，还是不同的东西？

泰阿泰德： 同一个东西。

苏格拉底： 除了〈在说〉六，别无其他？

泰阿泰德： 别无其他。

苏格拉底： 那么，在每一种表达方式那里我们岂不都说出了某一全体，即六⁶⁶¹？

泰阿泰德： 是的。

苏格拉底： 但当我们说出全体时，我们复又没有说出任何东西吗⁶⁶²？

泰阿泰德： 必然〈说出了某种东西〉。

苏格拉底： 除了六，别无其他？

泰阿泰德： 别无其他。

苏格拉底： 那么，至少在由数所构成的所有东西那里，我们把全体和全部的东西称作一回事吗？

泰阿泰德： 显然。

苏格拉底： 那让我们〈进一步〉这样来谈论它们。一万平方尺中的数和一万平方尺是一回事，是这样吗？

泰阿泰德： 是。

苏格拉底： 六百尺中的数〈和六百尺〉也同样如此？

泰阿泰德： 是的。

苏格拉底： 而且一支军队中的〈士兵〉数和这支军队，以及所有其他诸如此类的，也肯定都同样如此吗？因为在每一种情形那儿，它们中全部的数也就是全部是着的东西。

ΘΕΑΙΤΗΤΟΣ

ΘΕΑΙ. Ναί.
ΣΩ. Ὁ δὲ ἑκάστων ἀριθμὸς μῶν ἄλλο τι ἢ μέρη ἐστίν; e
ΘΕΑΙ. Οὐδέν.
ΣΩ. Ὅσα ἄρα ἔχει μέρη, ἐκ μερῶν ἂν εἴη;
ΘΕΑΙ. Φαίνεται.
ΣΩ. Τὰ δέ γε πάντα μέρη τὸ πᾶν εἶναι ὡμολόγηται, 5
εἴπερ καὶ ὁ πᾶς ἀριθμὸς τὸ πᾶν ἔσται.
ΘΕΑΙ. Οὕτως.
ΣΩ. Τὸ ὅλον ἄρ' οὐκ ἔστιν ἐκ μερῶν. πᾶν γὰρ ἂν εἴη
τὰ πάντα ὂν μέρη.
ΘΕΑΙ. Οὐκ ἔοικεν. 10
ΣΩ. Μέρος δ' ἔσθ' ὅτου ἄλλου ἐστὶν ὅπερ ἐστὶν ἢ τοῦ
ὅλου;
ΘΕΑΙ. Τοῦ παντός γε.
ΣΩ. Ἀνδρικῶς γε, ὦ Θεαίτητε, μάχῃ. τὸ πᾶν δὲ οὐχ 205
ὅταν μηδὲν ἀπῇ, αὐτὸ τοῦτο πᾶν ἐστιν;
ΘΕΑΙ. Ἀνάγκη.
ΣΩ. Ὅλον δὲ οὐ ταὐτὸν τοῦτο ἔσται, οὗ ἂν μηδαμῇ
μηδὲν ἀποστατῇ; οὗ δ' ἂν ἀποστατῇ, οὔτε ὅλον οὔτε πᾶν, 5
ἅμα γενόμενον ἐκ τοῦ αὐτοῦ τὸ αὐτό;
ΘΕΑΙ. Δοκεῖ μοι νῦν οὐδὲν διαφέρειν πᾶν τε καὶ ὅλον.
ΣΩ. Οὐκοῦν ἐλέγομεν ὅτι οὗ ἂν μέρη ᾖ, τὸ ὅλον τε καὶ
πᾶν τὰ πάντα μέρη ἔσται;
ΘΕΑΙ. Πάνυ γε. 10
ΣΩ. Πάλιν δή, ὅπερ ἄρτι ἐπεχείρουν, οὐκ, εἴπερ ἡ
συλλαβὴ μὴ τὰ στοιχεῖά ἐστιν, ἀνάγκη αὐτὴν μὴ ὡς μέρη b
ἔχειν ἑαυτῆς τὰ στοιχεῖα, ἢ ταὐτὸν οὖσαν αὐτοῖς ὁμοίως
ἐκείνοις γνωστὴν εἶναι;
ΘΕΑΙ. Οὕτως.
ΣΩ. Οὐκοῦν τοῦτο ἵνα μὴ γένηται, ἕτερον αὐτῶν αὐτὴν 5
ἐθέμεθα;

e 5 ὁμολογεῖται B   a 5 ἂν] ἂν μὴ T   a 7 καὶ] καὶ τὸ W
a 8 καὶ] καὶ τὸ W   a 9 ἔσται] ἐστιν W

泰阿泰德：是。

苏格拉底：而各个东西的数除了是〈其〉诸部分之外，不是别的？　204e1

泰阿泰德：不是别的。

苏格拉底：那么，任何具有诸部分的东西，都会是从诸部分而来吗？

泰阿泰德：显然。

苏格拉底：而全部的部分已经被同意为了是全体，假如全部的数将　204e5
是全部〈是着的东西〉的话。

泰阿泰德：是这样。

苏格拉底：那么整体就不是从诸部分而来。因为它将会是全体，如果它是全部的部分的话。

泰阿泰德：似乎不是。　204e10

苏格拉底：但一个部分——只要它是它所是的——，会是其他任何某个东西的〈部分〉吗，除了是某一整体的〈部分〉之外？

泰阿泰德：当然〈也会是〉某一全体的〈部分〉。

苏格拉底：你的确在勇敢地战斗，泰阿泰德！但全体，岂不当一无　205a1
所缺时，它才恰恰是这种东西，即全体？

泰阿泰德：必然。

苏格拉底：但整体岂不将是这同一个东西，它根本不会欠缺任何东西[663]？而那有所欠缺的，岂不既不是整体，也不是全体，因为〈这两　205a5
者〉已经同时基于同一个〈原因〉成为了同一个东西？

泰阿泰德：现在我认为全体和整体不再有任何区别。

苏格拉底：我们不是说过，那包含诸部分的东西，整体和全体将是全部的部分？

泰阿泰德：的确〈说过〉。　205a10

苏格拉底：那么〈让我们〉回到我刚才尝试〈指出的东西〉那里[664]；　205b1
假如音节并不就是诸字母，那么，它必然不把它的诸字母当作〈它的〉诸部分，或者，如果它同它们是同一的，那么，它必然如它们一样是可知的？

泰阿泰德：是这样。

苏格拉底：那么为了〈后面〉这种情况不发生，我们岂不要设定音　205b5
节异于那些〈构成它的〉字母？

ΠΛΑΤΩΝΟΣ

ΘΕΑΙ. Ναί.

ΣΩ. Τί δ'; εἰ μὴ τὰ στοιχεῖα συλλαβῆς μέρη ἐστίν, ἔχεις ἄλλ' ἄττα εἰπεῖν ἃ μέρη μέν ἐστι συλλαβῆς, οὐ μέντοι στοιχεῖά γ' ἐκείνης;

ΘΕΑΙ. Οὐδαμῶς. εἰ γάρ, ὦ Σώκρατες, μόρι' ἄττ' αὐτῆς συγχωροίην, γελοῖόν που τὰ στοιχεῖα ἀφέντα ἐπ' ἄλλα ἰέναι.

ΣΩ. Παντάπασι δή, ὦ Θεαίτητε, κατὰ τὸν νῦν λόγον μία τις ἰδέα ἀμέριστος συλλαβὴ ἂν εἴη.

ΘΕΑΙ. Ἔοικεν.

ΣΩ. Μέμνησαι οὖν, ὦ φίλε, ὅτι ὀλίγον ἐν τῷ πρόσθεν ἀπεδεχόμεθα ἡγούμενοι εὖ λέγεσθαι ὅτι τῶν πρώτων οὐκ εἴη λόγος ἐξ ὧν τἆλλα σύγκειται, διότι αὐτὸ καθ' αὑτὸ ἕκαστον εἴη ἀσύνθετον, καὶ οὐδὲ τὸ "εἶναι" περὶ αὐτοῦ ὀρθῶς ἔχοι προσφέροντα εἰπεῖν, οὐδὲ "τοῦτο," ὡς ἕτερα καὶ ἀλλότρια λεγόμενα, καὶ αὕτη δὴ ἡ αἰτία ἄλογόν τε καὶ ἄγνωστον αὐτὸ ποιοῖ;

ΘΕΑΙ. Μέμνημαι.

ΣΩ. Ἦ οὖν ἄλλη τις ἢ αὕτη ἡ αἰτία τοῦ μονοειδές τε καὶ ἀμέριστον αὐτὸ εἶναι; ἐγὼ μὲν γὰρ οὐχ ὁρῶ ἄλλην.

ΘΕΑΙ. Οὐ γὰρ οὖν δὴ φαίνεται.

ΣΩ. Οὐκοῦν εἰς ταὐτὸν ἐμπέπτωκεν ἡ συλλαβὴ εἶδος ἐκείνῳ, εἴπερ μέρη τε μὴ ἔχει καὶ μία ἐστὶν ἰδέα;

ΘΕΑΙ. Παντάπασι μὲν οὖν.

ΣΩ. Εἰ μὲν ἄρα πολλὰ στοιχεῖα ἡ συλλαβή ἐστιν καὶ ὅλον τι, μέρη δ' αὐτῆς ταῦτα, ὁμοίως αἵ τε συλλαβαὶ γνωσταὶ καὶ ῥηταὶ καὶ τὰ στοιχεῖα, ἐπείπερ τὰ πάντα μέρη τῷ ὅλῳ ταὐτὸν ἐφάνη.

ΘΕΑΙ. Καὶ μάλα.

ΣΩ. Εἰ δέ γε ἕν τε καὶ ἀμερές, ὁμοίως μὲν συλλαβή,

b 9 ἔχεις om. B   b 11 εἰ γάρ om. T   μόρι' ἄττα αὐτῆς W : μόρια ταύτης BT   c 8 τοῦτο] τὸ τοῦτο Heindorf : τὸ τό Buttmann   c 9 τε] τι T   c 10 ποιεῖ W   d 1 ἡ secl. Bonitz   τοῦ] τὸ Bonitz   τε W in ras. B : τι T   d 5 τε] γε Naber

泰阿泰德：是。

苏格拉底：然后呢？如果一些字母不是一个音节的诸部分，那么，你还能够说出其他一些东西吗，它们虽然是一个音节的诸部分，然而根本不是它的诸字母？

泰阿泰德：绝对不可能。因为，苏格拉底啊，如果我一方面承认它的一些部分，一方面又放弃诸字母而前往另外一些东西，这无论如何都是可笑的。

苏格拉底：所以，泰阿泰德啊，根据现在的说法，音节似乎是某种完全不可分的单一理念。

泰阿泰德：看来是。

苏格拉底：那么，朋友，你还记得吗，在不久前我们承认了〈下面这个说法〉[665]，因为我们认为它说得好，那就是：其他东西由之组合而成的那些最初的东西都不具有理据，既然自在自为的〈它们〉每个都是非组合而成的，甚至通过增添"是"或"这个"来谈论〈它们〉每个，也会是不正确的，因为说出来的这类东西〈全都是与之〉不同的东西和另外一些东西，并且也正是这个原因使得〈它们〉每个都是无理据的和不可知的？

泰阿泰德：我记起来了。

苏格拉底：那么，除了这个原因，难道还有别的什么是下面这点的原因吗，即〈它们〉每个都是单一形相的[666]和不可分的？至少我没有看出任何别的。

泰阿泰德：显然根本没有〈任何别的〉。

苏格拉底：那么音节岂不如〈它们〉每个一样落入到同一种形相中，假如它没有部分，并且是单一理念的话？

泰阿泰德：完全如此。

苏格拉底：于是，一方面如果音节既是许多的字母，又是某种整体，而这些〈字母〉是它的部分，那么，诸音节就和诸字母同样是可知的和可说的，既然全部的部分同〈其〉整体已经显现为了同一回事。

泰阿泰德：非常〈正确〉。

苏格拉底：但另一方面，如果音节是一和无部分的[667]，那么它就和

ΘΕΑΙΤΗΤΟΣ

ὡσαύτως δὲ στοιχεῖον ἄλογόν τε καὶ ἄγνωστον· ἡ γὰρ αὐτὴ αἰτία ποιήσει αὐτὰ τοιαῦτα.

ΘΕΑΙ. Οὐκ ἔχω ἄλλως εἰπεῖν.

ΣΩ. Τοῦτο μὲν ἄρα μὴ ἀποδεχώμεθα, ὃς ἂν λέγῃ συλλαβὴν μὲν γνωστὸν καὶ ῥητόν, στοιχεῖον δὲ τοὐναντίον.

ΘΕΑΙ. Μὴ γάρ, εἴπερ τῷ λόγῳ πειθόμεθα.

ΣΩ. Τί δ' αὖ; τοὐναντίον λέγοντος ἆρ' οὐ μᾶλλον ἂν ἀποδέξαιο ἐξ ὧν αὐτὸς σύνοισθα σαυτῷ ἐν τῇ τῶν γραμμάτων μαθήσει;

ΘΕΑΙ. Τὸ ποῖον;

ΣΩ. Ὡς οὐδὲν ἄλλο μανθάνων διετέλεσας ἢ τὰ στοιχεῖα ἔν τε τῇ ὄψει διαγιγνώσκειν πειρώμενος καὶ ἐν τῇ ἀκοῇ αὐτὸ καθ' αὑτὸ ἕκαστον, ἵνα μὴ ἡ θέσις σε ταράττοι λεγομένων τε καὶ γραφομένων.

ΘΕΑΙ. Ἀληθέστατα λέγεις.

ΣΩ. Ἐν δὲ κιθαριστοῦ τελέως μεμαθηκέναι μῶν ἄλλο τι ἦν ἢ τὸ τῷ φθόγγῳ ἑκάστῳ δύνασθαι ἐπακολουθεῖν, ποίας χορδῆς εἴη· ἃ δὴ στοιχεῖα πᾶς ἂν ὁμολογήσειε μουσικῆς λέγεσθαι;

ΘΕΑΙ. Οὐδὲν ἄλλο.

ΣΩ. Ὧν μὲν ἄρ' αὐτοὶ ἔμπειροί ἐσμεν στοιχείων καὶ συλλαβῶν, εἰ δεῖ ἀπὸ τούτων τεκμαίρεσθαι καὶ εἰς τὰ ἄλλα, πολὺ τὸ τῶν στοιχείων γένος ἐναργεστέραν τε τὴν γνῶσιν ἔχειν φήσομεν καὶ κυριωτέραν τῆς συλλαβῆς πρὸς τὸ λαβεῖν τελέως ἕκαστον μάθημα, καὶ ἐάν τις φῇ συλλαβὴν μὲν γνωστόν, ἄγνωστον δὲ πεφυκέναι στοιχεῖον, ἑκόντα ἢ ἄκοντα παίζειν ἡγησόμεθ' αὐτόν.

ΘΕΑΙ. Κομιδῇ μὲν οὖν.

ΣΩ. Ἀλλὰ δὴ τούτου μὲν ἔτι κἂν ἄλλαι φανεῖεν ἀποδείξεις, ὡς ἐμοὶ δοκεῖ· τὸ δὲ προκείμενον μὴ ἐπιλαθώμεθα δι' αὐτὰ ἰδεῖν, ὅτι δή ποτε καὶ λέγεται τὸ μετὰ δόξης

e6 τοῦτο] τούτου Heindorf   e7 γνωστὸν W : ἄγνωστον pr. BT
a6 τε W: om. BT   b1 τὸ om. B   b2 ἃ δὴ] ἀλλ' ἢ B
c1 ἔτι κἂν om. T

字母一样，在相同的意义上是无理据的和不可知的；因为同一个原因使得它们成为这样的东西。

泰阿泰德： 我没有任何其他的要说[668]。

苏格拉底： 因此，让我们不要接受这点，无论谁说音节是可知的和可说的，而字母正好相反。

泰阿泰德： 肯定不，如果我们信服〈我们的〉说法的话。

苏格拉底： 但然后呢？当一个人说相反的情形时，你岂不更为会接受，基于你在文字的学习中你自己所意识到的那些事情[669]？

泰阿泰德： 何种事情？

苏格拉底：〈这种事情〉，即在学习的时候，除了下面这点，你不会完成别的什么，那就是：你尝试在看和听时分辨出各个字母，并且是〈分辨〉出自在自为的每个，以免当它们被说和写时，〈它们的〉位置会扰乱你。

泰阿泰德： 你说得极其正确。

苏格拉底： 而在竖琴师那里，已经完满地学习了，难道不是除了下面这点，别无其他吗，那就是：能够跟上每一个乐音，〈知道〉它是属于哪根弦，而所有人都会承认的这些乐音被说成是音乐的元素？

泰阿泰德： 别无其他。

苏格拉底： 那么，我们自己对之有经验的那些字母和音节，如果也必须从这些东西推到一些其他事情，那么我们就会说，就完满地掌握每门学问而言，字母之族类比音节之族类含有清楚得多和紧要得多的认识；并且如果有人说音节〈生来〉就是可知的，而字母生来就是不可知的，那么，不管他是有意的还是无意的，我们都会认为他在开玩笑。

泰阿泰德： 的确如此。

苏格拉底： 其实还可以亮出对这点的一些其他的证明，如我所认为的那样。但是，不要让我们因为它们而忘记看摆在〈我们〉面前的事情，那就是：这究竟在说什么，当带有真判断的理据被加上之后，完满

ΠΛΑΤΩΝΟΣ

ἀληθοῦς λόγον προσγενόμενον τὴν τελεωτάτην ἐπιστήμην γεγονέναι.

ΘΕΑΙ. Οὐκοῦν χρὴ ὁρᾶν.

ΣΩ. Φέρε δή, τί ποτε βούλεται τὸν λόγον ἡμῖν σημαίνειν; τριῶν γὰρ ἕν τί μοι δοκεῖ λέγειν.

ΘΕΑΙ. Τίνων δή;

ΣΩ. Τὸ μὲν πρῶτον εἴη ἂν τὸ τὴν αὑτοῦ διάνοιαν ἐμφανῆ ποιεῖν διὰ φωνῆς μετὰ ῥημάτων τε καὶ ὀνομάτων, ὥσπερ εἰς κάτοπτρον ἢ ὕδωρ τὴν δόξαν ἐκτυπούμενον εἰς τὴν διὰ τοῦ στόματος ῥοήν. ἢ οὐ δοκεῖ σοι τὸ τοιοῦτον λόγος εἶναι;

ΘΕΑΙ. Ἔμοιγε. τὸν γοῦν αὐτὸ δρῶντα λέγειν φαμέν.

ΣΩ. Οὐκοῦν αὖ τοῦτό γε πᾶς ποιεῖν δυνατὸς θᾶττον ἢ σχολαίτερον, τὸ ἐνδείξασθαι τί δοκεῖ περὶ ἑκάστου αὐτῷ, ὁ μὴ ἐνεὸς ἢ κωφὸς ἀπ' ἀρχῆς· καὶ οὕτως ὅσοι τι ὀρθὸν δοξάζουσι, πάντες αὐτὸ μετὰ λόγου φανοῦνται ἔχοντες, καὶ οὐδαμοῦ ἔτι ὀρθὴ δόξα χωρὶς ἐπιστήμης γενήσεται.

ΘΕΑΙ. Ἀληθῆ.

ΣΩ. Μὴ τοίνυν ῥᾳδίως καταγιγνώσκωμεν τὸ μηδὲν εἰρηκέναι τὸν ἀποφηνάμενον ἐπιστήμην ὃ νῦν σκοποῦμεν. ἴσως γὰρ ὁ λέγων οὐ τοῦτο ἔλεγεν, ἀλλὰ τὸ ἐρωτηθέντα τί ἕκαστον δυνατὸν εἶναι τὴν ἀπόκρισιν διὰ τῶν στοιχείων ἀποδοῦναι τῷ ἐρομένῳ.

ΘΕΑΙ. Οἷον τί λέγεις, ὦ Σώκρατες;

ΣΩ. Οἷον καὶ Ἡσίοδος περὶ ἁμάξης λέγει τὸ " ἑκατὸν δέ τε δούραθ' ἁμάξης." ἃ ἐγὼ μὲν οὐκ ἂν δυναίμην εἰπεῖν, οἶμαι δὲ οὐδὲ σύ· ἀλλ' ἀγαπῷμεν ἂν ἐρωτηθέντες ὅτι ἐστὶν ἅμαξα, εἰ ἔχοιμεν εἰπεῖν τροχοί, ἄξων, ὑπερτερία, ἄντυγες, ζυγόν.

c 7 τὸν λόγον] τὸ λόγος Stallbaum   d 4 στόματος] σώματος W
d 6 γοῦν W : οὖν BT   d 7 αὖ W : om. BT   d 9 ἢ κωφὸς
ἀπ' ἀρχῆς secl. Cobet : ἄφωνος in marg. T   e 1 φανοῦνται μετὰ λόγου T   e 5 τοῦ ἀποφηναμένου Heindorf   e 6 τί] τί ἐστιν W
a 5 ἀγαπῷμεν BT   ἀνερωτηθέντες B   a 6 ὑπερτερία Kuhn : ὑπερτηρία B : ὑπέρτηρια T

的知识就出现了[670]。

泰阿泰德：那么必须看看。

苏格拉底：来吧！理据究竟想对我们表明什么？在我看来它肯定在说三者中的某一个。

泰阿泰德：究竟哪三者中的？

苏格拉底：首先会是，〈一个人〉借助动词和名词通过声音显明其思想[671]，就像在镜子或水中〈形成某物的影像〉一样，在由嘴发出的气流中形成判断的影像[672]。或者在你看来，理据会不是这类东西？

泰阿泰德：我肯定〈这么看〉。至少当有人做这件事时，我们说他在说〈某种东西〉。

苏格拉底：此外，每个人岂不都肯定能够较快或较慢地做这件事，即能够指出他关于每个东西所认为的，只要他不从一开始就是哑的或聋的。而这样一来，所有那些在正确地对某个东西下判断的人，他们全都将显然带有理据地拥有它，并且一个区别于知识的正确判断将绝不会再出现[673]。

泰阿泰德：正确。

苏格拉底：因此，让我们不要轻易地就指责一个人在胡说八道[674]，当他显示知识〈是〉我们现在所考察的这种东西[675]时。因为，或许说话的人并不曾在说这点，而是〈在说〉：当一个人被问每个东西是什么时，下面这样是可能的，即通过〈指出构成它的〉诸元素来对那询问的人给出回答。

泰阿泰德：〈请举一个〉例子，你在说什么，苏格拉底？

苏格拉底：例如，赫西俄德，就车他说到"百木成车"[676]。我诚然不能说出〈成车的〉那些木头，但我认为你也不能。然而，当我们被问车是什么时，如果我们能够说出轮子、轴、车身、扶手和轭，我们就该感到满意了。

ΘΕΑΙ. Πάνυ μὲν οὖν.

ΣΩ. Ὁ δέ γε ἴσως οἴοιτ' ἂν ἡμᾶς, ὥσπερ ἂν τὸ σὸν ὄνομα ἐρωτηθέντας καὶ ἀποκρινομένους κατὰ συλλαβήν, γελοίους εἶναι, ὀρθῶς μὲν δοξάζοντας καὶ λέγοντας ἃ λέγομεν, οἰομένους δὲ γραμματικοὺς εἶναι καὶ ἔχειν τε καὶ λέγειν γραμματικῶς τὸν τοῦ Θεαιτήτου ὀνόματος λόγον· τὸ δ' οὐκ εἶναι ἐπιστημόνως οὐδὲν λέγειν, πρὶν ἂν διὰ τῶν στοιχείων μετὰ τῆς ἀληθοῦς δόξης ἕκαστον περαίνῃ τις, ὅπερ καὶ ἐν τοῖς πρόσθε που ἐρρήθη.

ΘΕΑΙ. Ἐρρήθη γάρ.

ΣΩ. Οὕτω τοίνυν καὶ περὶ ἁμάξης ἡμᾶς μὲν ὀρθὴν ἔχειν δόξαν, τὸν δὲ διὰ τῶν ἑκατὸν ἐκείνων δυνάμενον διελθεῖν αὐτῆς τὴν οὐσίαν, προσλαβόντα τοῦτο, λόγον τε προσειληφέναι τῇ ἀληθεῖ δόξῃ καὶ ἀντὶ δοξαστικοῦ τεχνικόν τε καὶ ἐπιστήμονα περὶ ἁμάξης οὐσίας γεγονέναι, διὰ στοιχείων τὸ ὅλον περάναντα.

ΘΕΑΙ. Οὐκοῦν εὖ δοκεῖ σοι, ὦ Σώκρατες;

ΣΩ. Εἰ σοί, ὦ ἑταῖρε, δοκεῖ, καὶ ἀποδέχῃ τὴν διὰ στοιχείου διέξοδον περὶ ἑκάστου λόγον εἶναι, τὴν δὲ κατὰ συλλαβὰς ἢ καὶ κατὰ μεῖζον ἔτι ἀλογίαν, τοῦτό μοι λέγε, ἵν' αὐτὸ ἐπισκοπῶμεν.

ΘΕΑΙ. Ἀλλὰ πάνυ ἀποδέχομαι.

ΣΩ. Πότερον ἡγούμενος ἐπιστήμονα εἶναι ὁντινοῦν ὁτουοῦν, ὅταν τὸ αὐτὸ τοτὲ μὲν τοῦ αὐτοῦ δοκῇ αὐτῷ εἶναι, τοτὲ δὲ ἑτέρου, ἢ καὶ ὅταν τοῦ αὐτοῦ τοτὲ μὲν ἕτερον, τοτὲ δὲ ἕτερον δοξάζῃ;

ΘΕΑΙ. Μὰ Δί' οὐκ ἔγωγε.

ΣΩ. Εἶτα ἀμνημονεῖς ἐν τῇ τῶν γραμμάτων μαθήσει κατ' ἀρχὰς σαυτόν τε καὶ τοὺς ἄλλους δρῶντας αὐτά;

ΘΕΑΙ. Ἆρα λέγεις τῆς αὐτῆς συλλαβῆς τοτὲ μὲν ἕτερον, τοτὲ δὲ ἕτερον ἡγουμένους γράμμα, καὶ τὸ αὐτὸ τοτὲ

---

b 2 τε om. W b 6 πρόσθεν ου B b 9 τὸν] τὸ Turicenses
τῶν] τὸν T   διὰ] διὰ τοῦ T   d 3 εἶναι] εἶναι καὶ W   d 4 τοτὲ]
τότε W : ὅτε B T   αὐτῷ] αὐτὸ B

泰阿泰德：的确如此。

苏格拉底：然而，一个人或许会认为我们是可笑的，就像当我们被〈他〉询问你的名字时，我们逐个音节地进行回答；虽然我们正确地下了判断和说出了我们所说的，但我们竟然认为我们是一些精通文法学的人，并且以文法学的方式拥有和说出了泰阿泰德的名字的理据。然而，不可能知识性地说出任何东西，在一个人带着真判断从头至尾地过完〈构成它的〉每个字母之前[677]，这在前面无论如何都曾被说过了[678]。

泰阿泰德：的确被说过了。

苏格拉底：那么，我们虽然以这种方式对车具有一个正确的判断，但那能够经过〈构成它的〉那百根〈木头〉而细说其所是的人，由于他此外还取得了这点，他就此外为真判断取得了一种理据，并且他不再是一个〈单纯〉下判断的人[679]，而成为了对车之所是有技艺和有知识的人，因为他〈从头至尾地〉过完了〈构成它的〉诸元素而抵达了整体。

泰阿泰德：难道在你看来〈那人说得〉不好吗，苏格拉底？

苏格拉底：朋友，你是否认为和接受下面这点，即，通过字母而来的详细描述[680]是关于每个〈名字〉的一种理据，而逐个音节地，甚或根据〈比之〉还要更大的某种东西而来的详细描述则是一种无理据，请你对我说这点，以便我们检查它。

泰阿泰德：我肯定接受。

苏格拉底：〈你之所以接受〉是因为你相信下面这点吗[681]，那就是：任何一个人对任何一个东西是有知识的，每当他有时认为同一个东西属于一个东西，有时则〈认为〉它属于另一个东西，或者每当他有时下判断〈说〉这个东西，有时则〈下判断说〉那个东西，属于同一个东西？

泰阿泰德：宙斯在上，我肯定不〈相信〉。

苏格拉底：因此你忘了在最初的文字学习中你自己和其他人就在做这件事吗？

泰阿泰德：你在说我们有时相信这个字母，有时相信那个字母属于同一个音节，并且有时把同一个字母归入恰当的音节中，有时把它归入

ΠΛΑΤΩΝΟΣ

μὲν εἰς τὴν προσήκουσαν, τοτὲ δὲ εἰς ἄλλην τιθέντας συλλαβήν;

ΣΩ. Ταῦτα λέγω.

ΘΕΑΙ. Μὰ Δί᾽ οὐ τοίνυν ἀμνημονῶ, οὐδέ γέ πω ἡγοῦμαι ἐπίστασθαι τοὺς οὕτως ἔχοντας.

ΣΩ. Τί οὖν; ὅταν ἐν τῷ τοιούτῳ καιρῷ "Θεαίτητον" γράφων τις θῆτα καὶ εἶ οἴηταί τε δεῖν γράφειν καὶ γράψῃ, καὶ αὖ "Θεόδωρον" ἐπιχειρῶν γράφειν ταῦ καὶ εἶ οἴηταί τε δεῖν γράφειν καὶ γράψῃ, ἆρ᾽ ἐπίστασθαι φήσομεν αὐτὸν τὴν πρώτην τῶν ὑμετέρων ὀνομάτων συλλαβήν;

ΘΕΑΙ. Ἀλλ᾽ ἄρτι ὡμολογήσαμεν τὸν οὕτως ἔχοντα μήπω εἰδέναι.

ΣΩ. Κωλύει οὖν τι καὶ περὶ τὴν δευτέραν συλλαβὴν καὶ τρίτην καὶ τετάρτην οὕτως ἔχειν τὸν αὐτόν;

ΘΕΑΙ. Οὐδέν γε.

ΣΩ. Ἆρ᾽ οὖν τότε τὴν διὰ στοιχείου διέξοδον ἔχων γράψει "Θεαίτητον" μετὰ ὀρθῆς δόξης, ὅταν ἑξῆς γράφῃ;

ΘΕΑΙ. Δῆλον δή.

ΣΩ. Οὐκοῦν ἔτι ἀνεπιστήμων ὤν, ὀρθὰ δὲ δοξάζων, ὥς φαμεν;

ΘΕΑΙ. Ναί.

ΣΩ. Λόγον γε ἔχων μετὰ ὀρθῆς δόξης. τὴν γὰρ διὰ τοῦ στοιχείου ὁδὸν ἔχων ἔγραφεν, ἣν δὴ λόγον ὡμολογήσαμεν.

ΘΕΑΙ. Ἀληθῆ.

ΣΩ. Ἔστιν ἄρα, ὦ ἑταῖρε, μετὰ λόγου ὀρθὴ δόξα, ἣν οὔπω δεῖ ἐπιστήμην καλεῖν.

ΘΕΑΙ. Κινδυνεύει.

ΣΩ. Ὄναρ δή, ὡς ἔοικεν, ἐπλουτήσαμεν οἰηθέντες ἔχειν τὸν ἀληθέστατον ἐπιστήμης λόγον. ἢ μήπω κατηγορῶμεν; ἴσως γὰρ οὐ τοῦτό τις αὐτὸν ὁριεῖται, ἀλλὰ τὸ λοιπὸν

e8 οἴηταί] οἴεταί BT et mox a1   τε om. W   a2 τε] τι W   b1 δὲ om. W   b5 ἔγραψεν W   b8 ἆρα ἔστιν W   b9 καλεῖ B

另一个音节中？

苏格拉底：我说的就是这。

泰阿泰德：宙斯在上，我们当然没有忘；我肯定相信那些是这个样子的人[682]还尚不知道。

苏格拉底：然后呢？每当一个人在书写"Θεαίτητος"[683]的这样一个时候，他认为应该写〈字母〉Θ和〈字母〉E，并且也这样写了，而当他尝试书写"Θεόδωρος"[684]的时候，他复又认为应该写〈字母〉T和〈字母〉E，并且也这样写了，那么，我们会说他知道你们俩的名字的第一个音节吗[685]？

泰阿泰德：但我们刚才已经同意了，是这个样子的人还尚不知道。

苏格拉底：那么，有什么会阻止这同一个人关于第二、第三和第四个音节也是这个样子？

泰阿泰德：的确没有。

苏格拉底：因此，那时他岂不因具有通过字母而来的详细描述而带着一个正确的判断写出了"Θεαίτητος"，每当他按照〈字母〉顺序写出〈它〉时？

泰阿泰德：显然。

苏格拉底：那么，难道他仍然是欠缺知识的，即使他对一些正确的东西做出了判断，如我们说的那样？

泰阿泰德：是的。

苏格拉底：甚至即使他还具有伴随着正确判断的一个理据[686]。因为他是在遵循贯穿字母的道路的情况下进行书写的[687]，而我们已经把该道路同意为一种理据。

泰阿泰德：正确。

苏格拉底：因此，朋友啊，有可能即使一个正确的判断带有理据，但仍然不应将之称作知识[688]。

泰阿泰德：有可能。

苏格拉底：那么，我们似乎只是在梦里[689]变得富有了，当我们认为有了关于知识的最真的理据时。或者我们还不应下断言？因为或许有人将不把它规定为这，而规定为三者中剩下的那种，我们曾说[690]，

ΘΕΑΙΤΗΤΟΣ

εἶδος τῶν τριῶν, ὧν ἕν γέ τι ἔφαμεν λόγον θήσεσθαι τὸν ἐπιστήμην ὁριζόμενον δόξαν εἶναι ὀρθὴν μετὰ λόγου.

ΘΕΑΙ. Ὀρθῶς ὑπέμνησας· ἔτι γὰρ ἓν λοιπόν. τὸ μὲν γὰρ ἦν διανοίας ἐν φωνῇ ὥσπερ εἴδωλον, τὸ δ' ἄρτι λεχθὲν διὰ στοιχείου ὁδὸς ἐπὶ τὸ ὅλον· τὸ δὲ δὴ τρίτον τί λέγεις;

ΣΩ. Ὅπερ ἂν οἱ πολλοὶ εἴποιεν, τὸ ἔχειν τι σημεῖον εἰπεῖν ᾧ τῶν ἁπάντων διαφέρει τὸ ἐρωτηθέν.

ΘΕΑΙ. Οἷον τίνα τίνος ἔχεις μοι λόγον εἰπεῖν;

ΣΩ. Οἷον, εἰ βούλει, ἡλίου πέρι ἱκανὸν οἶμαί σοι εἶναι ἀποδέξασθαι, ὅτι τὸ λαμπρότατόν ἐστι τῶν κατὰ τὸν οὐρανὸν ἰόντων περὶ γῆν.

ΘΕΑΙ. Πάνυ μὲν οὖν.

ΣΩ. Λαβὲ δὴ οὗ χάριν εἴρηται. ἔστι δὲ ὅπερ ἄρτι ἐλέγομεν, ὡς ἄρα τὴν διαφορὰν ἑκάστου ἂν λαμβάνῃς ᾗ τῶν ἄλλων διαφέρει, λόγον, ὥς φασί τινες, λήψῃ· ἕως δ' ἂν κοινοῦ τινος ἐφάπτῃ, ἐκείνων πέρι σοι ἔσται ὁ λόγος ὧν ἂν ἡ κοινότης ᾖ.

ΘΕΑΙ. Μανθάνω· καί μοι δοκεῖ καλῶς ἔχειν λόγον τὸ τοιοῦτον καλεῖν.

ΣΩ. Ὃς δ' ἂν μετ' ὀρθῆς δόξης περὶ ὁτουοῦν τῶν ὄντων τὴν διαφορὰν τῶν ἄλλων προσλάβῃ, αὐτοῦ ἐπιστήμων γεγονὼς ἔσται οὗ πρότερον ἦν δοξαστής.

ΘΕΑΙ. Φαμέν γε μὴν οὕτω.

ΣΩ. Νῦν δῆτα, ὦ Θεαίτητε, παντάπασιν ἔγωγε, ἐπειδὴ ἐγγὺς ὥσπερ σκιαγραφήματος γέγονα τοῦ λεγομένου, συνίημι οὐδὲ σμικρόν· ἕως δὲ ἀφειστήκη πόρρωθεν, ἐφαίνετό τί μοι λέγεσθαι.

ΘΕΑΙ. Πῶς τί τοῦτο;

ΣΩ. Φράσω, ἐὰν οἷός τε γένωμαι. ὀρθὴν ἔγωγε ἔχων

---

c 2 φαμὲν W   d 3 περὶ γῆν ἰόντων W   d 4 πάνυ μὲν οὖν ... 209 a 2 λόγον TW : om. BD   d 7 διαφέρει W : om. T d 8 ἐκείνων] ἐκείνου W   σοι] ἴσως W   ἂν] ᾧ W   e 4 ἄλλων] ὄντων W   e 5 οὗ] οὗπερ W   e 6 μὴν] νῦν W   e 7 παντάπασιν ἔγωγε W : παντάπασί γε ἐγώ T   e 9 ἀφειστήκη Schanz : ἀφεστήκη T : ἀφεστήκει W   a 1 ἔγωγε W : ἐγώ T

那把知识规定为是带有理据的正确判断的人，肯定得把理据设定为其中某一个。

泰阿泰德：你提醒得正确。的确还剩下一种。因为一种就像是思想在声音中的图像；一种是刚才说过的，贯穿元素朝向整体的道路。但你究竟把第三种说成什么？ 208c5

苏格拉底：就是许多人会说的那种，即能够说出某种标志，由之被问的东西区别于所有〈其他〉东西。

泰阿泰德：你能够〈举一个〉例子来告诉我某物的这样一种理据吗？

苏格拉底：例如，如果你愿意，关于太阳我认为对你来说足以接受下面这点，即它是在整个天上[691]绕着地球运行的那些东西中最明亮的。 208d1

泰阿泰德：肯定。

苏格拉底：请你一定要注意为何它被〈这样〉说了。而这正是我们刚才说过的，那就是：如果你把握到了每个东西的不同之处——由之它区别于其他的——，一些人说，你就将把握到一种〈真正的〉理据。但只要你还〈仅仅〉抓住了某种共同的东西，那么，你的理据就还将只是关于共性所属于的那些东西的[692]。 208d5

泰阿泰德：我懂了。并且在我看来，把理据称作这种东西，这是正确的。 208e1

苏格拉底：而那个对任何东西〈除了〉带有正确的判断，此外还取得了〈其〉区别于其他是者的不同之处的人，他就将成为了他先前〈仅仅〉是其判断者的那个东西的知道者。 208e5

泰阿泰德：我们的确这样说。

苏格拉底：现在，泰阿泰德啊，由于我像靠近一幅透视画一样靠近所说的东西，我对之完全丁点都不理解；但只要我站得〈离它〉远些，倒对我显得某种东西被说出来了。 208e10

泰阿泰德：这是怎么回事？

苏格拉底：我会说明的，只要我能够。我的确对你拥有一种正确的 209a1

ΠΛΑΤΩΝΟΣ

δόξαν περὶ σοῦ, ἐὰν μὲν προσλάβω τὸν σὸν λόγον, γιγνώσκω δή σε, εἰ δὲ μή, δοξάζω μόνον.

ΘΕΑΙ. Ναί.

ΣΩ. Λόγος δέ γε ἦν ἡ τῆς σῆς διαφορότητος ἑρμηνεία.

ΘΕΑΙ. Οὕτως.

ΣΩ. Ἡνίκ' οὖν ἐδόξαζον μόνον, ἄλλο τι ᾧ τῶν ἄλλων διαφέρεις, τούτων οὐδενὸς ἡπτόμην τῇ διανοίᾳ;

ΘΕΑΙ. Οὐκ ἔοικε.

ΣΩ. Τῶν κοινῶν τι ἄρα διενοούμην, ὧν οὐδὲν σὺ μᾶλλον ἤ τις ἄλλος ἔχει.

ΘΕΑΙ. Ἀνάγκη.

ΣΩ. Φέρε δὴ πρὸς Διός· πῶς ποτε ἐν τῷ τοιούτῳ σὲ μᾶλλον ἐδόξαζον ἢ ἄλλον ὁντινοῦν; θὲς γάρ με διανοούμενον ὡς ἔστιν οὗτος Θεαίτητος, ὃς ἂν ᾖ τε ἄνθρωπος καὶ ἔχῃ ῥῖνα καὶ ὀφθαλμοὺς καὶ στόμα καὶ οὕτω δὴ ἓν ἕκαστον τῶν μελῶν. αὕτη οὖν ἡ διάνοια ἔσθ' ὅτι μᾶλλον ποιήσει με Θεαίτητον ἢ Θεόδωρον διανοεῖσθαι, ἢ τῶν λεγομένων Μυσῶν τὸν ἔσχατον;

ΘΕΑΙ. Τί γάρ;

ΣΩ. Ἀλλ' ἐὰν δὴ μὴ μόνον τὸν ἔχοντα ῥῖνα καὶ ὀφθαλμοὺς διανοηθῶ, ἀλλὰ καὶ τὸν σιμόν τε καὶ ἐξόφθαλμον, μή τι σὲ αὖ μᾶλλον δοξάσω ἢ ἐμαυτὸν ἢ ὅσοι τοιοῦτοι;

ΘΕΑΙ. Οὐδέν.

ΣΩ. Ἀλλ' οὐ πρότερόν γε, οἶμαι, Θεαίτητος ἐν ἐμοὶ δοξασθήσεται, πρὶν ἂν ἡ σιμότης αὕτη τῶν ἄλλων σιμοτήτων ὧν ἐγὼ ἑώρακα διάφορόν τι μνημεῖον παρ' ἐμοὶ ἐνσημηναμένη κατάθηται—καὶ τἆλλα οὕτω ἐξ ὧν εἶ σύ—ἥ με, καὶ ἐὰν αὔριον ἀπαντήσω, ἀναμνήσει καὶ ποιήσει ὀρθὰ δοξάζειν περὶ σοῦ.

ΘΕΑΙ. Ἀληθέστατα.

---

a 2 γιγνώσκω in hac voce redit B   a 9 ἔοικε] ἔγωγε B   b 7 τὸ λεγόμενον Cornarius   c 1 μή τι] μήτε W   c 7 εἰ σύ ἤ με W (sed ἤ postea additum): εἰ σὺ ἐμέ B: εἴσει ἐμέ T   c 8 ἀναμνήσεις . . . ποιήσεις T

判断，如果此外还取得了你的理据，那么，我就会认识你；如果没有，那么我只是在〈对你〉下判断而已。

泰阿泰德：是的。

苏格拉底：而理据肯定是关于你的不同之处的解释。 209a5

泰阿泰德：是这样。

苏格拉底：因此，当我还只是在下判断时，我是不是还没有用思想触及你由之不同于其他人的那些东西中的任何一点？

泰阿泰德：似乎没有。

苏格拉底：那么我〈仅仅〉思想到了那些共同的东西中的某个，你 209a10
并不比其他任何人更多地拥有其中任何一个。

泰阿泰德：必然。 209b1

苏格拉底：好吧，宙斯在上！在这种情形下，我究竟为何在对你而不是在对其他任何人下判断？因为，请你假设我〈这样〉思想：这位是泰阿泰德，他是一个人，并且具有鼻子、眼睛、嘴巴以及诸如此类的肢 209b5
体的其他每一部位。那么，这个思想能够使我更为想到泰阿泰德，而不是忒俄多洛斯，或者所谓最不中用的密西亚人吗？[693]。

泰阿泰德：那怎么可能？

苏格拉底：但如果我不仅想到一个有鼻子和眼睛的人，而且想到一 209b10
个鼻子扁平和眼睛外凸的人，那么我复又将更为在判断你，而不是我自 209c1
己或所有其他这个样子的人吗？

泰阿泰德：不会。

苏格拉底：但是，在下面这点之前，我认为泰阿泰德肯定不会在我这里被判断，那就是：〈你的〉这个扁平鼻子的形状，通过在我这里打 209c5
上印记而留下了某种不同于我曾经看到过的其他那些扁平鼻子的形状的记录——由之你是你所是的其他那些也同样如此——，它[694]，甚至如果我明天遇见你，将提醒我，并且使得我对你就一些正确的东西做出判断。

泰阿泰德：非常正确。 209c10

ΘΕΑΙΤΗΤΟΣ

ΣΩ. Περὶ τὴν διαφορότητα ἄρα καὶ ἡ ὀρθὴ δόξα ἂν εἴη d
ἑκάστου πέρι.
ΘΕΑΙ. Φαίνεταί γε.
ΣΩ. Τὸ οὖν προσλαβεῖν λόγον τῇ ὀρθῇ δόξῃ τί ἂν ἔτι
εἴη; εἰ μὲν γὰρ προσδοξάσαι λέγει ᾗ διαφέρει τι τῶν
ἄλλων, πάνυ γελοία γίγνεται ἡ ἐπίταξις.
ΘΕΑΙ. Πῶς;
ΣΩ. ῟Ων ὀρθὴν δόξαν ἔχομεν ᾗ τῶν ἄλλων διαφέρει,
τούτων προσλαβεῖν κελεύει ἡμᾶς ὀρθὴν δόξαν ᾗ τῶν ἄλλων
διαφέρει. καὶ οὕτως ἡ μὲν σκυτάλης ἢ ὑπέρου ἢ ὅτου δὴ
λέγεται περιτροπὴ πρὸς ταύτην τὴν ἐπίταξιν οὐδὲν ἂν λέγοι, e
τυφλοῦ δὲ παρακέλευσις ἂν καλοῖτο δικαιότερον· τὸ γάρ,
ἃ ἔχομεν, ταῦτα προσλαβεῖν κελεύειν, ἵνα μάθωμεν ἃ
δοξάζομεν, πάνυ γενναίως ἔοικεν ἐσκοτωμένῳ.
ΘΕΑΙ. Εἰπὲ δὴ τί νυνδὴ ὡς ἐρῶν ἐπύθου;
ΣΩ. Εἰ τὸ λόγον, ὦ παῖ, προσλαβεῖν γνῶναι κελεύει,
ἀλλὰ μὴ δοξάσαι τὴν διαφορότητα, ἡδὺ χρῆμ᾽ ἂν εἴη τοῦ
καλλίστου τῶν περὶ ἐπιστήμης λόγου. τὸ γὰρ γνῶναι
ἐπιστήμην που λαβεῖν ἐστιν· ἢ γάρ; 210
ΘΕΑΙ. Ναί.
ΣΩ. Οὐκοῦν ἐρωτηθείς, ὡς ἔοικε, τί ἐστιν ἐπιστήμη,
ἀποκρινεῖται ὅτι δόξα ὀρθὴ μετὰ ἐπιστήμης διαφορότητος.
λόγου γὰρ πρόσληψις τοῦτ᾽ ἂν εἴη κατ᾽ ἐκεῖνον.
ΘΕΑΙ. Ἔοικεν.
ΣΩ. Καὶ παντάπασί γε εὔηθες, ζητούντων ἡμῶν ἐπιστή-
μην, δόξαν φάναι ὀρθὴν εἶναι μετ᾽ ἐπιστήμης εἴτε διαφορό-
τητος εἴτε ὁτουοῦν. οὔτε ἄρα αἴσθησις, ὦ Θεαίτητε, οὔτε
δόξα ἀληθὴς οὔτε μετ᾽ ἀληθοῦς δόξης λόγος προσγιγνόμενος b
ἐπιστήμη ἂν εἴη.
ΘΕΑΙ. Οὐκ ἔοικεν.

d 6 ἀπόταξις B   d 9 ἡμᾶς κελεύει T   d 10 σκυτάλης ἢ] σκυ-
τάλη σὴ T   e 2 δὲ] δὲ καὶ W   e 4 δοξάζωμεν T   e 5 εἰπὲ
δὴ T et in marg. W : ει γε δη B : εἴ γε δὴ B² W   ὡς ἕτερον ὑπέθου
Badham   e 8 ἐπιστήμην T   b 1 μετὰ δόξης ἀληθοῦς W

苏格拉底：因此，关于每个东西的正确判断，也就是关于〈其〉不 209d1
同之处的判断。

泰阿泰德：显然。

苏格拉底：那么，把理据增加到正确的判断身上[695]，这还将是什么
呢？因为，一方面如果它在说对某个东西不同于其他东西的所在之处增 209d5
加一个判断，那么，这个指令肯定变得可笑。

泰阿泰德：为何？

苏格拉底：〈因为〉对于一些东西，我们对它们在何处不同于其他
东西有一个正确判断，对这些东西，〈该指令〉要求我们对它们在何处
不同于其他东西此外还要取得一个正确的判断。而这样一来，所谓一根 209d10
〈密码〉棍、一把杵子或其他任何诸如此类的东西的〈空〉转[696]，不会 209e1
比这个指令更在胡说八道[697]，而这个指令会更正当地被称为一个瞎子的
怂恿；因为，我们〈已经〉拥有一些东西，要求〈我们〉再加上这些东
西，以便我们理解我们〈已经〉对之下判断的那些东西，这完全绝妙地
类似一个身处黑暗中的人〈所做的〉。

泰阿泰德：请说吧！你刚才询问〈我〉时你〈还想〉说什么[698]？ 209e5

苏格拉底：孩子啊，〈另一方面〉如果此外还取得理据〈意味着〉
要求认识不同之处，而不只是对之下判断，那么，就关于知识的各种
〈说法〉中这个最漂亮的说法而言，事情会是多么令人愉快呀[699]！因为
认识肯定就是获得知识；是这样吗？ 210a1

泰阿泰德：是。

苏格拉底：因此，如果一个人被问知识是什么，似乎他就将回答：
带有关于不同之处的知识的正确判断。因为根据他，这将会是理据的一 210a5
种增添。

泰阿泰德：似乎是。

苏格拉底：这也的确完全是头脑简单的，当我们寻求知识〈之理
据〉时，说它是带有知识的正确判断——无论是带有关于不同之处的知
识，还是带有关于任何其他东西的知识——。因此，泰阿泰德啊，知识
就既不会是感觉，也不会是真判断，也不是会加上了真判断的理据。 210b1

泰阿泰德：似乎不是。

ΠΛΑΤΩΝΟΣ ΘΕΑΙΤΗΤΟΣ

ΣΩ. Ἦ οὖν ἔτι κυοῦμέν τι καὶ ὠδίνομεν, ὦ φίλε, περὶ ἐπιστήμης, ἢ πάντα ἐκτετόκαμεν;

ΘΕΑΙ. Καὶ ναὶ μὰ Δί' ἔγωγε πλείω ἢ ὅσα εἶχον ἐν ἐμαυτῷ διὰ σὲ εἴρηκα.

ΣΩ. Οὐκοῦν ταῦτα μὲν πάντα ἡ μαιευτικὴ ἡμῖν τέχνη ἀνεμιαῖά φησι γεγενῆσθαι καὶ οὐκ ἄξια τροφῆς;

ΘΕΑΙ. Παντάπασι μὲν οὖν.

ΣΩ. Ἐὰν τοίνυν ἄλλων μετὰ ταῦτα ἐγκύμων ἐπιχειρῇς γίγνεσθαι, ὦ Θεαίτητε, ἐάντε γίγνῃ, βελτιόνων ἔσῃ πλήρης διὰ τὴν νῦν ἐξέτασιν, ἐάντε κενὸς ᾖς, ἧττον ἔσῃ βαρὺς τοῖς συνοῦσι καὶ ἡμερώτερος σωφρόνως οὐκ οἰόμενος εἰδέναι ἃ μὴ οἶσθα. τοσοῦτον γὰρ μόνον ἡ ἐμὴ τέχνη δύναται, πλέον δὲ οὐδέν, οὐδέ τι οἶδα ὧν οἱ ἄλλοι, ὅσοι μεγάλοι καὶ θαυμάσιοι ἄνδρες εἰσί τε καὶ γεγόνασιν· τὴν δὲ μαιείαν ταύτην ἐγώ τε καὶ ἡ μήτηρ ἐκ θεοῦ ἐλάχομεν, ἡ μὲν τῶν γυναικῶν, ἐγὼ δὲ τῶν νέων τε καὶ γενναίων καὶ ὅσοι καλοί. νῦν μὲν οὖν ἀπαντητέον μοι εἰς τὴν τοῦ βασιλέως στοὰν ἐπὶ τὴν Μελήτου γραφὴν ἥν με γέγραπται· ἕωθεν δέ, ὦ Θεόδωρε, δεῦρο πάλιν ἀπαντῶμεν.

b 8 πάντα] ἅπαντα T   b 9 φασι W   καὶ om. T   b 11 τοίνυν] οὖν τοίνυν B   c 3 συνοῦσι] οὖσι B

苏格拉底： 那么，朋友，关于知识我们仍然孕育着某种东西并处于分娩的阵痛中吗，还是已经生出了一切？ 210b5

泰阿泰德： 是的，宙斯在上，由于你，我已经说出了甚至比我曾在我自己这里所拥有的所有那些东西还要更多的东西。

苏格拉底： 因此，我们的助产术岂不宣布，所有这些都〈仅仅〉作为没有受精的蛋生出来了，并且不值得抚养？

泰阿泰德： 完全如此。 210b10

苏格拉底： 那么，如果在这之后你还尝试怀上一些别的什么，泰阿 210c1 泰德啊，如果你真变得那样了，那你也肯定将因现在的检查而满是一些更好的；如果你仍是腹中空空，那么，对那些〈同你〉结交的人你也会少一些严苛和更温和些，因为你清醒地不认为知道你所不知道的。我的技艺其实只能够〈做〉这么多，而不会更多；其他所有那些是和已经成 210c5 为了一些伟大的和令人钦佩的人〈所知道的〉那些东西，我对之一无所知。我和我母亲通过抽签从一位神那里得到了这门接生技艺，只不过她是为了妇女们，而我是为了那些年轻的和高贵的男子，甚至所有 210d1 优秀的人。但我现在必须到国王执政官的门廊那里面对梅勒托斯对我提起的那个公诉了[700]。不过忒俄多洛斯啊，〈明天〉清晨让我们再次到这儿碰面[701]。

注　释

1 欧几里德（Εὐκλείδης）和特尔普西翁（Τερψίων）两人都来自墨伽拉（Μέγᾰρα）；根据《斐洞》（59c2），苏格拉底临死时，两人作为外邦人也都在场。墨伽拉也译为"麦加拉"，位于科林托斯和雅典之间，是从科林托斯返回雅典的必经之地；而两人的这场对话就发生在欧几里德在墨伽拉的家门口以及家中。此外，这里的欧几里德非后来写《几何原理》（Στοιχεῖα, Elementa）的那位欧几里德，而是小苏格拉底学派中墨伽拉学派的创始人。第欧根尼·拉尔修的《名哲言行录》第二卷第 10 章是关于他的传记，说他致力于研究"巴门尼德的作品"（τὰ Παρμενίδεια）；墨伽拉学派的人被称作"热衷于争论的人"（ἐριστικός），后来又被称作"善于对话的人"或"擅长讨论的人"（διαλεκτικός），据说在苏格拉底死后，柏拉图和其余的哲学家因惧怕僭主都曾前往那里避难。

2 ἄρτι… ἢ πάλαι[刚刚……还是早就]是一个整体，参见《克里同》（43a9-10）：ΣΩ. Ἄρτι δὲ ἥκεις ἢ πάλαι; ΚΡ. Ἐπιεικῶς πάλαι.[苏格拉底：那你是刚来，还是早就来了？克里同：老早就来了。]

3 ἐπιεικῶς πάλαι[相当久 / 老早]是固定用法。副词 ἐπιεικῶς 的本义是"合适地""适宜地"，但它经常同形容词或副词连用，表进一步强调；例如，ἐπιεικῶς συχνὸν χρόνον[相当长的时间]。

4 κατ᾽ ἀγοράν 即 ἐν ἀγορᾷ，同样，142a4 那里 κατὰ πόλιν，即 ἐν πόλει；所以当分别译为"在市场上"和"在城里"。

5 οἷός τ᾽ ἦ[我能够]是词组，跟不定式。

6 μήν 作为小品词，起加强语气的作用，意思是"真的""无疑"，这里根据上下文把它译为"究竟"。

7 ἐκ Κορίνθου ἀπὸ τοῦ στρατοπέδου[从在科林托斯的军营]是一个整体，这一表达可参见《卡尔米德斯》（153a1-2）：ἐκ Ποτειδαίας ἀπὸ τοῦ στρατοπέδου[从在波忒代亚的军营]。科林托斯（Κόρινθος），也译为"科林斯"或"哥林

多"，位于伯罗奔尼撒半岛东北部，离雅典约 80 公里，附近的科林托斯地峡把伯罗奔尼撒半岛和希腊半岛相连。泰阿泰德所参加的这次战斗，现在一般倾向于发生在公元前 369 年。

8 καὶ μάλα [非常] 是一个整体。καί 在这里不是并列连词，而是加强语气；副词 μάλα 的意思就是"很""极其"，这里整体地把 καὶ μάλα 译为"非常"。

9 χαλεπῶς ... ἔχει [他情况糟糕]，也可以译为"他处于糟糕的状态"。动词 ἔχω [有] 加副词表"处于某种状态"或"是某种样子"。

10 αὐτὸν αἱρεῖ τὸ γεγονὸς νόσημα ἐν τῷ στρατεύματι. [已经在军队里发生的疾病又感染了他]。这句话的主语是 τὸ γεγονὸς νόσημα ἐν τῷ στρατεύματι [已经在军队里发生的疾病]，宾语是 αὐτὸν [他]，动词 αἱρέω 的本义是"捕获""占领""抓住"。当然，就汉语的表达习惯而言，这句话也可以转译为：他又感染了已经在军队里发生的疾病。

11 ἐπεί τοι 是词组，意思是"真的""果真"。

12 αὐτοῦ Μεγαροῖ κατέλυεν [就在墨伽拉这里歇脚]。αὐτοῦ Μεγαροῖ [就在墨伽拉这里] 是一个整体，等于 ἐν αὐτοῖς τοῖς Μεγάροις。αὐτοῦ 是由反身代词 αὐτός 的属格派生而来的副词，意思是"在这里""在那里""在当地"。καταλύω，作为及物动词，意思是"解散""解除""消灭"；但作为不及物动词，则具有"歇脚""寄宿""住店"的意思。

13 ἀπιὼν πάλιν ἀνεμνήσθην ... Σωκράτους [在回来的路上，我想起了苏格拉底]。ἀπιὼν πάλιν 是一个整体，字面意思是"当我回来时"或"当我离开〈他〉回来时"。如果把 πάλιν ἀνεμνήσθην 放在一起看，那么这句话也可以译为：当我离开〈他〉后，我再度想起了苏格拉底。

14 μειράκιον 专指 20 岁以下的年青人。

15 εἴπερ εἰς ἡλικίαν ἔλθοι [只要他到了年龄]，也可以意译为"只要他成年"。

16 动词 ἔχω 跟不定式，表"能够……""有能力……"。

17 ἐγραψάμην [为自己写下]，之所以这样翻译，是因为这里使用的是中动态，而不是主动态。在这段话里，动词 γράφω [写] 出现了三次，分别是第一人称中动态 ἐγραψάμην，第一人称主动态 ἔγραφον，以及第三人称被动态 γέγραπται，这显然是一种有意的修辞法。

18 διατέτριφα δεῦρο [拖延到了现在]，也可以译为"推迟到了现在"。副词 δεῦρο 表地点，意思是"到这儿"；表时间，往往同 ἀεί 或 μέχρι 连用，则指"到现在""到如今""迄今"。

19 ἀλλὰ μήν [真的] 是词组，相当于拉丁文的 verum enimvero [真的]；此外也具有"然而"的意思。

20 厄里涅俄斯（Ἐρινεός），位于城邦厄琉西斯（Ἐλευσίς）附近；厄琉西斯位于墨伽拉东部，离墨伽拉约18公里，而离雅典还有18公里左右。由此可见，欧几里德从墨伽拉陪泰阿泰德回雅典，走了近一半的路程。

21 οὐκ ... ἀηδῶς[乐于]，字面意思是"不会不快乐""不会不愉快"。

22 παρέχοιεν πράγματα[显得冗余]，这完全是意译。πρῆγμα παρέχειν 是词组，本义是"引起麻烦"。

23 后来西塞罗在撰写《论友谊》（De amicitia）时，有类似的做法；参见 De amicitia (3): Eius disputationis sententias memoriae mandavi, quas hoc libro exposui arbitratu meo; quasi enim ipsos induxi loquentes, ne 'inquam' et 'inquit' saepius interponeretur, atque ut tamquam a praesentibus coram haberi sermo videretur.[我把他们讨论中的一些看法记录了下来，在本书中我自行编排了它们。因为我仿佛引入了谈话者本人，以免不断插入"我说"和"他说"这些字眼，以便对话看起来好像被就在现场的他们面对面展开似的。]

24 ἀπὸ τρόπου[不合理的/不恰当的]是固定表达，其反义词是 πρὸς τρόπου[合理的/恰当的]。

25 παῖ[孩子]，即前面143b3提到的ὁ παῖς[奴仆/童奴]。

26 ἐκηδόμην[我关心]，在这里也可以译为"我忧心"。动词 κήδω[关心/忧心]要求属格作宾语，所以这里出现的是复数属格 τῶν ἐν Κυρήνῃ[在库瑞涅的那些事]。

27 库瑞涅（Κυρήνη）也译为"昔兰尼"，它是古希腊人在北非的一个殖民地。忒俄多洛斯是来自该地的一位几何学家，苏格拉底的学生阿里斯提珀斯（Ἀρίστιππος）后来也在那里创立了著名的库瑞涅学派（享乐主义学派）。

28 τὰ ἐκεῖ ... περὶ ἐκείνων[在那里的情况……就那里的那些人]，τὰ 为中性复数宾格，而 ἐκείνων 当理解为阳性复数属格；前者表事情，后者表人。

29 φιλοσοφία[哲学]，在这里取其广义的意思。

30 ἐπίδοξοι γενέσθαι ἐπιεικεῖς[有可能变得出类拔萃]是一个整体，也可以译为"有可能成为能干的人"。形容词 ἐπίδοξος 在这里的意思是"有可能的""很有可能的"。

31 πολίτης 既有"公民"的意思，也有"同胞""同邦人"的意思。

32 ἐν ἐπιθυμίᾳ αὐτοῦ εἶναι[对他有欲望]。ἐν ἐπιθυμίᾳ τινὸς εἶναι 是固定表达，意思是"对……有欲望""渴望……"。

33 εὖ ... ἴσθι[你得明白]，也可以译为"你得清楚"，字面意思是"你得好好地知道"。ἴσθι 是动词 οἶδα[知道]的命令式第二人称单数。

34 οὐδένα πω ᾐσθόμην οὕτω θαυμαστῶς εὖ πεφυκότα[我还没有觉察到任何生来就

是如此令人惊讶地优秀的人]，这句话当然也可以意译为："我还没有觉察到任何人具有如此令人惊讶的优秀天赋。"

35 这里的意思是在泰阿泰德身上集中了许多非常优秀的品格，而对于其他人来说，具有其中一样已经很不容易。在《政制》第六卷中，柏拉图详细探讨了一个真正热爱智慧的人，即哲学家，必须同时具有哪些品质。

36 τὰ πολλά 是词组，意思是"多半""通常"。

37 πρὸς τὰς ὀργὰς ὀξύρροποί εἰσι [是非常容易冲动的]，形容词 ὀξύρροπος 的字面意思是"摇动得灵敏的"，转义为"不稳定的"。

38 形容词 μανικός 的基本意思是"疯狂的""发疯的""狂热的"，这里根据文义将之译为"放肆"。

39 οἵ τε αὖ ἐμβριθέστεροι νωθροί πως ἀπαντῶσι πρὸς τὰς μαθήσεις [另一方面，那些比较老成持重的人在面对学习的时候则有点迟钝]，这句话也可以直接译为：另一方面，那些比较老成持重的人无论如何都迟钝地面对学习。

40 λήθης γέμοντες [满载着遗忘]，之所以这样翻译，是同前面 ὥσπερ τὰ ἀνερμάτιστα πλοῖα [就像没有压舱物的船] 相呼应。动词 γέμω 的基本意思是"装满""充满"，跟物，要求属格作宾语，例如：πλοῖα γέμοντα χρημάτων [满载着货物的船]。

41 副词 λείως 的本义是"光滑地"，这里将之意译为"轻松地"。

42 ἀλλὰ γάρ 是词组，本义是"的确""当然"，这里根据上下文将之译为"其实"。

43 由此可以推测这场对话发生在某个体育场，如果联系本对话的结尾和《欧悌弗戎》的开头，甚至有可能就在吕克昂。参见《欧悌弗戎》（2a1-3）：Τί νεώτερον, ὦ Σώκρατες, γέγονεν, ὅτι σὺ τὰς ἐν Λυκείῳ καταλιπὼν διατριβὰς ἐνθάδε νῦν διατρίβεις περὶ τὴν τοῦ βασιλέως στοάν; [嘿，苏格拉底，什么特别新奇的事情发生了，你放弃在吕克昂的溜达，此刻在这儿在国王执政官的门廊前徘徊？]

44 苏尼翁（Σούνιον）是阿提卡南端的海岬，位于雅典的东南部。

45 ἐλευθεριότης [慷慨] 同 ἐλευθερία [自由] 是同源词，其中暗含"自由人的性格""自由人的品质"这层意思。

46 ἔσται ταῦτα 在这里是固定用法，也写作 ἔστι ταῦτα 或 ταῦτα。指示代词 οὗτος 的中性复数 ταῦτα 在这里作副词使用；ἔσται ταῦτα/ἔστι ταῦτα/ταῦτα 作为答复语，意思是"好的""是的""遵命""照办"，例如：ταῦτ', ὦ δέσποτα.[好的，主人！]

47 Θεαίτητε，在这里是呼格。不带语气词 ὦ 的呼格，作命令式理解。

48 μέλω [关心] 常用作无人称动词，进行关心者用与格，而被关心的对象用属格；所以，后面出现的是复数与格 ἡμῖν[我们]，以及单数属格 τῆς τῶν προσώπων ὁμοιότητος[容貌的相似]。

49 Ἦ καὶ ἀστρονομικὸς καὶ λογιστικός τε καὶ μουσικός[那他也精通天文学、算术学、音乐吗？]仅就这句话，当然仍然可以译为"那他也是一位天文学家、算术学家和音乐家吗？"

50 ὅσα παιδείας ἔχεται[任何属于教育的/任何与教育相关的]。这里的 παιδείας 是 παιδεία[教育]的单数属格，而不是复数宾格；动词 ἔχω[有]的中动态具有"属于""关于"的意思，要求属格作宾语，例如 ὅσα ἔχεται τῶν αἰσθήσεων[任何属于感觉的]。

51 名词 ὥρα[时候/时刻]跟不定式，表示"正是做……时候"，所以后面跟的是两个不定式 ἐπιδεικνύναι[展示]和 σκοπεῖσθαι[考察]；只不过这里省掉了动词 ἐστίν。

52 περὶ ἀστρονομίαν τε καὶ ἁρμονίας καὶ λογισμούς[关于天文学的，以及关于各种和谐和各种计算的]。这里的 ἀστρονομίαν 是 ἀστρονομία[天文学]的单数宾格，而 ἁρμονίας 和 λογισμούς 分别为 ἁρμονία[和谐]和 λογισμός[计算]的复数宾格，所以不能简单地将之分别译为"声学"和"算数学"。此外，ἁρμονία[和谐]体现在许多方面，而不仅限于"音乐"或"声音"，参见《斐洞》(85c6-7)：ὥσπερ καὶ αἱ ἄλλαι ἁρμονίαι αἵ τ᾽ ἐν τοῖς φθόγγοις καὶ ἐν τοῖς τῶν δημιουργῶν ἔργοις πᾶσι[就像在乐音和在匠人们的所有作品中的其他那些和谐一样]。

53 ἔχω... μετρίως[是勉勉强强的]是一个整体。ἔχω 加副词，等于 εἰμί 加相应的形容词，表处于……状态；副词 μετρίως 的本义是"适中地"。

54 ἔχομεν λέγειν[我们能够说出]是一个整体，基于整个上下文，这句话也可以径直译为"我们能够规定它吗？"或"我们能够定义它吗？"

55 柏拉图在这里连用了三个意思都是"说"的动词，即 λέγω，φημί，εἶπον；这也是一种修辞法。

56 φιλολογία[热爱讨论]同 μισολογία[厌恶讨论/憎恶讨论]相对。参见《斐洞》(89d1-2)：Μὴ γενώμεθα, ἦ δ᾽ ὅς, μισόλογοι, ὥσπερ οἱ μισάνθρωποι γιγνόμενοι.[我们不应成为憎恶讨论的人，他说，就像一些人成为憎恶人类的人一样]。

57 τῶν μειρακίων τι[年青人中的某位/某位年青人]，其中的 τι(中性单数宾格)，在新的牛津校勘本中改为了 τινά(阳性单数宾格)，而法国布德本希腊文同伯内特本一样，作 τι。鉴于 μειράκιον[年青人]是中性名词，作 τι 也是成立的。

58 形容词 ἀήθης 除了具有"不寻常的""奇异的"等意思之外，跟属格表"不习惯于……"，所以后面出现的是单数属格 τῆς τοιαύτης διαλέκτου［这种讨论／这种谈话］。

59 εἰς πᾶν 是词组，意思是"整个说来""一般说"。

60 这里的 ἀφίεσο 和 ἐρώτα 分别是动词 ἀφίημι［放过／放开］和 ἐρωτάω［问／询问］的第二人称单数现在时命令式。此外，动词 ἀφίημι 的中动态表"放过""放开"时，要求属格作宾语，所以这里出现的是属格 τοῦ Θεαιτήτου［泰阿泰德］。

61 ἀπειθεῖν［不服从／不听从］，法国布德本希腊文作 ἀπιστεῖν，新的牛津校勘本也改为了 ἀπιστεῖν。不过，虽然动词 ἀπιστεῖν 的基本意思是"不相信""不信任"，但它同时也如动词 ἀπειθεῖν 一样，具有"不服从""不听从"的意思。

62 εὖ καὶ γενναίως［好好且高贵地］，基于这里的文义，也可以意译为"好好且勇敢地"或"好好且真正地"。

63 δημιουργός［匠人／工匠］，由 δῆμος［民众］和 ἔργον［劳作］构成，意思是"为众人做工的人"。

64 ἀντὶ ἁπλοῦ［取代单一的东西］，当然也可以译为"取代简单的东西"或"取代直截了当的东西"。

65 Ἴσως μὲν οὐδέν［也许我在说空话］，之所以这么翻译，是因为这里省掉了动词 λέγω［我说］，而 οὐδὲν λέγω 是词组，意思是"说空话""胡说"。

66 动词 φράζω 尽管也有"说"的意思，但它不同于单纯的"说"（λέγω），而是进行"说明""解释"。

67 ὁπόσαι τινές［哪些］，也可以译为"多少"。

68 τῶν φαύλων τι καὶ προχείρων［某个微不足道的和手边的东西］，字面意思是"各种微不足道和手边的东西中的某个"。

69 μέν γέ που［无论如何］是固定表达；《牛津希-英词典》（*A Greek-English Lexicon*）举了柏拉图在这里的这个表达，对 μέν γέ που 的解释是：at all events, at any rate。

70 τῷ ἐρωτηθέντι ἐπιστήμη τί ἐστιν［某人被问知识是什么］，之所以这样翻译，因为这里的 τῷ ἐρωτηθέντι 当理解为动词 ἐρωτάω［问］的被动态分词阳性单数与格。

71 οὐ τοῦτ' ἐρωτηθείς［并未问他这点］，也可以直译为"他并未被问这点"。从文法上看，ἐρωτηθείς 是动词 ἐρωτάω［问］的一次性过去时被动态分词阳性单数主格，意思是"他被问"；而 τοῦτ' 即 τοῦτο，是指示代词的中性单数主格或宾格。

72 形容词 ὑγρός 的本义是"湿的""潮湿的"，由其中性派生而来的名词 τὸ

ὑγρόν，则指"湿气""水气""水"。
73 整句话也可以简单译为"混合了水的土就会是泥"或"泥是混合了水的土"。
74 ἐᾶν χαίρειν[不必管/不理会]是一个整体。动词ἐάω的本义是"允许""让""听任"，而动词χαίρω的本义是"喜悦""满意"，其命令式则具有"欢迎""再会"等意思；由这两个词所构成的词组ἐᾶν χαίρειν的意思是"由它去"，而固定搭配ἐᾶν χαίρειν τινά/τι的意思是"不把某人或某事放在心上"。
75 参见《智者》(218b1-4)：{ΘΕΑΙ.} Ἀλλ' οἶμαι μὲν δὴ νῦν οὕτως οὐκ ἀπερεῖν· ἂν δ' ἄρα τι τοιοῦτον γίγνηται, καὶ τόνδε παραληψόμεθα Σωκράτη, τὸν Σωκράτους μὲν ὁμώνυμον, ἐμὸν δὲ ἡλικιώτην καὶ συγγυμναστήν, ᾧ συνδιαπονεῖν μετ' ἐμοῦ τὰ πολλὰ οὐκ ἄηθες.[泰阿泰德：但我认为，我肯定不会现在就这样放弃；但如果这种情形真的发生了，那我也将邀请这位苏格拉底，他一方面与苏格拉底同名，一方面是我的同龄人和一起锻炼身体的人，对他来说，同我一道共同致力于许多事情，这不是不寻常的。]此外，这位与苏格拉底同名的年轻的苏格拉底，在《政治家》中成为主要的对话者。
76 Περὶ δυνάμεών[关于各种平方]，这里是用几何学谈算术问题。名词δύναμις的本义指"能力"，用于数学上则指"乘方"，相当于拉丁文的potestas，德文的Potenz和英文的power。鉴于这里的讨论，将之译为"平方"，即指数为2的乘方。
77 Θεόδωρος ὅδε[这儿的这位忒俄多洛斯]，当然也可以简单译为"这位忒俄多洛斯"。ὅδε除了是指示代词之外，还常作表地点或时间的副词使用，但与所修饰的名词同样变格。参见《智者》(216a2)：τόνδε τινὰ ξένον ἄγομεν.[我们还带来了这儿的这位客人。]《政治家》(257c4-5)：ἀλλὰ γὰρ περὶ Θεαιτήτου τοῦδε τί χρὴ δρᾶν με;[然而就这里的这位泰阿泰德，我该为他做点什么呢？]
78 Περὶ δυνάμεών τι ἡμῖν Θεόδωρος ὅδε ἔγραφε[关于各种平方，这儿的这位忒俄多洛斯曾对我们进行了某种画图]。由于介词περί[关于/有关]既可以要求属格，也可以要求宾格，所以，如果把Περὶ δυνάμεών τι视为一个整体，这句话也可以译为：关于各种平方中的某种，这儿的这位忒俄多洛斯对我们进行了画图。但鉴于紧接着出现的τῆς τε τρίποδος πέρι καὶ πεντέποδος[关于三平方尺和五平方尺]这一表达，即περί跟的是属格，这种理解并无多少说服力。
79 τῆς τε τρίποδος πέρι καὶ πεντέποδος[关于三平方尺和五平方尺]，之所以这么翻译，那是因为ἡ τρίπους和ἡ πεντέπους的完整表达分别是ἡ τρίπους δύναμις和ἡ πεντέπους δύναμις。
80 伯内特认为方括号中的希腊文 ἀποφαίνων[显明/揭示]有可能是窜入，法国布德本希腊文保留了该词，而新校勘的牛津古典本希腊文直接删除了它；从法国布德本希腊文。

81 完全按字面意思翻译；其意思是说，三平方尺和五平方尺的边长，不可能用一平方尺的边长整除。

82 ἐνέχω 作为及物动词，意思是"保持""心中怀有"，但其中动态则指"被纠缠住"，这里根据文义将之意译为"被卡住"。正是主要基于这段话，在数学史上人们认为忒俄多洛斯证明了 3 到 17（不包括 17）的非平方数的根是无理数；而在他之前 2 的平方根是无理数已经被毕达哥拉斯学派证明了。

83 ἴσον ἰσάκις [同数相乘]，是固定表达。

84 μεταξὺ τούτου [在这类数中间]，即在"正方形数"或"等边形数"中间。

85 以 5 为例：在 $5=3 \times \dfrac{5}{3}$ 这里，3 是一个较大的数，$\dfrac{5}{3}$ 是一个较小的数；而在 $5=2 \times 2\dfrac{1}{2}$ 这里，2 是一个较小的数，$2\dfrac{1}{2}$ 是一个较大的数。

86 ὁ ἰσόπλευρος καὶ ἐπίπεδος ἀριθμός 是一个整体，即"平方数"或"正方形数"；其字面意思是"等边且平面的数"。

87 τὸν ἑτερομήκη [长方形数]，补全当为 τὸν ἑτερομήκη ἀριθμόν。这里不能把 τὸν ἑτερομήκη 译为"长方形"，因为 ἑτερομήκη 在这里是形容词 ἑτερομήκης [一边长一边短的] 的阳性单数宾格，修饰阳性名词 ἀριθμός [数] 的单数宾格 ἀριθμόν。

88 Ἄριστά γ' ἀνθρώπων, ὦ παῖδες. [世界上无人比你们更优秀了，孩子们！] 也可以简单译为"太优秀了，孩子们！"或者"你们是世界上最优秀的，孩子们！"名词 ἄνθρωπος [人] 同形容词最高级连用，起加强语气的作用，例如，μάλιστα ἀνθρώπων [最重要的是]，ἥκιστα ἀνθρώπων [最不]；此外，还有诸如 τὰ ἐξ ἀνθρώπων πράγματα [世界上的所有麻烦] 这样的类似表达。

89 οὐκ ἔνοχος τοῖς ψευδομαρτυρίοις ἔσεσθαι [将定然不会因那些伪证而被起诉]。ἔνοχος ψευδομαρτυρίοις 是一个整体，意思是"定然会因伪证而被起诉"，"遭受作伪证的惩罚"，"对……负责"，而这里出现复数冠词与格 τοῖς，是为了指代已经提到过的那些事情。苏格拉底之所以这样讲，是同 145c3-5 那里的话相呼应：ἵνα μὴ καὶ ἀναγκασθῇ μαρτυρεῖν–πάντως γὰρ οὐδεὶς ἐπισκήψετ' αὐτῷ. [免得他被迫去举证——因为根本没有任何人要起诉他〈作伪证〉——。] 也即是说，忒俄多洛斯公正地赞美了你泰阿泰德。

90 动词 ἡσσάομα [被打败] 要求属格，所以这里出现的是单数属格 τοῦ ἀκμάζοντος καὶ ταχίστου [正处于巅峰时期且最快速的人]。

91 ἀληθῆ 在这里是形容词 ἀληθής [真的] 的中性复数，做副词使用。

92 ἧττόν τι[不那么]是一个整体，做副词使用，字面意思是"较少地"。
93 参见145d6：μικρὸν δέ τι ἀπορῶ[但对一件小的事情我仍感困惑]。
94 动词θαρσέω既指"有勇气"，也指"有信心"，这里当译为"有信心"。参见《斐洞》(114d8-9)：χρὴ περὶ τῇ ἑαυτοῦ ψυχῇ ἄνδρα[人应当对自己的灵魂有信心]。
95 τὶ λέγειν是固定表达，意思是"说得中肯""说出一些东西"，同前面出现过的 οὐδὲν λέγειν[说空话/胡说]相对应。
96 动词προθυμέομαι的基本意思是"一心要做……""热衷于"，为了同下面148d3那里的同源名词προθυμία[热心/热情]相照应，这里将之译为"充满热情"。
97 Ἴθι δή是词组，意思是"好吧！""来呀！"；而ἴθι是动词εἶμι[来/去]的现在时命令式第二人称单数。
98 καλῶς γὰρ ἄρτι ὑφηγήσω[其实你刚才就已经正确地指出了方法]，也可以意译为"其实你刚才就表现得很好"。动词ὑφηγέομαι的基本意思就是"领路""指导""指出方法"。
99 ἑνὶ λόγῳ[用单一的说明]，也可以译为"用单一的理据""用单一的规定"等。
100 ὃ μέντοι πέπονθα λέγω[我只是在说我所经历过的]，也可以译为"我只是在说我所遭受的"。
101 Φαιναρέτη[斐那瑞忒]，在词源上暗含着"彰显德性"的意思，因为它由动词φαίνω[显明]和名词ἀρετή[德性]构成。
102 μὴ μέντοι μου κατείπῃς πρὸς τοὺς ἄλλους[但一定不要在其他人面前告发我]。κατεῖπον τινὸς πρός τινα是固定用法，即"在某人面前告发某人"，被告发者要求属格，所以这里出现的是单数属格μου[我]。当然，基于这里的文义，这句话也可以译为"但一定不要在其他人面前暴露我"。参见《政制》(595b3-4)：οὐ γάρ μου κατερεῖτε πρὸς τοὺς τῆς τραγῳδίας ποιητάς[你们肯定不会在那些悲剧诗人面前告发我]。
103 ἀπορεῖν[感到困惑/不知所措]，该词派生自形容词ἄπορος，由褫夺性前缀ἀ[无]和πόρος[通路/道路]构成，即"走投无路"。
104 τὸ περὶ τὰς μαίας ἅπαν ὡς ἔχει[就产婆们来说的整个情况是怎么个样子]，也可以译为"在产婆们那儿的整个情况是怎么个样子"。ὡς ἔχει[是怎样/是如何]的主语是τὸ...ἅπαν[整个情况]。
105 阿耳忒弥斯(Ἄρτεμις)是狩猎女神和月光女神，太阳神阿波罗的孪生姐姐，与智慧女神雅典娜(Ἀθήνη)和灶火女神赫斯提亚(Ἑστία)并称三大处女神。在一些神话中，说她略早于阿波罗出生，并帮助其母亲接生了阿波罗，从而掌管生育。柏拉图本人在《克拉底鲁》（406b1–5）中论及过该词的词源："Ἄρτεμις" δὲ <διὰ> τὸ <ἀρτεμὲς> φαίνεται καὶ τὸ κόσμιον, διὰ τὴν τῆς παρθενίας ἐπιθυμίαν· ἴσως δὲ <ἀρετῆς ἴστορα> τὴν θεὸν ἐκάλεσεν ὁ καλέσας, τάχα δ' ἂν καὶ ὡς τὸν <ἄροτον μισησάσης> τὸν ἀνδρὸς ἐν γυναικί· ἢ διὰ τούτων τι ἢ διὰ πάντα ταῦτα τὸ ὄνομα τοῦτο ὁ τιθέμενος ἔθετο τῇ θεῷ.["阿耳忒弥斯"（Ἄρτεμις）似乎因"未受损"（ἀρτεμές）和贞洁、因对童贞的渴望〈而得其名〉；但也有可能，那称呼该女神的人把她称为了"精通德性者"（ἀρετῆς ἴστορα），也或许由于她是男女之间"交媾的仇恨者"（ἄροτον μισησάσης）。或者由于这些中的某个，或者由于它们全部，那确定名字的人把这个名字确定给了该女神。]

106 名词 ἄλοχος 有两方面的意思。一是理解为由肯定性前缀 ἀ 和名词 λέχος［床榻］构成，即"同床的人"，转义为"妻子"；一是理解为由褫夺性前缀 ἀ 和名词 λέχος［床榻］构成，指"未婚的"。这里当取后一种意思，但为了同后面的名词 λοχεία［生育］相照应，故将之译为"未生育过的"。

107 动词 λαγχάνω 本义指"凭抽签得到""中签""摇签分配"。其同源名词 λάχος 即"抽签得到的一份"，转义为"命运"；而专名 Λάχεσις［拉刻西斯］就是命运三女神中的"分配命运的女神"。

108 εἰκός 具有"合理的""恰当的""很可能的""当然的"等意思，这里基于文义直接将之译为"当然"。

109 ἐὰν †νέον ὂν† δόξῃ ἀμβλίσκειν［如果看起来需要流产］，一般认为这里文本有脱落或错漏，但法国布德本希腊文和新校勘的牛津古典本希腊文均保留为这个样子。其中争议的焦点在于 νέον ὂν［是年轻的］，海因多夫（Heindorf）主张将之改为 δέον［需要的/必须的］，我这里的翻译基于这点。如果保持 ἐὰν νέον ὂν δόξῃ ἀμβλίσκειν，那么这句话也可以译为"如果在早期决定进行流产"。

110 ἐπὶ τούτῳ μεῖζον φρονοῦσιν ἢ ἐπὶ τῇ ὀμφαλητομίᾳ［她们对此比对剪脐带更为感到自豪］。动词 φρονέω 的基本意思是"理解""明白"，但 ἐπί τινι μέγα φρονεῖν 是固定表达，即"以……为傲""对……感到自豪"。

111 τοῦ τοιούτου［属于后者］，字面意思是"属于这种"或"属于这类"，即前面所提到的"了解何种植物和种子应该被投到何种地里"这个比喻。

112 προαγωγία［拉皮条］，也可以译为"做淫媒"。

113 τὴν προμνηστικήν［做媒的技艺］也可以直接译为"做媒术"。形容词 προμνηστικός 的意思是"善于做媒的"，但由其阴性所构成的名词，暗含 τέχνη［技艺］一词；此外，προμνηστικός 来自动词 προμνάομαι，而该动词由

前缀 πρό［预先 / 在……之前］和动词 μνάομα［追求 / 求婚］构成，字面意思是"为了他人进行追求""为了他人而求婚"。

114 φοβούμεναι μή［害怕 / 担心］是一个整体，当 μή 位于具有"害怕""担心"这类动词之后时，起加强语气的作用，不表否定，翻译时可不译出。

115 ἐπεὶ ταῖς γε ὄντως μαίαις μόναις που προσήκει καὶ προμνήσασθαι ὀρθῶς［其实唯有那些真正的产婆们才适合正确地做媒，这句话也可以译为"其实正确地做媒仅仅属于那些真正的产婆们"。

116 Τῇ δέ γ' ἐμῇ τέχνῃ τῆς μαιεύσεως τὰ μὲν ἄλλα ὑπάρχει ὅσα ἐκείναις［但我的助产技艺在其他方面同那些产婆们的都一样］，这是意译，直译当为："其他方面都如那些产婆们的〈助产技艺〉一样，属于我的助产技艺。"

117 动词 διαφέρω 除了具有"和……不同"的意思之外，也喻为"超过""优于"。

118 动词 διαφέρω［不同］跟 τῷ ... μαιεύεσθαι［助产］和 τῷ ... ἐπισκοπεῖν［检查］两个不定式，并要求用与格。

119 ἔνι τῇ ἡμετέρᾳ τέχνῃ［在我们的技艺中］。ἡ ἡμετέρα τέχνη［我们的技艺］，之所以使用物主形容词复数 ἡμετέρα［我们的］，而不使用单数 ἐμή［我的］，这在语法上被视为 pluralis modestiae［谦虚复数］，即背后意思虽然是单数"我"，但表达时用复数形式"我们"，以示"谦虚"或"礼貌"。参见《欧悌弗戎》（12e1-4）: Πειρῶ δὴ καὶ σὺ ἐμὲ οὕτω διδάξαι τὸ ποῖον μέρος τοῦ δικαίου ὅσιόν ἐστιν, ἵνα καὶ Μελήτῳ λέγωμεν μηκέθ' ἡμᾶς ἀδικεῖν μηδὲ ἀσεβείας γράφεσθαι, ὡς ἱκανῶς ἤδη παρὰ σοῦ μεμαθηκότας τά τε εὐσεβῆ καὶ ὅσια καὶ τὰ μή.［那么就请你试着这样教我，虔敬的东西是正当的东西的哪个部分，以便我们能对梅勒托斯说，别再对我们行不义，也不要起诉我们不敬神，因为我们已经从你那儿充分地学习了那些敬神的和虔敬的东西，以及那些不敬神的和不虔敬的东西。］《斐洞》（118a7-8）: Ὦ Κρίτων, ἔφη, τῷ Ἀσκληπιῷ ὀφείλομεν ἀλεκτρυόνα· ἀλλὰ ἀπόδοτε καὶ μὴ ἀμελήσητε.［克里同啊，他说，我们欠阿斯克勒庇俄斯一只公鸡，那你们得还上，可别忘记了！］

120 ἄγονός ... σοφίας［不能够生育智慧的］，也可以意译为"在智慧方面是不生育的"。形容词 ἄγονός［不能够生育的 / 无子女的］要求属格，所以这里出现了单数属格 σοφίας［智慧］。

121 οὐ πάνυ τι［一点都不］是一个整体。πάνυ 的意思是"很""非常"，而 τι 表弱化，πάνυ τι 的意思是"几乎""差不多"；这里基于文义，把 οὐ πάνυ τι 整体译为"一点都不"。

122 θαυμαστὸν ὅσον［多么令人惊讶地 / 惊人地］是固定表达，等于拉丁文的 mirum quantum 或 mirum in modum。

123 διὰ πονηρὰν συνουσίαν[由于拙劣的交往]，也可以译为"由于恶的交往"或"由于不正确的交往"。此外，συνουσία 除了具有"交往"等意思之外，还有"交配""交欢"的意思。

124 ψευδῆ καὶ εἴδωλα περὶ πλείονος ποιησάμενοι τοῦ ἀληθοῦς[因为他们把各种错误和假象凌驾于真的东西之上]，这是意译。περὶ πλείονος ποιησάμενοι 是固定表达，本义是"当作一件更重要的事"，所以这句话的字面意思是："因为他们把各种错误和假象当作是一件比真的东西更重要的事。"

125 吕西马科斯（Λυσίμαχος）是对话《拉刻斯》的谈话人之一，在该对话的开头（179a4）他提到了他的儿子阿里斯忒得斯（Ἀριστείδης）。

126 πάλιν ἔρχομαι 和 πάλιν ἄπειμι 一样是词组，意思是"返回""回来"。参见 142c4：ἀπιὼν πάλιν[在回来的路上]。

127 καὶ θαυμαστὰ δρῶντες[并做出一些奇怪的事情来]，即不惜奴颜婢膝地讨好苏格拉底。参见《苏格拉底的申辩》（35a4-7）：οἵουσπερ ἐγὼ πολλάκις ἑώρακά τινας ὅταν κρίνωνται, δοκοῦντας μέν τι εἶναι, θαυμάσια δὲ ἐργαζομένους, ὡς δεινόν τι οἰομένους πείσεσθαι εἰ ἀποθανοῦνται, ὥσπερ ἀθανάτων ἐσομένων ἂν ὑμεῖς αὐτοὺς μὴ ἀποκτείνητε.[我已经多次看到了像这样的一些人：他们虽然看起来是个人物，然而一旦受审就会做出一些奇怪的事情来，似乎认为如果死去他们就将遭受某件可怕的事情，好像如果你们不杀他们，他们就将是不死的似的。]

128 τὸ γιγνόμενόν μοι δαιμόνιον[出现在我身上的神迹。这里出现的是 τὸ δαιμόνιον，而不是 ὁ δαίμων[精灵]，故将之译为"神迹"；该词大致相当于《苏格拉底的申辩》（40b1）那儿的 τὸ τοῦ θεοῦ σημεῖον[神的旨意/神的预示]。此外，参见《欧悌弗戎》（3b5-6）：Μανθάνω, ὦ Σώκρατες· ὅτι δὴ σὺ τὸ δαιμόνιον φῂς σαυτῷ ἑκάστοτε γίγνεσθαι.[哦，苏格拉底，我明白了；就是因为你每回都说神迹出现在了你身上。]

129 σὺν θεῷ εἰπεῖν[在神的帮助下]是固定表达，字面意思是"同神一道说"。

130 ἐξέδωκα Προδίκῳ[嫁给了普洛狄科斯]。动词 ἐκδίδωμι 的基本意思是"交出去""放弃""投降"，转义为"嫁女"。这里基于上下文，尤其鉴于前面 151b3 那里的动词 προμνῶμαι[做媒]，将之译为"嫁给"，当然也可以译为"托付给"。普洛狄科斯（Πρόδικος，约公元前 465-前 415），刻俄斯（Κέως）人，第一代智者；在《苏格拉底的申辩》（19e3）中曾提到过此人，在《普罗塔戈拉》中也曾作为参与谈话的人出场。

131 形容词 θεσπέσιος 由 θεός[神]和 ἔπος[字句/讲话]构成，本义是"发出神一样声音的"，转义为"神圣的"。这里基于上下文将之意译为"天赋极高的"。

132 ταῦτα ... σοι ἐμήκυνα [我对你拉拉杂杂地讲这些] 是一个整体。动词 μηκύνω 的本义是"延长""拖延",如 μηκύνω λόγον [延长发言]。

133 副词 ἀτεχνῶς 和 ἀτέχνως 都是由形容词 ἀτεχνής [无技艺的] 派生而来,但 ἀτέχνως 的意思是"无技艺地""质朴地",而 ἀτεχνῶς 的意思则是"完完全全地""真正地"。

134 πόρρω ὄντες τοῦ εἰδέναι ὅτι [他们远不知道……],字面意思是"离知道……是远的"。

135 φέρε δή 是一个整体,等于 ἄγε δή。φέρω 本是动词,表"携带""带到"等,用命令式时,可当副词用,意味"来吧""来呀";其字面意思是"你这就来吧"。

136 γόνιμον ἢ ἀνεμιαῖον [一枚受精了的蛋呢,还是一枚没有受精的蛋],之所以这样翻译,因为这里省掉了名词 ᾠόν [卵/蛋]。形容词 ἀνεμιαῖος 的本义是"多风的",但 ᾠὸν ἀνεμιαῖον 是词组,即"未受精的卵"或"未受精的蛋";而形容词 γόνιμος 的本义是"多产的""有生产能力的",这里为了同 ἀνεμιαῖος 相对应,故译为"受精了的"。此外,鉴于生出来后还要考察它是否值得孵化,即抚养,故将之译为"蛋"而不是"卵"。

137 动词 κινδυνεύω 除了具有"冒险"的意思之外,还具有"有可能""似乎是"的意思,跟不定式;例如,κινδυνεύεις ἀληθῆ λέγειν [你可能说得对/你似乎说得对]。

138 πάντων χρημάτων μέτρον [万物的尺度],严格讲,当译为"所有使用物的尺度"或"所有必需之物的尺度"。名词 χρῆμα 派生自动词 χράομαι [使用/利用],即"使用物""必需之物",尤其指"财物",进而泛指"事物""东西"等。

139 αὐτὸ ἐφ' ἑαυτοῦ τὸ πνεῦμα [在其自身的风本身] 是一个整体,也可以如施莱尔马赫(Schleiermacher)和阿佩尔特(Apelt)的德文翻译那样,将之译为"自在自为的风"(Wind an und für sich)。

140 αἰσθάνεσθαι [感觉到],也可以简单译为"觉得"。

141 Χάριτες [诸慈惠女神],即赐予美丽、快乐和恩惠的三女神,她们的名字分别叫做 Ἀγλαΐα [阿格莱亚]、Εὐφροσύνη [欧佛洛绪涅] 和 Θαλία [塔利亚]。

142 τῷ πολλῷ συρφετῷ [对普通大众/对平民大众] 是固定表达,《牛津希-英词典》举了柏拉图在这里的这个表达,对之的解释是: to the many-headed mob。此外,名词 συρφετός 的本义是"扫到一起的东西",从而指"垃圾""废物",进而喻为"无秩序的人群""乌合之众"。

143 ἐν ἀπορρήτῳ [暗地里],即不是在他所写的那些书上;参见前文 152a4:ἀνέγνωκας γάρ που;[你肯定曾读过吧?]

144 ὡς ἄρα ἓν μὲν αὐτὸ καθ' αὑτὸ οὐδέν ἐστιν [肯定没有什么是自在自为的一],仅就这句话,也可以译为"肯定无物是自在自为的一""肯定没有自在自为的一是着"或"肯定没有任何一是独自在其自身的"等。αὐτὸ καθ' αὑτό [自在自为/独自在其自身]在柏拉图那里是一常见表达,参见《斐洞》(64c5-8):καὶ εἶναι τοῦτο τὸ τεθνάναι, χωρὶς μὲν ἀπὸ τῆς ψυχῆς ἀπαλλαγὲν αὐτὸ καθ' αὑτὸ τὸ σῶμα γεγονέναι, χωρὶς δὲ τὴν ψυχὴν ἀπὸ τοῦ σώματος ἀπαλλαγεῖσαν αὐτὴν καθ' αὑτὴν εἶναι;[并且死亡是这样吗,即当身体从灵魂分离而解脱后,它变得独自在其自身了,而当灵魂从身体分离而解脱后,它也是独自在其自身了?]

145 ἐκ φορᾶς τε καὶ κινήσεως [从移动和运动]。φορά [移动/位移]是一种特殊的运动,后来亚里士多德在《物理学》和《论生成与毁灭》中直接将之规定为κίνησις κατὰ τόπον [在位置上的运动]。关于κίνησις [运动]的分类,还可参见亚里士多德《范畴篇》(15a13-14):Κινήσεως δέ ἐστιν εἴδη ἕξ· γένεσις, φθορά, αὔξησις, μείωσις, ἀλλοίωσις, κατὰ τόπον μεταβολή. [运动有六种:生成、毁灭、增加、减少、变化以及位移。]

146 κράσεως πρὸς ἄλληλα [从彼此的混合],鉴于下面提到了恩培多克勒,这有可能指不同元素之间的混合。但是,恩培多克勒的元素本身并不接受生成和毁灭,而是它们的结合和分离导致生成和毁灭。

147 厄庇卡尔摩斯(Ἐπίχαρμος,约公元前550-前460年),第欧根尼·拉尔修的《名哲言行录》第八卷第3章是关于他的传记;说此人曾聆听过毕达哥拉斯的讲课,并且柏拉图从他那里获益很多,经常使用他的话语。

148 希腊文尖括号中的关系代词 ὅς 是校勘者根据希腊文文法和文义补充上去的,法国布德本希腊文和新校勘的牛津古典本希腊文均如此。

149 这句话出自《伊利亚特》(14.201, 302)。俄刻阿诺斯(Ὠκεανός),在赫西俄德的《神谱》中,他是 Οὐρανός [乌拉诺斯/天]和 Γαῖα [该亚/地]的儿子,是最古老和最大的河神,世上的小河都从他那里流出来;在荷马史诗中又被称为环绕大地的长河,后来,它也专指地中海之外的海洋,即所谓的"外海"(ἡ ἔξω θάλασσα)。忒堤丝(Τηθύς)是乌拉诺斯和该亚的女儿,俄刻阿诺斯的妻子。

150 μὴ οὐ καταγέλαστος γενέσθαι [不会变得可笑],其中的 μὴ οὐ,在新校勘的牛

津古典本希腊文中作 μὴ，即删掉了 οὐ；法国布德本希腊文仍作 μὴ οὐ。但无论是保留 οὐ，还是删掉它，意思都一样。

151 ἕξις［情状］，来自动词 ἔχω［有/具有］的将来时 ἕξω，既指身体或精神上的一种状态、习性，也指训练而成的各种技能、习惯。

152 ἐπὶ πολύ，法国布德本希腊文作 ἐπὶ τὸ πολύ，新校勘的牛津古典本希腊文也改为了 ἐπὶ τὸ πολύ，从之。ἐπὶ πολύ 是词组，具有"在很大程度上"和"长久地"这两层意思；而 ἐπὶ τὸ πολύ 或 ὡς ἐπὶ τὸ πολύ 则单表程度，即"在很大程度上""多半"。

153 μελέτη［努力］，也可以译为"练习"。

154 κτᾶταί τε μαθήματα καὶ σῴζεται καὶ γίγνεται βελτίων［获得各种学问、得到保全和变得更好］，如果仅就这句话，也可以译为"获得和保全各种学问，并变得更好"。

155 Τὸ μὲν ἄρα ἀγαθὸν κίνησις κατά τε ψυχὴν καὶ κατὰ σῶμα, τὸ δὲ τοὐναντίον；[因此，无论就灵魂，还是就身体来说，一种东西，即运动，是好的，而另一种东西，则正好相反？] 这句话也可以译为："因此，无论就灵魂，还是就身体来说，好的东西是运动，而〈坏的东西〉是〈其〉反面？"或者"因此，无论就灵魂，还是就身体来说，好的东西是运动，而〈其〉反面是〈坏的东西〉？"

156 中文里的类似表达："流水不腐，户枢不蠹。"

157 τὸν κολοφῶνα［顶冠］，这是比喻，本义是"极点""顶点"，转义为"最后的润色"。这里也可以将之意译为"最后的说明"或"最高的例子"。

158 伯内特认为［ἀναγκάζω］προσβιβάζων 方括号中的 ἀναγκάζω［我迫使］有可能是窜入，法国布德本希腊文作 ἀναγκάζω προσβιβάζων，而新校勘的牛津古典本希腊文直接删掉了 ἀναγκάζω 一词，从之。如果按布德本希腊文翻译，那么整句话就当译为："还得通过把顶冠加到这些之上而迫使〈你相信〉吗？"

159 参见《伊利亚特》(8.18—27)。在那里，宙斯说如果他从天上放下一根黄金绳，就能够把大地、海洋等一切都吊到空中。

160 ἡ περιφορά［环宇］，本义是"旋转""转圈"，这里权且译为"环宇"。

161 τὸ λεγόμενον［如常言所说］是固定用法，本义是"俗话"，这里根据上下文将之译为"如常言所说"。

162 γένοιτ' ἂν τὸ λεγόμενον ἄνω κάτω πάντα；[并且如常言所说，一切都会变得上下颠倒？] 这句话是意译。从字面上看，这句话既可以译为"并且如常言所说，一切在上的都会变成在下的？"也可以译为"并且如常言所说，一切在下的都会变成在上的？" γένοιτ' ἂν ... ἄνω κάτω πάντα［一切都会变得上下颠倒］，有可能在指赫拉克利特的那句名言（残篇，60）：ὁδὸς ἄνω κάτω μία καὶ ὡυτή.［向上的路和向下的路，是同一条路。］此外，这句话也可能在暗指《伊利亚特》第 8 卷开始处宙斯所说的话；在那里，宙斯警告其他诸神，他的能力远比他们强大，不要试着违背他的话。

163　μένον［持存着］，也可以译为"它停留〈在那儿〉"。法国布德本希腊文作 μένοι［它会持存］，而新校勘的牛津古典本希腊文仍作 μένον。从文法上看，μένον 是现在时分词中性单数主格，而 μένοι 是现在时祈愿式主动态第三人称单数。从伯内特和新校勘的牛津古典本。

164　参见 152d。

165　προσήκουσαν 在这里的意思，等于 156d3 那里的 σύμμετρος［适度的/相称的］。

166　τὸ προσβάλλον［进行碰撞的］，即 ἡ φορά［运动/移动］；τὸ προσβαλλόμενον［被碰撞的］，即 τὰ ὄμματα［眼睛］。

167　ὁμοίως ... ἔχειν［保持同一］是一个整体，也可以译为"处在同样的状态"。

168　ᾧ παραμετρούμεθα［我们用来测量自己的东西］，也可以译为"我们用来同自己相比较的东西"。之所以这样翻译，因为 παραμετρούμεθα 在这里是动词 παραμετρέω［测量］的中动态，即"测量自己"。

169　用近现代哲学术语，这句话针对的是"客体"或"对象"。

170　ἕκαστον［每一个］，指代前面的 μέγα ἢ λευκὸν ἢ θερμόν［大的、白的或热的］。

171　这句话针对的是"主体"或"感觉者"。

172　ἐπεὶ νῦν γε［因为现在］，也可以意译为"既然事情是这样"。

173　εὐχερῶς ... λέγειν［容易说出］是一个整体，也可以译为"轻易地说出"或"鲁莽地说出"。

174　ἔστιν 作无人称动词使用时，表"可能……""能够……"。

175　即前面关于"骰子"的问题。

176　参见欧里庇得斯《希波吕托斯》(Hippolytus, 612)：ἡ γλῶσσ' ὀμώμοχ', ἡ δὲ φρὴν ἀνώμοτος.［舌头已经发过誓了，但内心却是未发过誓的。］

177　形容词 δεινός 既具有"聪明的"意思，也具有"强有力的"和"可怕的"意思，这里为了凸显这两者，将之译为"非常强大的"；当然，也可以直接译为"聪明的"。

178　τὸ λοιπόν［在剩下的时间里］是固定表达，在这里作副词使用；其完整表达是 τὸ λοιπὸν χρόνον。

179　ἐκ περιουσίας［出于〈各自储备的〉充裕］是固定表达，字面意思是"出于多余""基于充裕"；《牛津希–英词典》举了柏拉图在该对话中的这个表达，对之的解释是：out of the abundance (of their store)。

180 συνελθόντες ... εἰς μάχην[在战斗中交锋/在战斗中见面]是一个整体，字面意思是"一起前往战斗"。

181 βουλησόμεθα θεάσασθαι αὐτὰ πρὸς αὑτά[我们宁愿就它们自己看看它们]，似乎也可以直接译为"我们宁愿看看它们本身"。

182 ὡς πάνυ πολλὴν σχολὴν ἄγοντες[作为享受许多安闲的人]。σχολὴν ἄγειν 是词组，意思是"享受安闲""悠闲"；而 σχολὴν ἔχειν 的意思则是"有空闲""有闲暇"。

183 ἄλλο τι ἤ，引导疑问句，相当于拉丁文的 numquid alius quam 或 nonne[是不是/对不对]；如果在肯定句中则表"无疑"。

184 τῷ ὄντι[真正地/确实地]是固定表达，等于 ὄντως 或 ὡς ἀληθῶς；该词是由 εἰμί/εἶναι 的分词变来的副词，字面意思是"以是的方式是着的""在是的方式上是着的"。

185 副词 κομιδῇ 的本义是"的确""全然"，作回答语时，κομιδῇ μὲν οὖν 构成一个整体，意思是"完全如此""正是"。

186 μάχεται αὐτὰ αὑτοῖς[各自同自己打架]。就字面来看，其意思是"互相打架"；但从下面苏格拉底所举的例子来看，当指"这三种同意"，每种同意自身都导致了其反面，是"自己同自己打架"。

187 τηλικόνδε ὄντα[作为〈个子〉如此大的一个人]。形容词 τηλικόνδε 有两方面的意思，一是专指"如此年纪的"，一是泛指"如此大的"；基于上下文，这里当指"如此大的"。当然，译为"作为如此年纪的一个人"也讲得通。

188 即"是略小的"。

189 πάθος[激情]，在这里也可以平实地译为"情感"。

190 οὐ γὰρ ἄλλη ἀρχὴ φιλοσοφίας ἢ αὕτη[哲学的起源不是别的，而只能是它]。也可以译为：除了它，哲学的确别无其他任何的起源。此外，ἀρχή[起源]在这里也可以译为"开端"。

关于"惊异"和"哲学"的关系，后来亚里士多德对之做了进一步的阐发，参见《形而上学》(982b12-21)：διὰ γὰρ τὸ θαυμάζειν οἱ ἄνθρωποι καὶ νῦν καὶ τὸ πρῶτον ἤρξαντο φιλοσοφεῖν, ἐξ ἀρχῆς μὲν τὰ πρόχειρα τῶν ἀπόρων θαυμάσαντες, εἶτα κατὰ μικρὸν οὕτω προϊόντες καὶ περὶ τῶν μειζόνων διαπορήσαντες, οἷον περί τε τῶν τῆς σελήνης παθημάτων καὶ τῶν περὶ τὸν ἥλιον καὶ ἄστρα καὶ περὶ τῆς τοῦ παντὸς γενέσεως. ὁ δ' ἀπορῶν καὶ θαυμάζων οἴεται ἀγνοεῖν (διὸ καὶ ὁ φιλόμυθος φιλόσοφός πώς ἐστιν· ὁ γὰρ μῦθος σύγκειται ἐκ θαυμασίων)· ὥστ' εἴπερ διὰ τὸ φεύγειν τὴν ἄγνοιαν ἐφιλοσόφησαν, φανερὸν ὅτι διὰ τὸ εἰδέναι τὸ ἐπίστασθαι ἐδίωκον καὶ οὐ χρήσεώς τινος ἕνεκεν.[因为无论是现在还是最初，人们都由于

惊异而开始哲学活动；首先是惊异身边那些让人困惑的事情，然后逐渐如此往前，进而对那些更重大的东西感到困惑，如关于月亮的变化、关于太阳和星辰的变化，以及关于万物的生成。而感到困惑和惊异的人觉得自己是无知的（因此爱神话的人在某种意义上就是爱智慧的人，因为神话由惊异的东西构成），因此，如果他们为了摆脱无知而进行哲学活动，那显然他们是为了知道而追求知识，而不是为了某种用处。]

191 伊里斯（Ἶρις）是彩虹女神，诸神的使者。根据赫西俄德《神谱》的记载，陶马斯（Θαύμας）是大地女神该亚（Γαῖα）和海神蓬托斯（Πόντος）所生的儿子，而陶马斯和俄刻阿诺斯的女儿厄勒克特拉（Ἠλέκτρα）结为夫妻，生下了伊里斯。柏拉图在这里，有意在词源上把陶马斯（Θαύμας）同"惊异"（θαῦμα/θαυμάζω）进行勾连。

192 δι' ὅ 等于 διό，意思是"因此""所以"。

193 Χάριν ... μοι εἴσῃ [你对我知道感激]，也可以译为"你对我怀有感激之情"。χάριν εἰδέναι τινί [对某人怀有感激之情/感恩某人] 是固定用法，字面意思是"对某人知道感激"；基于上下文，这里的翻译直接取其字面意思。

194 τις τῶν ἀμυήτων [那些门外汉中的某个人]，当然也可以译为"某个门外汉"。形容词 ἀμύητος 的本义是"未入教的""世俗的"，该词的词干是动词 μυέω [入秘教/参加宗教秘仪]。参见《斐洞》(69c5-7)：ὃς ἂν ἀμύητος καὶ ἀτέλεστος εἰς Ἅιδου ἀφίκηται ἐν βορβόρῳ κείσεται, ὁ δὲ κεκαθαρμένος τε καὶ τετελεσμένος ἐκεῖσε ἀφικόμενος μετὰ θεῶν οἰκήσει. [那未入教和未接受入教仪式就到达哈德斯那里的人将被弃置在烂泥中，而那已经被洁净和接受了入教仪式的人到了那里，则将和诸神生活在一起。]

195 πράξεις δὲ καὶ γενέσεις καὶ πᾶν τὸ ἀόρατον οὐκ ἀποδεχόμενοι ὡς ἐν οὐσίας μέρει. [但根本不同意把各种行为、各种生成以及所有不可见的东西归入所是的一类。] 也可以译为："但根本不同意各种行为、各种生成以及所有不可见的东西也被看作所是。"名词 μέρος 的本义是"部分"，但 ἐν μέρει τινός 和相应的动词一起构成固定表达，例如 ἐν μέρει τινὸς τιθέναι 的意思是"把……归入……的一类""把……也视为……"。参见《政制》(348e1-3)：ἀλλὰ τόδε ἐθαύμασα, εἰ ἐν ἀρετῆς καὶ σοφίας τιθεῖς μέρει τὴν ἀδικίαν, τὴν δὲ δικαιοσύνην ἐν τοῖς ἐναντίοις. [但我很吃惊这点，如果你把不正义归入德性和智慧的一类，而把正义归入〈其〉相反的一类。] 此外，关于这些人所持有的这种看法，还可参见《智者》(246a7-b3)：Οἱ μὲν εἰς γῆν ἐξ οὐρανοῦ καὶ τοῦ ἀοράτου πάντα ἕλκουσι, ταῖς χερσὶν ἀτεχνῶς πέτρας καὶ δρῦς περιλαμβάνοντες. τῶν γὰρ τοιούτων ἐφαπτόμενοι πάντων διισχυρίζονται τοῦτο εἶναι μόνον ὃ

παρέχει προσβολὴν καὶ ἐπαφήν τινα, ταὐτὸν σῶμα καὶ οὐσίαν ὁριζόμενοι, τῶν δὲ ἄλλων εἴ τίς <τι> φήσει μὴ σῶμα ἔχον εἶναι, καταφρονοῦντες τὸ παράπαν καὶ οὐδὲν ἐθέλοντες ἄλλο ἀκούειν.[一些人把全部东西都从天上和不可见的地方拉到地上，完完全全在用双手抱紧石头和树木。因为拥抱所有这些东西的他们坚决主张，唯有这种允许某种接近和触摸的东西才是〈着〉，他们把有形物和所是界定为同一个东西；一旦其他人中的某位宣称，某种东西虽然不具有形体，但也是〈着〉时，他们就会完全加以鄙视，并且不愿意听任何别的。]

196 καὶ ἃ νυνδὴ ἐλέγομεν[甚至我们刚才所说的那些]，καί在这里不是并列连词，而是表强调。

197 ἐξ ἧς ... ἤρτηται[依赖它]。动词ἀρτάω的本义是"挂"，但ἀρτᾶσθαι ἔκ τινος是固定搭配，意思是"依赖……""依靠……"。

198 τὸ ποιεῖν[施动]和τὸ πάσχειν[受动]也可以分别译为"行动"和"遭受"，或者"产生影响"和"受到影响"，或者"起作用"和"被作用"。

199 ὄψεις τε καὶ ἀκοαὶ καὶ ὀσφρήσεις[视觉、听觉、嗅觉]，这几个名词用的都是复数，但这里简单地将之作单数翻译。

200 καὶ ψύξεις τε καὶ καύσεις[以及〈对〉各种变冷和发热〈的感觉〉]，参见费奇诺（Ficinus）的拉丁文翻译：tactusque frigidorum et calidorum[对各种冷和热的触觉]。

201 形容词ὁμόγονος和ὁμογενής的意思差不多，但除了具有"属于同一家族的""同属的"意思之外，还具有"在同一时间一起出生的"意思；为了兼顾这两者，我这里权且将之译为"同生的"。

202 οὗτος ὁ μῦθος[这个故事]，柏拉图在这里当有意不使用更通常的说法，即οὗτος ὁ λόγος[这种说法／这种论说／这个道理]。两者之间的区别类似"虚构"和"事实"之间的区别。参见《斐洞》（61b3-7）：μετὰ δὲ τὸν θεόν, ἐννοήσας ὅτι τὸν ποιητὴν δέοι, εἴπερ μέλλοι ποιητὴς εἶναι, ποιεῖν μύθους ἀλλ' οὐ λόγους, καὶ αὐτὸς οὐκ ἦ μυθολογικός, διὰ ταῦτα δὴ οὓς προχείρους εἶχον μύθους καὶ ἠπιστάμην τοὺς Αἰσώπου, τούτων ἐποίησα οἷς πρώτοις ἐνέτυχον.[而在〈颂扬〉这位神之后，我意识到诗人必须——如果他真的打算是一位诗人的话——创作故事，而不是论说，而我自己并不是一个善于编故事的人，由此我就把我手边有并且熟悉的那些故事，即伊索的故事，把它们中我遇到过的那些首要的，创作成了诗。]《普罗塔戈拉》（324d6-7）：τούτου δὴ πέρι, ὦ Σώκρατες, οὐκέτι μῦθόν σοι ἐρῶ ἀλλὰ λόγον.[苏格拉底啊，关于这，我将不再对你讲故事，而是说道理。]《高尔吉亚》（523a1-3）：Ἄκουε δή,

φασί, μάλα καλοῦ λόγου, ὃν σὺ μὲν ἡγήσῃ μῦθον, ὡς ἐγὼ οἶμαι, ἐγὼ δὲ λόγον· ὡς ἀληθῆ γὰρ ὄντα σοι λέξω ἃ μέλλω λέγειν.[因此正如他们所说，你得听非常好的道理，你虽然把它视为故事，但正如我认为的那样，我却把它视为道理；因为我打算说的那些东西，我将把它们作为真的东西对你说出来。]《蒂迈欧》(26e4-5)：τό τε μὴ πλασθέντα μῦθον ἀλλ' ἀληθινὸν λόγον εἶναι πάμμεγά που.[不是被编造出来的故事，而是真实的道理，这肯定是一件极大的事情。]

203　即 153d8-155c5 中的内容。

204　Ἀλλ' ἄθρει ἐάν πως ἀποτελεσθῇ.[那就请你仔细看看，它是否能以某种方式被完满。] 连词 ἐάν[如果/假如] 用在"看""打听"等动词之后，意思是"是否""是不是"。参见 192e8：Ἴδε δὴ ἐάν τι μᾶλλον νῦν ἐπίσπῃ.[那么请你看看，是否现在你更能跟得上些。]

205　τάχος δὲ καὶ βραδυτὴς ἔνι τῇ κινήσει αὐτῶν[而快速和缓慢〈出现〉在它们的运动中]，也可以译为"而在它们的运动中〈有着〉快速和缓慢"。

206　ὅσον μὲν οὖν βραδύ, ἐν τῷ αὐτῷ καὶ πρὸς τὰ πλησιάζοντα τὴν κίνησιν ἴσχει καὶ οὕτω δὴ γεννᾷ, τὰ δὲ γεννώμενα οὕτω δὴ θάττω ἐστίν. φέρεται γὰρ καὶ ἐν φορᾷ αὐτῶν ἡ κίνησις πέφυκεν.[于是，所有慢的，在同一个地方以及对着那些在附近的东西有〈其〉运动，并且以这种方式进行产生，而那些以这种方式被产生出来的东西则是较快的。因为它们移动了，并且它们的运动生来就在于移动。] 关于整个这段话，无论是就希腊文本身，还是理解，均存在着分歧。一些校勘者将整个这段话补充为：ὅσον μὲν οὖν βραδύ, ἐν τῷ αὐτῷ καὶ πρὸς τὰ πλησιάζοντα τὴν κίνησιν ἴσχει καὶ οὕτω δὴ γεννᾷ, τὰ δὲ γεννώμενα οὕτω δὴ <βραδύτερά ἐστιν· ὅσον δὲ αὖ ταχύ, πρὸς τὰ πόρρωθεν τὴν κίνησιν ἴσχει καὶ οὕτω γεννᾷ, τὰ δὲ γεννώμενα οὕτω δὴ> θάττω ἐστίν. φέρεται γὰρ καὶ ἐν φορᾷ αὐτῶν ἡ κίνησις πέφυκεν.[于是，所有慢的，在同一个地方以及对着那些在附近的东西有〈其〉运动，并且以这种方式进行产生；但那些以这种方式被产生出来的东西肯定〈是更慢的。另一方面，所有快的，对着那些从远处而来的东西有其运动，并且以这种方式进行产生，而那些以这种方式产生出来的东西肯定〉是更快的；因为它们移动了，并且它们的运动生来就在于移动。]

207　τῶν τούτῳ συμμέτρων[与之相称的那些东西]。参见《美侬》(76d4-5)：ἔστιν γὰρ χρόα ἀπορροὴ σχημάτων ὄψει σύμμετρος καὶ αἰσθητός.[颜色是〈这样一种东西〉，从各种形体中流出，同视觉相称，并且是可感的。]

208　如眼睛之于味道，颜色之于舌头等等。

209 συναποτίκτοντος τὸ χρῶμα [帮助生出颜色的东西]，也可以译为"〈与之〉一起生出颜色的东西"。

210 ἔμπλεως ἐγένετο [充满了] 是一个整体，字面意思是"充满地变得"。

211 εἴτε ὁτουοῦν συνέβη χρῆμα χρωσθῆναι τῷ τοιούτῳ χρώματι [或者任何恰好被染上这种颜色的事物]。关于这句话，希腊文有分歧。法国布德本希腊文是：εἴτε ὁτουοῦν συνέβη χρόα χρωσθῆναι τῷ τοιούτῳ χρώματι [或者任何其外表恰好被染上了这种颜色的东西]；即其中的关系代词单数与格 ὁτῳοῦν 作单数属格 ὁτουοῦν，名词 χρῆμα [事物] 作 χρόα [外表 / 肤色]。而新的牛津校勘本则只是把其中的单数与格 ὁτῳοῦν 改为了单数主格 ὁτιοῦν。我这里的翻译从新校勘的牛津本。

212 αὐτὸ μὲν καθ' αὑτὸ μηδὲν εἶναι [没有任何东西自在自为地是着]，也可以译为"没有任何东西是自在自为的"。

213 καὶ τότε 是词组，意思是"刚才"；副词 τότε 和 τοτέ 的意思有区别，前者指"那时候""从前"，后者指"有时""时而"。参见 152d 以下。

214 εἶναί τι [是某种东西] 是一个整体；νοῆσαι ...οὐκ εἶναι παγίως [不可能可靠地思考] 是一个整体，εἶναι 在这里作为无人称动词跟不定式，意思是"能够……""应该……"。

215 οὐχ ὅτι [虽然] 是固定用法，在这里等于 μὴ ὅτι。

216 ποιούμενα [正在被做的]，鉴于它在这里被单独使用，故没有将之译为"正在受动的"。

217 τῷ λόγῳ [用语词]，其实这里直接音译为"用逻各斯"似乎更好。

218 κατὰ μέρος οὕτω λέγειν [一个一个地这样说]，出于汉语表达习惯，也可以译为"这样说一个一个的东西"。κατὰ μέρος [一个一个地 / 分别地 / 分开地] 是词组，差不多等于 ἀνὰ μέρος，一般译为"轮流""轮番"，拉丁文将之译为 sigillatim。《牛津希-英词典》举了柏拉图该对话这里的这个表达，将之解释为 severally。

219 περὶ πολλῶν ἀθροισθέντων [谈论那些由多所聚集起来的东西]。对这一表达的理解，有歧义。介词 περί 要求属格，一是把 πολλῶν ἀθροισθέντων 一起视为它所要求的属格，于是就当理解和翻译为"谈论许多被聚集起来的东西"；一是只把 ἀθροισθέντων [那些被聚集起来的东西] 视为 περί 所要求的属格，而将 πολλῶν [许多] 视为 ἀθροισθέντων [那些被聚集起来的东西] 的"何所由"，于是就当理解和译为"谈论那些由多所聚集起来的东西"。我认为当持后一种理解和翻译。

220 εἶδος [种]。基于文义，这里不译为"形式"，而译为"种"。

221 δόγμα［见解］和 δόξα［意见 / 看法 / 判断］是同源词，均派生自动词 δοκέω［看来 / 认为］。作为术语，δόγμα 的基本意思仍然是"意见""见解""信念"等；但在法律上，则指"公共决议""法令"。
222 小词 δή 与命令式连用，意思是"赶快""立即""马上"。
223 τῶν ἄλλων［尤其］，也可以平实地译为"以及"。形容词 ἄλλος［别的 / 其他的］，用于列举时，意思是"以及""尤其"。参见《高尔吉亚》（473c7-d1）: ζηλωτὸς ὢν καὶ εὐδαιμονιζόμενος ὑπὸ τῶν πολιτῶν καὶ τῶν ἄλλων ξένων.［被同胞，尤其被异邦人羡慕和称作幸福。］
224 παντὸς μᾶλλον［必定］是固定表达，意思是"必定""务必"，字面意思是"比一切都更"。
225 πολλοῦ δεῖ［远非］是词组，做副词使用，一般译为"差得多""差得远"；其反义表达是 ὀλίγου δεῖ［差得不多 / 几乎］。
226 动词 ὀκνέω 除了具有"害怕"的意思之外，也有"迟疑""犹豫"的意思。
227 参见 157c4-157d5。
228 伯内特认为 ὀνειρώττοντες［在做梦的人］前面的冠词 οἱ 是窜入，法国布德本希腊文没有该词，而新校勘的牛津古典本希腊文也直接删掉了该词。
229 ψευδῆ δοξάζουσιν［相信一些虚假的东西］，当然也可以译为"判断一些虚假的东西"或"对一些虚假的东西持有意见"；此外，如果把 ψευδῆ 视为形容词的中性做副词，也可以译为"错误地在相信""错误地进行判断"或"错误地在认为"。
230 ὅταν οἱ μὲν θεοὶ αὑτῶν οἴωνται εἶναι, οἱ δὲ πτηνοί τε καὶ ὡς πετόμενοι ἐν τῷ ὕπνῳ διανοῶνται.［当他们中的一些以为自己是神，一些则〈以为自己是〉有翅膀的，并且在睡梦中想自己正在飞。］之所以这样翻译，乃是从希腊文文法看，οἱ δὲ πτηνοί 这里干省略了 οἴωνται εἶναι。如果把两个复数冠词 οἱ 分别视为"发疯的人"和"做梦的人"，那么，这句话当然也可以直接译为："当他们中的前者以为自己是神，后者在睡梦中想〈自己是〉有翅膀的并且自己正在飞。"
231 περὶ τοῦ ὄναρ τε καὶ ὕπαρ［关于睡梦和清醒］，也可以译为"关于梦中的景象和醒时看到的景象"。
232 由此可见，对于当时的希腊人来讲，这已经是一件被多次拿出来讨论过的困惑；亚里士多德后来也提到过它，参见《形而上学》（1011a6-7）: τὰ δὲ τοιαῦτα ἀπορήματα ὁμοιά ἐστι τῷ ἀπορεῖν πότερον καθεύδομεν νῦν ἢ ἐγρηγόραμεν.［这类疑难类似于困惑，我们现在是在睡觉呢，还是已经醒了。］

233 ὥσπερ ἀντίστροφα[像配对物一样]，也可以译为"像有相互关系的东西一样"。形容词 ἀντίστροφος 的基本意思是"反转去对着的"，引申为"有相互关系的"。《牛津希-英词典》举了柏拉图在该对话中的这个表达，将之解释为 counterpart（配对物／副本）、correlative（相关物）。

234 καὶ ὅταν δὴ ὄναρ ὀνείρατα δοκῶμεν διηγεῖσθαι[甚至每当我们在睡梦中似乎在描述一些梦时]。对于这句话，在理解上存在着一些分歧，以至于出现了对文本的各种修改。就理解而言，一种看法认为这句话同前面"因为我们现在正谈论的，没有什么能阻止〈我们〉认为也就是〈我们〉在睡梦中互相交谈的"相呼应，即在睡梦中我们也会看起来如现在一样彼此在交谈。另一种看法则认为这里是进一步在往前走，说的是"梦中做梦"，即在睡梦中会如醒着时一样，出现反思。当我们醒着时我们认为曾经发生的那些事情，通过反思，其实只是在做梦；同样，我们在梦中也会出现类似的情景，即在梦中出现对另外一个梦的反思。就文本而言，一种看法主张把 καὶ ὅταν δὴ ὄναρ ὀνείρατα δοκῶμεν διηγεῖσθαι[甚至每当我们在睡梦中似乎在描述一些梦时]直接改为 καὶ ὅταν δὴ ὄναρ δοκῶμεν διαλέγεσθαι[甚至每当我们似乎在睡梦中交谈时]；一种看法主张把其中的 ὀνείρατα[一些梦]改为 ἄττα[任何东西／某些东西]，于是这句话就当译为"甚至每当我们在睡梦中似乎在描述某些东西时"。我认为两种理解都有道理，如不修改文本，似乎后一种理解更为妥当。

235 ἡ ὁμοιότης τούτων ἐκείνοις[这些同那些的相似]，τούτων[这些]，可简单理解为指醒着时或以为醒着时的状态；ἐκείνοις[那些]，指睡梦中的状态。

236 τό ἀμφισβητῆσαι[持有异议]，在这里也可以译为"进行争论"。

237 τὰ ἀεὶ δοκοῦντα[任何时候所显现出来的那些东西]，基于文义和中文表达，这里直接把动词 δοκέω 译为"显现"，而不译为"看起来"。

238 τῇ ... τῇ[在一个方面……在另一个方面]是固定搭配。

239 见 156a5 以下。

240 ἄλλο ἄλλῳ ... καὶ ἄλλῳ[一个同另一个，然后又同另一个]这一结构可参见《政制》（369c1-4）：Οὕτω δὴ ἄρα παραλαμβάνων ἄλλος ἄλλον, ἐπ᾽ ἄλλου, τὸν δ᾽ ἐπ᾽ ἄλλου χρείᾳ, πολλῶν δεόμενοι, πολλοὺς εἰς μίαν οἴκησιν ἀγείραντες κοινωνούς τε καὶ βοηθούς, ταύτῃ τῇ συνοικίᾳ ἐθέμεθα πόλιν ὄνομα.[于是，当一个人为了某一需要而引来某一他人，而为了另一需要又引来另外一个人——因为许多的东西都被需要——，许多的人就作为同伴和帮助者聚集到了一个定居点，我们为这样一种团体设定了一个名字，即城邦。]

241 ἤδη 在这里的意思不是"已经",而是"此后""从现在起"。
242 οὕτως ὥσπερ 是一个整体,属于固定表达,字面意思是"以同……一样的方式",这里基于上下文权且译为"只要"。
243 Ἕκαστον δὴ τῶν πεφυκότων τι ποιεῖν[那些生来就是施动者中的每个],字面意思是"生来就对某种东西施加影响的那些东西中的每个"或"生来就造成某种东西的那些东西中的每个"。τι ποιεῖν 的意思是"对某种东西起作用""对某种东西施加影响"或"造成某种东西"。
244 ἄλλο τι 即 ἄλλο τι ἤ,引导疑问句。
245 λάβῃ[它遇见了]是动词 λαμβάνω 的一次性过去时中动态;λαμβάνω 的基本意思是"抓住""拿",但其中动态则具有"遇见""碰上"等意思。
246 περὶ αὐτὸν φερομένη[通过在它那里散布开来],也可以译为"通过围绕着它移动";这里的"它",即"酒"。动词 φέρω 除了具有"携带"的意思之外,本身也具有"延伸"的意思,这里基于文义将其中动态分词 φερομένη 译为"散布"。
247 基于汉语表达习惯,这句话也可以意译为"我们在前面肯定同意了这些"或者"当然,这就是我们前面所同意的"。
248 τῇ ἀληθείᾳ 是固定表达,作副词使用,意思是"事实上""其实",当然也可以译为"真的"。
249 αὖ ἐγεννησάτην[这两者复又产生出],之所以这样翻译,因为 ἐγεννησάτην 是动词 γεννάω[生/产生]的一次性过去时双数。
250 αἰσθανόμενον[一个在进行感觉的],也可以简单译为"一个感觉者"。
251 Οὔκουν ἐγώ τε οὐδὲν ἄλλο ποτὲ γενήσομαι οὕτως αἰσθανόμενος.[所以,对于其他任何东西,我从不会变成以这同样的方式进行感觉的人。]这句话也可以意译为:所以,对于其他任何东西,我不会变得对之有这同样的感觉。ἄλλο ... αἰσθανόμενος[感觉任何其他东西/对其他任何东西进行感觉]是一个整体,ἄλλο[其他东西]在这里是中性单数宾格,作分词 αἰσθανόμενος[感觉]的宾语。
252 这是说,同一主体、感觉者,面对不同客体、对象的刺激,所生感觉也不相同。
253 ἐκεῖνο τὸ ποιοῦν ἐμέ[那个施动于我的东西],也可以译为"那个作用于我的东西"或"那个对我施加影响的东西"。
254 这是说,同一客体、对象,刺激不同的主体、感觉者,所产生出来的性质也不相同。
255 这里之所以出现单数属格 τινός[某种东西],是因为动词 αἰσθάνομαι[感觉]

要求属格作宾语；下面出现的属格 μηδενός，亦然。

256　τις εἶναί τι ὀνομάζει [有人称呼某个东西是]，也可以译为"有人把是这个名字加给某种东西"或"对某个东西使用是这个名字"。

257　τῇ διανοίᾳ περὶ τὰ ὄντα ἢ γιγνόμενα [在关于诸是者或诸生成者的意向上]，διάνοια 一般译为"思想"，但在这里这么翻译似乎不妥，我权且将之译为"意向"。

258　Παγκάλως ἄρα σοι εἴρηται [因此对你而言完全有权说]，当然也可以意译为"因此你说得好极了"。副词 παγκάλως 除了具有"极好""极美"的意思之外，也具有"完全有权"的意思。

259　ἀμφιδρόμια [绕灶仪式/绕灶典礼]，该词只用复数；在古代阿提卡，婴儿出生五天后举行命名仪式，那时产婆会抱着他（她）绕着家灶走。

260　ὡς ἀληθῶς ἐν κύκλῳ περιθρεκτέον τῷ λόγῳ [必须通过讨论真正地从方方面面进行仔细检查]。与格 τῷ λόγῳ 在这里表方法、手段，故当译为"通过讨论"；ἐν κύκλῳ περιθρεκτέον [必须从方方面面进行仔细检查] 是一个整体，字面意思是"必须环绕地跑圈"，喻为"不遗漏任何一点"。

261　μὴ λάθῃ ἡμᾶς [或许我们发觉] 是固定表达，字面意思是"或许它没有不被我们注意到"；之所以加上"或许"二字，因为 λάθῃ 是动词 λανθάνω [不被注意到] 的现在时虚拟式第三人称单数。

262　σοῦ ὡς πρωτοτόκου [从你那里，就像从一个生下投胎的〈女人〉那里一样]，之所以这样翻译和补充，因为形容词 πρωτοτόκου [生头胎的] 在这里当理解为阴性单数属格。πρωτοτόκου 是两尾型形容词，阳性和阴性均以 -ος 结尾，如 μήτηρ πρωτοτόκος [生头胎的母亲]。

263　εἰ ... χρηστός, ὅτι με οἴει 是一个整体，意思是"你够好了，认为我……"，但暗含讽刺。χρηστός 的本义是"有用的""有益的""正直的""诚实的"，但作为反语，即"够好的"，指"太天真的""够愚蠢的"；《牛津希-英词典》举了柏拉图在该对话中这里的这个表达。

264　τὸ γιγνόμενον [事实] 在这里是固定表达，字面意思是"已经发生的事"，即"事实"。

265　即泰阿泰德。

266　形容词 κυνοκέφαλος 的本义是"狗头的"，作名词使用，既指传说的"狗头人"，也指"狗头狒狒"。

267　副词 μεγαλοπρεπῶς 的本义是"宏大地""宏伟地""壮丽地"，用于贬义则表"傲慢地""目空一切地"。

268　βατράχου γυρίνου [一只青蛙〈生出的〉一只蝌蚪]，该表达显得有些累赘，

有学者建议删掉 βατράχου［一只青蛙］一词。
269 πάθος［遭遇］，在这里也可以直接译为"经验"或"感觉"。
270 据第欧根尼·拉尔修在《名哲言行录》中的记载（9.52.5），普罗塔戈拉收费一百米那：Οὗτος πρῶτος μισθὸν εἰσεπράξατο μνᾶς ἑκατόν.［他是第一个为自己索取一百米那酬金的人。］在当时，一米那（μνᾶ）合一百个德拉克马（δραχμή），合六百个奥卜尔（ὀβολός），而一个普通劳动者一天的收入为四个奥卜尔；根据《苏格拉底的申辩》（20b8-c1），另一位智者欧埃诺斯（Εὔηνος）的收费也不过五个米那，以至于被开玩笑说，他在 οὕτως ἐμμελῶς διδάσκει［如此物美价廉地进行教授］。
271 φοιτητέον ... παρ' ἐκεῖνον［必须求助于他］是固定用法。φοιτητέον 是由动词 φοιτάω［常去某处］派生而来的形容词，意思是"必须求助于"。φοιτᾶν παρά τινα 是词组，意思是"经常去看望某人"；而由 φοιτάω 派生出来的名词 φοιτητής，即"常来的人""常去的人"，进而转义为"学生""门徒"。
272 ταῦτα πῶς μὴ φῶμεν δημούμενον λέγειν τὸν Πρωταγόραν;［我们怎么不应假定普罗塔戈拉是为了说迎合民众的话才讲这些？］动词 φημί 除了具有"说"的意思之外，还具有"假定""认为""相信"等意思。动词 δημόομαι 本义是"说迎合民众的话""唱民众的歌谣"。
273 γέλωτα ὀφλισκάνω［招致嘲笑］是固定表达，如 αἰσχύνην ὀφλισκάνω［招致耻辱］。
274 φαντασίας τε καὶ δόξας［各种表象和意见］，这里有意把 φαντασία 译为"表象"，而不译为"想象"或"显象"。
275 ἐκ τοῦ ἀδύτου τῆς βίβλου［从书的最里头的神殿那儿］。形容词 ἄδυτος 本义是"不得进入的"，由之派生出来的名词 τὸ ἄδυτον 指"最里头的神殿""后殿"。
276 拉栖岱蒙（Λακεδαίμων）即斯巴达。
277 根据后面 169b1，斯巴达人不允许一个人在体育场当旁观者。
278 οἱ παροιμιαζόμενοι［那些引用谚语的人］，《牛津希-英词典》对这里的这一表达的解释是：people who quote proverbs. 也即是说，εἰ οὕτως σοὶ φίλον, οὐδ' ἐμοὶ ἐχθρόν［如果你喜欢这样，那我也不厌恶］这句话是当时的一句谚语，或已经流行开来的话。
279 参见《法》（716c4-6）：ὁ δὴ θεὸς ἡμῖν πάντων χρημάτων μέτρον ἂν εἴη μάλιστα, καὶ πολὺ μᾶλλον ἤ πού τις, ὥς φασιν, ἄνθρωπος.［对我们来说，神才最为会是万物的尺度，远远高于如他们所说的某个人。］
280 ὃν τρόπον［为何/如何］是词组，大致等于 τίνα τρόπον。
281 参见第欧根尼·拉尔修《名哲言行录》（9.51.7-52.4）：καὶ ἀλλαχοῦ δὲ τοῦτον

ἤρξατο τὸν τρόπον· "περὶ μὲν θεῶν οὐκ ἔχω εἰδέναι οὔθ' ὡς εἰσίν, οὔθ' ὡς οὐκ εἰσίν· πολλὰ γὰρ τὰ κωλύοντα εἰδέναι, ἥ τ' ἀδηλότης καὶ βραχὺς ὢν ὁ βίος τοῦ ἀνθρώπου." διὰ ταύτην δὲ τὴν ἀρχὴν τοῦ συγγράμματος ἐξεβλήθη πρὸς Ἀθηναίων· καὶ τὰ βιβλία αὐτοῦ κατέκαυσαν ἐν τῇ ἀγορᾷ, ὑπὸ κήρυκι ἀναλεξάμενοι παρ' ἑκάστου τῶν κεκτημένων.［在别处他则以这种方式开始："关于诸神，我既不可能知道他们是着，也不可能知道他们不是着。因为阻碍知道的东西很多，尤其因为问题是隐秘的，而人生又是短促的。"正因为该书的这一开头，他被驱逐出了雅典。他的著作被传令官从每个拥有它的人那里收缴，然后在广场加以焚毁。］

282 τῷ εἰκότι χρῆσθε［满足于可能性］，也可以译为"使用可能性"。

283 εἰς ... τοῦτό ... ἔτεινεν［针对这点］是一个整体。动词τείνω除了具有"伸展""拉长"的意思之外，也具有"对准""瞄准"的意思，同介词εἰς连用，喻为"针对"。

284 αὐτό γε ... τοῦτο 是一个整体。αὐτὸ τοῦτο 是固定表达，作副词使用，其字面意思是"就这"；αὐτό在这里表强调，不能译为"本身"。

285 τῶν ... τῶν［前者的……后者的］，前者指"文字"，后者指"说话时发出的声音"。

286 μαθών τίς τι［一个弄明白了某种东西的人］，如果同前面相呼应，也可以直接译为"对某种东西变得知道的一个人"。

287 ἀλεκτρυόνος ἀγεννοῦς δίκην［像劣等的公鸡］是一个整体。δίκην在这里是名词δίκη［风尚/正义/惩罚］的宾格作副词使用，意思是"像……一样"，且要求属格，所以前面出现的是单数属格ἀλεκτρυόνος ἀγεννοῦς［劣等的公鸡］；例如，δίκην ὕδατος［像洪水］。

288 φιλόσοφοι［哲学家］，在这里也可以照字面直接译为"热爱智慧的人"。

289 参见前面154d8-e3：Οὐκοῦν εἰ μὲν δεινοὶ καὶ σοφοὶ ἐγώ τε καὶ σὺ ἦμεν, πάντα τὰ τῶν φρενῶν ἐξητακότες, ἤδη ἂν τὸ λοιπὸν ἐκ περιουσίας ἀλλήλων ἀποπειρώμενοι, συνελθόντες σοφιστικῶς εἰς μάχην τοιαύτην, ἀλλήλων τοὺς λόγους τοῖς λόγοις ἐκρούομεν.［因此，我和你，如果我俩都是非常强大和智慧的，已经盘查了内心中的一切，那么，此后在剩下的时间里，我们就会出于〈各自储备的〉充裕来互相测试，以智者的方式在这样一种战斗中交锋，互相用自己的说法打击对方的说法。］

290 参见前面156c3-4：τί δὴ οὖν ἡμῖν βούλεται οὗτος ὁ μῦθος, ὦ Θεαίτητε, πρὸς τὰ πρότερα；［那么，这个故事究竟想对我们〈说〉什么呢，泰阿泰德，相较于前面那些？］

291 动词 προπηλακίζω 的本意是"给……溅上泥浆",喻为"抹黑""侮辱"。
292 卡利阿斯(Καλλίας)是当时雅典的一位巨富。在柏拉图的《普罗塔戈拉》(314)中,普罗塔戈拉(Πρωταγόρας)、普洛狄科斯(Πρόδικος)和希庇阿斯(Ἱππίας)这几位智者都作为客人在卡利阿斯家中出场。而在《苏格拉底的申辩》(20a4-5)中曾这样提到过卡利阿斯:ἔτυχον γὰρ προσελθὼν ἀνδρὶ ὃς τετέλεκε χρήματα σοφισταῖς πλείω ἢ σύμπαντες οἱ ἄλλοι, Καλλίᾳ τῷ Ἱππονίκου.[因为我恰好结交了一个人,他在智者们身上所花的钱比所有其他人都多,他就是希珀尼科斯的儿子卡利阿斯。]
293 ἐκ τῶν ψιλῶν λόγων πρὸς τὴν γεωμετρίαν ἀπενεύσαμεν[我们从各种单纯的讨论转向了几何学]。形容词 ψιλός 的本义是"光秃秃的""裸露的""没有遮盖的"。该词的使用非常广泛,例如,作为军事术语,指"没有重甲的士兵";与 ἡ γεωμετρία[几何学]相对的 ἀριθμητικὴ ψιλή,指"纯数学"。ψιλὸς λόγος/ψιλοὶ λόγοι 是固定表达,但也具有多重意思:(1)指没有格律的文章,即散文,同 τὰ μέτρα[有格律的文章/韵文]相对。(2)指没有证据的话,或无根据的谈话。(3)此处与 ἡ γεωμετρία[几何学]相对的 ψιλοὶ λόγοι,则指讨论或论证的各种纯粹形式,《牛津希-英词典》对之的解释是:mere forms of argumentation, dialectical abstractions;而施莱尔马赫和阿佩尔特的德文翻译,均将之译为了 das anschauungslose Denken(缺乏直观的思想),也很好地传达了其中的意义,不失为一种选择。
294 προσέχω τὸν νοῦν 是固定表达,意思是"注意……",要求与格作宾语,所以这里出现的是复数与格 τοῖς ῥήμασι[一些言辞]。
295 εἰ ὃ ἐπίστασαι, τοῦτο καὶ οὐκ ἐπίστασαι.[是否你既知道又不知道同一个东西。]这是基于前一句话 Οὐκοῦν ὁρᾷς τε καὶ οὐχ ὁρᾷς ἅμα ταὐτόν;[那么你岂不同时既看见又没有看见同一个东西?]的意译,其字面意思是:"是否你所知道的东西,你也不知道该东西。"或者"是否你也不知道你所知道的那个东西。"
296 ὀξύ ... ἀμβλύ[清楚地……模糊地],这可能在针对"视觉"。
297 ἐγγύθεν μὲν ... πόρρωθεν δὲ μή[从近处……但不从远处],这可能在针对"嗅觉"。
298 σφόδρα ... ἠρέμα[强烈地……微弱地],这可能在针对"听觉"。
299 μισθοφόρος ἐν λόγοις[在讨论中的一位雇佣兵]。形容词 μισθοφόρος 本义是"雇佣的""领酬金的",这显然是在讽刺智者,因为智者教人是要收取酬金的。
300 τὴν πολυάρατον σοφίαν[备受推崇的智慧],在这里也可以直接负面性地译为"被诅咒的智慧"或"该死的智慧"。形容词 πολυάρατος 除了具有"备受推崇的"意思之外，在负面的意义上指"被诅咒的"。

301 参见柏拉图《普罗塔戈拉》（328b5-c2）：διὰ ταῦτα καὶ τὸν τρόπον τῆς πράξεως τοῦ μισθοῦ τοιοῦτον πεποίημαι· ἐπειδὰν γάρ τις παρ' ἐμοῦ μάθῃ, ἐὰν μὲν βούληται, ἀποδέδωκεν ὃ ἐγὼ πράττομαι ἀργύριον· ἐὰν δὲ μή, ἐλθὼν εἰς ἱερόν, ὀμόσας ὅσου ἂν φῇ ἄξια εἶναι τὰ μαθήματα, τοσοῦτον κατέθηκε.[由于这些，我也已经把索取酬金的方式确定为了这样：每当有人在我这儿学过了，只要他愿意，他付我所要求的银子；但如果他不愿意，那他就通过前往神庙并发誓，他说所学到的东西值多少，就付多少。]亚里士多德《尼各马可伦理学》（1164a24-26）：ὅπερ φασὶ καὶ Πρωταγόραν ποιεῖν· ὅτε γὰρ διδάξειεν ἀδήποτε, τιμῆσαι τὸν μαθόντα ἐκέλευεν ὅσου δοκεῖ ἄξια ἐπίστασθαι, καὶ ἐλάμβανε τοσοῦτον.[也正如人们说普罗塔戈拉所做的：当他教了任何东西之后，他都要求学生估计知道〈的东西〉看起来值多少，他也就收取多少。]

302 如果同前面的 μισθοφόρος ἐν λόγοις[在讨论中的一位雇佣兵]相呼应，可直接将 ἐπίκουρον[帮手]译为"雇佣军"。

303 ὁμόσε ... χωρήσεται[他将〈与我们〉短兵相接]是固定表达。ὁμόσε χωρεῖν 大致等于 ὁμόσε ἰέναι，它们是从荷马开始流传下来的一个固定表达，本义是"向着同一个地方去"或"前往同一个地方"，在战斗中表"白刃战"或"短兵相接"。

304 ὁ χρηστός[够好的一个人]，暗含讽刺，即"够愚蠢的一个人"；参见 161a7。

305 即苏格拉底。

306 这里的动词 πάσχω 和名词 πάθος，也都可以译为"经历"。

307 πολλοῦ γε δεῖ 是固定用法，本义是"差得多""差得远"，这儿根据上下文意译为"远不可能"。

308 ἢ αὖ[或者反过来]是固定表达，也可以简单译为"相反"。

309 μᾶλλον δέ 是词组，意思是"宁可说""甚至是"，表达对前面所说内容的修正。

310 τὸν εἶναί τινα ἀλλ' οὐχὶ τούς[某个人是他而不是他们]，之所以这样翻译，因为这句话的主语是 τινα[某个人]，宾语是 τόν[他]和 τούς[他们]。

311 ἀνομοίωσις[不同]，单就这个词，也可以译为"不像""不相似"。

312 即普罗塔戈拉。

313 τὸ φαινόμενον[显现者]，也可以译为"显现出来的东西"；这里为了呼应后面的动词 φαίνω[显现]，没有将之译为"现象"。

314 τὸν λόγον ... μου[我的说法]是一个整体。也即是说，μου[我的]修饰和限

定 λόγον[说法]，而不是修饰和限定其前面的 ῥήματι[言辞]。
315 参见 159b-e。
316 ἀμαθής[无知的]，也可以译为"愚蠢的"。
317 τοιαῦτα δοξάζει[他持那样一种看法]，也可以译为"他持这样一种意见"或"他认为如此这般"。
318 τὰ μὴ ὄντα[不是着的东西]，也可以直接译为"非是者""不是者"。
319 "与它同类的东西"，即"糟糕的东西"。
320 ἕτερα τοιαῦτα[其他这样的东西]，即"好的东西"。
321 "但我相信，他曾做到了下面这点，那就是让因灵魂的糟糕状况而对与它同类的东西持有看法的人，因〈灵魂〉好的〈状况〉而对其他这样的东西持有看法。"整个这句话依据法国布德本希腊文和新校勘的牛津古典本希腊文翻译。伯内特所校勘和编订的这句话为：ἀλλ' οἶμαι πονηρᾶς ψυχῆς ἕξει δοξάζοντα συγγενῆ ἑαυτῆς χρηστὴ ἐποίησε δοξάσαι ἕτερα τοιαῦτα. 但是，关于这句话，无论是就希腊文文本，还是就理解，均存在较大的分歧。(1) πονηρᾶς ψυχῆς ἕξει, 布德本希腊文和新校勘的牛津古典本希腊文均作 πονηρᾷ ψυχῆς ἕξει。πονηρᾶς 是单数属格，πονηρᾷ 是单数与格，故 πονηρᾷ ψυχῆς ἕξει 当译为"因灵魂的糟糕状况"；而 πονηρᾶς ψυχῆς ἕξει 的意思是"因糟糕的灵魂的状况"或"因邪恶的灵魂的状况"。(2) συγγενῆ ἑαυτῆς[与自己同类的东西]在布德本希腊文和新校勘的牛津古典本希腊文中均作 συγγενῆ αὐτῆς[与它同类的东西]。(3) χρηστὴ ἐποίησε, 布德本希腊文和新校勘的牛津古典本希腊文均作 χρηστῇ ἐποίησε。从语法上看，χρηστὴ 是单数主格，而 χρηστῇ 是单数与格；但这一改动直接涉及动词 ἐποίησε[他使得]的主语是谁。如果作 χρηστὴ，则主语就是"好的〈灵魂〉"或"〈灵魂〉好的〈状况〉"，而作 χρηστῇ，其主语则同 167a7 那儿的动词 ἐποίησε 的主语一致，即 τίς[有人/某人]。如果按照伯内特所校勘的本子翻译，那么这句话就当译为："但我相信，因糟糕的灵魂的状况而对与自己同类的东西持有看法的人，好的〈灵魂〉使得他对其他这样〈与自己同类〉的东西持有看法。"或者"但我相信，因糟糕的灵魂的状况而对与自己同类的东西持有看法的人，〈灵魂〉好的〈状况〉使得他对其他这样〈与自己同类〉的东西持有看法。"
322 τούτους[这些人]，即"农夫们"。
323 "各种好的、健康的感觉和状况"，这一翻译依据法国布德本希腊文 χρηστὰς καὶ ὑγιεινὰς αἰσθήσεις τε καὶ ἕξεις。伯内特所校勘和编订的希腊文为：χρηστὰς καὶ ὑγιεινὰς αἰσθήσεις τε καὶ ἀληθεῖς，其字面意思是"各种好的和健康的感觉，以及真的〈感觉〉"。分歧的焦点在其中的 ἀληθεῖς（形容词阴性复数宾格）；除了施莱尔马赫主张将之改为名词阴性复数宾格 ἀληθείας [各种真] 之外，还有学者主张将之改为 πάθας [各种情状] 或 ἕξεις [各种状况]；甚至有人主张直接删掉 τε καὶ ἀληθεῖς。法国布德本希腊文作 ἕξεις，而新的牛津校勘本仍然作 ἀληθεῖς。

324 复数阳性与格 αὐτοῖς 的本义是"他们"，指代 τοῖς πολίταις [公民／同胞]；这里为了不引起歧义，以及基于其同 πόλις [城邦] 的词源联系，直接将之译为"城邦公民"。

325 καὶ οὕτω σοφώτεροί τέ εἰσιν ἕτεροι ἑτέρων καὶ οὐδεὶς ψευδῆ δοξάζει [因此，一方面一些人的确比另一些人是更为智慧的，另一方面无人在对一些假的东西持有看法。] 也可以译为："因此，〈下面两者都成立〉：一些人的确比另一些人是更为智慧的和无人在对一些假的东西持有看法。"

326 ὁ λόγος οὗτος [这种说法]，既可以指 164d9 那里的 μῦθος ὁ Πρωταγόρειος [普罗塔戈拉的故事]，也可以指前面多次出现过的 πάντων χρημάτων ἄνθρωπον μέτρον εἶναι [人是万物的尺度] 这种说法。

327 ἐξ ἀρχῆς [从新开始]，也可以简单译为"从新"或"从头"。基于整个上下文，不能将之理解为"从开端处"或"原则上"，康福德（Cornford）和福勒（Fowler）将之译为 in principle 是不妥的。拉丁文翻译要么将之直接译为 denuo [重新／从新开始]，要么将之译为 a principio iterum [再次从头]，而施莱尔马赫和阿佩尔特的德文翻译，则分别将之译为 aufs neue 和 von neuem。

328 λόγῳ ἀντιδιεξελθών [通过发表一场演讲]，这句话是意译。这里的 λόγος 同后面的 ἐρώτησις [提问] 相对，指"一气呵成的演说"或"连续的演讲"；而 ἀντιδιεξελθών 的词干是 διεξέρχομαι，διεξέρχομαι 的本义是"经过"，转义为"详细叙述"，而前缀 ἀντι 表反驳。

329 ἀδικεῖν [行不义]，这里又有不将之译为"做错事"或"犯错误"。

330 "区分开〈下面这两者〉"在这里是对 χωρὶς μὲν ... χωρὶς δέ 这一结构的意译，该表达的字面意思是："一方面分开……，另一方面分开……"。

331 ἐν τῷ τοιούτῳ [在这上面]，即在"提问"或"讨论"之上。

332 ἀγωνιζόμενος [进行论争]，在这里也可以泛泛地译为"竞争"。

333 διατριβὰς ποιεῖσθαι 是固定表达，该词组除了在贬义上指"耽误""耽搁"之外，还一般地指"消磨时间"；所以，整句话似乎也可以译为：当一个人没有区分开〈下面这两者〉时，行不义就会体现在这上面：一种人消磨时间是要进行论争，而另一种人则是要进行讨论。

334 σφάλλῃ[使绊]，也可以译为"挫败对方"。

335 动词 ἀποφαίνω 除了具有"显明""展示"的意思之外，还具有"使成为……"的意思。

336 μισοῦντας τοῦτο τὸ πρᾶγμα[仇恨这件事情的人]，τοῦτο τὸ πρᾶγμα[这件事情]即 φιλοσοφία[哲学/热爱智慧]。类似的说法也出现在《斐洞》中，在那里，苏格拉底提醒人们不要 μισολογία[憎恶讨论]，成为一个 μισόλογος[憎恶讨论的]。

参见《斐洞》(89d1-e3)："我们不应成为憎恶讨论的人，他说，就像一些人成为憎恶人类的人一样。因为一个人不可能比这，他说，即比憎恶讨论，遭受更大的恶了。而憎恶讨论和憎恶人类以相同的方式产生。因为憎恶人类，乃是基于下面这样而发生：没有技艺地极其相信某个人，完完全全认为他是个真诚的、有益的、可信的人，不久以后却发现这人是既卑劣的，又不可信的，而〈这种情形又〉再次〈发生〉在另一个人身上；并且一旦有人多次经历这点，尤其从那些他曾视为最亲近的人和最要好的朋友那儿经历这点，那么，他肯定最终就会因经常受到打击而憎恶所有的人，并认为完全没有一个人是有益的。"以及（90b6-c6)："当有人在缺乏关于各种讨论的技艺的情形下却相信某种讨论是真的，而不久之后他又认为它是假的，有时候是，有时候又不是，并且一个又一个讨论一再如此。尤其那些在可争辩的论题上消磨时间的人，你知道他们最终都认为〈他们自己〉成为了最智慧的人，唯独他们理解到了无论是就事情来说，还是就道理来说，都没有什么是健全的和稳固的，相反，所有的是者都完完全全像在欧里珀斯那里一样上下翻滚，不会在任何东西上停留任何时间。"

337 见 166c2 以下。

338 συγκαθεὶς 后面省略了 σεαυτόν。συγκαθείς 是动词 συγκαθίημι 的一次性过去时主动态分词阳性单数主格，作为及物动词，意思是"使和……一起降低""使落下"，但它同 ἑαυτόν[我自己]这类反身代词连用，意思则是"蹲下""俯伏""屈尊"；这里将之意译为"附耳倾听"。

339 σμικρὰ ἀπὸ σμικρῶν[少之又少]，也可以译为"小之又小"；其字面意思是"从少而来的少"或"从小而来的小"。

340 即普罗塔戈拉。

341 τοῖς αὑτοῦ ἐβοήθησεν[他搭救了他自己的那些事情]，动词 βοηθέω[帮助/搭救]要求与格做宾语，所以前面出现的是复数中性与格冠词 τοῖς，暗含"事情"。

342 见 166a1 以下。

343 χαριεντισμόν τινα ἀποκαλῶν[他轻蔑地将〈我们的这种做法〉称为某种寻开心]，也可以译为"他把〈我们的这种做法〉称为一种低劣的寻开心"。动词 ἀποκαλέω 除了具有"召回""叫走"的意思之外，还指"以轻蔑的方式点名"。

344 παίζοντες πρὸς μειράκια διεσκεψάμεθ' αὐτοῦ τὸν λόγον[我们通过同年青人开玩笑来检查他的学说]。这句话，其中的 αὐτοῦ τὸν λόγον[他的学说]，法国布德本希腊文作 αὖ τοῦτον τὸν λόγον，而新校勘的牛津古典本希腊文仍然作 αὐτοῦ τὸν λόγον。如果按照布德本希腊文翻译，那么这句话当译为："我们又通过同年青人开玩笑来检查该学说。"

345 ὧν δὴ σὺ πέρι αἰτίαν ἔχεις διαφέρειν[在这些方面你的确被认为出类拔萃]。名词 αἰτία 的基本意思是"原因"，但在贬义上指"罪责"，在褒义上则指"荣誉"。αἰτίαν ἔχεις διαφέρειν 构成一个整体，意思是"被认为出类拔萃""被认为与众不同"，或"被认为超过……"。《牛津希-英词典》举了柏拉图在这里的这个表达，对 ὧν ... πέρι αἰτίαν ἔχεις διαφέρειν 的解释是：in which you are reputed to excel。

346 εἴτε πάντες ὁμοίως σοὶ ἱκανοὶ αὐτοῖς εἴς τε ἀστρονομίαν καὶ τἆλλα ὧν δὴ σὺ πέρι αἰτίαν ἔχεις διαφέρειν.[还是所有人也都如你一样，就天文学和其他事情——在这些方面你的确被认为出类拔萃——，他们自身就足以〈是尺度〉。]形容词 ἱκανός 除了具有"足够的"意思之外，也有"有能力的""精通的"等意思。因此，这句话也可以译为"还是所有人也都如你一样，就天文学和其他事情——在这些方面你的确被认为出类拔萃——，他们自身就是有能力的"或"还是所有人也都如你一样，就天文学和其他事情——在这些方面你的确被认为出类拔萃——，他们自身就是很精通的"。

347 见前面 162b；Λακεδαιμόνιοι[拉栖岱蒙人]，即斯巴达人。

348 动词 τείνω 的本义是"伸展""铺展开"，喻为"涉及""关系到"；这里基于文义将之译为"接近"。参见《斐洞》（65a6-7）：ἀλλ' ἐγγύς τι τείνειν τοῦ τεθνάναι ὁ μηδὲν φροντίζων τῶν ἡδονῶν αἳ διὰ τοῦ σώματός εἰσιν.[而那不在意由身体而来的各种快乐的人差不多就近乎死了。]

349 斯喀戎（Σκίρων），是希腊神话中的一位拦路抢劫的强盗，后被英雄忒修斯（Θησεύς）所杀。传说他经常在海边的一个陡峭的地方拦住过路人，迫使他们洗脚；当他们这样做时，他就突然将他们从悬崖上踢到海里。

350 安泰俄斯（Ἀνταῖος）是海神波塞冬（Ποσειδῶν）和大地女神该亚（Γαῖα）所生的儿子，力大无比，强迫每个过路人同他摔跤；后被英雄赫拉克勒斯（Ἡρακλῆς）所杀。

351 希腊文尖括号中的小词 ἂν，是校勘者根据希腊文文法所加；法国布德本希腊文和新校勘的牛津古典本希腊文均如此。
352 μάλ' εὖ 是词组，本义是"很好地"，这里基于文义将之意译为"实实在在地"。
353 οὕτω τις ἔρως δεινός[一种如此强烈的爱欲]，也可以译为"一种如此可怕的爱欲"。
354 μὴ φθονήσῃς[你不要拒绝]是一固定表达。动词 φθονέω 的本义是"嫉妒""妒忌""怨恨"，但在对话中，μὴ φθονήσῃς 的意思是"你不要拒绝做……"，后面跟不定式，如 μὴ φθονήσῃς διδάξαι[你不要拒绝教]，所以这里后面出现的是不定式 ὀνῆσαι[帮助／使得到好处]。
355 动词 ἐπικλώθω 的本义是"命运女神给人纺命线"。此外，希腊文方括号中的小词 ἂν，是校勘者认为根据希腊文文法应当补充上去的，法国布德本希腊文和新校勘的牛津古典本希腊文，均直接加上了该词。
356 见 169a1-5 那儿的内容。
357 即普罗塔戈拉。
358 动词 ἐπιτιμάω 既有"尊重"的意思，也有"指责"的意思；作后者解时，既可以要求宾格，也可以要求与格，这里出现的是与格 τῷ λόγῳ[说法]。
359 τάχα 是形容词 ταχύς[快的，迅速的]的副词，但 τάχ' ἂν 是固定搭配，意思是"或许""大概""很可能"。
360 动词 χειμάζω 的本义是"过冬"，喻为"遭受大难""受到折磨""遭受风险"等。
361 παρὰ σφίσιν[在他们自己家里]，也可以简单译为"在他们自己那儿"或"在他们自己身上"。介词 παρά 跟与格，基本意思是"在旁边"，但有时也会形成固定表达，如 οἱ παρ' ἐμοί[我家里的那些人]，παρ' ἑωυτοῖσι[在他们自己家里]。
362 ἐξ ἀμφοτέρων[从两方]。柏拉图在后面只讲了"第一方"，即"人们总是对真的东西持有看法"，而并未进一步论述"第二方"，即"有时对真的东西，有时则对假的东西持有看法"。
363 ἀμφότερα[两者]，即真的东西和假的东西。
364 τις τῶν ἀμφὶ Πρωταγόραν[围绕普罗塔戈拉的那些人中的某个人]，也可以简单译为"普罗塔戈拉的圈子中的某个人"。
365 ἀνάγκης 在这里等于 ἀνάγκῃ，或 ὑπ' ἀναγκαίης, ἐξ ἀνάγκης, δι' ἀνάγκης，做副词使用，意思是"必然地""被迫"。
366 μάλα μυρίοι[数不尽的]，这一表达在荷马的《奥德修斯》中多次出现，如

15. 556：ὕες μάλα μυρίαι[数不尽的猪]，16. 121：δυσμενέες μάλα μυρίοι[数不尽的敌人]，19. 78：δμῶες μάλα μυρίοι[数不尽的奴隶]。

367 τὰ ἐξ ἀνθρώπων πράγματα[世界上的所有麻烦]，这是固定表达。《牛津希-英词典》举了柏拉图在这里的这个表达，对之的解释是：all the trouble in the world。参见注释 88。

368 συνοίεται[一起认为]，也可以译为"有相同的意见"或"同意"。

369 即"普罗塔戈拉的说法"或"普罗塔戈拉的故事"。

370 即同意他的那个说法被人反驳。

371 τὸν ἐπιτυχόντα ἄνθρωπον[随便哪个人]。ὁ ἐπιτυχών 本义是"第一个碰到的人"，转义为"普通人""任何人""随便哪个人"；该词来自动词 ἐπιτυγχάνω[遇见、碰到]。

372 动词 καταθέω 的本义是"跑下去"，喻为"攻击""迫害"。

373 Ἀλλά τοι[但让我告诉你]，也可以简单译为"但真的"。τοι 是个小品词，源自人称代词 σύ[你]的单数与格，本义是"让我告诉你"，转义为"真的""的确"。

374 οἴχοιτο ἀποτρέχων[溜之大吉]，这是意译，字面意思是"通过跑开而上路"。

375 ὅσοι γε ἂν μὴ παντάπασι τὸν Πρωταγόρου λόγον λέγωσιν，法国布德本希腊文和新校勘的牛津古典本希腊文均作 ὅσοι γε δὴ μὴ παντάπασι τὸν Πρωταγόρου λόγον λέγουσιν。从文法上看，主要是将虚拟式改为了直陈式，从之。

376 λόγος δὲ ἡμᾶς, ὦ Θεόδωρε, ἐκ λόγου μείζων ἐξ ἐλάττονος καταλαμβάνει.[但是，一个说法接着一个说法，忒俄多洛斯啊，而且是更大的紧跟较小的，追上我们了！]这句话也可以意译为：但是，忒俄多洛斯啊，我们从一个说法来到了另一个说法，而且是从较小的来到了较大的。λόγος ...ἐκ λόγου μείζων ἐξ ἐλάττονος[一个说法接着一个说法，……而且是更大的紧跟较小的]，这显然是一种修辞性的表达，所以不能将之简单译为"一个较大的说法接着一个较小的说法"或"从一个较小的说法到一个较大的说法"。

377 δαιμόνιε 是 δαιμόνιος 的呼格。δαιμόνιος 在口语中作呼格使用时，既可表褒义，也可表贬义。在荷马史诗中褒义指"神保佑的人"，贬义则指"神谴责的人"；在阿提卡口语中，褒义指"我的好人！"贬义则指"倒霉蛋！""可怜的人！"我这里有意偏中性地将之译为"非凡的"。

378 参见《苏格拉底的申辩》(17c6-d3)：καὶ μέντοι καὶ πάνυ, ὦ ἄνδρες Ἀθηναῖοι, τοῦτο ὑμῶν δέομαι καὶ παρίεμαι· ἐὰν διὰ τῶν αὐτῶν λόγων ἀκούητέ μου ἀπολογουμένου δι᾽ ὧνπερ εἴωθα λέγειν καὶ ἐν ἀγορᾷ ἐπὶ τῶν τραπεζῶν, ἵνα ὑμῶν πολλοὶ ἀκηκόασι, καὶ ἄλλοθι, μήτε θαυμάζειν μήτε θορυβεῖν τούτου ἕνεκα.

ἔχει γὰρ οὑτωσί. νῦν ἐγὼ πρῶτον ἐπὶ δικαστήριον ἀναβέβηκα, ἔτη γεγονὼς ἑβδομήκοντα· ἀτεχνῶς οὖν ξένως ἔχω τῆς ἐνθάδε λέξεως.[诸位雅典人啊，我也非常强烈地乞求和恳请你们下面这点，那就是：如果你们听见我用我已经习惯在市场上靠近那些钱庄柜台的地方——你们中的许多人曾在那儿听过——以及其他地方说的同样那些话来进行我的申辩，那么请你们不要为此而惊讶和喧哗。因为事情是这样：我已经七十岁了，现在第一次上法庭，所以我对这里的说话方式完全是陌生的。]

379 κυλινδούμενοι[摸爬滚打的人]，也可以意译为"厮混的人"。动词κυλινδέω的本义是"打滚""打转""游荡"。

380 ὡς οἰκέται πρὸς ἐλευθέρους τεθράφθαι.[就像家奴的培养之于自由人的培养]，这是意译。字面意思是："作为家奴被培养，之于作为自由人被培养。"参见《智者》（253c6-9）: Τίν' οὖν αὖ [νῦν] προσεροῦμεν, ὦ Θεαίτητε, ταύτην; ἢ πρὸς Διὸς ἐλάθομεν εἰς τὴν τῶν ἐλευθέρων ἐμπεσόντες ἐπιστήμην, καὶ κινδυνεύομεν ζητοῦντες τὸν σοφιστὴν πρότερον ἀνηυρηκέναι τὸν φιλόσοφον;[那么，我们现在复又把这门〈知识〉称为什么呢，泰阿泰德啊？或者以宙斯之名，我们竟然不知不觉就碰上了属于那些自由人的那种知识，并且我们有可能在寻找智者时却先行发现了哲学家？] 以及亚里士多德《形而上学》（982b24-28）: δῆλον οὖν ὡς δι' οὐδεμίαν αὐτὴν ζητοῦμεν χρείαν ἑτέραν, ἀλλ' ὥσπερ ἄνθρωπος, φαμέν, ἐλεύθερος ὁ αὑτοῦ ἕνεκα καὶ μὴ ἄλλου ὤν, οὕτω καὶ αὕτη μόνη ἐλευθέρα οὖσα τῶν ἐπιστημῶν· μόνη γὰρ αὕτη αὑτῆς ἕνεκέν ἐστιν. [因此，显然我们寻求它不是为了其他的用处，相反，正如我们称那为了自己而不为了他人的人是自由的一样，在诸知识中唯有这种知识是自由的，因为只有它是为了它自身。]

381 διὰ μακρῶν ἢ βραχέων[冗长地，还是三言两语]。διὰ μακρῶν 和 διὰ βραχέων 均为词组，前者的意思是"冗长地"，后者的意思是"三言两语地"。

382 希腊文方括号中的 ἣν ἀντωμοσίαν καλοῦσιν[他们将之称为誓言]，伯内特认为是窜入，法国布德本希腊文保留了它们，而新校勘的牛津古典本希腊文直接删除了它们，从新校勘的牛津古典本希腊文。

383 ἐν χειρί τινα δίκην ἔχοντα[掌控着某种判决]，也可以译为"手里拽着这样那样的惩罚"。

384 名词 ἀγών 有"集会""运动会""竞争""竞赛"等意思，在法律上则指"诉讼""打官司"；这里基于上下文和文义，泛泛地译为"竞争"。

385 τὴν ἄλλως[无目的]，这是固定表达，补全当为 τὴν ἄλλως ὁδόν，意思是"无目的""枉然""白费"。

386 ἔντονοι καὶ δριμεῖς[精悍的和狡黠的]。形容词 ἔντονος 的本义是"绷紧的"，转义为"肌肉发达的""有力的""紧张的""激烈的""猛烈的"等，这里基于文义将之意译为"精悍的"。而形容词 δριμύς 的基本意思是"尖锐的""辛辣的"，这里将之意译为"狡黠的"。

387 σμικροί[渺小的]，如果不考虑下面的 αὔξην[生长/增长]一词，也可以译为"猥琐的"。

388 τὴν αὔξην καὶ τὸ εὐθύ τε καὶ τὸ ἐλευθέριον[〈他们在灵魂方面的〉生长、正直和自由]，之所以这样补充，因为这显然在同前面的 σμικροὶ δὲ καὶ οὐκ ὀρθοὶ τὰς ψυχάς[在灵魂方面却是渺小的和不正直的]相对应。τὴν αὔξην[生长/增长]对应 σμικροί[渺小的]，而 τὸ εὐθύ τε καὶ τὸ ἐλευθέριον[正直和自由]对应 οὐκ ὀρθοί[不正直的]。

389 πολλά 在这里作副词使用，意思是"不断""经常""屡次"等。

390 κάμπτονται καὶ συγκλῶνται[卑躬屈膝和从事一些奴性的事情]。动词 συγκλάω 的本意是"打碎""折断"，但其被动态针对人来说，则指"从事或参加一些奴性的事情"。

391 εἰς ἄνδρας ἐκ μειρακίων[从年青时开始，一直到成年]，这是为了避免歧义而进行的意译，字面意思是"从年青人到成年人"。

392 见 172d5 以下。

393 ἐπιτιμήσων τε καὶ ἄρξων[评头论足和指指点点]。动词 ἄρχω 的基本意思是"开始""统治"，但也会形成一些固定表达，如 ἄρχειν ὁδόν τινι[给某人指路]。这里基于文义，将之译为"指指点点"。

394 κορυφαῖος[顶尖人物]，如果联系前面的"歌舞队"和"歌舞者"，也可以直接将之译为"歌舞队长"。κορυφαῖος 除了泛指"领袖""首领"之外，也专指"歌舞队长"。

395 σπουδαὶ ἑταιριῶν ἐπ' ἀρχάς[各种朋党对公职的热衷]。名词 ἀρχή 除了具有"本源""开端"等意思之外，在政治上指"统治权""长官职务""公职"；鉴于这里使用的是复数，将之译为"公职"。

396 动词 προσίστημι 的基本意思是"对立""抗住""来到"，而 προσίσταταί τί μοι 是词组，意思是"某件事情来到我心中""我想到某事"。

397 οἱ τῆς θαλάττης χόες[海水有多少斗]，这是一句谚语，意思是试图测量那不可测量的东西。名词 χοῦς 的本义是"桶""罐"，作为液量单位，约合 3.36 公升。

398 τὰ ἐπίπεδα γεωμετροῦσα[测量地理]，这是意译，字面意思是"测量面积"。

399 τῶν ὄντων ἑκάστου[每一是着的东西]，也可以简单译为"诸是者中的每个"。

400 πεσόντα εἰς φρέαρ[掉进了一口井里]。名词 φρέαρ 指人造的"井""水井",同自然形成的 κρήνη[泉/泉眼]相对;如谚语 ἡ περὶ τὸ φρέαρ ὄρχησις,本义指"井边跳舞",喻为"不顾危险"。

401 ὁ μὲν πλησίον καὶ ὁ γείτων[隔壁的邻居],这是意译,字面意思是"邻人和邻居"。

402 τῇ τοιαύτῃ φύσει[对于这样一种本性来说],也可以译为"对于这样一种自然来说";它指的就是"人"。

403 πράγματ' ἔχει διερευνώμενος[努力进行探究]。单就 πράγματα ἔχειν 来看,意思是"有麻烦"。

404 δόξαν ἀβελτερίας παρεχομένη[给人以愚蠢的印象],也可以照字面译为"给自己带来愚蠢之名声"。

405 ἐκ τοῦ μὴ μεμελετηκέναι[由于一向置身事外]。动词 μελετάω 的意思是"练习""注意",因而这句话的字面意思是"由于一向没有练习"或"由于一向没有注意"。之所以加上"一向",因为这里使用的是完成时不定式。

406 ἔνδηλος γιγνόμενος[明显],字面意思是"变得明显""变得清楚"。

407 ἔν τε τοῖς ἐπαίνοις καὶ ταῖς τῶν ἄλλων μεγαλαυχίαις οὐ προσποιήτως ἀλλὰ τῷ ὄντι γελῶν ἔνδηλος γιγνόμενος ληρώδης δοκεῖ εἶναι.[在各式各样地赞美和夸奖他人的〈的场合〉,由于他明显不是装模作样地,而是真正地发出笑声来,所以他也看起来是天真幼稚的。]对这句话的另一种理解和翻译是:面对他人的各种〈自我〉吹嘘和夸耀,由于他明显不是装模作样地,而是真正地笑出声来,所以他也看起来像个白痴似的。

408 τὸν τοιοῦτον[这样一种人],即前面说的"僭主"或"国王"。

409 σηκὸν ἐν ὄρει τὸ τεῖχος περιβεβλημένον[他在自己四周修的是城墙,而不是山上的围栏],这句话是意译,也可以译为:他让城墙就像山上的围栏一样包围着自己。

410 πάνσμικρα δοκεῖ ἀκούειν[他都认为他听到的东西是非常小的],也可以直接译为"他认为他在听非常小的东西"。

411 ὅτι πάππων καὶ προγόνων μυριάδες ἑκάστῳ γεγόνασιν ἀναρίθμητοι[每个人都有着无数成千上万的父辈和祖先],这是意译,其字面意思是:对于每个人来说,父辈和祖先的成千上万已经变得数不清了。

412 πολλάκις μύριοι 是词组,意思是"好几万""许多万"。

413 安菲特律翁(Ἀμφιτρύων)是忒拜首领,赫拉克勒斯的义父。

414 τῆς σμικρολογίας[就〈他们的〉小气而言],名词 μικρολογία 的意思是"烦琐""小气""斤斤计较"。所以这句话也可以译为"就〈他们的〉斤斤计较而言"或"就〈他们的〉小格局而言"。

415 τοιοῦτος ἦν οἷα συνέβαινεν αὐτῷ τύχη[只是这样一个人,即对他来说的巧合之人],这是意译,字面意思是"是这样一个人,像命运加到他身上的",或者"是这样一个人,像机遇加到他身上的"。

416 ἀπ' αὐτοῦ[从他],即"从安菲特律翁"。有一种看法认为是指"从第二十五代祖先",从文义来看似乎欠妥。

417 ὁ τοιοῦτος[这种人],与这段话开始处 174b8 那里的 ὁ τοιοῦτος[这种人]相呼应,也即"真正的哲学家"。

418 "εἰ βασιλεὺς εὐδαίμων,""κεκτημένος τ' αὖ χρυσίον,"[一位国王是否幸福","此外一个拥有黄金的人〈是否幸福〉"]。关于这两句话,无论是就希腊文来说,还是就理解来说,均有分歧。关键在于如何看待第二个引号中的句子,即它是否是一个独立的句子,以及如何看待其中的 τ' αὖ[此外/并且再度]。新校勘的牛津古典本希腊文同伯内特本,而法国布德本希腊文τ' αὖ 作 ταῦ[许多/大量],并且将这两句话变成一句话:εἰ βασιλεὺς εὐδαίμων κεκτημένος ταῦ χρυσίον[一位拥有许多黄金的国王是否幸福/一位国王是否幸福,因为他拥有许多的黄金]。

419 τὰ ἀντίστροφα ἀποδίδωσιν[他给出相反的情形,也可以意译为"他表现得正好相反",即同前面描述的"哲学家"所表现出来的情形相反。

420 ἀνδράποδον[奴隶],尤其指战争中被俘后被卖为奴的人。

421 στρωματόδεσμον ... συσκευάσασθαι[帮助收拾行李袋]是固定用法。名词 στρωματόδεσμον 的本义是"外出旅行时装床上用品的皮袋",泛指"行李袋";而动词 συσκευάζω 的意思是"帮助收拾",或"为他人打包"。

422 θῶπας λόγους[奉承话]是一个整体。名词 θώψ 的本义是"奉承者",但 θῶπες λόγοι 是固定表达,它在此做形容词使用,θῶπες λόγοι 的意思是"奉承话"。

423 ἀναβάλλεσθαι ... ἐπιδέξια[优雅地披上外衣]是固定表达,字面意思是"从左到右地披上外衣"。形容词 ἐπιδέξιος 的本义是"从左到右的""右边的",转义为"灵巧的";ἐπιδέξια 是其中性复数做副词使用,意思是"优雅地";动词 ἀναβάλλω 的本义是"向上抛",但其中动态则具有"拖延""延期",以及"披上外衣"的意思。《牛津希-英词典》举了柏拉图在该对话中的 ἀναβάλλεσθαι ἐπιδέξια 这个表达,对 ἐπιδέξια 的解释是:elegantly。

424 方括号中的 ἀληθῆ[真的/真正的],伯内特认为是窜入,法国布德本希腊文保留了该词,而新校勘的牛津古典本希腊文则直接删掉了该词。从新的牛津校勘本。

425　κατ' ἀνθρώπους[世界上]，在这里当然也可译为"在人这儿"或"在人们中间"。参见 τὰ ἐξ ἀνθρώπων πράγματα[世界上的所有麻烦]这一表达。

426　ὑπεναντίον γάρ τι τῷ ἀγαθῷ ἀεὶ εἶναι ἀνάγκη[因为某种东西必然总是善的东西的反面]，也可以译为"因为必然总是有着同善的东西相反的某种东西"。

427　参见《斐洞》（107c8-d2）：νῦν δ' ἐπειδὴ ἀθάνατος φαίνεται οὖσα, οὐδεμία ἂν εἴη αὐτῇ ἄλλη ἀποφυγὴ κακῶν οὐδὲ σωτηρία πλὴν τοῦ ὡς βελτίστην τε καὶ φρονιμωτάτην γενέσθαι.[但现在既然〈灵魂〉显得是不死的，那么对它来说就不会有〈摆脱〉各种邪恶的任何其他的避难所，也不会有拯救，除非它成为尽可能好的和明智的。]

428　μετὰ φρονήσεως[凭借明智]，在这里也可以译为"凭借智慧"或"凭借真正的知识"。

429　βάναυσος[手艺人的]由名词 βαῦνος[锻炉]和动词 αὔω[点燃]构成，本义指用炉火进行锻造的，引申为手艺人的、匠人阶层的，进而转喻为庸俗的、低贱的。

430　γῆς ἄλλως ἄχθη[大地的无用的负担]，这一表达当源自荷马的《伊利亚特》（18.104），只不过在那儿出现的拼写是：ἐτώσιον ἄχθος ἀρούρης[大地的无用的负担]。

431　即前面出现的"蠢货"和"大地的无用的负担"。

432　ὁ τῶν κακῶν καθαρὸς τόπος[那个摆脱了诸恶的纯洁的地方]。参见《斐洞》（81a6-8）：πλάνης καὶ ἀνοίας καὶ φόβων καὶ ἀγρίων ἐρώτων καὶ τῶν ἄλλων κακῶν τῶν ἀνθρωπείων ἀπηλλαγμένη.[摆脱了漂泊、愚蠢、各种恐惧、各种粗野的爱欲，以及其他种种属人的恶。]

433　τὴν αὐτοῖς ὁμοιότητα τῆς διαγωγῆς[与他们自己相似的一种生活方式]，这是意译，字面意思是"〈与〉他们自己〈相似〉的生活方式之相似性"。

434　δεινοὶ καὶ πανοῦργοι[一些聪明且伶俐的人]。形容词 πανοῦργος 本为贬义词，意思是"邪恶的""为非作歹的"，但有时也用在偏中性的场合，意思是"伶俐的""机灵的"；从词源上看，πανοῦργος 由 πᾶν[一切/全部]和 ἔργον[事情/工作]合成，字面意思是"准备做任何事情的""无所不干的"。

435　οὐκ ἀηδέστερα[同样愉快的]，这是意译，其字面意思是"不较不愉快的"。

436　τὴν φερομένην οὐσίαν[在运动的所是]是一个整体，也可以译为"运动着的所是"；参见对天上星辰的一种比喻表达：οἱ φερόμενοι θεοί[在运动的诸神/运动着的诸神]。

437　ὃ ἂν τοῦτο ὀνομάζῃ[无论它怎么给这命名]，也可以译为"它给这所命名的任何名字"。τοῦτο［这］即 τὸ ὠφέλιμον［有益的东西］。

438 νομοθετουμένη［给自己制定法律时］。νομοθετουμένη 是动词 νομοθετέω 的中动态分词阴性主格单数；νομοθετέω 的意思是"立法""制定法律"，但其中动态指"为自己制定法律"，被动态则指"备有法律""有法律"。

439 τούτου ... στοχάζεται［以这为目标］，也可以译为"瞄准这"；动词 στοχάζεται［瞄准 / 以……为目标］要求属格作宾语，所以这里出现的是单数属格 τούτου。

440 παντός ... τοῦ εἴδους［整个类］，当然也可以译为"整个形式"或"整个样子"等。

441 τοῦτο［这］，即 τὸν ἔπειτα χρόνον［以后的时间］。

442 θερμή［热 / 一种热］。法国布德本希腊文也作 θερμή，而新校勘的牛津古典本改为 θερμά；不过意思一样。

443 πυρετὸν λήψεσθαι［将得一种热症］，这里有意不将之简单译为"发烧"。

444 τὸ μέλλον ἀποβήσεσθαι［将来将如何走下去］，也可以译为"将来将如何发生"，或者径直意译为"将来的结局会是怎样"。

445 参见亚里士多德《形而上学》（1010b11–14）：ἔτι δὲ περὶ τοῦ μέλλοντος, ὥσπερ καὶ Πλάτων λέγει, οὐ δήπου ὁμοίως κυρία ἡ τοῦ ἰατροῦ δόξα καὶ ἡ τοῦ ἀγνοοῦντος, οἷον περὶ τοῦ μέλλοντος ἔσεσθαι ὑγιοῦς ἢ μὴ μέλλοντος.［此外关于将来的事情，正如柏拉图所说，医生的意见和无知者的意见肯定不是同样权威的，如关于一个人以后将是健康的呢，或者以后将不是健康的。］

446 ἑστιάσεσθαι［赴宴］。ἑστιάσεσθαι 是动词 ἑστιάω 的将来时不定式中动态；ἑστιάω 本义是"设宴""款待"，但其被动态则指"做客""赴宴""受款待"。尽管这里用的是中动态，仍将之译为"赴宴"。

447 ἤδη ὄντος［现在是 / 正好是］。副词 ἤδη 的基本意思是"已经"，但就"时态"来说，则与"过去"和"将来"相对，指"现在"。

448 τῷ λόγῳ διαμαχώμεθα［争论］，字面意思是"用言辞战斗到底"。

449 ὦ μέλε 是固定表达，是一种亲热的称呼，可译为"亲爱的""老兄""朋友"等。

450 伯内特认为方括号中的希腊文 αὑτῷ［对自己］有可能是窜入，法国布德本希腊文和新校勘的牛津古典本希腊文均保留了这一看法。由于该词出现在诸抄本中，另一种看法是保留该词，而将前面的 εἰ μὴ［如果没有 / 除非］改为 εἰ δὴ［如果真的］；于是整句话当译为：如果他真的说服那些与之结交的人〈相信下面这点的话〉：对于〈什么〉将是和将显得，既没有一位预言家，也没有任何其他人，会比一个人自己判断得更好。我认为这种理解和读法也行得通，尤其更好地照应了普罗塔戈拉的"人是万物的尺度"这个说法。

451 μετρίως［恰当地/合理地］。这里使用该词，似乎可理解为是在同前面171c8那里的说法相呼应：Ἄγαν, ὦ Σώκρατες, τὸν ἑταῖρόν μου καταθέομεν.［过分了，苏格拉底啊，我们攻击我的朋友！］

452 见167d以下。

453 动词 ἁλίσκομαι 的基本意思是"被征服""被攻陷""被捉住"，但作为法律术语则指"被查获""被判罪"；这里基于文义将之译为"被判为错误"。

454 由于动词 ἁλοίη［会被判为错误］已经带有否定意味，故后面的否定词 μὴ 不应再译出。

455 εἰ ἔτυχον［有可能/或许］是固定表达，相当于拉丁文的 fortasse。

456 οὐκ ἀπὸ σκοποῦ εἴρηκεν［他并未说得不中肯］。名词 σκοπός 有两方面的意思，一是指"瞭望者""观察者"；一是指"眼睛瞄准的东西"，即"目标""鹄的"。ἀπὸ σκοποῦ 是词组，意思是"偏离目标""不中肯"。

457 见166c以下，以及168b以下。

458 διακρούοντα εἴτε ὑγιὲς εἴτε σαθρὸν φθέγγεται［通过敲打来判明它是在合理地，还是在不合理地发出声音］。εἴτε ὑγιὲς εἴτε σαθρόν［合理地还是不合理］，本义是"健康地还是不健康地"。动词 διακρούω 的意思是"通过敲打（陶器）以判明（其优劣）"。

459 伊奥尼亚（Ἰωνία）是小亚细亚西部的一个地区，赫拉克利特的家乡爱菲斯（Ἔφεσος）就位于该地区。

460 χορηγοῦσι τούτου τοῦ λόγου［倡导这种说法］。动词 χορηγέω 的本义是"领导歌舞队""做歌舞队的领头人"，喻为"倡导""做发端者"。

461 ἐξ ἀρχῆς［从〈其〉出发点］，在这里也可以译为"从〈其〉本源处"；参见前面156a3-5：ἀρχὴ δέ, ἐξ ἧς καὶ ἃ νυνδὴ ἐλέγομεν πάντα ἤρτηται, ἥδε αὐτῶν, ὡς τὸ πᾶν κίνησις ἦν καὶ ἄλλο παρὰ τοῦτο οὐδέν.［他们的那种出发点——所有一切，甚至我们刚才所说的那些，都依赖它——，是：一切都向来是运动，除了运动，别无其他。］

462 见152e5。

463 有可能在指俄耳甫斯教中的那些人。

464 爱菲斯（Ἔφεσος），也译为"以弗所"，位于小亚细亚的伊奥尼亚地区，是赫拉克利特的家乡。

465 τοῖς οἴστρωσιν［那些被牛虻叮得发狂的人］，我有意这么翻译。尽管动词 οἰστράω 作不及物动词使用时，径直指"发狂""发怒"，但其本义指"牛虻叮咬""叮得人发狂"；其词干就是 οἶστρος [牛虻]。

466 κατὰ τὰ συγγράμματα [按照那些作品]，从文义来看，似乎不当指这些人自己的作品，而当指他们的老师赫拉克利特的作品。

467 ἐν μέρει [轮流/依次/按次序] 是词组。

468 ἧττον... ἢ τὸ μηδέν [比无还要少]，当然也可以意译为"比零还要小"。

469 καινῶς μετωνομασμένῳ [重新改头换面了的]，也可以直接译为"重新改用了新名称的"。动词 μετονομάζω 的本义就是"改变名称""改用新名称"。

470 αὐτὸ [它]，即 τὸ βέβαιον [稳固的东西]。

471 τούτῳ δὲ πάνυ πολεμοῦσιν [而他们同这种东西全面开战]，单就这句话，也可以译为"而他们全然敌视这种东西"。

472 之所以这样讲，因为忒俄多洛斯是一位几何学家，而几何学的方法显然同基于运动的自然学的方法不一样。

473 τὰ τοιαῦτα [这类东西]，即"稳固的东西"或"静止的东西"。

474 πρόβλημα [难题/疑难]。无论是拉丁文的 problema，还是德语的 Problem 和英语的 problem，均源自该词。πρόβλημα 派生自动词 προβάλλω，本义是"抛在……面前""提出……"；因此，所谓"疑难"或"难题"，无非是拿出来"抛给"研究者的那种东西。

475 尖括号中的希腊文 ὄντα [是]，是伯内特补充的，但法国布德本希腊文和新校勘的牛津古典本希腊文均没有采纳伯内特的意见；这里的翻译从伯内特。

476 οἷον ἀκίνητον τελέθει τῷ παντὶ ὄνομ' εἶναι [唯独不动的，乃成为整体之名字的是]。也可以译为"对于整体来说，作为〈其〉名字的是唯独成为不动的"。关于这句话，无论是就希腊文来说，还是就理解来说，都存在着分歧，特作如下说明。(1) οἷον [如此/例如]，布德本希腊文和新校勘的牛津古典本希腊文均改为 οἶον [唯独/单独]，从之。一般将这句话归在巴门尼德名下，辛普里柯俄斯 (Σιμπλίκιος, Simplicius, 约公元 490–560 年；也译为辛普利丘) 在其《亚里士多德〈物理学〉评注》(*In Aristotelis Physicorum Libros Commentaria*) 中，分别于 29.18 和 143.10 两次完整引用了这句话，都做 οἶον [唯独/单独]，而不作 οἷον [如此/例如]。(2) 动词 τελέθω 常用于诗歌中，意思是"出现""来临""成为""是"，例如，νὺξ τελέθει [黑夜来临]，ἀριπρεπέες τελέθουσι [他们是极其显赫的]。(3) τὸ πᾶν [整体]，单就这个词而言，也可以直接译为"宇宙"或"世界"。

477 墨利索斯 (Μέλισσος)，也译为"麦里梭"。据第欧根尼·拉尔修在《名哲言行录》(9.24) 中的记载，他听过巴门尼德斯的课，并且同赫拉克利特进行过对话，而且把赫拉克利特介绍给了当时还对其尚知之甚少的爱菲斯人。

478 ἕστηκεν αὐτὸ ἐν αὑτῷ[它自身静止于自身中]，单就这句话，也可以译为"它自身立于自身中"。
479 δίκην διδόναι 是固定搭配，意思是"受罚""受惩罚"。
480 διὰ γραμμῆς παίζοντες[玩拔河比赛的人]。名词 γραμμή 的本义是"线"，διὰ γραμμῆς 的字面意思是"过线"；不过 διὰ γραμμῆς παίζειν 是词组，等于 διελκυστίνδα παίζειν，意思是"玩拔河比赛"。《牛津希-英词典》举了柏拉图在本对话中这里的这个表达，对之的解释是: play at tug-of-war.
481 τι ... λέγοντες[说得对]，也可以译为"说得中肯"，或者径直译为"说出一些东西"。
482 οἱ τοῦ ὅλου στασιῶται[那些〈主张〉整体〈静止不动〉的成员]，也可以简单译为"那些属于整体〈论〉的成员"。
483 παμπαλαίους δὲ καὶ πασσόφους[那些非常古老的人和那些极为智慧的人]。这两种人，可参见前面 179e1 以下和 180d 以下。
484 ἕν τι εἶδος αὐτῆς[它的一种类型]，也可以译为"它的一种样式"。
485 τινα ἄλλην ἀλλοίωσιν ἀλλοιῶται[在其他任何的变化方面变化了]，当然也可以简单意译为"经历了任何其他的变化"。
486 希腊文方括号中的 Ἔμοιγε δοκεῖ[我肯定这么认为]，伯内特认为是窜入，而法国布德本希腊文保留了它们，并把后面的 ἀναγκαῖον μὲν οὖν[肯定必然〈值得〉]放到了下一行的第一句话。新校勘的牛津古典本希腊文直接删掉了 Ἔμοιγε δοκεῖ[我肯定这么认为]这句话，从之。
487 τὸ δὲ μὴ κινεῖσθαι μὴ ἐνεῖναι μηδενί[而不运动必定不是在任何东西那里]，这句话也可以译为"而不运动必定对于任何东西来说都是不可能的"。
488 见前面 156a-157c。
489 ἅμα αἰσθήσει[和一种感觉一起]是一个整体。ἅμα 除了作副词，表"同时"之外，也可作介词使用，意思是"和……一同""和……一起"，跟与格。
490 αἰσθητικόν[能感觉的/有感觉能力的]。法国布德本希腊文也作 αἰσθητικόν，而新校勘的牛津古典本希腊文将之改为 αἰσθανόμενον[进行感觉的/感觉者]。从义理上看，无论是作 αἰσθητικόν，还是作 αἰσθανόμενον，意思都通。
491 方括号中的希腊文小词 ἔτι[仍然/还]，伯内特认为是窜入，布德本希腊文保留了它，而新校勘的牛津古典本则直接将之删去，从之。
492 在哲学史上，一般认为柏拉图发明了 ποιότης[性质/质]这个词，并将之同 ποιόν[具有性质的/具有质的]相区分。参见亚里士多德《范畴篇》（8b25）: Ποιότητα δὲ λέγω καθ' ἣν ποιοί τινες λέγονται.[所谓性质，我的意思是根据它某些东西被称作是具有性质的。]

493 参见153e4-5，以及156e8-157a1。

494 καὶ αὐτοῦ τούτου εἶναι ῥοήν［流动也恰恰是属于这种东西的］。αὐτοῦ在这里表强调，故不将之译为"流动也是属于这种东西本身的"。

495 疑问词组τίς μηχανή［什么办法/何种办法］期待的是否定回答。如果不考虑上下文而将这句话译为陈述句，那么就可以译为"毫无办法"，或者"根本不可能"。

496 περὶ αἰσθήσεως ... ὁποιασοῦν［关于任何一种感觉］。前面讨论了αἰσθητόν［可感觉的东西］，现在开始讨论与之对应的αἴσθησις［感觉］；参见前面182b5-7。

497 ἐκείνη ἡ ἀπόκρισις［那个回答］，即ἐπιστήμην εἶναι αἴσθησιν［知识是感觉］这一回答。

498 两个尖括号中的希腊文冠词τὸ，均为伯内特所补充，法国布德本希腊文没有采纳这一意见，而新校勘的牛津古典本希腊文则采纳了这一意见。

499 οὐδ᾽ οὕτως的字面意思是"不这样""根本不如此"，在有的抄本中作οὐδ᾽ ὅπως［无论怎样都不/怎样都不］；而布德本希腊文和新校勘的牛津古典本希腊文都作οὐδ᾽ οὕτως。这里按οὐδ᾽ ὅπως进行翻译。

500 希腊文方括号中的δ᾽ οὕτως［但这样］，伯内特认为是窜入，布德本希腊文和新校勘的牛津古典本希腊文均直接删掉了它们，从之。

501 ἄπειρον λεγόμενον［它被不确定地说出来］。形容词ἄπειρος除了具有"无限的""无边的"等意思之外，也有"不确定的"意思。

502 κατά γε τὴν τοῦ πάντα κινεῖσθαι μέθοδον［至少根据一切都在运动这一路线］，这里有意不把μέθοδον译为"方法"，而按照其词源将之意译为"路线"。德语的Methode和英语method均来自希腊文的μέθοδος，一般译为"方法"；但μέθοδος由μετά［依赖/凭借/跟随］和ὁδός［道路］构成。

503 希腊文方括号中的ἢ和τί，伯内特认为是窜入，法国布德本希腊文保留了τί，但直接删去了ἢ；而新校勘的牛津古典本希腊文直接删去了这两个词，从之。

504 见前面169c4以下。

505 τέλος ἔχειν是词组，意思是"已到达终点""已经完结""已实现"。

506 ἓν ἑστώς ... τὸ πᾶν［一切〈是〉不动的一］，也可以译为"一切作为一，静止不动"。ἑστός是动词ἵστημι［站立/站稳］的完成时分词主动态中性单数，意思是"固定的""稳定的""持久的"。

507 ἕνα ὄντα Παρμενίδην［〈其中〉一位，即巴门尼德］，字面意思是"巴门尼德，是〈其中〉一〈位〉"；鉴于前面的 ἕν... τὸ πᾶν[一切〈是〉一]，这有可能是双关语。

508 参见荷马《伊利亚特》(3.172)，《奥德修斯》(8.22, 14.234)。

509 参见《智者》(217c2-7)：πότερον εἴωθας ἥδιον αὐτὸς ἐπὶ σαυτοῦ μακρῷ λόγῳ διεξιέναι λέγων τοῦτο ὃ ἂν ἐνδείξασθαί τῳ βουληθῇς, ἢ δι' ἐρωτήσεων, οἶόν ποτε καὶ Παρμενίδῃ χρωμένῳ καὶ διεξιόντι λόγους παγκάλους παρεγενόμην ἐγὼ νέος ὤν, ἐκείνου μάλα δὴ τότε ὄντος πρεσβύτου；[当你说的时候，你是习惯乐于独白式地用长篇讲话来阐述那你想对某人显明的东西呢，还是通过提问——就像巴门尼德曾经使用过它并且阐述了一些极好的道理那样，那时我在场，不过还是个年青人，而他却已经是非常地老了——？]

510 λειπώμεθα 是动词 λείπω 的现在时虚拟式被动态第一人称复数。λείπω 的基本意思是"离开""留下"，但其被动态则具有"落在……之后""跟不上""不理解"等意思。

511 ἄλλως τε καί 是词组，意思是"尤其""特别是"。

512 πλήθει ἀμήχανον[在重要性上是不同寻常的]，字面意思是"就量来说是极大的"。

513 τὸ εὐχερὲς τῶν ὀνομάτων τε καὶ ῥημάτων[〈使用〉语词以及话语时不拘谨]，其字面意思是"语词以及话语的不精确使用"。形容词 εὐχερής 的基本意思是"毫不在意的""从容的"，但在这里指"不精确的"，同下面的 δι' ἀκριβείας[精确地]相对照。《牛津希-英词典》举了柏拉图在该对话中的这个表达，对 τὸ εὐχερὲς τῶν ὀνομάτων 的解释是：the loose use of names。

514 δεινὸν γάρ που[这也太令人吃惊了]，在这里也可以译为"这也太可怕了"或"这也太糟糕了"。

515 πολλαί τινες αἰσθήσεις[许多的感官]。名词 αἴσθησις 一般指"感觉"，但其复数则指"感官"。

516 单数 ἵππος δούρειος 或 ἵππος δουράτεος[木马]，也专指"特洛伊木马"；但由于这里用的是复数，故不译为"特洛伊木马"，而泛译为"一些木马"。

517 ᾗ[用它]，即用"某个单一的理念"。

518 动词 πολυπραγμονέω 的本义是"爱管闲事"，这里将之译为"越俎代庖"。

519 εἴ τι ἄρα περὶ ἀμφοτέρων διανοῇ[因此，如果关于这两者你思考某种东西]，也可以译为"因此，如果关于这两者你有所思考"。περὶ ἀμφοτέρων[关于两者]，即关于"被看到的东西"和"被听见的东西"。

520 ἀμφοτέρω[这两者]，即声音和颜色。

521 τί οὐ μέλλει[为何不可能呢]是固定用法，如果用肯定的表达，即"当然"。

522 ᾧ τὸ "ἔστιν" ἐπονομάζεις καὶ τὸ "οὐκ ἔστι"[你将之称为"是"以及"不是"]，也可以译为：你把"是"以及"不是"这种名字赋予它。

523 即前面185a11-185b5那里提到的"同"和"异""相似"和"不相似"。

524 方括号中的希腊文冠词τὸ，伯内特认为是窜入，法国布德本希腊文保留了它，而新校勘的牛津古典本希腊文直接删除了它。

525 τὴν ἀρχήν是固定表达，作副词使用，意思是"根本"，相当于拉丁文的omnino，德文的überhaupt，英文的at all。

526 见前面143e5以下。

527 εὖ ἐποίησας是固定表达，意思是"你行了好事！""谢谢你！"。

528 τοῦτο ... μάλιστα ἐπὶ πάντων παρέπεται[这种东西对于一切来说最为是共同的]。动词παρέπομαι的本义是"随行""在旁边跟随"，因而这句话的字面意思是"这种东西最为在一切旁边跟随"或"这种东西最为随行在一切那儿"；而《牛津希-英词典》举了柏拉图在该对话中的这个表达，对ἐπὶ πάντων παρέπεται的解释为：is common to all。

529 ἐπορέγεται是动词ἐπορέγω的现在时直陈式中动态第三人称单数。ἐπορέγω的本义是"给予""赐予"，但其中动态则具有"伸手"的意思，喻为"渴望"。

530 πρὸς τὰ μέλλοντα[着眼于将来的东西]，也可以译为"向着将来的东西"。

531 ἔχε δή是词组，意思是"请停一停！""暂且打住！"；另外，ἔχε作为动词ἔχω的命令式，也具有"注意！"的意思。

532 ἐναντιότης[相反性]，这里有意不将之译为"对立性"，因为"相反"(ἐναντίον)只是诸"对立"(ἀντικείμενον)情形中的一种。
参见柏拉图《智者》(258a11-b3)：Οὐκοῦν, ὡς ἔοικεν, ἡ τῆς θατέρου μορίου φύσεως καὶ τῆς τοῦ ὄντος πρὸς ἄλληλα ἀντικειμένων ἀντίθεσις οὐδὲν ἧττον, εἰ θέμις εἰπεῖν, αὐτοῦ τοῦ ὄντος οὐσία ἐστίν, οὐκ ἐναντίον ἐκείνῳ σημαίνουσα ἀλλὰ τοσοῦτον μόνον, ἕτερον ἐκείνου.[那么，如看起来的那样，异的某一部分之本性和是之本性互相对立起来的那种对立，它——如果可以这么说的话——，并不比是〈者〉本身更不是所是；因为对立并不意指同那种东西相反，而是仅仅意指〈下面〉这么多，即与之相异。]
亚里士多德《范畴篇》第10章（11b17-23）：Λέγεται δὲ ἕτερον ἑτέρῳ ἀντικεῖσθαι τετραχῶς, ἢ ὡς τὰ πρός τι, ἢ ὡς τὰ ἐναντία, ἢ ὡς στέρησις καὶ ἕξις, ἢ ὡς κατάφασις καὶ ἀπόφασις. ἀντίκειται δὲ ἕκαστον τῶν τοιούτων, ὡς τύπῳ εἰπεῖν, ὡς μὲν τὰ πρός τι οἷον τὸ διπλάσιον τῷ ἡμίσει, ὡς δὲ τὰ ἐναντία οἷον τὸ κακὸν τῷ ἀγαθῷ, ὡς δὲ κατὰ στέρησιν καὶ ἕξιν οἷον τυφλότης καὶ ὄψις, ὡς δὲ κατάφασις

καὶ ἀπόφασις οἷον κάθηται—οὐ κάθηται.[一个东西在四种方式上被说成是同另一个东西相对立：或者如"相对物"那样、或者如"相反者"那样、或者如"缺失"与"具有"那样、或者如"肯定"与"否定"那样。它们中的每一种都是对立的，概而言之，如"相对物"那样——例如两倍同一半相对立，如"相反者"那样——例如坏同好相对立，如"缺失"与"具有"那样——如盲瞽和视力，如"肯定"与"否定"那样——如他坐着和他不坐着。]

亚里士多德《形而上学》第五卷第 10 章（1018a20-23）：Ἀντικείμενα λέγεται ἀντίφασις καὶ τἀναντία καὶ τὰ πρός τι καὶ στέρησις καὶ ἕξις καὶ ἐξ ὧν καὶ εἰς ἃ ἔσχατα αἱ γενέσεις καὶ φθοραί · καὶ ὅσα μὴ ἐνδέχεται ἅμα παρεῖναι τῷ ἀμφοῖν δεκτικῷ, ταῦτα ἀντικεῖσθαι λέγεται.[所谓对立，指矛盾，相反，相对物，缺失和具有，以及生成和毁灭由之和向之的〈两个〉极点；此外，那些不能同时在场于那可接受两者的东西中的，也被称作对立。]

533 ἐπανιοῦσα καὶ συμβάλλουσα πρὸς ἄλληλα[〈对它们〉进行反思和相互比较]，这是意译。动词 ἐπάνειμι 的本义是"回去""上升"，而动词 συμβάλλω 的意思则是"抛到一起"，引申为"放在一起对比""比较"。

534 πάρεστι φύσει αἰσθάνεσθαι ἀνθρώποις τε καὶ θηρίοις[人和野兽在本性上就能够感觉]是一个整体。πάρεστι 在这里作无人称动词使用，要求与格和不定式，意思是"某某能够做……"。

535 ἐν χρόνῳ[在时间中]，也可以译为"随着时间的推移"，这里有意按字面意思翻译；而 ἐν χρόνῳ 作为词组，意思是"最后""终于"。

536 动词 τυγχάνω 跟属格，意思是"取得某物""得到某物"，所以这里分别出现的是单数属格 ἀληθείας[真]和 οὐσίας[所是]。

537 ἀληθείας ... ἀτυχήσει[未能取得真/未能得到真]。动词 ἀτυχέω 的本义是"不走运""落空"，但跟属格时，意思是"未能得到某物"。

538 ᾧ ... οὐ μέτεστιν ἀληθείας ἅψασθαι[它们在触及真上没有份儿]是一个整体。动词 μέτειμι 的本义是"在……当中""参加"，但它也做无人称动词使用，和相关的与格和属格构成一个整体，如 μέτεστί μοί τινος[我在某物上有份儿]；所以这里出现了单数中性与格 ᾧ（指代前面提到的那些感觉活动），以及不定式属格 ἀληθείας ἅψασθαι[触及真/把握真]。

539 δοξάζειν[下判断]，当然也可以译为"形成意见""得出看法"等。

540 动词 καθοράω，本指从上往下看，即"俯视"，这里简单译为"看出"。

541 δόξαν πᾶσαν[所有的判断]，鉴于已经把动词 δοξάζειν 译为"下判断"，此后也把 δόξα 译为"判断"，而不再如前面那样译为"意见"。

542 副词 προθύμως 除了具有"热心地""乐意地"等意思之外，也有"积极主动地"的意思。

543 δυοῖν ὄντοιν ἰδέαιν δόξης[有两种形式的判断]，也可以译为"判断的形式是二〈种〉"。这里直接把 ἰδέα 译为"形式"，而不译为"理念"；另外，虽然诸抄本均作 ἰδέαιν，但包括坎贝尔（Campbell）在内的一些学者建议将之改为 εἰδέοιν，不从。

544 τὸ δοξάζειν τινὰ ψευδῆ[有人在对一些虚假的东西下判断]。之所以这样翻译，因为从文法上看，τινὰ 在这里当为阳性单数宾格，而非中性复数宾格，即"某人/有人"，作动词不定式 τὸ δοξάζειν[下判断]的主语；ψευδῆ 是中性复数宾格，即"一些虚假的东西/各种虚假的东西"，作动词不定式 τὸ δοξάζειν[下判断]的宾语。

545 见前面 172d4 以下。οὐ κακῶς[真不耐]，字面意思是"不是坏地""非糟糕地"。

546 ἀπὸ καιροῦ 是词组，意思是"不合时宜"；与之对应的是 ἐν καιρῷ，意思是"适逢其时""合时宜"。

547 ἴχνος μετελθεῖν[再踩一遍足迹]，也可以译为"回到足迹中去"。这完全是按字面翻译；如果把 ἴχνος μετελθεῖν 视为词组，其意思是"继续从事……"。

548 ψευδῆ ... δόξαν[假的判断]和 δοξάζειν ψευδῆ[对一些假的东西下判断]。形容词 ψευδῆ 在这两个地方的语法现象不一样；前一个 ψευδῆ 是阴性单数宾格，修饰限定阴性名词 δόξαν，后一个 ψευδῆ 是中性复数宾格，做动词不定式 τὸ δοξάζειν[下判断]的宾语。

549 ὡς φύσει οὕτως ἐχόντων[因为我们在本性上就是如此]，也可以译为"仿佛我们在本性上就是如此似的"。ἐχόντων 在文法上看是独立属格，但既可理解为阳性复数，也可以理解为中性复数；如果作阳性理解，其主语是"我们"，如果作中性理解，其主语是"事情"。我认为基于上下文和义理，当理解为阳性。

550 χαίρειν λέγω[放到一边]，这是意译，字面意思是"说再见""道别"。

551 εἰδότα γε μὴ εἰδέναι τὸ αὐτό[知道〈某个东西的〉人却不知道这同一个东西]。如果把 τὸ αὐτό 视为副词，等同于 κατὰ τὸ αὐτό[同时]，那么这句话也可以译为"知道〈某个东西的〉人却同时不知道〈它〉"。

552 即一方面他知道两者，另一方面却又把两者搞错；如他既知道绵羊，又知道山羊，却把绵羊说成是山羊。

553 εἰς τὴν διάνοιαν λαβεῖν[怀有这样一种想法]，字面意思是"把〈下面这点〉纳入思想中"。

554 希腊文方括号中的冠词 ὁ，伯内特认为是窜入，法国布德本希腊文保留了它，而新校勘的牛津古典本希腊文直接将之删除。

555 κατὰ τὸ εἶναι καὶ μή[依照是着和不是着]，在这里也可以简单译为"依照是和不是"。

556 希腊文方括号中的 ἀκούει[他听到]，伯内特认为是窜入，新校勘的牛津古典本希腊文直接将之删除，从之。法国布德本希腊文中的这句话约有不同：Καὶ ὁ ἄρα τι ἀκούων ἕν γέ τι ἀκούει καὶ ὄν τι ἀκούει.[那听到某一东西的人，他也肯定听到了某个东西，而且是听到了某个是着的东西。]也即是说，不仅保留了 ἀκούει，而且在其前多了 τι 一词。

557 <τι> τῶν ὄντων[是者中的某个]，当然也可以译为"是着的东西中的某个"。希腊文尖括号中的 τι，是编辑校勘者根据文义补充的，法国布德本希腊文和新校勘的牛津古典本希腊文均如此。

558 Ἔστιν ... τίθεσθαι 是一个整体，意思是"可能……设立"或"应该……设立"。ἔστι 在这里作无人称动词使用，后面跟不定式，意思是"可能……""应该……"。

559 διάνοια[思想]和 διανοεῖσθαι[思想]，前者为名词，后者为动词；有意不把 διανοεῖσθαι 译为"思考"。

560 φάσκουσα καὶ οὐ φάσκουσα[进行肯定和否定]，字面意思是"进行肯定和不肯定"。

561 ὀξύτερον ἐπάξασα[猛地一跃]，这是意译，字面意思是"很迅速地冲向"。动词 ἐπαΐσσω 的本义是"冲向""扑向"，如 ἐπαΐξασθαι ἄεθλον[冲向奖品/夺奖]。

562 参见《智者》(263e3-5)：Οὐκοῦν διάνοια μὲν καὶ λόγος ταὐτόν· πλὴν ὁ μὲν ἐντὸς τῆς ψυχῆς πρὸς αὑτὴν διάλογος ἄνευ φωνῆς γιγνόμενος τοῦτ' αὐτὸ ἡμῖν ἐπωνομάσθη, διάνοια;[思想和言说岂不是同一个东西，除了下面这点之外，那就是，灵魂在内里同它自己进行的无声的对话，这种东西恰恰被我们叫做：思想？]以及(264a8-b3)：Οὐκοῦν ἐπείπερ λόγος ἀληθὴς ἦν καὶ ψευδής, τούτων δ' ἐφάνη διάνοια μὲν αὐτῆς πρὸς ἑαυτὴν ψυχῆς διάλογος, δόξα δὲ διανοίας ἀποτελεύτησις, "<φαίνεται>" δὲ ὃ λέγομεν σύμμειξις αἰσθήσεως καὶ δόξης, ἀνάγκη δὴ καὶ τούτων τῷ λόγῳ συγγενῶν ὄντων ψευδῆ[τε]αὐτῶν ἔνια καὶ ἐνίοτε εἶναι.[因此，既然言说向来既可能是真的，也可能是假的，在这些〈言说过程〉中思想表现为灵魂同它自己的对话，判断则表现为思想的结果，而我们称之为"〈某个东西〉显像出来"的那种东西则是感觉和判断的一种混合，那么，由于这些事情都与言说是同类的，故必然它们中有些

在有的时候就是假的。]
563 希腊文方括号中的 καί，伯内特认为是窜入，但法国布德本希腊文和新校勘的牛津古典本希腊文均直接保留了它，从之。
564 希腊文方括号中的 περὶ τοῦ ἑτέρου[关于另一个东西]，伯内特认为是窜入，布德本希腊文也持该看法，新校勘的牛津古典本希腊文直接将之删除，从之。
565 ἑτεροδοξεῖν[误下判断]，也可以译为"误认一物为另一物"。
566 ὡς πασχόντων αὐτά[仿佛他们在遭受它们似的]，这里的指示代词 αὐτά[它们]，指代前面所说的 ἀναγκαζομένων ὁμολογεῖν οἷα λέγω[被迫同意我所说的那些事情]。
567 ταπεινωθέντες[我们只好委曲求全]，单就该词，也可以译为"我们只好卑躬屈膝"。动词 ταπεινόω 的基本意思是"压低""使丢脸""轻视"。
568 τῷ λόγῳ[那种说法]，即前面所说的"在我们这里没有任何假的判断"。
569 ἀπέστημεν αὐτοῦ[我们已经把它放到一边去了]，也可以译为"我们已经排除了它"或"我们已经放弃了它"。
570 μαθεῖν[弄懂]，也可以译为"弄明白"；这里基于文义不将之译为"学习"。
571 θὲς δή μοι[现在请你假设]是一个整体，《牛津希-英词典》举了柏拉图在这里的这个表达，对之的解释是：now suppose so and so。
572 κήρινον ἐκμαγεῖον[蜡块]是一个整体，《牛津希-英词典》对之的解释是：lump of wax。
573 谟涅摩绪涅（Μνημοσύνη）是记忆女神，也是九位缪斯，即九位文艺女神的母亲。名词 μνημοσύνη 的本义是"记忆"，作专名则指记忆女神。
574 ὁ ἐπιστάμενος μὲν αὐτά, σκοπῶν δέ τι ὧν ὁρᾷ ἢ ἀκούει[那知道它们，而且在考察他所看见或听到的那些东西中的某个东西的人]，也可以译为"那知道他所看见或听到的那些东西，而且在考察其中某个东西的人"。
575 εἰ οἷόν τε[如果就可能性来说的话]，也可以照字面直接译为"如果还有可能的话"。
576 希腊文方括号中的 δ，伯内特和法国布德本希腊文均认为是窜入，新校勘的牛津古典本希腊文直接将之删除，从之。
577 πάντα ταῦτα ὑπερβάλλει ἀδυναμίᾳ τοῦ ἐν αὐτοῖς ψευδῆ τινα δοξάσαι[就一个人于其中对一些假的东西下判断之不可能而言，所有这些情形都是最不可能的。]这是意译，字面意思是：就一个人于其中对一些假的东西下判断之不可能而言，所有这些情形都超过了。ἀδυναμίᾳ τοῦ ἐν αὐτοῖς ψευδῆ τινα δοξάσαι[就一个人于其中对一些假的东西下判断之不可能而言]是一个整体，不定式属格 τοῦ ἐν αὐτοῖς ψευδῆ τινα δοξάσαι [于其中对一些假的东西下判断] 限定名词 ἀδυναμία [就不可能而言]；ἐν αὐτοῖς [于其中]，即"于所有这些情形中"。

578 ἢ ὧν οἶδε καὶ αἰσθάνεται [或者，他所知道和感觉到的那些东西]，有学者基于文义将 ὧν 改为 ἅ，或者改为 ἐν οἷς，均成立。

579 从 192a1 开始，至此苏格拉底一共列举了 17 种情形，他最后认为于其中都不可能形成假的判断。

580 νόμιζε [请你设想一下]。动词 νομίζω 跟不定式，其本义是"认为""相信"，鉴于这里使用的是命令式，基于文义将之译为"请你设想一下"。

581 ἐμβιβάσας προσαρμόσαι εἰς τὸ ἑαυτῆς ἴχνος [导入〈视觉〉使〈视觉〉同它自己的印迹相适合]，之所以补充"视觉"一词，因为后面的 τὸ ἑαυτῆς ἴχνος [它自己的迹象] 暗含了它，ἑαυτῆς [它自己的] 是阴性单数属格，在这里只能指代阴性名词 ὄψις [视觉]。另外，ἴχνος 虽然也专指"足迹""脚印"，但也可泛指"迹象""标记"。

582 ἀναγνώρισις [重新认出]，也可以简单译为"重识"或"识别"。

583 οἱ ἔμπαλιν ὑποδούμενοι [那些穿反了鞋的人]，基于后面镜子的比喻，即把鞋左右穿反。

584 τὸ τῆς δόξης πάθος [在判断那里发生的事情]，字面意思是"判断的遭遇"或"判断的情况"。

585 πρὸς τῷ γιγνώσκειν [除了认识]，还可以译为"在认识之外"。介词 πρός 跟与格，具有"在……之外""此外还有"等意思。

586 γνῶσιν τοῦ ἑτέρου [对前者的认识]，这里的 τοῦ ἑτέρου [另一个的]，指代的是"前者""前一个人"，即不仅认识而且正感觉到的那个人。

587 见 192c9-10。

588 即前面 192d1 所描述的那种情形；以及 193b9 以下所举的例子。

589 ἑνὶ λόγῳ [一句话] 是词组，也可以译为"简而言之"。

590 καταντικρὺ μὲν καὶ κατὰ τὸ εὐθύ [径直和不歪曲地]，这是意译；κατὰ τὸ εὐθύ 的本义就是"直的"，同后面的 σκολιά [歪曲的/斜的] 相对。

591 φασίν [一些人说]，也可以直接译为"他们说"；但究竟是哪些人在说，并不清楚。

592 αἰνιττόμενος [暗示]，也可以译为"以隐语的方式表明"或"以说谜语的方式表明"。之所以这么讲，因为"蜡（κηρός）"和"心（κῆρ/κέαρ）"发音相近。

593 ἱκανῶς τοῦ βάθους ἔχοντα [具有足够的深度]，字面意思是"足够地具有深度"。

594 这显然是有意这么说或开玩笑。形容词 λάσιος 的本意是"毛发茂密的"和"灌木丛生的",荷马在《伊利亚特》(2.851, 16.554) 的确使用过 λάσιον κῆρ 这一表达,但其意思是"毛茸茸的胸口",以赞美男子气。

595 κόπρος[污秽物],本义是"大粪",也泛指垃圾。

596 συγχεῖσθαι[被抹掉],也可以译为"被弄混"。

597 ἐὰν του σμικρὸν ᾖ τὸ ψυχάριον[如果某人的小灵魂是〈太〉小了]。这是一种修辞法;ψυχάριον 是 ψυχή[灵魂]的缩小化名词,本意就是"小灵魂",两者之间的关系类似于拉丁文的 animula 和 anima,德文的 Seelchen 和 Seele。

598 ὀρθότατα ἀνθρώπων λέγεις[世界上无人比你说得更正确了],也可以简单译为"你说得太正确了";参见注释 88。

599 ἐν ἡμῖν ψευδεῖς δόξας εἶναι[在我们这儿有一些错误的判断],也可以译为"一些错误的判断是在我们这儿"。

600 ἀνὴρ ἀδολέσχης[闲谈的人],单就这一表达,也可以译为"瞎扯的人";下文 195c2 那里的 ἀδολεσχία[闲谈],同样可以译为"瞎扯"。参见《智者》(225d7-10):Δοκῶ μὴν τό γε δι' ἡδονὴν τῆς περὶ ταῦτα διατριβῆς ἀμελὲς τῶν οἰκείων γιγνόμενον, περὶ δὲ τὴν λέξιν τοῖς πολλοῖς τῶν ἀκουόντων οὐ μεθ' ἡδονῆς ἀκουόμενον καλεῖσθαι κατὰ γνώμην τὴν ἐμὴν οὐχ ἕτερον ἀδολεσχικόν.[不过在我看来,这个部分,即由于对在这类东西上的消磨时间感到快乐而变得不关心自己的各种事情,但就说话方式而言,当被听时对于听众中的许多人来说却并不伴随着快乐,根据我的看法,它不被叫做别的,除了叫做闲谈性的。]

601 希腊文方括号中的副词 μᾶλλον[更],伯内特认为是窜入,新校勘的牛津古典本希腊文同样认为如此,而法国布德本希腊文直接删去了该词。

602 参见 188a-c。

603 动词 ἀναγκάζω 的主动态跟宾格和不定式,意思是"主张某事是必然的"或"主张某事必然是……";《牛津希-英词典》对这一结构的解释是: contend that a thing is necessarily so and so。

604 διανοίας πρὸς αἴσθησιν παραλλαγήν[思想和感觉之间的一种交换],似乎也可以直接意译为"思想对感觉的一种误用"。此外,整个这句话的字面意思是:"所以,必须表明对一些假的东西下判断是任何一种东西,除了是思想和感觉之间的一种交换之外。"

605 ὁ λόγος[道理],这里不将之译为"说法""讨论""论证"等,而是如拉丁文将之译为 ratio 一样,把它译为"道理"。

606 πάντα γὰρ τολμητέον[既然必须冒着一切风险],也可以直接按字面译为"既然一切都必须冒险"。

607 Ἔπειτ' οὐκ ἀναιδὲς δοκεῖ μὴ εἰδότας ἐπιστήμην ἀποφαίνεσθαι τὸ ἐπίστασθαι οἷόν ἐστιν;[那么,这看起来还不无耻吗,如果我们不明白知识却表明知道是何种东西?]名词 ἐπιστήμη[知识]派生自动词 ἐπίσταμαι[知道],如果强调二者的词源联系,并且把"知识"既作名词理解,也作动词理解,那么这句话也可以径直译为:那么,这看起来还不无耻吗,如果我们不明白知识却表明知识是何种东西?

608 πάλαι ἐσμὲν ἀνάπλεῳ τοῦ μὴ καθαρῶς διαλέγεσθαι[我们早就因不纯粹地进行讨论而被污染了],也可以译为"我们早就污染上了不纯粹地进行讨论"或"我们早就沾满了不纯粹地进行讨论〈的污染〉"。形容词 ἀνάπλεος 的本义是"充满了""沾满了",要求属格,所以后面跟的是不定式属格 τοῦ μὴ καθαρῶς διαλέγεσθαι[不纯粹地进行讨论]。

609 ἡμῖν σφόδρ' ἂν ἃ ἐγὼ λέγω ἐπέπληττεν[用我〈刚才〉说的那些话严厉地斥责我们]。ἃ ἐγὼ λέγω[我〈刚才〉说的那些话],即 196e1-7 中的内容。动词 ἐπιπλήσσω[斥责]既可以跟宾格,也可以跟与格,如《伊利亚特》(12.211):Ἕκτορ, ἀεὶ μέν πώς μοι ἐπιπλήσσεις.[赫克托尔,你无论如何都总是要斥责我。]因此,这里其斥责的对象是与格 ἡμῖν[我们],而不是 ἃ ἐγὼ λέγω[我〈刚才〉说的那些话]。

610 σοι ἔσται πολλὴ συγγνώμη[你也将得到许多的体谅],也可以译为"对你而言也将有着许多的体谅"。

611 法国布德本希腊文和新校勘的牛津古典本希腊文均在 οἷον[例如]后面补充了连接词 εἰ[如果],从之。

612 ἐγκρατὴς ὤν[〈虽然〉是〈它的〉主人],当然也可以译为"〈虽然〉支配着〈它〉"或"〈虽然〉掌控着〈它〉"。

613 περιστερεών[鸽舍],该词源自名词 περιστερά[鸽子];在这里也可以直接译为"鸟笼"。

614 方括号中的希腊文小词 γὰρ,伯内特认为是窜入,但法国布德本希腊文保留了它,而新校勘的牛津古典本希腊文则将之直接删去;从新校勘的牛津古典本希腊文。

615 ἐν οἰκείῳ περιβόλῳ[在他自己的笼子里],περίβολος 既是形容词,也是名词。作为形容词,意思是"围起来的";作为名词,意思是"圈起来的地方",这里根据文义将之译为"笼子"。《牛津希-英词典》举了 ἐν οἰκείῳ περιβόλῳ 这个表达,对之的解释是: in a cage of his own.

616 σκόπει τίνων δεῖται ὀνομάτων[请你考虑一下，这些事需要哪些名字]，之所以这么翻译，因为动词 δεῖται[需要] 的主语，是前面的一系列不定式：τὸ... θηρεύειν[捕捉]... ἴσχειν[拥有]... ἀφιέναι[放弃]。

617 ἀριθμητικὴν ... τέχνην[计算的技艺] 是一个整体，也可以直接将之译为"算术学"或"算术"。

618 πρόσσχες τὸν νοῦν[请你留意] 是一个整体，动词 προσέχω 的基本意思是"带给""献上"，同名词 νόος[思想／理智] 构成词组，προσέχω τὸν νοῦν 的字面意思是"把思想转向……""把注意力集中到……"，喻为"留意""注意""当心"。

619 参见 196a 以下："但我说的既不是他通过在面前摆出七个和五个人，也不是〈在面前摆出〉任何其他诸如此类的东西〈来进行考察〉，而是考察五和七本身。"

620 参见 196e 以下。ὅπως χρὴ τοῖς ὀνόμασι χρώμενον λέγειν περὶ αὐτῶν[如何必须通过使用语词来谈论它们]，也可以意译为"必须通过使用哪些语词来谈论它们"。

621 ἔχει λόγον 在这里是固定表达，意思是"它是合理的"或"这是合理的"，《牛津希-英词典》对之的解释是：it is arguable, i.e. reasonable. 其反面是 οὐκ ἔχει λόγον[它是不合理的／这是不合理的]。

622 ἀψευδεῖν[没有说假话]，在这里也可以译为"说真话"或"没有犯错"。

623 εἶναι ἀληθῆ τε καὶ ψευδῆ δόξαν[判断既〈能够〉是真的，也〈能够〉是假的]，也可以译为"既有真判断，也有假判断"。

624 见 195c 以下。

625 παραφαίνεσθαί 是动词 παραφαίνω 的现在时被动态不定式，παραφαίνω 的本义是"从旁边显露出来"，但其被动态的意思就是"显露"或"暴露"。

626 之所以补充"可怕之处在于"，因为这里的意思直接紧接前面的"一个更可怕的情况暴露了出来"；如果不进行补充，就得把后面的 πῶς οὐ πολλὴ ἀλογία[如何会不是非常的没有道理／如何会不是非常的荒唐] 提前到这里。

627 ἀνεπιστημοσύνη[欠缺知识]，在这里也可以简单译为"无知"或"无知识"。

628 ὦν ἔψευσται[他对之说了假话的那些东西]，在这里也可译为"于其中他受到了欺骗的东西"。

629 ὦ βέλτιστοι[〈你们这些〉最优秀的人啊]，法国布德本希腊文在标点时，也将之放在了引号之外；而新校勘的牛津古典本希腊文将之放入了引号中，从之。

630 方括号中的希腊文 αὐτὴν[它]，伯内特认为是窜入，法国布德本希腊文和新校勘的牛津古典本希腊文均直接将之删除，从之。

631 ἔγωγε οὐκ ἔχω τί χρὴ λέγειν[我的确不知道应该〈对之〉说什么]，这是意译，其字面意思是"我的确没有应该说的东西"。

632 τὸ[它]，即"假的判断究竟是什么"。

633 ἀπεροῦμεν 是动词 ἀπερῶ（也写作 ἀπερέω）的将来时直陈式主动态第一人称复数，由褫夺性前缀 ἀπο 和动词 ἐρῶ[说] 构成，等于动词 ἀπεῖπον[放弃/拒绝]。鉴于其将来时形态和这里的语境，将之译为"我们打算放弃"。

634 ἥκιστ᾽ ἂν ἡμῖν αὐτοῖς ἐναντιωθεῖμεν[我们才最不会同我们自己相反对]，也可以简单译为"我们才最不会自相矛盾"。

635 ἐν τῷ πρόσθεν[在前面]，即 187b5 以下。

636 πάντα καλὰ καὶ ἀγαθὰ γίγνεται[全都变得〈是〉既美好的又有用的]。形容词 ἀγαθός，对于人指"好的""高尚的""善良的"；对于物，指"好的""有用的"。

637 动词 καθηγέομαι 除了具有"引路""引领"的意思之外，还有"首先做""创立""制定"等意思；如 οὐ κατηγήσομαι νόμον τόνδε τιθείς[我将不会首先去确立这条法律]。

638 δείξειν αὐτό[它自己将显明的]，即过河这件事情本身将显明是否能过河。

639 ἐμπόδιον γενόμενον αὐτὸ φήνειεν τὸ ζητούμενον[在途中所遇到的东西本身会揭示出所寻求的东西]。ἐμπόδιον γενόμενον αὐτὸ[在途中所遇到的东西本身] 在这里是不定式动词 φήνειεν[揭示/显示] 的主语，而 τὸ ζητούμενον[被寻求的东西] 是其宾语。如果联系这里的过河比喻，ἐμπόδιον γενόμενον αὐτὸ 也可以直接译为"在脚下所出现的东西"。此外，形容词 ἐμπόδιος 虽然除了具有"在途中迎面而来的""遇到的"等意思之外，也有"成为障碍的"意思，但在这里似乎不能理解为后者；《牛津希-英词典》专门举了柏拉图在本对话这里的这个表达，对之的解释是 at one's feet，而不是 in the way 或 presenting an obstacle。

640 δεινούς τινας οὕτω διδασκάλους εἶναι[有些人是如此不可思议的教师]，也可以译为"有着一些如此不可思议的教师"。基于文义，在这里不把形容词 δεινός 译为"可怕的"或"聪明的"，而译为"不可思议的"。

641 μὴ παρεγένοντό τινες[某些人并不在旁边]，基于这里所说的场景以及 201b7 那里的 δικασταί，τινες[某些人] 当指法庭上的陪审员们或法官们。

642 τούτοις .... τῶν γενομένων τὴν ἀλήθειαν[发生在这些人身上的事情的真相] 是一个整体。之所以使用复数与格 τούτοις[这些人]，是由动词 γενομένων 要求的。

643 καὶ δικαστήρια，一些学者主张将之改为 κατὰ δικαστήρια。法国布德本希腊文作 εἰς δικαστήριον，而新校勘的牛津古典本希腊文直接删除了它们。这里的翻译从法国布德本希腊文，也可以将之译为"到了法庭上"。

644 τὴν μετὰ λόγου ἀληθῆ δόξαν ἐπιστήμην εἶναι［带有理据的真判断是知识］。鉴于 λόγος 一词的丰富含义，这里直接译为"带有逻各斯的真判断是知识"似乎更好。

645 ὄναρ ἀντὶ ὀνείρατος［梦上加梦］，这里有意模仿 χάριν ἀντὶ χάριτος［恩上加恩］这一表达进行翻译；当然也可以译为"以梦换梦"。

646 τὰ ... πρῶτα οἱονπερεὶ στοιχεῖα［那些最初的东西就像字母一样］。名词 στοιχεῖον 的基本意思是"最基本的东西""最简单的东西"，后引申为"元素""要素"，在语言上则指"语言的基本要素"，即"简单音"或"字母"。基于后面的整个讨论，这里将之译为"字母"。

647 συλλαβή［音节］，即由几个字母组成的东西；该词也泛指"组合物"。

648 ἢ οἴει ἄλλοσέ ποι βλέποντα ταῦτα εἰπεῖν τὸν εἰπόντα ἃ λέγομεν；［或者你认为那说我们正说的事情的人通过看向其他某个地方来说这些？］这完全是按字面意思翻译，这句话也可以意译为"或者你认为，那说我们正说的事情的人说这些时，在留心别的什么？"

649 也可以译为"它是 sigma 和 omega"。

650 πῶς τοῦ στοιχείου τις ἐρεῖ στοιχεῖα；［一个人如何能说出一个字母的诸字母呢？］单就这句话，也可以译为"一个人如何能说出一个元素的诸元素呢？"

651 形容词 ἄφωνος 的本义是"无声的""哑的"，但其中性复数 ἄφωνα 暗含 στοιχεῖα［字母］，在语法上专指辅音字母。《牛津希-英词典》举了柏拉图在本对话中这里的这个表达，对 ἄφωνα 的解释是：consonants。

652 字母 Σ（σ/ς）属于辅音字母中的半元半辅之音，又称为对齿嘶音。字母 Β（β）属于辅音字母中的唇音，并且是浊辅音，同清辅音 Π（π）相对。

653 τὰ ἐναργέστατα τὰ ἑπτά［最清楚的七个〈字母〉］，即古希腊文中的七个元音字母，它们是：Α（α）、Ε（ε）、Η（η）、Ι（ι）、Ο（ο）、Υ（υ）和 Ω（ω）。

654 名词 φωνή、ἄφωνον 和 ψόφος 之间的关联是：φωνή 和 ἄφωνον 相对，分别指"元音"和"辅音"；φωνή 和 ψόφος 相对，前者指"清晰的声音"，后者指"不清晰的声音"。这里的说法，可对观《菲勒玻斯》（18b6-c6）：Ἐπειδὴ φωνὴν ἄπειρον κατενόησεν εἴτε τις θεὸς εἴτε καὶ θεῖος ἄνθρωπος—ὡς λόγος ἐν Αἰγύπτῳ Θεῦθ τινα τοῦτον γενέσθαι λέγων, ὃς πρῶτος τὰ φωνήεντα ἐν τῷ ἀπείρῳ

κατενόησεν οὐχ ἓν ὄντα ἀλλὰ πλείω, καὶ πάλιν ἕτερα φωνῆς μὲν οὔ, φθόγγου δὲ μετέχοντά τινος, ἀριθμὸν δέ τινα καὶ τούτων εἶναι, τρίτον δὲ εἶδος γραμμάτων διεστήσατο τὰ νῦν λεγόμενα ἄφωνα ἡμῖν· τὸ μετὰ τοῦτο διῄρει τά τε ἄφθογγα καὶ ἄφωνα μέχρι ἑνὸς ἑκάστου, καὶ τὰ φωνήεντα καὶ τὰ μέσα κατὰ τὸν αὐτὸν τρόπον, ἕως ἀριθμὸν αὐτῶν λαβὼν ἑνί τε ἑκάστῳ καὶ σύμπασι στοιχεῖον ἐπωνόμασε. [自从某位神，甚或某位神一样的人，注意到语音是无限的以后——就像在埃及那儿，有一个传说就把某位透特说成是这样一位——，他首先注意到在无限〈的语音〉中的元音〈字母〉不是一，而是几个；进而〈注意到〉另外一些〈字母〉，它们虽然不分有清晰的声音，但仍分有某种声响，而其中也有着一定的数目；而且他还区分出了字母的第三种形式，它们现在被我们称为辅音。在此之后，他既区分开哑音和辅音，直至每一个为止，也以同样的方式分开那些元音和中间音，直到把握到了它们的数目之后，再把每一个各自和它们全部一起命名为简单音。]

655 συντεθέντων αὐτῶν [当它们结合在一起后]。名词 συλλαβή [音节] 派生自动词 συλλαμβάνω, 而 συλλαμβάνω 本身就具有"集合""聚集在一起"等意思。

656 μίαν τινὰ ἰδέαν [某种单一的理念], 单就这句话，在这里也可以译为"某种单一的形式"。

657 ἀμφότερά ἐστιν ἡ πρώτη συλλαβὴ τοῦ ἐμοῦ ὀνόματος [它们两个构成了我名字的第一个音节], 也可以译为"它们两个〈一起〉是我名字的第一个音节"。

658 οὐκοῦν μέρη αὐτῆς οὐ δεῖ εἶναι [那么它的部分就不应当是着], 当然也可以译为"那么就必然没有它的部分"。

659 Δεῖ γε δή [应该也肯定〈是正确的〉], 之所以这样翻译，因为无人称动词 δεῖ [应该 / 必须] 后面跟不定式，这里省略了 καὶ τὴν ἀπόκρισιν ὀρθὴν εἶναι [回答也是正确的]。

660 关于 τὸ ὅλον [整体] 和 τὸ πᾶν [全体], 可进一步参见亚里士多德《形而上学》辞典卷，即第五卷（1023b26-1024a10）中的内容。

661 πάντα ἕξ [全部的六], 法国布德本希腊文作 πᾶν τὰ ἕξ [某一全体，即六], 新校勘的牛津古典本希腊文仍作 πάντα ἕξ。基于这里的整个讨论，从布德本希腊文。

662 Πᾶν δ' οὐδὲν λέγομεν τὰ πάντα λέγοντες; [但当我们说出全部东西时，我们没有说出任何全体吗？] 这句话在法国布德本希腊文中作 Πάλιν δ' οὐδὲν λέγομεν τὰ πάντα λέγοντες [但当我们说出全部东西时，我们复又没有说出任何东西吗？]; 在新校勘的牛津古典本希腊文中作 Πάλιν δ' οὐδὲν λέγομεν τὸ πᾶν λέγοντες; [但当我们说出全体时，我们复又没有说出任何东西吗？] 从新校勘的牛津古典本希腊文。

663 οὗ ἂν μηδαμῇ μηδὲν ἀποστατῇ[它根本不会欠缺任何东西]，也可以完全按字面意思译为"在任何地方都没有任何东西站在它的远处"。

664 见前面 203e2 以下。

665 见前面 201e1 以下。

666 μονοειδής[单一形相的]，也可以译为"单一形式的"，同 πολυειδής[多样形相的 / 多样形式的]相对。形容词 μονοειδής 由 μόνος[唯一的]和 εἶδος[埃多斯 / 种 / 形状 / 外貌 / 样子]构成。参见《斐洞》(80b1-5)：τῷ μὲν θείῳ καὶ ἀθανάτῳ καὶ νοητῷ καὶ μονοειδεῖ καὶ ἀδιαλύτῳ καὶ ἀεὶ ὡσαύτως κατὰ ταὐτὰ ἔχοντι ἑαυτῷ ὁμοιότατον εἶναι ψυχή, τῷ δὲ ἀνθρωπίνῳ καὶ θνητῷ καὶ πολυειδεῖ καὶ ἀνοήτῳ καὶ διαλυτῷ καὶ μηδέποτε κατὰ ταὐτὰ ἔχοντι ἑαυτῷ ὁμοιότατον αὖ εἶναι σῶμα.[灵魂最相似于神性的东西、不死的东西、可思想的东西、单一形相的东西、不可分解的东西、总是同样地与自身保持同一的东西；而身体则最相似于那属人的东西、有死的东西、多样形相的东西、非可思想的东西、可分解的东西、从不与自身保持同一的东西。]

667 ἀμερές[无部分的]，也可以译为"不可分的"。

668 οὐκ ἔχω ἄλλως εἰπεῖν[我没有任何其他的要说]，也可以译为"我不能说其他的"。

669 σύνοισθα σαυτῷ 是一个整体。动词 σύνοιδα 的本义是"一起知道""同样知道"，而 σύνοισθα σαυτῷ 则表"你意识到"，字面意思是"你同你自己一起知道"。

670 参见前面 201c9-d1，但那里的原话是：τὴν μὲν μετὰ λόγου ἀληθῆ δόξαν ἐπιστήμην εἶναι[带有理据的真判断是知识]。

671 τὸ τὴν αὑτοῦ διάνοιαν ἐμφανῆ ποιεῖν διὰ φωνῆς μετὰ ῥημάτων τε καὶ ὀνομάτων[〈一个人〉借助动词和名词通过语音显明其思想]，也可以译为"〈一个人〉借助动词和名词通过声音使得其思想成为公开的"。此外，ῥῆμα 和 ὄνομα 对举时，分别指"动词"和"名词"。参见《智者》(262c2-7)：οὐδεμίαν γὰρ οὔτε οὕτως οὔτ' ἐκείνως πρᾶξιν οὐδ' ἀπραξίαν οὐδὲ οὐσίαν ὄντος οὐδὲ μὴ ὄντος δηλοῖ τὰ φωνηθέντα, πρὶν ἄν τις τοῖς ὀνόμασι τὰ ῥήματα κεράσῃ. τότε δ' ἥρμοσέν τε καὶ λόγος ἐγένετο εὐθὺς ἡ πρώτη συμπλοκή, σχεδὸν τῶν λόγων ὁ πρῶτός τε καὶ σμικρότατος.[因为，发出来的那些语音，既不以这种方式，也不以那种方式，揭示是者或不是者之行动，或〈揭示其〉不行动，或〈揭示其〉所是，在某人把一些动词和一些名词混合起来之前。但是，一旦它们配合在一起，最简单的交织就也就立即成为了言说，在诸言说中它差不多是最基

本的和最小的。]

672 ἐκτυπούμενον 是动词 ἐκτυπόω 现在时中动态分词，ἐκτυπόω 的本义是"打出轮廓"，但其中动态的意思喻为"形成影像";《牛津希-英词典》举了柏拉图在这里的这个表达，对 ἐκτυποῦσθαί τι εἰς... 的解释是: form an image of a thing in...。

673 οὐδαμοῦ ἔτι ὀρθὴ δόξα χωρὶς ἐπιστήμης γενήσεται [一个区别于知识的正确判断将绝不会再出现]，也可以译为"一个正确的判断将绝不再成为同知识相分离的"。

674 τὸ μηδὲν εἰρηκέναι 是一个整体，意思是"胡说""说空话"。

675 ὃ νῦν σκοποῦμεν [我们现在所考察的这种东西]，即 ἐπιστήμη [知识] 是 ὀρθὴ δόξα μετὰ λόγου [一种带有理据的正确判断]。

676 参见赫西俄德《工作与时日》456。

677 πρὶν ἂν διὰ τῶν στοιχείων μετὰ τῆς ἀληθοῦς δόξης ἕκαστον περαίνῃ τις [在一个人带着真判断从头至尾地过完〈构成它的〉每个字母之前]，这是意译，字面意思是"在一个人带着真判断穿过〈构成它的〉诸字母而过完每个〈字母〉之前"。

678 见 206a5 以下。

679 ἀντὶ δοξαστικοῦ [不再是一个〈单纯〉下判断的人]，字面意思是"取代一个〈单纯〉下判断的人"。

680 名词 διέξοδος 除了具有"出口""出路"等意思之外，还指"详细描述""详细叙述"，由之构成的词组 κατὰ διέξοδον 的意思就是"详细地"。

681 之所以这样补充翻译，因为现在时分词 ἡγούμενος [相信/认为] 在这里独立使用，表原因。

682 τοὺς οὕτως ἔχοντας [那些是这个样子的人]，也可以译为"那些处于这个状态的人"。

683 即"泰阿泰德"。

684 即"忒俄多洛斯"。

685 也即是说，他在写 Θεαίτητος 的第一个音节时，写正确了；但在写 Θεόδωρος 的第一个音节时，却写错了。由此可以看出，他只是偶然正确地写出了其中一个名字的第一个音节，但对之并无真正的知识。此外，Θεαίτητος 和 Θεόδωρος 这两个名字的第一个音节都和 Θεός [神] 相关，前者的意思是"从神那儿得到的"，后者的意思是"神给的"。参见《政治家》(277e2-278a4): {ΞΕ.} Λεκτέον ἐπειδὴ καὶ σύ γε ἕτοιμος ἀκολουθεῖν. τοὺς γάρ που παῖδας ἴσμεν, ὅταν ἄρτι γραμμάτων ἔμπειροι γίγνωνται— {ΝΕ. ΣΩ.} Τὸ ποῖον;

{ΞΕ.} Ὅτι τῶν στοιχείων ἕκαστον ἐν ταῖς βραχυτάταις καὶ ῥᾴσταις τῶν συλλαβῶν ἱκανῶς διαισθάνονται, καὶ τἀληθῆ φράζειν περὶ ἐκεῖνα δυνατοὶ γίγνονται. {ΝΕ. ΣΩ.} Πῶς γὰρ οὔ ; {ΞΕ.} Ταὐτὰ δέ γε ταῦτα ἐν ἄλλαις ἀμφιγνοοῦντες πάλιν δόξῃ τε ψεύδονται καὶ λόγῳ. {ΝΕ. ΣΩ.} Πάνυ μὲν οὖν. [客人：必须得说说，既然你的确准备进行跟随。关于孩子们，每当他们刚刚变得对文字有经验时，我们肯定知道……。年青的苏格拉底：〈知道〉何种东西？客人：那就是，在那些最短的和最容易的音节中的每个字母，他们〈能够〉充分地进行辨别，并且关于那些字母的各种真实，他们也变得有能力进行说明。年青的苏格拉底：为何不是呢？客人：但在其他一些音节中的同样这些字母，他们由于拿不定主意而复又在判断和言说中犯错。年青的苏格拉底：当然。]

686 λόγον γε ἔχων μετὰ ὀρθῆς δόξης[甚至即使他还具有伴随着正确判断的一个理据]，也可以译为"甚至即使在正确判断的中间他还具有一个理据"，或者进一步意译为"甚至即使除了正确的判断，他还具有一个理据"。

687 τὴν ... διὰ τοῦ στοιχείου ὁδὸν ἔχων ἔγραφεν[他是在遵循贯穿字母的道路的情况下进行书写的]，有意按照字面意思翻译。这句话也可以简单意译为"他按照字母顺序有条理地进行了书写"。

688 整个这句话也可以译为：因此，朋友啊，有着一种带有理据的正确判断，但仍然不应将之称作知识。

689 ὄναρ[梦]是中性名词，但在这里作副词使用，意思是"在梦里"；《牛津希-英词典》举了柏拉图在这里的这个表达，对它的解释是：in a dream, in sleep。

690 见 206c8。

691 κατὰ τὸν οὐρανόν[在整个天上]。介词 κατὰ 跟表地点的名词的宾格，意思是"遍及"，例如：καθ' Ἑλλάδα[遍及希腊/在整个希腊]。

692 这段话已经隐含了后来所谓的"定义"，即"属加种差"。

693 密西亚人（Μυσός）是小亚细亚的一支民族，在荷马的《伊利亚特》中被视为最软弱的人。后来 ὁ Μυσῶν ἔσχατος[最不中用的密西亚人]成为固定表达，泛指"最不中用的人""最无价值的人"。

694 ἥ[它]，由于是阴性单数，只能指代前面的"〈你的〉这个扁平鼻子的形状"。

695 τὸ προσλαβεῖν λόγον τῇ ὀρθῇ δόξῃ[把理据增加到正确的判断身上]，也可以译为"〈除了〉正确的判断此外还取得理据"。

696 ἡ σκυτάλης ἢ ὑπέρου περιτροπή[一根〈密码〉棍或一把杵子的〈空〉转]，

这几乎完全是按字面意思翻译。该表达在当时是一个谚语，喻为"徒劳无功"；《牛津希-英词典》举了柏拉图在这里的这个表达，对之的解释是：of labour in vain。另外，σκυτάλη 除了泛指棍、棒之外，也专指斯巴达官员传递密信的木棍；木棍上螺旋地缠着皮带，在皮带上由上至下写上文字，另一个地方的官员必须把该皮带缠到一根同样粗细的棍子上才能识读皮带上的文字。此外，单就 περιτροπή 而言，意思是"旋转""绕圈""循环"。

697 πρὸς ταύτην τὴν ἐπίταξιν οὐδὲν ἂν λέγοι [不会比这个指令更在胡说八道]，也可以进一步意译为"在这个指令面前并不会更为荒唐"；如果完全按照字面翻译，还可以译为"会没有说出任何东西来反对这个指令"。

698 法国布德本希腊文也作 Εἰπὲ δὴ τί νυνδὴ ὡς ἐρῶν ἐπύθου；[那么请说吧！你刚才询问〈我〉时你〈还想〉说什么？] 而新校勘的牛津古典本希腊文将之改为 Εἰ δέ γε—τί νυνδὴ ὡς ἐρῶν <ἔτ> ἐπύθου；[但是，如果——你刚才询问〈我〉时，还有什么要说？] 两者的意思大致差不多。

699 ἡδὺ χρῆμ' ἂν εἴη [事情会是多么令人愉快呀！] 也可以译为"一件多么令人愉快的事情啊！"或"一件多么让人喜欢的事情啊！"这是在说反话或讽刺；因而也可以直接将之意译为"这完全是一种胡闹"。

700 βασιλεύς 本义是国王，但在这儿不指国王，而指"国王执政官"，全名为 ὁ ἄρχων βασιλεύς 或 ὁ ἄρχων ὁ βασιλεύς。当时雅典一共设有九位执政官，除了六位级别较低负责法律事务的"立法执政官"（θεσμοθέται）之外，还有"名年执政官"（ὁ ἐπώνυμος ἄρχων）"国王执政官"和"战争执政官"（ὁ πολέμαρχος ἄρχων）。所谓名年执政官或年号执政官，即以其姓名确定年号的执政官，也称为首席执政官；国王执政官负责宗教方面的事务，在九位执政官中居第二位。
参见《欧梯弗戎》（2a1-4）：Τί νεώτερον, ὦ Σώκρατες, γέγονεν, ὅτι σὺ τὰς ἐν Λυκείῳ καταλιπὼν διατριβὰς ἐνθάδε νῦν διατρίβεις περὶ τὴν τοῦ βασιλέως στοάν; οὐ γάρ που καὶ σοί γε δίκη τις οὖσα τυγχάνει πρὸς τὸν βασιλέα ὥσπερ ἐμοί. [嘿，苏格拉底，什么特别新奇的事情发生了，你放弃在吕克昂的溜达，此刻在这儿于国王执政官的门廊前徘徊？因为你肯定不至于像我一样，恰好到国王执政官这儿来面对一场官司吧。]《政治家》（290 e 6-8）：τῷ γὰρ λαχόντι βασιλεῖ φασιν τῇδε τὰ σεμνότατα καὶ μάλιστα πάτρια τῶν ἀρχαίων θυσιῶν ἀποδεδόσθαι. [他们说，自古以来的祭祀中那些最神圣的以及尤其从父辈传下来的，在这儿被委托给了由抽签选出来的国王执政官。] 以及亚里士多德《雅典政制》（57. 1.9-2.1）：ὡς δ' ἔπος εἰπεῖν καὶ τὰς πατρίους θυσίας διοικεῖ

οὗτος πάσας.［一言以蔽之，他管理所有父辈传下来的祭祀。］

701　从内容和情景安排上看，《泰阿泰德》《智者》和《政治家》是依次展开的三篇对话。参见《智者》（216a1-2）：{ΘΕΟ.} Κατὰ τὴν χθὲς ὁμολογίαν, ὦ Σώκρατες, ἥκομεν αὐτοί τε κοσμίως καὶ τόνδε τινὰ ξένον ἄγομεν.［忒俄多洛斯：依照昨日的约定，苏格拉底啊，我们自己已经老老实实地来了，并且我们在这里还带来了一位客人。］

术语索引

缩略语
［拉］拉丁文　［德］德文　［英］英文
adv.—副词　comp.—比较级　sup.—最高级

ἀβελτερία 愚蠢
　［拉］stultitia
　［德］Albernheit
　［英］silliness, fatuity
　174c6

ἀγάζω 十分赞扬，崇敬
　［拉］probo
　［德］loben, verehren
　［英］exalt overmuch, honour, adore
　142c7

ἀγαθός(comp. βελτίων, ἀμείνων; sup. βέλτιστος, ἄριστος) 善的，好的，优秀的
　［拉］bonus
　［德］gut
　［英］good
　142b7, 148b3, 149d7, 151b7, 153b11, 153c3, 153d8, 157d8, 161d1, 161d4, 163c4, 166d7, 167a3, 167a5, 167b4, 167c3, 168e5, 168e6, 169a1, 169b5, 169d7, 176a6, 176b3, 176b6, 176d2, 177d2, 178d5, 178e3, 178e5, 179a3, 183c5, 184e3, 185e5, 186a8, 200b1, 200e6, 209c1

ἀγάλλω 赞扬，赞美
　［拉］exsulto
　［德］verherrlichen
　［英］glorify, exalt
　176d3

ἀγαπάω 欢迎，爱
　［拉］amice et hilariter excipio, amo
　［德］willkommen heißen, lieben
　［英］greet with affection, love
　164c9, 207a5

ἀγγεῖον 盛器，容器，桶，盆
　［拉］vas
　［德］Behältnis
　［英］vessel
　197e2

ἀγγέλλω 送信，传递消息，宣告

[拉]nuncio
[德]Botschaft sagen, berichten
[英]bear a message, announce
144b8

ἀγέλη 一群
[拉]grex
[德]Herde
[英]herd
197d7

ἀγεννής 微不足道的，卑微的
[拉]ignobilis
[德]gemein, unedel
[英]ignoble
164c4, 184c2

ἀγνοέω 不知道
[拉]ignoro
[德]nicht wissen, verkennen
[英]to be ignorant of, fail to understand
147b7, 150e1, 175b6, 176d7, 176d7, 188b5, 193b5, 196e4, 196e6, 199d2, 199d5, 199d7, 203d4

ἄγνοια 无知
[拉]ignorantia
[德]Unwissenheit
[英]ignorance
176c5

ἀγνωμοσύνη 无知，愚昧，误解
[拉]ignorantia
[德]Unbesonnenheit, Unverstand
[英]want of acquaintance with, folly, misunderstandings
199d2

ἄγνωστος 不可知的，不可认识的
[拉]ignotus, incognitus
[德]unerkennbar
[英]unknowable
202b6, 202e1, 205c10, 205e3, 206b10

ἄγονος 不生育的，不结果的，无子女的
[拉]non natus, infecundus, liberos non habens
[德]unfruchtbar, kinderlos
[英]unborn, unfruitful, childless
150c4, 157c8

ἀγορά 市场
[拉]forum
[德]Markt
[英]market
142a2, 173d1

ἀγριαίνω 使生气，使恼怒
[拉]irrito
[德]zornig werden
[英]make angry
151c4

ἄγριος (adv. ἀγρίως) 野蛮的，残忍的
[拉]rigidus, agrestis
[德]wild, grausam
[英]wild, savage
197c2

ἀγροικίζομαι 有土气，粗俗
[拉]rustice ago
[德]sich bäurisch betragen
[英]to be rude and boorish
146a6

ἄγροικος 粗野的，土气的，乡下的
[拉]imperitus, illepidus, inurbanus
[德]bäurisch, ländlich, geschmacklos
[英]boorish, rude, rustic
146b2, 174d8

ἀγρός 乡村，田地
　　[拉] rus, ager
　　[德] Feld, Landgut
　　[英] country, field
　　142a1, 143a9

ἀγχίνοος 思想敏锐的，机灵的
　　[拉] sagax
　　[德] scharfsinnig
　　[英] ready of wit, shrewd
　　144a7

ἄγω 引领，带走
　　[拉] duco
　　[德] führen, bringen
　　[英] lead, carry, bring
　　154e8, 162d6, 169c4, 172b7, 172c2

ἀγών 官司，诉讼，竞赛
　　[拉] certamen
　　[德] Prozeß, Wettkampf
　　[英] trial, contest
　　172e6

ἀγωνίζομαι 竞赛，夺奖
　　[拉] certo, certamen ineo
　　[德] kämpfen
　　[英] contend for a prize
　　167e4, 168d2

ἀγωνιστής 竞赛者，争论者，斗争者
　　[拉] certator
　　[德] Wettkämpfer
　　[英] combatant
　　164c9

ἀδεής (adv. ἀδεῶς) 不怕的
　　[拉] intrepidus
　　[德] furchtlos
　　[英] fearless

144a1

ἄδηλος 不清楚的，不可测知的
　　[拉] incertus, obscurus
　　[德] unklar, unbekannt
　　[英] unseen, invisible, unknown
　　171c9

ἀδημονέω 苦恼
　　[拉] gravissime angor, terreor
　　[德] angstvoll, verlegen sein
　　[英] to be sorely troubled, be in anguish, to be puzzled
　　175d4

ἀδικέω 行不义，犯错误
　　[拉] injuste seu inique ago
　　[德] Unrecht tun, verletzen
　　[英] do wrong, harm, injure
　　167e1, 167e2, 167e3, 175c1, 176d1, 176e1, 183d3

ἀδικία 不义
　　[拉] injustitia
　　[德] Ungerechtigkeit, Rechtlosigkeit
　　[英] injustice
　　175c2, 176d7

ἄδικος (adv. ἀδίκως) 不正当的，不公正的，非正义的
　　[拉] injustus, iniquus
　　[德] ungerecht
　　[英] unjust, unrighteous
　　150a1, 172a2, 172b3, 176c1, 177a1, 190b3

ἀδολέσχης 闲谈者，空谈者
　　[拉] nugator, garrulus
　　[德] Schwätzer
　　[英] prater, idle talker

195b10

ἀδολεσχία 闲谈，瞎说，饶舌
　　［拉］nugatio, garrulitas
　　［德］Geschwätzigkeit
　　［英］prating, garrulity
　　195c2

ἀδυναμία 无能，无力，不可能
　　［拉］impotentia, imbecillitas
　　［德］Unmöglichkeit, Unvermögen
　　［英］inability, incapacity
　　192c4

ἀδύνατος 不可能的，无能力的
　　［拉］impotens, inops
　　［德］unmöglich, unvermögend
　　［英］impossible, unable
　　148a1, 149b7, 155b2, 155c3, 159a1,
　　160b1, 160b3, 164b8, 164d8, 165b6,
　　176e1, 185a1, 186c8, 186d5, 187b4,
　　188b6, 188c6, 190d4, 191a9, 191e8,
　　192a4, 192b5, 192b7, 196b10,
　　199a8, 200d1, 202a8

ἄδυτος 不得进入的
　　［拉］ad quem non patet ingressus
　　［德］unbetretbar
　　［英］not to be entered
　　162a2

ἀείδω 歌唱
　　［拉］cano
　　［德］singen
　　［英］sing
　　164c5

ἀηδής (adv. ἀηδῶς) 令人生厌的，不愉快的
　　［拉］molestus
　　［德］unangenehm, widrig
　　［英］unpleasant, disagreeable
　　143b2, 177c3, 195b10

ἀήθεια 不习惯，无经验
　　［拉］insolentia
　　［德］Ungewohntheit
　　［英］unaccustomedness, inexperience
　　175d4

ἀήθης 不寻常的，奇异的
　　［拉］insolitus
　　［德］ungewohnt
　　［英］unwonted, strange
　　146b3

ἄθεος 无神的，不信神的
　　［拉］atheus
　　［德］gottlos
　　［英］without God, denying the gods
　　176e4

ἄθλιος 可怜的，不幸的
　　［拉］miser
　　［德］unselig, elend
　　［英］wretched, miserable
　　176e4

ἀθλιότης 不幸，悲惨
　　［拉］miseria
　　［德］Elend
　　［英］wretchedness
　　175c6

ἀθρέω 细看，考虑，思量
　　［拉］video, considero
　　［德］sehen, hinschauen, beobachten
　　［英］gaze at, observe, consider
　　155e3, 156c6, 191e4

ἄθροισμα 聚合物，聚集

[拉] collectio, congeries
[德] das Sammeln, Versammlung
[英] that which is gathered, a gathering, aggregate
157b9

ἀθροίζω 集合，聚集
[拉] congrego, colligo
[德] sammeln, vereinigen
[英] gather together, collect
157b9

ἀθρόος 整个的，聚集的，作为整体的
[拉] universus, simul totus
[德] versammelt, sämtlich
[英] together, as a whole
182a9

αἰδοῖος 可敬的，可畏的
[拉] venerabilis
[德] ehrwürdig
[英] awesome, reverent
183e6

αἰνιγματώδης 谜语似的
[拉] aenigmaticus
[德] rätselhaft
[英] riddling, dark
180a4

αἰνίσσομαι 暗示，说谜语，说隐语
[拉] obscure significo
[德] andeuten, dunkel reden
[英] hint, intimate, to speak riddling
152c9, 194c8

αἵρεσις 选择
[拉] optio
[德] Wahl
[英] choice

196c9

αἱρέω 拿，抓，捕获，判罪，选举
[拉] capio, convinco, eligo
[德] nehmen, fangen, zu Fall bringen, wählen
[英] grasp, seize, convict, elect
142b2, 179c4, 196c8

αἰσθάνομαι 感觉到，注意到
[拉] sentio
[德] mit den Sinnen wahrnehmen, merken
[英] perceive, apprehend by the senses
144a2, 149d5, 151e1, 152b11, 152c2, 159d3, 159e5, 159e8, 160a1, 160a8, 160a9, 160c5, 163b1, 163c3, 163d8, 163e8, 175d6, 182b7, 184c8, 184d4, 184e5, 185a1, 185a6, 185c8, 185d4, 186b3, 186c1, 186e1, 192a3, 192a4, 192a7, 192b1, 192b2, 192b4, 192b6, 192b7, 192c1, 192c2, 192c3, 192c4, 192c10, 192d1, 192d6, 192e3, 192e6, 193a9, 193b1, 193d6, 193e1, 193e3, 194b2, 195d9

αἴσθησις 感觉，感知
[拉] sensus
[德] Empfindung
[英] sensation
151e3, 151e6, 152c1, 152c5, 156b1, 156b3, 156c2, 156d4, 158a1, 158a5, 159d1, 159d2, 159e2, 159e5, 159e8, 160c7, 160d6, 160e1, 161c6, 161d3, 163a8, 163d8, 164a6, 164b9, 164d10, 165d7, 165d8, 166c4,

167c1, 167c2, 168b7, 179c3, 179d1,
182a5, 182a7, 182b5, 182d8, 182e4,
182e7, 183c2, 184b5, 184d2, 186e2,
186e9, 186e12, 187a4, 191d6,
192b3, 192b5, 192d6, 192d7, 193a2,
193b6, 193d7, 193e1, 193e4, 194a1,
194a2, 194a6, 194a7, 194c6, 194d3,
195c8, 195d1, 196c5, 210a9

αἰσθητής 感觉者
　［拉］qui sentit
　［德］Wahrnehmender
　［英］one who perceives
160d3

αἰσθητικός 能感觉的，有感觉能力的
　［拉］sentiendi vim habens
　［德］zum Wahrnehmen fähig
　［英］sensitive, perceptive
182a6

αἰσθητός 可感觉的
　［拉］sensibilis
　［德］wahrnehmbar
　［英］sensible, perceptible
156b1, 156b2, 156b7, 156c3, 182b6,
184d5, 202b6

ἀίσσω 急射，猛冲
　［拉］irruo, erumpo
　［德］anstürmen, schwingen
　［英］shoot, dart
144a8

αἰσχρός (comp. αἰσχίων) 丑陋的，可耻的
　［拉］turpis
　［德］häßlich, schändlich
　［英］ugly, shameful, base
151d8, 172a1, 185e4, 186a8, 189c6,

190b3, 190d1, 194c2, 195d4

αἰσχύνω 羞愧，感到羞耻
　［拉］pudefacio
　［德］beschämen, sich schämen
　［英］to be ashamed, feel shame
183e4, 190e9

αἰτέω 要求，索取
　［拉］peto
　［德］bitten, verlangen
　［英］ask, beg, demand
146d3

αἰτία 罪责，原因
　［拉］accusatio, crimen, causa
　［德］Beschuldigung, Ursache
　［英］responsibility, guilt, cause
149b9, 150a4, 169a4, 205c9, 205d1,
205e4

αἰτιάομαι 指责，责怪，归咎
　［拉］culpo
　［德］beschuldigen
　［英］accuse, censure
150e2, 168a3

αἴτιον 原因
　［拉］causa
　［德］Ursache
　［英］cause
149b2, 150c7

αἴτιος 有责任的
　［拉］in quo caussa rei est
　［德］verantwortlich
　［英］responsible
150e1

ἀκίνητος (adv. ἀκινήτως) 不动的，固定的
　［拉］immobilis, immotus, firmus

[德]unbewegt, unbeweglich, fest
[英]unmoved, motionless, steadfast
180e1, 181b1

ἀκμάζω 兴盛，繁荣
[拉]floreo
[德]blühen, reif sein
[英]to be in full bloom, flourish
148c3

ἀκοή 聆听，传闻，听觉
[拉]auditus
[德]das Hören, Gerücht
[英]hearing, hearsay
142d1, 156b4, 156c1, 185a2, 185b8, 185c2, 206a6

ἀκολουθέω 追随，跟着走，听某人引导，服从
[拉]sequor
[德]folgen
[英]follow, go after
185d5, 201d7

ἀκούω 听
[拉]audio
[德]hören
[英]hear
142b8, 143a6, 143e5, 144b9, 145b2, 146b8, 148e2, 148e4, 149a1, 149a3, 149a4, 149a10, 157d9, 158b8, 158e5, 162e3, 163b2, 163b4, 163b9, 163c1, 163c3, 165d8, 166c8, 173d4, 174d5, 174e3, 174e4, 176d3, 177a8, 177c4, 180d5, 182b1, 182e1, 183d6, 183d9, 184b9, 184c7, 186d10, 189a1, 191a6, 191d5, 191e4, 192d3, 192d6, 193b4, 194c1, 195a5, 197a8, 197b6, 198c8, 201c1, 201c8, 201d5, 201d8, 201e1, 202c5

ἀκρίβεια 准确，精确，严格
[拉]accuratio
[德]Genauigkeit
[英]exactness, precision
184c2

ἄκρος 在最高处的，极端的
[拉]summus
[德]oberster, äußerster
[英]highest or farthest point
148c7, 148c8, 152e4, 201c6

ἄκυρος 无权威的，不再生效的，作废的
[拉]auctoritate privatus, obsoletus
[德]machtlos, ungültig
[英]without authority, invalid, obsolete
169e2, 178d9

ἄκων (ἀέκων) 不情愿的，勉强的，无意的
[拉]invitus
[德]unfreiwillig, widerwillig
[英]involuntary, constrained
180c5, 206b10

ἀλείφω 抹油，涂油
[拉]ungo
[德]salben
[英]anoint the skin with oil
144c2, 144c3

ἀλεκτρυών 公鸡
[拉]gallus
[德]Hahn
[英]cock

164c4
ἀλήθεια 真，真相，真理
　[拉] veritas
　[德] Wahrheit
　[英] truth
　152c10, 155d10, 159d7, 161c4,
　162a1, 166d1, 170e9, 171c6, 172a3,
　172a8, 186c7, 186c9, 186d3, 186e4,
　195b4, 195b5, 201b3
ἀληθεύω 说真话
　[拉] vera loquor
　[德] die Wahrheit sagen
　[英] speak truth
　202c1
ἀληθής (adv. ἀληθῶς) 真的
　[拉] verus, rectus
　[德] wahr, wirklich, echt
　[英] true, real
　142d4, 143a6, 144e7, 148c3, 150b3,
　150c3, 150c6, 150e7, 151c4, 151d2,
　154d7, 155c9, 158a4, 158b1, 158d4,
　158d11, 158e3, 158e6, 160c7,
　160e7, 161d3, 161d7, 162a1, 164b3,
　164b7, 167a7, 167b1, 167b3, 167b4,
　167c2, 168b4, 169e6, 170b8, 170c3,
　170c4, 170c5, 170d6, 170d8, 170e5,
　171a8, 171b2, 171b6, 171b11,
　171c6, 172b5, 173a7, 174b7, 176a2,
　176b8, 176c3, 176d5, 178b6, 179a4,
　179b9, 179c2, 181a7, 181e8, 187b5,
　187c5, 187e6, 188c8, 188e1, 189c7,
　189c11, 190b9, 190d9, 192e4,
　193a5, 194b3, 194b5, 194c2, 194d4,
　195b9, 195c1, 196c3, 197b2, 198d9,
　199b8, 199e6, 200a5, 200e4, 200e5,
　201c1, 201c4, 201d1, 202b7, 202b8,
　202c7, 206a9, 206c4, 206e3, 207b5,
　207c2, 208b7, 208b12, 209c10,
　210b1
ἀληθινός 真实的
　[拉] verus, verax
　[德] wahrhaft, wirklich
　[英] true, genuine
　150b1, 176c5, 187c4
ἁλίσκομαι 被捉住，被查获，被判罪
　[拉] prehendor, occupor
　[德] gefangen werden, ertappt werden
　[英] to be caught, seized
　179b6, 179b7, 179c2, 182d3
ἀλλοδοξέω 误认一物为另一物
　[拉] aliud opinor
　[德] andrer, irriger Meinung sein
　[英] mistake one thing for another
　189d5, 190e1
ἀλλοδοξία 弄错了的判断
　[拉] opinionis diversitas
　[德] eine andre, irrige Meinung
　[英] mistaking of one thing for another
　189b12
ἄλλοθι 在别处
　[拉] alibi, alio loco
　[德] anderswo
　[英] elsewhere, in another place
　174c2, 188e3, 192c6
ἀλλοῖος 不同的，别的
　[拉] alius, varius
　[德] andersartig, verschieden
　[英] different

159e8, 166b1, 167a3
ἀλλοιόω 变化，改变
　　［拉］muto
　　［德］verändern
　　［英］change, alter
　　157b7, 181d2, 181e1, 182c7
ἀλλοίωσις 不同，改变，变化
　　［拉］mutatio
　　［德］Veränderung
　　［英］difference, alteration
　　181d2, 181d5, 182c9
ἀλλόκοτος 奇异的，异乎寻常的
　　［拉］alienus, monstrosus
　　［德］fremdartig, ungewöhnlich
　　［英］strange, portentous
　　182a8
ἄλλοσε 到别处，到其他地方
　　［拉］alio, aliorsum
　　［德］anderswohin
　　［英］to another place
　　202e7
ἄλλοτε 别的时候，其他时候
　　［拉］alio tempore
　　［德］zu andrer Zeit
　　［英］at another time
　　172c4, 187d1
ἀλλοτριονομέω 分配错
　　［拉］aliena tribuo
　　［德］Fremdartiges zuteilen
　　［英］assign things to their wrong place
　　195a7
ἀλλότριος 属于别人的，别人的，外方人的
　　［拉］extraneus

　　［德］fremd, ausländisch
　　［英］foreign, strange
　　193c6, 205c9
ἁλμυρός 咸的
　　［拉］salsus
　　［德］salzig
　　［英］salt
　　185b10
ἀλογία 缺乏理性，欠缺考虑，荒谬
　　［拉］rationis privatio, abusrditas
　　［德］Unvernunft, Mangel an Überlegung
　　［英］want of reason, absurdity
　　167e2, 199d4, 199d6, 207c8
ἄλογος 没有道理的，荒谬的
　　［拉］a ratione alienus, absurdus
　　［德］unvernünftig, grundlos
　　［英］not according to reason, irrational
　　199a3, 201d1, 202b6, 203a4, 203b6, 203d6, 205c9, 205e3
ἄλοχος 未婚的；妻子
　　［拉］quae nondum peperit, uxor
　　［德］Unvermählte, Gattin
　　［英］unwedded, wife
　　149b10
ἀμαθής 无知的
　　［拉］inscitius
　　［德］unwissend
　　［英］ignorant, stupid
　　150d3, 151a1, 161e2, 167a2, 170c7, 171d7, 195a9
ἀμαθία 无知，愚蠢
　　［拉］inscitia
　　［德］Unwissenheit, Torheit

[英] ignorance, stupidity
153c1, 170b6, 170b9, 176c5

ἄμαξα 车，大车
    [拉] currus
    [德] Wagen
    [英] wagon
    207a3, 207a4, 207a6, 207b8, 207c3

ἁμαρτάνω 犯错，犯罪
    [拉] pecco
    [德] verfehlen, sündigen
    [英] do wrong, err, sin
    146a2, 146c5, 189c3, 194a4, 199b3

ἀμβλίσκω 流产
    [拉] abortior
    [德] eine Fehlgeburt tun
    [英] cause to miscarry
    149d3

ἀμβλύς 钝的，模糊的
    [拉] obtusus, hebes
    [德] stumpf, matt
    [英] blunt, dim, faint
    165d3, 174e7

ἀμελετησία 疏忽，懈怠
    [拉] negligentia
    [德] Vernachlässigung, Gedankenlosigkeit
    [英] want of practice, negligence
    153b11

ἀμερής 没有部分的，不可分的
    [拉] individuus, partes non habens
    [德] ungeteilt, unteilbar
    [英] without parts, indivisible
    205e2

ἀμέριστος 不可分的，分不开的
    [拉] indivisibilis
    [德] ungeteilt
    [英] undivided, indivisible
    205c2, 205d2

ἀμήχανος 不同寻常的，极大的
    [拉] immensus
    [德] unbeschreiblich, unwiderstehlich
    [英] extraordinary, enormous
    184a6

ἀμνημονέω 不注意，不记得，忘记
    [拉] immemor sum, obliviscor
    [德] vergessen
    [英] to be unmindful, forget
    207d8, 207e5

ἄμουσος 非文艺的，无音乐修养的
    [拉] immusicus
    [德] unmusikalisch
    [英] unmusical
    144e5, 156a2

ἀμυδρός 模糊不清的，朦胧的
    [拉] obscurus
    [德] dunkel, undeutlich
    [英] dim, faint, obscure
    195a2

ἀμύητος 未入教的，世俗的
    [拉] non initatus sacris areanis, profanus
    [德] nicht eingeweiht
    [英] uninitiated, profane
    155e3

ἀμύνω 防守，保卫自己，复仇
    [拉] defendo, propugno
    [德] abwehren, sich wehren, vergelten
    [英] ward off, defend oneself against,

revenge

164e3, 181a1

ἀμφιδρόμια 绕灶仪式

[拉] dies festus (a nato infante quintus) quo puer circa focum cursu ferebatur

[德] attisches Fest der Namengebung für das neugeborene Kind, bei welchem letzteres um den Hausaltar herumgetragen wurde

[英] carried it round the hearth

160e6

ἀμφισβητέω 持异议，争论

[拉] controversor, discepto

[德] nicht übereinstimmen, widersprechen

[英] disagree with, stand apart

153a2, 158b1, 158c8, 158d1, 163c5, 167d5, 171b10, 171c5

ἀμφισβήτημα 争论之点

[拉] controversia

[德] Streitpunkt

[英] point in dispute, question

158b5

ἀμφισβήτησις 争论

[拉] disceptatio, contentio

[德] Streit

[英] dispute, controversy

198c9

ἀμφότερος (adv. ἀμφοτέρως) 双方的，两边的

[拉] ambo, uterque

[德] beidseitig, beide

[英] both together, both of two

159d2, 170c4, 170c5, 178c6, 178c7, 180e6, 181a2, 181b1, 181e1, 181e2, 181e4, 182b4, 182c6, 185a4, 185a5, 185a9, 185b2, 185b10, 188b4, 188b5, 189e2, 190c6, 190d11, 193d5, 195b7, 196d1, 200b1, 203c4, 203c8, 203c10, 203d5, 203d8

ἀναβάλλω 推迟，拖延

[拉] differo

[德] aufschieben, hinhalten

[英] put off, delay

175e5

ἀναγιγνώσκω 确知，阅读，重识，识别

[拉] accurate cognosco, lego, recognosco

[德] genau erkennen, verlesen, wieder erkennen

[英] know well, read, know again, recognize

143b3, 152a4, 152a5, 198e3, 198e7

ἀναγκάζω 逼迫，迫使

[拉] cogo, compello

[德] nötigen, zwingen

[英] force, compel

145c4, 150c8, 154b7, 157b2, 169a8, 169b4, 173a5, 174c2, 179b4, 190d9, 190e6, 190e9, 196b10, 196c1, 200c3

ἀναγκαῖος (adv. ἀναγκαίως) 必然的

[拉] necessarius

[德] notwendig

[英] necessary

149c5, 159a3, 174e1, 181d3, 184c4

ἀνάγκη 必然（性），强迫

[拉] necessitas

[德] Notwendigkeit

[英] necessity

142d2, 159a9, 159b11, 160a8, 160b6, 160e4, 162e5, 170d1, 170e6, 170e7, 171a4, 171b3, 171d4, 172e2, 176a6, 179a7, 179b1, 179b3, 182a2, 184c4, 186e3, 188a7, 188a9, 189a7, 189e1, 189e3, 190c2, 191c2, 200d3, 203d7, 203d9, 204a7, 204c9, 205a3, 205b1, 209b1

ἀναγνώρισις 识别，重识
[拉] agnitio
[德] Wiedererkennung
[英] recognition
193c4

ἀναδύομαι 撤回，退回，逃避
[拉] renuo, effugio
[德] zurücktreten, zurückziehen
[英] draw back, retire
145c2

ἀναιδής 无耻的
[拉] impudens
[德] unverschämt
[英] shameless
196d10

ἀναισχυντέω 不知羞耻
[拉] impudens sum
[德] unverschämt sein
[英] to be shameless
196d3

ἀναίσχυντος 无耻的，可耻的
[拉] impudens
[德] schamlos, unverschämt
[英] shameless, shameful
196d6

ἀνακρίνω 盘问，调查
[拉] interrogo, scrutor
[德] ausfragen, erforschen
[英] examine closely, interrogate
188d8

ἀνακύπτω 探头，把头伸出水面
[拉] caput erigo, emergo
[德] aufducken, emportauchen
[英] lift up the head, come up out of the water
171d1

ἀναλαμβάνω 拿起，采取，从事
[拉] adsumo, recipio
[德] aufnehmen, sich unterziehen
[英] take up, adopt, undertake
187c7, 198d6, 203a1

ἀναλογίζομαι 计算，思考
[拉] ratiocinor, cogito mecum
[德] bei sich überlegen, berechnen
[英] reckon up, calculate, consider
186a10

ἀναλόγισμα 计算结果，计算，考虑
[拉] ratiocinatio
[德] Berechnung, Erwägung
[英] a result of reasoning
186c2

ἀνάλωτος 不被拿下的，攻不破的
[拉] qui capi non potest, invictus
[德] nicht erobert, uneinnehmbar
[英] not to be taken, impregnable
179c5

ἀναμάρτητος 未失误的，未犯错的
[拉] peccati expers, sine peccato
[德] fehlerlos, schuldlos
[英] making no mistake, unerring

146a4, 200e4

ἀναμιμνήσκω 记起，忆及，提醒
[拉] recordor
[德] erinnern, denken an
[英] remember, recall to mind
142c4, 143a2, 166e2, 190b2, 209c8

ἀνανδρία 怯懦
[拉] ignavia
[德] Feigheit
[英] cowardice
176c4

ἄνανδρος 怯懦的，没有男子气概的
[拉] ignavus
[德] feig, unmännlich
[英] wanting in manhood, cowardly
177b4, 203e8

ἀνάξιος 无价值的，不值一文的
[拉] indignus
[德] unwürdig
[英] unworthy, worthless, despicable
184a7

ἀνάπαλιν 回去，再一次
[拉] e contrario, in vicem
[德] wieder zurück, von neuem
[英] back again
192d3

ἀναπαύω 停止，休息
[拉] cesso, quiesco
[德] hindern, sich erholen, Ruhe haben
[英] stop, hinder, rest
143a8, 143b2, 143b3

ἀναπείθω 诱劝，误导，说服
[拉] persuadeo
[德] umstimmen, verleiten
[英] seduce, mislead, persuade
166c8, 190c2

ἀνάπλεος 充满某物的，沾满某物的
[拉] plenus
[德] voll
[英] quite full of
196e1

ἀναρίθμητος 无数的，数不清的
[拉] innumerus
[德] unzählig, ungezählt
[英] not to be counted, countless
175a3

ἀνάρμοστος 不和谐的，不合适的
[拉] haud congruens, absonus
[德] nicht passend, unharmonisch
[英] out of tune, not fitting
178d4

ἀνασκέπτομαι 细看，仔细检查
[拉] considero
[德] aufmerksam betrachten, beschauen
[英] look about carefully
144d9, 145b3

ἀνασπάω 向上拉
[拉] sursum traho
[德] emporziehen
[英] draw, pull up
180a4

ἀνατλῆναι 经受，承受
[拉] tolero
[德] vertragen
[英] endure
169c5

ἀναφαίνω 显示，展示
　　［拉］manifesto, ostendo
　　［德］zeigen, erscheinen
　　［英］show forth, make known, display
　　157a7, 157d3, 162c4

ἀναφανδά (ἀναφανδόν) 明显地，公开地
　　［拉］manifesto, aperte
　　［德］sichtbar, offenbar
　　［英］visibly, openly
　　180d3

ἀναφέρω 携往，带回
　　［拉］refero
　　［德］zurückführen
　　［英］carry up, carry back
　　175a6, 184e2

ἀναφύω 生长
　　［拉］recresco
　　［德］wachsen
　　［英］grow up
　　180c1

ἀνδράποδον 奴隶（尤其指战争中被俘后被卖为奴的人）
　　［拉］mancipium, qui bello captus et in servitutem redactus est
　　［德］Sklave, bes. kriesgefangener Sklave
　　［英］one taken in war and sold as a slave
　　175d6

ἀνδρεῖος (adv. ἀνδρείως) 勇敢的
　　［拉］fortis
　　［德］tapfer
　　［英］manly, courageous
　　144a5, 144b1, 157d4, 177d3

ἀνδρίζω 做男子汉，英勇
　　［拉］virum facio
　　［德］zum Mann erziehen, sich als Mann zeigen
　　［英］make a man of, make manly, play the man
　　151d6

ἀνδρικός (adv. ἀνδρικῶς) 勇敢的，有男子气概的
　　［拉］virilis
　　［德］mannhaft
　　［英］masculine, manly
　　177b3, 205a1

ἀνέκπληκτος 不惊慌的，无畏的
　　［拉］intrepidus
　　［德］unerschrocken, furchtlos
　　［英］undaunted, intrepid
　　165b9

ἀνεκτός 可容忍的，可忍受的
　　［拉］tolerandus
　　［德］erträglich
　　［英］tolerable
　　154c4, 167d3, 181b6

ἀνέλεγκτος 不可反驳的
　　［拉］irreprehensibilis
　　［德］unwiderlegbar
　　［英］not refuted, irrefutable
　　154d5, 154d6

ἀνελεύθερος 不自由的，卑鄙的
　　［拉］non liber, illiberalis
　　［德］unfrei, niedrig, gemein
　　［英］not free, servile, mean
　　184c3

ἀνεμέσητος 不招指责的，不引起指责的

[拉] carens invidia, non invisus
[德] nicht zu tadeln
[英] not liable to blame
175e2

ἀνεμιαῖος 多风的，未受精的
[拉] vento plenus, vanus
[德] luftig
[英] windy
151e6, 157d3, 161a1, 210b9

ἄνεμος 风
[拉] ventus
[德] Wind
[英] wind
152b2

ἀνεπιστημοσύνη 欠缺知识，无知
[拉] inscitia
[德] Unkenntnis
[英] want of knowledge, ignorance
157b3, 179b3, 199e2, 199e5, 199e6, 200a1, 200a9, 200b2, 200b6

ἀνεπιστήμων 无知的，欠缺知识的
[拉] inscius, ignarus
[德] unwissend, unkundig
[英] ignorant, without knowledge
202c3, 208b1

ἀνερμάτιστος 没有压舱物的，不稳定的
[拉] non saburratus
[德] ohne Ballast
[英] without ballast
144a8

ἀνερωτάω 问，询问
[拉] interrogo, saepe rogo
[德] befragen, fragen
[英] question, inquire into
143d1

ἀνέχω 忍受，容许
[拉] persevero, tolero
[德] ertragen, aushalten
[英] put up with, tolerate
154c5, 161a2, 161a5

ἀνήκω 达到，到达
[拉] pervenio
[德] gelangen
[英] reach up to
196b8

ἀνήρ 男人
[拉] vir
[德] Mann
[英] man
142b6, 144c6, 144d5, 146c2, 149d7, 150a2, 150b7, 151b6, 152b1, 155d9, 155d10, 162a4, 164d1, 165b9, 165d6, 166d5, 168c6, 168d9, 173b2, 173d7, 176a1, 176c3, 176d4, 180a3, 180b4, 181b4, 181b7, 183b8, 183e7, 195b10, 197a2, 210c6

ἀνθρώπινος 属于人的，人的
[拉] humanus, ad homines pertinens
[德] den Menschen betreffend, menschlich
[英] belonging to man, human
149c1, 170b2, 175c5

ἄνθρωπος 人
[拉] homo
[德] Mensch
[英] man, mankind
148b3, 149a9, 151d1, 152a3, 152a8, 153d3, 154a6, 156a1, 157c1, 160d9,

162c4, 162c6, 162e4, 170a6, 170a7, 170b6, 170c3, 170d2, 170e2, 170e8, 171c2, 174b3, 174b4, 175c7, 176a4, 178b4, 179c5, 184b9, 186c1, 188d8, 195d6, 196a1, 196a4, 209b4

ἀνίημι 放松，让，任由
  [拉] remitto
  [德] nachlassen
  [英] relax, let go
  165e1, 169b3

ἀνόητος (adv. ἀνοήτως) 无理智的，愚蠢的
  [拉] mente carens, stultus
  [德] unvernünftig
  [英] unintelligent, senseless, silly
  175b4, 177a8

ἄνοια 愚蠢，缺乏理解力
  [拉] ignorantia, stultitia
  [德] Unverstand, Wahnsinn
  [英] want of understanding, folly
  177a1

ἀνόμοιος 不相像的，不相似的，不相同的
  [拉] dissimilis
  [德] unähnlich
  [英] unlike, dissimilar
  159a3, 159a6, 159b9, 159b10, 159d8, 185b4, 186a5

ἀνομοιότης 不相似（性）
  [拉] dissimilitudo
  [德] Unähnlichkeit
  [英] unlikeness, dissimilarity
  185c10

ἀνομοιόω 使不相似，使不同
  [拉] dissimilem facio
  [德] unähnlich machen
  [英] make unlike or dissimilar
  159a8, 166b6, 166b7, 177a2

ἀνομοίωσις 不同，不相似
  [拉] dissimilitudo
  [德] Verunähnlichung
  [英] a making unlike, dissimilarity
  166c1

ἀνομολογέομαι 同意
  [拉] assentior
  [德] übereinkommen
  [英] agree upon
  164c8

ἀνόσιος 不虔敬的
  [拉] impius
  [德] unheilig
  [英] unholy, profane
  172b3, 176d1

ἀνταδικέω 反行不义，报复
  [拉] vicissim injuria adficio
  [德] Unrecht mit Unrecht vergelten, wieder beleigen
  [英] injure in return, retaliate upon
  173a8

ἀνταλλάσσω 交换
  [拉] permuto
  [德] vertauschen
  [英] exchange
  189c1

ἀντεπιδείκνυμι 一显身手，对比，与……媲美
  [拉] vicissim ostendo
  [德] dagegen aufweisen

[英] exhibit in turn, contrast
162b3

ἀντίδικος 对手
[拉] adversarius
[德] Gegner
[英] opponent
172e3

ἀντιδοξάζω 有相反的意见，持有相反的看法
[拉] opinionis contrariae sum
[德] entgegengesetzter Meinung sein
[英] to be of a contrary opinion
170d8, 171a7

ἀντιλαμβάνω 抓住，捕获
[拉] recipio, prehendo
[德] ergreifen, fest angreifen
[英] seize, hold on
169d3, 189c11

ἀντιλέγω 反驳，反对
[拉] redarguo
[德] widerlegen
[英] speak against, contradict
169c4

ἀντιλογικός (adv. ἀντιλογικῶς) 可争辩的，善于争辩的，好争辩的
[拉] disputandi et refutandi peritus
[德] zum Widersprechen, Bestreiten geschickt
[英] given to contradiction, disputatious
164c7, 197a1

ἀντίστροφος 反转去对着的，相对的
[拉] reciprocus, oppositus
[德] entgegengekehrt

[英] turned so as to face one another, correlative
158c3, 175d2

ἀντιτείνω 抵抗，抵制
[拉] repugno, refragor
[德] widerstreben, sich widersetzen
[英] strive against, resist
162a6, 191c1

ἀντίτυπος 坚硬的，顽强的
[拉] durus, asper
[德] hart, abstoßend, massiv
[英] firm, resistent, rigid
156a1

ἄντυξ 车前面的栏杆，扶手
[拉] orbiculus
[德] Seitenwand des Wagenstuhles
[英] rail
207a6

ἀντωμοσία 誓言，诉状
[拉] jusjurandum de calumnia a parte rei vel accusati
[德] Vereidigung der Parteien vor Gericht, Klageschrift
[英] oath, affidavit
172e4

ἀνύσιμος (adv. ἀνυσίμως) 有实效的，卓有成效的
[拉] efficax, expeditus
[德] mit Erfolg, erfolgreich
[英] efficacious, effectual
144b4

ἀνώνυμος 没名字的，无名的
[拉] sine nomine
[德] unbenannt

[英] without name
156b6

ἄξιος (adv. ἀξίως) 有价值的，值……的，配得上的
   [拉] dignus, aestimabilis
   [德] wertvoll, würdig
   [英] worthy, estimables, worthy of
142d1, 143e1, 143e2, 143e5, 145a11, 145b2, 160e8, 163c4, 167d1, 181d3, 187c7, 210b9

ἀξιόω 认为适合，指望，要求
   [拉] existimo, opto
   [德] wert erachten, fordern
   [英] think fit, deem worthy, expect, require that
161e1, 162b3, 162e7

ἄξων 车轴，轴
   [拉] axis
   [德] Achsen
   [英] axle
207a6

ἀόρατος 不可见的
   [拉] invisibilis
   [德] unsichtbar
   [英] unseen, invisible
155e6

ἀπαγορεύω 禁止，劝阻，放弃
   [拉] prohibeo, renuo
   [德] verbieten, versagen
   [英] forbid, dissuade, give up
200d7

ἀπαιδευσία 缺乏教育，愚蠢
   [拉] inscitia, imperitia
   [德] Mangel an Erziehung
   [英] want of education, stupidity
175a1

ἀπαίδευτος 未受过教育的，愚蠢的
   [拉] ineruditus
   [德] ungebildet
   [英] uneducated
174d8, 175d5

ἀπαλλάσσω 和解，复原，摆脱，避免，离开
   [拉] reconcilio, libero, abeo
   [德] sich wegbegeben, sich losmachen, weichen
   [英] to be reconciled, settle a dispute, escape
148e5, 168a6, 175b4, 177a4, 183b7, 183c6, 185e6, 199c6

ἀπαλός 柔软的，温和的
   [拉] mollis
   [德] zart
   [英] soft, tender
173a6

ἀπαντάω 遇见，碰到
   [拉] pervenio, invernio
   [德] begegnen
   [英] meet, encounter
144b2, 209c8, 210d2, 210d4

ἀπαρνέομαι 坚决拒绝，否认
   [拉] nego
   [德] verneinen
   [英] deny utterly, refuse
165a7

ἀπειθέω 不服从，不听从
   [拉] non obedio, non credo
   [德] ungehorsam oder unfolgsam sein

[英] disobey
146c1, 146c2

ἀπεικάζω 比较，比照
[拉] adsimulo
[德] vergleichen
[英] compare with
147e7, 148a4, 169b5, 198d1

ἄπειμι 离开，离去；不在场，缺席
[拉] abeo, ibo, absum
[德] weggehen, fortgehen, abwesend sein
[英] go away, depart, to be away or absent
142c4, 169b1, 194a7, 205a2

ἀπεῖπον (ἀπερῶ, ἀπερέω) 拒绝，放弃
[拉] nego, abnuo
[德] entsagen, aufgeben
[英] refuse, renounce, give up
200d6

ἀπειρία 无经验
[拉] imperitia
[德] Unerfahrenheit
[英] inexperience
167b3, 174c5

ἄπειρος 无经验的，不懂的；无限的
[拉] ignarus, imperitus, infinitus
[德] unerfahren, unkundig, unendlich
[英] inexperienced, ignorant, boundless, infinite
147d7, 149c2, 155c6, 156a6, 156b1, 159a11, 166b8, 183b5

ἀπέραντος 无穷的，无限的
[拉] infinitus
[德] unbegrenzt, endlos

[英] boundless, infinite
147c4, 156b6

ἀπεργάζομαι 完成，实现，使成为
[拉] facio, efficio
[德] machen, bilden
[英] complete, cause, produce
159d3

ἀπέρχομαι 走开，离开
[拉] abeo
[德] weggehen
[英] go away, depart from
150e3, 150e4

ἀπέχω 挡住，离开，放手，放开
[拉] abstineo, impedio
[德] fernhalten, weghaben, ausschließen
[英] keep off or away from, abstain
173e2, 196e9, 197a2, 197a6

ἀπιστέω 不相信，不听从
[拉] diffido, non pareo, non obtempero
[德] nicht glauben, ungehorsam sein
[英] disbelieve, distrust, disobey
144e6

ἄπιστος 不可信的，不值得信的
[拉] incredibilis
[德] unglaubwürdig
[英] incredible, unbelievable
170c9

ἁπλόος (adv. ἁπλῶς) 简单的
[拉] simplex
[德] einfach
[英] simple
146d4, 147c5, 188d3

ἀποβαίνω 结束，结局

[拉] evenio, accido, fio
[德] ablaufen, resultieren
[英] issue, result from
178c5

ἀποβάλλω 丧失，失去，抛弃
[拉] amitto, abjicio
[德] verlieren, abwerfen
[英] lose, throw off
151c4

ἀπογεύω 尝，尝到……的滋味
[拉] degusto
[德] kosten, eine Probe machen
[英] give one a taste of, take a taste of
159d1

ἀποδείκνυμι 指出，表明，证明
[拉] ostendo, demonstro
[德] zeigen, beweisen
[英] point out, show by argument, prove, demonstrate
158b9, 164d7, 166a6, 180d4, 183a3, 195d5, 203c2

ἀπόδειξις 证明，证据
[拉] demonstratio
[德] Beweis
[英] proof
162e4, 206c1

ἀποδεκτέος 必须接受的，应当接受的
[拉] admittendus
[德] man muß annehmen
[英] one must accept, allow, admit
160c1

ἀποδέχομαι 接受，认可，赞同
[拉] recipio, admitto, probo
[德] aufnehmen, anerkennen
[英] accept, admit
155e6, 161b5, 162e2, 162e8, 205c5, 205e6, 206a2, 207c6, 207d2, 208d2

ἀποδιδράσκω 跑开，逃走
[拉] effugio, refugio
[德] fortlaufen, entfliehen
[英] run away, escape or flee from
203d10

ἀποδίδωμι 归还，偿还，送出，出卖
[拉] reddo
[德] zurückgeben, ausliefern
[英] give back, return, render
175d2, 185c7, 186d10, 193c3, 207a1

ἀποδοκιμάω 拒绝
[拉] rejicio
[德] zurückweisen
[英] reject
181b4

ἀποδύνω (ἀποδύω) 剥夺，脱光
[拉] exuo
[德] auskleiden
[英] strip off
162b3, 169a8, 169b1, 169b4

ἀποκαλέω 召回，叫走，污蔑
[拉] voco, per opprobrium et invidiam adpello
[德] zurückrufen, bezeichnen als
[英] recall, stigmatize as
168d2

ἀποκνέω 畏缩，迟疑，犹豫
[拉] deterreo, ignavus sum
[德] zaghaft sein, zaudern
[英] shrink from, hesitate

166b4
ἀποκρίνω 回答
　　［拉］respondeo
　　［德］beantworten
　　［英］give answer to, reply to
　　143c3, 146a5, 146b2, 147a3, 147b11,
　　147c1, 147c3, 148b6, 151c2, 154c9,
　　154d1, 154d4, 157d4, 165a9, 165b5,
　　166a8, 168e1, 180a1, 182e11, 183a5,
　　183c6, 184b5, 184c5, 184e3, 187b6,
　　187b9, 190a1, 195c6, 195e4, 195e5,
　　200c4, 203a8, 204b3, 207a10, 210a4
ἀπόκρισις 回答
　　［拉］responsum
　　［德］Antwort
　　［英］answer
　　147a8, 147b10, 148d5, 183a2, 183a4,
　　183a5, 184c4, 184c5, 204b5, 206e7
ἀποκρύπτω 隐瞒，藏起来，使模糊不清，使黯然失色
　　［拉］celo, abscondo
　　［德］verbergen, verdecken
　　［英］hide from, conceal, overshadow
　　155d10
ἀποκωλύω 阻止，拦住
　　［拉］prohibeo, veto, impedio
　　［德］hindern, aufhalten
　　［英］hinder or prevent from
　　150c8, 151a4
ἀπολείπω 放弃，离开
　　［拉］relinquo
　　［德］aufgeben
　　［英］desert, abandon
　　157e1, 192d2

ἀπόλλυμι 毁灭，丧命，丧失
　　［拉］perdo, amitto
　　［德］zerstören, ruinieren, verlieren
　　［英］destroy utterly, ruin, lose
　　150e6, 153a7, 153c7, 155c3, 157b6,
　　164d9, 176a5
ἀπολύω 解开，解放
　　［拉］solvo, exsolvo
　　［德］ablösen, befreien
　　［英］set free from, release or relieve from
　　184b2
ἀπομαραίνω 使枯萎，凋谢，消逝
　　［拉］deficio, marcesco
　　［德］verdorren, hinschwinden
　　［英］cause to waste away, wither away, die away
　　177b6
ἀπονέμω 分配，分给
　　［拉］distribuo, adsigno
　　［德］zuteilen
　　［英］portion out, impart, assign
　　195a6
ἀπονεύω 转向，倾向
　　［拉］aversor, declino
　　［德］sich abwenden, abbiegen
　　［英］bend away from, incline towards
　　165a2
ἀποπαύω 使停止，阻止
　　［拉］inhibeo, desino
　　［德］hindern, hemmen
　　［英］stop or hinder from, make to cease from
　　151b1

ἀποπειράομαι 考验，测试
    [拉] tento, periclitor
    [德] versuchen, erproben
    [英] make trial, make an attempt, test
    154e1, 157c6

ἀποπηδάω 跳开
    [拉] desilio
    [德] herabspringen
    [英] leap off
    164c5

ἀπορέω 困惑，不知所措
    [拉] dubito, aestuo, consilii inops sum
    [德] ratlos sein, ohne Mittel und Wege
    [英] to be at a loss, be in doubt, be puzzled
    145d6, 145e8, 149a9, 174c8, 175b7, 175d4, 190e9, 191a3

ἀπορία 难题，缺乏，贫穷，困惑
    [拉] difficultas, inopia
    [德] Verlegenheit, Mangel
    [英] difficulty, lack of, perplexity
    151a7, 168a4, 168c2, 174c5, 187d2, 200a12

ἄπορος 难对付的，没办法的，走不通的
    [拉] inexplicabilis, invius
    [德] ratlos, unwegsam
    [英] hard to deal with, unmanageable, impassable
    158c2, 196c9

ἀπόρρητος 秘密的，不许说的
    [拉] arcanus
    [德] geheim zu halten, untersagt
    [英] not to be spoken, secret
    152c10

ἀποσεμνύνω 颂扬，赞美，大加吹捧
    [拉] magnifice celebro
    [德] ehrwürdig machen, veredeln, herausstreichen
    [英] extol, glorify
    168d3

ἀποσκώπτω 嘲笑，嘲弄
    [拉] cavillor
    [德] verspotten
    [英] banter, rally
    174a6

ἀποστατέω 站在远处，背离，缺席
    [拉] non adsum, non praesto sum
    [德] fernstehen, abwesend
    [英] stand aloof from, be absent
    205a5

ἀποστερέω 抢劫，剥夺，骗取
    [拉] privo, fraudo
    [德] berauben, vorenthalten
    [英] rob, despoil, defraud
    201b1

ἀποτάσσω 特别指派，分开
    [拉] dispono, attribuo, sepono
    [德] besonders stellen, sich trennen
    [英] assign specially, set apart
    153e1

ἀποτελέω 结束，完成
    [拉] perficio, efficio
    [德] vollenden, vollbringen
    [英] bring to an end, complete
    156c6, 173c3

ἀποτίθημι 放在一边，遗弃
    [拉] depono, omitto
    [德] beiseite legen, aussetzen

［英］lay aside, stow away
161a2

ἀπότίκτω 生出，生产
　　［拉］gigno
　　［德］pario, gebären
　　［英］bring into the world, beget
150c2, 156e2, 182b6

ἀποτοξεύω 射箭
　　［拉］sagitta adepto
　　［德］Geschosse werfen
　　［英］shoot off arrows
180a5

ἀποτρέχω 跑开，潜逃
　　［拉］recurro, exire
　　［德］weglaufen
　　［英］run off or away, abscond
171d3

ἀποτυγχάνω 失误，未中的，丧失
　　［拉］aberro, amitto
　　［德］nicht treffen, verfehlen, verlieren
　　［英］miss one's object, fail, lose
179a7, 193c4

ἀποτυπόω 印，压
　　［拉］effingo
　　［德］abdrücken
　　［英］impress
191d6

ἀποτύπωμα 印象
　　［拉］effigies
　　［德］Abbild
　　［英］impression
194b5

ἀποφαίνω 显示，展示
　　［拉］ostendo

　　［德］aufzeigen, darlegen
　　［英］show forth, display
150c6, 151e4, 168b1, 168b4,
170d4, 174e6, 180d8, 189e7, 196c4,
196d11, 206e5

ἀποφέρω 带回，呈递
　　［拉］aufero, refero
　　［德］zurückbringen, überbringen
　　［英］bring back, hand in, render
148e2

ἀποφεύγω 逃脱，逃走
　　［拉］effugio, evado
　　［德］freikommen, entkommen, entfliehen
　　［英］flee from, escape
175c8

ἀπόφημι 否认
　　［拉］nego
　　［德］leugnen
　　［英］deny
166a4

ἀπρίξ 紧紧地，牢牢地
　　［拉］firmiter
　　［德］fest
　　［英］fast, tight
155e5

ἄπταιστος (adv. ἀπταίστως) 不跌跌撞撞的
　　［拉］non impingens
　　［德］nicht stolpernd, sicher
　　［英］not stumbling, infallible
144b3

ἅπτω 拴，固定，接触
　　［拉］necto
　　［德］heften

[英] fasten
186d4, 186e4, 189a3, 192d5, 195d8, 209a8

ἀργία 懒散，闲暇
[拉] otium, socordia
[德] Untätigkeit, Ruhe
[英] idleness, laziness, leisure
153b6

ἀργύριον 银，银钱
[拉] argentum
[德] Silber
[英] silver
179a1

ἀρέσκω 满意，高兴
[拉] placeo
[德] befriedigen, gefallen
[英] please, satisfy
157c3, 157d7, 172d8, 177b5, 189d4, 202c7, 202d8

ἀρετή 德性
[拉] virtus
[德] Tugend, Tüchtigkeit
[英] virtue, goodness, excellence
145b1, 167e2, 176b5, 176c5

ἀριθμέω 数，算
[拉] numero
[德] zählen, aufzählen
[英] number, count
146e8, 198c1, 198c4, 198e2, 199a1

ἀριθμητικός 算术的
[拉] arithmeticus
[德] arithmetisch
[英] arithmetical
198a5, 198b8, 198e2

ἀριθμός 数
[拉] numerus
[德] Zahl
[英] number
147e5, 148a4, 148a6, 155a4, 185d1, 196b2, 196b3, 198b1, 198b9, 198b10, 198c2, 198c5, 198c8, 199a2, 204d1, 204d5, 204d10, 204e1, 204e6

ἀριστερός 左边的
[拉] sinister
[德] link
[英] left
193d1

ἀρκέω 够了，足够
[拉] sufficio
[德] hinreichen, genügen
[英] to be strong enough, suffice
169c8, 174a8

ἁρμόζω 联结，安排，绷紧
[拉] vincio, moderor, adapto
[德] zusammenfügen, ordnen, stimmen
[英] join, accommodate, bind fast
144e2, 183b5

ἁρμονία 和谐，协调
[拉] harmonia
[德] harmonie
[英] harmony
145d1, 175e7

ἀρτάω 挂，依赖，依靠
[拉] suspendo, adpendo
[德] hängen, abhängen
[英] hang, depend upon
156a4

ἄρτι 刚才
　　［拉］modo
　　［德］eben
　　［英］just
　　142a1, 144c1, 148d4, 153e4, 157b2, 157d8, 157e5, 163e2, 165a4, 168b7, 168c9, 169a7, 179b4, 183d1, 187d10, 198e1, 205a11, 208a4, 208c5, 208d5

ἄρτιος 完全的，完美的，相合的，偶数的
　　［拉］perfectus, integer, aptus, par
　　［德］angemessen, passend, vollkommen, gerade
　　［英］complete, perfect, suitable, even
　　185d2, 190b7, 198a7

ἀρχαῖος 自古以来的，从前的
　　［拉］pristinus, antiquus
　　［德］anfänglich, früher
　　［英］from the beginning, ancient, former
　　180c8

ἀρχή 开始，开头，统治，公职
　　［拉］principium, imperium, magistratus
　　［德］Anfang, Herrschaft, Amt
　　［英］beginning, sovereignty, office
　　151d3, 155d3, 156a3, 157a8, 161c3, 164c1, 167d4, 173d4, 177c1, 179e1, 181c1, 185d8, 187b1, 192a1, 196d7, 200d5, 206d9, 207d9

ἄρχω 开始，从……开始，统帅
　　［拉］incipio, guberno
　　［德］anfangen, herrschen, befehlen
　　［英］begin, rule, command
　　146b6, 161c4, 161c7, 170b4, 171b9, 173c5, 174c1, 187a1

ἄρχων 首领，统帅，领袖
　　［拉］praefectus, princeps
　　［德］Herrscher, Gebieter
　　［英］ruler, commander
　　170a11, 170b3

ἀσαφής 不清楚的，模糊的
　　［拉］obscurus
　　［德］unklar, undeutlich
　　［英］dim, faint
　　194e6, 194e7, 195a4

ἀσθενέω 生病
　　［拉］aegroto
　　［德］schwach, krank sein
　　［英］to be weak, feeble, sickly
　　159b4, 159b6, 159c6, 159d7, 166e2, 167c1

ἀσθενής 弱小的，虚弱的，生病的
　　［拉］debilis, aeger
　　［德］schwach, krank
　　［英］weak, feeble, sickly
　　149c1

ἄσκεπτος 未考虑到的，未考察到的
　　［拉］inconsideratus
　　［德］unüberlegt, nicht untersucht
　　［英］inconsiderate, unconsidered, unobserved
　　184a4

ἀστός 市民，公民
　　［拉］civis
　　［德］Bürger
　　［英］townsman, citizen
　　145b7

ἀστράγαλος 骰子

[拉] talus
[德] Würfel
[英] dice
154c2, 155b5

ἀστρονομέω 研究天文
[拉] astronomiam tracto
[德] die Sterne beobachten
[英] study astronomy
173e6, 174a4

ἀστρονομία 天文学
[拉] astronomia
[德] Astronomie
[英] astronomy
145d1, 169a4

ἀστρονομικός 天文学的，精通天文学的
[拉] ad astronomiam pertinens, astronomicus
[德] Astronomie kundig, astronomisch
[英] skilled in astronomy, pertaining to astronomy
145a7

ἀσύνθετος 非组合在一起的，非合成的
[拉] incompositus
[德] nicht zusammengesetzt
[英] uncompounded
205c7

ἀσχημονέω 行事不体面，丢脸
[拉] indecore ago
[德] sich unschicklich benehmen
[英] behave unseemly, disgrace oneself
165b1

ἀσχημοσύνη 不体面，丢脸，尴尬
[拉] turpitudo, deformitas
[德] Ungeschicktheit, Unschicklichkeit
[英] ungracefulness, awkwardness
174c5

ἀσχολία 忙碌，没有闲暇，事务
[拉] occupatio, negotium
[德] Beschäftigung, Geschäft, Tätigkeit
[英] business, want of time or leisure
172d9, 174d8

ἄτεχνος (adv. ἀτέχνως) 无技艺的
[拉] sine arte, imperitus
[德] nicht kunstverständig, ungeschickt
[英] without art, unskilful
150a1

ἀτεχνῶς 完完全全，真正地
[拉] prorsus
[德] geradezu, ganz
[英] absolutely, simply, completely
151c6, 161a7, 179e6

ἀτιμάζω (ἀτιμάω) 轻视，瞧不起，不敬重
[拉] contemno
[德] verachten, geringschätzen
[英] dishonour, disdain, scorn
173e4

ἄτοκος 没孩子的，不生育的
[拉] quae nondum peperit, sterilis
[德] nicht geboren habend, unfruchtbar
[英] having never yet brought forth, barren
149c2

ἄτοπος 荒诞不经的，荒谬的，奇特的
[拉] absurdus
[德] ungewöhnlich, widersinnig
[英] strange, paradoxical
142b9, 149a9, 158c6, 161c5, 163a9,

175a7, 177b4, 190e6, 198e6
ἀτυχέω 不走运，落空
　　[拉] miser sum, non adsequor
　　[德] das Ziel verfehlen, unglücklich sein
　　[英] to be unfortunate, fail
　　186c9
αὐλητρίς 吹笛女
　　[拉] tibicina
　　[德] Flötenspielerin
　　[英] flute-girl
　　173d5
αὐξάνω 增加，增长
　　[拉] incresco
　　[德] wachsen
　　[英] increase
　　154c9, 155a8, 155b6, 155c1, 163c5
αὔξησις (αὔξη) 增加，增长
　　[拉] incrementum
　　[德] Wachstum
　　[英] growth, increase
　　173a4
αὔριον 明天
　　[拉] cras
　　[德] Morgen
　　[英] tomorrow
　　209c8
αὐστηρότης 苦，涩，严厉
　　[拉] austeritas, severitas
　　[德] Herbheit, Säure, Strenge
　　[英] harshness, roughness
　　178c9
αὐτάρκης 自给自足的
　　[拉] sibi sufficiens
　　[德] sich selbst genügend
　　[英] sufficient in oneself
　　169d5
αὐτίκα 立即，马上，此刻，例如
　　[拉] statim, continuo, mox, exempli caussa
　　[德] sogleich, augenblicklich, zum Beispiel
　　[英] forthwith, at once, in a moment, for example
　　166b1, 171d1
αὐτόθι 在那里
　　[拉] ibi
　　[德] dort
　　[英] there
　　143d5
αὐτόματος 自愿的，自动的
　　[拉] sponte et ultro
　　[德] spontan
　　[英] of one's own will, spontaneous
　　180c1
αὐχήν 颈子
　　[拉] cervix
　　[德] Nacken
　　[英] neck
　　171d2
ἀφαιρέω 取走，减去，削减
　　[拉] eximo, detraho
　　[德] wegnehmen
　　[英] take away from
　　151c7, 155a7, 155c1, 173a5
ἀφανίζω 使不见，隐藏
　　[拉] ab adspectu removeo, celo
　　[德] unsichtbar machen, verstecken

[英]make unseen, hide
151d3, 184a8

ἀφίημι 放弃，赦免，宣告无罪
　　[拉]dimitto, absolvo
　　[德]loslassen, freisprechen
　　[英]give up, acquit
　　146b6, 189d4, 197d1, 198a2, 200d1, 205b12

ἀφικνέομαι 到达，返回
　　[拉]advenio, redeo
　　[德]ankommen, zurückkehren
　　[英]arrive at, return
　　143a3

ἀφίστημι 放到一边，站到一边
　　[拉]amoveo, absto
　　[德]wegstellen, wegtreten
　　[英]put away, stand away
　　169b8, 177b8, 191b7, 208e9

ἄφωνος 无声的，哑的
　　[拉]mutus, voce destitutus
　　[德]sprachlos, stumm
　　[英]voiceless, dumb
　　203b3

ἄφυκτος 难逃避的，不能逃脱的
　　[拉]inevitabilis
　　[德]unvermeidlich
　　[英]unable to escape
　　165b8

ἄχθομαι 不快，烦恼，憎恶
　　[拉]aegre et moleste fero
　　[德]betrüben, sich gedrücktfühlen
　　[英]to be vexed, grieved
　　143e8

ἄχθος 负担，烦恼
　　[拉]pondus
　　[德]Last
　　[英]burden, load
　　176d4

ἀψευδέω 不欺骗，不犯错，不撒谎，说真话
　　[拉]verum dico, non mentior
　　[德]nicht lügen, wahrhaft sein
　　[英]not to lie, to speak truth, not to err
　　199b7

ἀψευδής 无欺的，真正的
　　[拉]mentiri nescius, verax
　　[德]nicht lügend, wahr
　　[英]without deceit, truthful
　　152c5, 160d1

ἀψοφητί 无声地
　　[拉]sine strepitu
　　[德]geräuschlos
　　[英]without a sound
　　144b5

βάθος 深度，高度
　　[拉]profunditas, altitudo
　　[德]Tiefe, Höhe
　　[英]depth, height
　　184a1, 194d1, 194e7

βαθύς 深的，厚的
　　[拉]profundus, altus, densus
　　[德]tief, hoch, dicht
　　[英]deep, high, thick
　　194c5

βάναυσος 手艺人的，庸俗的
　　[拉]illiberalis, vilis
　　[德]Handwerk betreibend, gemein

[英] mechanical, vulgar
176d1

βάρβαρος 外国的，非希腊的
[拉] barbarus
[德] barbarisch, unhellenisch
[英] barbarous, non-Greek, foreign
163b3, 175a4

βαρύς 重的
[拉] gravis
[德] schwer
[英] heavy in weight, weighty
152d5, 178b4, 184b9, 189d2, 210c2

βαρύτης 重量，低音
[拉] gravitas
[德] Schwere, Tiefe der Stimme
[英] weight, heaviness, low pitch
163c1

βασανίζω 试验真假，试验，证明，拷问
[拉] exploro, probo, examino
[德] prüfen, untersuchen, foltern
[英] put to the test, prove, examine closely, cross-question
150c1, 191c2, 203a1

βασιλεία 王权，王国
[拉] regnum
[德] Königreich, Königtum
[英] kingdom, kingship
175c5

βασιλεύς 国王，国王执政官
[拉] rex
[德] König
[英] king
174d4, 175a3, 175c4, 210d2

βασιλεύω 做国王
[拉] rex sum
[德] König sein
[英] to be king
146a4

βάτραχος 青蛙
[拉] rana
[德] Frosch
[英] frog
161d1, 167b5

βατταρίζω 口吃，结巴
[拉] balbutio
[德] stottern
[英] stammer
175d4

βδάλλω 挤奶
[拉] mulgeo
[德] melken
[英] milk
174d6, 174d7

βέβαιος 牢固的，可靠的
[拉] firmus, stabilis
[德] fest, sicher
[英] firm, steady
180a8

βεβαιόω 巩固，证实
[拉] confirmo
[德] befestigen
[英] confirm, establish
169e2

βιάζω 强迫，迫使
[拉] urgeo, opprimo
[德] bedrängen
[英] constrain
201b2

βιβλίον (βίβλος) 书，著作
　　［拉］liber
　　［德］Buch
　　［英］book
　　143b5, 143c7
βίος 生命，一生
　　［拉］vita
　　［德］Leben, Lebenszeit
　　［英］life, lifetime
　　176a2, 177a3
βλέπω 看，瞧
　　［拉］intuor
　　［德］blicken, ansehen
　　［英］see, look
　　155c10, 163b5, 174a5, 174e5, 175a1, 175d3, 177e7, 202e7
βλοσυρός 严肃，庄重的，可怕的，强壮的
　　［拉］venerandus, severus
　　［德］furchtbar, ernst
　　［英］virile, fearful, dignified, 149a2
βοήθεια 帮助
　　［拉］auxilium
　　［德］Hilfe, Hilfeleistung
　　［英］help, aid
　　165a5, 168c3
βοηθέω 帮助，搭救
　　［拉］succurro
　　［德］helfen, zu Helfe kommen
　　［英］assist, aid
　　164e5, 164e6, 165a3, 168c5, 168c7, 169e1, 171e1
βόσκημα 饲养的动物，牲畜
　　［拉］pecus
　　［德］Geweidetes
　　［英］that which is fed or fatted
　　162e4
βουκόλος 牧牛人
　　［拉］bubulcus
　　［德］Kuhhirt
　　［英］cowherd
　　174d5
βουλευτήριον 议事厅
　　［拉］consilii locus
　　［德］Rathaus
　　［英］council-chamber
　　173d1
βούλομαι 愿意，想
　　［拉］volo
　　［德］wollen, wünschen
　　［英］will
　　146a5, 146e9, 149b5, 149d2, 154c1, 154e3, 154e6, 156c3, 156c6, 163d4, 167d3, 167d6, 170e4, 173b4, 179b4, 180b7, 181c2, 183a7, 183d6, 185e8, 191a5, 191d4, 192e2, 196e5, 197d1, 198a1, 199a4, 201a10, 206c7, 208d1
βοῦς 牛
　　［拉］boum
　　［德］Rinder
　　［英］ox, cow, cattle
　　190c3
βραδύς 慢的，迟钝的
　　［拉］tardus
　　［德］langsam
　　［英］slow, sluggish
　　156c9, 189d1, 190a2, 195a6

βραδυτής 迟钝，缓慢
[拉] tarditas
[德] Trägheit, Schwerfälligkeit
[英] slowness, sluggishness
156c8

βραχύς 短的，简短的
[拉] paucus
[德] kurz, klein
[英] short, brief
147c3, 161b4, 170a1, 172d8, 201a4

γαλήνη 平静
[拉] tranquillitas
[德] Ruhe
[英] stillness, calm
153c6

γείτων 邻居
[拉] vicinus
[德] Nachbar
[英] neighbour
174b2

γελάω 嘲笑，笑
[拉] rideo
[德] lachen
[英] laugh at
174d2, 175b3, 200a12

γέλοιος 可笑的、荒诞的
[拉] ridiculus
[德] lächerlich, witzig
[英] amusing, absurd
147a5, 147b10, 154b7, 158e1, 172c6, 174d1, 178c8, 181b2, 191a3, 200b7, 205b12, 207b1, 209d6

γέλως 笑料，笑柄
[拉] ridiculus

[德] Gelächter
[英] laughter
161e5, 166a5, 174c3, 175d4

γέμω 充满
[拉] plenus sum
[德] voll sein
[英] to be full of
144b3

γενεαλογέω 追溯家世，追溯家谱
[拉] genus recenseo
[德] die Abkunft, den Stammbaum ermitteln
[英] trace a pedigree
155d5

γένεσις 生成，产生，起源
[拉] generatio, creatio, ortus
[德] Entstehung, Zeugung, Ursprung
[英] generation, coming into being, origin
152e7, 153a10, 153e2, 155e5, 180d1, 182a4

γενναῖος (adv. γενναίως) 高贵的，优良的
[拉] generosus, nobilis
[德] von vornehmer Abstammung, edel
[英] high-born, noble
146c3, 146d3, 149a2, 151e4, 162d5, 166c2, 174e5, 184a1, 209e4, 210d1

γεννάω 生，产生
[拉] gigno
[德] zeugen
[英] beget, bring forth
150c8, 153a8, 153a9, 156d1, 156d4, 159a14, 159c8, 159c14, 159e1, 160a2, 160a3, 160e5

γεννικός 高贵的
　　［拉］generosus
　　［德］wohlgeboren
　　［英］noble
　　144d5
γένος 种族，种类，属，民族
　　［拉］genus
　　［德］Geschlecht, Abstammung
　　［英］race, family
　　153b2, 156b7, 174e5, 202e1, 206b7
γέρων 老年人
　　［拉］senex
　　［德］Alter, Greis
　　［英］old man
　　162d5
γεύω 品尝
　　［拉］gusto
　　［德］kosten
　　［英］taste
　　157c3
γεωμετρέω 测量土地，从事几何学
　　［拉］terram metior, exerceo geometriam
　　［德］Land vermessen
　　［英］measure land, practise geometry
　　162e7, 173e6
γεωμέτρης 几何学家
　　［拉］geometres
　　［德］Geometer
　　［英］geometer
　　143b8, 162e6
γεωμετρία 几何学
　　［拉］geometria
　　［德］Geometrie

　　［英］geometry
　　143d3, 143e1, 145c8, 146c8, 165a2
γεωμετρικός 几何学的，精通几何学的
　　［拉］geometricus, geometriae peritus
　　［德］geometrisch, der Geometrie kundig
　　［英］geometrical, skilled in geometry
　　145a4
γεωργός 农夫，农民
　　［拉］agricola
　　［德］Landwirt, Landbauer
　　［英］farmer
　　167b7, 178d1
γῆ 地，土地
　　［拉］terra, tellus
　　［德］Erde, Boden
　　［英］land, earth
　　147c5, 149e2, 149e3, 173e5, 174e2, 174e5, 176d4, 194e5, 208d3
γηράσκω 变老
　　［拉］senesco
　　［德］altern
　　［英］grow old
　　181d1
γίγνομαι 发生，产生，生成，成为，变得，出现
　　［拉］accido, evenio
　　［德］werden, geschehen, sich ereignen
　　［英］happen, come to be
　　142b2, 142d2, 143d6, 144a5, 144a6, 145d8, 146a8, 147e6, 148a1, 148a2, 150d2, 151a1, 151a4, 152d8, 152e1, 153a3, 153a6, 153b11, 153d4, 153e2, 153e7, 154a2, 154b3, 154b6, 154c8, 155a4, 155b2, 155c2, 155c3,

155c4, 156a8, 156b2, 156c3, 156d5,
156e3, 156e5, 157a2, 157b1, 157b6,
157d8, 158a1, 159a6, 159a8, 159e3,
159e7, 160a2, 160a3, 160a6, 160a8,
160a9, 160b1, 160b2, 160b3, 160b6,
160b10, 160d2, 160e2, 160e8,
161b1, 163d2, 163e1, 164a5, 164a9,
164b4, 164b6, 166b8, 166c4, 166c6,
168a6, 168b2, 170d7, 172b5, 173a2,
173b3, 173d6, 173d7, 174d3, 174e1,
175a2, 175a4, 175b8, 176b3, 176c2,
176c7, 178c2, 178c7, 178e1, 179b3,
179c4, 179d5, 180b8, 181d2, 182a7,
182b2, 182b6, 183a7, 184a4, 186b1,
186b11, 186e12, 187d2, 189b10,
189d3, 191a2, 191b5, 191d9, 192c6,
193c4, 193e7, 194b4, 194c4, 194e4,
195a1, 195a4, 196b4, 196d8, 196e2,
196e3, 197a5, 199c2, 199c10,
200e5, 200e6, 201a1, 201b3, 202b4,
202c4, 203c6, 203e4, 204a2, 204a8,
205a6, 205b5, 206c5, 206e2, 207c3,
208e4, 208e8, 209a1, 209d6, 210b9,
210c1, 210c6

γιγνώσκω 认识

[拉] nosco, percipio

[德] erkennen, kennen

[英] know, recognize

144c4, 144c5, 146e9, 149c6, 149d7,
149e3, 151b3, 171e6, 191b3, 191b4,
193a1, 193a8, 193a9, 193b1, 193b5,
193b6, 193b10, 193d5, 193d6,
193d10, 193e2, 193e7, 199d4, 199d6,
200d1, 202c1, 203c9, 203c10, 203d2,
203d5, 203d7, 203d8, 203d9, 209a2,
209e6, 209e8

γλυκύς 甜的

[拉] dulcis

[德] süß

[英] sweet

159c12, 159d4, 160b1, 160b2, 171e3,
184e5

γλυκύτης 甜

[拉] dulcedo

[德] Süßigkeit

[英] sweetness

159d1, 159d3, 178c9

γλῶσσα (γλῶττα) 舌头

[拉] lingua

[德] Zunge

[英] tongue

154d5, 159d3, 159d5, 159e2, 185c3,
203b4

γνῶσις 认识，认清

[拉] cognitio

[德] Erkenntnis

[英] cognition

176c4, 193d7, 193e1, 193e3, 206b7

γνωστός 可知的，可认识的

[拉] notus, cognitus

[德] erkennbar

[英] knowable

202b7, 202e1, 203c1, 205b3, 205d8,
205e7, 206b9

γόνιμος 有生产能力的，多产的

[拉] ad generandum aptus, fecundus

[德] zeugungsfähig, fruchtbar

[英] productive, fertile, fruitful

150c3, 151e6, 157d3

γράμμα 文字，学问
［拉］littera
［德］Schrift, Wissenschaft
［英］letters, learning
163b5, 199a1, 202e6, 203a2, 204a3, 206a2, 207d8, 207e1

γραμματικός 精通文法的
［拉］grammaticus
［德］des Lesens und Schreibens kundig, grammatisch
［英］knowing one's letters, grammatical
198e3, 207b2, 207b3

γραμματιστής 文书，书记，语法教师
［拉］grammatista
［德］Schreiber, Elementarlehrer
［英］clerk, elementary schoolmaster
163c2

γραμμή 线
［拉］linea
［德］Strecke
［英］line
148a6, 181a2

γραῦς 老妇人，老太婆
［拉］anus
［德］alte Frau
［英］old woman
176b7

γραφή 公诉，书写
［拉］accusatio, scriptura
［德］Staatsklage, Kriminalklage, Geschriebenes, Schrift
［英］indictment, writing
143c1, 210d3

γραφικός 有关书写的，有绘画修养的
［拉］ad scribendum pertinens, scriptorius
［德］im Malen geschickt, malerisch
［英］capable of drawing or painting
145a1

γράφω 公诉，起诉，书写，画
［拉］accuso, scribo
［德］eine schriftliche Klage einbringen, schreiben
［英］indict, write, paint
143a1, 143a2, 143a5, 143b5, 143c5, 147d3, 162e1, 166d2, 171a1, 171b7, 173d3, 206a8, 207e8, 208a1, 208a2, 208a10, 208b5, 210d3

γυμνασία 锻炼
［拉］exercitatio
［德］Übung
［英］exercise
169c1

γυμνάσιον 体育锻炼
［拉］exercitatio
［德］Leibesübung
［英］bodily exercises
153b6, 162b6

γυμνός 裸体的
［拉］nudus
［德］nackt
［英］naked
162b2

γυνή 妇女
［拉］mulier
［德］Frau
［英］woman

149e6, 150a2, 150a9, 150b8, 173d7, 210c7

γύναιος 属于女人的，关于女人的，女人的
　　[拉] quae mulieri dantur
　　[德] auf Frauen bezüglich
　　[英] made to a woman
　　171e5

γύρινος 蝌蚪
　　[拉] gyrina
　　[德] Kaulquappe
　　[英] tadpole
　　161d1

δαιμόνιον 神迹，神力
　　[拉] daemonium
　　[德] göttliches Wesen, göttliche Fügung
　　[英] divine sign, divine power
　　151a4

δαιμόνιος 精灵的，属于精灵的
　　[拉] daemonicus
　　[德] dämonisch
　　[英] of or belonging to a daemon
　　172c3, 177b4, 180b8

δάκνω 咬
　　[拉] mordeo
　　[德] beißen
　　[英] bite
　　151c6

δακτύλιος 指环，印章戒指
　　[拉] annulus
　　[德] Ring
　　[英] ring, signet
　　191d7, 193c1

δείδω 恐惧，害怕
　　[拉] timeo, vereor
　　[德] fürchten, scheuen
　　[英] fear, dread
　　166a3, 166a4, 166b6, 189c9, 195c6

δείκνυμι 指出，显示
　　[拉] ostendo
　　[德] zeigen, nachweisen
　　[英] show, point out
　　200e8

δεινός 聪明的，强有力的，可怕的
　　[拉] fortis, potens, peritus, terribilis, dirus
　　[德] tüchtig, geschickt, gewaltig, furchtbar
　　[英] clever, powerful, terrible
　　149d6, 154d8, 162e3, 163e13, 164d1, 165a5, 165b2, 169c1, 173b2, 174c6, 176d2, 177a7, 183e6, 184d1, 195b9, 199c7, 201a10, 203d6

δεινότης 可怕，严酷，聪明，精明，伶俐
　　[拉] terribilitas, sollertia
　　[德] Furchtbarkeit, Tüchtigkeit
　　[英] terribleness, cleverness, shrewdness
　　176c3, 176c6, 177a4

δεῖπνον 餐，膳
　　[拉] coena, convivium
　　[德] das Essen, Mahlzeit
　　[英] meal
　　173d4

δεξιά 右边
　　[拉] dextra
　　[德] rechte Hand

[英] right hand
193c7

δεσπότης 主人
[拉] dominus
[德] Herr, Besitzer
[英] master, lord
172e5, 173a2

δέχομαι 接受，赞同，选择
[拉] accipio, eligo
[德] annehmen, gutheißen
[英] accept, choose, prefer
162a5, 177a5, 177b2, 202c2

δέω (δεῖ) 捆绑；缺乏，需要，恳求，必须，应当
[拉] vincio, indigeo
[德] binden, fesseln, bedürfen, brauchen
[英] bind, lack, want
142c2, 143a9, 150e3, 151a3, 151b3, 153d3, 157b3, 157b8, 158a2, 161a1, 164a1, 166c1, 166d5, 167b5, 168d9, 168e7, 169a2, 169c5, 169e1, 175c8, 176b4, 176d4, 176d7, 177b2, 179d6, 180c5, 181c5, 181e9, 182e2, 183a10, 183c6, 184a8, 184d3, 187d10, 192a1, 196c4, 198a3, 199e2, 202a1, 202a6, 204a5, 204b6, 206b6, 207e8, 208a2, 208b9

δῆλος 清楚的，显而易见的
[拉] manifestus
[德] klar, offenbar
[英] clear
150e1, 185d1, 189a14, 189c8, 200a10, 201a2, 208a11

δηλόω 指出，显示，表明，阐明
[拉] manifesto, declaro, ostendo
[德] zeigen, offenbaren
[英] show, exhibit, reveal
153d1, 153d6, 164d4, 185c5, 192e2

δημηγορέω 向民众发表演说
[拉] concionor
[德] vor dem Volk sprechen
[英] practise speaking in the assembly
162d6

δημηγορία 公民大会上发表的演说
[拉] oratio ad populum
[德] Rede vor dem Volk
[英] speech in the public assembly
162d3

δημιουργός 匠人，工匠
[拉] qui opera populo utilia facit, auctor operis
[德] Handwerker
[英] one who works for the people, skilled workman, handicraftsman
146d1, 147b1

δημόομαι 说迎合民众的话
[拉] populariter loquor, populum lenociniis capto
[德] das Volk durch Späße amüsieren
[英] talk ad captandum, sing a popular song
161e4

δημόσιος 公共的，非私人的
[拉] publicus
[德] gemeinschaftlich, öffentlich
[英] public
174c1

διαγιγνώσκω 分辨，区别

［拉］discerno
［德］unterscheiden
［英］know one from the other, distinguish
150b2, 206a6

διάγραμμα 几何图形
　　［拉］figura geometrica
　　［德］geometrische Figur
　　［英］geometrical figure
　　169a2

διάγω 度日
　　［拉］versor
　　［德］hinbringen
　　［英］pass, spend
　　174b1

διαγωγή 度日，过活，生活方式
　　［拉］traductio, vitae institutum
　　［德］Zeitvertreib, Lebensweise
　　［英］passing of life, way of passing time
　　177a6

διαθέω 四处跑，赛跑
　　［拉］discurro, certo cursus
　　［德］durchlaufen, um die Wette laufen
　　［英］run about, run a race
　　148c2

διαιρέω 分开，分解
　　［拉］divido
　　［德］teilen, auseinandernehmen
　　［英］take apart, divide
　　181d8, 182c6, 201d5

διάκειμαι 被置于某种境况
　　［拉］dispositus sum
　　［德］in eine Lage versetzt sein
　　［英］to be in a certain state
　　200a5

διακελεύομαι 要求，吩咐，鼓励
　　［拉］hortor, jubeo
　　［德］zureden, ermuntern, auffordern
　　［英］exhort, give orders, direct
　　148e4, 168d4

διακονέω 服务，服侍
　　［拉］ministro, inservio
　　［德］dienen, bedienen
　　［英］minister, do service
　　175e6

διακόνημα 奴仆的事务，服务
　　［拉］ministerium
　　［德］Dienst
　　［英］servants' business, service
　　175e3

διακριβόω 仔细考察，仔细讨论
　　［拉］accurate elaboro, diligenter examino
　　［德］genau erörtern, untersuchen
　　［英］examine or discuss minutely or with precision
　　184d7

διακρίνω 区分，做出决定，解决争端
　　［拉］discerno, dijudico
　　［德］entscheiden
　　［英］distinguish, decide
　　161d4

διακρούω 敲打
　　［拉］pulso
　　［德］anklopfen
　　［英］knock
　　179d3

διαλαμβάνω 渗透，拥抱，领会，理解，分开，分布
  [拉] comprehendo, intelligo, divido
  [德] empfangen, erfassen, verteilen
  [英] grasp, divide, intersperse
  147e5
διαλέγω 谈论，交谈
  [拉] colloquor
  [德] reden, diskutieren
  [英] hold converse with, discuss
  142c7, 142c8, 143b7, 143c4, 146a7, 147d1, 158c1, 158c4, 161e6, 167e5, 167e6, 174c3, 178e9, 179e5, 181d8, 187a1, 189e8, 196e1, 196e8
διάλεκτος 对话，讨论
  [拉] dialectus
  [德] Diskussion
  [英] discourse, conversation
  146b3, 183b6
διαμαρτάνω 走错，失败
  [拉] aberro
  [德] ganz verfehlen, begehen
  [英] miss entirely, go quite astray from, fail
  178a2, 178a4, 193d1
διαμάχομαι 坚持战斗，坚决主张
  [拉] dimico, repugno, contendo
  [德] durchkämpfen, behaupten
  [英] fight, contend, maintain
  158d3, 170c7, 177d3, 178e2
διανέμω 分配
  [拉] distribuo
  [德] zuteilen
  [英] distribute
  194d5
διανοέομαι (διανοέω) 思考，打算
  [拉] cogito
  [德] denken
  [英] think
  154e4, 158b4, 158b10, 184a2, 185a4, 185a9, 185b7, 189e2, 189e4, 189e8, 195d7, 195d8, 195e1, 195e3, 209a10, 209b3, 209b7, 209c1
διανόημα 思想，观念
  [拉] cogitatum
  [德] Gedanke
  [英] thought, notion
  196c6
διάνοια 意图，打算，思想
  [拉] consilium, mentis agitatio
  [德] Gesinnung, Absicht, Gedanke
  [英] thought, intention, purpose
  150c2, 155d10, 160d1, 168b3, 170b8, 173b2, 173e3, 188b9, 188d5, 189c2, 189d8, 189e1, 194a8, 195d1, 195d2, 195e6, 196c5, 198d8, 206d1, 208c5, 209a8, 209b6
διαπέταμαι 飞过，飞走，消逝
  [拉] evolo, avolo
  [德] durchfliegen, verfliegen
  [英] fly through, fly away, vanish
  199b2, 199e3
διαπράσσω 完成，做完，导致，引起
  [拉] perficio, conficio
  [德] vollführen, erlangen, bewirken
  [英] bring about, accomplish
  144b6
διασκοπέω (διασκέπτομαι) 仔细考察，观

察，环顾
[拉]diligenter contemplor, examino
[德]genau betrachten, sich umsehen
[英]examine or consider well, look round
168e3, 181b7

διατελέω 完成，过活，度日
[拉]ad finem perduco, permaneo
[德]vollenden, verbringen
[英]accomplish, continue, live
167e3, 206a5

διατίθημι 安排，处置
[拉]dispono, ordino
[德]anordnen, versetzen
[英]arrange, manage
151c6

διατριβή 消磨时间，消遣，研讨
[拉]contritio, conversatio
[德]Zeitverlust, Aufenthalt, Unterhaltung
[英]wearing away, haunt
167e4, 172d1

διατρίβω 消磨时间，揉碎
[拉]contero, versor
[德]zerreiben, aufhalten, weilen
[英]spend, waste time, delay
143a7, 168a3, 172c5, 173c7

διαφέρω 不同，不一致，有分歧，胜过
[拉]differo, vinco, supero
[德]verschieden sein, sich auszeichnen
[英]differ, excel
145e1, 150b7, 162e3, 166d3, 169a5, 169d7, 170b1, 171e4, 171e7, 172a7, 175c3, 177b7, 178e8, 197b5, 204b7, 204b10, 205a7, 208c8, 208d7, 209a8, 209d5, 209d8, 209d10

διαφερόντως 异常地，出众地
[拉]excellenter, maxime
[德]verschieden, außerordentlich
[英]differently, especially
144a4

διαφεύγω 逃走，逃脱
[拉]effugio, evito
[德]entfliehen, vermeiden
[英]get away from, escape
181a1

διαφθείρω 败坏，毁灭
[拉]corrumpo
[德]verderben, vernichten
[英]corrupt, ruin
144d2, 153d4

διαφορά 不同，区别，分歧，不合
[拉]dissensio, differentia
[德]Verschiedenheit, Uneinigkeit
[英]difference, disagreement
186d8, 208d6, 208e4

διάφορος 不同的，不一样的
[拉]differens, diversus
[德]verschiedenartig
[英]different, unlike
174b5, 209c6

διαφορότης 差别，不同
[拉]differentia
[德]Verschiedenheit, Unterschied
[英]difference
209a5, 209d1, 209e7, 210a4, 210a8

διδάσκαλος 老师
[拉]magister

［德］Lehrer
［英］teacher, master
161e1, 170b2, 179a10, 201a10
διδάσκω 教，传授
［拉］doceo
［德］lehren
［英］teach, instruct
163c2, 170b4, 183d4, 198b4, 201a9, 201b3
δίδυμος 双的
［拉］geminus, duplex
［德］doppelt, paarweise
［英］double, twofold
156b1
δίδωμι 给，交出，赠送，赠与，认可
［拉］do, dono, concedo, permitto
［德］geben, schenken, zugeben, gestatten
［英］give, offer, grant
146d4, 149c1, 149c9, 166b6, 169a7, 175d1, 177b2, 179a1, 181a1, 183d5, 199a1, 202c2
δίειμι (διέρχομαι) 经过，讨论，述说
［拉］percurro, narro
［德］hindurchgehen, erzählen
［英］go through, enumerate, discuss
157d8, 157e5, 162c8
διέξειμι 出去，详细叙述，仔细检查
［拉］exeo, narro
［德］hinausgehen, vollständig vortragen
［英］go through, go through in detail, relate circumstantially
157d9
διεξέρχομαι 详细叙述，度过

［拉］pertranseo, explico
［德］in der Rede durchgehen, hindurchgehen
［英］go through, relate
167d5, 189e6
διέξοδος 孔道，出口，详细叙述，详细描述
［拉］foramen, explicatio verbosa et enarratio rei
［德］Ausgang, Durchgang, ausführlich Darstellung
［英］outlet, passage, detailed narrative or description
207c7, 208a9
διερευνάω 仔细探查，仔细调查
［拉］perscrutor, indago
［德］durchsuchen, durchforschen
［英］track down, search, examine
168e5, 174b6
διέρχομαι 经过，细说，叙述
［拉］transeo, narro
［德］durchgehen, erzählen
［英］pass through, recount
143a8, 146c8, 157d11, 159c1, 160c2, 162c3, 173b5, 173b8, 183d1, 207b9
διευλαβέομαι 当心，警惕
［拉］valde cavere sibi
［德］sich sehr in acht nehmen
［英］take good heed to, beware of
166c2
διηγέομαι 详细叙述，描述
［拉］narro
［德］erzählen, beschreiben
［英］set out in detail, describe

142d1, 142d5, 143b6, 143b7, 144c6, 158c6

διήγησις 叙述，陈述
　　［拉］narratio
　　［德］Erzählung
　　［英］narration
　　143c1

διισχυρίζομαι 完全信赖，极力坚持，坚决主张
　　［拉］confirm, adfirmo
　　［德］sich stützen, für gewiß behaupten, fest behaupten
　　［英］lean upon, rely on, affirm confidently
　　154a3, 158d6, 163b7, 177c9, 180e3

δικάζω 判决，公断
　　［拉］judico, decerno
　　［德］richten, entscheiden
　　［英］give judgement on, decide
　　201c2

δίκαιος (adv.δικαίως) 正当的，公正的，正义的
　　［拉］justus
　　［德］gerecht, richtig
　　［英］just, right
　　143e1, 161e1, 163a2, 164e6, 167c4, 167c4, 172a2, 172b3, 173a7, 176b2, 176c1, 176c2, 177c9, 177d2, 186d9, 189c3, 190b4, 201b7, 209e2

δικαιοσύνη 正义，公正
　　［拉］justitia
　　［德］Gerechtigkeit
　　［英］righteousness, justice
　　175c2

δικανικός 属于审判的，精通法律的
　　［拉］judicialis, juris peritus
　　［德］rechtskundig
　　［英］belonging to trials, judicial
　　175d2, 201a8

δικαστήριον 法庭
　　［拉］judicium
　　［德］Gerichtshof
　　［英］court
　　172c5, 172c8, 173d1, 174c2, 178e5, 201c5

δικαστής 陪审员，法官
　　［拉］judex
　　［德］Richter
　　［英］juror
　　173c4, 201b7, 201c5

δίκη 官司，惩罚，审判，判决
　　［拉］judicium, causa, poena
　　［德］Rechtsstreit, Prozess, Strafe, Urteil
　　［英］lawsuit, penalty, judgement
　　164c4, 172e6, 177a2, 181a1

διόλλυμι 完全毁坏，完全毁灭
　　［拉］funditus perdo
　　［德］ganz vernichten
　　［英］destroy utterly, perish utterly
　　153b6

διομολογέω 商定，达成协议，承认
　　［拉］convenio
　　［德］zugestehen, sich verständigen
　　［英］make an agreement, agree, concede
　　169e4

διορίζω 界定，下定义
　　［拉］distermino, definio

[德] bestimmen, definieren
[英] determine, define
192a1

διστάζω 怀疑，犹豫
[拉] dubito, ambigo
[德] zweifeln
[英] doubt, hesitate
187d7, 190a3

διωθέω 推走，打退，拒绝
[拉] repello
[德] abwehren, abschlagen
[英] push asunder, reject
163c6

διώκω 控告，追
[拉] persequor
[德] jagen, anklagen
[英] prosecute, pursue
166e1, 167d7, 168a4, 176b5

διωλύγιος 巨大的，大声的
[拉] magnus, immensus
[德] sehr groß, durchdringend
[英] immense, enormous, loud
162a1

δόγμα 见解，信念，意见
[拉] dogma, sententia
[德] Meinung
[英] opinion, belief
157d2, 158d3

δοκέω 设想，看来，认为
[拉] puto, opinor, videor
[德] glauben, scheinen
[英] imagine, seem
142c5, 143e7, 144c3, 144d2, 145a2,
145a9, 145c6, 146c3, 146c7, 147e3,
148b3, 148b7, 149d3, 150d6, 151a1,
151b2, 151e1, 152e8, 153a6, 153d6,
154a9, 154c10, 155b3, 155c6,
155d8, 157c2, 157c5, 158c5, 158c6,
158e4, 158e6, 159a5, 161c2, 162b4,
162c8, 165e4, 166b2, 167c4, 167c5,
167c7, 168b5, 169a9, 169b2, 170a3,
170a4, 171a2, 171a3, 171d5, 171d8,
171e2, 171e9, 172b6, 173c3, 173c6,
174d3, 174e4, 175b6, 175e2, 176b6,
176c6, 176d8, 177b7, 177c2, 177c5,
177c7, 177c8, 177d1, 178d6, 178e2,
179a2, 179b6, 180b2, 181a3, 181a7,
181b8, 181c4, 183d10, 184b3,
184c8, 184d6, 185d8, 185e8, 186a9,
189c5, 189c11, 190d3, 194d7,
195d4, 196d10, 197b6, 197d2,
199c8, 201d8, 202d4, 202d10,
203c7, 205a7, 206c2, 206c8, 206d4,
206d8, 207c5, 207c6, 207d4, 208e1

δόξα 名声，意见，期望，荣誉，判断
[拉] opinio, exspectatio, fama, gloria
[德] Meinung, Erwartung, Ruhm,
Vorstellung
[英] opinion, expectation, repute, judgement
161d4, 161e8, 162a6, 170a7, 170b9,
170d5, 171a4, 171b6, 172a8, 172b5,
174c6, 178c5, 178d1, 179b8, 179c2,
179c4, 187b4, 187b5, 187c4, 187c5,
187c7, 187e6, 189b8, 189b12,
189d7, 190a3, 190a5, 190e1, 190e3,
193d4, 193e7, 194b1, 194b3, 195b7,
195c8, 196c1, 196c7, 199a9, 199c1,

199c11, 200c9, 200e4, 201c1, 201c4, 201d1, 202b7, 202b8, 202c7, 202d7, 206c3, 206d3, 206e2, 207b5, 207b9, 207c2, 208a10, 208b4, 208c3, 208e3, 209a2, 209d1, 209d4, 209d8, 209d9, 210a4, 210a8, 210b1

δοξάζω 认为，相信，猜想，判断
 [拉] opinor, suspicor
 [德] meinen, glauben, vermuten
 [英] think, imagine, suppose
 158b2, 161d3, 161d7, 167a2, 167a6, 167a7, 167a8, 167b1, 167b2, 167d2, 170c3, 170c5, 170c8, 170d8, 170e5, 171a9, 171b11, 178d5, 187a8, 187d6, 187e6, 188a7, 188b3, 188c5, 188c6, 188c7, 188d3, 188d4, 188d9, 189a6, 189a8, 189a10, 189a12, 189a13, 189b1, 189b4, 189b5, 189c2, 189c4, 189c6, 189c7, 189d5, 190a4, 190a8, 190c5, 190c6, 190c7, 190d1, 190d4, 190d5, 190d7, 190d10, 190d11, 191a9, 191e4, 192c5, 193a3, 193b5, 193b9, 193d2, 194c2, 194d4, 195a5, 195b2, 195e7, 196a4, 196c5, 199b8, 199d3, 199e5, 200a1, 200a3, 200b3, 200e5, 201a9, 201b5, 201c6, 206e1, 207b1, 207d6, 208b1, 208b8, 209a3, 209a7, 209b3, 209c2, 209c5, 209c8, 209c8, 209e4, 209e7

δόξασμα 意见，看法
 [拉] opinio
 [德] Meinung
 [英] opinion

158e3

δοξαστικός 发表意见的，做出判断的
 [拉] opinandi praeditus
 [德] vorstellend, meinend
 [英] forming opinions, pertaining to judgement
 207c2

δοξαστός 可判断的，可形成意见的
 [拉] opinabilis
 [德] vorstellbar
 [英] judgeable, opinable
 202b7

δοξαστής 下判断的人，持有意见的人
 [拉] opinator
 [德] der Vermutende, der Vorstellender
 [英] one who forms opinions
 208e5

δόρυ 木板，木料
 [拉] lignum
 [德] Holz, Balken
 [英] timber, plank
 207a4

δουλεία 奴役
 [拉] servitus
 [德] Knechtschaft
 [英] slavery, bondage
 173a4

δουλικός 奴隶的
 [拉] servilis
 [德] knechtisch
 [英] slave
 175e3

δοῦλος 奴隶
 [拉] servus

[德] Knecht
[英] slave
175a4

δουράτεος (δούρειος) 木制的
[拉] ligneus
[德] hölzern
[英] of wood
184d2

δρᾶμα 表演，戏剧，行动，任务
[拉] drama
[德] Schauspiel, Handlung
[英] drama, play, action
150a9, 169b3

δράω 做
[拉] facio, ago
[德] tun
[英] do
151a3, 151d2, 163e12, 164c2, 166c8, 168a7, 169b3, 187c1, 189e1, 206d6, 207d9

δριμύς 尖锐的，辛辣的
[拉] acer, austerus
[德] scharf, bitter
[英] piercing, sharp, keen
173a1, 175d1

δρομικός 擅于奔跑的，快的
[拉] cursu valens
[德] zum Laufen geeignet, behend
[英] good at running, swift
148c2

δρόμος 跑道，跑场；赛跑，奔跑
[拉] curriculum, cursus
[德] Lauf, Rennbahn, Rennen
[英] course, race, runnig

144c2, 148c1, 173a1

δύναμαι 能够，有能力
[拉] possum, valeo
[德] können, imstande sein
[英] to be able
143d7, 145e8, 147e6, 148b2, 148b6, 148e3, 149d1, 151b1, 153a2, 155e4, 157c5, 158b1, 166a5, 166c3, 167c8, 167e6, 169d2, 173a7, 175a1, 175b3, 175e6, 177e6, 180b3, 195a6, 195c3, 201b2, 202c2, 206b1, 207a4, 207b9, 210c4

δύναμις 能力，力量
[拉] potentia
[德] Macht, Vermögen
[英] power, might
147d3, 147d8, 147e1, 148b1, 148b7, 148d5, 156a6, 158e8, 159a1, 168c4, 176a5, 184e8, 185c3, 185c4, 185e7, 197c7

δυναστεία 权力，统治权
[拉] potentia, imperium
[德] Macht, Herrschaft
[英] power, lordship, domination
176c7

δυνατός 有可能的，能办到的，有能力的
[拉] potens, possibilis
[德] imstande, fähig
[英] possible, powerful
150c1, 163d1, 167a1, 167a8, 176b2, 185b5, 185b10, 186d4, 188c7, 188d8, 191b1, 197c1, 201e4, 202a7, 202c4, 206d7, 206e7

δυσαπάλλακτος 难以摆脱的
 [拉] qui difficulter abjici potest
 [德] schwer zu verlassen
 [英] hard to get rid of
 195c4

δυσεντερία 痢疾
 [拉] dysenteria
 [德] Ruhr
 [英] dysentery
 142b4

δυσκολαίνω 不满意，烦恼
 [拉] morosussum, indignefero
 [德] unzufriedensein, verdrießen
 [英] to be peevish, cause trouble or annoyance
 155a1

δύσκολος 不满意的，烦恼的
 [拉] morosus
 [德] unfreundlich, mürrisch
 [英] hard to please, discontented, troublesome
 161a6, 174d6

δυσμαθία 学习迟钝，不敏于学
 [拉] tarditas in discendo
 [德] ungelehrigkeit
 [英] slowness at learning
 195c1

δυσμενής (adv. δυσμενῶς) 敌视的，敌对的
 [拉] inimicus
 [德] feindselig
 [英] hostile
 168b3

δύσνοια 恶意，仇视
 [拉] animus infensus
 [德] Abneigung, Haß
 [英] ill-will
 151d1

δύσνοος (δύσνους) 仇视的，不友好的，怀敌意的
 [拉] malevolus
 [德] feindlich, widerwillig
 [英] ill-affected, disaffected
 151d1

δυστοκέω 难产
 [拉] difficulter pario
 [德] schwer gebären
 [英] suffer in childbirth
 149d2

δυσχεραίνω 不满意，讨厌
 [拉] pertaesus sum, odiosus sum
 [德] unwillig sein, verabscheuen
 [英] feel dislike, to be displeased
 169d4, 195c1, 195c5, 195c6, 199c1

δῶρον 礼物
 [拉] donum
 [德] Geschenk
 [英] gift, present
 191d3

ἐάω 允许，同意，不理会，放弃
 [拉] dimitto, omitto
 [德] zulassen, unterlassen
 [英] concede, permit, let alone, let be
 147c6, 151a5, 162b5, 173b5, 180a8, 182c1, 187d7, 190c8, 190d3, 196d2

ἐγγίγνομαι 出生在……，发生在……，产生于
 [拉] insum, innascor

　　　　［德］darin geboren werden, darin
　　　　entstehen
　　　　［英］to be born in, take place
　　　　187d4, 194d1
ἐγγύς (comp. ἐγγύτερος; sup. ἐγγύτατος) 近，
　　附近
　　　　［拉］prope
　　　　［德］nahe
　　　　［英］near, nigh, at hand
　　　　174a2, 179d1, 208e8
ἐγείρω 唤醒，激起
　　　　［拉］excito
　　　　［德］erwecken, anregen
　　　　［英］awaken, rouse
　　　　149d1, 151a8, 158c1, 158d2, 184a6
ἐγκάθημαι 埋伏，坐在
　　　　［拉］insideo
　　　　［德］sich befinden, auf der Lauer liegen
　　　　［英］sit in, lie in ambush
　　　　184d2
ἐγκαλέω 控告，非难
　　　　［拉］crimino
　　　　［德］anklagen, verklagen
　　　　［英］accuse, charge
　　　　168e2
ἐγκρατής 控制的，当权的
　　　　［拉］qui in potestate habet aliquid
　　　　［德］in seiner Gewalt haltend
　　　　［英］master of oneself, self-controlled
　　　　197b9
ἐγκύμων 怀孕的
　　　　［拉］gravidus
　　　　［德］schwanger
　　　　［英］pregnant

148e7, 151b2, 209b11
ἐγκωμιάζω 颂扬，称赞
　　　　［拉］laudo
　　　　［德］preisen, loben
　　　　［英］praise, laud, extol
　　　　142b8, 174d4
ἐγχωρέω 让路，让位，容许
　　　　［拉］concedo, do locum
　　　　［德］Raum geben, gestatten
　　　　［英］give room, allow
　　　　172e1, 190d11
ἐθέλω 愿意，乐于
　　　　［拉］volo
　　　　［德］wollen, wünschen
　　　　［英］to be willing, wish
　　　　142c2, 143d8, 146c1, 151d5, 162e6,
　　　　164e5, 169c4, 170c6, 171e5, 172b3,
　　　　175c1, 177b3, 177c9, 184e8, 185a3,
　　　　196d5, 197d1
ἐθίζω 使习惯于
　　　　［拉］assuefacio
　　　　［德］gewöhnen
　　　　［英］accustom
　　　　165a7
ἔθω 习惯于
　　　　［拉］soleo
　　　　［德］gewohnt sein, pflegen
　　　　［英］to be accustomed
　　　　174e4
εἶδος 形式，样式，形状，外貌，形相
　　　　［拉］forma, species, modus
　　　　［德］Form, Aussehen, Gestalt
　　　　［英］form, appearance, shape
　　　　148d6, 156a6, 157c2, 162b3, 169c9,

178a6, 181c3, 181c9, 181d3, 181d5,
203e4, 204a9, 205d4, 208c2

εἴδω (οἶδα) 看，知道，熟悉
  [拉] video, scio, peritus sum
  [德] sehen, wissen, verstehen
  [英] see, know, be acquainted with
  143d5, 144a1, 144c8, 145a4, 145b7,
  147b2, 147b5, 148e1, 148e8, 149a6,
  149a8, 149b5, 149d9, 149d10,
  151c8, 154c1, 155d9, 157c4, 157c7,
  157e4, 161b8, 163c1, 163d5, 163e1,
  163e10, 164d6, 164d7, 165b3,
  165b4, 166a4, 166b5, 169a2, 169d4,
  170b1, 171a2, 173d1, 174a7, 174c8,
  177b1, 180c3, 185c1, 187c2, 188a2,
  188a6, 188a8, 188b3, 188b4, 188b7,
  188b8, 188b9, 188c2, 188c3, 188c6,
  188d1, 189e7, 191a9, 191b5, 191b7,
  191b8, 191c3, 191d5, 191e6, 192a2,
  192a3, 192a5, 192a6, 192a7, 192b2,
  192b4, 192b6, 192b7, 192c1,
  192c2, 192c3, 192c9, 192c10,
  192d1, 192d3, 192e3, 192e5, 192e8,
  193a10, 193b2, 193b3, 194a9,
  194b2, 196b9, 196c1, 196c2, 196c7,
  196c8, 196d8, 196d10, 197d5,
  198c8, 199a8, 199a9, 199d7, 200a5,
  200b1, 200b2, 200b3, 200b4, 200b5,
  201b8, 201d2, 202e3, 203d4, 206c3,
  208a5, 210c3, 210c4, 210c5

εἴδωλον 幻象，幻想，图像
  [拉] imago, figura
  [德] Phantasie, Abbild
  [英] phantom, fantasy, image

150b1, 150c2, 150e6, 151c3, 191d9,
208c5

εἰκός (adv. εἰκότως) 很可能的，合理的，
当然的
  [拉] probabilis, decens
  [德] wahrscheinlich, folgerichtig,
  natürlich
  [英] probable, reasonable
  149c4, 149c5, 152b1, 162e5, 162e8,
  171c10, 171d2, 172c4, 188d6,
  194a5, 202d6, 203c3

εἰλιγγιάω 头脑发晕
  [拉] vertigine laboro, vacillo
  [德] schwindlig sein
  [英] dizzy
  175d2

εἶμι 去，来
  [拉] ibo
  [德] gehen, kommen
  [英] go, come
  143b2, 144c3, 148d4, 162c2, 169a1,
  172c6, 177c2, 178b2, 188d1, 194c6,
  195e3, 198e2, 200e8, 201a3, 203b1,
  205b13, 208d3

εἶπον 说
  [拉] dico
  [德] sagen
  [英] say, speak
  142c5, 142d1, 142d4, 143c3, 143e4,
  146a2, 146c3, 147a8, 147c5, 151b4,
  151d5, 152e6, 154d2, 158a8, 158a9,
  161a6, 161b6, 161c4, 162a4, 164a4,
  168c8, 172d4, 177a3, 181e3, 181e6,
  182c10, 183a9, 184a2, 184b9,

185c1, 185d8, 187b4, 187d3, 190b2, 190b7, 190c2, 190c7, 195b11, 196a6, 196d5, 197a4, 197b3, 199e8, 200d8, 201c8, 202e4, 202e7, 203b1, 205b9, 205c8, 205e5, 207a4, 207a6, 208c7, 208c8, 208c9

εἰρέω (εἴρω) 说
  [拉] dico
  [德] sagen
  [英] say
  179a10, 208d5

εἰρηνεύω 过和平的生活，使和解
  [拉] in pace vico, pacem ago
  [德] Frieden halten
  [英] bring to peace, reconcile, keep peace, live peaceably
  180b5

εἰρήνη 和平
  [拉] pax
  [德] Friede
  [英] peace
  172d5, 176a4

εἰσέρχομαι 进来，进入，进场
  [拉] ingredior, accedo ad, pervenio in
  [德] hineingehen, auftreten
  [英] enter, go into
  147c8, 147d7

ἕκαστος 每，每一个，各自
  [拉] singulus, quisque
  [德] jeder
  [英] each, every one
  146d2, 147d5, 152a6, 152c2, 152c3, 153e7, 154a2, 154a3, 154b4, 156b7, 157c1, 159d1, 158a2, 158a6, 159c4, 161c3, 161d3, 161d7, 161e3, 161e8, 162d1, 162e4, 166c4, 166d2, 167c4, 167c6, 168b5, 169d5, 170a3, 170a11, 171a4, 171e2, 172a2, 172a4, 173c3, 174c1, 175a2, 175b6, 177c8, 178a3, 178e1, 178e2, 178e4, 179c3, 180c2, 181b7, 182a5, 184c8, 184e6, 185c8, 188a2, 188a6, 194d5, 195a6, 195c4, 197d5, 198d7, 201e3, 202a3, 204a1, 204c6, 204d11, 204e1, 205c7, 206a6, 206a7, 206b1, 206b9, 206d8, 206e2, 207b5, 207c7, 208d6, 209d2

ἑκάστοτε 每回，每次，任何时候
  [拉] semper
  [德] jedesmal, jemals
  [英] each time, on each occasion
  170d8, 187e5

ἑκάτερος 两者中的每一个
  [拉] alteruter
  [德] jeder von beiden
  [英] each of two
  144e1, 146e4, 152b9, 152e4, 156a6, 156d5, 158d2, 158d5, 159c8, 164b11, 175c3, 175d7, 185a11, 185b2, 193c2, 193c6, 194a2, 201c7, 203d4, 203d7, 204b1

ἐκβαίνω 离开，外出
  [拉] egredior
  [德] ausgehen, verlassen
  [英] leave, go out of
  175c1

ἐκβάλλω 抛弃，扔掉
  [拉] expurgo

［德］verwerfen
［英］throw or cast out of, discard
180b3

ἔκγονος 后裔，子孙
［拉］proles
［德］Abkömmling
［英］offspring
150d2, 152e8, 155d4, 156a8

ἐκδίδωμι 交出去，放弃
［拉］edo, prodo
［德］herausgeben, weggeben
［英］surrender, give up
151b5

ἐκμαγεῖον 印章，印记
［拉］simulacrium, signum
［德］Abdruck, Abbild
［英］impress, mould
191c9, 194d6, 194e6, 196a3, 196b5

ἐκμάσσω 拭去，擦去，留下印迹
［拉］extergo, efformo
［德］abwischen, sich einprägen
［英］wipe off, mould
191d8, 191e1

ἐκτός 远离，除去
［拉］extra
［德］fern von, ohne
［英］out of, far from
188c5, 191a3, 201d1

ἐκτυπόω 制造浮雕，打出轮廓
［拉］exprimo, effingo, informo
［德］ausdrücken, abbilden, gestalten, darstellen
［英］model or work in relief
206d3

ἐκφεύγω 逃脱，避免
［拉］vito
［德］entgehen
［英］escape
176e1, 181a6

ἑκών 自愿的，心甘情愿的，故意的
［拉］voluntarius
［德］freiwillig, gern
［英］willing
180c4, 206b10

ἔλαιον 油
［拉］oleum
［德］Öl
［英］oil
144b5

ἐλαχύς (comp. ἐλάσσων; sup. ἐλάχιστος) 少的，小的
［拉］parvus
［德］klein, gering
［英］small, little
148a2, 148a3, 150a8, 154c3, 155a4, 155b8, 155c4, 172b8, 176a4, 191c9

ἐλεγκτικός 热衷于盘问的，精通反驳的
［拉］refellendi vim habens, contentiosus
［德］zum Widerlegen geeignet, geschickt
［英］fond of cross-questioning or examining, refutative
200a12

ἐλέγχω 质问，反驳，谴责
［拉］redarguo
［德］ausfragen, beschimpfen
［英］cross-examine, question, accuse

157e5, 161a2, 161e7, 162a5, 165d8, 166b1, 169c6, 171d2

ἐλευθερία 自由
[拉] libertas
[德] Freiheit
[英] freedom, liberty
173b6, 175e1

ἐλευθέριος (adv. ἐλευθερίως) 像自由人那样的
[拉] liberalis
[德] nach Art eines Freien, freigebig
[英] fit for a freeman, liberal
175e7

ἐλευθεριότης 慷慨
[拉] liberalitas
[德] Freigebigkeit
[英] liberality
144d3

ἐλεύθερος 自由的
[拉] liber
[德] frei
[英] free
172d1, 173a4, 191a1

ἑλίσσω 旋转，绕弯
[拉] volvo, circumvolvo
[德] herumdrehen, wenden
[英] turn round, roll
194b3

ἕλκω 拖，拉，扯
[拉] traho
[德] ziehen
[英] draw, drag
162b6, 168c2, 175b9, 181a3, 195c3, 199a5

ἐλλείπω 短少，不足，比不上
[拉] deficio, inferior sum
[德] zurückbleiben
[英] fall short, fail
157e1

ἐλλόγιμος 著名的
[拉] praestans
[德] berühmt
[英] in high repute
142d2

ἐλλοχάω 埋伏
[拉] in insidiis lateo
[德] auf der Lauer liegen
[英] lie in ambush
165d5

ἐμβάλλω 投进，放进，冲进
[拉] insero, ingredior
[德] hineinwerfen, einstürmen
[英] throw in, dash
165d7

ἐμβιβάζω 使步入，导入
[拉] impono, induco
[德] hineinbringen, einsteigen lassen
[英] set in, guide
193c3

ἐμβριθής 重的，沉重的
[拉] ponderosus
[德] schwer
[英] weighty
144b2

ἐμμελής (adv. ἐμμελῶς) 和谐的，适宜的
[拉] canorus, aptus
[德] harmonisch, angemessen
[英] harmonious, suitable, fit, proper

162a7, 174a5

ἐμμένω 继续下去，保持，遵守
[拉] permaneo, persevero
[德] anhalten, fortbestehen
[英] abide by, stand by, remain fixed
145c5

ἔμπαλιν 向后头，相反
[拉] retro, contra
[德] rückwärts, umgekehrt
[英] backwards, back, contrariwise
193c5

ἔμπειρος 有经验的，有见识的，老练的，熟悉的
[拉] peritus
[德] erfahren, kundig
[英] experienced, acquainted
179e5, 206b5

ἐμπίπλημι 充满，满足
[拉] impleo
[德] anfüllen, vollfüllen
[英] fill
151a7

ἐμπίτνω (ἐμπίπτω) 落到，落进，撞上
[拉] incido
[德] hineinfallen
[英] fall upon
150a4, 174c5, 175e3, 205d4

ἔμπλεος 充满着⋯⋯的
[拉] repletus
[德] voll
[英] quite full of
156e3, 194e6

ἐμπόδιος 成为障碍的
[拉] qui est impendimento, obvius

[德] im Wege stehend, hinderlich
[英] presenting an obstacle, impeding
201a1

ἐμποδών 挡道，碍事
[拉] ante pedes
[德] im Wege
[英] in one's way
199c2

ἐμποιέω 引起，产生
[拉] indo, efficio
[德] verursachen, beibringen
[英] make in, produce, cause
167c2

ἔμπροσθεν 从前，以前，在前面
[拉] olim, antehac
[德] zuvor, vorher, früher, vorn
[英] before, of old, in front
174a7, 177c2

ἐμφανής 明显的，公开的
[拉] manifestus, apertus
[德] deutlich, öffentlich
[英] manifest, palpable
206d1

ἔναγχος 刚刚，刚才，不久前
[拉] nuper
[德] neulich
[英] just now, lately
147c8

ἐναντιόομαι 反对，拒绝
[拉] repugno
[德] sich widersetzen, entgegentreten
[英] set oneself against, oppose
180e2, 200d9

ἐναντίος 相反的，对立的

［拉］contra

［德］gegenüberstehend, widrig

［英］opposite

153c4, 154d2, 155b7, 158a3, 162d1, 165d1, 166e3, 168a7, 168a8, 171b11, 175d6, 180d8, 181a3, 184c3, 189d2, 189d3, 190b6, 194e4, 205e7, 206a1

ἐναντιότης 相反（性），对立（性）

［拉］contraria, repugnantia

［德］Gegensatz, Gegenteil

［英］contrariety, opposition

186b6, 186b7

ἐναργής (adv. ἐναργῶς) 可见的，清楚明白的

［拉］manifestus

［德］deutlich, sichtbar

［英］visible, palpable, clear

150d6, 176c5, 179c6, 203b6, 206b7

ἐνδείκνυμι 证明，指出，检举

［拉］demonstro, ostendo

［德］beweisen, erweisen, aufzeigen

［英］prove, demonstrate, exhibit, point out

158e2, 161c7, 167e7, 200c9, 206d8

ἔνδηλος 显而易见的，清楚的

［拉］manifestus, evidens

［德］offenbar, deutlich

［英］visible, manifest, clear

174d3

ἔνδον 在里头，在家里

［拉］intus, domi

［德］innen, zu Hause

［英］within, at home

151b8

ἐνδύω 进入，参加，穿

［拉］ingredior, induo

［德］hineingehen, anziehen

［英］enter, put on

169c1

ἔνειμι 在里面，在其中

［拉］intus sum

［德］darin sein, innewohnen

［英］to be inside

180a3, 182a1, 191c8

ἕνεκα 为了，由于

［拉］gratia, propter

［德］um ... willen, angesichts

［英］on account of, for the sake of, as far as regards

143c4, 143e2, 148d3, 151b7, 157c9, 176b4, 182c2, 184a3, 184d7, 187a1, 191c8, 198d3

ἐνεός 哑的

［拉］mutus

［德］stumm

［英］dumb

206d9

ἐνέχω 保持，心中怀抱着

［拉］intus habeo

［德］in sich haben, darin halten

［英］hold, keep fast within

147d6

ἐνθάδε 这儿，在这儿，那儿，

［拉］hic, huc, illuc

［德］hier, hierher, dort, dorthin

［英］here, hither, there

144d6, 177a5

ἐνθένδε 从这里

［拉］hinc
［德］von hier aus
［英］from here
176a8, 178a5, 194c4, 198a4

ἐνθουσιάζω 从神那里得到灵感，被神附体
［拉］fanatico, seu divino furore agor
［德］inspirieren
［英］to be inspired or possessed by a god
180c2

ἐνθυμέομαι 考虑，推断，寻思
［拉］cogito, considero
［德］überlegen, erwägen
［英］ponder, consider
196b4

ἐνιαυτός 一年
［拉］annus
［德］Jahr
［英］a year
155b7

ἐνίημι 送到……里去，移植
［拉］immitto, infigo
［德］hineinsenden, hineintun
［英］send in or into, implant
191d8

ἔνιοι 一些，有些
［拉］quidam, nonnulli
［德］einige
［英］some
151a3, 151a4, 151b2, 162b2

ἐνίοτε 有时
［拉］interdum, aliquando
［德］manchmal
［英］at times, sometimes
150a9, 152b2, 155c9, 163e10, 176d8, 191b3, 192d5

ἐννοέω 想起，思考，注意到，理解，明白
［拉］recordor, animadverto, intelligo
［德］entsinnen, besinnen, merken, verstehen
［英］think of, reflect upon, notice, understand
149b4, 149e1, 156c4, 158b5, 161b2, 168c8, 168d5, 191d5, 196d7, 196d9, 201c9

ἔννοια 思想
［拉］cogitatio
［德］Gedanke
［英］thought
191d6

ἔνοχος 定会受到……的，应该被处以……的。
［拉］reus
［德］verfallen, schuldig
［英］liable to, subject to
148b4

ἐνσημαίνω 表明，标明，做标记
［拉］significo, exprimo
［德］bezichnen, einprägen
［英］signal, impress or stamp upon
191d7, 194c6, 209c6

ἐνταῦθα (ἐνθαῦτα) 在这儿
［拉］huc
［德］hierin
［英］here
171e7, 172a6, 177c6, 186d4, 187b2

ἐντεῦθεν 从这里，从那里
　　[拉] hinc
　　[德] von hier aus, von da
　　[英] hence, thence
　　171d1, 197e1, 198b8
ἔντονος 绷紧的，激烈的，猛烈的
　　[拉] intentus, vehemens
　　[德] angespannt, heftig
　　[英] intense, eager, vehement
　　173a1
ἐντυγχάνω 路遇，碰见
　　[拉] incido in aliquem
　　[德] treffen
　　[英] light upon, fall in with, meet with
　　142a6, 142c6, 143e2, 143e5, 144a1, 148c2, 169b7
ἐνύπνιον 梦
　　[拉] somnium
　　[德] Traumbild, Traum
　　[英] thing seen in sleep, dream
　　157e2, 202c5
ἐξάγω 带走，取走
　　[拉] educo
　　[德] wegführen, fortbringen
　　[英] lead out, lead away
　　157d2
ἐξαιρέω 取出，取走，消灭
　　[拉] eximo
　　[德] herausnehmen, befreien
　　[英] take out, remove, get rid of
　　143c5, 157b1, 161a8, 162e2
ἐξαίφνης 忽然，突然
　　[拉] subito
　　[德] plötzlich
　　[英] on a sudden
　　162c3, 203e1
ἐξαλείφω 抹去，擦掉
　　[拉] deleo
　　[德] auslöschen
　　[英] wipe out, obliterate
　　187b1, 191d9
ἐξαμβλόω 使流产
　　[拉] abortior
　　[德] eine Fehlgeburt tun, unfruchtbar machen
　　[英] make to miscarry, make abortive
　　150e4
ἐξελέγχω 驳斥，反驳，揭发
　　[拉] redarguo, convinco
　　[德] widerlegen, als falsch darstellen
　　[英] confute, refute
　　166c3
ἐξέρχομαι 离开，出来
　　[拉] egredior
　　[德] herauskommen
　　[英] go or come out of, leave
　　161b2
ἔξεστι 可以，能够，容许
　　[拉] licet
　　[德] es steht frei, es ist erlaubt
　　[英] it is allowed, is possible
　　147c3, 197d2
ἐξετάζω 盘问，调查
　　[拉] examino, inquiro
　　[德] nachforschen, prüfen
　　[英] examine well or closely
　　154d9, 155a1, 184c2
ἐξέτασις 调查，检验，盘问

[拉] inquisitio
[德] Nachforschung, Prüfung
[英] close examination, scrutiny, test
210c2

ἐξευρίσκω 找出，发现
[拉] invenio
[德] ausfinden, herausfinden
[英] find out, discover
148c7, 201d6

ἑξῆς 前后相继，依次，此后
[拉] deinceps, ordine
[德] der Reihe nach, nacheinander, nebeneinander, nebendanach
[英] one after another, in order
152e2, 193b3, 208a10

ἕξις 情状，状况，拥有
[拉] habitus
[德] Beschaffenheit, Zustand, Haltung
[英] state, habit, possession, having
153b5, 153b9, 167a4, 167a4, 167b1, 197b1

ἐξόφθαλμος 眼睛突出的，眼力敏锐的
[拉] qui oculis est prominentibus, conspicuus
[德] mit hervorstehenden Augen, augenfällig
[英] with prominent eyes, having a keen eye for,
209c1

ἔοικα 看来，似乎
[拉] ut videtur
[德] es scheint
[英] seem, look like
142d4, 147c2, 152b8, 152c4, 153c5, 154d4, 155d4, 160c10, 160e5, 163a4, 163d4, 164b10, 164c2, 164c7, 170e6, 173c6, 177a3, 183a1, 183a4, 186d4, 188d10, 189a14, 189b6, 190a9, 190d6, 190e4, 193d3, 194b1, 196b7, 196d7, 201c6, 204e10, 205c3, 208b11, 209a9, 209e4, 210a3, 210a6, 210b3

ἐπαείδω 唱歌，念咒语
[拉] accino, incanto
[德] vorsingen, bezaubern
[英] sing, use charms or incantations
149d1, 157c9

ἐπαινέω 赞许，赞美
[拉] laudo
[德] loben
[英] approval, praise
145a11, 145b1, 145b3, 145b8, 148c1, 148c3, 194e1, 199e7

ἔπαινος 赞许，赞美
[拉] laus
[德] Lob
[英] approval, praise
174d1, 174e7

ἐπαισθάνομαι 感觉到
[拉] sentio
[德] wahrnehmen
[英] have a perception or feeling of
194a9

ἐπαίσσω 冲向，攻击
[拉] irruo, proruo
[德] heranstürmen, losstürzen
[英] rush at, assault
190a3

ἐπαίω 精通，懂得
  [拉] intelligo, percipio
  [德] verstehen
  [英] understand, to be an expert in
  145d5

ἐπακολουθέω 追随，听从
  [拉] sequor, obedio
  [德] folgen
  [英] follow after, obey
  152b1, 168e5, 177c4, 206b1

ἐπακούω 听，倾听
  [拉] audio
  [德] zuhören, anhören
  [英] hear
  155e3

ἐπαμύνω 来帮助，来救援
  [拉] auxilior, succurro
  [德] beistehen
  [英] come to aid, succour
  165e7, 169a1

ἐπαναλαμβάνω 重新拿起，重复
  [拉] repeto
  [德] wiederholen
  [英] take up again, repeat
  169e2

ἐπάνειμι 上升，回去
  [拉] adscendo, redeo
  [德] hinaufgehen, zurückgehen
  [英] ascend, go back, return
  177c5, 186b8

ἐπανερωτάω 一再询问
  [拉] interrogo rursum
  [德] wieder befragen
  [英] question again, ask over again
  143a3

ἐπανορθόω 修改，纠正，重建
  [拉] corrigo, emendo
  [德] wieder aufrichten, richtigstellen
  [英] correct, amend, set up again
  143a4, 146c5, 167e7

ἐπανόρθωμα 纠正，修正，重建
  [拉] emendatio
  [德] Wiederherstellung, Verbesserung
  [英] correction
  183a2

ἐπαφή 接触，触摸
  [拉] tactus
  [德] Betastung, Berührung
  [英] touch, touching
  186b3

ἐπείγω 催促，赶紧
  [拉] urgeo, festino
  [德] treiben, drängen
  [英] urge on, hasten
  142c2

ἐπεισκωμάζω 像无法无天的饮酒作乐者那样乱冲，到处东游西荡
  [拉] comissatum ad aliquem venio
  [德] hineinschwärmen
  [英] rush in like disorderly revellers
  184a5

ἐπέρχομαι 突然来临，走向
  [拉] accedo, advenio
  [德] herankommen
  [英] approach, come suddenly upon
  172d7

ἐπέχω 阻止，堵住，放到
  [拉] impedio, inhibeo, admoveo

[德] abhalten, zurückhalten, ansetzen
[英] hinder, present, offer
165e1

ἐπιβάλλω 扔到……上，加上，强加
[拉] impono, injicio
[德] daraufwerfen, verhängen
[英] throw or cast upon, add
173a6

ἐπίβουλος 奸诈的，阴谋的
[拉] insidiosus
[德] boshaft
[英] treacherous
174d7

ἐπιδείκνυμι 指出，显示
[拉] ostendo, declaro
[德] aufzeigen, vorstellen
[英] exhibit as a specimen, display, exhibit
143a7, 145b4, 145b6, 158c3

ἐπιδέξιος 朝右边的，从左到右的，灵巧的，能干的
[拉] qui est ad dextram, dexter
[德] zur Rechten befindlich, geschickt
[英] towards the right, from left to right, clever, dexterous, tactful
175e7

ἐπιδημέω (外侨) 定居在一个地方，住在家里
[拉] domi sum, inter populum versor
[德] sich als Fremder wo aufhalten, in der Gemeinde, daheim bleiben
[英] come to stay in a city, reside in a place, to be at home, live at home
173e3

ἐπιδίδωμι 捐赠，给予，取得进步
[拉] addo, proficio
[德] mitgeben, Fortschritte machen
[英] give besides, advance, improve
146b5, 150d5, 151a5, 179d7

ἐπίδοξος 很有可能的，著名的
[拉] qui exspectatur, clarus
[德] wahrscheinlich, berühmt
[英] likely, glorious
143d6

ἐπίδοσις 捐赠，进步，增加
[拉] accessio, additamentum, profectus
[德] Beitrag, Steigerung, Wachstum
[英] benefaction, increase, advance, progress
146b6

ἐπιεικής (adv. ἐπιεικῶς) 能干的，合适的，正直的
[拉] praestans, decens, aequus
[德] tüchtig, angemessen, rechtlich
[英] capable, fitting, fair
142a2, 143d6

ἐπιθυμέω 渴望，愿意
[拉] cupio
[德] begehren, wünschen
[英] long for, desire
143d5, 172e2

ἐπιθυμία 渴望，意愿，欲望
[拉] cupiditas
[德] Begehren, Wünsch
[英] desire, yearning
143e7, 156b5

ἐπικλώθω 给人纺命线，分配命运

[拉] neo, fato attribuo
[德] zuspinnen, zuteilen
[英] spin to, assign
169c5

ἐπίκουρος 帮助的，支援的
[拉] auxiliaris
[德] helfend
[英] assisting, aiding
165e5

ἐπικρύπτω 隐藏，隐瞒，掩饰
[拉] abscondo, celo
[德] verbergen, sich verstecken
[英] conceal, disguise
180d1

ἐπιλαμβάνω 获得，把握
[拉] occupo, prehendo
[德] umfassen, ergreifen
[英] lay hold of, take
184c4

ἐπιλανθάνομαι 忘记
[拉] obliviscor
[德] vergessen
[英] forget, lose thought of
153c1, 163e12, 180d7, 188a3, 191e1, 201c9, 206c2

ἐπιλήσμων 健忘的
[拉] obliviosus
[德] vergeßlich
[英] apt to forget, forgetful
194e4

ἐπίλοιπος 剩下的，其余的
[拉] reliquus
[德] übrig
[英] still left, remaining

183d5

ἐπιμέλεια 关心
[拉] cura
[德] Sorge
[英] care, attention
143d4

ἐπιμελέομαι 关心
[拉] curo
[德] sorgen
[英] take care of
167e2

ἐπιμένω 保留，保持
[拉] supersum, permaneo, persevero
[德] behalten, bleiben
[英] stay on, remain
179e7

ἐπινοέω 打算，打主意，思考
[拉] considero, cogito
[德] bedenken, vorhaben
[英] intend, contrive, think of
195a5

ἐπίπεδος 平面的
[拉] planus
[德] flach
[英] plane
148a6, 148b2, 173e6

ἐπιπλήσσω 斥责，责骂
[拉] castigo, objurgo
[德] schelten
[英] chastise, rebuke, reprove
158a9, 197a3, 200c8

ἐπιρρέω 流，流向
[拉] influo, confluo
[德] zufliessen, zuströmen

[英]flow
177c1

ἐπισκήπτω 控告，起诉
[拉]accuso
[德]anklagen
[英]accuse
145c4

ἐπισκοπέω (ἐπισκέπτομαι) 检查，考虑
[拉]considero, inspicio, observo
[德]prüfen, betrachten
[英]inspect, observe, examine, consider
144e3, 144e4, 150b9, 155a3, 161d5, 161e7, 168b6, 180c6, 184b5, 185b5, 185c1, 185e2, 185e7, 187d7, 199e8, 207d1

ἐπίσταμαι 知道
[拉]scio
[德]wissen
[英]know
151e1, 151e2, 161b3, 163b2, 163b4, 163b5, 163b6, 163b9, 163b10, 163c3, 163d3, 164b1, 164b2, 164b5, 164d6, 165b7, 165c7, 165c9, 165d3, 165d4, 173a2, 175e4, 175e7, 191d8, 191e1, 191e3, 192d8, 196d5, 196d11, 196e3, 197a4, 197a8, 197e6, 198b6, 198b9, 198c7, 198d5, 198e3, 198e5, 198e7, 199a2, 199a5, 199c5, 200c2, 207e6, 208a2

ἐπιστατέω 主管，主持，帮助
[拉]impero, ducis munere fungor
[德]Vorsteher sein, vorstehen
[英]to be in charge of, stand by, aid

173c5

ἐπιστήμη 知识
[拉]scientia
[德]Wissen, Wissenschaft
[英]knowledge
145e1, 145e6, 145e9, 146c3, 146c8, 146d2, 146d7, 146e1, 146e4, 146e8, 146e9, 147b4, 147b7, 147b10, 147c1, 148b5, 148c6, 148d2, 148d7, 151d4, 151e3, 151e6, 152a1, 152c6, 158a6, 160d5, 160e1, 163a7, 164a6, 164b9, 164c1, 164d10, 165d7, 168b7, 179c6, 179d1, 182e7, 182e10, 182e11, 183c1, 184a4, 184a8, 184b1, 184b5, 186d2, 186e7, 186e10, 186e12, 187a2, 187b3, 187b6, 187c5, 196d8, 196d10, 196e4, 196e7, 197b1, 197b4, 197c1, 197e3, 197e4, 197e6, 198a1, 198a7, 198b1, 198b10, 198d5, 198d6, 199a6, 199b1, 199b2, 199b4, 199c10, 199d1, 199d2, 199d4, 199d7, 199e2, 199e4, 199e6, 200a8, 200b1, 200b6, 200b7, 200d1, 200d2, 200d5, 200e4, 201a5, 201c1, 201c5, 201c6, 201d1, 202c4, 202c8, 202d7, 203b9, 206c4, 206e2, 206e5, 208b9, 208b12, 208c3, 209e8, 210a1, 210a3, 210a4, 210a7, 210a8, 210b2, 210b5

ἐπιστήμων 精通……的，对……有学识的，对……有知识的
[拉]scientia praeditus, sciens, peritus
[德]sich auf etw. verstehend, kundig, geschickt

［英］knowing, wise, prudent
145e3, 160d2, 163d2, 163e1, 164a5, 164a9, 164b4, 186c9, 207b4, 207c3, 207d3, 208e4

ἐπιστητός 可知的
［拉］sub scientiam cadens, quod scitur
［德］wißbar, erkennbar
［英］knowable
201d2, 201d3, 201d4

ἐπίταξις 命令，指令
［拉］praeceptum
［德］Vorschrift
［英］command, order
209d6, 209e1

ἐπιτάσσω 命令
［拉］mando
［德］anordnen
［英］order, command
146a4, 146c2, 179d2

ἐπιτηδεύω 一心从事，致力于
［拉］studeo, curo
［德］beschäftigen, betreiben
［英］pursue, practise
149a4, 176b5

ἐπιτιμάω 指责，责备
［拉］reprehendo, exprobro
［德］tadeln
［英］censure
169d5, 173c5

ἐπιτρέπω 放过，容许，交付，交托
［拉］permitto, concedo, trado
［德］gestatten, überlassen
［英］give up, yield, permit, turn over to
162b4, 169a8

ἐπιτροπεύω 监护，管理
［拉］administro, tutor sum
［德］verwalten
［英］govern, manage
153a8

ἐπίτροπος 监护人
［拉］tutor
［德］Vormund
［英］trustee
144d2, 164e4, 165a1

ἐπιτυγχάνω 碰到，遇见
［拉］incido in aliquem
［德］treffen, begegnen
［英］meet with
171c2

ἐπιχειρέω 尝试，企图，着手
［拉］manum admoveo, conor
［德］versuchen, unternehmen
［英］put one's hand to, attempt
148e2, 154b8, 161e7, 190b4, 196d2, 199b7, 200e1, 205a11, 208a1, 209b11

ἕπομαι 跟随，听从
［拉］sequor, assequor
［德］folgen, mitgehen
［英］follow
153e4, 155c5, 185d3, 192c8, 193b7, 193b8

ἐπονομάζω 叫……名字，取名称，起绰号
［拉］cognomino
［德］benennen, nennen
［英］name, call
185c6

ἐπορέγω 给予，赐予
　　[拉] dono
　　[德] darreichen, verleihen
　　[英] hold out to, give
　　186a4
ἐργασία 做工，工作
　　[拉] opus, labor, opera
　　[德] Werke, Tätigkeit
　　[英] work, labour
　　146d8, 146e2, 170b3
ἔργον 事情，行动，行为，结果，任务
　　[拉] res, opus
　　[德] Sache, Ding, Tat, Werk
　　[英] thing, matter, deed, action
　　150b3, 173a3
ἔρδω 做，做出
　　[拉] res, opus
　　[德] machen, tun, handeln
　　[英] do
　　168c3
ἐρευνάω 追查，探索
　　[拉] investigo, quaero
　　[德] nachforschen, aufspüren, erforschen
　　[英] search, explore
　　174a1, 200e8
ἑρμηνεία 解释，说明
　　[拉] interpretatio
　　[德] Auslegung, Erklärung
　　[英] interpretation, explanation
　　209a5
ἑρμηνεύς 翻译者，解说人
　　[拉] interpres
　　[德] Dolmetscher
　　[英] interpreter
　　163c2
ἔρομαι 问，询问，请教
　　[拉] interrogo, inquiro, quaero
　　[德] fragen, befragen
　　[英] ask, question, inquire
　　146e9, 147a2, 154c7, 158b9, 163d1,
　　163d4, 164d5, 165c6, 165d6, 180a1,
　　180a4, 189d1, 195c7, 203a7, 207a1
ἐρρωμένος 强壮的，有力的
　　[拉] robustus, fortis, validus
　　[德] stark, kräftig
　　[英] powerful, strong
　　179d8
ἔρχομαι 动身，去
　　[拉] venio, progredior
　　[德] schreiten, gehen
　　[英] go, start
　　142c8, 142d3, 143a1, 143a4, 144b4,
　　151a2, 156d6, 162b1, 166c3, 187c1,
　　198e4
ἐρῶ 将要说，将要宣布
　　[拉] dicam, dico, loquor, nuncio
　　[德] reden, sagen
　　[英] will tell, proclaim
　　151e8, 152a2, 152d2, 152e8, 157b8,
　　160d5, 161b1, 161c2, 161d6, 162d4,
　　165e5, 168b2, 173c1, 179c7, 180a5,
　　180c4, 182d8, 183c5, 184b4, 188d7,
　　188e1, 189c5, 190a5, 190e8, 191a2,
　　194c1, 196e2, 198d2, 200b6, 200d5,
　　202a2, 202b1, 202d5, 202d8, 203b2,
　　204c6, 206e4, 207b6, 207b7, 209e5,
　　210b7

ἔρως 爱，爱欲
    [拉] amor
    [德] Liebe
    [英] love
    169c1

ἐρωτάω 问，询问
    [拉] interrogo, rogo
    [德] fragen, erfragen, befragen
    [英] ask, question
    143d7, 146b7, 146e7, 147a8, 147b10, 147c1, 147c8, 148b5, 150c5, 151c2, 157d5, 157d6, 158b8, 158e7, 158e10, 162c7, 165b9, 166a3, 166a7, 166b1, 167e1, 168d9, 178a6, 178b2, 181d9, 182c3, 182e11, 183d9, 184b8, 184e2, 185c6, 185d2, 185d5, 190a1, 196a5, 198e1, 206e6, 207a5, 207a10, 208c8, 210a3

ἐρώτημα 提问，问题
    [拉] quaestio
    [德] das Fragen, Frage
    [英] that which is asked, question
    165b2, 165b8, 179e7

ἐρώτησις 提问，询问
    [拉] interrogatio
    [德] Frage, Befragung
    [英] questioning, interrogation
    147c5, 148e3, 154d1, 166a7, 167d6

ἐσθίω 吃
    [拉] edo
    [德] essen
    [英] eat
    166e3

ἑστιάω 设宴
    [拉] convivio excipio, convivia agito
    [德] bewirten, ein Mahl bereiten
    [英] entertain, feast
    178d8

ἔσχατος 最严重的，极度的
    [拉] ultimus, summus
    [德] äußerst, letzt
    [英] ultimate, utmost
    176e5, 209b8

ἑταιρεία 结伙，朋党，政党，社团
    [拉] sodalitas, collegium
    [德] Kameradschaft, politischer Klub
    [英] association, brotherhood, political club or union for party purposes
    173d4

ἑταῖρος 朋友，同伴
    [拉] amicus, socius
    [德] Kamerad, Freund
    [英] comrade, companion
    144c2, 149a7, 161b8, 161d8, 168c3, 168c8, 168e7, 171c8, 177b1, 179d8, 180b5, 180e5, 181e5, 183b7, 203b8, 207c6, 208b8

ἑτεροδοξέω 持另一种意见，下错误的判断
    [拉] alterius sum opinionis
    [德] andre, verschiedener Meinung sein
    [英] hold an erroneous opinion
    190e2

ἑτεροδοξία 不同的意见，错误意见，错误判断

[拉] opinio diversa
[德] verschiedene Meinung
[英] difference of opinion, error of opinion
193d2

ἑτερομήκης 一边长一边短的
[拉] altera parte longior
[德] von verschiedener Länge
[英] with sides of uneven length
148a7

ἕτερος (adv. ἑτέρως) 另一个，两者中的一个，不相同的
[拉] alter, alius
[德] ein andrer, der eine von zweien, verschieden
[英] one or the other of two, another, different
158e8, 158e9, 158e10, 159a2, 159a8, 159b10, 159c5, 159c6, 159e1, 161b4, 163a8, 165c1, 165c3, 166d3, 167a3, 167a4, 167b4, 167d2, 180a6, 180c1, 181a3, 181a6, 181d3, 181e2, 184e1, 185a5, 185a11, 185c10, 186a6, 187c1, 188b4, 188b7, 189c2, 189c3, 189d7, 189e2, 190a8, 190a9, 190b5, 190c7, 190d4, 190d5, 190d7, 190d8, 190d11, 191c6, 192a3, 192a7, 192b3, 192c9, 193b2, 193d7, 193d10, 193e2, 196b9, 198a4, 199a6, 199a7, 199b1, 199b3, 199d3, 200b2, 200b4, 200b7, 201d7, 202a6, 203e4, 204a9, 204b1, 204b3, 204c2, 205b5, 205c8, 207d5, 207d6, 207d10, 207e1

ἕτοιμος 预备好的，已经在手边的，现实的
[拉] paratus, certus
[德] wirklich, bereit, vorhanden
[英] at hand, prepared, realized
151c7

εὐάρμοστος 和谐的，声音调得很好的
[拉] apte compositus, concinnus
[德] gut zusammengefügt, harmonisch
[英] well-joined, harmonious
178d4, 178d6

εὐδαιμονία 幸运，幸福
[拉] felicitas
[德] Glück, Glückseligkeit
[英] prosperity, good fortune
175c5

εὐδαιμονίζω 可称幸福，可算幸运
[拉] beatum judico
[德] glücklich preisen
[英] call or account happy
174d5

εὐδαίμων 幸福的，好运的
[拉] felix
[德] glücklich
[英] happy, fortunate
175c4, 176a1, 176e4

εὐδοκιμέω 有名声，受到重视
[拉] opinione hominum probor
[德] in gutem Rufe stehen, geachtet sein
[英] be of good repute, highly esteemed
173e2

εὐδόκιμος 有名声的，有声誉的
[拉] celeber

[德] berühmt
[英] honoured, famous, glorious
144c7

εὐέλεγκτος 容易检验的，容易反驳的
[拉] qui facile reprehendi, refelli potest
[德] leicht zu prüfen, leicht zu beweisen, leicht zu widerlegen
[英] easy to test, easy to refute or detect
157b8

εὐήθης 心地单纯的，头脑简单的，愚蠢的
[拉] simplex, stultus
[德] einfältig, albern
[英] simple-minded, simple, silly
175e2, 210a7

εὐθύς (adv. εὐθέως) 直的，立即
[拉] rectus, statim
[德] gerade, gleich
[英] straight, right away
143a1, 144e2, 173a4, 173a7, 186b11, 194b4

εὐμαθής 学习灵敏的，领会快的
[拉] docilis
[德] leicht lernend, gelehrig
[英] ready or quick at learning
144a3, 194d3, 194e3

εὐμενής (adv. εὐμενῶς) 友好的，仁慈的
[拉] benignus
[德] gutgesinnt, freundlich
[英] well-disposed, kindly
151b3

εὔνοια 好意
[拉] benevolentia
[德] Wohlwollen
[英] goodwill
151c8

εὕρημα 发现，发明
[拉] inventum, quaestus
[德] Erfindung, Entdeckung
[英] invention, discovery
150d1

εὑρίσκω 发现，找到
[拉] invenio, exquiro
[德] finden, entdecken
[英] find, discovery
142a3, 144e5, 147e2, 150d7, 187a2, 187c1, 191a1, 191a6, 195c7, 195d3, 197e5, 202d2

εὐρυχωρία 开阔地
[拉] locus amplus, spatium latum
[德] breiter Raum
[英] open space, free room
194d5

εὐχερής (adv. εὐχερῶς) 毫不在意的
[拉] levis
[德] leicht
[英] unconcerned, unflinching
154b7, 184c1

ἐφάπτω 拴在……上，把握住，抓住，获得，接触
[拉] alligo, attingo
[德] binden, heften, erfassen, berühren
[英] bind on, grasp, possess, touch
154b1, 154b4, 190c6, 190d9, 195e5, 208d8

ἐφέπω 紧跟在后面，跟随
[拉] persequor, sector

［德］nachfolgen, verfolgen
［英］follow, pursue
169a1, 192e8

ἐφικνέομαι 到达，对准
［拉］attingo, pervenio
［德］bis wohin gelangen, reichen
［英］reach at, aim at
184d8

ἐφίστημι 相对而立，立在一旁
［拉］insto, sto juxta
［德］dabeistehen, entgegentreten
［英］stand against, stand by
172e3

ἐχθρός 仇恨的，敌对的
［拉］inimicus
［德］verhaßt, feindselig
［英］hated, hateful, hostile
162c1

ἔχω(ἴσχω) 有，拥有
［拉］habeo
［德］haben, besitzen
［英］have, possess
142b1, 142d5, 143e9, 144d9, 144e1, 145a8, 145b10, 145d6, 146a1, 146b4, 149a7, 149b4, 150c6, 151e1, 154a7, 154a8, 154e7, 155c5, 156a7, 156b3, 156d1, 157d10, 158a8, 158b9, 158e2, 158e8, 159a1, 160e1, 161a6, 161b1, 161c6, 163d2, 165a3, 166a6, 166d2, 167d4, 167d7, 168e2, 168e5, 169a5, 169e3, 16, 176e5, 177a6, 178b5, 178c1, 180e4, 181e3, 181e6, 182c10, 183a6, 183b4, 183c7, 184a1, 184e1, 185c1, 185d8, 186b2, 186d8, 187a5, 187d3, 187e7, 188d5, 191c2, 191d1, 192a2, 192a4, 192a5, 192b3, 192b4, 192b6, 192b7, 192d7, 193b10, 193d7, 193e1, 193e3, 194a1, 194a2, 194d1, 194e6, 195e7, 197b9, 197b10, 197c2, 197c5, 197c7, 197c9, 198a2, 198b1, 198b5, 198c2, 198d3, 198d7, 198d8, 199a7, 199b1, 199b6, 199d1, 200a8, 200c2, 200c6, 200e2, 201d3, 201e2, 202a7, 202b2, 202c5, 202d6, 202e3, 203a3, 203a10, 203b6, 203b7, 203e4, 203e7, 204a1, 204b2, 204e3, 205b2, 205b9, 205c8, 205d5, 205e5, 206b8, 206e1, 207a6, 207b2, 207b8, 207e6, 208a4, 208a9, 208b4, 208b5, 208b11, 208c7, 208c9, 208e1, 209a1, 209a11, 209b4, 209b10, 209d8, 209e3, 210b6

ἕωθεν 从清晨起，在清晨
［拉］mane
［德］vom Morgen an, bei Tagesanbruch
［英］from morn, at earliest dawn
210d3

ζάω 活，活着
［拉］vivo
［德］leben
［英］live
142a8, 142b1, 164e3, 168c4, 177a2

ζημία 惩罚
［拉］mulcta
［德］Strafe
［英］penalty

176d7

ζητέω 想要，追寻
[拉] requiro, studeo, volo
[德] forschen, wünschen
[英] require, demand
142a2, 148b8, 170b2, 174b5, 180a5, 187a3, 188c9, 200c9, 201a1, 202d2, 210a7

ζήτησις (ζήτημα) 探寻，探究
[拉] investigatio
[德] Untersuchung
[英] inquiry, investigation
144b4, 191a6, 196d8

ζυγόν 轭
[拉] jugum
[德] Joch
[英] yoke
207a7

ζωγραφικός 擅长绘画的
[拉] pictorius
[德] des Malens kundig
[英] skilled in painting
145a3

ζῷον 动物，生物
[拉] animal, animans
[德] Tier
[英] living being, animal
153b2, 154a4, 157c1, 170b3, 174d6

ἡγέομαι 带领，引领，认为，相信
[拉] duco, puto, existimo, opinor
[德] anführen, meinen, glauben
[英] go before, lead the way, believe, hold
151c3, 170a8, 170b6, 170b8, 170c7, 170d9, 171a8, 171b2, 173e4, 174d5, 174e7, 179b9, 180b1, 180c3, 181b2, 188b7, 200a3, 200b5, 205c5, 206b11, 207d3, 207e1, 207e6

ἡδονή 快乐，愉悦
[拉] laetitia
[德] Lust, Vergnügen
[英] enjoyment, pleasure
156b4, 178d10

ἡδύνω 使有味道，调味
[拉] suave reddo
[德] schmackhaft bereiten
[英] season
175e5

ἡδύς (adv. ἡδέως) 满意的，喜悦的
[拉] dulcis, laetus
[德] angenehm, lieb
[英] pleasant, well-pleased, glad
143e2, 157c2, 159c11, 161c2, 178e1, 183d6, 209e7

ἥκω 已来到
[拉] veni
[德] ich bin gekommen, angelangt
[英] to have come
143a9, 170d1

ἠλίθιος 傻的，蠢的，愚笨的
[拉] stultus
[德] töricht
[英] foolish, silly
180d5

ἠλιθιότης 愚蠢
[拉] stultitia
[德] Torheit
[英] folly, silliness

176e5
ἡλικία 年纪，年龄
　　［拉］aetas
　　［德］Lebensalter
　　［英］time of life, age
　　142d3, 146b4, 149c2
ἥλιος 太阳
　　［拉］sol
　　［德］Sonne
　　［英］sun
　　153c9, 153d2, 208d1
ἡμέρα 一天，一日
　　［拉］dies
　　［德］Tag
　　［英］day
　　151a7, 202d1
ἥμερος 驯服了的，驯化了的
　　［拉］mitis
　　［德］zahm
　　［英］tame
　　210c3
ἡμιόλιος 一倍半的，一又二分之一的
　　［拉］dimidius
　　［德］anderthalb
　　［英］containing one and a half
　　154c3
ἥμισυς 一半的
　　［拉］dimidius
　　［德］halb
　　［英］half
　　154c4
ἠρέμα 轻轻地，温和地，微微地
　　［拉］sensim, lente
　　［德］sanft, leise

　　［英］gently, softly
　　152b3, 154e7, 165d5
ἡσσάομαι (ἡττάομαι) 被打败，屈服
　　［拉］superor, vincor
　　［德］unterliegen, überwältigt werden
　　［英］to be defeated, yield
　　148c3
ἥσσων (ἥττων, super. ἥκιστος) 较弱的，较差的
　　［拉］minor, inferior
　　［德］schwächer, geringer
　　［英］inferior, weaker
　　143d4, 146b1, 148c3, 162c5, 165b1, 174d8, 176d7, 177c9, 180a1, 183e4, 187c2, 192d8, 200d7, 200d8, 210c2
ἡσυχία 安静，宁静
　　［拉］quies, silentium, tranquillitas
　　［德］Ruhe, Stille
　　［英］rest, quiet, silence
　　153a7, 153b5, 153b11, 153c7, 180a3
ἡσύχιος (adv. ἡσυχίως) 安静的
　　［拉］quietus
　　［德］ruhig
　　［英］still, quiet
　　179e7
θάλασσα (θάλαττα) 海洋
　　［拉］mare
　　［德］Meer
　　［英］sea
　　170a10, 173d8
θάνατος 死，死亡
　　［拉］mors
　　［德］Tod
　　［英］death

142c6, 176d8

θαρσέω 有勇气，有信心
　　［拉］confido, bonum animum habeo
　　［德］mutig sein, getrost sein
　　［英］to be of good courage, have confidence in
　　145c5, 148c9, 157d3, 189d4

θαυμάζω 惊异，钦佩
　　［拉］miror, admiror
　　［德］wundern, hochschätzen
　　［英］wonder, admire
　　142a3, 142c4, 144b6, 155c9, 155d3, 161b8, 161c3, 161c8, 162c3, 162c8, 165e1

θαυμάσιος (adv. θαυμασίως) 令人惊异的，令人钦佩的
　　［拉］mirificus
　　［德］wunderbar, bewundernswert
　　［英］wonderful, admirable
　　151c6, 157d10, 165d2, 193d3, 210c5

θαυμαστός (adv. θαυμαστῶς) 奇怪的，离奇的，好奇的
　　［拉］mirus
　　［德］wunderbar, erstaunlich
　　［英］wonderful, marvellous
　　142b9, 144a3, 144d3, 150d5, 151a3, 154b6, 174e3

θεάομαι 看，注视
　　［拉］specto, contemplor
　　［德］schauen, sehen
　　［英］see clearly, contemplate
　　154e3, 162b2, 162b6

θεατής 观看者
　　［拉］spectator
　　［德］Zuschauer, Beobachter
　　［英］spectator
　　173c4

θεῖος 神圣的，属于神的
　　［拉］divinus
　　［德］göttlich, heilig
　　［英］of or from the gods, divine
　　154d3, 176e4

θέμις 神法，天理，习惯，法
　　［拉］fas, jus
　　［德］Sitte, Recht, Gesetz
　　［英］right, custom
　　146c1, 151d3

θεός 神
　　［拉］Deus
　　［德］Gott
　　［英］God
　　150c8, 150d4, 150d8, 151b4, 151d1, 151d5, 152e7, 153d2, 155c8, 158b2, 161a6, 161c8, 162c5, 162d6, 170a11, 176a1, 176a7, 176b1, 176b8, 210c9

θεραπαινίς (θεράπαινα) 女仆，使女
　　［拉］ancilla
　　［德］Magd
　　［英］handmaid, female slave
　　174a6

θεραπεία 侍奉，照料
　　［拉］famulatus, ministerium, cultus
　　［德］Dienst, Bedienung
　　［英］service, care
　　149e2

θερμαίνω 变热，变暖
　　［拉］incalesco
　　［德］erhitzen

[英] warm, heat
186d11

θερμός 热的
[拉] calidus
[德] warm
[英] hot
152c1, 153a8, 154b2, 156e7, 171e2,
178c2, 178c6, 182b2, 184e4

θερμότης 热（性）
[拉] calor
[德] Wärme
[英] heat
178c4, 182a3, 182b1

θέσις 安排，位置
[拉] positio
[德] das Setzen, Stellung
[英] setting, placing, position
206a7

θεσπέσιος 发出神一样声音的，神圣的
[拉] a deo dictus, divinitus
[德] göttlichtönend, göttlich
[英] divinely sounding, divinely sweet
151b6

θεωρέω 看，观看
[拉] specto, contemplor
[德] ausschauen, betrachten
[英] look at, behold
177e2

θήρα 追求，猎取，捕捉
[拉] venatio, captatio
[德] Jagd, Streben
[英] pursuit
198a7, 198d2

θήρευσις 狩猎，追捕
[拉] venatio
[德] Jagd, das Jagen
[英] hunting, the chase
166c1

θηρεύω 捕捉，追求
[拉] sector, quaero
[德] jagen, suchen
[英] hunt, seek after
197c3, 197d1, 198a2, 199b2, 199e4,
200a8

θηρίον 野兽，畜牲
[拉] brutum
[德] Tier
[英] wild animal, beast
171e6, 186c1

θνητός 有死的，必死的
[拉] mortalis
[德] sterblich
[英] liable to death, mortal
176a7

θοίνη 筵席，宴会
[拉] epulum, convivium
[德] Gestmahl, Bewirtung
[英] meal, feast
178d9

θράσσω (θράττω) 扰乱，使不安
[拉] turbo
[德] beunruhigen
[英] trouble
187d1

θρέμμα 动物，生物
[拉] animal
[德] Tier, Kreatur
[英] animals, creature

174b3
θύλακος 口袋
　　［拉］saccus
　　［德］Sack
　　［英］sack
　　161a8
θωπεύω 奉承，讨好
　　［拉］adulor, blandior
　　［德］schmeicheln, besänftigen
　　［英］flatter, wheedle
　　173a2
θώψ 奉承者
　　［拉］adulator
　　［德］Schmeichler
　　［英］flatterer
　　175e5
ἰάομαι 救治，医好
　　［拉］medeor, curo
　　［德］heilen
　　［英］heal, cure
　　171e6
ἰατρός 医生
　　［拉］medicus
　　［德］Arzt
　　［英］physician
　　167a5, 167b6, 178c4, 178c6
ἰδέα 理念，形状，形式
　　［拉］idea, forma
　　［德］Idee, Form, Urbild
　　［英］idea, form
　　184d3, 187c4, 203c6, 203e4, 204a1, 205c2, 205d5
ἴδιος 自己的，个人的
　　［拉］privatus

　　［德］eigen, privat
　　［英］one's own, private, personal
　　154a2, 166c4, 174b8, 174c7, 177b2, 185d9
ἰδιώτης 平民，普通人
　　［拉］plebeius
　　［德］ein gewöhnlicher Mann
　　［英］common man, plebeian
　　154e3, 168b5, 172a4, 172a5, 178c3, 178e6
ἱδρύω 安顿，安置
　　［拉］consituo, condo
　　［德］stellen, gründen
　　［英］settle, establish
　　176a7
ἵημι 射出，放射，投掷
　　［拉］jacio
　　［德］werfen, schleudern
　　［英］throw, shoot
　　194a3
ἱκανός (adv. ἱκανῶς) 充分的，足够的
　　［拉］sufficiens, satis
　　［德］zureichend, genügend, hinlänglich
　　［英］sufficient, adequate
　　145e9, 148e4, 151b4, 153a6, 164a3, 170b4, 171e6, 184a7, 187e3, 193c2, 194d1, 195b6, 200d2, 201b3, 208d1
ἵλαος 和蔼的，慈祥的，愉快的
　　［拉］pacatus, propitius, benignus
　　［德］gnädig, freundlich
　　［英］propitious, gracious
　　168b3
ἱμάτιον 外衣，衣服

[拉] vestis
[德] Kleider
[英] an outer garment, cloth
165c1, 197b9

ἰνδάλλομαι 看来，显得
[拉] videor
[德] erscheinen, sich zeigen
[英] appear, seem
189e8

ἰπνοπλάθος (ἰπνοπλάστης) 砌灶师
[拉] qui in furno aliquid fabricatur
[德] Ofenmacher
[英] ovenmaker
147a4

ἱππεύς 骑兵
[拉] eques
[德] Reiter
[英] horseman, rider
183d8

ἵππος 马
[拉] equus
[德] Pferd
[英] horse
184d2, 190c3, 195d7

ἰσάκις 同数相乘
[拉] aequaliter
[德] gleichvielmal
[英] equal multiplied by equal
147e6, 148a1

ἰσόπλευρος 等边的
[拉] aequilaterus
[德] gleichseitig
[英] with equal sides, equilateral
147e7, 148a6

ἴσος 同等的，相等的
[拉] aequus
[德] gleich
[英] equal
147e6, 148a1, 155a5, 155a8, 158d1, 158d4, 158d5, 158d9

ἵστημι 称，在天平上衡量；停下来不动，站住
[拉] pondero, libro, desino
[德] wiegen, abwägen, stehen machen
[英] place in the balance, weigh, bring to a standstill
153d3, 157b5, 157b7, 171d9, 176e3, 180d3, 180d6, 180e3, 181e6, 181e7, 183a7, 183d1, 183e3, 191a3

ἰσχυρίζομαι 变强有力，极力坚持
[拉] contendo viribus, affirmo
[德] sich stark machen, fest behaupten
[英] make oneself strong, insist
172b4

ἰσχυρικός 强有力的，固执的，顽固的
[拉] robustus
[德] heftig, gewaltsam
[英] stubborn
169b6

ἰσχυρός (adv. ἰσχυρῶς) 强有力的，严厉的
[拉] potens, robustus, severus
[德] kräftig, gewaltig, gewalttätig
[英] strong, powerful, severe
154a7

ἴχνος 足迹，脚印
[拉] vestigium
[德] Fußspur

［英］track, footstep
187e2, 193c4

καθαρός (adv. καθαρῶς) 纯粹的，洁净的
［拉］purus
［德］rein, sauber
［英］clear, pure
177a5, 191c10, 194d1, 194e2, 196e1

καθέζομαι 坐下
［拉］sedeo
［德］sitzen, sich niedersetzen
［英］sit down, take one's seat
146a3

καθεύδω 睡
［拉］dormio
［德］schlafen
［英］lie down to sleep, sleep
158b10, 158d2, 159c1

καθηγέομαι 引路，领导
［拉］viae dux sum, praeheo
［德］anführen, hinführen, den Weg weisen
［英］act as guide, lead the way
200e7

κάθημαι 坐下，就坐
［拉］sedeo, desideo
［德］sitzen, dasitzen
［英］sit, sit down
172e5

καθοράω 观看，俯视
［拉］perspicio
［德］einsehen, betrachten
［英］look down, observe
187b1

καινός (adv. καινῶς) 新的
［拉］novus
［德］neu
［英］new, fresh
180a6

καιρός 适时，时机
［拉］opportunus
［德］der rechte Zeitpunkt
［英］exact or critical time, opportunity
187e1, 207e7

κακία 恶
［拉］malitia, vitium
［德］Schlechtigkeit, Böse
［英］badness, vice
176c5

κακός (adv. κακῶς) 坏的，有害的
［拉］malus, vitiosus
［德］schlecht, böse
［英］bad, evil
150e5, 155d1, 155d4, 166d7, 173d6, 173d7, 176a4, 176b6, 177a5, 177a6, 177a7, 186a8, 187d10

καλέω 呼唤，叫名字，称作
［拉］voco, nomino
［德］rufen, nennen
［英］call, name
148a4, 153d9, 156b5, 167b3, 172e4, 175e2, 181c6, 184d3, 186d7, 186e2, 187a7, 189c3, 189e4, 189e5, 190a4, 194d6, 195a8, 198b4, 201a7, 204a11, 208b9, 208e2, 209e2

καλλωπίζω 美化，修饰
［拉］decoro, orno
［德］schön machen, schmücken
［英］beautify, embellish

195d2

καλός (adv. καλῶς, comp.καλλίων, sup. κάλλιστα) 美的，好的
　　[拉] pulcher
　　[德] schön
　　[英] beautiful
　　143e6, 143e8, 148d4, 150b2, 150d7,
　　157d8, 159b8, 161b7, 165a4, 166d1,
　　167c5, 169e3, 172a1, 183a2, 185c4,
　　185e3, 185e4, 185e5, 186a8, 189c6,
　　189e4, 190b3, 190d1, 191e7, 194b7,
　　194c2, 195d3, 199e1, 200c8, 200e6,
　　201d4, 202d4, 203d10, 203e2,
　　208e1, 209e8, 210d1

κάμνω 患病
　　[拉] aegroto
　　[德] erkranken
　　[英] to be sick
　　167a2

κάμπτω 弯曲
　　[拉] flecto
　　[德] biegen
　　[英] bend
　　173b1

καρπός 果实
　　[拉] fructus
　　[德] Frucht
　　[英] fruit
　　149e3

καρτερέω 坚持，忍耐
　　[拉] forti animo sum, persevero, tolero
　　[德] stark, standhaft sein, ausharren
　　[英] to be steadfast, patient
　　157d4

καρτερός 强有力的，固执的
　　[拉] fortis
　　[德] stark, hartnäckig
　　[英] strong, obstinate
　　169b7

καταβαίνω 下去，下到
　　[拉] descendo
　　[德] hinuntergehen
　　[英] go down
　　142a6

καταβάλλω 扔、投
　　[拉] conjicio
　　[德] hinabwerfen
　　[英] throw down, overthrow
　　149e4

καταγέλαστος 可笑的，令人发笑的
　　[拉] ridiculus
　　[德] verlacht, verspottet
　　[英] ridiculous, absurd
　　149a1, 153a2

καταγελάω 嘲笑，讥讽
　　[拉] rideo
　　[德] verlachen
　　[英] laugh scornfully, deride
　　175b5

καταγηράσκω 变老，到暮年
　　[拉] senesco
　　[德] altern, alt werden
　　[英] grow old
　　202d3

καταγιγνώσκω 发现，注意到，指责
　　[拉] cognosco, intelligo, existimo, accuso
　　[德] merken, erkennen, beschuldigen

[英] remark, observe, condemn
206e4

καταδύω 沉没，钻进
  [拉] subeo, submergo
  [德] untergehen, untersinken
  [英] go down, sink
171d3

καταθέω 跑下去，攻击
  [拉] decurro, inveho
  [德] herablaufen, angreifen
  [英] run down, attack
171c8

καταλαμβάνω 抓住，控制，发现
  [拉] deprehendo
  [德] ergreifen, einnehmen
  [英] seize, lay hold of
165b9, 165c1, 172c1

καταλιμπάνω 放弃，抛下
  [拉] relinquo
  [德] entsagen, aufgeben, verlassen
  [英] abandon
144c8, 164e5

κατάλογος 登记表，名册
  [拉] enumeratio, album
  [德] Verzeichnis, Liste
  [英] enrolment, register, catalogue
175a5

καταλύω 推翻，废除，结束
  [拉] dissolvo, everto
  [德] auflösen, beenden, stürzen
  [英] break up, put down, depose
142c1

καταμανθάνω 学习，学会，理解
  [拉] disco, congnosco
  [德] erlernen, verstehen
  [英] learn, understand
198d6

κατανοέω 理解
  [拉] specto, contemplor, intelligo
  [德] verstehen, bemerken
  [英] understand, observe well, apprehend
157c5, 172c4

καταντικρύ 在对面，面对着
  [拉] ex adverso, ex opposito
  [德] gerade gegenüber
  [英] right opposite, over against
194b4

κατασκευάζω 修建，建筑，准备
  [拉] instruo, exstruo, praeparo
  [德] zubereiten, anschaffen, ausstatten
  [英] construct, build, prepare, arrange
197c3, 197d5

κατατίθημι 放下，搁下
  [拉] depono
  [德] niederlegen, hinstellen
  [英] place, put, lay down
209c7

καταφαίνω 使清楚，使明显，显得
  [拉] ostendo, appareo
  [德] vorzeigen, sich zeigen, erscheinen
  [英] declare, make known, appear
175a7

καταφανής 清楚的，明显的
  [拉] perspicuus
  [德] deutlich
  [英] manifest, evident

186e12

καταφρονέω 藐视，轻视，小看
- [拉] contemno
- [德] verachten, gering achten
- [英] despise, think slightly of

150e2, 166a1, 189c8

καταφρονητικός (adv. καταφρονητικῶς)
轻视的，蔑视的
- [拉] ad contemnendum propensus
- [德] verächtlich
- [英] contemptuous, disdainful

161c7

καταχράομαι 利用，应用，滥用
- [拉] utor, abutor
- [德] gebrauchen, verbrauchen, mißbrauchen
- [英] to make full use of, apply, misuse, abuse

173b7

καταχώννυμι 淹没，埋葬
- [拉] obruo
- [德] verschütten, begraben
- [英] cover with a heap, overwhelm, bury

177c1

κατείργω (καθείργω) 关进，圈进
- [拉] arceo, coerceo
- [德] einsperren
- [英] shut in, confine

197e4, 200c1

κατεπείγω 催促，逼迫
- [拉] urgeo, compello
- [德] drängen, treiben
- [英] press down, hasten

172e1, 187d11

κατεῖπον 谴责，告发，告诉
- [拉] accusavi, denunciavi
- [德] anklagen, gerade heraussagen
- [英] speak against, accuse, denounce, tell

149a6

κατηγορέω 控告，表明
- [拉] accuso, praedico
- [德] anklagen, zeigen
- [英] accuse, display

167a1, 208b12

κάτοπτρον 镜子
- [拉] speculum
- [德] Spiegel
- [英] mirror

193c7, 206d3

κατορθόω 使立直，使成功
- [拉] constituo, felici successu rengero
- [德] gerade machen, aufrichten, gelingen
- [英] set upright, erect, accomplish successfully

203b8

καῦσις 燃烧，火热
- [拉] crematio
- [德] Verbrennung
- [英] burning

156b4

κεῖμαι 躺，躺下，弃置
- [拉] jaceo, positus sum
- [德] liegen, gelegen sein
- [英] lie, to be laid down

173e3, 177d2, 177d5

κελεύω 命令，敦促，要求
[拉] jubeo
[德] befehlen
[英] order, request
143a7, 144d5, 146b2, 146c4, 168d6, 183d10, 204b2, 209d9, 209e3, 209e6

κενός 空的
[拉] vacuus
[德] leer
[英] empty
148e6, 197e3, 210c2

κεφάλαιον 要点，要旨，主要方面，主要的东西
[拉] caput, quod summum et praecipuum est
[德] Hauptsache, Hauptpunkt
[英] chief or main point
190b4

κήδω 忧心，关心，烦恼
[拉] curam injicio, ango
[德] besorgt machen, betrüben
[英] distress, to be concerned, care for
143d1

κῆρ 心
[拉] cor
[德] Herz
[英] heart
194c7, 194e1

κήρινος 蜡做的
[拉] cereus
[德] wächsern
[英] waxen

191c9, 193b10, 197d4, 200c1

κηρός 蜡
[拉] cera
[德] Wachs
[英] wax
191c10, 194c5, 194c8, 194e3

κιθαριστής 竖琴手
[拉] citharista
[德] Lautenspieler, Zitherspieler
[英] player on the cithara
178d2, 206a10

κινδυνεύω 有可能，似乎是，也许是，冒险
[拉] videor, periclitor
[德] scheinen, wagen
[英] seems likely to be, it may be, possibly, venture
147c8, 151e8, 152c3, 164b12, 164e6, 172c8, 187b5, 195b9, 196d1, 208b10

κίνδυνος 危险，风险
[拉] periculum
[德] Gefahr
[英] danger, hazard, venture
142b6, 170a9, 173a6, 181b5

κινέω 移动，推动
[拉] moveo
[德] bewegen
[英] move, remove
153d2, 156c7, 160d8, 163a10, 168b4, 180d6, 180d7, 180e4, 181b1, 181c2, 181c6, 181d9, 181e1, 181e5, 181e7, 181e9, 182a1, 182c3, 182c8, 182e2, 182e5, 183a3, 183a5, 183b1, 183c3

κίνησις 运动
　　［拉］motus
　　［德］Bewegung
　　［英］motion
　　152d7, 152e8, 153a7, 153a10, 153b6, 153b10, 153c3, 156a5, 156c8, 156d1, 156d2, 157a3, 181c1, 181d3, 181d5, 182a1, 182c6, 183b2
κοινός 公共的，共同的
　　［拉］communis, publicus
　　［德］gemeinsam, gemeinschaftlich
　　［英］common, public
　　151e5, 165a9, 172b5, 173d2, 181c5, 185b8, 185c5, 185e1, 208d8, 209a10
κοινότης 共性，共同性
　　［拉］communitas
　　［德］Gemeinschaftlichkeit
　　［英］common or universal quality
　　208d9
κολοφών 极点，顶点
　　［拉］colophon, apex
　　［德］Spitze, Gipfel
　　［英］summit, top
　　153c8
κομιδῇ 的确，全然
　　［拉］accurate, valde, nimis
　　［德］gar sehr, gewiß, allerdings
　　［英］entirely, altogether, quite
　　155a10, 159a2, 159e6, 202c9, 206b12
κομψός 精巧的，巧妙的，优美的
　　［拉］venustus, elegans, bellus
　　［德］raffiniert, fein, schlau
　　［英］smart, clever, ingenious
　　156a3, 171a6, 202d10

κόπρος 垃圾，大粪
　　［拉］stercus, lutum
　　［德］Mist, Kot
　　［英］excrement, ordure
　　194e5
κοπρώδης 脏的，不纯洁的
　　［拉］sordidus
　　［德］schmutzig, unrein
　　［英］dirty, impure
　　191c10, 194e2
κοροπλάθος 塑工
　　［拉］qui pupas fingit
　　［德］Puppenmacher
　　［英］modeller of small figures
　　147b1
κορυφαῖος 领袖，首领，歌舞队长
　　［拉］princeps, praecentor
　　［德］Anführer, Chorführer
　　［英］head man, chief, leader, leader of the chorus
　　173c7
κοῦφος 轻的
　　［拉］levis
　　［德］leicht
　　［英］light
　　152d5, 178b5, 184e5, 189d1
κρᾶσις 混合，结合，气候
　　［拉］permixtio, temperamentum
　　［德］Mischung, Temperatur
　　［英］mixture, union, temperature, climate
　　152d7
κρείσσων (κρείττων) 较强的
　　［拉］melior

［德］stärker
［英］stronger, superior
187e2

κρεμάννυμι (κρεμάω) 挂起来，吊起来，悬挂
［拉］suspendo
［德］aufhängen, schweben
［英］hang up, suspended
175d3

κρίνω 判决，审判，判断
［拉］judico
［德］aburteilen, verurteilen
［英］adjudge, give judgement
150b3, 170d4, 170d7, 170d9, 179a3, 186b8, 201c1, 201c2

κρίσις 决定，判决，判断
［拉］judicium
［德］Entscheidung, Urteil
［英］decision, judgement
170d6, 178d9

κριτήριον 判断的标准
［拉］criterium
［德］entscheidendes Kennzeichen, Merkmal
［英］means for judging, standard
178b6, 178c1

κριτής 裁判，仲裁者
［拉］judex, arbiter
［德］Beurteiler, Richter
［英］judge, umpire
160c8, 170d7, 178e3

κρούω 打，击
［拉］pulso
［德］schlagen, klopfen

［英］strike, smite
154e3

κτάομαι (κτέομαι) 取得，占有，拥有
［拉］possideo
［德］erwerben, haben, besitzen
［英］get, acquire, possess
153b10, 174e3, 174e4, 175c4, 175c7, 197b8, 197b10, 197c1, 197c5, 197e4, 198a3, 198b5, 198d2, 198d3, 198d4, 198d7, 199a6, 199a7, 199c6, 200b7, 200c2

κτῆσις 拥有，获得，占有
［拉］possessio
［德］Eigentum, Habe, Besitz
［英］acquisition, possession
197b4, 198d1

κυέω (κυΐσκω, κυΐσκομαι) 使怀孕，怀孕
［拉］concipio
［德］schwanger werden
［英］conceive, become pregnant
149b6, 149c6, 151b8, 184b1, 210b4

κύκλος 圆圈
［拉］circulus
［德］Kreis
［英］circle
160e7

κυλινδέω (κυλίνδω) 打滚，打转
［拉］verso
［德］rollen, wälzen
［英］wander to and fro, roll
172c9

κυνοκέφαλος 狗头狒狒
［拉］cynocephalus
［德］Pavian

[英]dog-faced baboon
161c5, 166c7

κύριος 有权力的，决定性的
  [拉]auctoritatem habens
  [德]gebietend, gewaltig
  [英]having power or authority over, decisive
  161d5, 178d2, 179b8, 206b8

κωλύω 阻止，妨碍
  [拉]prohibeo, impedio
  [德]hindern, abhalten, zurückhalten
  [英]hinder, prevent
  143a8, 158c4, 158c5, 199d5, 208a6

κωμῳδία 喜剧
  [拉]comoedia
  [德]Komödie
  [英]comedy
  152e5

κύων 狗
  [拉]canis
  [德]Hund
  [英]dog
  154a4, 171c1

κῶμος 狂欢
  [拉]comissatio
  [德]Fest
  [英]revel
  173d5

κωφός 聋的
  [拉]surdus
  [德]taub
  [英]deaf
  206d9

λαγχάνω 凭抽签获得
  [拉]sorte accipo
  [德]durchs Los erlangen
  [英]obtain by lot
  149b10, 210c7

λαμβάνω 获得，拥有，抓住
  [拉]accipio
  [德]bekommen, empfangen, fassen
  [英]take, possess, seize
  143c7, 145e9, 148d2, 149c2, 154c1, 155e5, 159c5, 159d8, 161b4, 162a7, 170a1, 176a1, 178c3, 180a5, 180c4, 181a3, 185b8, 188b9, 197c9, 198a2, 198d3, 199a9, 199b3, 199b5, 199b7, 199e4, 200a1, 200d2, 201c1, 202b8, 202d1, 206b8, 208d5, 208d6, 208d7, 210a1

λαμπρός 光辉的，明亮的
  [拉]splendidus, luculentus, nitidus
  [德]leuchtend, glänzend
  [英]bright, radiant
  208d2

λανθάνω 不被注意到，没觉察到
  [拉]lateo, delitesco
  [德]verborgen, unbekannt sein
  [英]escape notice, unawares, without being observed
  149a7, 160e8, 164d1, 169c9, 173d8, 174a8, 174b2, 177a1, 180e6

λάσιος 毛发茂密的，灌木丛生的，表面粗糙的
  [拉]hirsutus
  [德]rauh, zottig
  [英]shaggy
  194e1, 194e5

λέγω 说
　[拉] dico
　[德] sagen
　[英] say, speak
　142b6, 143b4, 143c2, 143c7, 143e6,
144a1, 144d5, 144e3, 145a1, 145b11,
145c3, 145c7, 145d7, 146a1, 146d5,
146d7, 146e10, 147e4, 148c6, 148d1,
148e4, 148e8, 149a8, 151c3, 151d4,
151e1, 151e5, 152a1, 152a6, 152a9,
152c10, 152d1, 152e9, 153c6, 153d4,
153d7, 154b7, 154b8, 154b9, 154c5,
155b6, 155d6, 155e7, 156a3, 156a4,
156c7, 157a1, 157a8, 157b9, 157c5,
157d7, 157e4, 158a4, 158a9, 158e5,
158e6, 159a10, 159b2, 159b6, 159b8,
160c1, 160e3, 161b7, 161c7, 161d2,
161e4, 162c2, 162c6, 162c8, 162d2,
162e1, 162e3, 162e5, 163a1, 163b5,
163d6, 163d8, 163e4, 164b7, 164c2,
164d3, 165a4, 165a7, 165b8, 165e5,
166a1, 166a2, 166c3, 166c7, 166d6,
166e1, 166e2, 167b6, 168b4, 168c8,
168c9, 169b7, 169e6, 170a7, 170d2,
170e4, 171b11, 171d5, 172b2, 172b7,
172c7, 172d9, 172e1, 173b6, 173c6,
173c8, 173d3, 173d8, 174a3, 174a6,
174b7, 174c1, 175b8, 176a3, 176b7,
176b8, 176d1, 176d5, 176e2, 177b5,
177b8, 177c7, 177d6, 177e1, 178a10,
178b3, 179c5, 179c7, 179e3, 180c7,
181a5, 181a7, 181b2, 181b3, 181b7,
181c2, 181c3, 181c6, 181d5, 181d7,
181e8, 182a4, 182a9, 182b3, 182c2,
182c11, 182d7, 183a8, 183a10,
183b3, 183b5, 183c4, 183d7, 183e3,
184a2, 184a5, 184e3, 184e4, 185b9,
185c4, 185c9, 185e3, 185e4, 187b2,
187b7, 187b8, 187c8, 187d10, 187e5,
188a3, 188d2, 188d8, 190a4, 190b9,
190c5, 190c6, 190c8, 190d3, 190d9,
190e2, 191a1, 191a7, 191b2, 191b6,
191c3, 191e9, 192a1, 193a3, 193a6,
193d3, 193d8, 193d10, 193e6, 194b2,
194b73, 195d6, 195d10, 196a1,
196a5, 196a7, 196b3, 197a3, 197a8,
198a4, 198a5, 198e2, 199a4, 199e8,
200c7, 200d3, 200d8, 201a3, 201b5,
201d4, 201d5, 201d6, 202a7, 202a8,
202d4, 202d10, 202e7, 203a8, 203b6,
203c4, 204a8, 204b3, 204b11, 204c2,
204c8, 204d4, 205a8, 205c5, 205c9,
205e6, 206a1, 206a7, 206a9, 206b3,
206c3, 206c8, 206d6, 206e6, 207a2,
207a3, 207b1, 207b3, 207b4, 207c8,
207d10, 207e4, 208c5, 208c6, 208d6,
208e8, 208e10, 209b7, 209d5, 209e1

λεῖος (adv. λείως) 光滑的
　[拉] laevis
　[德] glatt
　[英] smooth
　144b3, 194c5

λείπω 留下，放弃，背离
　[拉] relinquo, desero
　[德] verlassen
　[英] leave, quit
　157e1, 158a5, 160b5, 160b8, 184a3,
188a5, 192c5, 193b9

λεκτέος 必须说的，应当说的
  [拉] discendus
  [德] zu sagen
  [英] to be said or spoken
  160c1
λέξις 说话方式，说话风格
  [拉] dictio, stilus
  [德] Redeweise, Stil
  [英] diction, style
  204c6
λευκός 白的，白色的
  [拉] candidus
  [德] weiß
  [英] white
  153d9, 153e5, 154b2, 156e5, 178b4, 181d1, 182b2, 182d1, 184b8, 184d8
λευκότης 白色
  [拉] albedo, albor
  [德] die weiße Farbe
  [英] whiteness
  156d4, 156e1, 156e4, 156e5, 182a3, 182b1, 182d3
λήθη 遗忘，忘记
  [拉] oblivio
  [德] das Vergessen, Vergessenheit
  [英] forgetting, forgetfulness
  144b3
ληρέω 胡说，说傻话，做傻事
  [拉] nugor
  [德] dumm schwatzen
  [英] speak or act foolishly
  152b1, 163d7, 171d2
λῆρος 蠢话，胡说
  [拉] nuga, vaniloquus

  [德] dummes Gerede
  [英] trifle, trash
  151c7, 176d4
ληρώδης 愚蠢的
  [拉] delirus
  [德] albern
  [英] silly
  174d3
λίαν 非常，十分
  [拉] nimis
  [德] gar sehr
  [英] very much, overmuch
  173b6
λίθος 石头
  [拉] lapis
  [德] Stein
  [英] stone
  156e6, 157c1
λιθώδης 石头的，像石头的
  [拉] lapideus
  [德] steinig, steinähnlich
  [英] like stone, stony
  194e5
λιμήν 港口，码头
  [拉] portus
  [德] Hafen
  [英] harbour
  142a6
λογίζομαι 计算，考虑
  [拉] computo, reputo
  [德] rechnen, berechnen, erwägen
  [英] count, reckon, consider
  165c10, 165d1, 175a1, 175b3
λογισμός 计算，算数

[拉] computatio
　　　[德] Rechnung
　　　[英] counting, calculation
　　　145d2
λογιστικός 精通计算的
　　　[拉] artis numeros tractandi peritus
　　　[德] im Rechnen erfahren
　　　[英] skilled in calculating
　　　145a7
λόγος 话，说法，言词，理由，道理，讨论
　　　[拉] verbum, dictum, oratio
　　　[德] Wort, Rede
　　　[英] words, arguments
　　　142c8, 142d5, 143a5, 143b6, 143c1,
　　　143e2, 148d2, 148d7, 151e8, 152d2,
　　　153a5, 153e4, 154e2, 157b4, 157b7,
　　　157d10, 157e5, 158a5, 158d8,
　　　159b3, 160c1, 160e7, 161a8, 161b2,
　　　161b4, 161c3, 163a1, 163a5, 163a8,
　　　163e2, 164a1, 164c5, 164c9, 165a2,
　　　165d6, 165e5, 166a5, 166d8, 167a6,
　　　167c7, 167d3, 167e3, 168d1, 168d4,
　　　168e1, 168e3, 168e5, 169a7, 169b4,
　　　169c9, 169e7, 170c2, 170d1, 170d5,
　　　170e6, 171d9, 172b7, 172b8, 172d5,
　　　172d6, 172e2, 172e5, 173a2, 173b5,
　　　173b7, 173c2, 175c8, 175e5, 175e7,
　　　177b2, 177c1, 177c6, 178e1, 178e4,
　　　179b4, 179b7, 179b8, 179d2, 179d8,
　　　179e7, 180a5, 180b1, 180c4, 183a7,
　　　183b3, 183c7, 183d5, 184a3, 185e5,
　　　188a4, 189c6, 190a5, 191a4, 191c2,
　　　191c8, 194a8, 195c3, 195c4, 195e2,
　　　196b8, 196d1, 196d7, 199b6, 199d5,
　　　200c8, 201c9, 201d2, 201e2, 202a7,
　　　202b1, 202b4, 202b5, 202b8, 202c2,
　　　202c3, 202c8, 202d7, 202e3, 203a3,
　　　203a10, 203b1, 203b7, 203d10,
　　　203e9, 204b8, 205c1, 205c6, 205e8,
　　　206c4, 206c7, 206d5, 206e1, 207b3,
　　　207c1, 207c7, 208b4, 208b5, 208b8,
　　　208b12, 208c2, 208c3, 208c9,
　　　208d7, 208d8, 208e1, 209a2, 209a5,
　　　209d4, 209e6, 209e8, 210a5, 210b1
λοιδορέω 指责，辱骂，亵渎
　　　[拉] vitupero
　　　[德] schelten, beschimpfen
　　　[英] abuse, revile
　　　174c7
λοιδορία 辱骂，诽谤
　　　[拉] maledictio, maledictum
　　　[德] Schmähung
　　　[英] abuse, reproach
　　　174c7
λοιπός 剩下的，其余的
　　　[拉] reliquus
　　　[德] übrig
　　　[英] rest
　　　150e4, 154d9, 208c1, 208c4
λοχεία 生育
　　　[拉] partus
　　　[德] das Gebären
　　　[英] child-birth
　　　149b10
λύπη 痛苦
　　　[拉] dolor
　　　[德] Betrübnis, Schmerz

[英] pain, grief
156b5

λύρα 七弦琴
[拉] lyra
[德] Leier
[英] lyre
144e2

λυσιτελέω 有益，有好处
[拉] utilis sum, prosum
[德] nützen, vorteilhaft sein
[英] profit, avail
181b5

λυτρόω 索要赎金，赎出，救出
[拉] soluto redemtionis pretio liberum dimitto, redimo
[德] gegen Lösegeld freigeben, loskaufen
[英] release on receipt of a ransom, hold to ransom
165e3

μαγειρικός 厨师的，烹调的
[拉] ad coquum pertinens, culinarius
[德] zum Kochgehörig
[英] fit for a cook or cookery, skilled in cookery
178d8

μάθημα 学问，课业
[拉] doctrina, disciplina
[德] Lehre, Unterricht
[英] that which is learnt, lesson
153b10, 206b9

μάθησις 学习，教育，教导
[拉] ipsa discendi actio, perceptio
[德] Erlernen, Belehrung
[英] learning, education, instruction
144b2, 144b4, 153b9, 206a3, 207d8

μαθητής 学生
[拉] discipulus
[德] Schüler
[英] learner, pupil, student
152c10, 180b6, 180b8, 180c1

μαῖα 产婆，接生婆
[拉] obstetrix
[德] Hebamme
[英] midwife
149a2, 149b4, 149c6, 149c9, 150a3, 150a5, 150a8, 150b3, 150c4, 151c1

μαιεία (μαίευσις) 接生（技艺），助产（技艺）
[拉] obstetricia ars
[德] Hebammenkunst
[英] delivery of a woman in childbirth, business of a midwife
150b6, 150d8, 210c6

μαίευμα 接生出来的东西
[拉] quod ab obstetrice extractum est
[德] von der Hebamme gebrachtes Kind
[英] product of a midwife's art
160e3

μαιεύομαι 助产，做接生婆
[拉] opitulor
[德] sich als Hebamme betätigen
[英] serve as a midwife
149b6, 149c1, 150b8, 150c7, 150e5, 157c9

μαιευτικός 助产的，接生的
[拉] obstetricius

［德］zum Entbinden gehörig
［英］skilled in midwifery
151c1, 161e5, 184b1, 210b8

μαίνομαι 发疯
　［拉］insanio
　［德］wahnsinnig werden
　［英］madden
　159b1, 190c1

μακάριος 有福的，幸福的，幸运的
　［拉］beatus, felix
　［德］glückselig, glücklich
　［英］blessed, happy
　166c2

μακρολογέω 长篇大论，说得很长，啰嗦
　［拉］longa oratione utor
　［德］weitschweifig erzählen
　［英］speak at length, use many words
　163d4

μακρός 长的，高的，深的
　［拉］longus, altus
　［德］lang, tief
　［英］long, tall
　161e8, 172d8, 176d2, 193c1, 200a11

μάλα (comp. μᾶλλον, sup. μάλιστα) 很，非常
　［拉］valde, vehementer
　［德］sehr, recht, ganz
　［英］very, exceedingly
　142b1, 142b2, 142b8, 142d1, 143d1,
　143d5, 144c7, 148c8, 149a2, 149c6,
　151a8, 152b4, 153c2, 154a7, 154a9,
　155d2, 155d9, 156a2, 158a1, 158d4,
　164e7, 166b7, 166c5, 167d7, 169a9,
　169b2, 169b8, 170a6, 170e1, 171a3,
　171b10, 171d9, 172b2, 172d7,
　173d8, 176d6, 177a9, 177d1, 178a5,
　178e7, 179a9, 179b6, 179d8, 179d9,
　179e5, 180a2, 181e6, 182e3, 182e4,
　183b4, 184c3, 184c9, 184d6, 184e3,
　185e5, 186a2, 186a9, 186e11,
　187b1, 187b9, 189c10, 190b3,
　192c7, 192e8, 194c1, 195b7, 196b2,
　200d8, 203a1, 203e1, 203e6, 205e1,
　206a1, 209a10, 209b3, 209b6,
　209c2

μαλακός(μαλθακός) 软的，软弱的
　［拉］mollis, lentus
　［德］weich, sanft
　［英］soft, weak
　149d1, 181d2, 186b3

μαλακότης 柔软，软（性）
　［拉］molities
　［德］Weichheit
　［英］softness
　186b3

μανθάνω 学习，理解，弄明白，懂
　［拉］disco, intelligo
　［德］lernen, verstehen
　［英］learn, understand
　145c7, 145d8, 146c8, 149b5, 150d7,
　153c1, 155d5, 163b3, 163d5, 163e8,
　164d3, 164d5, 166e1, 171c3, 174b6,
　180d5, 180d6, 182a9, 188a2, 191c4,
　192c7, 192e2, 193d8, 197e5, 198a4,
　198b5, 198d5, 198e4, 199a5, 203a2,
　206a5, 206a10, 208e1, 209e3

μανία 疯狂

[拉] insania
[德] Wahnsinn
[英] madness
157e3, 158d8

μανικός 疯狂的，狂热的
[拉] insanus, furiosus
[德] wahnsinnig
[英] mad
144b1

μαντικός (μαντικῶς) 预言的，神示的
[拉] vatem efficiens
[德] prophetisch, weissagerisch
[英] prophetic, oracular
142c4

μάντις 预言家
[拉] vates
[德] Seher, Wahrsager
[英] seer, prophet
179a2

μαρτυρέω 作证
[拉] testis
[德] bezeugen
[英] bear witness, give evidence
145c4

μάτην 枉然，无谓地
[拉] frustra
[德] vergeblich
[英] in vain
189d4

μάχη 战斗，交战，斗争，争吵，竞争
[拉] pugna, conflictus, dimicatio
[德] Kampf, Schlacht, Streit, Zank
[英] battle, combat, strife
142b8, 154e2, 179d4

μαχητικός (adv. μαχητικῶς) 好斗的
[拉] contentiosus
[德] streitsüchtig
[英] pugnacious
168b3

μάχομαι 战斗
[拉] pugno
[德] kämpfen
[英] fight
155b4, 170d8, 180b4, 205a1

μεγαλαυχία 夸耀
[拉] jactantia, ostentatio
[德] Stolz, Prahlerei
[英] boasting, arrogance
174d2

μεγαλεῖος 高大的，宏伟的
[拉] magnficus
[德] großartig
[英] magnificent, splendid
168c5

μεγαλοπρεπής (adv. μεγαλοπρεπῶς) 宏大的，显赫的，崇高的
[拉] magnificus
[德] großartig, erhaben
[英] magnificent
161c6

μέγας (comp. μείζων; sup. μέγιστος) 强有力的，大的
[拉] validus, magnus
[德] gewaltig, groß
[英] mighty, great, big
148a2, 149d10, 150b2, 150b9, 152d4, 154b2, 154c8, 155a4, 155b8, 161e1, 168e4, 170a9, 172b8, 173a5, 184a3,

191c9, 201a7, 203e8, 207c8, 210c5

μέθοδος 方法
　　［拉］via
　　［德］Methode
　　［英］method
　　183c3

μειράκιον 年青人，青少年
　　［拉］adolescens, juvenculus
　　［德］Knabe, Jüngling
　　［英］lad, stripling
　　142c6, 143e5, 144c8, 146b2, 168e2,
　　173b2

μείρομαι 得到应得的份额
　　［拉］sortior
　　［德］als Anteil erhalten
　　［英］receive as one's portion
　　169c5

μέλας 黑的，黑色的
　　［拉］niger
　　［德］schwarz
　　［英］black, dark
　　153e5, 181d1, 184b8, 184e1

μελετάω 练习，从事，专研，关心
　　［拉］exerceo, meditor, curo
　　［德］üben, Sorge tragen
　　［英］practise, exercise, care for
　　174c8

μελέτη 练习，从事，关心
　　［拉］meditatio, cura
　　［德］Übung, Studium, Sorge
　　［英］practice, exercise, care
　　153b10

μέλλω 打算，注定要，必定，应当
　　［拉］futurus sum, debeo, fatali nece-ssiate cogor
　　［德］wollen, gedenken, sollen, bestimmt sein
　　［英］to be about to, to be destined
　　143a7, 156a3, 159c7, 162b4, 164c2,
　　178a8, 178a10, 178b9, 178c5, 178d1,
　　178d8, 178e2, 179a2, 179a6, 185c3,
　　186b1, 203d9

μέλος 肢，四肢
　　［拉］membrum
　　［德］Glied
　　［英］limb
　　209b6

μέλω 关心，操心
　　［拉］curo
　　［德］besorgen
　　［英］care for, take an interest in
　　144e8, 148e5, 172d8, 199a5

μεμπτός 感受指责的，可鄙的
　　［拉］incusandus, reprehensione dignus
　　［德］tadelnswert, verächtlich
　　［英］blameworthy, contemptible
　　187c3

μένω 停留，固定，坚持
　　［拉］maneo, consisto
　　［德］bleiben, verweilen, feststehen
　　［英］stay, remain, wait
　　153e2, 182d1, 182d4, 201a1

μέρος 部分
　　［拉］pars
　　［德］Teil
　　［英］portion, part
　　155e6, 157b8, 180a1, 182b1, 189e3,
　　204a5, 204a7, 204a8, 204a9, 204e1,

204e3, 204e5, 204e8, 204e9, 204e11, 205a8, 205a9, 205b1, 205b8, 205b9, 205d5, 205d8, 205d9

μεσόγαια 内陆
　　［拉］mediterraneus
　　［德］Binnenland
　　［英］inland

μέσος (adv. μέσως) 中间的
　　［拉］medius
　　［德］in der Mitte
　　［英］middle
　　144c1, 162d6, 180e6

μεστός 满的，充满……的
　　［拉］plenus, refertus
　　［德］voll, angefüllt
　　［英］full,full of
　　170b2

μεταβάλλω 使翻转，使改变方向，转变
　　［拉］inverto, muto
　　［德］umwerfen, umwenden, verändern
　　［英］throw into a different position, change, alter
　　154b3, 166d7, 167a3, 167a5, 181c7, 182d2

μεταβολή 变化，改变
　　［拉］mutatio, translatio
　　［德］Veränderung, Wandel
　　［英］change, transition
　　182d3

μεταλαμβάνω 取得，占有
　　［拉］participo, percipio
　　［德］erlangen, erhalten
　　［英］receive, gain
　　172d6

μετάληψις 分享，共有，交替，改变
　　［拉］participatio, commutatio
　　［德］Teilnahme, Veränderung
　　［英］participation, alternation
　　173b7

μεταλλαγή 改变，更换，交替
　　［拉］commutatio
　　［德］Veränderung, Verwechsel
　　［英］change, alternation
　　199c10

μεταξύ 中间，之间
　　［拉］inter, in medio
　　［德］in der Mitte, dazwischen
　　［英］in the midst, in the middle of, between
　　143c1, 147e9, 154a2, 156d6, 182a5, 188a3

μεταπίπτω 以另一种方式落下，改变，改投另一方的票
　　［拉］recido, devolvor, degeneroabunaspecieadaliam
　　［德］umfallen, umschlagen, sich verändern
　　［英］fall differently, undergo a change
　　162d2

μεταρρέω 来回变化
　　［拉］reciproco
　　［德］ändern
　　［英］change to and fro
　　193d1

μεταστρέφω 转身，转变
　　［拉］converto, muto
　　［德］umkehren, umwenden, ändern
　　［英］turn about, turn round, alter

191c2

μετατίθημι 修改，改换
- [拉] muto
- [德] verändern
- [英] change, alter

197b3

μέτειμι 在……当中
- [拉] intersum
- [德] darunter, dazwischen sein
- [英] to be among

186e4

μετέρχομαι 来到……当中，前往……当中
- [拉] proficiscor, transeo
- [德] dazwischengehen
- [英] come or go among

187e2

μετέωρος 空中的
- [拉] sublimis, excelsus
- [德] in der Luft
- [英] in mid-air, high in air

175d3

μετονομάζω 改变名称，改用新名称
- [拉] nomen alicujus muto
- [德] anders nennen
- [英] call by a new name

180a6

μέτριος (adv. μετρίως) 合理的，适中的
- [拉] moderatus
- [德] angemessen
- [英] moderate

145d6, 161b5, 179a10, 180c7, 181b2, 191d1, 194c6

μέτρον 尺度，标准
- [拉] mensura
- [德] Maßstab
- [英] measure, rule

152a3, 160d9, 161c5, 161e2, 162c5, 166d2, 167d3, 168d3, 169a3, 170d2, 170e8, 171c2, 178b3, 179b2, 179b3, 183c1

μῆκος 长度
- [拉] longitudo
- [德] Länge
- [英] length

147d4, 148a7, 148b1, 148b7

μηκύνω 加长，延长，拖延
- [拉] longum facio, moror
- [德] verlängern, ausdehnen
- [英] lengthen, prolong, delay

151b7, 184a7

μήτηρ 母亲
- [拉] mater
- [德] Mutter
- [英] mother

152e7, 191d4, 210c7

μηχανή 办法，方法，技巧
- [拉] machina, ars, consilium
- [德] Art, Weise, Mittel
- [英] way, mean, contrivance

182d6

μικρολογία 烦琐，斤斤计较，小气
- [拉] cura, quae impenditur rebus parvis
- [德] Kleinlichkeit, Knauserei
- [英] meanness, pettiness

175a7

μικρός (σμικρός) 小的
- [拉] parvus

[德]klein
[英]small, little
145d6, 148c7, 152d5, 154c1, 168c4, 169e5, 173a3, 173e4, 174e7, 175d1, 180a3, 180e5, 187e2, 195a3, 197b3, 201b2, 208e9

μιμέομαι 模仿，仿效
[拉]imitor
[德]nachtun, nachahmen
[英]imitate
148d4

μιμνήσκω 想起，记起
[拉]recordor, memini
[德]erinnern
[英]remember, remind oneself of
143a4, 163d2, 163d4, 163d5, 163e10, 163e11, 164a10, 164d5, 164d6, 164d8, 166a4, 182b2, 182b8, 192d4, 192d7, 205c4, 205c11

μισέω 仇恨，憎恶
[拉]odio prosequor, odio sum
[德]hassen
[英]hate
168a5, 168b1

μισθός 酬金
[拉]merces
[德]Bezahlung
[英]pay, allowance
161e1, 187c3

μισθοφόρος 受雇佣的
[拉]mercenarius
[德]für Sold dienend
[英]serving for hire
165d6

μνῆμα (μνημεῖον) 纪念（物），记忆，记录，坟墓
[拉]monumentum, sepulcrum
[德]Erinnerung, Andenken, Grabmal
[英]memorial, remembrance, tomb
192a2, 192b6, 196a3, 209c6

μνήμη 记忆
[拉]memoria
[德]Gedächtnis, Erinnerung
[英]remembrance, memory
163d2, 163e4, 166b2

μνημονεύω 记得，回忆起，想起
[拉]memoro, memini
[德]sich erinnern
[英]remember, call to mind
144b9, 157c7, 191d4, 191d8, 197a9

μνήμων 记得的，有好记忆力的
[拉]memoriosus
[德]eingedenk
[英]having a good memory
144a7, 194d3

μόγις 艰难地，吃力地
[拉]vix, aegre
[德]mit Mühe, schwer
[英]with toil and pain
186c3

μόλις (μόγις) 勉强，艰难地
[拉]vix, difficulter
[德]mit Mühe, kaum
[英]with toil and pain, hardly, scarcely
142b1, 160e5

μονοειδής 同样的，同一类的，单一形相的

[拉] unam formam habens, uniformis
[德] eingestaltig, einfach
[英] one in kind, uniform
205d1

μόνος 唯一的，仅仅的
[拉] solus, singularis, unus
[德] allein, alleinig, bloß
[英] alone, solitary, only
150a5, 161d7, 166c5, 167e7, 172d9, 174b2, 174c4, 181c4, 182c2, 182c9, 190d7, 191a7, 192e6, 195c6, 195d7, 195d9, 195e3, 197d8, 201b8, 201e3, 202a2, 202a4, 202b2, 203b4, 203b7, 209a3, 209a7, 209b10, 210c4

μόριον 一小部分
[拉] particula, pars
[德] Teilchen, Teil
[英] portion, piece
205b11

μουσικός 文艺的，音乐的
[拉] musicus
[德] musisch
[英] musical
144e3, 145a7, 178d5, 206b2

μῦθος 故事
[拉] fabula
[德] Fabel
[英] tale, story
156c4, 164d9, 164e3

μυριάς 一万，无数
[拉] numerus decem millium, myrias
[德] Zahl od. Menge von 10000, Myriade
[英] number of 10000, myriad

175a1

μυρίος (adv. μυριάκις) 巨大的，无限的
[拉] infinitus, extremus, maximus
[德] unendlich, unzählig
[英] infinite, immense
155c4, 165d5, 166d3, 169b6, 170d8, 170e1, 170e5, 174e2, 175a4, 196e2, 200c3

μυστήριον 秘仪，秘密
[拉] mysterium
[德] Geheimnis
[英] mystery, secret rite
156a3

μύω 闭上
[拉] claudo
[德] schließen
[英] close, shut
163e12, 164a10, 164d6

ναυτιάω 晕船
[拉] nauseo
[德] die Seekrankheit haben
[英] suffer from seasickness or nausea
191a6

νεανικός (adv. νεανικῶς) 年轻的，强大的，有力的
[拉] juvenilis, strenuus, fortis
[德] jugendlich, mutig, frech
[英] youthful, active, vigorous, fine
168c6

νεογενής 新生的
[拉] nuper natus
[德] neugeboren
[英] new-born
160e3

νέος (comp. νεώτερος) 新奇的，年轻的
　　［拉］novus, juvenis
　　［德］neu, jung
　　［英］new, young
　　143d4, 143d6, 143d8, 146c2, 148c2,
　　149d3, 150c2, 155b7, 162b7, 162d3,
　　165a9, 172c9, 173a4, 173c8, 183d3,
　　183e7, 210d1

νεότης 年轻，青年，年青人的精神
　　［拉］juventus, adolescentia
　　［德］Jugend
　　［英］youth
　　146b5

νηνεμία 风平浪静，平静
　　［拉］tranquillitas aeris
　　［德］Windstille
　　［英］stillness in the air, calm
　　153c6

νικάω 得胜，战胜，征服
　　［拉］vinco
　　［德］siegen
　　［英］win, conquer
　　164c5

νοέω 想，理解
　　［拉］intelligo, cogito
　　［德］denken, einsehen
　　［英］perceive by the mind, think, consider
　　157a4, 164d5, 197e3

νομεύς 牧人
　　［拉］pastor
　　［德］Hirt
　　［英］herdsman
　　174d4, 174e1

νομίζω 承认，信奉
　　［拉］existimo, reor
　　［德］anerkennen, glauben
　　［英］acknowledge, believe in
　　167c5, 174d7, 193b3

νόμιμος 法定的，按照惯例的
　　［拉］legitimus, idoneus
　　［德］gebräuchlich, gesetzmäßig
　　［英］conformable to custom, usage, or law
　　172a3

νομοθεσία 立法
　　［拉］legislatio
　　［德］Gesetzgebung
　　［英］legislation
　　179a5

νομοθετέω 立法，制定法律
　　［拉］legem vel leges fero
　　［德］Gesetze geben
　　［英］frame laws
　　177e5, 177e7, 178a8, 179a6

νόμος 法律，习俗
　　［拉］jus, lex, mos
　　［德］Gesetz, Gewohnheit, Sitte
　　［英］law, custom
　　173d2, 177e5, 178a9

νόος (νοῦς) 理智
　　［拉］mens, intellectus
　　［德］Verstand, Vernunft
　　［英］mind, intellect
　　145a11, 165a6, 167d7, 198b8

νόσημα 病，疾病
　　［拉］morbus
　　［德］Krankheit

[英]disease
142b3

νόσος 疾病
    [拉]morbus
    [德]Krankheit
    [英]sickness, disease
    157e2, 158d8, 169b5, 170a10

νοσώδης 病态的，有病容的，不健康的
    [拉]insalubris
    [德]ungesund, krank
    [英]sickly, unwholesome
    171e5

νύξ 夜晚
    [拉]nox
    [德]Nacht
    [英]night
    151a7

νώθεια 迟钝，懒惰
    [拉]pigritia, tarditas
    [德]Langsamkeit, Faulheit
    [英]slowness, sluggishness
    195c3

νωθής (νωθρός) 懒惰的，迟钝的
    [拉]piger, tardus
    [德]träge, langsam
    [英]sluggish, slothful
    144b2

ξένος (adv. ξένως) 陌生的，不熟悉的，异乡的
    [拉]alienus, peregrinus
    [德]fremd
    [英]unacquainted with, ignorant of
    145b8

ξηρός 干的
    [拉]siccus
    [德]trocken
    [英]dry
    171e2

ξύλινος 木头的，木制的
    [拉]ligneus
    [德]von Holz, hölzern
    [英]of wood, wooden
    146e2

ξύλον 木头
    [拉]lignum
    [德]Holz
    [英]wood, log
    156e6

ὄγκος 块
    [拉]moles, massa
    [德]Masse
    [英]bulk, mass
    155a4, 155b8, 155c3

ὁδός 道路，路
    [拉]via
    [德]Weg, Pfad
    [英]way, road
    147c4, 173d1, 208b5, 208c6

οἴησις 意见，看法
    [拉]opinio
    [德]Meinung
    [英]opinion, notion
    171a7

οἰκεῖος 家中的，有亲戚关系的，自己的
    [拉]domesticus, privatus
    [德]häuslich, verwandt, eigen
    [英]of the same household, kin, one's own

183b6, 193c2, 193c3, 194b4, 197c8, 202a7

οἰκέτης 家奴
[拉] famulus
[德] Hausssklave
[英] household slave
172d1, 173c3

οἰκητής 居民，住户
[拉] habitator, incola
[德] Bewohner
[英] dweller, inhabitant

οἴκοι 在家里
[拉] domi
[德] zu Hause
[英] at home
197c3

οἶνος 酒
[拉] vinum
[德] Wein
[英] wine
159c11, 159d4, 159e2, 178c9

οἴομαι 料想，猜，认为，相信
[拉] puto
[德] vermuten, denken
[英] guess, think, believe
144a5, 144e8, 145d5, 146c1, 146d6, 147a7, 147b2, 148c3, 148c7, 148c9, 149e1, 149e6, 150b4, 151b8, 151c8, 155a3, 155b4, 155e4, 158b3, 158b8, 158e7, 160b5, 161a1, 161a8, 161e6, 162b5, 162c5, 164e2, 165b2, 165b6, 165c3, 166a1, 167b1, 168e7, 170b4, 170d9, 170e8, 170e9, 171a1, 171d4, 172a3, 172b1, 173b3, 176d3, 176d6,

177d4, 177e5, 178a4, 178b6, 178b7, 178c1, 178c2, 178c3, 178c4, 178c9, 180b6, 180d5, 181e3, 184b10, 187a8, 187a9, 187c2, 188b3, 188c2, 188e1, 189c11, 190c1, 191a4, 191b4, 191e6, 192a3, 192a5, 192b3, 192b7, 192c9, 193a10, 193b2, 193e2, 195b6, 195d2, 195d8, 195d10, 195e2, 195e6, 195e8, 196a6, 196a7, 196b3, 196b4, 196b5, 196b9, 198a10, 199b4, 200a8, 200b2, 200d4, 201a10, 201b4, 201d7, 202e6, 207a5, 207a9, 207b2, 207e8, 208a1, 208b11, 208d1, 209c4, 210c3

οἰστράω（牛虻）叮，叮得人发狂，发狂
[拉] oestro seu asilo agitor
[德] anstacheln, zerstechen, toben
[英] sting, sting to madness, go mad
179e6

οἴχομαι 走，上路
[拉] abeo, proficiscor
[德] gehen, kommen
[英] go or come
164a2, 171d3, 203d10

ὀκνέω 迟疑，怕
[拉] vereor, dubito, timeo
[德] zögern, fürchten
[英] hesitate, fear
158a8, 187b9

ὀλίγος (sup. ὀλίγιστος) 小的，少的
[拉] paucus, parvus
[德] gering, klein
[英] little, small

142c6, 143d8, 169a1, 174b3, 179d5, 180d7, 187c8, 189b7, 197d8, 205c4

ὀλιγότης 少，小
[拉] paucitas
[德] geringe Anzahl
[英] smallness
158d11

ὅλος (adv.ὅλως) 整个的，全部的
[拉] totus
[德] ganz, völlig
[英] whole, entire
158e10, 159b6, 159b7, 174a1, 175c5, 181a7, 201a5, 204a7, 204a8, 204b7, 204e8, 204e12, 205a4, 205a5, 205a7, 205a8, 205d8, 205d10, 207c4, 208c6

ὅμηρος 人质，担保，抵押品
[拉] pignus
[德] Geisel
[英] pledge, surety, hostage
202e3

ὁμιλία 来往，交往
[拉] consuetudo, colloquium
[德] das Zusammensein, Verkehr, Umgang
[英] intercourse, company
156a7, 157a2

ὄμμα 眼睛
[拉] oculus
[德] Auge
[英] eye
143e9, 153d9, 153d10, 153e6, 156d3, 184b10

ὁμογενής (ὁμόγονος) 同属的，同一家族的

[拉] eiusdem generis, cognatus
[德] von gleichem Geschlechte, verwandt
[英] congeners, sharing one brood with
156b7

ὁμόδουλος 一起给别人当奴隶的人
[拉] conservus
[德] Mitsklave
[英] fellow-slave
172e5

ὅμοιος (adv.ὁμοίως) 一致的，相似的，相像的
[拉] par, aequalis, similis
[德] einig, gleich
[英] same, like, resembling
144e1, 144e2, 145a10, 154a6, 154a8, 158d5, 159a6, 169a3, 176c2, 180b7, 183a6, 185b4, 186a5, 204a2, 204d10, 205b2, 205d8, 205e2

ὁμοιότης 相似（性）
[拉] similitudo
[德] Ähnlichkeit
[英] likeness, similarity
145a1, 149c3, 158c6, 177a6, 185c9, 194c8

ὁμοιόω 使相似，使相同
[拉] adsimilo
[德] gleichmachen
[英] make like
159a7, 177a1, 177a3

ὁμοίωσις 相似，相像
[拉] similitudo, simulacrum
[德] Ähnlichkeit, Gleichnis
[英] likeness, resemblance

176b1, 176b2
ὁμολογέω 同意，赞同，认可，达成一致
　　［拉］consentio, assentior
　　［德］zugestehen, bestimmen
　　［英］agree with, concede
　　143c4, 145c3, 159a4, 159d6, 162a5,
　　163b1, 164a7, 165a5, 165c8, 166b4,
　　169d10, 171a8, 171b2, 171b6,
　　171b10, 171d3, 171d6, 172a7, 178a5,
　　179a6, 179b1, 184e8, 190e6, 191a1,
　　191a8, 191e7, 191e8, 195b6, 198c8,
　　204e5, 206b2, 208a4, 208b5
ὁμολόγημα 同意，协定
　　［拉］consensio, consensus
　　［德］Übereinstimmung, Zugeständnis
　　［英］agreement, compact
　　155b4
ὁμολογία 同意，承认，条约
　　［拉］consensio, consensus
　　［德］Übereinstimmung, Zugeständnis
　　［英］agreement, admission, concession
　　145c5, 164c8, 169e3, 170a1, 183d4
ὁμολογουμένως 一致地，公认地
　　［拉］sine controversia, uno omnium consensus
　　［德］eingestandenermaßen, anerkanntermaßen
　　［英］conformably with, admittedly, 157e5
ὁμός (adv. ὁμοῦ) 共同的，共有的，一起的
　　［拉］communis
　　［德］gemeinsam, gemeinschaftlich
　　［英］common, joint

199e3
ὀμφαλητομία 剪脐带
　　［拉］umbilici praecisio
　　［德］Nabelschnitt
　　［英］cutting of the navel-string
　　149e1
ὁμώνυμος 同名的
　　［拉］idem nomen habens
　　［德］gleichnamig
　　［英］having the same name
　　147d1
ὄναρ 梦，梦中的景象
　　［拉］somnium
　　［德］Traum, Traumbild
　　［英］dream, vision in sleep
　　158b6, 158c5, 158d1, 173d5, 201d8,
　　208b11
ὀνειδίζω 训斥，责骂
　　［拉］objurgo
　　［德］vorwerfen, verweisen
　　［英］reproach, upbraid
　　150c5, 150c7, 168c9, 169d1
ὄνειδος 责骂，辱骂
　　［拉］opprobrium
　　［德］Vorwurf
　　［英］reproach, rebuke
　　176d3
ὄνειρος 梦，梦境
　　［拉］somnium
　　［德］Traum
　　［英］dream
　　158c6, 201d8
ὀνειρώσσω 做梦
　　［拉］somnio

[德] träumen
[英] dream
158b2, 158b10

ὀνίνημι 帮助，使满意
[拉] juvo
[德] nützen, helfen
[英] profit, benefit, help, gratify
151b5, 169c3

ὄνομα 语词，名字，名声
[拉] nomen
[德] Name, Nomen
[英] name, word, fame
144b9, 144c8, 147b2, 147b11, 150a2, 156b3, 157b5, 164c7, 166c1, 166c6, 168c1, 177d5, 177e1, 180e1, 182a9, 184c1, 186d10, 187a4, 195c2, 198a3, 198e1, 199a4, 202b2, 202b4, 203c9, 206d2, 207a10, 207b3, 208a3

ὀνομάζω 命名，称呼
[拉] nomino, appello
[德] nennen
[英] name, call or address by name
156b6, 160b9, 177e2, 177e4, 194a4, 201d3, 201e3, 202b2

ὀνομαστός 著名的，有名的
[拉] celeber
[德] berühmt
[英] famous
155d10

ὄνος 驴
[拉] asinus
[德] Esel
[英] ass
146a3

ὀξύς (adv. ὀξέως) 敏锐的，尖锐的，迅速的
[拉] acutus, acer
[德] scharf, schnell
[英] sharp, keen, quick
144a6, 162d3, 165d3, 175e6, 184b9, 190a3

ὀξύρροπος 摇动得灵敏的
[拉] celeriter currens
[德] schnell bewegt, reizbar
[英] turning quickly, sudden and quick
144a8

ὀξύτης 尖锐，高音
[拉] acumen
[德] Schärfe
[英] sharpness
163c1

ὁποσάκις 像……那样经常地，像……那样多次地
[拉] quotiescunque, quoties libet
[德] so oft als
[英] as many times as, so often as ever
197d2

ὁράω 看，注意
[拉] video, animadverto, intelligo
[德] schauen, einsehen, merken
[英] see, look, pay heed to
143d7, 144a6, 145b10, 156e3, 156e4, 158c8, 161a3, 163b1, 163b6, 163b8, 163b10, 163c3, 163c5, 163d7, 164a5, 164a6, 164a9, 164a10, 164b1, 164b2, 164b5, 164d7, 165b7, 165c1, 165c4, 165c8, 165c9, 168d8, 173d3, 174e7,

176e5, 180b4, 181b4, 182e1, 182e3,
184b9, 184c6, 186d10, 187a9, 188e5,
188e7, 188e10, 191b4, 191e4, 192d5,
193a1, 193c2, 194a1, 195a5, 195d7,
195d8, 195e5, 197c1, 203c8, 205d2,
206c6, 209c6

ὀργάζω 使变软，揉捏
　　[拉] mollio, macero
　　[德] gerben, kneten
　　[英] soften, knead, temper
　　194c6

ὄργανον 工具，装备，器官
　　[拉] instrumentum
　　[德] Werkzeug, Organ
　　[英] instrument, tool, organ
　　184d4, 185a5, 185c7, 185d9

ὀργή 冲动，愤怒
　　[拉] ingenium, ira
　　[德] Trieb, Erzürnung, Zorn
　　[英] natural impulse, anger, wrath
　　144a7

ὀρθός (adv. ὀρθῶς) 正确的，直的
　　[拉] rectus
　　[德] recht, gerade
　　[英] right, straight
　　143b4, 146e11, 150a5, 152d4, 152d8,
　　158d10, 161d6, 161d7, 161e8, 169d4,
　　171c10, 173a3, 176a1, 178a10,
　　181d7, 181e6, 182d5, 183a4, 183a6,
　　183a8, 184c5, 184c6, 187a9, 187e1,
　　189c5, 191a8, 192b6, 193a11, 195d11,
　　196b4, 197b11, 200c9, 201a3, 201c2,
　　201c5, 202d7, 202e2, 203c2, 204b4,
　　205c8, 206d9, 206e2, 207b1, 207b8,

208a10, 208b1, 208b4, 208b8, 208c3,
208c4, 208e3, 209a1, 209c8, 209d1,
209d4, 209d8, 209d9, 210a4, 210a8

ὁρίζω 定义，规定
　　[拉] termino, finio
　　[德] definieren, bestimmen
　　[英] define, determine
　　146e5, 148a7, 158d12, 158e6, 187c5,
　　190a2, 190e1, 199a6, 208c1, 208c3

ὁρμάω 急于要做，打算做，开始，动身
　　[拉] incito, prorumpo, initium facio
　　[德] erregen, sich anschicken, beginnen
　　[英] hasten, be eager, start
　　181a4, 184a4

ὄρνεον (ὄρνις) 鸟
　　[拉] avis
　　[德] Vogel
　　[英] bird
　　197c2, 197d6, 197e3, 199e1

ὄρος 山
　　[拉] mons
　　[德] Berg
　　[英] mountain, hill
　　174e1

ὀρφανός 孤儿的，失去父亲的
　　[拉] orbus, orphanus
　　[德] verwaist, vaterlos
　　[英] orphan, fatherless
　　164e3

ὁσάκις 多次，经常
　　[拉] quoties
　　[德] wie oft
　　[英] as many times as, as often as

143a3
ὅσιος (ὁσίως) 虔敬的
　　[拉] pius
　　[德] fromm, heilig
　　[英] pious, devout, religious
　　172a2, 172b3, 176b2
ὀσφραίνομαι 嗅，闻
　　[拉] olfacio
　　[德] riechen
　　[英] smell
　　165d8, 186d11
ὄσφρησις 嗅觉
　　[拉] olfactus
　　[德] Geruch
　　[英] the sense of smell
　　156b4
οὐδενία 毫无价值
　　[拉] vanitas
　　[德] Nichtigkeit
　　[英] nothingness, worthlessness
　　176c4
οὐρανός 天
　　[拉] coelum
　　[德] Himmel
　　[英] heaven
　　173e6, 174a7, 208d2
οὖς 耳朵
　　[拉] auris
　　[德] Ohr
　　[英] ear
　　184b10, 184c7
οὐσία 所是，产业
　　[拉] essentia, facultas
　　[德] Wesen, Vermögen
　　[英] substance, essence, stable being, immutable reality, property
　　144c7, 144d2, 155e6, 160b6, 160c8, 172b4, 177c7, 179d3, 185c9, 186a2, 186a10, 186b6, 186b7, 186c3, 186c7, 186d3, 186e5, 202a1, 202b5, 207c1, 207c3
ὀφθαλμός 眼睛
　　[拉] oculus
　　[德] Auge
　　[英] eye
　　156e1, 156e2, 156e4, 165c1, 174c3, 184c6, 184d8, 209b5, 209b10
ὀφλισκάνω 欠下罚款，处以罚金，招致惩罚
　　[拉] debeo, mulctor, damnor
　　[德] Geldstrafe schulden, verurteilt werden
　　[英] become liable to pay, fine, incur
　　161e5
ὄχλος 人群，群氓；混乱，骚乱
　　[拉] turba, molestia, perturbatio
　　[德] bewegte Menge, Belästigung
　　[英] crowd, throng, annoyance, trouble
　　174c4
ὄψις 形象，外貌，视力，视觉
　　[拉] visus, facies, oculus
　　[德] das Aussehen, Sehkraft
　　[英] aspect, appearance, sight
　　156b3, 156c1, 156e1, 156e2, 156e3, 163d8, 164a6, 185a2, 185b8, 185c1, 193c3, 193c6, 193c7, 206a6
ὄψον 菜肴
　　[拉] obsonium

[德] Speise
[英] relish
175e4

ὀψοποιός 厨师，厨子
[拉] coquus
[德] Koch
[英] cook
178d10

πάγιος (παγίως) 坚固的，稳定的
[拉] firmus, stabilis
[德] fest
[英] firm, steadfast
157a4

πάγκαλος (adv. παγκάλως) 极美的，极好的
[拉] rectissimus, pulcerrimus
[德] wunderschön
[英] very beautiful, good, or right
160d5

πάθος (πάθη, πάθημα) 属性，情状，遭遇，情感，经验
[拉] passio, affectum
[德] Eigenschaft, Attribut, Leiden
[英] state, condition, property, quality, experience
155d3, 161d4, 166b3, 179c3, 186c2, 186d2, 187d3, 193c7, 193d4, 199c8

παιδαγωγέω 管教，教导
[拉] erudio
[德] leiten, erziehen
[英] guide, educate
167c8

παιδεία 教育
[拉] eruditio

[德] Erziehung
[英] education
145a8, 167a4, 186c4

παιδεύω 教育
[拉] doceo
[德] erziehen
[英] educate
167c8, 167d1

παιδικός 儿童的，给儿童的，给心爱的少年的
[拉] puerilis, ad amorem masculum pertinens
[德] kindlich, die Knabenliebe betreffend
[英] of a child, of or for a beloved youth
169c9

παιδοτρίβης 体育教练
[拉] ludimagister
[德] Turnlehrer, Trainer
[英] gymnastic trainer
178d5, 178d6

παίζω 戏谑，开玩笑
[拉] jocor
[德] scherzen
[英] make fun of
145b10, 145c3, 162a2, 167e5, 168c6, 168e2, 181a2, 206b11

παῖς (παιδίον) 孩童，孩子，小孩
[拉] pueritia
[德] Kind
[英] child, childhood
143b3, 143c7, 145d4, 146a3, 148b3, 149d7, 151c5, 151e4, 156a2, 160e3,

162d3, 162d5, 166a3, 168d1, 168d8,
171e5, 177b6, 184d1, 197e2, 200c8,
209e6

πάλαι 很久以前，过去
[拉] olim, pridem
[德] vor alters, ehedem, schon lange
[英] long ago
142a1, 142a2, 196e1, 198d4, 198d7,
202d2

παλαιός 古老的，古旧的
[拉] vetus
[德] alt
[英] ancient, old
179e4

παλαίστρα 摔跤学校
[拉] palaestra
[德] Ringschule
[英] wrestling-school
162b2, 181a2

παμπάλαιος 非常老的
[拉] vetustissimus
[德] ganz alt
[英] very old
181b3

πάμπολυς (παμπληθής) 极多的，极大的
[拉] permultus, varius
[德] sehr viel, sehr groß
[英] very great, large, or numerous
156b6, 179d7

πανουργία 恶行，邪恶
[拉] pravitas
[德] Schurkerei
[英] knavery
176d2

πανοῦργος 为非作歹的，干坏事的
[拉] insidiosus, malitiosus
[德] verschlagen, boshaft, skrupellos
[英] wicked, knavish
177a8

πάνσμικρος 非常小的
[拉] perexiguus
[德] ganz klein
[英] very small
174e4

πάνσοφος 极聪明的
[拉] sapientissimus
[德] ganz weise
[英] most clever
149d6, 152c8, 181b4, 194e2

παντάπασι 完全
[拉] omnino
[德] ganz, völlig
[英] altogether
158d7, 158e8, 160b4, 160c3, 163a11,
172b6, 174e6, 175b8, 177a7, 179e2,
184a1, 186c6, 190b7, 201c3, 202c6,
205c1, 205d6, 208e7, 210a7, 210b9

πανταχῇ 到处，各方面
[拉] undique
[德] überall, auf alle Fälle
[英] everywhere, on every side
173e4, 190e8

πανταχόθεν 从各方面，从一切方面
[拉] undique, ex omnibus partibus
[德] von allen Seiten
[英] from all quarters, from every side
157b1, 180b3

πάντῃ 处处，在各方面

［拉］ubique, omnino
［德］überall
［英］in every way, on every side, altogether
191a3, 194a8

παντοδαπός 各种各样的，五花八门的
　　［拉］varius, multiplex
　　［德］mannigfach, mancherlei
　　［英］of every kind, of all sorts, manifold
　　156c1, 168c2, 197d6

παντοῖος 一切种类的，各种各样的
　　［拉］omnigenus, varius
　　［德］allerlei, mancherlei
　　［英］of all sorts or kinds, manifold
　　157a2

πάντως 完全，当然，无疑
　　［拉］omnino
　　［德］auf alle Weise, ganz und gar, allerdings
　　［英］in all ways, at any rate, no doubt
　　143a8, 145a6, 145c4, 146c5, 161a1, 162a7, 169c4

πάππος 祖父，祖先
　　［拉］avos
　　［德］Großvater, Ahnherr
　　［英］grandfather, ancestors
　　174e6, 175a2

παραβαίνω 违犯，逃避
　　［拉］transgredior
　　［德］übertreten
　　［英］transgress
　　183d4

παραγίγνομαι 在旁，在附近，在场
［拉］advenio, intersum
［德］zum jem. stehen, dabeisein
［英］to be beside, stand by
186c4, 186c5, 197c8, 199d4, 199d6, 201b1

παράδειγμα 范型，范式，例子
　　［拉］exemplar, exemplum
　　［德］Urbild, Vorbild, Muster, Beispiel
　　［英］pattern, model, paradigm, example
　　154c1, 176e3, 202e4

παραδέχομαι 同意，接受
　　［拉］admitto
　　［德］annehmen, billigen
　　［英］receive, accept, admit
　　155c5

παραδίδωμι 交出去，交给，出卖，背叛
　　［拉］trado, dedo
　　［德］hingeben, verraten
　　［英］give, hand over to another, betray
　　198b1, 198b2, 198b4

παραθέω 跑到一边去，偏离
　　［拉］juxta aliquem curro
　　［德］vorbeilaufen
　　［英］run beside
　　171c9

παραισθάνομαι 感觉错
　　［拉］sensu fallor
　　［德］nebenbei vernehmen
　　［英］misperceive
　　157e3

παρακάθημαι 坐在……旁边，挨近……坐下
　　［拉］adsideo, juxta adsideo
　　［德］dabeisitzen

[英] to be seated beside or near
169a6

παρακαθίζω 坐在旁边
[拉] adsideo
[德] dabeisitzen
[英] sit down beside
144d6

παρακελεύομαι 鼓励，劝告
[拉] exhorto
[德] ermahnen, ermuntern
[英] recommend, exhort, encourage
151d7

παρακέλευσις 鼓励，劝告
[拉] adhortatio
[德] Ermahnung, Ermunterung
[英] encouraging, exhorting
209e2

παρακινδυνεύω 冒极大的危险，敢于
[拉] temere periclitor, audacius periclitor
[德] wagen, sich in Gefahr begeben
[英] make a venture
204b3

παρακολουθέω 紧跟
[拉] pone sequor
[德] begleiten, sich anschließen
[英] follow closely
158c4

παρακούω 偷听，听错
[拉] perperam audio
[德] verhören
[英] overhear, hear imperfectly or wrongly
157e3, 195a7

παρακρούω 引入歧途，误导，欺骗
[拉] erro, decipio
[德] berücken, betrügen
[英] mislead, deceive
168a2

παραλαμβάνω 控制，占有
[拉] occupo, accipio
[德] erobern, besetzen
[英] take over, seize
180c5, 180c8, 198b4

παραλείπω 留下，留给，放过
[拉] praetermitto, omitto
[德] vorbeilassen, auslassen
[英] leave remaining, leave to, pass over
193e6

παραληρέω 胡说，胡说八道
[拉] deliro
[德] Verkehrtes reden, schwatzen
[英] talk nonsense, rave
169a7

παραλλαγή 变动，传递
[拉] mutatio, transmutatio
[德] Wechsel
[英] transmission, alternation
196c5

παραλλάσσω 起变化，改变
[拉] alterno
[德] ändern
[英] cause to alternate
169e5, 193c5, 194a3, 194d3

παραμετρέω 用某物去衡量另一物，测量，比较
[拉] juxta alterum admetior, mensuro

［德］nach etw. messen, vergleichen
［英］measure one thing by another, compare, measure
154b1, 154b4

παραναγιγνώσκω 参阅，对照，比较，核对
［拉］ex adversa et altrinsecus lego
［德］nebeneinander lesen, vergleichen
［英］read beside, compare
172e3

παρανοέω 想错，误解
［拉］demens sum, perperam intelligo
［德］mißverstehen
［英］think amiss, misunderstand
195a8

παράπαν 完全，绝对
［拉］omnino
［德］ganz, völlig
［英］altogether, absolutely
187a4, 189a12

παρασκευάζω 准备
［拉］praeparo
［德］vorbereiten
［英］prepare
183d4

παρατίθημι 放在旁边，委托，使用
［拉］addo, appono, confero
［德］dabeistellen, anvertrauen, zu Hilfe nehmen
［英］place beside, employ
157c9

παραφαίνω 从旁边显露出来，显露，暴露
［拉］e propinquo ostendo, revelo
［德］daneben, dabei zeigen
［英］show beside, appear, disclose itself
199c8

παρείκω 允许，准许
［拉］cedo, permitto
［德］nachgeben, gestatten
［英］permit, allow
150d4

πάρειμι 在场，在旁边，来到，走近
［拉］adsum
［德］anwesend sein, herbeikommen
［英］to be present, to be by or near, go by
158b10, 158d3, 166b2, 169d10, 172d4, 179c3, 186b1, 186b11, 188a4, 193a2, 194a6, 194a7, 196e5, 197a2, 197a9, 200a12, 200d3

παρέπομαι 在旁边跟随，随行
［拉］consequor
［德］begleiten
［英］accompany
186a3

πάρεργος 附带的
［拉］extra propositum
［德］beiläufig
［英］subordinate
177b8, 184a7

παρέχω 提请，提供，让
［拉］adduco, praebeo
［德］darbieten, aufbieten, veranlassen
［英］hand over, yield, allow, grant
143c1, 153a7, 168c2, 169c7, 170e3, 174c3, 174c6, 175d5, 191a4

παροιμιάζω 引用谚语
　　［拉］proverbium facio aliquid
　　［德］sich eines sprichwörtlich Ausdrucks bedienen
　　［英］cite the Proverbs of
　　162c1
παροράω 看错
　　［拉］perperam video
　　［德］versehen
　　［英］see wrong
　　157e3, 195a7
πάσχω 遭遇，发生，经历
　　［拉］accido
　　［德］empfangen, erfahren, erleiden
　　［英］suffer, happen to one
　　148e8, 151a5, 154b5, 155b7, 156a7, 157a3, 157a5, 157a7, 159a11, 159c9, 159d1, 159d2, 165d2, 166b3, 166b4, 167a8, 174b5, 176d8, 178b6, 181c5, 182a6, 182b4, 184a7, 191a2, 193d1, 196b9
πατέω 踩，踏
　　［拉］calco
　　［德］treten, betreten
　　［英］tread
　　191a5
πατήρ 父亲
　　［拉］pater
　　［德］Vater
　　［英］father
　　164e2
παύω 终止，停止
　　［拉］desinere facio, finio
　　［德］beenden, aufhören machen

　　［英］cease, end
　　180d5
πεδίον 平地，平原
　　［拉］campus
　　［德］Ebene
　　［英］plain
　　183d8
πείθω 劝，听从
　　［拉］persuadeo, obedio
　　［德］überreden, gehorchen
　　［英］persuade, obey
　　144e5, 148e3, 150e3, 152b6, 162b5, 162d4, 168b2, 168d6, 168d9, 176a3, 176b3, 179a1, 183e1, 183e2, 184a5, 190b5, 195c4, 201a9, 201b4, 201b5, 201b7, 201c2, 205e8
πειράω 弄清楚，考察，试验，尝试
　　［拉］experior, conor, nitor
　　［德］erproben, versuchen, unternehmen
　　［英］attempt, endeavour, try, make proof
　　147d8, 148d4, 151d4, 161b5, 164d4, 165e5, 169d2, 176a8, 181a6, 184b1, 186b9, 187b7, 190e8, 206a6
πελταστικός 善于使用轻盾牌的
　　［拉］ad peltastam pertinens
　　［德］den Peltasten betreffend
　　［英］skilled in the use of the small light shield
　　165d6
πεντέπους 五尺长的
　　［拉］quinquepedalis
　　［德］fünffüßig
　　［英］five feet long

147d4

περαίνω 使结束，使完成
  [拉] finio, termino
  [德] vollenden, vollbringen
  [英] bring to an end, finish, accomplish
  180a6, 183c5, 187e3, 207b5, 207c4

περαίτερος 更往前的
  [拉] ulterior, ulterius
  [德] weiter, weiter hinreichend
  [英] leading farther, further
  169c6

περιβάλλω 围上，围绕
  [拉] annecto, impono
  [德] umwerfen, umlegen
  [英] encompass, surround
  174e2

περίβολος 圈起来的地方，围着的地方
  [拉] ambitus, septum
  [德] das Umfassen, Umkreis
  [英] area enclosed, enclosure
  197c8

περιγίγνομαι 胜过……，占优势
  [拉] supero
  [德] übertreffen, überwinden
  [英] to be superior to, prevail over
  146a4, 164c8

περιέρχομαι 环绕，循环，转悠
  [拉] circumeo, circumvenio, oberro
  [德] herumgehen, umlaufen
  [英] go round, come round
  147c4, 200a11

περιλαμβάνω 包围，围住
  [拉] complector, contineo
  [德] umfassen, einfassen
  [英] encompass, surround
  148a3, 148d6

περιμένω 等待，期待
  [拉] exspecto, maneo
  [德] warten, erwarten
  [英] wait for, await
  173c3

περιουσία 多余，充裕
  [拉] abundans
  [德] Überfluß, Fülle
  [英] surplus, abundance
  154e1

περιπίμπλαμαι 充满
  [拉] valde impleo
  [德] ganz füllen
  [英] to be filled full of
  156e5

περιπολέω 漫游
  [拉] circumeo
  [德] umherziehen
  [英] wander about
  176a8

περισκοπέω 环视
  [拉] circumspicio
  [德] sich umsehen
  [英] look round
  155e3

περισσός 超过一般的，不寻常的，奇数的
  [拉] eximius, excellens, impar
  [德] ungewöhnlich, außergewöhnlich, ungerade
  [英] out of the common, extraordinary,

strange, odd
185d2, 190b7, 198a8

περιστερά 鸽子
[拉] columba
[德] Taube
[英] dove
197c2, 198d1, 199b5

περιστερεών 鸽舍
[拉] columbarium
[德] Taubenschlag
[英] dovecote
197c3, 197d6, 198b6, 200c1

περιτρέχω 跑圈子
[拉] circumeo
[德] herumlaufen
[英] run round
160e7, 200c3, 202a5

περιτροπή 旋转，绕圈
[拉] circuitus, circuitio
[德] Umschwung
[英] a turning round, revolution, circuit
209e1

περιφορά 旋转，转圈
[拉] circuitus
[德] das Herumtragen, Umlauf, Umkreis
[英] carrying round, circular or rotatory motion
153d1

πέτομαι 飞
[拉] volo
[德] liegen
[英] fly
158b3, 173e5, 197d8

πηλός 泥，稀泥，泥沼
[拉] limus
[德] Kot, Schlamm
[英] mud, mire
147a2, 147a3, 147a4, 147a8, 147c5, 147c6

πιθανολογία 貌似有理的话，劝诱人的话
[拉] sermo plausibilis
[德] Überredungskunst
[英] use of probable arguments
162e8

πιθανός (adv. πιθανῶς) 有说服力的，使人信服的，可信的
[拉] persuasorius, probabilis, accommodatus
[德] überzeugend, überredend
[英] persuasive, plausible
178e4

πικρός 苦的
[拉] amarus
[德] bitter
[英] bitter
159e4, 160b2, 166e3

πικρότης 苦，苦涩
[拉] amarum
[德] Bitterkeit
[英] bitterness
159e3, 159e4

πίνω 喝，饮
[拉] bibo
[德] trinken
[英] drink
159c11

πίπτω 落，坠落

[拉] cado
[德] fallen
[英] fall, fall down
174a5, 180e6

πιστεύω 相信
[拉] credo, confido
[德] glauben
[英] trust, believe
144e3

πλάγιος 斜着的，歪的
[拉] obliquus
[德] schief
[英] oblique
194b5

πλάσμα 铸造或塑制的东西
[拉] figmentum
[德] das Erdichtete, Gebildete
[英] anything formed or moulded
197d5, 200c1

πλέθρον 10000平方希腊尺
[拉] jugerum
[德] Morgen
[英] 10000 square feet
174e2, 204d4, 204d5

πλέκω 编织，缠绕
[拉] necto, connecto, plecto
[德] flechten, knüpfen
[英] plait, twine
202b3

πλευρά 边
[拉] latus
[德] Seite
[英] side
148a3

πληγή 鞭打，打击
[拉] plaga
[德] Schlag
[英] blow, stroke
176d8

πλῆθος 大众，大群，数量
[拉] multitudo, copia
[德] Menge, Masse
[英] great number, multitude, the majority
147d7, 156a6, 156a8, 158d11, 171a1, 174e3, 184a6

πλήρης 充满……的，满是……的
[拉] plenus
[德] voll
[英] full of
209c1

πλησιάζω 靠近，结交
[拉] accedo, appropinquo
[德] sich nähern
[英] come near, approach, consort
143d8, 144a2, 156c9, 156d4

πλησίος 近的，邻近的
[拉] propinquus
[德] nahe
[英] near
174b1

πλήσσω 捶打
[拉] pulso
[德] schlagen
[英] strike
180a6

πλινθουργός 制砖师
[拉] laterarius

[德] Ziegelstreicher
[英] brickmaker
147a4

πλοῖον 船
[拉] navis
[德] Schiff
[英] ship
144b1

πλούσιος 富足的，丰富的
[拉] dives, opulentus
[德] reich
[英] wealthy, rich
174e6, 175a3

πλουτέω 富有，变得富有
[拉] dives sum
[德] reich sein
[英] to be rich, wealthy, becomes rich
208b11

πνεῦμα 风，气息
[拉] ventus, spiritus
[德] Wind, Hauch
[英] blast, wind, breath
152b5

πνέω 吹
[拉] spiro
[德] wehen
[英] blow
152b2

ποδιαῖος 一尺长
[拉] pedalis
[德] fußgroß
[英] a foot long
147d5

ποιέω 做，当作
[拉] facio, efficio
[德] machen, tun, annehmen
[英] make, do
143d4, 145c6, 146a7, 149a9, 149d2,
150e6, 151c8, 156a7, 157a3, 157a5,
157a6, 157b6, 157b8, 157c8, 159a11,
159c4, 159c9, 159d1, 159d5, 160a1,
160c4, 161b7, 164d2, 166d1, 166d7,
167a1, 167a7, 167c4, 167c6, 167d7,
167e4, 168a2, 168d1, 169d1, 169d6,
172d5, 172e2, 174b5, 179b8, 180b7,
182a6, 182a7, 182b1, 182b4, 184b3,
185e5, 191b7, 197c9, 197d2, 197d6,
197e1, 199c3, 199d6, 199d8, 200c4,
201a9, 201b5, 205c10, 205e4, 206d2,
206d7, 209b6, 209c8

ποίησις 诗，作品，制作，创作
[拉] poesis, poema
[德] Machen, Schöpfung, Dichtung
[英] creation, production, poem
152e4, 180c8

ποιητής 创造者，制造者，诗人
[拉] confictor, factor, auctor
[德] Schöpfer, Verfertiger, Dichter
[英] maker, poet
152e4, 173c4, 194e2

ποικίλος 多花色的，五彩斑斓的
[拉] varius
[德] bunt
[英] many-coloured
146d4

ποιμαίνω 放牧，牧养，照顾
[拉] pasco, curo
[德] hüten, hegen

[英] herd, tend
174d7

ποιμήν 牧羊人
[拉] pastor ovium
[德] Schäfer
[英] shepherd
174d5

ποιότης 性质
[拉] qualitas
[德] Beschaffenheit
[英] quality
182a8

πολεμέω 战斗，斗争
[拉] pugno
[德] bekriegen, kämpfen
[英] fight, do battle
180b2

πόλις 城邦，城市
[拉] civitas
[德] Staat
[英] city
142a4, 167c3, 167c4, 168b6, 172a2, 172a5, 172a7, 172b1, 173d2, 173d6, 173e3, 176d5, 177d1, 177d4, 179a7

πολίτης 公民，同邦人，同胞
[拉] civis
[德] Bürger
[英] citizen
143e5, 144b8

πολιτικός 城邦的，公共的，属于公民的
[拉] politicus
[德] politisch, öffentlich
[英] civil, public

172a1, 176c7

πολλάκις 经常，多次
[拉] saepe
[德] oft
[英] many times, often
148e1, 152a5, 158b8, 161d6, 172c3, 172e7, 175a4, 179a7, 187d1, 192e5, 192e6

πολλαχοῦ (πολλαχῇ) 在许多地方
[拉] in multis locis
[德] an vielen Orten
[英] in many places
158e1, 179c1

πολυάρατος 备受推崇的，被诅咒的
[拉] multis votis expetitus
[德] viel erfleht, sehr erwünscht, verwünscht
[英] much-wished-for, much-desired, cursed
165e1

πολυπραγμονέω 非常忙碌，爱管闲事
[拉] ardelionem ago
[德] vielerlei Ding treiben, vorwitzig sein
[英] to be busy about many things, meddle
184e4

πολύς (comp. πλείων, sup. πλεῖστος) 多，许多
[拉] multus
[德] viel
[英] many, much
142b9, 144a2, 144a7, 144b5, 144c7, 145b7, 146b5, 146d4, 148a2, 148d6,

150c4, 150d7, 150e1, 150e6, 151a2, 151a7, 151b5, 151c5, 152c9, 153b7, 154a7, 154c3, 154c8, 154e8, 156a2, 157b2, 157b9, 158a2, 159a10, 162e2, 163a9, 164e3, 165a6, 165d2, 166d5, 167b5, 167d1, 167e1, 168a7, 168c1, 168e4, 170e8, 171a2, 171d2, 171e2, 172c5, 173b1, 173b6, 174d6, 174e3, 175b5, 176a4, 176b4, 177b3, 177b8, 178a2, 179a1, 179d6, 180d1, 184a3, 184c2, 184d1, 186c4, 187d2, 187e2, 190e6, 192d2, 194c5, 195a8, 196b1, 196b2, 197a7, 199d3, 200c4, 202a4, 202d2, 203b5, 203c5, 205d7, 206b7, 208c7, 210b6, 210c4

πολυχρόνιος 长时间的，经久的
　　［拉］longum tempus durans, diuturnus
　　［德］lange Zeit dauernd, dauerhaft
　　［英］of long standing, lasting for long
　　194d2

πονηρία 邪恶
　　［拉］improbitas
　　［德］Schlechtigkeit, Bosheit
　　［英］wickedness, vice
　　176b4

πονηρός 邪恶的，坏的
　　［拉］malus, improbus
　　［德］schlecht, böse
　　［英］evil, wicked, malicious
　　150e4, 167b1, 167b7, 167c3, 167c6

πόρος 道路，方法，办法
　　［拉］via, exitus
　　［德］Ausweg, Weg
　　［英］pathway, way
　　191a5

πόρρω (πρόσω) 远远地，往前，向前
　　［拉］porro, procul
　　［德］ferner, vorwärts
　　［英］forwards, far off
　　151c8

πόσις 饮，饮酒
　　［拉］potio
　　［德］das Trinken
　　［英］drink
　　159e2

ποταμός 河，溪
　　［拉］flumen
　　［德］Fluß, Strom
　　［英］river, stream
　　200e7

πούς 脚
　　［拉］pes
　　［德］Fuß
　　［英］foot
　　174a8, 174c2, 175b6

πρᾶγμα 事情，重大的事情，麻烦事
　　［拉］res
　　［德］Sache
　　［英］thing
　　143c1, 168b1, 170e2, 174b5, 177e1, 186c4, 197e5

πραγματεία 勤奋，努力，事业
　　［拉］studium, officium
　　［德］Eifer, Geschäft
　　［英］diligence, business
　　161e6

πραγματεύομαι 从事
　　［拉］facio, laboror

[德] beschäftigen
[英] busy oneself, work at
187a5

πρᾶξις 行事，行为，实践，情况，事情的结局
[拉] actio, successus rerum
[德] Handlung, Lage, Ende der Geschichte
[英] doing, action, practice, result
155e5, 177a2

πρᾶος (adv. πράως) 温和的，心平气和的
[拉] mansuetus, placidus
[德] zahm, sanft
[英] mild, soft, gentle
144a4

πραότης 温和，柔和
[拉] mansuetudo
[德] Milde, Sanftmut
[英] mildness, gentleness
144b5

πράσσω (πράττω) 做
[拉] ago
[德] tun, handeln, machen
[英] do, act
173a5, 173d5, 174b2, 176d1

πρέπω 相适合，相配，合适
[拉] decet, convenio
[德] passen, ziemen
[英] fit, suit
146b4

πρέσβυς (πρεσβύτης) 老人
[拉] senex
[德] Alter
[英] old man

168b1, 171c10, 183d3, 183e7

πρίαμαι 买
[拉] emo
[德] kaufen
[英] buy
197b9

προαγωγία 拉皮条，作淫媒
[拉] lenocinium
[德] das Kuppeln, Kuppelei
[英] pandering, procuring, pimping
150a2

προαιρέω 有意选择，首先选择
[拉] praefero
[德] vorziehen, sich auswählen
[英] prefer, choose
147d5

προβαίνω 向前走，前进
[拉] progredior, procedo
[德] vorschreiten, vorrücken
[英] step forward, advance
187a3

πρόβλημα 难题
[拉] problema
[德] Problem
[英] problem
180c5, 180c7

προγιγνώσκω 预先认识，预先知道
[拉] ante cognosco, praenosco
[德] vorher erkennen, vorher wissen
[英] know, or understand beforehand
203d8

πρόγονος 祖先
[拉] progenitor
[德] Vorfahr

[英] forefather, ancestor
173d7, 175a2, 175a5

προδίδωμι 放弃
[拉] prodo
[德] preisgeben
[英] give up
203e8

προδοξάζω 预先判断，预先认为，预先相信
[拉] prius opinor
[德] vorher meinen oder urteilen
[英] deem, judge beforehand
178e5

πρόειμι 向前走，前进，开始
[拉] anteeo, procedo
[德] vorgehen, fortschreiten
[英] go forward, advance, begin
150d4, 180e5, 181b5, 187b7

προέρχομαι 前进，走在前面
[拉] progredior, procedo
[德] vorgehen, vorrücken
[英] go forward, advance
187b2

προθυμέομαι 一心要做，极其想做，热衷于
[拉] studeo
[德] bereit, geneigt sein, erstreben
[英] to be ready, willing, eager to do
145b2, 145d3, 146a6, 148d1, 151c2, 151d8, 174a7, 181b8, 183a3, 193c2

προθυμία 热心，好意，善意
[拉] studium
[德] Eifer, Bereitwilligkeit
[英] eagerness, goodwill

148d3, 204b4

πρόθυμος (adv. προθύμως)：热心的
[拉] promptus, studiosus
[德] eifrig, willig, bereitwillig
[英] zealous, eager
145b3, 187b8, 204b2

προκαλέω 挑战
[拉] provoco
[德] herausfordern
[英] challenge
183d8, 183d9

πρόκειμαι 置于……前面，躺在……前面，被摆出来
[拉] positus sum ante, praejaceo
[德] vorliegen, ausgesetzt sein
[英] to be set before, lie before, to be proposed
172d7, 206c2

προμήκης 长的，长方形的
[拉] praelongus, oblongus
[德] länglich
[英] prolonged, oblong
148a3, 148a4

προμνάομαι 做媒，提亲
[拉] nuptias alicui concilio
[德] für jem. werben
[英] woo, make match
150a5, 151b3

προμνηστικός 善于做媒的
[拉] artem conciliandi nuptias habens
[德] freiwerberisch
[英] fitted to woo for another
150a3

προμνήστρια 媒婆

[拉] nuptiarum conciliatrix
[德] Freiwerber, Ehestifterin
[英] matchmaker
149d6

προομολογέω 预先同意
[拉] prius seu ante confiteor
[德] vorher zugestehen
[英] grant or concede beforehand
159c14

προοράω 预见
[拉] prospicio
[德] vor sich sehen, vorausblicken
[英] foresee
166a5

προπέμπω 送上，伴随
[拉] praemitto, comitor
[德] vorausschicken, begleiten
[英] send forth, escort
142c3, 143b2

προπηλακίζω 抹黑，侮辱
[拉] contumeliose tracto
[德] beschimpfen, entehren
[英] treat with contumely
164e4

προσαγορεύω 称呼，打招呼
[拉] voco, saluto
[德] anreden, nennen, begrüßen
[英] address, greet
147e1, 152d4, 152d8, 182d5, 189b10, 204d2

προσανατρίβομαι 练习辩论，练习同……辩论
[拉] disputandi exercitatione uti cum aliquo
[德] sich im Disputieren üben
[英] exercise oneself with or against another
169c2

προσαρμόζω 使切合，使适应
[拉] adapto, accommodo
[德] anfügen, passen
[英] fit to, suit or agree with
193c3, 194a7

προσβάλλω 抛向，投奔，施加
[拉] adjicio, irruo, impingo
[德] dazuwerfen, berennen, zufügen
[英] strike, dash against, add
154a1, 193c6

προσβιβάζω 使走近……，使接近……，增加
[拉] admoveo, dajungo
[德] dazu hinführen
[英] cause to approach, bring near, add
153c9

προσβολή 接触，拥抱，走近
[拉] adjectus, admotio, contagio
[德] Umarmung, Angriff
[英] application, embrace, approach
153e6

προσγίγνομαι 加上，增加，产生，发生，
[拉] adsum, adnascor
[德] dazukommen, sich anschließen
[英] to be added, accrue, come to, happen to
206c4, 210b1

προσδιαλέγομαι 交谈
[拉] colloquor
[德] unterreden

[英] hold converse with
161b3, 167e7

προσδοκάω 指望，期待
[拉] expecto
[德] erwarten
[英] expect, wait for
170b1

προσδοξάζω 附加判断，增添意见
[拉] opinione aliquid addo
[德] hinzumeinen, hinzuvorstellen
[英] add to opinion
209d5

πρόσειμι 走向，走近；加上……
[拉] adeo
[德] hinzugehen
[英] come or go to, approach, to be added to
144c1, 150a9, 150b2, 163c6, 179d1

προσεῖπον 对……说，打招呼，称为
[拉] alloquor, appello
[德] ansprechen, nennen
[英] speak to, address
147e7, 148d7, 152d3, 182d4, 201e3

προσέοικα 相似，相像
[拉] similis sum
[德] ähnlich sein, gleichen
[英] to be like, resemble
143e8

προσέρχομαι 来，去，结交，拜访
[拉] adeo, incido
[德] hinzugehen, sich anschließen
[英] come or go to, visit
154b5, 159d8, 169b3

προσερωτάω 此外还问
[拉] insuoer interrogo
[德] weiterfragen
[英] question besides
165d3

προσέχω 带给，献上
[拉] applico
[德] herführen
[英] apply, bring
145a12, 165a6, 198b8

προσήγορος 谈得来的，熟识的
[拉] ut familiaris
[德] angeredet
[英] conversable
146a7

προσήκω 来到，抵达，关系到，适合于，属于
[拉] pertineo aliquo, attineo
[德] herzugekommen sein, in Verbindung stehen
[英] to have come, reach, belong to, be related to
150a5, 153e7, 174b4, 175c7, 196e6, 207e2

πρόσθεν 在……前，以前，从前
[拉] ante, olim, prius
[德] vorn, früher
[英] before, in front of
159a10, 166e2, 182b3, 187b1, 191e7, 193d8, 197d4, 199c1, 200e1, 205c4, 207b6

προσίστημι 对立，抗住，来到
[拉] sisto, adsum
[德] dagegenstellen, herantreten
[英] set against, occur, come on

173d5
προσλαμβάνω 此外还取得
  [拉] accipio praeterea
  [德] mitanfassen, dazunehmen
  [英] take or receive besides or in addition
  202c3, 207c1, 208e4, 209a2, 209d4, 209d9, 209e3, 209e6
πρόσληψις 增添，附加，获得
  [拉] acquisitio
  [德] Aufnahme
  [英] taking in addition, acquisition
  210a5
προσπαλαίω 和……角力，摔跤
  [拉] colluctor
  [德] mit jem. ringen
  [英] wrestle or struggle with
  162b7, 169b4
προσπίτνω 扑向，进攻
  [拉] accido
  [德] angreifen, überfallen
  [英] fall upon, attack
  154b2, 157a7
προσποιέω 假装，佯装
  [拉] affecto, simulo
  [德] vorgeben
  [英] pretend
  179e5
προσποίητος (adv. προσποιήτως) 假装的
  [拉] simulatus, fictus
  [德] erkünstelt, verstellt
  [英] assumed, pretended
  174d2
προσρητέον 必须说，必须赞同

  [拉] alloquendum, appellandum
  [德] zu nennen, zu begrüßen
  [英] one must call
  182e3
προστάσσω 命令，下令
  [拉] jubeo
  [德] befehlen
  [英] command, order
  149c3
προστίθημι 补充，加
  [拉] addo, adaugeo
  [德] dazugeben, hinzufügen
  [英] add, makeadditions
  147b1, 155a7, 202a1, 202a6
προσφέρω 送上，献上，走向，接近
  [拉] affero, offero, admoveo
  [德] hintragen, vorbringen, herankommen
  [英] bring to, present, approach
  151b8, 154c3, 202a2, 202a4, 202a5, 205c8
πρόσωθεν 从远处，遥远地，从很久以前
  [拉] elonginquo
  [德] von fern her, fern
  [英] from afar, distantly, from long ago
  191b4, 208e9
πρόσωπον 脸，面容
  [拉] vultus
  [德] Angesicht, Gesichtszüge
  [英] face, countenance
  144d9, 114e8
πρότερος (προτεραῖος) 更早的，在先的
  [拉] prior
  [德] früher, vorhergehend

[英] before, former, earlier
143a6, 154d2, 155b1, 155c2, 156c4, 159d6, 168a1, 168a6, 168b2, 169d4, 181a4, 187d8, 189b7, 190e3, 191c4, 193b3, 200c9, 208e5, 209c4

προτίθημι 提出，提供，设置
    [拉] propono, objicio
    [德] vorsetzen, voranstellen
    [英] set before, set out, propose
    169c6, 183d2, 196a1, 196c9

προὔργου 有益的
    [拉] utilis
    [德] dienlich
    [英] useful, serviceable
    197a5

πρόχειρος 准备好的，在手边的
    [拉] ad manum, promptus
    [德] zur hand, bereit
    [英] at hand, ready for
    147a2, 198d7, 200c2

πρωί 在早上，早
    [拉] mane
    [德] frühmorgens, früh
    [英] early in the day, early
    150e3

πρωτοτόκος 生下头胎的，头胎的
    [拉] quae primum peperit, primipara
    [德] zum erstenmal geboren habend, als erster geboren
    [英] bearing or having borne her first-born, first-born
    151c5, 161a3

πταίω 绊跤，跌倒，失误，犯错误
    [拉] titubo, pecco
    [德] verfehlen, anprallen
    [英] stumble, make a false step or mistake
    160d1

πτηνός 能够飞的
    [拉] volucer
    [德] geflügelt
    [英] able to fly
    158b3

πτωχός 乞丐，穷人
    [拉] inops
    [德] Arme
    [英] beggar
    175a3

πυνθάνομαι 询问，打听，听到，了解到
    [拉] interrogo, quaero, audio
    [德] fragen, sich erkundigen
    [英] inquire about, hear, learn
    143e3, 209e5

πῦρ 火
    [拉] ignis
    [德] Feuer
    [英] fire
    153a8, 153a10

πυρέσσω 发烧
    [拉] febricito
    [德] fiebern, das Fieber haben
    [英] to be feverish, fall ill of a fever
    178c6

πυρετός 发烧
    [拉] febris
    [德] Fieber
    [英] fever
    178c3

πώγων 胡子
　　［拉］barba
　　［德］Bart
　　［英］beard
　　168e4
ῥᾴδιος (adv. ῥᾳδίως) 容易的，漫不经心的
　　［拉］facilis, expeditus
　　［德］leicht, mühelos
　　［英］easy, ready
　　147c7, 149b5, 150b1, 153a4, 161a8, 169a6, 176b3, 177c4, 199e7, 206e4
ῥᾴθυμος 漫不经心的，漠不关心的
　　［拉］desidiosus, segnis
　　［德］bequem, sorglos
　　［英］light-hearted, careless
　　166a6
ῥεῦμα 河流，水流
　　［拉］fluentum, fluvius
　　［德］Strom
　　［英］river, stream
　　144b5, 160d8, 180d2
ῥέω 流逝，崩溃
　　［拉］fluo, decido
　　［德］fließen, sich stürzen
　　［英］flow, fall
　　144b5, 172e1, 181a4, 182c3, 182c10, 182d1, 182d7
ῥῆμα 言辞，说出的话语
　　［拉］verbum, dictum
　　［德］Wort, Ausspruch
　　［英］that which is said or spoken, word, saying, phrase
　　165a6, 166d8, 168c1, 183b4, 184c1, 190c8, 206d2
ῥημάτιον (ῥηματίσκιον) 巧言妙语
　　［拉］vocula, verbulum
　　［德］Wörtchen, Wörtlein, Sprüchlein
　　［英］pet phrase, phrasicle
　　180a4
ῥητέος 必须说
　　［拉］dicendus
　　［德］zu sagen, muß sagen
　　［英］one must say, mention
　　160b9, 172e4
ῥητορικός 修辞学的，演说的
　　［拉］rhetoricus
　　［德］die Redekunst betreffend, rednerisch
　　［英］oratorical, rhetoric
　　177b6
ῥητός 可说的
　　［拉］dictus
　　［德］erklärbar, sagbar
　　［英］speakable
　　202b7, 205d9, 205e7
ῥήτωρ 演说家
　　［拉］orator
　　［德］Redner
　　［英］public speaker, orator
　　167c3, 172c6, 201a8
ῥιγόω 发冷，受冻
　　［拉］rigeo, frigeo
　　［德］frieren, Frost empfinden
　　［英］to be cold, shiver
　　152b3, 152b7
ῥίς 鼻子
　　［拉］naris

［德］Nase
［英］nose
209b5, 209b10

ῥοή 流动，流水
［拉］fluentum, fluxus
［德］Strömung, Fluß
［英］flux, river
152e8, 182d2, 206d4

σαθρός 不健康的，不健全的，不坚实的，不稳固的
［拉］debilis, futilis
［德］krank, hinfällig, schwach
［英］unsound
179d4

σαφής（adv. σαφῶς）清楚的，明白的
［拉］manifestus, clarus, planus
［德］deutlich, klar, sichtbar
［英］clear, plain, distinct
158e2, 166e1, 169e4, 194d4, 198a4, 204b2

σειρά 绳，链
［拉］catena
［德］Seil, Kette
［英］cord, rope, chain
159c9

σεμνός 庄严的，神圣的
［拉］vererandus, sacer
［德］erhaben, heilig
［英］august, holy
150a3, 203e9

σεμνύνω 使宏伟庄严，夸大，美化
［拉］venerandum et augustum reddo, orno, honore et dignitate adficio
［德］ehrwürdig od. feierlich machen, verherrlichen
［英］exalt, magnify
175a6

σηκός 围栏
［拉］stabulum
［德］Hürde
［英］pen, fold
174e1

σημαίνω 表明，宣告，发信号
［拉］significo, impero
［德］bezeichnen, befehlen
［英］show by a sign, give a sign, point out
160c2, 201a5, 206c7

σημεῖον 迹象，信号，标记
［拉］signum
［德］Zeichen
［英］mark, sign
153a6, 191d7, 192b3, 192b4, 193c1, 193c2, 193c6, 194a2, 194a6, 194d1, 194d4, 208c7

σήπω 腐烂，败坏
［拉］putro
［德］verwesen, verfaulen
［英］rot, corrupt
153c7

σιγάω 保持沉默
［拉］taceo
［德］schweigen
［英］keep silence
146a5, 161e5

σιγή 安静，沉默
［拉］silentium, taciturnitas
［德］Stille

［英］silence
190a6

σιμός 扁鼻子的，塌鼻梁的，平的
　　［拉］simus
　　［德］stumpfnasig
　　［英］snub-nosed, flat-nosed
　　209c1

σιμότης 扁鼻子的形状，扁平
　　［拉］naris sima
　　［德］Stumpfnasigkeit
　　［英］the shape of a snub nose
　　143e8, 209c5

σκεπτέον 必须考虑，必须考察
　　［拉］considerandum est
　　［德］man muss betachten, überlegen
　　［英］one must reflect or consider
　　145a1, 145d7, 163a4, 179d2, 179d9,
　　181a4, 181b8, 188c9, 203e8, 204b5

σκέπτομαι 考虑，思考
　　［拉］considero
　　［德］nachdenken
　　［英］consider
　　147a1, 148e2, 151e5, 154e8, 157d2,
　　165a4, 168b4, 184a7, 185b10, 196a5

σκευάζω 准备，安排
　　［拉］instruo, apparo
　　［德］bereiten, ausrüsten
　　［英］prepare, make ready
　　178d9

σκεῦος 器具，器皿
　　［拉］apparatus, instrumentum
　　［德］Zeug, Gerät
　　［英］vessel, implement
　　146e2

σκέψις 考虑，思索，观察
　　［拉］consideatio, speculatio
　　［德］Überlegung, Prüfung
　　［英］consideration, speculation
　　175c2, 175c6, 181c1, 201a4

σκήπτω 支撑，依赖，借口
　　［拉］nitor, praetexo
　　［德］stützen, sich lehnen, vorschützen
　　［英］lean or depend upon, allege,
　　pretend
　　145c3

σκιαγράφημα 透视画，远景画
　　［拉］delineatio, adumbratio
　　［德］Gemälde mit Licht und Schatten,
　　perspektivisches Gemälde
　　［英］painting with the shadows
　　208e8

σκληρός 顽固的，硬的
　　［拉］durus
　　［德］hart, verstockt
　　［英］hard, stiff, unyielding
　　155e7, 156e7, 162b6, 181d1, 184e4,
　　186b2, 191c10, 194e3, 194e4, 194e7

σκληρότης 坚硬，硬（性）
　　［拉］durities
　　［德］Härte
　　［英］hardness
　　186b2

σκολιός 弯的，歪斜的
　　［拉］obliquus, tortus
　　［德］krumm, gebogen
　　［英］curved, crooked
　　173a5, 194b6

σκοπέω 考虑，注视，查明

[拉] speculor, considero
[德] überlegen, prüfen, sich umsehen
[英] behold, contemplate
143d6, 144c4, 145b7, 147e3, 151c3, 160e7, 162e7, 163a7, 163c6, 163d7, 166a7, 170c5, 182a3, 183e4, 184c5, 186a10, 187d6, 189b7, 189c3, 189e7, 190b4, 190e8, 191c3, 191e3, 196a2, 196b2, 198a2, 198c5, 198c7, 201a3, 206e5

σκοπός 瞭望者，观察者，目标
[拉] speculator, meta
[德] Wächter, Aufseher, Ziel
[英] one who watches, watcher, mark
179c7, 194a3

σκοτοδινιάω 发晕，晕眩
[拉] vertiginem sentio
[德] schwindeln
[英] suffer from dizziness or vertigo
155c10

σκοτόω 使变黑暗，使变瞎
[拉] tenebra
[德] verdunkeln, verfinstern
[英] darken, blind
209e4

σκυτάλη 棍，棒
[拉] scytale
[德] Stab, keule
[英] staff, cudgel, club
209d10

σκυτικός 制鞋的，制革的
[拉] corio factus, coriarius
[德] zur Schustereigehörig
[英] skilled in shoemaking

146d7, 147b7

σκυτοτομικός 鞋匠的，皮匠的
[拉] ad artem sutoriam pertinens
[德] zum Schuhmacher oder Riemer gehörig
[英] of or for a shoemaker
146d1

σκυτοτόμος 鞋匠，皮匠
[拉] sutor
[德] Schuhmacher
[英] shoemaker, cobbler
180d4

σκῶμμα 玩笑，嘲讽
[拉] jocus, cavillum
[德] Scherz, Spott, Witz
[英] jest, gibe, joke
174a8, 177d6

σοφία 智慧
[拉] sapientia
[德] Weisheit
[英] wisdom
145b2, 145d11, 145e3, 145e6, 150c4, 161c8, 161e3, 162c4, 165e2, 166d5, 170b6, 170b8, 172b7, 176c6, 180d5, 201a7

σοφιστής 智者
[拉] sophistes, sophista
[德] Sophist
[英] sophist
167a6, 167c7

σοφιστικός (adv. σοφιστικῶς) 智者派的
[拉] sophisticus
[德] sophistisch
[英] sophistical

154e1
σοφός 智慧的
　　[拉] sapiens
　　[德] weise, klug
　　[英] wise
　　145d8, 145d11, 145e4, 146c2, 150c6,
　　150d1, 151b6, 152b1, 152e2, 154d8,
　　157b4, 159d1, 160d9, 161b4, 161d8,
　　162c2, 166d5, 166d6, 166e4, 167a2,
　　167b5, 167c2, 167c6, 167c8, 167d2,
　　169d8, 170a8, 171c10, 171d6,
　　172a4, 173b3, 176c4, 179b1, 180d3,
　　194d6, 202d2
σπέρμα 种子
　　[拉] semen
　　[德] Same
　　[英] seed
　　149e4
σπουδάζω 认真做，热衷于
　　[拉] serio contendo
　　[德] ernsthaft sein
　　[英] to be serious
　　167e6, 168d3, 168e1
σπουδή 急忙，热切
　　[拉] festinatio, studium
　　[德] Eile, Eifer
　　[英] haste, zeal
　　173d4, 190c2
στάδιον 600 希腊尺
　　[拉] stadium
　　[德] Stadion
　　[英] stade
　　204d7
στάσιμος 停住的，静止的，稳定的

　　[拉] sedans, stabilis, firmus, quietus
　　[德] stehend, ruhig, fest
　　[英] stopping, stable, steadfast
　　180b2
στασιώτης 党派成员，党羽
　　[拉] qui factionis alicujus est
　　[德] Parteigenosse
　　[英] members of a party, partisans
　　181a7
στενοχωρία 地方狭窄，局促
　　[拉] angustumspatium, augustuslocus
　　[德] Enge, Engpaß
　　[英] narrowness of space, a confined space
　　195a3
στερεός 坚固的，硬的，固定的
　　[拉] solidus, durus
　　[德] hart, fest
　　[英] firm, solid
　　148b2
στερέω (στέρομαι) 剥夺，夺走
　　[拉] orbo
　　[德] berauben
　　[英] deprive, bereave, rob
　　196e7
στέριφος 坚固的，坚强的；不孕的，不能生育的
　　[拉] solidus, firmus, sterilis
　　[德] starr, fest, unfruchtbar
　　[英] firm, solid, barren, unfruitful
　　149b10
στοά 门廊
　　[拉] porticus
　　[德] Halle

[英] Cloister, roofed colonnade
210d2

στοιχεῖον 元素，要素，字母
[拉] elementum
[德] Element
[英] element
201e1, 202b6, 202e1, 202e6, 203a3, 203b2, 203b5, 203c1, 203c5, 203d8, 203e3, 203e5, 204a2, 205b1, 205b2, 205b6, 205b10, 205b12, 205d7, 205d9, 205e3, 205e7, 206a5, 206b2, 206b5, 206b7, 206b10, 206e7, 207b5, 207c3, 207c6, 208a9, 208b5, 208c6

στόμα 嘴
[拉] os
[德] Mund
[英] mouth
142d6, 206d4, 209b5

στοχάζομαι 瞄准，以……为目标
[拉] collimo ad scopum, propositum mihi specto
[德] ziehen, schießen
[英] aim, aim at
177e4

στρατεία 出征，远征
[拉] expeditio militaris
[德] Feldzug
[英] expedition
170a10

στράτευμα 军队，兵力
[拉] exercitus
[德] Heer
[英] army
142b3

στρατηγός 将军，统帅
[拉] dux
[德] Heerführer, Feldherr
[英] leader or commander of an army, general
153a2

στρατόπεδον 营地，军营
[拉] castra
[德] Lager
[英] camp, encampment
142a7, 153a1, 204d9

στρέφω 旋转，翻滚
[拉] verto, volvo
[德] drehen, wenden
[英] turn about, turn round
181c7, 194b3

στρωματόδεσμον 皮袋，行李袋
[拉] saccus
[德] Sack
[英] a leathern or linen sack
175e4

συβώτης 养猪的人，猪倌
[拉] subulcus
[德] Schweinehirt
[英] swineherd
174d4

συγγενής 同类的，同种的
[拉] cognatus
[德] verwandt, mitgeboren
[英] akin to, of like kind
156c3, 167b2

συγγεννάω 一起产生
[拉] congenero

［德］miterzeugen
［英］create together with
156e4

συγγίγνομαι 和某人在一起，和某人交往，和某人交谈，帮助某人
　　［拉］simul sum, auxilior
　　［德］zusammenkommen, mit jemandem zusammensein, helfen
　　［英］keep company with, hold converse with, come to assist
　　142c7, 143d8, 150d2, 151a6, 151b4, 174b8, 180b5, 182b5

συγγνώμη 同情，体谅
　　［拉］venia
　　［德］Verzeihung
　　［英］fellow-feeling
　　197a7

σύγγραμμα 文章，书籍
　　［拉］scriptum
　　［德］Schrift
　　［英］writing, book, work
　　166c8, 179e6

συγκαθέζομαι 一起坐下来
　　［拉］una sedeo
　　［德］zusammensitzen
　　［英］sit down together
　　162d6

συγκαθίημι 蹲下，俯伏
　　［拉］submitto me
　　［德］sich herablassen
　　［英］settle down, condescend
　　168b3, 174a2

σύγκειμαι 躺在一起，被组合起来
　　［拉］simul positus sum, consto, compositus sum
　　［德］zusammen liegen, zusammengesetzt sein
　　［英］lie together, to compounded
　　201e2, 202b3, 205c6

συγκλάω 打碎，折断
　　［拉］confringo
　　［德］zusammenbrechen, zerknicken
　　［英］break, break off
　　173b1

συγκομιδή 收集，收获
　　［拉］collectio
　　［德］das Zusammentragen, Einsammlung
　　［英］ingathering, harvest
　　149e2, 149e7

συγκόπτω 打碎，揍
　　［拉］concido, contundo
　　［德］zusammenschlagen, zerschlagen
　　［英］chop up, thrash
　　169b8

συγχέω 倾倒在一起，使混乱，使模糊
　　［拉］confundo, permisceo
　　［德］zusammengießen, vermischen
　　［英］pour together, confuse, blur
　　195a1

συγχωρέω 让步，同意
　　［拉］concedo, indulgeo
　　［德］nachgeben, zulassen
　　［英］concede, give up
　　151d2, 157b4, 166b2, 169d6, 169e1, 171a8, 171b1, 171b4, 171b11, 171c1, 171e4, 176d2, 183b8, 183c2, 189a9, 191c1, 205b12

συλλαβή 音节
  [拉] syllaba
  [德] Silbe
  [英] syllable
  202b7, 202e1, 202e6, 203a3, 203a7,
  203a10, 203c2, 203c4, 203c9, 203d9,
  203e3, 204a2, 205b1, 205b8, 205b9,
  205c2, 205d4, 205d7, 205d8, 205e2,
  205e6, 206b6, 206b8, 206b9, 207a10,
  207c8, 207d10, 207e3, 208a3, 208a6

συλλαμβάνω 使闭上，使合上，集合
  [拉] compono
  [德] zusammendrücken
  [英] put together, close
  147d8

συλλογισμός 计算，推论，推断
  [拉] computatio, ratiocinatio
  [德] Berechnung, Schluß
  [英] calculation, inference
  186d3

συμβαίνω 有结果，发生
  [拉] succedo
  [德] sich ereignen, geschehen
  [英] result, follow, happen
  154d4, 156e6, 159a6, 164b4, 164b8,
  165c10, 168a8, 170c4, 175b2, 177b1,
  183a2, 193d2, 199a8, 199c7

συμβάλλω 造成，促成，扔到一起
  [拉] suadeo, conjicio
  [德] beitragen, zusammenwerfen
  [英] contribute, throw together
  186b8

συμβουλεύω 劝说，劝告，建议
  [拉] consilium do, consulo
  [德] raten, sich beraten
  [英] advise, counsel
  142c2

σύμβουλος 顾问，参谋
  [拉] consultor
  [德] Ratgeber
  [英] adviser, counsellor
  172a7

συμμετέχω 一起分享，参与
  [拉] una particeps sum
  [德] zugleich teilhaben
  [英] partake of with, take part in with
  181c5

σύμμετρος 可以用同一标准衡量的
  [拉] commensuratus
  [德] kommensurabel
  [英] commensurable
  147d5, 148b1, 156d3

συμμίγνυμι 混合
  [拉] misceo
  [德] vermischen
  [英] mix together, commingle
  159a13, 194e5

σύμπας 全部，总共，整个
  [拉] omnis, totus, cunctus
  [德] all, insgesamt
  [英] all together, the whole, sum
  152d5, 161e6, 186e2

συμπίτνω 塌陷，收缩
  [拉] collabor
  [德] verfallen
  [英] fall in
  160d6, 195a2

συμπλέκω 缠在一起，交织在一起

[拉] connecto, copuluo
[德] zusammenflechten, verbinden
[英] twine or plait together
202b4

συμπλοκή 交织，缠绕
[拉] connexio
[德] Verflechtung
[英] intertwining
202b5

συμποδίζω 捆住手脚
[拉] vincio, ligo
[德] die Füße zusammenbinden
[英] tie the feet together, bind hand and foot
165e2

συμπροσμείγνυμι 交往，同……在一起
[拉] colloquor
[德] verkehren, verbinden
[英] get together with, have communion with
183e7

συμφέρω 收集，聚集
[拉] confero, congero
[德] zusammentragen, sammeln
[英] bring together, gather, collect
152e3, 172a5, 172a6, 172b1, 172b2

σύμφημι 同意，赞成
[拉] concedo, approbo
[德] beistimmen, bejahen
[英] assent, approve
143c3, 199c2

σύμφυτος 一同生长的，与生俱来的，长在一起的
[拉] congenitus, innatus
[德] zusammengewachsen, angeboren
[英] grown together, congenital, innate
156d5

συμφωνέω 发出同样的声音，相一致
[拉] consono, convenio
[德] zusammenklingen, übereinstimmen
[英] sound together, harmonize with, make an agreement
154e5

συνάγω 领到一起
[拉] confero
[德] zusammenführen
[英] bring together
194b4

συναγωγή 集合，结合
[拉] conjunctio
[德] Zusammenführung
[英] a bringing together, collecting
150a2

συναρμόζω 使结合，使连上，拼合
[拉] coagmento, concinno
[德] zusammenfügen
[英] fit together, put together
204a2

σύναψις 联合，连接
[拉] conjunctio, connexio
[德] Verbindung, Verknüpfung
[英] contact, union
195d1

συνδέω 捆绑
[拉] obligo
[德] verbinden, fesseln
[英] bind, tie together

160b7, 160b8, 165e3
συνδοκιμάζω 一同检查
[拉] simul exploro seu probo
[德] mitprüfen
[英] examine along with or together
197b6
συνέδριον 议事会，会堂
[拉] concilium, curia
[德] Sitzung, Sitzungssaal
[英] council, place of meeting
173d2
συνεθίζω 使习惯于……
[拉] assuesco
[德] gewohnen
[英] accustom
146b4
σύνειμι 在一起，共处，结交
[拉] una sum, consuetudinem habeo
[德] mit leben
[英] to be with, live with
149d7, 151a4, 168a8, 177a7, 179a1, 210c3
συνεκπίπτω 一起被赶出来，一起发生，一致同意
[拉] simul decido, simul ejicior, accido
[德] herausfallen, übereinstimmen
[英] fall out or be ejected together, come out in agreement
156b2
συνέλκω 一起拉，帮助拖
[拉] una traho
[德] zusammenziehen, mitfortschleppen
[英] draw together, help to pull

181a5
συνεξάγω 一同带领，帮助带出去
[拉] simul educo
[德] zugleich herausführen
[英] lead out together, assist in bringing
157d2
συνεξερευνάω (συνεξερευνάομαι) 一起寻找，一起检查
[拉] una exploro
[德] mitausforschen, mitaufspüren
[英] examine thoroughly with
155e1
συνέρχομαι 来到一起，相会
[拉] convernio, concurro
[德] zusammengehen, zusammenkommen
[英] come together, go together
154e1, 157a5, 157a6, 160a2
συνήθεια 习惯，习俗
[拉] consuetudo
[德] Gewohnheit
[英] habit, custom
157b2, 168b7
συνθήκη 协议，条约
[拉] pactum
[德] Vertrag
[英] convention, compact
183c7
συνίημι 理解，明白
[拉] intelligo, sentio
[德] verstehen, einshen
[英] understand, perceive
147a7, 147b2, 147b4, 147b7, 184a2,

196e4, 196e6, 208e8

συννοέω 理解，明白
　　[拉] intelligo
　　[德] verstehen
　　[英] comprehend, understand
　　164a4

σύνοδος 结合，会合
　　[拉] congressio
　　[德] Vereinigung, Zusammentreffen
　　[英] coming together
　　173d4

σύνοιδα 一起看清楚，了解，意识到
　　[拉] conscius
　　[德] zugleich wissen
　　[英] know well
　　206a2

συνοίομαι 有相同的意见，同意
　　[拉] idem puto, adsentior
　　[德] derselben Meinung sein
　　[英] hold the same opinion, assent
　　171a2

συνουσία 就教，交往
　　[拉] conversatio, colloquium
　　[德] das Zusammensein, Umgang, Verkehr zwischen Lehrer und Schüler
　　[英] being with or together, intercourse with a teacher
　　150d4, 150e5, 151a3, 168a2

συνόχωκα 连在一起了
　　[拉] coarctatus sum
　　[德] zusammengehalten sein
　　[英] held together
　　165b8

συντείνω 奋起，努力，激励，绷紧
　　[拉] contendo, intendo, concito, studiose laboro
　　[德] anspannen, anstrengen, zusammennehmen
　　[英] exert oneself, strive, strain
　　184d4

συντίθημι 编造，同意，合并
　　[拉] compono, convenio, conjungo
　　[德] aussinnen, entwerfen, verfassen, beistimmen, verbinden
　　[英] compose, frame, agree, put together
　　203c6

συρίζω 发口哨声，发嘘声，发嘶嘶声
　　[拉] sibilo
　　[德] zischen
　　[英] make any whistling or hissing sound, hiss
　　203b4

συρφετός 垃圾，乌合之众
　　[拉] sordes, turba vilis
　　[德] Abfall, Gesindel
　　[英] litter, mixed crowd, mob
　　152c5

συσκευάζω 帮助安排，帮助收拾行李
　　[拉] in fasciculum colligo
　　[德] zusammenpacken
　　[英] make ready by putting together, pack up
　　175e4

συχνός 多，许多，长的
　　[拉] multus
　　[德] viel, lang
　　[英] many, long

185e5
σφαιρίζω 打球，玩球
　　[拉] pila ludo
　　[德] Ball spielen
　　[英] play at ball
　146a3
σφάλλω 绊倒，使受挫折，犯错误
　　[拉] cadere facio, erro, pecco
　　[德] Fallen bringen, sich irren, fehlen
　　[英] make to fall, overthrow, err
　165b1, 166a8, 167e5, 196b2
σφάλμα 绊倒，失足，失败，失误，过失
　　[拉] lapsus, peccatum, error
　　[德] Unfall, Fehltritt, Irrtum
　　[英] trip, stumble, fall, failure
　168a1
σφόδρα 极其，非常
　　[拉] admodum
　　[德] sehr, gewaltig
　　[英] very much, exceedingly
　143e6, 152b3, 161a3, 165d5, 168d7, 178e7, 194e3, 195b3, 197a3
σφραγίς 烙印，标记，印记
　　[拉] sigillum, signum
　　[德] Siegel, Petschaft
　　[英] seal, signet, mark, brand
　192a6
σχεδόν 几乎，将近，大致
　　[拉] paene, prope
　　[德] nahe, fast, ungefähr
　　[英] near, approximately, more or less
　143a4
σχῆμα 形状，形态
　　[拉] figura, forma
　　[德] Gestalt, Form
　　[英] form, shape, figure
　147e6, 148a4, 163b10
σχολαῖος 悠闲的，从容不迫的，慢腾腾的
　　[拉] otiosus, tardus
　　[德] müßig, langsam
　　[英] leisurely, tardy
　206d8
σχολή (adv. σχολῇ) 闲暇
　　[拉] otium
　　[德] Muße, freie Zeit
　　[英] leisure
　143a2, 154e8, 172c2, 172d4, 172d5, 175e1, 180b6, 187d11
σώζω 保全，拯救
　　[拉] conservo
　　[德] retten, schützen, behalten
　　[英] save, keep
　153b7, 153b10, 153c8, 153d2, 163d3, 164a1, 167d3, 176d5
σῶμα 身体，肉体
　　[拉] corpus
　　[德] Leib, Körper
　　[英] body, corpse
　145a10, 150b9, 153b5, 153c4, 173e2, 184e2, 184e5, 185d3, 185e7, 186c1
σωτήρ 救星，救主
　　[拉] servator
　　[德] Retter
　　[英] saviour
　170a11
σώφρων 节制的，清醒的

[拉] temperans, moderatus
[德] besonnent
[英] temperate, self-controlled
210c3

τάξις 位置，岗位，布置，安排
[拉] ordo, officium
[德] Ordnung, Platz
[英] arrangement, post
153e2

ταπεινόω 看低，轻视
[拉] humilem reddo, deprimo
[德] herabsetzen, erniedrigen
[英] make lowly, humble
191a4

ταράσσω 扰乱，心神迷乱
[拉] perturbo
[德] aufrühren, verwirren
[英] stir, upset
206a7

ταραχή 混乱，动乱
[拉] turba, confusio
[德] Verwirrung, Störung
[英] disorder, confusion
168a3

τάσσω (τάττω) 安排，布置
[拉] ordino, statuo
[德] ordnen, stellen
[英] array, post, station
165c6

ταὐτός 同一的，
[拉] idem
[德] identisch, gleich
[英] identical
145e6, 152c1, 154a8, 158e9, 159a1,
159a7, 159a14, 160a2, 160d6, 163a8,
164a6, 164b9, 164d1, 164d10, 165c4,
165d7, 168b6, 174a8, 178a6, 179d1,
185a12, 185c10, 186a5, 186d7,
186e10, 192c1, 192d4, 193b7, 193d1,
197b8, 198d6, 200c3, 201c4, 201d5,
204a11, 204d1, 204d5, 205a4, 205b2,
205d4, 205d10

τάχος 快速，迅速，速度
[拉] celeritas, velocitas
[德] Schnelligkeit, Eile
[英] swiftness, speed, quickness
156c8

ταχύς (adv. τάχα, comp. θάσσων) 快的，迅速的
[拉] citus, celer, velox
[德] schnell, bald
[英] quick, hasty
148c3, 156d2, 162d2, 165a1, 169e2,
176b1, 179c6, 189d1, 194d5, 195a1,
195a6, 200e8, 203e6, 206d7

τείνω 对准，针对，涉及，关系到
[拉] tendo, referor
[德] zielen, richten
[英] tend, refer, concern
163a9, 169b1, 186c2

τεῖχος 墙
[拉] murus
[德] Mauer
[英] wall
174e2

τεκμαίρομαι 推断，推测，断定
[拉] argumentor, conjecto
[德] festsetzen, vermuten

[英] judge, conjecture

206b6

τεκμήριον 证明，证据

[拉] argumentum

[德] Beweis

[英] proof

158b9, 158c3, 185b9

τεκτονικός 木匠的

[拉] ad fabrum pertinens

[德] zur Tischlerei

[英] of or for a carpenter

146e1

τελέθω 出现，成为，是

[拉] fio, sum

[德] hervorkommen, werden, sein

[英] come into being, to be

180e1

τέλειος (adv. τελέως) 完美的

[拉] perfectus

[德] vollkommen

[英] perfect

182c8, 198b9, 202c4, 206a10, 206b9, 206c4

τελευτάω 死亡，完成，结束

[拉] morior, occumbo, finio

[德] sterben, vollenden, zu Ende bringen

[英] die, finish, accomplish

142a8, 150e7, 168e7, 173b2, 177a4, 177b5

τέλος 完成，实现，终点

[拉] finis, terminus

[德] Vollendung, Ende

[英] achievement, end

183c7

τέρας 异象，怪异

[拉] portentum, prodigium

[德] Vorzeichen, Wunder

[英] sign, wonder, marvel, portent

163d6, 164b5, 188c4

τετραγωνίζω 使成为正方形

[拉] quadro

[德] aufs Quadrat bringen

[英] make square

148a7

τετράγωνος 有四角的，方形的，正方形的

[拉] tetragonus

[德] viereckig

[英] with four angles, square

147e6, 147e7

τέχνη 技艺

[拉] ars

[德] Kunst, Kunstfertigkeit

[英] art, skill

146d1, 147b8, 147b11, 149a4, 149a7, 149c2, 149e2, 150b6, 150c1, 151b1, 161e5, 176c7, 184b1, 198a5, 198a10, 201a4, 201a8, 210b8, 210c4

τεχνικός 有技艺的，合适的

[拉] artificialis

[德] kunstvoll, vernünftig

[英] skilful, artful, cunning

207c2

τηλικοῦτος(τηλικόσδε) 如此年纪的，如此重大的

[拉] tantus, tantae aetatis

[德] in solchem Alter, so groß

［英］of such an age, so great, so large 144b6, 155b6, 163a1, 177c4

τηρέω 注意，看护，警惕
　　［拉］observo, tueor, custodio
　　［德］bewachen, beobachten
　　［英］watch over, take care of, guard 169c8

τίθημι 提出，设定
　　［拉］pono, duco
　　［德］setzen, stellen
　　［英］give, put, set up
　　153e5, 157c1, 158a6, 165b7, 165d7, 169e3, 172a3, 172a6, 172b1, 177d1, 177d2, 177d4, 177e6, 178a9, 179d1, 183b2, 184e6, 186a2, 189d8, 190a4, 191b10, 191c8, 191d2, 195c2, 198c4, 199e2, 199e3, 202c7, 203e3, 205b6, 207e2, 208c2, 209b3

τίκτω 生育
　　［拉］pario
　　［德］gebären
　　［英］bring forth
　　149b6, 149b7, 149d2, 149d8, 150b1, 150b8, 150d8, 151a6, 210b5

τιμάω 尊重，敬重，看重；提出应受的惩罚
　　［拉］honoro, decoro, dignum judico
　　［德］ehren, achten, schätzen, auf eine Strafe antragen
　　［英］worship, esteem, honour, estimate the amount of punishment
　　149c3, 180d7

τίνω 赔偿，还债
　　［拉］pendo

　　［德］büßen
　　［英］pay
　　177a2

τόκος 生产，分娩
　　［拉］partus
　　［德］Geburt
　　［英］childbirth, parturition
　　160e6

τολμάω 敢，敢于，大胆
　　［拉］audeo
　　［德］wagen
　　［英］dare
　　172a8, 177d3, 190b6, 190c1, 196d2, 197a4, 197a6

τοξότης 弓箭手，射手
　　［拉］sagittarius
　　［德］Schütze
　　［英］bowman, archer
　　194a3

τοπάζω 猜想，揣测
　　［拉］suspicor
　　［德］vermuten
　　［英］guess
　　151b4, 155d1

τόπος 地方，地区
　　［拉］locus
　　［德］Ort, Platz
　　［英］place, region
　　176a8, 177a5

τορός (adv. τορῶς) 清楚的，敏捷的，机灵的，伶俐的
　　［拉］acer, clarus, acutus
　　［德］deutlich, schnell, stark
　　［英］clear, sharp, ready, smart

175e6
τοσοῦτος 这样大的
　　［拉］tantus
　　［德］so groß
　　［英］so great, so large
　　150a8, 153a1, 176d6, 181b5, 186d7,
　　187a3, 210c4
τραγῳδία 悲剧
　　［拉］tragoedia
　　［德］Tragödie
　　［英］tragedy
　　152e5
τραῦμα 伤，创伤
　　［拉］vulnus
　　［德］Wunde
　　［英］wound, hurt
　　142b2
τραχύς 粗糙的
　　［拉］asper
　　［德］rauh
　　［英］rough
　　194e5
τρέπω 转向，走向
　　［拉］converto, verso
　　［德］sich wenden, sich drehen
　　［英］turn one's steps, turn in a certain direction
　　173a8, 173b5
τρέφω 长大，抚养
　　［拉］nutrio, educo
　　［德］erziehen, nähren
　　［英］bring up, rear
　　150e5, 161a2, 172d1, 172d2, 175d6,
　　175e1, 197c4

τρίπους 三尺长的
　　［拉］tripedalis
　　［德］dreifüßig
　　［英］three-footed
　　147d4
τρῖψις 摩擦
　　［拉］frictio
　　［德］Reibung
　　［英］rubbing, friction
　　153a9, 156a8
τρόπος 方式，生活方式，性情，风格
　　［拉］modus
　　［德］Weise
　　［英］way, manner
　　143c6, 145c2, 148d1, 150c1, 151d8,
　　152a1, 156e8, 162c8, 168e7, 175c7,
　　175d7, 187d4, 187d8, 191e4, 196e8,
　　197c4, 197c7
τροφή 食物，抚养，生活方式
　　［拉］esca, alimentum
　　［德］Nahrung, Erziehung
　　［英］nourishment, food, nurture, rearing
　　160e8, 210b9
τροχός 轮子
　　［拉］rota
　　［德］Rad
　　［英］wheel
　　207a6
τυγχάνω 恰好，碰巧
　　［拉］invenio, incido
　　［德］sich treffen, sich zufällig ereignen
　　［英］happen to be
　　145e9, 148d2, 151e6, 160e6, 161d1,

165c8, 168c1, 172d9, 177b8, 178a2,
178a7, 179c5, 180c2, 180d2, 186c7,
197d8, 198c5

τύπος 印迹，形象，形态
　　［拉］forma, simulacrum
　　［德］Gepräge, Form
　　［英］impression, form, shape
　　171e3, 192a4, 194b5

τύραννος 僭主
　　［拉］tyrannus
　　［德］Tyrannen
　　［英］tyrant
　　174d3

τυφλός 盲的，瞎的
　　［拉］caecus
　　［德］blind
　　［英］blind
　　209e2

τυφλότης 瞎，盲
　　［拉］caecitas
　　［德］Blindheit
　　［英］blindness
　　199d7

τύχη 命运，运气
　　［拉］fortuna, sors
　　［德］Geschick, Zufall
　　［英］fate, chance
　　175b2

ὑγιαίνω 健康
　　［拉］valeo
　　［德］gesund sein
　　［英］to be sound, healthy
　　159b3, 159b7, 159c5, 159c11, 159d5,
　　166e3, 167a2, 190c1

ὑγιεινός 健康的
　　［拉］saluber
　　［德］gesund
　　［英］healthy, sound
　　167c1, 171e4, 171e7

ὑγιής (adv. ὑγιῶς) 健康的，强健的
　　［拉］saluber, sanus
　　［德］gesund
　　［英］healthy, sound
　　173b1, 179d3, 194b2

ὑγρός 湿的，柔软的
　　［拉］humidus, mollis
　　［德］feucht, weichlich
　　［英］wet, soft
　　147c5, 162b7, 191d1, 194e3, 195a1

ὕδωρ 水
　　［拉］aqua
　　［德］Wasser
　　［英］water
　　172e1, 201b2, 206d3

ὑηνέω 像猪一样行动，愚蠢得像一头猪
　　［拉］sum insulsus in modum porci
　　［德］schweinisch sein od. handeln
　　［英］to be as stupid as a hog, play the hog
　　166c7

ὕθλος 废话，胡话，闲扯
　　［拉］nuga
　　［德］Geschwätz
　　［英］idle talk, nonsense
　　176b7

υἱός 儿子
　　［拉］filius
　　［德］Sohn

[英] son
149a1, 151c1

ὑμνέω 歌颂，赞美
[拉] laudo
[德] besingen
[英] sing, chant
174e5, 176a1

ὑπακούω 听，倾听，应声，听从
[拉] ausculto, admitto, obedio
[德] anhören, aufmachen
[英] hearken, answer, obey
162a8, 162d4

ὕπαρ 醒时看见的真实的景象
[拉] visio vera
[德] wirkliche Erscheinung
[英] real appearance seen in a state of waking, waking vision
158b6, 158c1, 158d1

ὑπάρχω 开始，属于，存在
[拉] initium do, adsum
[德] anfangen, beginnen, zuteil werden, vorhanden sein
[英] begin, belong to, exist
150b7, 150c3

ὑπεναντίος 相反的，敌对的
[拉] contrarius, adversarius
[德] entgegenstehend, widersprechend
[英] opposed, opposite, contrary
176a6

ὑπένερθε 在地下，在下界
[拉] infra, subtus
[德] in der Unterwelt
[英] underneath, in the nether world
173e5

ὑπεξαιρέω 偷偷地移走
[拉] clam aufero
[德] heimlich wegnehmen
[英] take away secretly
151c4

ὑπέξειμι (ὑπεξέρχομαι) 偷偷地走开，退却
[拉] decedo, subterfugio
[德] allmählich vergehen
[英] withdraw gradually, disappear
182d7

ὑπερβάλλω 超过
[拉] supero, excello
[德] übertreffen
[英] excel, surpass
180a2, 192c4

ὑπέρευ 非常好，极好
[拉] optime
[德] ganz vortrefflich
[英] exceedingly well, excellently
185d5

ὑπερήφανος 辉煌的，高傲的，傲慢的
[拉] superbus
[德] hochmütig, übermütig
[英] overweening, arrogant, magnificent, splendid
175b5

ὕπερος 杵
[拉] pistillum
[德] Mörserkeule
[英] pestle
209d10

ὑπερτερία 上面的部分，车身，车厢
[拉] storea superior

［德］Obergestell
［英］the upper part or body of a carriage
207a6

ὑπερφυής (adv. ὑπερφυῶς) 非常的，奇异的
　　［拉］vehemens, admirandus
　　［德］übermäßig, außerordentlich
　　［英］monstrous, extraordinary
155c8, 194d8, 195b8

ὑπέρχομαι 讨好，乞怜
　　［拉］submitto
　　［德］kriechen
　　［英］fawn, ingratiate
173a3

ὑπέχω 放在下面，忍受，遭受
　　［拉］suppono, sustineo, subeo
　　［德］unterlegen, erleiden, ertragen
　　［英］hold under, undergo, suffer
191d6

ὑπηρέτης 仆人
　　［拉］minister, famulus
　　［德］Diener
　　［英］servant
173c2

ὑπισχνέομαι 许诺
　　［拉］polliceor
　　［德］versprechen
　　［英］promise
178e7

ὕπνος 睡眠
　　［拉］somnus
　　［德］Schlaf
　　［英］sleep, slumber
158b4, 158c5, 190b6

ὑπογραφή 控诉状，起诉书
　　［拉］descriptio
　　［德］Klageschrift
　　［英］written accusation
172e3

ὑπογράφω 写在下面，记录，叙述，描写，勾勒
　　［拉］subscribo, describo
　　［德］darunter hinschreiben, vorzeichnen, skizzieren
　　［英］write under, trace in outline, sketch out
171e1

ὑποδέω 穿鞋
　　［拉］calceo
　　［德］beschuhen
　　［英］put on shoes
193c5

ὑπόδημα 鞋
　　［拉］calceus
　　［德］Schuh
　　［英］shoe
146d7, 147b4

ὑπόθεσις 建议，假设，假定
　　［拉］hypothesis
　　［德］Voraussetzung, Annahme, Hypothese
　　［英］proposal, suggestion, presupposition
183b3

ὑπολαμβάνω 反驳，打断；接受，认为
　　［拉］respondeo, puto
　　［德］erwidern, einwerfen, annehmen
　　［英］retort, interrupt, accept

153d8, 156e8, 157d10, 158e9, 159b8, 198a7, 198a9

ὑπομένω 忍受，忍耐

    [拉] tolero

    [德] ertragen, hinnehmen

    [英] submit, bear

177b4

ὑπομιμνήσκω 提醒，启发

    [拉] in memoriam revoco

    [德] erinnern

    [英] remind

187e1, 208c4

ὑπόμνημα 记忆，纪念，备忘录

    [拉] commentarium

    [德] erinnerung, Andenken

    [英] reminder, memorial

143a1

ὑποπτεύω 怀疑，猜想，觉得

    [拉] suspicor, suspectum habeo

    [德] vermuten, mit Argwohn betrachten

    [英] suspect, guess, suppose

151b7, 164a3, 191b2

ὑποτείνω 在下面伸展，许下，答应

    [拉] subtendo, suggero

    [德] darunterspannen, versprechen

    [英] stretch under, hold out hopes, offer

179e1

ὑποτίθημι 假定，假设

    [拉] suppono, propono

    [德] voraussetzen, annehmen

    [英] assume, suppose

165d1

ὑποφέρω 承受，忍耐

    [拉] perfero

    [德] erdulden, ertragen

    [英] bear, endure

173a7

ὑποχείριος 在手中，在……的掌控之下

    [拉] qui sub manu vel sub manibus est, subjectus

    [德] unter der Hand, unterworfen

    [英] under the hand, in hand, under command

197c9, 198a10

ὗς 猪

    [拉] sus

    [德] Schwein

    [英] swine

161c5, 166c6

ὕστερος 较晚的，后来的

    [拉] posterior, sequens

    [德] später, nächst

    [英] latter, next

143a2, 155b1, 155b8, 155c1, 167a7, 180d3, 191c4

ὑφαιρέω 从下面取走，偷走

    [拉] subduco, aufero

    [德] darunter wegnehmen, heimlich rauben

    [英] draw or take away from under, steal

161a4

ὑφηγέομαι 引导，指引

    [拉] duco

    [德] leiten

    [英] guide, lead

148d4

ὑψηλός 高的

［拉］altus
［德］hoch
［英］high
175d3

φαίνω 显示，显得，表明，看起来
　　［拉］in lucem protraho, ostendo, appareo
　　［德］ans Licht bringen, scheinen
　　［英］bring to light, appear
　　147c7, 147d8, 148b8, 148d3, 150a7,
　　150d3, 151e2, 152a7, 152b9, 152b11,
　　152c7, 152d5, 153e7, 154a3, 154a6,
　　155d1, 157d4, 158a2, 158a3, 158a6,
　　158a7, 159c11, 159d5, 162a8, 162d1,
　　164b3, 164b8, 164c4, 164e1, 165c8,
　　166c5, 166c6, 166d4, 166d7, 166e3,
　　166e4, 171b8, 172c6, 174d1, 176b8,
　　179b8, 181a5, 181b2, 181c4, 181e6,
　　182a9, 183a4, 183e5, 184a1, 185c2,
　　185e1, 185e6, 186a1, 186d6, 186e11,
　　187b7, 187c6, 187d9, 188c7, 188e11,
　　189a11, 189b3, 190e3, 190e5, 197a5,
　　197b8, 198c7, 201a1, 203a6, 203b10,
　　204d3, 204e4, 205d3, 205d10, 206c1,
　　206e1, 208e9, 209d3

φαντασία 显象，表象
　　［拉］imago, species animo concepta
　　［德］Erscheinung, Phantasie
　　［英］appearing, appearance
　　152c1, 161e8

φάντασμα 显影
　　［拉］phantasma
　　［德］Erscheinung, Einbildung
　　［英］apparition, phantom
　　167b3

φάος (φῶς) 光，光线
　　［拉］lux
　　［德］Licht
　　［英］light
　　157d1

φαρέτρα 箭筒
　　［拉］pharetra
　　［德］Köcher
　　［英］quiver
　　180a4

φάρμακον 药，药物，毒药
　　［拉］venenum
　　［德］Gift
　　［英］poison, drug
　　149c9, 167a5

φάσκω 说，声称
　　［拉］ajo, affirmo
　　［德］sagen, behaupten
　　［英］say, assert
　　164c9, 167e2, 169a7, 179c6, 181d9,
　　183d1, 190a1

φάσμα 现象，显象
　　［拉］phantasma
　　［德］Erscheinung
　　［英］appearance, phenomenon
　　155a2

φάσσα 斑鸠
　　［拉］palumbus
　　［德］Ringeltaube
　　［英］ringdove
　　199b5

φαῦλος (adv. φαύλως) 容易的，微小的，低劣的，坏的

［拉］pravus, levis, malus
［德］gering, leicht, schlimm
［英］easy, slight, mean, bad
147a1, 147c3, 147c5, 151e8, 152d2, 162b3, 173c7, 179d4, 179d6, 181b3, 194a3, 197a4

φέρω 携带，带到，引向，搬运，忍受
［拉］fero, traho, perfero
［德］tragen, bringen, dulden, ertragen
［英］carry, lead, endure, bear
142a6, 144a8, 151e5, 156d2, 156d6, 159d2, 159d4, 159e3, 177c7, 179d3, 179e7, 181e1, 182a5, 182c6, 182c9, 182c10, 203a2, 203c4, 206c7, 209b2

φεύγω 逃，避开
［拉］fugio, evado
［德］fliehen, vermeiden
［英］flee, avoid, escape
150a3, 167d6, 168a5, 176b1, 176b5, 181a7

φημί 说
［拉］dico
［德］sagen
［英］say, speak
143b7, 143c2, 144d9, 144e2, 145a10, 146a1, 146a3, 148c2, 149b9, 151e6, 152a2, 152b6, 152d8, 154a1, 154b7, 154c3, 155a3, 155b6, 155d4, 155d6, 157a4, 158d4, 159a7, 159b4, 159c2, 160e2, 161e3, 162c1, 163a4, 163b3, 163b9, 163e13, 164b5, 164b9, 164b11, 165a7, 165c3, 165c6, 165e4, 166c2, 166d1, 166d5, 167b7, 170a3, 170a5, 170a7, 170b5, 170c3, 170e2, 171d6, 171e5, 172b1, 176b4, 177c6, 178b4, 178b9, 178c5, 181c2, 181d3, 181e1, 181e3, 182a4, 182c3, 182e7, 183a6, 186e4, 187c3, 187e5, 187e8, 188d10, 189b12, 189c2, 189d5, 190a3, 190a8, 191a8, 191b3, 191d3, 193e7, 194c4, 194c7, 195b2, 195d2, 195d6, 195d10, 195e1, 196a3, 196b10, 197a2, 197b1, 197b5, 197b10, 197c4, 197e2, 197e4, 198e7, 199a8, 200a1, 200a12, 200e7, 201c9, 204a1, 206b8, 206b9, 206d6, 208a2, 208b2, 208c2, 208d7, 208e6, 210a8, 210b9

φθέγγομαι 发出声音
［拉］sono
［德］ertönen
［英］utter a sound
157b6, 162a3, 163b4, 179d4

φθίω 衰减，耗损
［拉］decresco
［德］abnehmen, schrumpfen
［英］decay, waste away
155a8

φθόγγος 声音，乐音
［拉］sonus
［德］Ton
［英］sound
206b1

φθονέω 嫉妒
［拉］invideo
［德］beneiden, neidisch sein
［英］grudge, be envious or jealous
169c2

φιλέω 爱，喜爱，热爱
　　[拉] amo
　　[德] lieben
　　[英] love
　　143d5, 168a4
φιλόδωρος 慷慨的
　　[拉] munificus
　　[德] freigebig
　　[英] bountiful
　　146d3
φιλολογία 热爱讨论，对讨论的喜爱
　　[拉] cupiens in disputationem
　　[德] Redelust, Liebe zu Unterhaltung
　　[英] love of argument
　　146a6
φιλόλογος 热爱讨论的
　　[拉] qui disserere amat
　　[德] Freund von Reden
　　[英] fond of words, fond of philosophical argument
　　161a7
φίλος 亲爱的，令人喜爱的
　　[拉] carus, amicus
　　[德] lieb, geliebt
　　[英] beloved, dear
　　144c6, 145b6, 146a7, 146d3, 148e6, 149e6, 154b6, 154d3, 155d1, 157c7, 162a4, 162b8, 162d3, 164e2, 167b5, 171c9, 174b8, 175b9, 176e3, 179d9, 187a9, 201c4, 205c4, 210b4
φιλοσοφία 热爱智慧，哲学
　　[拉] philosophia
　　[德] Philosophie
　　[英] philosophy
　　143d3, 155d3, 168a5, 172c5, 172c9, 173c8, 174b1
φιλόσοφος 热爱智慧者，哲学家
　　[拉] philosophus
　　[德] Philosoph
　　[英] philosopher
　　155d2, 164c9, 168a8, 175e2
φλυαρία 蠢话，胡说
　　[拉] nuga, garrulitas
　　[德] Geschwätz, Torheit
　　[英] talk nonsense, play the fool
　　162a1
φοβέω 担心，害怕
　　[拉] vereor
　　[德] fürchten, sich scheuen
　　[英] fear, be afraid of
　　143e6, 150a4, 184a1
φόβος 恐惧，害怕
　　[拉] timor
　　[德] Furcht, Angst
　　[英] fear, terror
　　156b5, 168d1, 173a6
φοιτάω 常去某处，走来走去
　　[拉] ito, frequento
　　[德] wiederholt gehen
　　[英] go to and fro
　　161e2
φορά 快速运动，移动，位移
　　[拉] motus vehementior, motus localis
　　[德] Bewegung, Lauf, Ortsbewegung
　　[英] rapid motion, rush, locomotion
　　152d7, 153a9, 153e7, 156d2, 181d6
φορέω 常常带，经常穿
　　[拉] fero, gesto

[德] ständig tragen
　　　[英] bear constantly, wear
　　　197b9
φορτικός 平凡的，庸俗的，俗气的
　　　[拉] molestus
　　　[德] vulgär, lästig
　　　[英] vulgar, common
　　　176c7, 183e4
φράζω 说明，解释，揭示
　　　[拉] expono, explano, interpretor
　　　[德] anzeigen, erklären
　　　[英] point out, show, explain
　　　146d6, 146d7, 180b6, 209a1
φρέαρ 水井
　　　[拉] puteus
　　　[德] Brunnen
　　　[英] well
　　　165b8, 174a5, 174c4
φρήν 内心
　　　[拉] mens
　　　[德] Gemüt
　　　[英] mind
　　　154d5, 154d9
φρονέω 有思想，是智慧的，是明智的，理解，明白
　　　[拉] intelligo, sapio
　　　[德] bei Sinnen sein, Einsicht haben, vernünftig sein
　　　[英] have understanding, be wise, prudent, comprehend
　　　149d10
φρόνησις 明智，审慎，真正的知识
　　　[拉] prudentia
　　　[德] Einsicht, Gesinnung

　　　[英] prudence, practical wisdom
　　　161d1, 169d5, 176b2
φρόνιμος 明智的，审慎的
　　　[拉] prudens
　　　[德] besonnen
　　　[英] prudent
　　　183c1
φυγή 出逃，放逐
　　　[拉] fuga, exsilium
　　　[德] Flucht, Verbannung
　　　[英] flight, exile
　　　176b1
φυλάσσω (φυλάττω) 警惕，遵守，坚持，注意
　　　[拉] custodio, tueor, observo
　　　[德] bewahren, beobachten
　　　[英] watch, guard
　　　154d2, 180a8, 182c3, 203e2
φυλή (φῦλον) 部族，种类
　　　[拉] tribus
　　　[德] Stamm
　　　[英] tribe
　　　160d7
φυράω 混合，糅合
　　　[拉] commisceo
　　　[德] mischen
　　　[英] mix
　　　147c6
φύσις 自然，本性
　　　[拉] natura
　　　[德] Natur
　　　[英] nature
　　　142c8, 155d2, 157b6, 172b4, 174a1, 174b4, 175c7, 176a7, 186b11, 187e7,

189d2

φυτόν 植物，枝条，嫩枝
　　［拉］planta
　　［德］Pflanze
　　［英］plant
　　149e3, 167b6, 167b7

φύω 生，生长，产生
　　［拉］nascor
　　［德］erzeugen, wachsen, schaffen
　　［英］beget, bring forth, produce
　　144a3, 144b1, 153b3, 156d3, 159c4, 206b10

φωνή 方言，声音
　　［拉］vox, dictum
　　［德］Mundart, Laut
　　［英］dialect, sound
　　156c2, 163b3, 183b2, 185a8, 190a6, 203b5, 203b7, 206d2, 208c5

χαίρω 高兴，满意，喜欢
　　［拉］gaudeo, laetor, delector
　　［德］sich freuen
　　［英］rejoice, be glad
　　147c6, 182c1, 188a3, 199a5

χαλεπαίνω 动怒
　　［拉］irrito, irascor
　　［德］wüten, zürnen
　　［英］to be angry with
　　161a3

χαλεπός (adv. χαλεπῶς) 困难的，艰难的，难对付的，痛苦的
　　［拉］difficilis, molestus
　　［德］schwer, schlimm
　　［英］difficult, painful, grievous
　　142b1, 144a4, 158c8, 179c4

χαρίεις (adv. χαριέντως) 优美的，令人喜欢的
　　［拉］elegans, venustus
　　［德］angenehm, anmutig
　　［英］graceful, beautiful
　　174a6

χαριεντισμός 开玩笑，寻开心
　　［拉］cavillatio
　　［德］das Scherzen
　　［英］wit
　　168d2

χάρις 满意，感激
　　［拉］gratia
　　［德］Dank, Wohlwollen
　　［英］thankfulness, gratitude, gratification, delight
　　155d9, 163a9, 165a3, 173e2, 176b5, 208d5

χαυνότης 轻浮，空洞，自负
　　［拉］levitas, stolida et inanis superbia
　　［德］Aufgeblasenheit, Liederlichkeit
　　［英］empty conceit, vanity
　　175b3

χειμάζω 遭殃，遭大难
　　［拉］in magnis malis versor
　　［德］heimsuchen
　　［英］suffer from
　　170a10

χείρ 手
　　［拉］manus
　　［德］Hand
　　［英］hand
　　155e5, 165b9, 172e6, 198d4

χειρόω 弄到手，制服，俘虏

[拉] vi supero, subigo, domo
[德] überwältigen
[英] to bring into hand, master, subdue
165e2

χείρων 更坏的，更差的
[拉] deterior
[德] schlechter
[英] worse, inferior
162c4, 169d7

χορεύω 参加歌舞队
[拉] choros exerceo
[德] Chortanz aufführen
[英] take part in the chorus
173c1

χορηγέω 领导歌舞队，倡导
[拉] chorum duco
[德] Chorführer sein
[英] lead a chorus
179d8

χορδή 琴弦，弦
[拉] chorda
[德] Saite
[英] string
206b2

χορός 舞蹈，歌舞队
[拉] chorus
[德] Tanz, Chor
[英] dance, chorus
173b4

χοῦς 罐，桶
[拉] poculum
[德] Kanne
[英] pitcher
173e1

χράω 利用，使用，运用
[拉] utor
[德] benutzen, gebrauchen
[英] use, make use of
157b3, 159c5, 162e5, 162e6, 165b8, 170c2, 180e5, 191a5, 196e5, 196e6, 198e2, 202e4

χρή 必须……，应该……
[拉] opus est, oportet, licet
[德] es ist nötig, man muß
[英] it is necessary, one must or ought to do
145c6, 146c4, 149d7, 158c2, 176a8, 184b3, 187b8, 197e2, 198e1, 200c7, 203e2, 206c6

χρῆμα 钱财，财物，必需之物
[拉] divitia, pecunia
[德] Reichtum, Geld
[英] money, treasures
144d3, 152a3, 153d4, 156e6, 160d9, 161c4, 165e3, 167d1, 170d2, 183c1, 201b1, 209e7

χρηστός 有益的，有利的，好的
[拉] utilis, bonus
[德] nützlich, gut
[英] useful, good
161a7, 166a2, 167b2, 167c1, 167c3, 167c6

χρόνος 时间
[拉] tempus
[德] Zeit
[英] time
158d2, 158d4, 158d9, 158d11, 172b6, 172c5, 177b3, 177d5, 178a8,

178a9, 186c3
χρόα (χροιά) 颜色
　　［拉］color
　　［德］Farbe
　　［英］colour
　　182d3, 185a8
χρύσεος 黄金的，金的
　　［拉］aureus
　　［德］golden
　　［英］golden
　　153c9
χρυσός (χρυσίον) 黄金
　　［拉］aurum
　　［德］Gold
　　［英］gold
　　175c5
χρῴζω 染色，上色
　　［拉］coloro
　　［德］färben
　　［英］colour
　　156e6
χρῶμα 颜色，肤色
　　［拉］color
　　［德］Farbe, Teint
　　［英］colour
　　153d9, 153e6, 154a1, 154a3, 156c1,
　　156e2, 156e4, 156e7, 163b10, 182d4
χυτρεύς 陶工
　　［拉］ollarum figulus
　　［德］Töpfer
　　［英］potter
　　147a3
χώρα 地点，位置
　　［拉］locus

　　［德］Ort
　　［英］place, position
　　153e1, 180e4, 181c6
χωρέω 前进，前行
　　［拉］procedere, succedo
　　［德］sich fortbewegen
　　［英］to go forward
　　166a1
χωρίς 除了……，离开，分离
　　［拉］praeter, separatim
　　［德］abgesehen, abgesondert
　　［英］apart from, separately
　　167e4, 167e5, 197d7, 202d7, 206e2
ψέγω 指责，非难
　　［拉］vitupero
　　［德］tadeln
　　［英］blame, censure
　　145a11, 177b3
ψευδής 虚假的，说谎的
　　［拉］falsus, mendax
　　［德］falsch, lügenhaft
　　［英］false, untrue
　　148b8, 150e6, 158a1, 161d6, 167a6,
　　167d2, 170b9, 170c4, 170c8, 170d9,
　　170e5, 171b1, 187b5, 187c4, 187d6,
　　187e5, 187e6, 188b3, 188c5, 188c7,
　　188d4, 189b4, 189b8, 189b12,
　　189c4, 189c7, 189c11, 189d5,
　　190e1, 190e3, 191e4, 192c5, 193b5,
　　193b9, 193d2, 193e7, 194b1, 194b3,
　　194b6, 195a5, 195b2, 195c7, 196a3,
　　196c1, 196c5, 196c7, 199a9, 199c1,
　　199c10, 199e5, 200a1, 200a3, 200c9
ψευδομαρτυρία (ψευδομαρτύριον) 伪证

[拉] falsum testimonium
[德] falsches Zeugnis
[英] false witness, perjury
148b4

ψεῦδος 虚假，错误
[拉] mendacium
[德] Täuschung
[英] falsehood
150c2, 151d2, 161a1, 173a8, 194a4

ψεύδω 诳骗，欺哄，说假话
[拉] fallo, decipio
[德] lügen, betrügen, die Unwahrheit reden
[英] cheat by lies, falsify, speak false
171a8, 171b2, 171b4, 191b1, 194a8, 194b1, 194c2, 195a8, 196c6, 199c7, 200a6

ψήφισμα 投票通过的议案，法案，议案
[拉] decretum, consultum
[德] durch Stimmenmehrheit gefaßter Beschluß, Vorschlage
[英] proposal passed by a majority of votes, decree, law
173d3

ψιλός 光秃秃的，光的，单纯的
[拉] nudus, merus
[德] kahl, bloß
[英] bare, mere
165a2

ψόφος 响声，噪音
[拉] strepitus
[德] Geräusch
[英] mere sound, noise
203b3, 203b5

ψῦξις 冷却，寒冷
[拉] refrigeratio
[德] Abkühlung, Erkältung
[英] a cooling, chilling
156b4

ψυχάριον 小灵魂
[拉] animula
[德] Seele
[英] little soul
195a3

ψυχή 灵魂，性命
[拉] anima, animus
[德] Seele
[英] soul
145b1, 150b8, 150d2, 153b9, 153c3, 155b5, 158d3, 167b1, 172e7, 173a3, 173a6, 175b4, 175d1, 180b1, 184d3, 185d3, 185e1, 185e6, 186a4, 186b8, 186c2, 187a5, 189e6, 190c7, 191c8, 192a3, 194c5, 194c7, 197d5, 197d5, 198b10, 199d4, 199e3, 200c2, 202c1

ψυχρός 冷的
[拉] frigidus
[德] kalt
[英] cold
152b6, 152b7

ψύχω 使变冷，使变凉
[拉] frigesco
[德] abkühlen
[英] make cool or cold
186d11

ὠδίνω 受分娩的阵痛
[拉] a partu doleo

[德] Geburtsschmerzen haben, kreißen
[英] to have the pains of childbirth
148e6, 151a6, 151b8, 210b4

ὠδίς 分娩的阵痛
[拉] dolor parturientis
[德] Geburtsschmerzen
[英] pangs or throes of childbirth
149d1, 151a8

ὥρα 时候，季节
[拉] hora
[德] Zeit
[英] any time or period
145b6

ὡσαύτως 同样地
[拉] similiter, eodem modo
[德] ebenso, auf dieselbe Art
[英] in like manner, just so
156c2, 159a11, 159c2, 186b4, 204d7, 205e3, 186b4, 204d7, 205e3

ὠφέλεια 益处，好处，帮助
[拉] utilitas
[德] Hilfe, Nutzen
[英] help, profit, advantage, utility
186c3

ὠφέλιμος 有好处的，有益的，有帮助的
[拉] utilis
[德] nützlich
[英] useful, beneficial
177d4, 177d5, 177e6, 178a7, 178a9, 179a5, 179a7

专名索引

神话与传说

Ἀμφιτρύων 安菲特律翁，175a6, 175b1
Ἀνταῖος 安泰俄斯，169b2
Ἄρτεμις 阿耳忒弥斯，149b9
Ζεύς 宙斯，142d6, 148c8, 162c7, 164a3, 170e1, 178e9, 181e3, 185d7, 190c4, 196b1, 197a6, 200c6, 207d7, 207e5, 209b2, 210b6
Θαύμας 陶马斯，155d4
Θησεύς 忒修斯，169b7
Ἥρα 赫拉，154d3
Ἡρακλῆς 赫拉克勒斯，169b7, 175a6
Ἶρις 伊里斯，155d4
Τηθύς 忒堤丝，152e7, 180d2
Χάρις 慈惠女神，152c8
Ὠκεανός 俄刻阿诺斯，152e7, 180d2

人名

Ἀριστείδης 阿里斯忒得斯，151a1
Ἐμπεδοκλῆς 恩培多克勒，152e3
Ἐπίχαρμος 厄庇卡尔摩斯，152e5
Εὐκλείδης 欧几里德，143c6
Εὐριπίδης 欧里庇得斯，154d4
Εὐφρονίος 欧佛洛尼俄斯，144c5
Ἡράκλειτος 赫拉克利特，152e3, 160d7, 179d7, 179e3
Ἡσίοδος 赫西俄德，207a3
Θαλῆς 泰勒斯，174a4
Θεαίτητος 泰阿泰德，142a6, 143b1, 144d1, 144d7, 144d8, 145b6, 146b6, 146b8, 146e7, 147d2, 148e6, 151b2, 151d4, 153a5, 154c8, 155c6, 156c4, 157c2, 158e7, 160e1, 160e2, 161a5, 162a7, 162c2, 163c4, 165a8, 165b5, 168e4, 179c7, 182e8, 183c3, 183d3, 183e1, 184a8, 184b4, 185d5, 185e3, 186e9, 187b8, 188b8, 188b10, 188d7, 189c8, 190e5, 192d4, 193a1, 193a3, 195b9, 196e1, 199e7, 200c4, 200e7, 202d1, 203a7, 204b4, 205a1, 205c1, 207b3, 207e7, 208a10, 208e7, 209b4, 209b7, 209c4, 210a9, 209c1
Θεόδωρος 忒俄多洛斯，143b8, 144d9, 145a3, 145b7, 145c2, 145c7, 146a6, 146b8, 146c7, 147d3, 148b3, 148b8, 148c9, 155d1, 161a7, 161b8, 161d2,

162b1, 162b8, 162e6, 162e8, 163a5, 164e5, 165a4, 168c3, 168e6, 169b5, 170c6, 172b8, 173b4, 174a4, 174b6, 175d7, 176a5, 179c1, 179d9, 180b4, 180d8, 181b4, 183a9, 183b7, 183c8, 183d10, 185e4, 187d10, 192d3, 193a1, 193a3, 193b4, 193b10, 208a1, 209b7, 210d3

Ἱππόνικος 希珀尼科斯，165a1

Καλλίας 卡利阿斯，164e7

Λυσίμαχος 吕西马科斯，151a1

Μέλητος 梅勒托斯，210d3

Μέλισσος 墨利索斯，180e2, 183e3

Μνημοσύνη 谟涅摩绪涅，191d4

Μοῦσα 缪斯，191d3

Ὅμηρος 荷马，152e5, 153a2, 153d1, 160d7, 170e2, 179e3, 183e6, 194c7

Παρμενίδης 巴门尼德，152e2, 180e2, 183e5

Πίνδαρος 品达，173e5

Πρόδικος 普洛狄科斯，151b5

Πρωταγόρας 普罗塔戈拉，152a1, 152b6, 152c8, 152e3, 154b8, 154c7, 155d6, 160c8, 160d8, 161b9, 161d8, 161e4, 162a1, 162a6, 162c5, 162d4, 164d9, 164e4, 165e4, 168c9, 169d6, 170a6, 170c2, 170c6, 170e7, 171b9, 171c1, 171c6, 171e1, 172b7, 178b2, 178b4, 178b9, 178e4, 179d2, 183c7

Σωκράτης 苏格拉底，142c4, 143a3, 143b6, 143c2, 143e4, 144d1, 144d4, 144d7, 145a6, 145b5, 145b10, 146c4, 146d5, 147c7, 147d1, 148b5, 148d3, 148e1, 148e8, 151d7, 152d1, 153a4, 153d6, 154c10, 155c8, 155e7, 156c5, 157c4, 158a4, 158a8, 158c2, 159b3, 159b6, 159b7, 159c5, 159e1, 160c3, 160e4, 161a5, 161b7, 162a4, 163a2, 163b8, 163d5, 163e13, 164e7, 166a2, 166a6, 167b5, 168c6, 168d5, 169a6, 170c9, 170e1, 171c8, 172c2, 173b8, 174a3, 175b8, 176a3, 177a9, 177c3, 178e7, 179b6, 179e2, 181b6, 182d6, 183c5, 183c8, 183d5, 183d8, 184c9, 185d7, 186d1, 186e11, 187a7, 187b4, 187d9, 188a5, 188b6, 188b9, 188b10, 188d6, 190d3, 191b5, 192e8, 193d3, 194b7, 195c7, 195d4, 196c9, 196e8, 198e6, 199e1, 200c6, 200d3, 200e1, 201c8, 202d4, 203a6, 203b3, 203d6, 205b11, 207a2, 207c5

Τερψίων 特尔普西翁，142a1, 142b7, 143b5, 143d1

Φαιναρέτη 斐那瑞忒，149a2

地名

Ἀθῆναι 雅典，142a7, 142c8, 143a3

Ἐρινεός 厄里涅俄斯，143b1

Ἔφεσος 爱菲斯，179e4

Ἰωνία 伊奥尼亚，179d7

Κόρινθος 科林托斯，142a7

Κυρήνη 库瑞涅，143d1

Λακεδαίμων 拉栖岱蒙，162b1

Μέγαρα 墨伽拉，142c1

Σκίρων 斯喀戎，169a9

Σούνιον 苏尼翁，144c5

其他

Ἕλληνες 希腊人，175a4

Θρᾷσσα 色雷斯妇女，174a5, 174c4, 175d5

Λακεδαιμόνιος 拉栖岱蒙人，169a9, 169b1

Μυσός 密西亚人，209b8

参考文献

（仅限于文本、翻译与评注）

1. Platon: *Platonis Philosophi Quae Extant, Graece ad Editionem Henrici Stephani Accurate Expressa, cum Marsilii Ficini Interpreatione,* 12Vol. Biponti (1781–1787).
2. F. Ast, *Platonis quae exstant opera, Graece et Laine,* 11 Bände.Lipsiae (1819–1832).
3. L. F. Heindorf, *Platonis Dialogi Selecti: Gorgias, Theaetetus, Emendavit et Annotatione.* Berolini (1829).
4. G. Stallbaum, *Platonis Theaetetus.* Londini (1839).
5. H. Cary, G. Burges, *The Works of Plato, a new and literal version, chiefly from the text of Stallbaum,* 6 vols. London (1848–1854).
6. H. Müller, *Platons Sämmtliche Werke,* 8 Bände. Leipzig (1850–1866).
7. F. W. Wagner, *Platons Theätetos, griechisch und deutsch: mit kritischen und erklärenden Anmerkungen.* Leipzig (1855).
8. L. Campbell, *The Theaetetus of Plato, with Revised Text and English Notes.* Oxford (1861).
9. R. B. Hirschigius, *Platonis Opera,* ex recensione R. B. Hirschigii, Graece et Laine, Volumen Primum. Parisiis, Editore Ambrosio Firmin Didot (1865).
10. M. Wohlrab, *Platonis Theaetetus, Prolegomenis et Commentariis.* Lipsiae (1869).
11. F. A. Paley, *The Theaetetus of Plato, Translated, with Indroduction and Brief Explanatory Notes.* London (1875).
12. H. Schmidt, *Kritischer Commentar zu Platos Theätet.* Leipzig (1877).
13. H. Schmidt, *Exegetischer Commentar zu Platos Theätet.* Leipzig (1880).
14. B. Jowett, *The Dialogues of Plato,* in Five Volumes, Third Edition. Oxford (1892).
15. B. H. Kennedy, *The Theaetetus of Plato, with Translation and Notes.* Cambridge (1894).

16. S. W. Dyde, *The Theaetetus of Plato, A Translation with an Introduction*. Glasgow (1899).
17. J. Burnet, *Platonis Opera*, Tomus I. Oxford (1900).
18. K. Preisendanz, *Platons Protagoras/Theaitetos ins Deutsche Übertragen*. Jena (1910).
19. H. N. Fowler, *Plato: Theaetetus and Sophist*, Loeb Classical Library. London: William Heinemann LTD, New York: G. P. Putnam's Sons (1921).
20. O. Apelt, *Platon:Sämtliche Dialoge*, 7 Bände. Leipzig (1922–1923).
21. G. Budé/ M. Croiset, *Platon: Oeuvres complètes*, Tome VIII-2. Texte établi et traduit par Auguste Diès. Paris(1924).
22. F. M. Cornford, *Plato's Theory of Knowledge, The Theaetetus and the Sophist of Plato, translated with a running commentary*. London (1935).
23. Hamilton and Huntington Cairns, *The Collected Dialogues of Plato*. Princeton (1961).
24. J. McDowell, *Plato: Theaetetus, With an Introduction and Notes by L. Brown*. Oxford University Press (1973).
25. J. Klein, *Plato's Trilogy: Theaetetus, the Sophist, and the Statesman*. The University of Chicago press, Chicago and London (1977).
26. S. Benardete, *The Being of the Beautiful: Plato's Theaetetus, Sophist, and Statesman, Translated and with Commentary*. The University of Chicago Press (1984).
27. R. A. H. Waterfield, *Plato: Theaetetus*. Harmondsworth: Penguin (1987).
28. D. Bostock, *Plato's Theaetetus*. Clarendon Press, Oxford (1988).
29. M. Burnyeat, *The Theaetetus of Plato, with a translation of Plato's Theaetetus by M. J. Levett, revised by M. Burnyeat*. Hackett Publishing Company (1990).
30. E.A. Duke, W. F. Hicken, W. S. M. Nicoll, D. B. Robinson et J. C. G. Strachan, *Platonis Opera*. Tomus I, Oxford (1995).
31. J.M. Cooper, *Plato Complete Works, Edited, with Introduction and Notes, by John M. Cooper*. Indianapolis/Cambridge (1997).
32. J. Hardy, *Platons Theorie des Wissens im Theaitet*. Vandenhoeck & Ruprecht in Göttingen (2001).
33. T. Chappell, *Reading Plato's Theaetetus*. Academia Verlag (2004).
34. D. Sedley, *The Midwife of Platonism: Text and Subtext in Plato's Theaetetus*. Oxford (2004).

35. G. A. Seeck, *Platons Theaitetos: Ein kritischer Kommentar*. Verlag C. H. Beck München (2010).
36. Ch. Rowe (ed.), *Plato: Theaetetus and Sophist*. Cambridge University Press (2015).
37. Gunther Eigler, *Platon: Werke in acht Bänden, Griechisch und deutsch, Der griechische Text stammt aus der Sammlung Budé, Übersetzungen von Friedrich Schleiermacher und Hieronymus Müller*. Darmstadt: Wissenschaftliche Buchgesellschaft (7. Auflage 2016).
38. 柏拉图,《泰阿泰德 智术之师》, 严群译, 北京: 商务印书馆, 1963 年。
39. 柏拉图,《泰阿泰德》, 詹文杰译, 北京: 商务印书馆, 2015 年。

图书在版编目(CIP)数据

泰阿泰德:希汉对照/(古希腊)柏拉图著;溥林译.—北京:商务印书馆,2022
(希汉对照柏拉图全集)
ISBN 978-7-100-21182-6

Ⅰ.①泰… Ⅱ.①柏… ②溥… Ⅲ.①古希腊罗马哲学—希、汉 Ⅳ.①B502.232

中国版本图书馆 CIP 数据核字(2022)第 083485 号

权利保留,侵权必究。

希汉对照
柏拉图全集
Ⅱ.2
泰阿泰德
溥林 译

商务印书馆出版
(北京王府井大街36号 邮政编码100710)
商务印书馆发行
北京通州皇家印刷厂印刷
ISBN 978-7-100-21182-6

2022年7月第1版　　　开本710×1000　1/16
2022年7月北京第1次印刷　印张26¾
定价:198.00元